本書爲「十三五」國家重點圖書出版規劃項目
本書爲全國高等院校古籍整理研究工作委員會資助項目
本書爲國家古籍整理出版專項經費資助項目

中國史學基本典籍叢刊

經世大典輯校

上

〔元〕趙世延 虞集 等撰
周少川 魏訓田 謝輝 輯校

中華書局

圖書在版編目(CIP)數據

經世大典輯校/(元)趙世延等撰;周少川,魏訓田,謝輝輯校. —北京:中華書局,2020.5
(中國史學基本典籍叢刊)
ISBN 978-7-101-14464-2

Ⅰ.經… Ⅱ.①趙…②周…③魏…④謝… Ⅲ.政書-中國-元代 Ⅳ.D691.5

中國版本圖書館 CIP 數據核字(2020)第 046610 號

責任編輯:李 爽
封面題簽:劉 濤
封面設計:周 玉

中國史學基本典籍叢刊
經世大典輯校
(全二册)
〔元〕趙世延 虞 集 等撰
周少川 魏訓田 謝 輝 輯校
*
中華書局出版發行
(北京市豐臺區太平橋西里 38 號 100073)
http://www.zhbc.com.cn
E-mail:zhbc@zhbc.com.cn
北京市白帆印務有限公司印刷
*
880×1230 毫米 1/32 · 31 印張 · 4 插頁 · 680 千字
2020 年 5 月北京第 1 版 2020 年 5 月北京第 1 次印刷
印數:1-3000 册 定價:168.00 元

ISBN 978-7-101-14464-2

目録

第六　賦典……八三

整理前言

《經世大典》是元代文宗時期修纂的大型政書。元天曆二年（一三二九）九月戊辰，文宗弑兄奪位，第二次登基之後，下詔由翰林國史院同奎章閣學士院纂修《經世大典》。至順元年（一三三〇）二月，爲集中編纂力量，乃命奎章閣學士院專率其屬爲之，以趙世延、虞集爲總裁。秋七月，趙世延以疾退〔一〕，由虞集專領其事。是年四月十六日開局，第二年五月一日即「草具成書，繕寫呈上」〔二〕。此後大概因虞集目疾加重〔三〕，大典初稿的加工轉由他人負責，經修訂潤色，裝潢成帙後，由在奎章閣任職的歐陽玄於至順三年（一三

〔一〕《元史》卷一八〇《趙世延傳》，中華書局，一九七六年，第四一六六頁。

〔二〕虞集《道園學古録》卷五《經世大典序録》，《四部叢刊初編》本，上海書店出版社，一九八九年。

〔三〕虞集《道園學古録》卷四《題蔡端明蘇東坡墨蹟後》：「是日試郭屺墨，但目疾轉深，不復能作字……至順辛未二月望日蜀人虞集書。」

三二)三月表進皇帝〔一〕。

大典分類記載了元朝自漠北興起至文宗朝的帝王譜系、詔訓,以及職官、禮樂、經濟、軍事、法律、匠作等典章制度,尤其是總結了元朝立國以來典制的更替演變,是元代典制之集大成者。明後期大典失傳,清中葉以後纔逐漸爲學者重視,出現了一些輯佚和研究成果,然至今仍未有一部較全面的輯本。《經世大典輯校》一書就是希望在前人工作的基礎上,更爲全面地收録大典現存佚文,最大限度地恢復大典原貌,更好地保護這部已嚴重殘缺的古代史學名著,也爲學界提供一部便於利用的史料。現就輯考整理過程作一介紹,以就教於方家。

一 《經世大典》的編纂體例及特徵

分析《經世大典》的編纂體例及其特徵,是開展大典輯佚的前提和基礎。《經世大典》八百八十卷,另附《目録》十二卷,《公牘》一卷,《纂修通議》一卷,全書暗分君事、臣事兩大

〔一〕歐陽玄《圭齋文集》卷一三《進經世大典表》,《四部叢刊初編》本,上海書店出版社,一九八九年。

部分，君事分帝號、帝訓、帝制、帝系等四篇，因要使用大量蒙古材料和檔案，專設蒙古局纂修；臣事分治典、賦典、禮典、政典、憲典、工典等六篇，由奎章閣學士院修纂〔一〕，共十篇。

大典的編纂源於元朝君臣對於治國方略和國家典制總結的需要。早在蒙古政權建立初期，成吉思汗就在一二一九年出征花剌子模國之前專門召集會議，重新規定了自部落興起以來頒布的各種約孫（習慣）、札撒（法令）和訓言〔二〕，用蒙古文整理成卷，名爲《大札撒》。成吉思汗的繼任者窩闊台又據當時所新增的一些儀制，修訂並再次頒布了《大札撒》。《元史·太宗本紀》曰：「大札撒，華言大法令也。」〔三〕《大札撒》内容龐雜，涉及軍事、行政、外交、宗教、民事、刑罰諸多方面，然零散雜碎，不成體系，因而不是一部真正意義的成文法典，而只是對於習慣法的確定和文字記録而已。蒙古政權在入主中原、建立元朝以後，爲了更好地治理我國歷史上第一個以少數民族統治者爲首的多民族統一國家，吸

〔一〕虞集《道園學古録》卷五《經世大典序録》、歐陽玄《圭齋文集》卷一三《進經世大典表》。
〔二〕［波斯］拉施特主編，余大鈞、周建奇譯《史集》第一卷第二分册，商務印書館，一九八三年，第二七二頁。
〔三〕《元史》卷二《太宗本紀》，第二九頁。

收了中原地區漢文化的進步因素，在國家體制法規的建設上不斷發展豐富，在《經世大典》之前，元廷已頒布或編定不少法規法令。忽必烈即位不久，就在至元元年（一二六四）八月頒定新立條格，「定官吏員數」、「均賦役」、「勸農桑」、「平物價」等等〔一〕。至元二十八年（一二九一），他又命何榮祖「簡除繁苛，始定新律」，編修《至元新格》，其内容包括公規、治民、禦盜、理財、賦役等十篇，並予以刻板頒行〔二〕。此後成宗曾於大德三年（一二九九）三月命何榮祖「更定律令」〔三〕，次年何榮祖選編了《大德律令》，但據《元史·何榮祖傳》記載，此書並未正式頒行〔四〕。仁宗時，曾允中書所奏，令臣下「以格例條畫有關於風紀者，類集成書，號曰《風憲宏綱》。至英宗時，復命宰執儒臣取前書而加損益焉，書成，號曰

〔一〕《元史》卷五《世祖本紀二》，第九八頁。

〔二〕《元史》卷一六《世祖本紀十三》，第三四八頁。

〔三〕《元史》卷二〇《成宗本紀三》，第四二七頁。

〔四〕現存《永樂大典》殘本卷七三八五、卷一五九五〇中録有《大德典章》佚文。黄時鑑輯點《元代法律資料輯存》（浙江古籍出版社，一九八八年）曾對此輯録標點，並認爲《大德典章》可能與《大德律令》有一定聯繫。

《大元通制》」〔一〕。《大元通制》在英宗至治三年（一三二三）審定頒行，全書八十八卷，包括《制詔》、《條格》、《斷例》三部分，是元朝第一部體例比較完備的法典，惜至今已嚴重殘佚，僅存《條格》二十二卷，故通稱《通制條格》。幾乎與此同時，又有《元典章》刊行問世。此書編集刊行者不詳，然從内容上看，並非新頒典制，乃法令公牘文書彙編，書分正集、新集兩部分，正集所收文獻自元世祖中統元年至英宗至治元年〔二〕，新集則補收正集所缺，並續收至至治二年。全書分詔令、聖政、朝綱、臺綱、吏部、户部、禮部、兵部、刑部、工部十大類〔三〕，下分八十一門，四百六十七目，收文二千三百九十一條，是研究元代典章制度不可或缺的重要歷史文獻。

《經世大典》的編纂在《元典章》刊行後不久，因此在編纂體例上也頗有借鑒《元典章》之處。在《經世大典》修成之後，元順帝至正五年（一三四五）十一月又修成《至正條格》，

〔一〕《元史》卷一〇二《刑法志一》，第二六〇三頁。

〔二〕《四庫全書總目》本書提要言收至延祐七年，不然。見《元典章》卷五七《刑部》十九《諸禁》「禁典雇蒙古兒女爲驅」條，陳高華等點校本，中華書局、天津古籍出版社，二〇一一年，第一八九二頁。

〔三〕新集分類略有不同。

並於次年四月「頒《至正條格》於天下」〔一〕。其體例仿照《大元通制》，分《制詔》、《條格》、《斷例》三部分，所收條文「《制詔》百有五十，《條格》千有七百，《斷例》千五十有九」。刊印頒行時僅有《條格》、《斷例》兩部分〔二〕。此書是元代後期官修的重要法典，具有較高的史料價值，然歷來被認爲已經亡佚。二〇〇二年在韓國慶州發現殘本，並於二〇〇七年由韓國學中央研究院整理出版。元順帝至正七年（一三四七）還曾詔修《六條政類》。次年三月，「《六條政類》書成」〔三〕，然此書不傳。日本學者金文京認爲此書性質與《經世大典》相仿，可看作是大典的續篇。所謂「六條」，當與《經世大典》的「臣事」六篇相同〔四〕。元代新修政書恐還不止以上所述，惜多已亡佚，至今仍有一些綫索者，如《成憲綱要》，作者與年代不詳，錢大昕《補元史藝文志》有著録，現存《永樂大典》殘本卷一九四二五録有此書

〔一〕《元史》卷四一《順帝本紀四》，第八七四頁。
〔二〕歐陽玄《圭齋文集》卷七《至正條格序》。
〔三〕《元史》卷四一《順帝本紀四》，第八八一頁。
〔四〕［日］金文京《韓國發現元刊本〈至正條格〉殘卷簡介》，載《中國傳統文化與元代文獻國際學術研討會會議論文集》，中華書局，二〇〇九年，第三九頁。

關於驛站的相關文字,曾有學者加以輯録〔一〕。

梳理元代政書修纂的大致綫索,以其他政書與《經世大典》作簡要的比較,可以對大典編纂的性質和體例特徵有以下認識。

第一,從編纂性質來看,大典是一部重在表現國家機構組織體系,敘述制度沿革更替的政典。元朝自成吉思汗起就很重視制度法令的整理頒行,後來又陸續修纂頒布了多種政書。然而從内容和形式上審視這些政書,它們的編纂性質又是有所不同的。《四庫全書總目》將這類典制體史籍又區分爲通制、典禮、邦計、軍政、法令、考工等六個子目。其中「通制」目著録「以一代之書而兼六職之全者」,如《唐會要》、《元典章》之類;「法令」目收「官著爲令者也,刑爲盛世所不能廢」,其中如《至正條格》等〔二〕。由此可見,元代所纂政書也可大致分爲兩類,一類是以政府機構和職掌爲體系,敘相關制度條令和事例,以明國家行政制度之沿革,爲後世政務提供規範和借鑒的政典,如《經世大典》、《六條政類》。一

〔一〕見黄時鑑輯點《元代法律資料輯存》,浙江古籍出版社,一九八八年,第七七—八一頁。
〔二〕《四庫全書總目·史部·政書類》,中華書局,一九六五年,第七〇一、六九四、七一三、七一二、七二六頁。

類是按刑事的涉及事類爲體系，敘相關律令格式和事例，以明裁斷刑法，是以服務現實爲主要目的的法典，如《大元通制》、《至正條格》。正因爲性質的不同，元代後期纔要將《大元通制》和《經世大典》、《至正條格》和《六條政類》兩兩配套而行，以完善國家典制法令的規範。然而，從更長遠的角度講，《經世大典》「思輯典章之大成，以示治平之永則」〔一〕，它從通制編纂的需要，對國家體制作全面總結和確定，也必然包括刑法和民法的内容，因而範圍更廣，意義也更爲深遠。

第二，大典的十篇作爲一級大部統轄具體類目，提綱挈領，條理清晰，在編纂結構上優於唐、宋會要。《經世大典》的編纂，「參酌唐、宋會要之體」，「倣六典之制，分天、地、春、夏、秋、冬之别」〔二〕。從大結構上看，大典分君事、臣事兩部分。「君事」中的帝號、帝訓、帝制、帝系無疑是參酌了《唐會要》前六卷有關帝號、皇后、儲君、諸王、公主等體例。「臣事」則主要是「倣六典之制」。「六典」之制始於《周禮》，《周禮》設官分職之法，即爲天官冢

〔一〕虞集《道園學古録》卷五《經世大典序録》。

〔二〕虞集《道園學古録》卷五《經世大典序録》。

宰、地官司徒、春官宗伯、夏官司馬、秋官司寇、冬官司空等六大系統；六大系統的官職分別是治官、教官、禮官、政官、刑官、事官，此六官到隋唐之後，則用以統稱吏、户、禮、兵、刑、工等六部的職官和職掌；六官所遵循的典章制度則所謂「建邦之六典」：治典、教典、禮典、政典、刑典和事典〔一〕。《經世大典》「臣事」六篇所仿「則《周禮》之六典」〔二〕，以其名略爲改易而成治典、賦典、禮典、政典、憲典和工典，並以此六篇分敘吏部、户部、禮部、兵部、刑部、工部的職掌和典章制度、條令法規。大典「臣事」六篇的分部克服了唐、宋會要没有大部門區分、直接以細目分類，顯得雜亂無章的缺點。以現有的《唐會要》來看，一百卷的内容分立爲五百七十一個細目，由於全書不設部門以爲統籌，導致結構散亂，類目瑣碎，後世學者只能依靠其事類性質和内容起訖，大致將其歸類爲十七大項或十三大項。《經世大典》雖然也屬於會要體典籍，然其絶大部分内容由於有「臣事」六典的分轄，則具備了提綱挈領、條理清晰的優點，這是會要體編纂在元代的發展和進步。

〔一〕《周禮·天官冢宰·大宰》，中華書局影印阮元校刻《十三經注疏》本，一九八〇年，第六四五頁。

〔二〕歐陽玄《圭齋文集》卷九《元故奎章閣侍書學士翰林侍講學士通奉大夫虞雍公神道碑》。

第三，大典結合元代的具體情況，創新二級類目，反映了時代的特點。大典在君事、臣事十篇下的類目，是它的二級分類。由於「君事」的帝號、帝訓、帝制、帝系四篇序録外的佚文已經難尋，其二級類目今已不詳。然從現存佚文中，仍可確認「臣事」六篇的一百二十八個二級類目，因「臣事」内容在大典中超過三分之二，則可從六典以見大典在編纂體例上的繼承和創新。六典的治典之下，分官制、宰臣年表、入官、補吏、儒學教官、軍官、錢穀官、投下、封贈、承廕、臣事等十一類。其中宰臣年表、錢穀官、臣事等三類爲新建，其餘官制、承廕、軍官、投下、封贈五類則分别沿用《元典章・吏部》或《兵部》中的二級或三級類目，入官、補吏、儒學教官則從《元典章・吏部》的《官制・選格》、《吏制》、《官制・教官》等類目加以改造而來，當然内容範圍也不盡相同了。

賦典之下，分都邑、版籍、經理、農桑、賦税、海運、鈔法、金銀珠玉銅鐵鉛錫礬鹻竹木等課、鹽法、茶法、酒醋、商税、市舶、宗親歲賜、俸秩、公用錢、常平義倉、惠民藥局、市糴糧草、蠲免、賑貸等二十一類。其中都邑、經理、宗親歲賜、賑貸、海運、公用錢等六類爲新建。如海運類，反映了元代漕運業中以海運爲主、内河運輸爲輔的新格局；公用錢也爲元朝官俸的特殊現象，記述政府在官員俸廪之外，另賜資供官吏貸人以取息，爲「賀上、燕集、交好」〔一〕之用，這也可以看作是元廷對官員的一種養廉之法。農桑、鈔法、市舶三類直接沿用《元典章·户部》中的二、三級類目，其餘十二類則分別利用《元典章·户部》中的二、三級類目加以改造而成。

禮典之下，分朝會、燕饗、行幸、符寶、輿服、樂、曆、進講、御書、學校、藝文、貢舉、舉遺逸、求言、進書、遺使、朝貢、瑞異、郊祀、宗廟、社稷、嶽鎮海瀆、三皇、先農、宣聖廟、諸神祀典、功臣祠廟、謚、賜碑、旌表、釋、道等三十二類。其中燕饗、求言、進書、遺使、朝貢、三皇、先農、賜碑、藝文等九類爲新建，尤其是「藝文」一類，則專述元朝之文事機構，並特別表彰「自我朝之所作者」，如「製國字以通語言文字於萬方」，以及「至若奎章之建閣，斷自宸衷，緝熙聖學，表章斯文」〔二〕等新氣象。因元代禮儀也多承儒家傳統，變動不大，故其他二十三類目，多承襲或改造唐、宋會要和《元典章》之類目而來。

政典之下，分征伐、招捕、軍制、軍器、教習、整點、功賞、責罰、宿衛、屯戍、工役、存恤、

〔一〕蘇天爵編《元文類》（《國朝文類》）卷四〇《經世大典序録》之《賦典·公用錢》，《四部叢刊初編》本，上海書店出版社，一九八九年。

〔二〕蘇天爵編《元文類》卷四一《經世大典序録》之《禮典·藝文》。

兵雜録、馬政、屯田、驛傳、弓手、急遞鋪、祗從、鷹房捕獵等二十類。其中征伐、招捕、教習、功賞、責罰、宿衛、屯戍、工役、兵雜録、弓手等十類爲新建，軍器、整點二類直接沿用《元典章·兵部》的類目，存恤、屯田直接沿用《通制條格》的類目，馬政類則從《唐會要》卷七二的馬、諸監馬印、諸蕃馬印等類目組合改造而成，其餘五類據《元典章·兵部》類目改易。

憲典之下，分名例、衛禁、職制、祭令、學規、軍律、户婚、食貨、大惡、姦非、盜賊、詐僞、訴訟、鬭毆、殺傷、禁令、雜犯、捕亡、恤刑、平反、赦宥、獄空等二十二類。其中衛禁、職制、祭令、學規、軍律、食貨、大惡、恤刑、獄空等九類爲新建，詐僞、訴訟、雜犯三類直接沿用了《元典章·刑部》的二級類目，捕亡沿用於《通制條格》，其他九個類則分别由《元典章·刑部》和《通制條格》的類目改易而成。

工典之下，分宫苑、官府、倉庫、城郭、橋梁、河渠、郊廟、僧寺、道宫、廬帳、兵器、鹵簿、玉工、金工、木工、摶埴之工、石工、絲枲之工、皮工、氈罽、畫塑、諸匠等二十二類。其中宫苑、倉庫、郊廟、僧寺、道宫、廬帳、鹵簿、玉工、金工、木工、摶埴之工、石工、皮工、氈罽、畫塑、諸匠等十六類爲新建，城郭、橋梁直接沿襲了《唐會要》卷八六的類目，其餘四類則分別由《元典章》和《通制條格》的類目所改造。從現存大典一百二十八個二級類目來看，創新類目即有五十三類，接近總數之半。類目承襲其他政書者僅二十類，其餘則據實際情況對内容作必要的合併或離析，並適當改易類目名，而且這種承襲或稍作改易也以參照元代政書者居多，參酌唐、宋會要者居少，因而較好地反映了時代的發展和變化。

第四，在會要體例中首創於每篇每類正文之前加以序録，起到介紹内容梗概、勾勒演變原委的作用，也反映了大典述典制以經世的思想。序録分爲四個層次：全書有總序；十篇有大序；一百二十八類有小序；有的類目之下又分子目，子目也有序録[一]。因各類目中有的拆分爲上下，有的還有附録，有的又分子目，所以共存有序録二百一十篇。序録之作源於書目，西漢劉向受命整理中秘書藏書，「每一書已，向輒條其篇目，撮其旨意，録而奏之」[二]。劉向在序録中揭示書籍的各種情況，以便皇帝觀覽。這些書前之序録後來結集爲我國第一部綜合性書目《别録》。《經世大典》吸收了劉向序録的優良傳統，當時的

[一] 現保存於蘇天爵所編《元文類》卷四〇至四二《經世大典序録》。
[二] 《漢書》卷三〇《藝文志序》，中華書局，一九六二年，第一七〇一頁。

主觀意圖自然也是爲了便於「皇覽」，但客觀上却具有創新體例、提綱挈領之意義。除總序對於修纂背景和過程作扼要交代外，大典的各篇各類序録都具有提要的性質，或交代各篇各類的設立宗旨，或闡明内容梗概，或勾勒典制的演變原委和綫索，爲讀者瞭解各部分内容、把握元代典制之因革大勢，發揮了畫龍點睛的作用。

序録還深刻反映了大典述典制以濟世的經世致用思想。在序録的經世意識中，有幾點是比較突出的。一是高度總結了元朝多民族統一國家的歷史發展。自唐朝以後，我國歷史上長期存在宋、遼、金、夏等分立政權。大典在《帝號》、《賦典》序録中肯定了元朝「致四海之混一」的歷史功績，敘述了「若夫北庭、回紇之部，白霫、高麗之族，吐蕃、河西之疆，天竺、大理之境」皆歸於一，「八紘萬國，文軌攸同，總總林林，重譯歸化」這種多民族組合、國家一統的宏大規模，因而盛贊曰：「自古有國家者，未若我朝之盛大者矣。」至於在「臣事」各典大小序録中對元朝立國幾十年間在經濟、政治、文化方面成就的敘述，更是反映了大典對元朝歷史發展的深刻認識。二是從典制總結中提倡和彰揚愛民厚生的經世思想。大典序録把養民厚生的方略作爲元朝的基本國策反復强調。《賦典》大序就説：「我祖宗創業守成，艱難勤儉，亦豈易言哉。大率以脩德爲立國之基，以養民爲生財之本，布諸方策，昭示後裔，以垂憲萬世者，寧有既乎？」至於如何具體地實施養民厚生之道，大典序録中則有多方面的論述，如《賦典·農桑》序録中提倡重農桑，使民有所養；《賦典·經理》序録中認爲養民厚生要善於理財；《工典》大序中則提出要「重民力，節國用」的主張。三是在典制總結中强調德治教化的社會作用。這一思想在《憲典》各篇序録中有比較集中的體現，比如認爲「天地之道，至仁而已。國以仁固，家以仁和」〔一〕。把仁道作爲治國治家之本，提倡以王道德治管理和教化百姓。《憲典》本是記載刑獄訴訟制度的，但是大典認爲國家刑法只是德治之餘的輔助手段，「古者聖人以禮防民，制刑以輔其不及」〔二〕，他們所期望的是以王道德治達到「無訟」、「無刑」、「獄空」的局面。

第五，大典在具體的編纂中注意前後呼應，使之詳略得當，又采用靈活的表現手法，爲後世的元史研究保存了大量寶貴的資料。一是使用「互見」方法編排材料，使之該詳者詳，該略者略，各篇之間又可互相照應。大典編纂中當遇到不同類目的内容有聯繫或交

〔一〕蘇天爵編《元文類》卷四二《經世大典序録》之《憲典·大惡篇》。
〔二〕蘇天爵編《元文類》卷四二《經世大典序録》之《憲典·姦非篇》。

叉時，力避重複，同時又注意標明内容可參見之處。如《治典·軍官》中曰：「武臣之入官也，其始以功，其子孫以世繼。兹著其大槩，詳在軍旅之典矣。」也就是説，《治典·軍官》與《政典》内容相關，此處略述，他處詳記，可參照閲讀。在同典同類之中也有「互見」之例，如《政典·征伐·占城》曰：「二十一年之征，則以安南道阻，不果，語在《安南》事中。」則指至元二十一年（一二八四）元軍攻打占城，假道安南受阻之事，詳情記載在《政典·征伐·安南》中。二是大典一些類目中還善於用靈活的表現手法，對傳統政書的體例適當變通。從現存佚文可以看出，大典有些内容不限於敘述典制，而較多地記載了政治事件和人物傳記，用以佐證典制。如《政典》的《征伐》、《招捕》，用較多的篇幅記述了元朝國内統一戰争中對南宋、雲南及南方少數民族地區的軍事行動和招降過程，另一方面則記述了對周邊國家如高麗、日本、安南、占城和南海諸國的征伐與政治、經濟交往。《治典》的《臣事》則收録了一批在元朝歷史上發揮過重要作用的文臣武將的傳記。上述内容雖不屬於典制範圍，然亦可佐證相關的政治制度，同時爲後來修撰《元史》和元史研究保存了大量寶貴的史料。

二 《經世大典》輯佚和研究的學術史觀照

元至順三年（一三三二）三月，大典纂成，裝潢成帙，表進皇帝，群臣振奮。惜大典表進後數月，元文宗去世，之後隨即因皇位的變易又陷入混亂。又因大典卷帙浩繁，故無暇刊印頒行而束之高閣。明初，大典被運往南京，修《元史》、《永樂大典》時皆曾取資於大典。永樂帝遷都後，《經世大典》也被運回北京，「初貯在左順門北廊，至正統六年而移入文淵閣中」〔一〕。今傳《文淵閣書目》卷一一盈字號第三、四橱記：「《元朝經世大典》一部，七百八十一册，闕。《經世大典纂録》一部一册，闕。」〔二〕蘇振申據《千頃堂書目》所載明弘治十年（一四九七）修《明會典》時參考《經世大典》事，又查萬曆三十三年（一六〇五）張萱撰《内閣藏書目録》已不載大典，認爲大典應在此段時期散佚〔三〕，所言極是。

〔一〕沈德符《萬曆野獲編》卷一《訪求遺書》，中華書局，一九五九年，第四頁。
〔二〕楊士奇等編《文淵閣書目》卷一一，《叢書集成初編》本，中華書局，一九九一年，第一四二頁。
〔三〕蘇振申《元政書經世大典之研究》，臺北中國文化大學出版部，一九八四年，第一八頁。

大典在明後期散佚後，並未引起重視。清乾隆時修《四庫全書》，從《永樂大典》中輯出大批佚書，或因大典卷帙浩繁，也未組織人力進行輯佚。此後，隨着學界對元史研究興趣的提升，纔出現一系列對大典的輯佚和研究成果。爲了深入展開大典的輯佚和考校，在此有必要對以往大典的輯佚和研究作學術史的梳理和總結。

（一）對大典内容的輯録和輯佚

首先開始輯録《經世大典》内容的是元人蘇天爵。蘇天爵（一二九四—一三五二），字伯修，真定（今河北正定）人，《元史》有傳。蘇氏二十三歲就步入仕途，先在史館任職，後官至江浙行省參知政事。他「博而知要，長於紀載」。蘇天爵生活於元朝後期，面對中原前輩凋謝殆盡，舊文散落的狀況，「獨身任一代文獻之寄」〔一〕，注意對元朝文獻的收集、編纂。他所修纂的《元朝名臣事略》十五卷、《元文類》七十卷是保存元代史料的重要彙編，

〔一〕《元史》卷一八三《蘇天爵傳》，第四二二六—四二二七頁。

在當時就引起重視，時人趙汸曰「山林晚進得窺國朝文獻之盛者，賴此二書而已」〔一〕。纂成於元順帝元統二年（一三三四）的《元文類》所收資料更爲宏富，元人陳旅説蘇氏爲此書「積二十年」之功，「百年文物之英，盡在是矣」；他説蘇氏編纂《元文類》的宗旨並非取美文佳構、華麗辭藻，而是「必其有繫於政治，有補於世教，或取其雅製之足以範俗，或取其論述之足以輔翼史氏，凡非此者，雖好弗取也」〔二〕。從務實致用的要求出發，可以看到《元文類》所收的歌詩、賦騷並不多，就是在所收僅八卷的「雅製」詩賦中，也仍負有「足以範俗」之任，而餘下的六十二卷爲散文，則都是「輔翼史氏」的各類史料。其中卷四〇至卷四二的《雜著》，即輯録了《經世大典序録》二百一十篇。由於蘇氏生當元朝，所録大典内容應該最爲真實，更重要的是因這些序録所述梗概，爲後世重現《經世大典》框架、最大限度地恢復大典原貌提供了寶貴的綫索和依據，因而蘇天爵乃《經世大典》重生的首要功臣。

元亡以後，明初修《元史》、編纂《永樂大典》也都利用了《經世大典》。據學者考證，

〔一〕趙汸《東山存稿》卷五《書蘇參政所藏虞先生手帖後》，上海古籍出版社影印文淵閣《四庫全書》本，一九八七年。
〔二〕陳旅《元文類序》，見蘇天爵編《元文類》卷首。

《元史》的不少志、傳都摘録或引用了大典的内容，只是由於《元史》囿於正史體例，未將摘引之處標出，所以至今也不能有具體確切的指認。《永樂大典》則是修於明成祖永樂年間的大型類書，此書以「毋厭浩繁」爲宗旨，廣收各類文獻，其編纂以韵繫字，以字繫事，有時字頭之下全收一書，有時又將一書拆開，按内容主題附於相關字頭。《經世大典》是被離析而輯録於相關字韵之下的，因而材料比較分散。一九〇〇年八國聯軍入侵北京後，《永樂大典》被焚，殘本流散世界各地。據蘇振申研究並條列《〈永樂大典〉存本所收〈經世大典〉條目表》所示，《永樂大典》殘本所存《經世大典》佚文有一百處，二十一條目〔一〕。蘇氏雖仍有漏列，但由此可知《永樂大典》殘本現存《經世大典》佚文足有十多萬字，雖然有少量内容和《元文類》的《經世大典序録》重複，然而因所録多爲正文，彌補了《序録》之外的大量缺逸，輯佚價值彌足珍貴。

《永樂大典》在四庫館臣大量輯佚之後，被視爲「菁華已採，糟粕可捐」的餘物而送翰林院貯存。不過，清中期以後，仍有一些供職於翰林院又深諳其價值的文人學者利用《永

〔一〕蘇振申《元政書經世大典之研究》，第三六—四〇頁。

樂大典》開展一些輯佚活動。其中，徐松爲《經世大典》的輯佚作出了貢獻。徐松（一七八一—一八四八），字星伯，原籍浙江上虞，幼時隨父居官北京，僑居順天府大興（今屬北京）。嘉慶十年（一八〇五）進士，授翰林院編修，入直南書房。他爲學貫通經史、文字音韻、目録版本、金石、輿地無所不通，是嘉道間一位淵博的學者。嘉慶十四年（一八〇九）全唐文館開後，他入館任提調，第二年出任文潁館（唐文館）總纂官。他在全唐文館任職期間，得閲《永樂大典》，私下輯抄佚書多種，其中以《宋會要》五百卷最知名，也輯得《經世大典》的「馬政」部分二卷。徐松身後，他的輯本數易其主，《馬政》輯稿後歸繆荃孫，今國家圖書館仍藏有繆氏的鈔本〔一〕。但其中除《馬政》之外，還有《經世大典》的另一篇佚文《皁通七壩》。據文廷式在他的《經世大典》輯本中爲《馬政》題識所言：「此卷從繆筱珊（荃孫）編修處轉鈔，蓋徐星伯録出之本也。今翰林院所藏，已佚此兩卷矣。丁亥十月三十日校畢記，萍鄉文廷式。」〔二〕則未言《皁通七壩》是否亦爲徐松所輯録。此外，王國維在《〈大

〔一〕繆荃孫抄《經世大典》一册，緑格鈔本，頁十一行，行二十四字，四周單邊，單魚尾，卷末鈐「荃孫讀過」。見《藝風鈔書》叢編。
〔二〕文廷式輯《經世大典》鈔本第二册，《馬政》卷後。

元馬政記〉跋》中還説，「星伯先生所鈔《驛站》一門尚存」，「惟《驛傳》一門卷帙頗大，原稿今在俄都聖彼得堡博物館」，「傳鈔刊印殊非易事，是可憾也」〔一〕。日本人羽田亨在《元朝驛傳雜考》中提到他一九一四年曾在莫斯科抄録徐松所輯《永樂大典·站赤門》相關章節，也指出王國維所聞原稿在彼得堡乃莫斯科之誤〔二〕。今查《康·安·斯卡奇科夫所藏漢籍寫本和地圖題録》第十一《類書和手册、書目》中著録：「No 254(787)，經世大典。皁通七壩。游牧。14世紀政書。」「No 256(51)[經世大典]站赤。[14世紀政書]驛傳，卷八百八十。」「根據伯希和《俄國收藏之若干漢籍寫本》，徐松也曾抄録了上述八卷《永樂大典》。」〔三〕可以看出，徐松所輯《經世大典》佚文，似不止《馬政》二卷，可能還有「皁通七壩」、「驛傳」等内容。至於王國維所言《驛傳》一門遠在海外，抄刻不易之嘆，則因包括「驛

〔一〕王國維《〈大元馬政記〉跋》，見姬佛陀輯《廣倉學宭叢書甲類》，上海倉聖明智大學鉛印本，一九一六年。

〔二〕[日]羽田亨《元朝驛傳雜考》，見《日本學者研究中國史論著選譯》第九卷，中華書局，一九九三年，第四八七—五六三頁。

〔三〕[俄]麥爾納爾克斯尼斯著，張芳譯，王菡注釋，李福清審訂《康·安·斯卡奇科夫所藏漢籍寫本和地圖題録》，國家圖書館出版社，二〇一〇年，第一五五—一五七頁。

傳」内容的《永樂大典》殘本卷一九四一六至卷一九四二三至今仍存，可以無憾了。

繼徐松之後，晚清文廷式輯録大典佚文，成果也頗多。文廷式（一八五六—一九〇四），字道希，號芸閣，晚年自稱純常子，江西萍鄉人。光緒十六年（一八九〇）進士，授翰林編修，擢翰林侍讀學士，並任光緒帝寵妃珍妃的業師，備受光緒帝器重。他學識淵博，長於史學，被譽爲「江南才子」，著述多達五六十種。在供職翰林院侍讀期間，他借讀過大量《永樂大典》，其晚年著作《純常子枝語》卷三曰：「《永樂大典》今存於翰林院者僅八百餘册，余乙酉、丁亥在京時，志伯愚銳[一]詹事方協辦院事，曾借讀三百餘册，其可採之書惟宋元地志爲最夥，惜未募寫官，不能盡録，惟集《經世大典》得六七卷。」[二]即述其在光緒十一年（一八八五）至十三年（一八八七）時借閲《永樂大典》事，據文廷式所言，其輯録佚書多種，可惜所輯佚書大多未能刊行而不知所終，除在他的《純常子枝語》中保存有一些古

〔一〕志鋭，字伯愚，珍妃之兄。

〔二〕文廷式《純常子枝語》卷三，《續修四庫全書》第一一六五册，上海古籍出版社，二〇〇二年，第五六頁。

書佚文外，所幸有關《經世大典》的輯本二册，今仍保存在遼寧省圖書館〔一〕。文氏輯本包括大典的輯文共十一種，以及文氏對輯文的題識、批注共四處，柯劭忞跋文一處。其中有關大典的輯文，除文氏在《馬政》篇後題識説明抄録繆氏鈔本外（見前揭），其他各篇應爲文氏所輯。據遼寧省圖書館特藏部王清原考證，文氏輯本在文廷式身後輾轉多處，先由易培基收藏；後轉入柯劭忞手中，柯氏利用輯本的材料爲所撰《新元史》增添了内容；後輯本又轉爲羅振玉收藏。羅氏將輯本交由王國維整理，選出《大元馬政記》等六種，列入《廣倉學宭叢書甲類》第一集、第二集；最後，文氏輯本由羅振玉哲孫羅繼祖教授於一九五〇年捐贈東北圖書館〔二〕。

一九一六年初，王國維應海寧同鄉鄒壽祺（字景叔）介紹，受聘於上海猶太富商哈同，

〔一〕文廷式輯《經世大典》本，原爲二册，現分裝爲四册，仍按二册著録版本狀況。白棉紙，無行格，楷書。第一册每半葉九行，行二十四字，小字雙行，卷端上題「經世大典」，下題「萍鄉文廷式集」，首頁右下有「繼祖印信」、「羅村舊農」二白文印。第二册每半葉十一行，行二十四字，首頁右下有「海山樓」朱文印，右上有「柯回」朱文印。

〔二〕王清原《〈永樂大典〉中元代史料舉隅——以文廷式輯元〈經世大典〉佚文爲例》，見《〈永樂大典〉編纂六〇〇周年國際研討會論文集》，北京圖書館出版社，二〇〇三年，第一九一、一九五頁。

任《學術叢編》編輯〔一〕。哈同在上海致富後，爲粉飾文事，由其妻羅迦陵及漢人買辦姬覺彌〔二〕操辦建立上海倉聖明智大學，創辦《學術叢編》、《藝術叢編》等。王國維於一九一六年初由日本到上海就任，雖然對哈同夫婦的爲人及姬覺彌的不學無術甚爲不滿〔三〕，但爲了弘揚學術仍勉力參與其事。一九一六年羅振玉從柯劭忞處得文氏輯本《經世大典·馬政》，王國維於當年五月整理出《大元馬政記》並撰長篇跋語，刊行於姬佛陀輯印《廣倉學宭叢書甲類》（即《學術叢編》）第一集。次年，柯氏又將文氏輯本二册轉贈羅振玉。王國維分别於當年四月、六月、七月、九月整理出《元高麗紀事》、《元代畫塑記》、《大元倉庫記》、《大元氈罽工物記》、《大元官制雜記》等五種，並各撰跋語，刊行於《廣倉學宭叢書甲類》第二集〔四〕。於是《經世大典》佚文六種借《廣倉學宭叢書》得以廣爲流傳，而王國維在

〔一〕袁英光、劉寅生《王國維年譜長編》，天津人民出版社，一九九六年，第一三九頁。
〔二〕姬覺彌（約一八八五—一九六四）本名潘林，佛號佛陀。早年爲哈同聽差，後被羅迦陵招爲哈同花園大總管，兼任倉聖明智大學校長。
〔三〕參見羅繼祖《王國維先生筆下的哈同倉聖明智大學》，《社會科學戰綫》一九八二年第二期。
〔四〕見袁英光、劉寅生《王國維年譜長編》，第二一〇、二一二、二一九、二三五頁。

每種之後所撰跋語，則詳述該篇在大典中之類別、輯録者姓名、佚文出處以及對佚文内容之考證或評價等等。

除上述輯本外，《經世大典》佚文的收録，還有幾個輯本。一是清代胡敬所輯《大元海運記》二卷[一]，胡敬於嘉慶年間和徐松等人編修《全唐文》，故有機會得閲《永樂大典》。除於《永樂大典》卷一五九四九、卷一五九五〇中輯得《大元海運記》外，還輯得宋代《淳祐臨安志》部分内容，匯同宋代《臨安志》殘卷編成《臨安志輯逸》八卷。《大元海運記》後附有清人羅以智撰於咸豐二年（一八五二）跋語，考訂元代海運史實，糾補《大元海運記》若干内容。二是《皇元征緬録》一卷，《招捕總録》一卷，此二種乃阮元所收並進呈内府者。他在所撰《四庫未收書目提要》中，認爲出於元朝「政典」，推爲秘籍[二]。實際上此二種乃書胥抄於《元文類》卷四一《經世大典序録》中的《征伐·緬》及《招捕》，見《招捕總録》最後

〔一〕刊於羅振玉輯《雪堂叢刻》，民國四年（一九一五）上虞羅氏排印本。蘇振申認爲此二卷與《大元馬政記》等六種亦刊於《廣倉學窘叢書甲類》，有誤。《大元海運記》不刊於《廣倉學窘叢書》。

〔二〕分别見阮元《揅經室外集》卷三、卷五，清道光二年刻本。又見《四庫全書總目》下册《附録》，第一八五九、一八六六頁。

一句「《招捕》事不止此」云云可證，此乃蘇天爵摘取大典《政典·招捕》類正文入注的説明，非《經世大典》原文〔一〕。上述《大元海運記》因《永樂大典》殘卷仍存有這部分内容，《皇元征緬録》和《招捕總録》又抄自《元文類》，故史料和輯佚價值都大爲遜色。

（二）對《經世大典》的研究

對大典的研究自清代就已開始，錢大昕、趙翼除了利用大典的史料研究元史外，還注意到《元史》和大典的關係。如錢大昕認爲《元史·宗室世系表》來自《經世大典·帝系》〔二〕，趙翼認爲《元史》的百官、兵、刑諸志源於《經世大典》〔三〕。晚清學者重視對大典的輯佚後，也引起外國學者的注意。一九〇一年俄國學者布萊脱胥乃德最早將大典中的《地

〔一〕《皇元征緬録》一卷、《招捕總録》一卷，除阮元刊於《宛委别藏》叢書外，還可見於《守山閣叢書》、《皇朝藩屬輿地叢書》、《端溪叢書》、《叢書集成初編》等。
〔二〕錢大昕著，方詩銘、周殿傑校點《廿二史考異》卷九一《宗室世系表》，上海古籍出版社，二〇〇四年，第一二六四頁。
〔三〕趙翼著，王樹民校證《廿二史劄記校證》卷二九《元史》，中華書局，一九八四年，第六五一頁。

理圖》介紹到西方〔一〕。此後，洪鈞、沈曾植、屠寄、丁謙等曾對此圖有所利用或考釋，丁謙《元經世大典圖地理考證》三卷，以元代在西北的藩屬察合台、欽察、伊利三大汗國爲綱，對大典地理圖作了詳細考證〔二〕。

進入二十世紀，國内外學者對大典的研究不斷豐富、深化，包括幾個方面：一是對大典與《元史》關係的探討。王慎榮認爲《元史·后妃傳》可能抄自大典《宗親歲賜》篇，温嶺認爲大典的《治典·臣事》中有人物傳記，它們是《元史》列傳的史源〔三〕。余元盦撰文對可能采用大典内容的《元史》志表作了推測，指出《元史·天文志》中從「簡儀」、「仰儀」到「西域儀象」、「四海測驗」等九目源於大典《曆》篇；王慎榮則在余文基礎上對《元史》諸志如何取材的問題提出一些補充和看法，並以大典《政典·驛傳》與《元史·兵志》相對照，以示《元史》取材於大典。劉曉則分析了大典《憲典·職制篇》中「檢屍」的一段佚文，指出

〔一〕見唐長孺譯《經世大典圖釋》，《國學論衡》一九三五年第六期。

〔二〕見《浙江圖書館叢書》《蓬萊軒地理學叢書》第二集，一九一五年。

〔三〕王慎榮《〈元史〉列傳史源之探討》，《吉林大學社會科學學報》一九九〇年第二期；温嶺《元代政書〈經世大典〉中的人物傳記》，《中國史研究》一九九二年第一期。

這正是《元史·刑法志》的史源之一〔一〕。

二是對大典編纂的討論。日本市村瓚次郎《元實録與經世大典》一文不僅探討《元史》各表與大典的關係，還分析了大典參修人員〔二〕。張韶華在前人研究基礎上對大典的監修、纂修、繕寫者，作了分析和補正〔三〕，魏訓田則利用大典佚文，從檔案公文、元人著作、大臣獻書、口頭文獻、前朝文獻等方面分析了大典的史料來源〔四〕。

三是對大典部分内容的研究。其中有對大典《憲典》佚文的分析〔五〕；有對《大元氈罽

〔一〕余元盦《〈元史〉志表部分史源之探討》，《西北民族文化研究叢刊》第一輯，一九四九年；王慎榮《〈元史〉諸志與〈經世大典〉》，《社會科學輯刊》一九九〇年第二期；劉曉《再論〈元史·刑法志〉的史源——從〈經世大典·憲典〉一篇佚文談起》，北京大學歷史學系編《北大史學》第十輯，北京大學出版社，二〇〇四年。

〔二〕牟傳楷譯，見《史學年報》一九三一年第三期。

〔三〕張韶華《元代政書〈經世大典〉參修人員辨析補正》，《中國典籍與文化》二〇一三年第三期。

〔四〕魏訓田《元代政書〈經世大典〉的史料來源》，《史學史研究》二〇一〇年第一期。

〔五〕沈仁國《〈經世大典〉屍檢法令及斷例辯證》，《江蘇公安專科學校學報》一九九七年第四期；劉曉《〈大元通制〉到〈至正條格〉：論元代的法典編纂體系》，《文史哲》二〇一二年第一期。

工物記》所載毛紡織品名目、生産機構、染料及其他物料名目的研究〔一〕；有利用大典《政典・征伐》篇佚文，論述元朝與東亞、東南亞等周邊國家的關係〔二〕。日本學者中村和之則討論了《經世大典序録》「招捕」篇中所論「果夥」一地的地理位置〔三〕。對《經世大典地理圖》的研究也不少，中國學者馮承鈞、朱杰勤、胡逢祥、劉迎勝、鈕仲勛、林梅村，日本學者青山定雄、松田壽男都在他們的論著中參與了討論。其中，胡逢祥在清人研究的基礎上，探討了地圖的來源、流傳及繪製方法，認爲大典《地理圖》本係回回人所繪，收入《經世大典》、《永樂大典》、《海國圖志》時分别作了些修飾潤色，方成今日之面貌〔四〕。林梅村的論文則總括了《地理圖》的流傳及研究概況，然後將地圖與《元史・地理志・西北地附録》進行比勘，考校兩者異文，論證《地理圖》所載各地的地名和地理位置沿革〔五〕。此外，又

〔一〕趙翰生《〈大元氈罽工物記〉所載毛紡織史料述》，《自然科學史研究》二〇一三年第二期。

〔二〕魏訓田《從〈經世大典〉佚文看元王朝與周邊國家的關係》，《淮北煤炭師範學院學報》二〇〇八年第三期。

〔三〕[日]中村和之《關於〈經世大典序録〉中的果夥》，《黑河學刊》一九九三年第一期。

〔四〕胡逢祥《〈元經世大典地圖〉探源》，《西北史地》一九八六年第一期。

〔五〕林梅村《元經世大典圖考》，見北京大學考古文博學院編《考古學研究》第六集，科學出版社，二〇〇六年。

有王永剛的碩士論文《元〈經世大典〉初探》，多方面討論大典的作者和史料來源、體例與現有佚文，以及大典的史料價值。内容雖顯單薄，但也有獨立之見〔一〕。

二十世紀以來研究《經世大典》諸成果中，以臺灣學者蘇振申《元政書經世大典之研究》一書的成就最爲突出，是目前學界對大典作系統研究的唯一專著〔二〕。該書分上、中、下三編共十章，上編論《經世大典》的纂修、散佚和體裁，中編論與大典輯佚有關的原文和各種典籍，下編舉輯佚之若干範例並論大典之史學價值。其中最有價值的是中編「輯佚」，該編對保存於《永樂大典》和《元文類》中的原文及清末學者輯自《永樂大典》的單篇佚文作出研究，並作《〈永樂大典〉存本所收〈經世大典〉條目表》、《〈永樂大典〉所引〈經世大典〉條目表》，尤其是前表，以現存《永樂大典》殘本爲據，查得殘本所存佚文共一百處、二十一條目，詳細標舉了《經世大典》佚文所在《永樂大典》的册數、卷數、頁數、字數和所屬類目，雖仍有誤漏，然嘉惠學界甚巨。蘇氏還對晚清學者從《永樂大典》中輯出的大部

〔一〕王永剛《元〈經世大典〉初探》，北京師範大學古籍研究所二〇〇三年碩士學位論文。
〔二〕蘇振申《元政書經世大典之研究》，臺北中國文化大學出版部，一九八四年。

分單篇佚文作出介紹，扼要述其内容及版本，以便學者訪求。另外，又分析《元史》、《元明事類鈔》、《元史類編》等引用《經世大典》的情況，認爲《元史》諸志乃删節大典「臣事」六典而成。他對元代其他政書與《經世大典》的關係也有研究，並將它們的類目與《經世大典》進行比較，以便輯補。總之，蘇氏之作爲研究和輯佚《經世大典》奠定了堅實的基礎。

三 《經世大典》佚文的收輯與考證

已有的輯佚和研究成果爲《經世大典》全本的輯佚準備了充分的條件，然而也留下不少值得考證和糾謬補缺的空間。一是現存於《元文類》中的《經世大典序録》和《永樂大典》殘本中的材料，雖然保留了大量佚文，但不是現存佚文的全部，需要利用資料補充，特别是文廷式輯本輯於《永樂大典》全部散亡之前，有不少文字可補現存《永樂大典》殘本之不足。二是晚清學者所輯各種單篇輯文或輯本也不是大典現存佚文的全部，可藉《永樂大典》殘本進行互補。如《永樂大典》殘本現存《經世大典·憲典》中有關「檢屍」的大量文字則爲晚清學者未曾輯録。此外，清人輯本中有些内容現仍保存於《永樂大典》殘本之中，亦需利用殘本校正文字。三是仍有少量散見於其他史籍文集的大典佚文需要鈎稽輯録。最後，在采録佚文時，對於佚文在存書中的起止亦需認真辨識；對於佚文所在典籍的版本以及各類輯本的版本優劣也需考證。

《經世大典》輯佚最需要參考的成果自然是蘇振申《元政書經世大典之研究》，蘇著雖是研究大典的集大成之作，爲收集大典佚文提供了廣泛的綫索，對輯佚工作提出了一套設想，但也存在一些問題。一是蘇著的輯佚方案不能達到復原大典的目的。輯佚是將佚書現存的片段材料加以搜輯整理，最大限度地恢復佚書原貌的文獻整理方法。復原大典應按大典原書的框架結構，把收到佚文輯入各目之下，從而得到一個接近原書面貌的文本。蘇著的中編雖言「輯佚」，實乃「輯補」，即在大典佚文之外又輯他書相關内容以填補大典類目。中編第六章《經世大典輯補關係書考》，對大典成書前的《元朝秘史》、扎撒、《至元新格》、《元典章》及實録，以及大典成書後的《憲臺通紀》、《南臺備要》加以分析，指出各書相關内容可作大典某些類目的輯補。如第三節《大元聖政國朝典章與大典之關係》之吏部云「可將此條目全部輯出，分別置入《經世大典》之内」〔一〕。此外，第七章《經世

〔一〕蘇振申《元政書經世大典之研究》，第一〇四頁。

大典輯佚綜考》談的也是輯補，就連大典類目也套用他書。如第二節《臣事治典卷目之輯佚》，作者設計將《元典章·吏部》中的職制、吏制、公規等類目和内容一併歸入大典《治典·官制》類中〔一〕。很顯然，如果按蘇著的方法，輯出的文本將是一部以大典框架爲綫索，添加他書類目，雜糅《元典章》、《元史》等典籍相關内容的一部新書。這種做法達不到復原大典的目的，只是以大典爲綱進行一次資料的分類彙編。

二是蘇著對大典佚文的輯查仍有誤漏。首先是對《永樂大典》殘本的輯查，蘇氏詳列《條目表》，提供了充分廣泛的輯佚綫索。然經仔細查檢，發現仍漏列大典佚文五個條目，即大典《憲典·職制篇》中的「檢屍」、「檢屍式」、「屍帳式」、「檢屍法」，《禮典·郊祀》中的「祖宗配侑」等，字數可達一萬餘字〔二〕。此外，蘇氏對《永樂大典》所存相關佚文的鈎輯也有誤收之處。如《條目表》中所列輯自《永樂大典》卷一九四一六至卷一九四二三共八條「站赤」材料，乃《經世大典·政典·驛傳》内容，字數多達六萬餘字；但最後一條標示有

〔一〕蘇振申《元政書經世大典之研究》，第一二〇頁。

〔二〕詳見本書後所附《〈永樂大典〉殘本所存〈經世大典〉佚文表》。

誤，因卷一九四二三第一四頁 A 面第十行之後乃《六條政類》内容，蘇氏誤把此後十二頁的材料也納入《經世大典》佚文了〔一〕。其次，對散見於其他史籍的佚文考查也有誤漏。如中編第五章第三節論清初姚之駰《元明事類鈔》所引大典佚文，漏列「社長」條目一百一十二字〔二〕，此條應歸於大典《賦典・農桑》之下。蘇氏列表標示《元明事類鈔》引大典佚文九條，認爲姚之駰未見大典原文，乃間接引自《元文類》或《永樂大典》〔三〕，所言大致不錯。不過這九條佚文絶大多數都出自《元文類》所收大典《序録》，只有姚書卷三〇「簾押」條不在《序録》之内，但姚氏也不一定引自《永樂大典》。因明清學者有十幾人在著述中引用過《經世大典》這條材料，如明人楊慎在他的《詞品》、《升庵集》、《丹鉛總録》中都引用過〔四〕。

〔一〕蘇振申《元政書經世大典之研究》，第四〇頁。所標「卷一九四二三、1A—26A」應爲「卷一九四二三、1A—14A」。

〔二〕見姚之駰《元明事類鈔》卷七，上海古籍出版社影印文淵閣《四庫全書》本，一九九三年。

〔三〕蘇振申《元政書經世大典之研究》，第七五—七七頁。

〔四〕楊慎《詞品》卷二「銀蒜」，明刻本；《升庵集》卷六七「銀蒜」條，上海古籍出版社影印文淵閣《四庫全書》補配文津閣《四庫全書》本，一九八七年；《丹鉛總録》卷八「銀蒜」條，上海古籍出版社影印文淵閣《四庫全書》本，一九八七年。

此外，蘇氏表中考釋内容亦有失誤，如表中考釋姚書卷四「製大寶」條目，認爲原條文字可歸於大典《工典・玉工》而不必改易，其實此條内容已在《元文類》卷四一《經世大典序録・禮典・符寶》之中，蘇氏以爲此條乃《序録》之外的佚文，所以歸類也有錯誤。又如姚書卷二三「神風弩」條目，蘇氏以爲原屬大典《工典・兵器》，卷四三「西域礮」條目，蘇氏認爲應在《工典・兵器》或《政典・軍器》，其實這兩條佚文都在《元文類》卷四一所收《序録》的《政典・軍器》之中。再次，蘇著對大典佚文輯查的另一重要遺漏，還在於他未能得見文廷式輯本。文氏輯本不僅是《廣倉學宭叢書甲類》六種單篇輯文的底本，二者之間可有互校之功，更重要的是文氏輯本中還有不少内容是《廣倉學宭叢書甲類》來不及刊行的大典佚文。具體而言，仍有張邦傑等名臣的六篇傳記，以及《進士及第唱名儀》、《進士後思儀》、《阜通七壩》等共計九篇佚文爲蘇著所漏記。此外，文廷式的《純常子枝語》中也收有大典佚文，即張德輝、張柔、張禧三篇傳記〔一〕，雖然内容與文氏輯本大致相同，但蘇氏也因失檢而未能著録。

〔一〕文廷式《純常子枝語》卷三七，第五四七—五四八頁。

三是蘇著對大典輯佚的論述也有一些小的失誤，可試舉數例以説明之。比如，《〈永樂大典〉存本所收〈經世大典〉條目表》中所列第四六册「常平倉」條所在的卷數應是卷七五〇七，誤爲「七五一一」；第七二册「君謚・極深研幾」條所在卷一三三四五中的頁數應是「6A」，誤爲「2A」；第九二册卷一九七八一頁21A—22A佚文類目「金鉢局」，應爲「盒鉢局」；第九三册卷一九七九二「公服」條下考述曰「《元史・百官志》公服條與此有出入」，應是「《元史・輿服志》百官公服條」〔一〕。又如，蘇著中編第四章第三節在介紹《大元馬政記》、《大元海運記》等七種晚清單篇輯本時，先説《大元馬政記》收入《雪堂叢刻》、《廣倉學窘叢書》，後又説其他六種輯本的版本與《大元馬政記》相同〔二〕，此説有兩誤：首先，《大元海運記》只刊於羅振玉一九一五年編印的《雪堂叢刻》，並不見於《廣倉學窘叢書》；其次，《大元馬政記》等六種單篇輯本則見於《廣倉學窘叢書》，而不見於《雪堂叢刻》。再如，蘇著中編第七章第二節《臣事治典卷目之輯佚》最後一段，談到對「臣事」材料的輯

〔一〕蘇振申《元政書經世大典之研究》，第三八、四〇頁。
〔二〕蘇振申《元政書經世大典之研究》，第四二—四九頁。

佚，認爲可取《元史》諸帝本紀中所載名臣事迹，按十一朝次序輯録十一卷内容，外加《元文類》所收奏議表疏和史籍序言附於各朝編年事迹之中〔一〕。這種設計也是不恰當的，因爲這並非大典原貌。大典《治典·臣事》序録已表明，這一類目是爲功勛卓著或有特殊貢獻之文武百僚設立專傳，文氏輯本中所收若干人物列傳佚文，即爲此類内容，並非編年事迹。

四是蘇著對於大典的類目復原以及佚文、佚圖的輯録歸類也存在不少值得商榷之處，這些問題留待分析大典類目體系的恢復和佚文編排時再來討論。至於蘇著中涉及輯佚之外的一些問題，則由於不在本文研討之範圍，就不涉及了。總體而言，蘇著對於大典的輯佚爲功甚巨，只是因爲時代發展了，對於大典的輯佚探索也應有所推進，上述的種種討論，是新的輯佚思路必不可少的考證。

《經世大典輯校》的輯録和考校依據以下路徑來展開。

〔一〕蘇振申《元政書經世大典之研究》，第一一七頁。

（一）對蘇天爵《元文類》所録大典佚文的收輯及其版本辨析

《元文類》（即《國朝文類》）卷一六收有歐陽玄撰《進經世大典表》，卷四〇至卷四二收有《經世大典》各類序録計二百一十篇，這些序録包括全書總序、君事四篇、臣事六篇的十篇大序，一百二十八個二級類目的小序，以及部分類目下再分子目的序録。如《憲典·名例篇》之下又分「五刑」、「五服」、「十惡」、「八議」等四個子目，《政典·征伐》下又分「平宋」、「高麗」等等，這些子目的序録也被輯録下來；除此之外，一些門類的附録也有序録，如「君事」中的《帝系》則有《帝系附録》的序録。因此《元文類》所收大典序録的篇數很多，大大超過了大典二級類目的總數，這是一筆寶貴的材料。

《元文類》所收大典序録還有一個特殊的現象值得注意，即《政典》之下的征伐、招捕、軍器、存恤、馬政、屯田、驛傳、弓手、急遞鋪、鷹房捕獵等十個類目中，編者蘇天爵以小字的形式摘取大典正文爲各類序録作注。這種做法的目的可從蘇天爵在《政典·招捕》注文最後的一句説明得見端倪，其曰：「《招捕》事不止此，是惟取其人名、地名及事與序相干者入注中。」〔一〕由此可見，采正文入注是爲了以史實説明相關序録，更好地闡述元朝典制的發展沿革。因此，除非相關類目的正文佚文仍存，否則這些注文自然也應是收輯的對象。序録中采正文入注的内容以「征伐」、「招捕」兩類最多，「征伐」之下分十個子目，只有最後一個子目「平倒剌沙」没有注文；「招捕」之下分二十三個子目，每個子目則只有注文而没有序文。采正文作注也有兩種形式，一種是夾注的形式，如「征伐」之下的「平宋」，將注夾雜在序文中，對序中所述平宋過程的沙陽、陽羅、蕪湖、焦山、毗陵等五大戰役及帝㬎之死作詳細注解。另一種形式是在序文之後，取大典正文作注。有的是摘取正文或濃縮正文内容作注，這一點可以從序録注文與現存大典正文佚文的比勘中看出來。如《政典·馬政》序録「抽分羊馬」一段的注文曰：「憲宗時，百取其一。」對勘文氏輯本《馬政》的正文「抽分羊馬」一節，則可看到原文要詳細得多，其曰：「憲宗皇帝二年壬子十月十一日，奉旨諭諸人，孳畜百取其一，隱匿者及官吏之受財故縱者、不得財而搔擾者，皆有罪。」〔二〕

〔一〕蘇天爵編《元文類》卷四一《經世大典序録》之《政典·招捕》。
〔二〕文廷式輯《經世大典》鈔本第二册《馬政》。

通過這樣的比勘還可發現另一個問題，即清人所輯《馬政》的内容也並不完整。《元文類》中《馬政》序録的第一段注文述及太僕寺烙官印於馬，其印有數種名號；又述及養牝馬以供馬乳，馬乳又有挏乳、細乳、粗乳之分。這些内容皆不見於清人的《馬政》輯本。可見在輯佚時，《序録》中注文也不能因相對應的正文佚文現存而隨便放弃，要審慎地取捨。將注文置於序録之後的形式，有時是將本類目的正文全部采用作注。如《政典·征伐》之下的「緬」、「占城」兩個子目就是如此。試以「緬」目爲例，「緬」目序録述元廷遣使招緬及緬人動亂而征伐概要，從至元十年始，至大德四年止。其後所附注文詳述緬事始末。從至元八年始，歷至元十年、十二年、十四年、二十年、二十二年、二十四年，大德元年、二年、三年、四年，至大德五年止，幾乎有事必載，述至具體月、日，注中還有大量詔令、對話，内容詳實、首尾完具，可看出此乃相關正文之全部〔一〕。

爲了收輯更爲真實可靠的大典佚文，需要對輯有大典佚文的原書版本作認真辨析。《元文類》目前較爲重要的版本大致有以下幾種：元翠巖精舍刻本；海源閣所藏元刻明修

〔一〕蘇天爵編《元文類》卷四一《經世大典序録》之《政典·征伐》「緬」目。

本，此本大致爲《四部叢刊》本所據底本的同一印本，已爲《中華再造善本》所影印；涵芬樓藏本，即《四部叢刊》本之底本，現藏國家圖書館；錢泰吉批校明修德堂本，現藏國家圖書館；明晉藩本；《四部叢刊初編》本。《四部叢刊》本所據底本爲元刻明修本，即元至正二年（一三四二）西湖書院刻、明成化九年（一四七三）補印本。比較上述幾種版本而言，《四部叢刊》本的底本初刻時間較早，雖然在此之前元西湖書院於後至元二年（一三三六）曾有刻本，然今已不存。曾有學者認爲現存之翠巖精舍本可能是後至元本的翻刻〔一〕，但是至正刻本是因至正元年在大都蘇天爵家中發現原編稿本而校補後至元本九千餘字的基礎上刊刻的〔二〕，故應更爲佳善。雖然又有學者認爲《四部叢刊》本在縮版描潤過程中對原本漫漶之處進行加工，可能有失真之處〔三〕。然綜合比較而言，《四部叢刊》本仍爲上述諸本中較爲精善，且通行便用的版本，故當作爲收輯大典序録及《進經世大典表》佚文所

〔一〕魏亦樂《〈國朝文類〉元明諸板本雜考》，見李治安主編《元史論叢》第十四輯，天津古籍出版社，二〇一四年，第三二七—三二八頁。

〔二〕蘇天爵編《元文類》卷首《公文》。

〔三〕魏亦樂《〈國朝文類〉元明諸板本雜考》，見李治安主編《元史論叢》第十四輯，第三三八頁。

在底本之首選。將《四部叢刊》本作爲相關佚文的底本後，仍當選有關《元文類》的其他版本作爲《四部叢刊》本的校本，以校訂異文，擇善而從。在上述幾種版本中，清人錢泰吉批校明修德堂本因匯校多種版本，值得重視。據錢泰吉《甘泉鄉人稿》卷四《跋校本元文類四則》所載〔一〕，錢氏於清道光十年（一八三〇）、十二年、十六年先後以自藏元翠巖精舍本、莊仲方藏元西湖書院本、蔣光煦藏元西湖書院本校明修德堂本。他校勘了兩種元刻一種明刻的異文，也有一些他校和理校的成果，其校語批於卷中天頭或文中。本書輯校，選取了他以翠巖精舍本校勘西湖書院本的部分内容。

（二）對《永樂大典》殘本所存《經世大典》佚文的收輯

《永樂大典》在庚子之役散亡後，殘本陸續得到重視和收藏，一九四九年新中國成立後，更加重視對散佚殘本的徵集，並有幾次重要的彙編影印出版。首次集中影印出版在一九六〇年，中華書局將歷年徵集到的《永樂大典》殘本之仿鈔本、傳鈔本、攝影本、舊影

〔一〕錢泰吉《甘泉鄉人稿》，《續修四庫全書》第一五一九册，第二七八—二七九頁。

印本、顯微膠卷等凡七百三十卷全部影印出版，綫裝套印爲二十函二百零二册。一九八四年中華書局又將陸續徵集到的六十七卷殘本、五頁殘葉影印出版，分裝二函二十册，是爲《永樂大典》殘本的續印本。一九八六年中華書局合併上述兩次印本共七百九十七卷，後附山西靈石楊氏刊《永樂大典目録》六十卷，印製爲十六開精裝本十册。二〇〇三年上海辭書出版社又將從海外新發現的殘本十七卷複製影印出版爲《海外新發現永樂大典十七卷》，其中十六卷爲首次公之於世，另有一卷原中華書局影印本已收，但有缺頁，此次影印已得補全〔一〕。至此，國内的《永樂大典》殘本影印出版已達八百一十三卷，雖仍有極少數殘本爲世人未見，但影印本可以説基本已囊括了海内外《永樂大典》殘留的卷帙。在蘇振申著作研究的基礎上，查檢現存《永樂大典》殘本，並作補充，可收輯大典佚文四十五條目〔二〕，約

〔一〕又據《北京日報》二〇一三年十月一日報道，國家圖書館在全國古籍保護普查活動中又發現和入藏新的一册殘卷，此册爲《永樂大典》卷二二七二至二二七四「模」韵中的「湖」字第二册。「湖」字有四册，原已收藏第一册、第三册，本次所見殘本雖不增加卷數，但增添了新的内容，且與舊藏兩册形成連貫。

〔二〕詳見本書後所附《〈永樂大典〉殘本所存〈經世大典〉佚文表》，條目統計方法與蘇振申《元政書經世大典之研究》第三六頁所言「二十一條目」的統計方法不同。

十三萬字。

《永樂大典》殘本所存資料爲現存《經世大典》佚文之多數，從史源學的角度看，其真實性和可靠性也比清代各種輯本高，因此在收輯《元文類》所存《經世大典》序録之後，則應收輯保存於《永樂大典》殘本中的資料。雖然《元文類》所收大典序録中的小注也來自《經世大典》正文，但多處出於摘録，已經零斷失真，除有些注文爲《永樂大典》殘本不存之外，其他皆應以《永樂大典》殘本所存資料爲據。此外，在采集《永樂大典》殘本資料時還應該注意認真辨證釐定相關文字，以免將他書内容誤爲大典佚文，上文所述蘇振申《〈永樂大典〉存本所收〈經世大典〉條目表》將《六條政類》佚文納入輯録範圍，則爲誤收之例。

(三)對清代各種輯本的考辨和收輯

如前所述，清代有關《經世大典》的輯本中較爲重要的有四種，即徐松本、繆荃孫本、文廷式本、《廣倉學窘叢書》本。其中徐松輯本在國内已經失傳，所幸其中内容經人輾轉抄録，一抄於繆荃孫，二抄於文廷式，保存了部分資料；至於王國維與日本羽田亨所言俄羅斯藏有徐松輯本《經世大典·政典·驛傳》佚文，也因《永樂大典》殘本仍存有這部分内容，所以損失不大。繆鈔本今僅存一册，内容爲《馬政》及《皁通七壩》，從文廷式所言他移録繆鈔本的内容來看，今存繆鈔本非全本，然所存大典佚文可爲校勘文廷式輯本所用。

文廷式輯本二册，是今傳清代各類輯本中最重要的一種，其中第一册輯録内容爲：元張邦傑等張氏人物傳六篇，進士及第唱名儀，進士後思儀，元代氈罽工物記，君謚、后妃謚、臣謚，元代官制雜記，元代倉庫記等七種。卷中《臣謚》後有文廷式光緒十三年（一八八七）十月二十三日題記，言佚文出處及分布，並疑《永樂大典》對《經世大典》「謚」目有未盡引者，題記云「夜漏四下，大風極寒，手腕欲脱」，可見其時輯録之辛苦。此外，在《元代倉庫記》的「常平倉」條下也附有小字雙行的題記，《永樂大典》標示「常平倉」條録自《宋會要》，文氏據佚文中關於元世祖至元六年立倉的記載，認爲《宋會要》怎能記元代史事，經考證後將此條作爲大典佚文輯出〔一〕。第二册輯録内容爲：元高麗紀事，元代畫塑記，皁通七壩，元代馬政等四種。《馬政》卷後又有文廷式光緒十三年十月三十日的題記，述此本抄録之來源、内容之重要，並抄録柯劭忞跋文：「《元典章·馬政》殊簡略，得此一卷補

〔一〕文廷式輯《經世大典》鈔本第一册，《君謚》、《后妃謚》、《臣謚》卷後，《元代倉庫記》卷後。

之，真一快事。」〔一〕文氏輯本保存大典佚文的貢獻很大，在文氏抄録徐松輯文「馬政」時，《永樂大典》雖未完全散亡，但殘佚已較嚴重，正如文氏題記所言，當時翰林院所藏已無《馬政》二卷；庚子之役後《永樂大典》完全散佚，至今而言，文氏輯本有元張邦傑等張氏人物傳、進士及第唱名儀、進士後思儀、元代氈罽工物記、元代畫塑記、元代官制雜記、元高麗紀事、阜通七壩、元代馬政等九種《經世大典》佚文爲今存《永樂大典》殘本所無。因此，王國維在民國初年看到了文氏輯本的價值，從中選出《大元馬政記》等六種（其中《大元倉庫記》一種仍存於《永樂大典》殘本）整理刊行於《廣倉學窘叢書甲類》。儘管如此，仍餘下張邦傑等張氏人物傳六篇、進士及第唱名儀、進士後思儀、阜通七壩等四種九篇大典佚文至今爲文氏輯本獨有，而蘇振申的《經世大典》輯佚研究中，也正是由於未能得見文氏輯本而造成輯録對象的較大缺漏。綜上所述，文氏輯本的內容則應作爲《經世大典》輯佚的第三序次輯録，以補第一、第二序次之缺。此外，文氏輯本中文廷式的三段題記也應録入作爲附録，以爲考校《經世大典》佚文之用。

〔一〕文廷式輯《經世大典》鈔本第二册，《馬政》卷後。

王國維從文氏輯本中選出而刊於《廣倉學窘叢書甲類》的大典單篇佚文共六種，分別稱爲：《大元馬政記》、《元高麗紀事》、《元代畫塑記》、《大元倉庫記》、《大元氈罽工物記》、《大元官制雜記》。這六種單篇輯文因後來又曾翻刻重印，流傳較廣，爲《經世大典》佚文的流傳和利用發揮了作用。因此六種乃移録於文氏輯本，故不必作爲新輯佚文收録，但因刊印之前王國維略加整理，所以可作爲校勘文氏輯本之用，兩者相較，擇善而從，或校出異文，供閲讀利用者參考。此外，王國維爲此六種寫有跋文六篇，也應連同附於《雪堂叢刻·大元海運記》後的羅以智跋文〔一〕一併收爲附録，爲考校大典佚文之用。

（四）對其他史籍文集所存大典資料的考辨與收輯

散見於其他史籍、文集並明確標記爲《經世大典》引文的資料較少，又常有重出〔二〕，故多可忽略不計。經考辨篩選，僅餘兩種文獻有收輯校補價值。一是姚之駰《元明事類

〔一〕羅以智《〈大元海運記〉跋》，見胡敬輯《大元海運記》卷後，《雪堂叢刻》本。

〔二〕僅《元明事類鈔》中所引「簾押」條佚文，就出現在明代楊慎以後的十五種明清文獻中，或曰「簾押」或曰「銀蒜」。

鈔》卷七所引大典「社長」佚文、卷三〇所引大典「簾押」佚文可以輯録，具體情況已如前文所述。二是文廷式晚年所著《純常子枝語》卷三七所收大典佚文，即元名臣張德輝、張柔、張禧傳記〔一〕。此三人傳記雖已收入文氏輯本，但輯本中有缺字、誤字，尤其是張柔傳記較爲嚴重，比較之下，《純常子枝語》所收大典佚文有較多的校勘價值。

大典除存有佚文外，還有一幅非常珍貴的地圖存留於世，此圖通稱《元經世大典地理圖》，是我國最古老的西域地圖之一，詳載了元朝藩屬察合台汗國、伊利汗國和欽察汗國的地理位置以及西域衆多地名。《經世大典》修成後，明人修《元史·地理志》時只抄録了圖中的文字作爲《西北地附録》，明修《永樂大典》時收入《地理圖》，曾在圖中「不賽因所封地」下注「即駙馬賽馬爾罕之祖」幾字。《經世大典》亡佚後，一八四一年清人張穆從《永樂大典》中繪出《地理圖》，後轉贈魏源〔二〕。魏源得圖後，在圖上標出斜貫南北的虛綫，以示葱嶺，並分別標注「葱嶺東」、「葱嶺西」六字，又於圖中添「天竺、土伯特、于闐、沙洲」四個

〔一〕文廷式《純常子枝語》卷三七，第五四七—五四八頁。

〔二〕張穆《㐆齋簽記》曰：「穆於辛丑七月，從《永樂大典》畫出《元經世大典西北地圖》，以貽魏君默深，刻入所輯《海國圖志》。」見何秋濤編《朔方備乘》卷五〇《考訂諸書》之十，清光緒七年畿輔通志局刻本。

地名〔一〕，將大典《地理圖》收入道光二十四年（一八四四）活字版刊印的《海國圖志》五十卷本，又收入道光二十七年（一八四七）刻印的六十卷本，均置於該書第二卷。後因在圖中作不甚恰當的增添，受洪鈞等人詬病〔二〕，魏源於咸豐二年（一八五二）刻印的《海國圖志》百卷本時刪去了大典《地理圖》，而代以自繪的《元代西北疆域沿革圖》。此後，《地理圖》被多家摹繪或編印入地圖册，但仍應以《海國圖志》中所附爲收輯對象，又以六十卷本所刻《地理圖》爲善，因五十卷本爲活字印刷而容易失真。

綜上所述，《經世大典》的輯佚應以《元文類》所存佚文、《永樂大典》殘本所存佚文、文氏輯本、其他史籍文集所引佚文爲先後順序，依次輯入大典框架；佚文有重出者，擇善而存，刪去重複；又以清人多種輯本爲校勘。並收入《進經世大典表》、《地理圖》，收相關考證大典佚文的題識跋語爲附録，以求大致恢復大典面貌，並提供部分可供參考的考訂資料。

〔一〕魏源《海國圖志》卷二《元代西北疆沿革圖附〈元經世大典地里圖〉并敘》，清道光二十七年刻六十卷本。
〔二〕洪鈞《元經世大典圖跋》，見《同聲月刊》一九四三年第二期。

四 《經世大典》類目體系的恢復及佚文編排

從文獻學的角度看，儘可能地恢復佚書原貌當然比按佚書框架作史料彙編更具學術價值。要充分體現輯本的還原性和可信度必須具備兩個標準，一是佚文的真實性；二是儘可能地恢復原書的框架體系，並將佚文準確地編排歸位。

（一）類目體系的恢復

在確認和收集大典佚文之後，輯佚進入恢復框架和編排佚文階段。首先要儘可能地復原《經世大典》的各級類目，所幸《元文類》中保存的大典序録提供了大量信息。一方面，大典序録在「臣事」的六篇大序中，大多交代了各篇的二級類目，其中只有《治典》序録内容較少，只交代了三個類目的名稱。另一方面，大典序録則通過直接提供二、三級序録的形式，彌補了某些未曾交代的缺憾。比如《治典》就提供了「官制」、「宰臣年表」等十一個二級類目的序録，填補了這些類目的空缺。又如，大典的一級、二級序録一般是不提及三級類目的（其中只有《憲典·名例篇》序録例外），但在《政典·征伐》下則輯録了「平宋」、「高麗」等十個三級序録;《政典·招捕》之下雖無三級序録,却輯録了「雲南」、「大理金齒」等二十三個三級類目及其注文〔一〕,據此而補足了《征伐》、《招捕》下的三級類目。由此可見,《元文類》所收大典序録在恢復大典類目體系中的重要作用。蘇振申的著作也意識到這一點,但在利用大典序録還原類目時却存在一些問題。比如,蘇著上編第三章第二節「目録初探」在還原大典類目時,《治典》類目中遺漏了「臣事」;《政典》中把「軍制」作爲「招捕」下的三級類目,把「軍器」到「鷹房捕獵」等十七個類目作爲「軍制」下的四級類目,與大典類目體系的原型完全不符。因《政典》序録中明言:「是作政典,其類二十,其帙百二十三。」此後則歷述其二十類目爲「作征伐第一」、「作招捕第二」、「作軍制第三」、「作軍器第四」,直到「鷹房捕獵第二十,終焉」。可見「軍制」後的十七個類目都是《政典》中與「征伐」、「招捕」、「軍制」平行的二級類目,並非「招捕」之下的三、四級類目,而「招捕」之下本來就有「雲南」至「圓明和尚」等二十三個三級類目〔二〕。

〔一〕見蘇天爵編《元文類》卷四一《經世大典序録》之《政典·征伐》、《政典·招捕》。

〔二〕見蘇天爵編《元文類》卷四一《經世大典序録·政典》。

當然，只靠大典序録並不能完全解决恢復大典類目體系的問題，由於遺缺很多三級、四級和五級類目，將導致許多收集的佚文難以歸類。如何儘可能地還原大典三級及其以下類目呢？這裏以還原大典《治典·官制》以下各級類目爲例，作進一步的討論。蘇著在其中編第七章第二節《臣事治典卷目之輯佚》中，設計以《元典章·吏部》、《元史·百官志》、《新元史·百官志》的内容形成官制、職制、公規、百官等一系列類目，入《治典·官制》之下，以囊括現存大典佚文和上述三書材料〔一〕，這不符合大典的實際情況。其實現存大典序録的《治典·官制》已述及中書省、樞密院、御史臺等中央機構的十一個三級類目，以及行省、行樞密院等地方機構的六個三級類目〔二〕。這些類目對比已輯到的佚文，有的有對應材料，如中書省、御史臺、宣徽院等；有的則有佚文而無對應類目。在這種情況下，審慎而較爲恰當的辦法，是利用《永樂大典》以韵繫字，以字繫事，事有標目的體例，先按《永樂大典》中的標目和所轄佚文内容詳考其對應類目，再參照《元史·百官志》的官

〔一〕蘇振申《元政書經世大典之研究》，第一二〇——一二四頁。
〔二〕見蘇天爵編《元文類》卷四〇《經世大典序録》之《治典·官制》。

制遷輯體系，來恢復三級及三級以下類目。比如，從《永樂大典》中已輯出一批匠作管理機構的材料，這些匠作的任務是製造專供内府御用或諸王所用器物，以及營造宫闕殿宇。材料内容雖涉百工之事，然所記乃管理匠作的官員設置及職掌，故不屬《工典》，應屬《治典·官制》。其中有佚文標目爲甸皮局、祗應司等〔一〕，佚文皆云「隸大都留守司」，參照《元史·百官志》相關職官體系〔二〕，即可在大典「官制」類下增設「大都留守司」爲三級類目，其下再設「甸皮局」、「祗應司」等四級類目。又閲「祗應司」佚文，其中云「國初建開平府宫闕、燕京瓊花島上下殿宇，始置祗應司，以供備之」。又云「今掌内府諸王邸第異巧工作、修禳應辦寺觀營繕，管匠七百户，隸大都留守司」〔三〕。其所述内容與《元史·百官志六》「祗應司」條相似而更爲詳細，因此可將所輯有關宫殿髹漆裝鎏的佚文如司屬油漆局、銷金局、燒紅局等條歸於「祗應司」下，設爲五級類目；其他有關製造御用或諸王所用精緻造作、輕細物品的部門，如《永樂大典》輯文標目所示之車局、竹作局、繩局、盒鉢局、銀局

〔一〕參見本書後所附《〈永樂大典〉殘本所存〈經世大典〉佚文表》第三十、三十三條。
〔二〕《元史》卷九〇《百官志六》之「大都留守司」。
〔三〕《永樂大典》殘本影印本第八册，卷一九七八一，中華書局，一九八六年，第七三八六頁上。

等等，皆可依上述「祇應司」之例，按《元史·百官志六·大都留守司》所轄修内司、器物局、犀象牙局内的部門設置，一一歸類[一]。

(二)佚文的歸類編排

大典的類目體系大致恢復之後，則應將所輯得佚文按類目歸類編排，然材料的編排也並非如按圖索驥那麽簡單，有些細微之處仍需深入審察。以下舉若干例證，對佚文編排與前人所述看法不同之處加以辨析，以見佚文編排之基本原則。

例證一，《經世大典地理圖》的歸屬。此圖乃詳載元廷宗藩察合台汗國、伊利汗國、欽察汗國所在的元代西域地理圖。蘇振申認爲此圖可還原於大典《賦典·都邑》[二]，此説值得商榷。《賦典·都邑》序録曰：「惟我太祖皇帝開創中土而大業既定，世祖皇帝削平江南而大統始一，輿地之廣，古所未有。遂分天下爲十一省……」以下述都省、行中書省等

[一] 參見本書後所附《〈永樂大典〉殘本所存〈經世大典〉佚文表》第十九至三十七條。

[二] 蘇振申《元政書經世大典之研究》，第三〇頁。

地方行政建置。這裏可以看出「都邑」所述城邑區劃之沿革，乃元廷直接統轄的中土十一省範圍，没有涉及《地理圖》所主要記載的西域地理。與《地理圖》所載三大汗國相關者乃述元廷宗藩之《帝系附録》，其序録曰：「聖朝宗藩之蕃且大，自古莫及，而累朝爲之法制以保之者，有分地、人民、賜予之厚。」〔一〕可見其中也涉及宗藩的封地，則《地理圖》理應歸於《帝系附録》。

例證二，「御史臺」佚文的歸屬。《永樂大典》殘本所存有關「御史臺」的内容很豐富，可見於中華書局一九八六年版影印本第二册卷二六〇七第一二七七至一二七九頁。蘇著在《〈永樂大典〉存本所收〈經世大典〉條目表》中將這些佚文都歸屬於大典《治典·官制》〔二〕，這是不妥當的。細審這些佚文，其實應據其不同内容歸於大典不同類目。其中第一二七七至一二七八頁内容確屬闡述御史臺官制之沿革，應歸於《治典·官制》，不過這部分内容分别涉及了三個部門，即中央御史臺和江南諸道行御史臺、陝西諸道行御史

〔一〕分别見蘇天爵編《元文類》卷四〇《經世大典序録》之《賦典·都邑》、《帝系附録》。
〔二〕蘇振申《元政書經世大典之研究》，第三七頁。以下引蘇氏對《永樂大典》所存《經世大典》佚文的看法皆據此表。

臺的官制，編排時則應分屬於「御史臺」和「行御史臺」兩個不同的小類。第一二七九頁自「至元十八年七月」起的這部分佚文所述爲御史臺公廨的建造情況，則應歸屬於《工典·官府》之下。

例證三，「常平倉」、「倉庫」、「倉庫官」佚文的歸屬。這部分佚文分布於《永樂大典》殘本卷七五〇七、卷七五一一、卷七五一七等三處，蘇著將三處佚文都歸於《工典·倉庫》〔一〕。「倉庫」佚文的開頭是《工典·倉庫》序録，然後分述各地倉庫之設置、庫房數量、總容量、建庫用料等，所以它和「常平倉」佚文同屬《工典·倉庫》無疑。然「倉庫官」述及管理倉庫職官的選任、升遷等制度，因而不能歸《工典·倉庫》。王國維在《大元倉庫記》跋語中認爲「倉庫官以下當在《治典·錢穀官》中」〔二〕，此説也值得斟酌。「倉庫官」佚文開篇明言「元《經世大典》官制倉庫官」〔三〕，可知此條佚文録自大典《治典·官制》。再看大典《治典·錢穀官》序録所云，「國家既有中原，國用所繫，賦税爲重」。「世祖皇帝始制宣課官，

〔一〕蘇振申《元政書經世大典之研究》，第三八頁。
〔二〕王國維《〈大元倉庫記〉跋》，見姬佛陀輯《廣倉學窘叢書甲類》。
〔三〕《永樂大典》殘本影印本第四册，卷七五一七，第三四六〇頁。

多擇明敏忠厚之士用之，民用稍舒」〔一〕。即錢穀官乃宣課之官，是負責徵收賦税的官員，與管理倉庫官員的職責明顯不同，故「倉庫官」佚文應屬《治典·官制》。

例證四，「恭人」、「宜人」佚文的歸屬。這兩條佚文在《永樂大典》殘本卷二九七二第一六一四頁中。蘇著將此兩條記爲「恭人」，注明二十五字，可知是兩條字數之合計，並將此歸入《治典·官制》〔二〕。其實應屬《治典·封贈》。封贈制度是古代帝王用以褒獎功勛、鼓勵臣下的一種制度，有功官員除本人可得到封贈爵位、勛位之外，還可推封至父祖輩、母輩及妻室。「恭人」佚文曰：「正、從六品，母、妻並封恭人。」「宜人」佚文曰：「元命婦，夫官正、從七品者，並封贈宜人。」所言並非職官設置沿革的官制之事，乃封贈推及母、妻之事。

例證五，「鮮卑仲吉」佚文的歸屬。此條佚文見《永樂大典》殘本卷二八〇六第一四二四至一四二五頁中，乃鮮卑仲吉及其子孫合傳，所述爲一家三代歷年征戰事迹。蘇著將其歸於《政典·征伐》，並在考述備注中説「觀其文似屬平宋條」〔三〕。鮮卑仲吉爲蒙元早

〔一〕蘇天爵編《元文類》卷四〇《經世大典序録》之《治典·錢穀官》。
〔二〕蘇振申《元政書經世大典之研究》，第三七頁。
〔三〕蘇振申《元政書經世大典之研究》，第三七頁。

期戰將，滅金有功。細審此條佚文内容，並無平宋事迹，倒是提到其子孫曾征高麗，又「領兵征爪哇，攻八百媳婦國」，事涉「征伐」與「招捕」。然此佚文實不應歸於《征伐》或《招捕》，應屬《治典·臣事》。考大典「臣事」類修纂宗旨，《治典》序録云「附之以臣事者，則居其官，行其事，其人，其蹟之可述者也」。《治典·臣事》序録更詳其言曰：「以爲宗藩大臣、中外文武百僚有近侍帷幄，遠將使旨，内議典則，外授征討，或各有所授而傳焉。」〔一〕鮮卑仲吉三代事迹屬於「外授征討」而其迹有可述者，故應入《治典·臣事》。其實大典現存佚文還有不少這樣的傑出人物傳記，大概因蘇氏未能得見文氏輯本中有關「臣事」的人物傳記，所以未能作此推斷。

上述有關佚文歸類編排的若干例證，大致可見佚文編排的一個基本原則，即應根據佚文内容，結合大典序録所述制度的要旨和内涵，深入分析，纔能得出對應較爲恰當的歸類。至於大典其他佚文材料的具體歸類和編排，可參閲本書後所附《〈永樂大典〉殘本所存〈經世大典〉佚文表》，以《永樂大典》殘本材料爲例，見其大概。

〔一〕分别見蘇天爵編《元文類》卷四〇《經世大典序録》之《治典》、《治典·臣事》。

《經世大典輯校》在各類目之下，附有「考校記」，記述佚文出處，考證有關類目的設置和佚文的歸屬，以及文字取捨的原因，交代異文校勘的情況。有關輯校整理體例請詳見本書《凡例》。

凡例

一　儘可能收集存世的《經世大典》佚文，並經校勘考證，彙編一個輯録佚文較爲全面的《經世大典》輯本。

二　以史源學的原則收輯散見於各種古籍的《經世大典》佚文。本書所輯佚文來源及其版本和簡稱如下：

（一）［元］蘇天爵編《元文類》（《國朝文類》）卷四〇至四二《經世大典序録》，《四部叢刊初編》影印元至正二年西湖書院刻、明成化九年補印本，上海書店出版社一九八九年出版。簡稱「《元文類》」。

（二）［明］《永樂大典》殘本，中華書局一九八六年影印出版；《海外新發現永樂大典十七卷》，上海辭書出版社二〇〇三年影印出版。簡稱「《永樂大典》」。

（三）［清］文廷式輯《經世大典》二册，清光緒年間文廷式鈔本，今藏遼寧省圖書館。簡稱「文氏鈔本」。

（四）［清］姚之駰撰《元明事類鈔》，文淵閣《四庫全書》本，上海古籍出版社一九九三年影印出版。簡稱「《元明事類鈔》」。

（五）［清］魏源撰《海國圖志》卷二一《元經世大典地里圖》，清道光二十七年刻六十卷本。簡稱「《海國圖志》」。

三　選擇佚文所在典籍的不同版本或收録佚文的不同典籍，校勘本書所輯佚文。相關校本的情況如下：

（一）以《元文類》錢泰吉批校明修德堂本校勘《四部叢刊》本，校本簡稱「錢校本」。錢氏曾於清道光年間取元翠巖精舍本、西湖書院本及明修德堂本互校，本書「考校記」選取錢氏批校中以翠巖精舍本校勘西湖書院本的部分内容，稱「錢校本校曰」。

（二）以徐松輯《經世大典》一册（清光緒年間繆荃孫鈔本，今藏國家圖書館）校「文氏鈔本」，簡稱「繆鈔本」。

（三）以王國維整理、姬佛陀刊印的《廣倉學宭叢書甲類》（上海倉聖明智大學一九一六年、一九一七年印行）校勘「文氏鈔本」。其中《大元馬政記》簡稱「《馬政記》」，

《元高麗紀事》稱「《元高麗紀事》」，《元代畫塑記》簡稱「《畫塑記》」，《大元倉庫記》簡稱「《倉庫記》」，《大元氈罽工物記》簡稱「《工物記》」，《大元官制雜記》簡稱「《官制雜記》」。

（四）以文廷式撰《純常子枝語》（民國三十二年刻本，《續修四庫全書》影印，上海古籍出版社二〇〇二年出版）校勘「文氏鈔本」，簡稱「《純常子枝語》」。

（五）此外，又以下列古籍爲參校本：

〔元〕王與撰《無冤録》，沈家本輯《枕碧樓叢書》本，中國書店一九九〇年影印出版。簡稱「《無冤録》」。

〔元〕《元典章》，陳高華等點校，中華書局、天津古籍出版社二〇一一年出版。簡稱「《元典章》」。

〔明〕宋濂等撰《元史》，中華書局點校本，一九七六年出版。簡稱「《元史》」。

四　按《經世大典》原設之「君事」四篇、「臣事」六篇框架，全書分爲十篇。十篇以下各級類目，以《元文類》中《經世大典序録》所述還原類目；不足者，參考《永樂大典》所收相關佚文之標目，並參酌《元史》、《元典章》等史籍所載元代典制體系，分類設目；儘可能地恢復《經世大典》原有的框架結構，並將所輯佚文合理地編排歸位。

五　將輯録佚文適當分段，並加以新式標點符號。

六　在各門類正文之後，附「考校記」，交代佚文出處，考釋佚文的文字取捨、内容性質以及門類歸屬等問題，記録異文校勘的結果。

七　對輯文底本中的古體、俗體、異體字，儘量統一爲規範的繁體字；有些字在當時習慣使用，又於保存文字資料有價值，則酌情保留，未予改動。

八　輯文底本文字凡因形近而訛，或其他明顯的抄刻誤字、破體字，又從文意上能確認其誤者，則徑改不出校。

九　凡輯文底本缺字或文字漫漶不清者，以□代替，不另出校。

一〇　全書正文後附録有關記述、考證《經世大典》的詩詞、題識、跋語。

一一　書後附《〈永樂大典〉殘本所存〈經世大典〉佚文表》及《主要參考文獻》。

總序（一）

欽惟欽天統聖至德誠功大文孝皇帝以上聖之資，纂承大統，聰明睿知，度越古今，至讓之誠，格于上下，重登大寶，天命以凝。於是闢延閣以端居，守中心之至正，慨念祖宗之基業，旁觀載籍之傳聞，思輯典章之大成，以示治平之永則。迺天曆二年冬，有旨命奎章閣學士院與翰林國史院，參酌唐、宋會要之體，會稡國朝故實之文，作爲成書，賜名《皇朝經世大典》。明年二月，以國史自有著述，命閣學士專率其屬而爲之。太師丞相答剌罕太平王臣燕帖木兒總監其事，翰林學士承旨大司徒臣阿隣帖木兒、奎章閣大學士臣忽都魯篤爾彌實、奎章閣大學士中書右丞臣撒迪、奎章閣大學士太禧宗禋使臣阿榮、奎章閣承制學士僉樞密院事臣朵來，並以耆舊近臣，習於國典，任提調焉。中書左丞臣張友諒、御史中丞臣趙世安等，以省臺之重，表率百司，簡牘具來，供給無匱。至於執筆纂脩，則命奎章閣大學士中書平章政事臣趙世延，而貳以臣虞集與學士院藝文監官屬，分局脩撰。又命禮部尚書臣巙巙擇文學儒士三十人，給以筆札而繕寫之，出内府之鈔以充用。是年四月十六日開局，倣六典之制，分天、地、春、夏、秋、冬之别，用國史之例，别置蒙古局於其上，尊國事也。其書悉取諸有司之掌故而脩飾潤色之，通國語於《爾雅》，去吏牘之繁辭，上送者無不備書，遺亡者不敢擅補。於是定其篇目，凡十篇，曰君事四、臣事六。

君臨天下，名號最重，作帝號第一。祖宗勳業，具在史策，心之精微，用言以宣，詢諸故老，求諸紀載，得其一二於千萬，作帝訓第二。風動天下，莫大於制誥，作帝制第三。大宗其本也，藩服其支也，作帝系第四。皆君事也，蒙古局治之。

設官用人，共理天下，治其事者宜録其成，故作治典第五。疆理廣袤，古昔未有，人民貢賦，國用繫焉，作賦典第六。安上治民，莫重於禮，朝廷郊廟，損益可知，作禮典第七。肇基建業，至于混一，告成有績，垂遠有規，作政典第八。政刑之設，以輔禮樂，仁厚爲本，明慎爲要，作憲典第九。六官之職，工居一焉，國財民力，不可不慎，作工典第十。皆臣事也。以至順二年五月一日草具成書，繕寫呈上。

臣集等皆以空踈之學，謬叨委屬之隆，才識既凡，見聞非廣，或踈遠不知於避忌，或草茅不識於憂虞，諒其具藁之誠，實欲更求是正，踈略之罪，所不敢逃。竊觀《唐會要》創於蘇冕，續於崔鉉，至宋王溥而後成書。《宋會要》始於王洙，續於王珪，至汪大猷、虞允文，二百年間，三脩三進。竊惟祖宗之事業，豈唐宋所可比方，而國家萬萬年之基，方源源而未已。今之所述，粗立其綱，廼若國初之舊文，以至四方之續報，更加搜訪，以待增修。重惟纂述之初猷，實出聖明之獨斷，假之以歲月，豐之以廪餉，給之以官府之書，勞之以諸司之宴，禮意優渥，聖謨孔彰。而纂脩臣僚貪冒恩私，不稱旨意，不勝兢懼之至，惟陛下矜而恕之，謹序。

【考校記】

〔一〕輯自《元文類》卷四〇。按：此篇爲全書之總序，虞集撰。在虞集的《道園學古録》、《道園類稿》中此篇題目爲《經世大典序録》。《元文類》所輯《經世大典序録》中此篇爲導語，無題，故代擬題目。

第一　帝號〔一〕

臣聞我國家之有天下也，上配邃古之聖神，繼天立極，非若後世之興者也。堯以唐侯興，虞夏禪，殷周繇契稷起，蓋有所因而進者也。三代而下，莫盛於漢、唐、宋。漢起亭長，則已微矣。唐啓晉陽之謀，宋因陳橋之變，得國之故，其亦未盡善者乎？其餘紛然竊據一隅，妄立名字，以相侵奪，歷年不多者何足算哉？惟我聖朝則不然，聖祖之生，受命自天，肇基朔土，龍奮虎躍，豪傑雲附，歷艱難而志愈厲，處高遠而氣彌昌，神明協符，以聖繼聖。至我太祖皇帝，而大命彰，大號著，大位正矣。於是東征西伐，莫敢不庭，大王小侯，稽首奉命。而聖子神孫，德日以隆，業日以盛，靈旗所向，如草偃風。至於世祖皇帝，天經地緯，聖武神文，無敵於天下矣。試嘗論之，金在中原，加之以天討，一鼓而取之，得九州之腹心。宋寓江南，責之以失信，數道而舉之，致四海之混一。若夫北庭、回紇之部，白霫、高麗之族，吐蕃、河西之疆，天竺、大理之境，蠭屯蟻聚，俯伏内嚮，何可勝數。自古有國家者，未若我朝之盛大者矣。蓋聞世祖皇帝初易大蒙古之號而爲大元也，以爲昔之有國者，或以所起之地，或因所受之封，爲不足法也，故謂之元焉。元也者，大也，大不足以盡之，而謂之元者，大之至也。嗚呼！制作若此，所以啓萬萬年之基，詎不信歟？成宗皇帝繼統於大成，武宗皇帝恢宏於盛業，仁宗皇帝慈祥之政，英宗皇帝神明之姿，海内晏然，衆庶寧一。晉邸信用姦謀，違於祖訓，天怒人怨，遂終厥身。我今上皇帝應天順人，義師克捷，朞月之間，正位凝命，而又克讓明宗皇帝，出於至誠，凡屬有生，莫不感悦。重居大寶，誕受尊號。於是任賢輔治，崇德報功，體大臣而禮群臣，親九族而恊黎庶，人文備舉，天道益彰，頌聲作於朝廷，泰和浹於荒裔，治平之迹，蓋有不勝其紀者。嗚呼！今天下垂黄戴白之民，年七八十至於百歲者，皆生於聖元有天下之日矣。含哺鼓腹，長子老孫，至於世世，長戴聖元日月之照臨，長樂聖元雨露之涵育，何其盛哉！編年之書具載國史。夫大天下之統，壹天下之心，莫重於號，著帝號篇。

【考校記】

〔一〕輯自《元文類》卷四〇。錢校本於「帝號」前空一行擡一格，補「君事」二字，並校曰：「翠巖本有二字，西湖本無。」

第二 帝訓〔一〕

臣聞聖祖神宗之盛德大業，著在簡册，昭如日星矣。惟聖心精微，因言以宣者，有不得而具聞焉，采諸大臣故家，有因事而親蒙教誡，或傳誦而得諸見聞，及以文書來上者，悉輯而録之，以發其端，後有可攷者，得以次第而補之矣。

【考校記】

〔一〕輯自《元文類》卷四〇。

第三　帝制〔一〕

臣聞古者典、謨、訓、誥、誓、命之文，或出於一時帝王之言，或出於史臣之所脩潤，其來尚矣。國朝以國語訓敕者曰聖旨，史臣代言者曰詔書，謹列著于篇。

【考校記】

〔一〕輯自《元文類》卷四〇。

第四　帝系〔一〕

臣聞自三皇五帝以來，莫不衆建同姓以作藩輔。《詩》曰「本支百世」，蓋重之也。國家宗系，外廷無得而聞焉，考諸簡牘而可見者，謹著之篇。

【考校記】

〔一〕輯自《元文類》卷四〇。

帝系附録〔一〕

自古國家别本支，樹藩屏，以爲國家長久之計，然維持之道，蓋必有禮法存乎其間。聖朝宗藩之蕃且大，自古莫及，而累朝爲之法制以保之者，有分地、人民、賜予之厚，有車服、官府、符信、封謚之貴，有使命往來之禮，有奉命征討之事，有訓敕防閑之禁，事在簡牘，可録而傳者，次第歲月而著之篇。

【考校記】

〔一〕輯自《元文類》卷四〇。

地里圖〔一〕

【考校記】

〔一〕輯自魏源《海國圖志》卷二，清道光二十七年刻六十卷本。據原圖前《元代疆域圖敘》謂「又有《元經世大典地圖》，從《永樂大典》中録出」，可知其出於《永樂大典》。又據張穆《月齋簽記》所言，此圖乃張穆於道光二十一年（一八四一），從《永樂大典》中摹畫而出，贈予魏源。此後《永樂大典》散佚，所收之圖遂不可見，僅有此摹本傳世，故據以輯入。

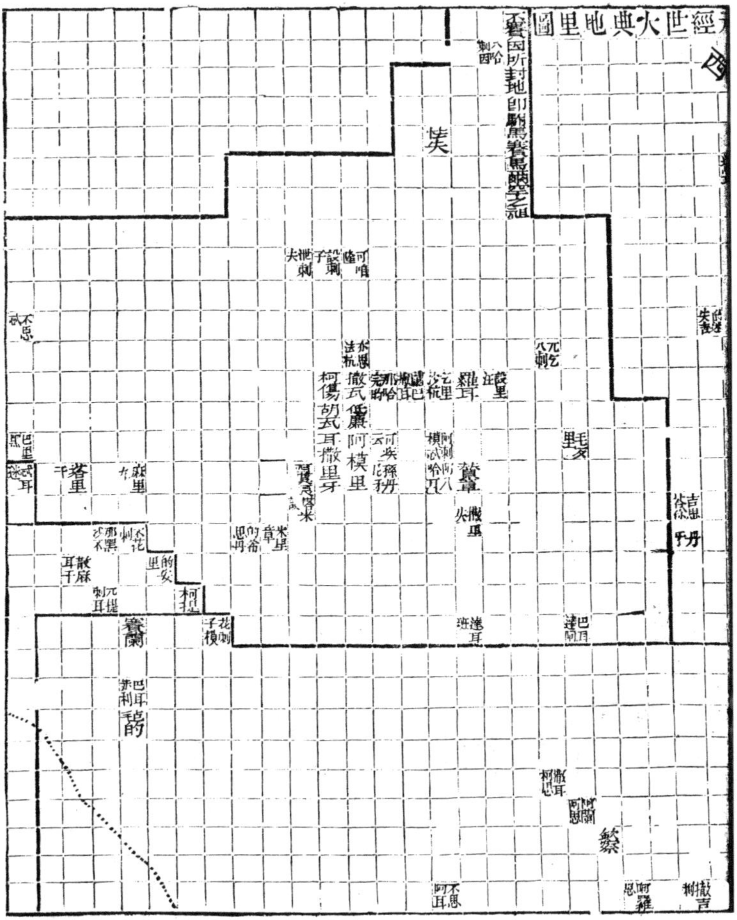
經世大典地里圖

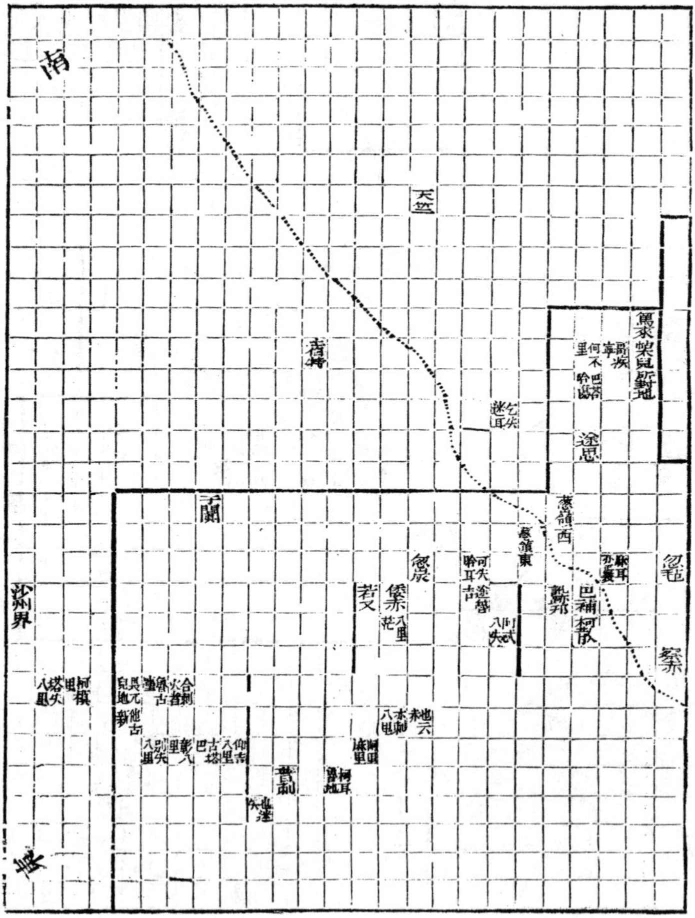
南
天竺
吐蕃
于闐
沙州界
東
乞失迷耳
途思
蔥嶺西
蔥嶺東
可失哈耳
忽毡
察赤

第五　治典

治典總敘〔一〕

《書》曰「冢宰掌邦治，天子擇宰相，宰相擇百執事」，此爲治之本也。故作治典，其目則有官制沿革，以見其名位、品秩、禄食之差；有補吏入官之法，以見用人之序；附之以臣事者，則居其官、行其事，其人、其蹟之可述者也。

【考校記】

〔一〕輯自《元文類》卷四〇。錢校本於「治典」前空一行擡一格，補「臣事六」三字，並校曰：「翠巖本有，西湖本無。」

官制〔一〕

國家肇基朔方，輔相之臣與凡百執事，惟上所命，其名官皆因其事而命之。方事征討，重在軍旅之事，故有萬户、千户之目，而治政刑，則有斷事之官，可謂簡要者矣。既取中原，定四方，豪傑之來歸者，或因其舊而命官，若行省、領省、大元帥、副元帥之屬者也。或以上旨命之，或諸王、大臣總兵政者承制以命之。若郡縣兵民、賦税之事外，諸侯亦得自辟用。蓋隨事創立，未有定制。

世祖皇帝建元中統以來，始采取故老諸儒之言，考求前代之典，立朝廷而建官府。輔相者曰中書省，本兵者曰樞密院，主彈糾者曰御史臺，以次建置，内外百司、庶府各因其事而舉矣。其在内者，廢置陞降之因革，政治之所繫也，故不得不備考而紀之。若夫宗戚之重，莫重於宗正府，今宗正所隸，特重於姦盜詐僞之刑。稼穡之本，莫重於司農，今勸樹藝者，歲受其成目。宣政總佛事，而西域邊事之重係焉。至於内廷、東宫之官屬，若國史、翰林、集賢之治文書，宣徽之治玉食，將作之治營繕，如此之類，皆以重臣領之。蓋國家盛大，庶事浩繁，其職掌之事，視古昔幾至倍蓰，故其官府之陞，至於重大，而其屬亦已繁多，日益月增，其勢然也。其後頗以官冗吏繁爲言，數有詔裁減而卒未遑及，亦有不得已者。夫外之郡縣，其朝廷遠者則鎮之以行中書省，郡縣又遠於省，若有邊徼之事者，則置宣慰司以達之。鹽鐵之類，又别置官。有軍旅之事，分布於外者，則置萬户府，有大征討，則置行樞密院，無則廢。

舉刺之事，則有行御史臺領監察御史、肅政廉訪司以治之。此其大凡也，其詳各著于篇。

【考校記】

〔一〕輯自《元文類》卷四〇。按：此處敘述共涉及中央機構十一處：中書省、樞密院、御史臺、宗正府、司農司、宣政院、國史院、翰林院、集賢院、宣徽院、將作院，地方機構六類：行省、宣慰司、萬户府、行樞密院、行御史臺、肅政廉訪司。上述機構中，樞密院、宗正府、宣政院、國史院、翰林院、集賢院、將作院、宣慰司、萬户府、行樞密院無文可輯，故不再列目，其餘細目的排列按本篇所述次序爲據。此外又從《永樂大典》與文氏鈔本中輯得司農司、行大司農司、都水庸田使司、按察司、大都留守司、上都留守司、昭功萬户都總府使司等七處機構佚文，其次序參照《元史》卷八五至卷九二《百官志》及佚文出處次序排列。

三公〔一〕

古者三公，官不必備，惟其人。其職則寅亮天地，燮理陰陽，以論道經邦者也。我國家以太師、太傅、太保爲三公，自木華黎國王始爲太師，凡爲三公者，皆國之重臣，而漢人惟劉秉忠爲太保，其後鮮有聞。惟贈官或有之。又有所謂大司徒、司徒、太尉、司空之屬，或置或否，其置者或開府或不開府。而東宫嘗置三師、三少，不恒有也。又有所謂開府儀同三司，儀同三司者，因金舊制謂之散官，實無開府之儀云。凡開府者，則有參軍、長史之屬，附見于篇。

【考校記】

〔一〕輯自《元文類》卷四〇。

中書省

户部

户部侍郎〔一〕

中統元年，左三部侍郎二員。至元元年，爲户部侍郎二員。五年，置一員。七年，復置二員。二十三年，定以二員爲額。

【考校記】

〔一〕輯自《永樂大典》卷七三〇三。

倉庫官（一）

倉氏、庫氏之爲官，其制已久。國家於常調之選，轉補之吏，歷倉庫一任，視其錢穀之多寡、地理之遠近，爲之減資陞轉之法焉，非徒録其煩勞，抑出納之吝，使之知所勸也。若資歷由雜職者，止於雜職用焉。

至元二十九年五月，吏部言：選注到倉官三十三員，内有告稱不願并不到人數。再令吏部選補數足，却有品級争懸人員。今蒙省議在都并通州、河西務、直沽、李二寺等處倉官，比之其餘倉庫，尤爲難重。今擬選注上項倉官，於應得資品上例陞一等。如本界任滿，收支交割明白，别無侵欺短少粘帶過犯，給到元備解由者，再陞一等遷敘。先儘到選相應，見在人員不敷，聽於各衙門有出身一考之上令譯史、知印、宣使、奏差内選用。如有推避之人，依條治罪。若選注不當，耽誤收支粮斛，罪及當該銓選官吏。送吏部照會，仍分揀見注人員，通行選注。

元貞元年九月，吏部言：前李二寺倉監支納馬世榮、倉副張熉等告，任内總收粮一萬一千四百八十石三斗五升三合五抄八撮，節次支交盡絶。除依例准除合得破耗外，積餘耗粮一千一百七十八石五斗五升七合二勺七抄一撮。本部照得大都裏外倉官，除至元二十九年五月已後除授人員已有陞等定例，所據至元二十四年閏二月初七日已後、至元二十九年五月例前，在都河西務、通州、李二寺、直沽等倉官，任內所收粮斛多寡不同，爲此再議各官任內所收粮斛，若有積餘一千石以上者，比依倉官李瑞等例，再陞一等；一千石之下至五百石之上者，任迴減一資歷陞轉。省准。吏部呈：「本年五月分，從七以下官員數內倉官趙輝、李從慶、賈儀等三員，擬陞二等，歷過倉官月日，後任通理銓注，各各窠闕。省議，趙輝等既選充倉官，例陞二等，所歷月日，不須理筭。本部參詳，今後似此人員，擬合一體施行。」省准。

二年六月，御史臺呈：「各處倉官人等，有收粮多者四十餘萬，少者不滿二萬，例陞二等。看詳收粮多者，倘因照略不及，失陷短少，利害非輕，任滿別無侵欺，理宜陞用。其餘收粮數少倉官一例陞等，中間優苦不倫。」中書省下吏部斟酌各倉優劣，擬到陞加等第。今後倉官有闕，於到選相應職官并諸衙門有出身令譯史、通事、知印、宣使、奏差兩考之上人內選用，依驗難易、收粮多寡陞等。任迴，於應去地方遷敘。通州、河西務、李二寺等倉官，於應得資品上陞一等。任滿交割，別無短少，減一資通理。通州七倉：足食、有年、及秭、富有、盈止、樂歲、廣儲，河西務七倉：大盈、崇墉、永備南、永備北、充溢、廣盈北、廣盈南，李二寺，直沽。在都并城外倉分：收粮五萬石之上倉官，於應得資品上陞一等。任滿交割，別無短少，依例遷敘。永平、既積、廣衍、惟億、永濟、盈衍、豐實、順濟、既盈、萬斯南、萬斯北。收粮一萬之上倉官，止依應得品級除授。任滿交割，別無短少，減一資通理。豐閏、大積、通濟、千斯、廣貯、相因、廣濟。

大德三年六月，吏部言：「倉官例，所設正官例合陞等減資，周歲交代。緣各官禮任月日不等，同立齊界[二]，一例交換，所歷多寡不同。若便照依呈准胡伯元一體陞轉，中間似爲不倫。參詳倉官各界得代，所收粮斛別無短少應陞等者，擬歷過七月以上照依元除陞轉，六月以下擬減一資。應減資者，六月以上照依元除優減，五月以下止理歷過月日。」省議，陞等，准所擬。減資，六月以上照依元除優減，五月以下擬減一十五月。

大德四年八月，上都留守司關：上都廣積、萬盈、永豐三倉攢典劉聚等未定出身。吏部議：上都所設萬盈、廣積二倉俱係正六品，永豐倉係正七品，比之大都平准行用庫，品級尤高，又係酷寒之地。今擬各倉攢典轉寺監本把，并萬億庫司吏相應。省准。户部言：上都東西萬盈、廣積二倉，所設倉官二周歲爲滿，司倉一周歲爲滿，不能齊界，似爲未便。吏部議，宜依户部，擬司倉與倉官一體，二周歲爲滿。省准。

四年九月，户部言：「直沽倉敖，海粮到來，梢水與都漕運司等處對船交裝，直沽倉止是畫會作數而已。不出月餘，交卸既畢，在倉無粮可守。任滿與通州等倉官人等一體陞轉，似涉太優。」移准。吏部言：既比各倉所掌優輕，難循一體遷用。今後倉官比依通濟等倉例，不須陞等。任滿交割，别無短少粘帶過犯，擬減一資陞轉。外據見設司倉一十名，亦合量減五名。如准吏部擬相應。省議：既本倉别無親臨收支粮斛，存設大使一員、攢典二名、司倉二名、斗脚五名，其餘人員並行革去。餘准所擬。

五年，户部員外郎趙奉訓言：「前往通州、李二寺、河西務等處，體知倉官、司倉並不同時禮任，所收粮斛不下二十餘萬石。見設官三員，先到任者始於前界官處一一交盤見數，待同界官員立界收支。其同任人員或三五月或半年之上，方纔到任。及司倉人等到倉，必須重復交量，不唯交量生受，抑且短少粮斛。又都漕運司申，在都省倉三月一日齊界交割。據本司所管倉分，如亦三月一日齊界，實慮倉官短少，卒不敷用。又兼此時正是河倉儹運粮斛輳到，舊粮未曾儹動，誠恐相妨。合依已擬自下年爲始，六月一日齊界交割。其六月一日，河粮已畢，上年見在儹運赴都，新運海粮未到，乘此空隙，各不相妨，公務兩便。」部議，如准本司所擬。自下年爲始，六月一日齊界交割爲宜。又議：若擬司倉與倉官俱各齊界，除在都司倉六十七名三月一日先行逐旋發補其河倉總用，司倉一百一十一名，俱於各路年終得代，院務官内勾取。如令隨即起解到都聽候，至六月一日關發，中間或有病故者，或有避懼在逃者，必再催督。各人居止去處，地理遠近不同，倉卒不能齊集，其司倉止是聽受倉官支使，分辦之職，節續關發，收受粮斛，事不相妨。參詳除倉官依准户部所擬六月一日齊界外，據司倉依舊逐旋發補，交換相應。省准。

五月，省議：和林宣慰司所轄倉庫，除廣濟庫官别行銓注，稱海、札渾、也迭别縣不係常川收粮倉分，如和林、昔寶赤八剌哈孫、孔古烈倉收支粮斛浩大，又係緊急支持去處，擬將上項諸倉改立從五品提舉司，各設官三員：提舉一員，從五品；同提舉一員，從六品；副提舉一員，從七品。周歲爲滿，於列選人内選充，應得資品上，擬陞二等。任迴别無粘帶過犯，照依元除地方遷用，所歷月日通理。任内所收粮斛若有短少，依條追陪黜降。

五月，甘肅行省言：本省極邊重地，供給諸王，屯駐大軍，規措粮儲浩大。照得腹裏、行省倉官受敕牒，常調遷轉。唯甘肅倉庫官多任色目之人，不知官事利害，止是本省差設。比年以來，錢粮失陷，連綿追理，不能杜絶。今後合依腹裏倉官例，於常選相應人内銓注。省擬：甘、肅二路，每處設官三員：監支納一員，正六品；倉使一員，從六品；倉副一員，正七品。二周歲爲滿，於列選人内銓注，入倉先陞一等。任滿交割粮斛，别無短少粘帶過犯，陞一等，照依元除地方遷用。若有短少，依條追陪黜降。

六月，御史臺言：江容、楊春俱歷提控案牘三十月，未應入流。既充倉官，例陞一等，止該正九品級。今注倉官，係八品窠闕。任迴理從八月日，添一資歷陞轉，事屬違錯。部議：江容、楊春俱係提控案牘一任，依例合於提控案牘籍記。既已選充倉官，例合陞等。比依成梓例，任迴理筭正九月日，如准所擬任迴改正。今後似此人員，依上例銓注。省准。

大德七年十月，吏部呈：擬注到大同倉官忙兀魯不花等一十四員。都省議，倉官依准部擬，二周歲交代。除納蘭不剌、永盈倉係迤北酷寒地面，例陞一等。其餘六倉糴中賣之粮，隨時出納，難議一體定奪。若任迴，别無短少粘帶，擬減一資陞轉。

八年七月，湖廣省咨：漢陽府言，每歲出納錢粮浩大，所設倉庫官，止於各路司吏内選用。本府雖爲散府，緣直隸行省，若於本府請俸司吏内選充，滿日依例求敘。本省議：散府司吏請俸六十月之上，選充本府倉庫官。一界滿日，年四十五以上與吏目未及者，務使七十月之上至九十月。選充一界者，年四十五之上與都目未及者，院務提領内任用。吏部議：湖廣行省所轄散府司吏充倉官，合依河南行省散府司吏充倉官，比總管府司吏取充者降等定奪。省准。

大德十年四月，吏部言：「伏見京畿并都漕運司所轄倉分，見設司倉人等作弊，不便。蓋百司得人則治，非人則廢。況倉官之職，所任繁重，難取其人，多於有過人内選取，殆非長法。如歷錢穀人員，所犯欺詐情罪，若復置之此地，適足以長奸滋惡，爲弊尤深。牧民之間，犯贓亦可以迴避。此職今後須以無過之人遷充，使其人各知錢穀爲國之重，亦足以有所懲勸。且每歲銓注倉官，願入狀者不能盡用。今歲倉官自願，十無一二，俱於列選人員内提注。足見各倉事體，雖以用人爲本，然法弊則不能不變。事關錢穀，宜從户部照勘議擬。」省准。

六月，河南省咨：所轄去處，除汴梁、歸德等腹裏六路倉官、庫子、攢典照依大德四年咨准定例差設外，據淮東淮西、荆湖兩道宣慰司所轄路分，并蘄、黄二路，擬合一體，已經劄付，各於大德十年正月爲始，於州司吏内勾補。周歲滿日，别無粘帶過犯，於路府司吏内委用。庫子、攢典於縣司吏内勾補，周歲滿日，别無粘帶過犯，轉補州吏。無州路分，所管縣分上名司吏内選差，依上轉補。違例委用者，雖有役過月日，並不准筭。除已劄付淮東淮西、荊湖兩道宣慰司并蘄、黄二路，依上行之。省准。

倉庫官陞轉例。至大三年三月，尚書省判，吏部照：「先奉中書省劄付，通州、河西務等倉六月一日齊界交代；在都倉官三月一日齊界交代。又元貞二年六月，奉省劄，通州、河西務等倉，每歲所收粮斛不下二十餘萬，擬陞一等。任迴交割，别無短少，減一資歷陞轉。在都京倉，每歲所收粮斛五萬石之上，擬陞一等。大德三年六月，中書省劄，省倉所設正官，例合陞等減資，周歲交代。緣各倉官禮任月日不等，同例齊界，一例交换，所歷多寡不同。倉官齊界得代，所收粮斛别無短少，應陞等者，七月以上，照依元除陞轉；六月以下，擬減一資。近於至大二年九月内，省議通州、河西務在都京倉官，從新銓注。已於是年十月初二日禮任，將見任者俱各截替。部議，除在京倉官，已歷七月之上，照依舊例陞轉。其通州、河西務倉官，俱係陞等減資人員，自至大二年六月之任，至十月一例齊界截替，上曆五月，若比例不陞。却緣各官即非病故，終是截替，又兼已經陞等，難議回降。若交割别無短少，照依已除陞轉，擬不減資，似爲便益。」省准。

四年九月，户部言：「據萬盈、廣積兩倉申，伏念國朝治民之本，禮樂爲先，富實之源，錢粮爲重。竊見本倉官員，俱係常選所發。自至大二年十月，蒙尚書省遷充前職，至大三年正月齊界之任，經今半年之久。所收粮斛，倉廩盈滿。竊恐經年燒折發變，倘有失陷，鰲勤追陪，輕則斷罪，重則破家。由此論之，不爲不重。又緣出身通例，擬二周歲爲滿，交代別無短少，止陞一等，不理月日。禾林倉官二年爲滿，例陞二等，所歷月日又同初任通理。大都京倉官員，自三月一日齊界禮任，通州、河西務倉六月一日齊界之任，俱於七品以下流官并各衙門兩考令譯史、宣使人員，許願入狀，然後銓注。周歲爲滿，入倉陞一等；任迴，又減一資通理月日。及豐實倉，每歲收支粮斛不滿三萬，依前陞轉減資。竊緣上都萬盈、廣積兩倉，北連沙漠，地接禾林，廼邊遠酷寒之地。周歲出納，少者不下三四十萬餘石，比之大都倉分所收粮斛，爭懸數倍，實是優劣不同。如蒙照依禾林倉例，陞二等。准復，比依大都京河二倉，一體陞等減資，不爲偏負。本部照擬，大都京倉各收粮斛數少，周歲爲滿，例陞一等。惟上都廼酷寒之地，廣積、萬盈兩倉每歲出納粮斛三四十萬石，不爲不重。惟見任倉官，又皆流官常選，即非留守司保用人員。及以二年爲滿，止陞一等，不惟優劣不同，又使廉慎無以激勸。上都兩倉合依大都京倉之例，周年爲滿，別無粘帶短少，陞等減資，似不偏負。中書省下吏部議各處倉官陞轉通例，行之已久。今上都兩倉雖與所指倉分，各掌事體不同，緣係酷寒之地，量擬照依舊例，二周歲爲滿，交割無虧，更無過犯，於應得資品上陞一等；歷過月日，今後比例通理。」省准。

皇慶二年正月，河東山西道宣慰司言：「近爲屯儲府所轄通濟等四倉，急闕收受子粒倉官。本府所轄迤北浄水等三倉，俱係上司遷到常調流官，今據南屯四倉，照依迤北三倉例銓注。常調人員，唯復於本道解由到司錢穀官内就選。依例通理月日，或候秋成，於大同等處屯儲軍民總管萬户府見役屯官屯長内，不妨本役，輪番差撥收受，周歲交替，官民長便。本部照議，南屯倉官，若於長選人内選差。南陽、洪澤、芍陂等屯，别不曾别設倉官。又浄水等三倉，所受粮斛俱係有司乘賤和糴，亦與上項倉分不同。如准本道宣慰司所擬，每歲秋成，從本司於大同屯儲軍民總管府見役屯官屯長内摘撥收受，下年相沿交代，庶革擾民之弊。」省准。

延祐四年四月，江浙行省咨：各路司吏歷俸已及兩考，在後選充五萬石之上倉官一界，如無侵欺粘帶，合無將歷過倉官月日比路吏一倍折筭。歷五萬石之下倉官月日，以二折三考。元設路吏俸月通理九十月，照依見俸遞降通例，歷典史一考陞轉，惟復五萬石之上者，比同考滿路吏出身充典史，一考陞吏目。五萬石之下者，於典史内添一考，依例遷敘。庶幾勞逸均平，人不避難。部議，今依江浙行省所言。各路見役司吏，已及兩考，選充倉官。五萬石之上，如無侵欺粘帶，比同考滿出身充典史，一考陞吏目。五萬石之下者，於典史添一考，依例遷敘爲宜。省准。

八月十四日，湖廣省言：「常德路易鼎先充潭州路司吏五十一月。大德九年，補倉官一界，遷充常德路司吏，通理九十月。今次奉到吏道出身新例，不見所歷倉官，可否准理。又，興國路申，路府倉庫官俱於本衙門見役司吏内取用，掌管出納錢穀，責任至重，無可養廉。出納之際，稍若取要，事發依例斷黜。今止理實歷月日，已是偏負。部議，湖廣行省倉官，既於見役請俸路吏内選充，宜從江浙行省元擬。如係路吏，歷俸已及兩考，選充倉官一界，别無侵欺粘帶，准同考滿出身充典史〔三〕，一考陞吏目遷敘。庫官周歲，如無粘帶，准理本等月日。考滿，依例陞轉相應。」省准。

【考校記】

〔一〕輯自《永樂大典》卷七五一七。

〔二〕「界」，原作「戒」，據下文改。

〔三〕「史」，原作「吏」，據上文改。

御史臺〔一〕

世祖皇帝建元中統，始置官府。立中書省以總百官、宣庶政，樞密院以統軍務、安邊鄙。内外百司，秩然有序。然耳目之司未有攸寄，以爲草創之初，未遑舉行。

至元五年七月初四日，始立御史臺，秩從二品。有旨曰：「今委塔察兒爲長，行御史臺事，彈劾中書省、樞密院、制國用使司等内外百官姦邪非違，肅清風俗，刷磨諸司案牘，并監察祭祀及出使之事。」設官七員：御史大夫一員，塔察兒，從二品；中丞二員，鐵赤、阿里，從三品；侍御史二員，劉瑜、姜彧，從五品；治書侍御史二員，高鳴、張鵬翼，從六品；典事二員，高祥、馬甫，從七品；檢法二員，沈侃、張好退；獄丞一員。七年五月，改典事爲都事。十八年，添設中丞二員。十九年三月，省檢法、獄丞。

二十一年，陞正二品，大夫以從一品散官爲之，中丞陞正三品，侍御史陞正五品，治書陞正六品，都事陞正七品。十月，添設蒙古都事一員。

二十三年，詔書定省、院、臺額，設御史臺官七員。行臺同。二十七年三月，大夫月魯那演已下，品從各添一等。於是侍御史陞正四品，治書侍御史陞正五品，蒙古都事一員，改陞經歷。

大德十一年九月，陞從一品，御史大夫爲從一品，中丞爲正二品，侍御史爲從二品，治書侍御史爲正三品，經歷爲從五品，都事仍正七品。行臺同。

皇慶元年，中丞三員。二年，減一員，臺官定爲八員。延祐四年，特奉旨復舊三員。至治二年五月，止設大夫一員。

今定置，臺官：御史大夫二員，中丞二員，侍御史二員，治書侍御史二員。

首領官：經歷一員，都事二員，照磨一員，承發司管勾兼獄丞一員，架閣庫管勾兼承發司一員，至元五年始置。十一年三月，爲本臺收支贓罰錢物、架閣文卷數多，增置管勾二員、内架閣庫同管勾一員、承發司管勾兼本臺獄丞一員。十二年三月，增置庫子一人。二十三年，又增置庫子一人。

吏屬：掾史一十五人，至元五年七月始置。八年三月，增五人。十九年，省二人。皇慶元年七月，本臺改陞從一品，監察御史言，請以令史改稱臺掾，部議改掾史，今定置一十五人。譯史四人，至元五年七月始置。八年三月，增置蒙古必闍赤五人，省元置畏兀兒譯史。十七年三月，減蒙古必闍赤二人。二十三年四月，置回回令史，今省。定置四人。知印二人，至元五年七月始置。六年，增置一人。通事二人，至元五年七月始置。宣使十人，至元初置抄事，後廢。七年，置六人。十七年，增四人，今定置十人。臺醫二人，蒙古書寫二人，典吏六人，庫子二人。

殿中司：至元五年七月始置，秩正七品，後陞爲正四品。凡大朝會，百官班序，其失儀失列者，則糾罰之；在京百司官員到任，假告事故，出三日不報者，則糾舉之；大臣入内奏事，則隨以入，凡不可與聞之人，則糾避之。殿中侍御史二員，殿中司知班四人，至元七年始置，今定置四人。通事一人，至元七年始置。譯史一人。

察院：至元五年七月始置，監察御史一十二員，秩正七品，悉以漢人爲之。用王炳、李天輔、韓彦文、李祐、高從道、梁貞、楊之奇、孫公亮、段禋、王惲、王君佐、唐天英等充。八年三月，增置六員。十九年三月，省二員。十二月，增置一十六員。初用蒙古人供任刺舉之事，以哈馬、哈只牙、赤哈兒、渾也兀連、亦思哈、月憐、鐵木兒、昔里吉、思博侃、孛欒觧、阿苦火、脱孫沙的、塔本、失乞里、吉思、伯顔等充。

今定置，監察御史三十二員，蒙古、色目、漢人參用。至元二十二年，御史中丞崔彧建言，内外臺監察御史參用南儒二人。吏屬：書吏三十二人。至元五年始置令史二人，八年，增一人。十年，以監察御史一十六員，止設司吏三人，難於辦集，增九人。十二年，改司吏爲書吏，增至十六人。二十年，增置十六人。

【考校記】

〔一〕輯自《永樂大典》卷二六〇七。

司農司

巡行勸農司〔一〕

世祖皇帝即位十餘年，以爲既定中原，當以農桑爲急務，於至元七年立司農司。又依按察司例，設四道巡行勸農司，曰中都山北東西道、河北河南道、河東陝西道、山東東西道，每道官二員，使佩金牌，副使佩銀牌，後增至四員。

二十二年，大司農御史大夫孛羅、司農卿兼御史中丞張文謙以勸農事稍見次第，以按察所隸地寬而官少，併勸農官入按察司通管其事，按察司官兼勸農事，□銜糾察之事呈御史臺，農業之事呈大司農司。

二十三年，復以中原之地分六道爲勸農司。

二十七年，都省以御史臺、大司農司議，罷勸農司，併入按察司，增僉事二員。

初立巡行勸農司條畫。至元七年二月二十二日，不花斷事官，給事中賈拜降，中書舍人同圖鉢、忽里禿花、站馬赤、忙古歹、赤捏哥奏：「隨路依按察司體例，設四道巡行勸農司，每道差官二員，内長官給金牌，副給銀牌。」奉旨准。

二十二年六月二十九日，上御萬安閣。大司農御史大夫孛羅，司農卿兼御史中丞張文謙，御史中丞木八剌、史某，御史斡失乃奏：「先中書省聞禀過巡行勸農官，數年已見次第。按察司所管地面寬闊，官吏數少，可將勸農官併入按察司，通管勾當。乞降聖旨，遍諭隨路，奉旨與聖旨者事上中書省。臣復禀，有旨諭諸路大小州城達魯花赤、管民官吏，併諸衙門官吏人等，近據中書省禀，巡行勸農官數年間勾當，見次第也。按察司所管地面寬闊，官吏數少，可將勸農官併入按察司，通管勾當。」准禀。將巡行勸農官併入按察司，委大司農御史大夫孛羅爲頭，管領大司農司、御史臺勾當。凡事照累降聖旨，仰按察司官兼勸農事。所到去處，按問各處提點正官農桑、水利、義倉勾當勤惰，依舊例糾察照刷究問一切公事，所在官吏諸色人等，不得違慢。若關涉勸課農桑、水利、義倉等事，申發大司農司，一切糾察照刷究問到事理，申呈御史臺。隨路每年農桑〔二〕、水利、義倉等一切數目，申報大司農司，軍〔三〕終考較。

二十三年十二月二十六日，上御香殿。省臣稟：「前張仲謙爲提調田禾公事立大司農司，如今鐵奇、忽都答兒等領之。在前各路裏立勸農官，後併入按察司。今漢兒地面六處提調農桑，仍立勸農司。」奉旨准。

二十七年三月十七日，省臣阿散參〔四〕議等稟：「臣等與御史臺、大司農司共議得，前者腹裏城子、江南田地，每按察司設官六員，每勸農司設官四員。如今勸農司農桑已見次第，將行司農司、勸農司衙門革罷，依先例併入按察司。按察司再添僉事二員，共爲八員。農桑勾當呈與大司農司，刷卷併體察勾當，呈與御史臺。在先孛羅、張仲謙管時分，勸農司、按察司若爲一處，在後始分爲二。如今依例合併任用爲當。」上從之。

【考校記】

〔一〕輯自文氏鈔本，文氏録自《永樂大典》卷一一一九。

〔二〕「桑」，原缺，據文意補。

〔三〕「軍」，據文意，疑當作「年」。

〔四〕「參」，原作「彦」，阿散曾任「參議尚書省事」，據《元史》卷二〇五《桑哥傳》改。

宣徽院

光禄寺

醴源倉〔一〕

至元二十五年，光禄寺屬省部，始置醴源〔二〕倉，掌受香莎蘇門等酒材糯米，鄉貢麯藥，白麪成麯，以供上醖及歲以賜諸王、百官者。秩從六品，置提舉、大使、副使各一員。今定置：提舉一員、大使一員、副使一員。

至元二十五年，始置。掌受大都轉輸米麯，并醖造車駕臨幸次舍供億之酒。秩從九品，置大使、直長各一員。大使一員，直長一員。

【考校記】

〔一〕輯自《永樂大典》卷七五〇六。按：據《元史》等文獻記述，醴源倉隸屬光禄寺。光禄寺原隸宣徽院，至元二十五年改隸省部，至元三十一年，復隸宣徽院。《經世大典》成書時，光禄寺隸宣徽院。據《永樂大典》標示，此文上段所述爲大都醴源倉，下段爲上都醴源倉。
〔二〕「源」，原作「泉」，據標題及《元史》卷八七《百官志三》改。

各行省〔一〕

國初，分任軍民之事，或稱行省，無定制。既立都省，車駕行幸，都省官從，而留都者亦謂之行省。有征伐之事，則或置行省，與行樞密院迭爲廢置。中統、至元間，始分立行中書省。有尚書省則爲行尚書省，尚書廢則行省仍稱中書。初以行省爲稱者，雖有便宜承制之權而無職名，留都所謂行中書省者，不別設官，因都省之留者而已。其各處立行中書省，因事設官，官不必備，皆以省官出領其事，或才置參政、僉省、同僉之類。其後至於設丞相，其官皆以宰執行某處省事繫銜。既而嫌於外重，改爲某處行中書省平章，若右丞、左丞、參政，而其體始不與都省侔矣。參政之下，又嘗再置僉省，後亦廢。今天下行省凡十，而有廢置遷革者，著于篇。

【考校記】

〔一〕輯自《元文類》卷四〇。

行御史臺

江南諸道行御史臺[一]

至元十四年，始置江南行御史臺，建臺於揚州，後遷建康，以監臨東南諸省，統制各道憲司，而總諸内臺，其品秩、職守則如之。初置大夫一員，以相威爲之。中丞一員，侍御史一員，治書侍御史一員，都事二員，承發管勾兼獄丞一員，架閣管勾一員，令史十八人，蒙古必闍赤三人，通事、知印各二人，宣使十人。統江北淮東、淮西江北、山南湖北、浙東海右、江南浙西、江東建康、江西湖東、嶺北湖南八道提刑按察司。

十五年，增置江南湖北、嶺南廣西、福建廣東。二十年，改福建廣東爲福建閩海矣。

二十三年，制定省、臺官員額，本臺增侍御史一員。是年，以淮東、淮西、山南三道撥隸内臺。

二十五年，剏置回回令史一人。

三十年，別立海北海南道，割濱海之舊隸廣西者十郡隸焉。時已改提刑按察司爲肅政廉訪司。

元貞元年，以江浙平章阿老瓦丁爲添設大夫。後不置員。本臺品秩由始置凡再陞至從一品，事見内臺篇。

大德元年七月，建康行臺爲江南諸道行御史臺，置大夫二員，中丞、侍御史、治書侍御史各二員，經歷一員，都事二員。其屬架閣庫管勾、承發司管勾兼獄丞各置一員。而察院隸焉。監江浙、江西、湖廣三省，統江東、江西、浙東、浙西、湖南、湖北、廣東、廣西、福建、海南十道。臺官：大夫一員，中丞二員，侍御史二員，治書侍御史二員。首領官：經歷一員，都事二員，照磨一員，架閣庫管勾一員，承發管勾兼獄丞一員。吏屬：掾史十六人，譯史四人，回回掾史二人，通事二人，知印二人，宣使十人，典吏、庫子三人，臺醫一人。

察院，至元十四年初置，品職如内察院。置監察御史十員，書吏十員。二十三年，增蒙古御史十四員，書吏十四人。後又增漢人御史四員，增書吏四人。今置監察御史二十八員，書吏亦如其數。

【考校記】

〔一〕輯自《永樂大典》卷二六〇七。

陝西諸道行御史臺〔一〕

設官品秩同内臺。至元二十七年，始置雲南諸路行御史臺，官止四員。大德元年，移雲南行臺於京兆，爲陝西行臺，而雲南改立廉訪司。延祐元年，罷。二年，復立，統漢中、隴北、四川、雲南四道。定置：大夫一員，御史中丞二員，侍御史二員，治書侍御史二員，經歷一員，都事二員，照磨一員，架閣庫管勾一員，承發司管勾兼獄丞一員，掾史一十二人，蒙古必闍赤二人，回回掾史一人，通事二人，知印一人，宣使十人，典吏五人，庫子二人。察院，品秩同内察院。監察御史二十員，書吏二十人。

陝西四道：陝西漢中道，鳳翔府置司；河西隴北道，甘州路置司；西蜀四川道，成都路置司；雲南諸路道，中慶路置司。至元二十七年，始置雲南諸路行御史臺。先，以按察司按部哈剌章之地。至是，以雲南置省，而以按察司臨之。於事輕重失宜，慮無以節制之，乃置行臺，而官止四人，不備員。二十八年，爲其地語言文字不通中國，准設爨白譯史，以達其俗。大德元年四月，以甘肅、陝西兩行省所部邊遠，諸王、駙馬在焉，錢粮供億甚重，移雲南行臺於京兆爲陝西行臺，而雲南復立廉訪司。延祐元年，罷行臺。二年，鐵木迭兒奏：「世祖皇帝以西邊要地，故立行臺。今罷之，於民不便。」復立行御史臺。罷臺時，陝西漢中廉訪司自鳳翔移治陝西。臺復，還治鳳翔。今定置，臺官：大夫一員，御史中丞二員，侍御史二員，治書侍御史二員。首領官：經歷一員，都事二員，照磨一員，架閣庫管勾一員，承發司管勾兼獄丞一員。吏屬：掾史一十二人，蒙古必闍赤二人，回回掾史一人，通事二人，知印一人，宣使十人，典吏五人，庫子二人。察院，監察御史二十員，書吏二十人。

【考校記】

〔一〕輯自《永樂大典》卷二六〇七。

行大司農司〔一〕

至元三十年，塞因囊家台燕公楠請於江南立行司農司，以究育豪〔二〕隱藏田租。設官十一員，於揚州置司，領十道：江北淮東道、淮西江北道、江南浙西道、浙東海右道、江東建康道、江西湖東道、福建閩〔三〕海道、江南湖北道、山南湖北道、嶺北湖南道。元貞元年，以究隱藏不多，無濟於事，會減併官府，遂稟罷之。

初立行大司農司條畫。是年三月十三日，鐵哥平章等奏：「賽因囊家台燕參政與臣等言，請於江南置行司農司，專以追尋育豪〔四〕之家隱藏田地。」奉旨，依其言，議於蘇州立行司農司，委付忽兒禿哈等一十一人：受宣七人，受敕四人。上從之。四月十三日，上緯大安閣後寢殿，省臣稟行司農司勾當，賽因囊家台燕公楠等乞降添氣力聖旨奏讀降頒，上從之。又奏：「行司農司，江南田多民〔五〕稠，宜於浙西置立。如今賽因囊家台言淮東淮西田地廣，合行勾當亦多，若令揚州置司爲便〔六〕。」上從之。有旨諭行中書省、行樞密院、行御史臺、行宣政院、行泉府司、宣慰司、廉訪司、轉運司、管軍官、管民官，不以是何大小官吏、軍民、僧道諸色人等，今委忽兒禿哈爲行大司農司事。農桑，天下之本，國用民生實基〔七〕於此。間者江南頻歲不登，遊食逐末者愈多，田野荒蕪滋甚。仰府、州、司、縣提點官員躬勤勸課，務成農功，期盡地利。合行事務，依已降勸農條畫。南方荒閑田土，歸附以來，雖賞拓人開墾，到今未盡復墾。各處官司所勘見數官田，召人開耕，有司依例科租。民田督責業主，立限開耕。租田務要經理成熟，後實元額。官吏、僧道、權豪之家，如有隱漏冒破田土，一百日許赴本處官司出首，免罪。限外不首，事發到官，照立元立大司農司條畫。南方之田，依山阻水，遇有天災，各有救旱防水之備。歸附以來，圍岸陂塘廢而不理，仰所在官司取勘〔八〕見數，趁此責限修築，開後務復舊制。屯戍、經行軍馬，各路、府、州、司、縣達魯花赤、管民長官依累降聖旨，常加巡禁，毋令下村騷擾農民、所〔九〕要酒食、踏踐田禾、咽咬桑果，違犯治罪。前項田農事務，各道廉訪司監臨各路，督責幹辨。風察公事申行御史臺，田農事務申行大司農司。以下大小官府，毋得沮壞諸處海岸、湖泊、河渠、堤堰、閘垻、津梁、道路。所在官司常切修理，不敢壅塞損壞，傷害田禾，阻礙經行。如違，行大司農司究治。江淮水利，爲利雖深，爲害亦大。凡有所以興除者，行大司農司使行。行大司農司直隸都省，凡與行院、行臺相關公事，復〔一〇〕平咨該載。不盡之理，大司農司就便〔一一〕從長施行。

元貞元年五月初八日，中書省臣完澤〔一二〕丞相等稟：「去年賽因〔一三〕囊家台燕公楠言蠻子地方田地，富豪之家隱藏官田地多，立行司農司衙門，隱匿田地，我尋覓出來。奉先皇帝聖旨，稟立衙門，委付他來。他之上委付將忽兒禿哈到彼處，雖尋出些小田地，也無多濟。去年爲衙門多合滅併，如今賽因〔一四〕囊家台別勾當委用，罷行司農司爲便。」上從之。

【考校記】

〔一〕輯自文氏鈔本，文氏録自《永樂大典》卷一一一一九。按：據此處記述，行大司農司設於江南，直隸省部。行大司農司與司農司的關係，類似江南諸道行御史臺與御史臺的關係。作爲地方機構，「行御史臺」既然單獨立目，「行大司農司」也應單獨立目。《元文類·經世大典序録·治典·官制》有關地方官制的敘述中未涉及行大司農司，當是敘述較略。

〔二〕「育豪」，據文意，疑當作「富豪」。
〔三〕「閩」，原作「問」，據《官制雜記》改。
〔四〕同〔二〕。
〔五〕「民」，原脱，據《官制雜記》補。
〔六〕「便」，原作「使」，據《官制雜記》改。
〔七〕「基」，原作「盜」，據《官制雜記》改。
〔八〕「勘」，原作「勤」，據《官制雜記》改。
〔九〕「所」，據文意，疑當作「索」。
〔一〇〕「復」，《官制雜記》作「往復」。
〔一一〕同〔六〕。
〔一二〕「澤」，原作「洋」，據下文及《元史》卷一一二《宰相年表一》改。
〔一三〕〔一四〕「因」，原作「用」，據上文改。

都水庸田使司〔一〕

大德二〔二〕年，省臣言：「江南既平，浙西富民匿〔三〕田，近覈實得四十萬頃，歲入粮四十萬石，絲綿等物稱是。其田在宋時，有溝洫之制，潦則決太湖水入海，旱則通海潮灌田，田故饒沃。今富民堰湖爲田，旱潦無所蓄洩，官民田皆病。世祖時役夫二十萬濬治，歲乃屢熟。請立都水庸田司治其事。」有旨聽立。期年無成效，則日〔四〕詳其事而考覈之。七年，乃乞罷。泰定二年，復立。乃罷松江府而置其治，以舊管上海、華亭兩縣屬嘉興路。天曆〔五〕元年，以無實效，有治〔六〕罷去，松江府復如前。

初立都水庸田使司條畫。大德二年二月初八日，完澤丞相等奏：「去年也速達兒、明里不花等江浙行省官遣使來言，收附江南之後，亡宋田地爲有富户影占，尋出〔七〕四萬頃田地，每年出産四十萬石糧絲綿等物。其田地并種田、水利之事，專一管辦，合立司農司衙門。去年夏，臣等議，以爲先立行司農司管領四省地面田土，未嘗得濟，近罷之。今復立，未便。又，此田地内有太湖，亡宋時修理河道，今水由海中流入，深益灌漑。收附江南之後，富豪之家將湖泊水高築堤堰，悉爲旱地栽種，故其水時或漲，官民田禾損壞者衆。

稟奏世祖皇帝聖旨，令〔八〕二十餘萬人將堤堰挑開，修理水利，自此之後，錢粮辦集。因河道上頭臣等別有商量，今遣使回至大都日，臣等共議聞奏，臣等與諳熟之人一處商量，若立衙門多便，不立行司農司，止立一都水庸田使司三品衙門，委付六人，令也速達兒專一提調田土河道。此說臣等復議，以爲近欽奉聖裁，減衙門官吏員，今却刱立，恐未爲當。臣以爲衙門冗濫者宜裁減之，若庸田司，多益於事，似爲當立。可否，乞聖裁。」旨令立之，若一年無功，所在具聞，當別行處之。

七年二月二十四日，中書省稟：「世祖皇帝時，江南地面太湖開挑之後，水過灘地，令種田官民兩便。所用夫役凡一十五萬人，今百姓之願種者種之，爲分水灌溉禾稻，恐民爭訟，故置都水庸田司以治之。今其田墾闢，百姓既定，衙門爲曠，乞罷去。」奉旨准。

泰定二年閏正月二十一日，旭邁傑右丞相等奏：「江浙省所轄吴松江河道，於軍民事務深有濟益。前者臣等稟令挑洗，今已畢工。此河世祖皇帝之時，行司農司管領江南農桑并管水利。在後成宗皇帝時，用二十萬人將吴松江河道挑開，以後休令淤滯，令管領河道并田禾堤堰，立都水庸田使司，秩三品。在後事務既定，罷之。後其水復淤滯，令都水監管之。曲律皇帝時，孛羅帖木兒右丞奏，以都水監罷去，依先合立衙門。脱歡答剌罕言，如今若不設立官署管之，不宜。前者，臣稟河道挑畢，立法計較設官。至日商量，臣等以爲其言甚當。若不設官立法，每次挑洗，費錢糧，損民力。雖有松江府，止管兩縣，别無親管事務。以松江府罷去，以兩縣撥屬嘉興路管領，令行省長官提調。」奉旨准。

天曆〔九〕元年九月十三日，都水庸田使司殊無實效，截日革罷。松江府依舊設立，其水利水害，有司管領。

【考校記】

〔一〕輯自文氏鈔本，文氏録自《永樂大典》卷一一一九。按：據此處記述，都水庸田使司是在行大司農司裁撤後，專爲管理浙西水利而設立的機構。該機構由完澤丞相奏立，後又由中書省奏罷，可知其類似行大司農司，是直隸於中書省之地方機構，故亦單獨立目。

〔二〕「二」，原作「五」，據下文及《元史》卷一九《成宗本紀二》改。

〔三〕「匿」，原作「慝」，據《官制雜記》改。

〔四〕「日」，據文意，疑當作「具」。

〔五〕「曆」，原缺。按：明代張國維《吴中水利全書》卷九《水官》曰：「天曆元祀，詔罷都水庸田使司。」據補。

〔六〕「治」，據文意，疑當作「旨」。

〔七〕「尋出」，此上原衍「奏出」二字，據《官制雜記》删。

〔八〕「令」，原作「今」，據《官制雜記》改。

〔九〕同〔五〕。

按察司

按察司附録〔一〕

至元六年正月，降旨，諭西京、北京、開元路轉運司等官及軍民，旨若曰：大小所任官員，擇其庶務是否，其省察行之。命土懷秃、不魯牙海〔二〕往爲按察司官。復降旨，諭河間、濟南、大名、東平、益都等路及轉運司官諸軍民如前，命迷兒忽辛、陳祐爲按察司員。復降旨，諭順天、真定、南京諸官轉運司官及軍民如前，命兀忽呿、游顯往爲按察司官。

【考校記】

〔一〕輯自文氏鈔本，文氏録自《永樂大典》卷一一一九。

〔二〕「不魯牙海」，《官制雜記》作「不魯海牙」。

肅政廉訪司〔一〕

初立提刑按察司四道：曰山東東西道，曰河東陝西道，曰山北東西道，曰河北河南道。至元六年，西夏中興等路設提刑按察司，兼勸農事。八年三月，以平陽、太原、西京、隆興、上都爲一道，置司太原，爲河東山西道；自京兆至四川爲一道，曰陝西四川道；以山北東西道曰山北遼東道。十二年六月，以山東東西道、河北河南道地里闊遠，難以巡歷，於兩道内外出真定、順天、河間、大名、順德、洺磁、冠思及清滄運鹽之地，曰燕南河北道，置司真定。十三年十二月，以省併衙門，罷按察司。

十四年正月十三日，復置。是歲，立江南行御史臺，置按察八道：曰江北淮東，曰淮西江北，曰山南湖北，曰浙東海右，曰浙西江南，曰江東建康，曰江西湖東，曰嶺北湖南八道提刑按察司。十五年，增置三道：曰江南湖北，曰嶺南廣西，曰福建廣東。十九年二月，既以盡得西川之地，增一道按察司於成都，曰西蜀四川道，以陝西之司曰陝西漢中道。二十年，置海北廣東道，而福建廣東則曰福建閩海道，用張雲鵬言，雲南七路六萬餘户，上親征而得之，地域遼迴，寃抑莫〔二〕告，於是立雲南道〔三〕。女〔四〕真水達達之地廣袤，官吏欺虐百姓，巡按體察不及，於是減北京之副使、僉事二員，於女真之地置海西遼東道，置官四員：使二員，副使一員，僉事一員，專以按察女真水達達之地。十月，以察官員少，減副使一員，增置察判二員。二十三年，罷察判，而司官或五人，或六人。二十四年，立河西隴右道，置官五員：使二員，副使一員，僉事二員，治甘州河西之地，分鞏昌府隸陝西按察司。是年四月，罷雲南按察司。二十五年二月，罷海西遼東道。二十七年，以雲南廉訪司所治立雲南行御史臺，罷勸農司，以其事併入按察司。增置僉事二員，按察官本六人，以勸農所增爲八員。二十八年六月，改立肅政廉訪司。大德元年，雲南行臺移治陝西，雲南復立廉訪司。延祐二年，奏賜銀印，後不果行。

直隸御史臺：山東東西道，濟南路置司；河東山西道，冀寧路置司；燕南河北道，真定路置司；江北河南道，汴梁路置司；山南江北道，中興路置司；淮西江北道，唐州路置司；江北淮東道，揚州路置司；山北遼東道，大寧路置司。

江南行御史臺：江東建康道，寧國路置司；江西湖東道，龍興路置司〔五〕；江南浙西道，杭州路置司；浙東海右道，婺州路置司；江南湖北道，武昌路置司；嶺北湖南道，天臨路置司；嶺南廣西道，静江府置司；海北廣東道，廣州路置司。

陝西行御史臺：陝西漢中道，河西隴北道，西蜀四川道，雲南諸路。每道今定置司官：使二員，副使二員，僉事四員。兩廣海南邊遠等處，例省二員，以農桑勸課之事簡於内郡也。首領官：經歷一員，知事一員，照磨兼管勾一員。吏屬：書吏一十六人，譯史一人，通事一人，奏差五人，典吏二人。

【考校記】

〔一〕輯自文氏鈔本，文氏録自《永樂大典》卷一一一一九。
〔二〕「莫」，原脱，據《官制雜記》補。
〔三〕「雲南道」，原脱，據下文及《官制雜記》補。
〔四〕「女」，原脱，據下文及《官制雜記》補。
〔五〕「司」，原脱，據上下文及《官制雜記》補。

大都留守司〔一〕

修内司〔二〕

初隸宮殿府，置大使一員、副使一員、部役官三員、知事一人。四年，以石局、琉璃局并孛蘭奚官隸少府外，實領八局。至元中，營造内府宫室御用、諸王位下異樣精製造作、折疊帳房、大小車輛、寺院係官廨舍、應辦齋事，工役浩繁，增匠至千二百七十有二户，設提點一員、大使一員、副使三員、直長五員、部役官七人、吏目照磨各一員、司吏六人。今定置提點一員、大使一員、副使一員、直長五員、吏目一員、照磨一員、部役官七人、司吏六人。

車局〔三〕

中統五年始置，提舉二員、管勾一員。

竹作局〔四〕

中統四年始置，提領二員、提控一員。

繩局〔五〕

中統五年始置，提領二員。

【考校記】

〔一〕「大都留守司」目下各官署分類及排序參見《元史》卷九〇《百官志六》。

〔二〕輯自文氏鈔本，文氏録自《永樂大典》卷一一一一八。
〔三〕〔四〕〔五〕輯自《永樂大典》卷一九七八一。

祗應司〔一〕

國初建開平府宫闕、燕京瓊花島上下殿宇，始置祗應司，以供備之。設大使一員，秩從五品，隸宫殿司。累置副使一員、直長三員、吏目一員、司吏二人，今掌内府諸王邸第異巧工作、修禳應辦寺觀營繕，管匠七百户，隸大都留守司。今定置大使一員、副使一員、直長三員，吏目一員、司吏二人。

司屬油漆局〔二〕

中統元年始置，掌兩都宫殿髹漆之工。提領五員、同提領一員、副提領一員。

銷金局〔三〕

中統四年始置，掌諸殿宇裝鎏之工。提領一員、管勾二員。

燒紅局〔四〕

至元元年始置，掌諸宫殿所用心紅顔料。提領二員。

器物局

司屬鐵局〔一〕

中統四年始置，掌諸殿宇輕細鐵工。提領三員、管勾三員、提控一人。

減鐵局〔二〕

中統四年始置，掌成造御用及諸宫邸繫腰。管勾一員、提控二人。

盒鉢局〔三〕

中統四年始置，掌成造御用繫腰。提領二員。

鞍轡局〔四〕

中統四年始置，掌成造御用鞍轡象轎。提領三員。

【考校記】

〔一〕〔二〕〔三〕〔四〕輯自《永樂大典》卷一九七八一。

鞍子局〔五〕

至元七年立，置大使一員，受本府劄大使一員。

羊山鞍局〔六〕

至元十八年始置，掌成造常課鞍轡諸物。提領一員、提控一員。

簾綱局〔七〕

中統四年始置，掌成造宮殿及官建寺廟綱扇之工。提領二員、管勾一員。

刀子局〔八〕

中統四年始置，掌成造御用及諸宮邸寶貝佩刀之工。提控二員。

旋局〔九〕

中統四年始置，掌成造御用異様木植器物之工。提領二員。

銀局〔一〇〕

掌成造御用金銀器盒、繫腰諸物。提領一員。

轎子局〔一一〕

中統四年始置，掌成造御用異樣木植鞍子諸物。提領一員。

【考校記】

〔一〕〔二〕〔三〕〔四〕〔五〕〔六〕〔七〕〔八〕〔九〕〔一〇〕〔一一〕輯自《永樂大典》卷一九七八一。

犀象牙局〔一〕

中統四年四月始置。秩從六品，設大使一員、司吏一人。至元五年，增副使一員。十六年，增直長一人，管匠户百五十。兩〔二〕都宫殿營繕、犀象龍牀卓器繫腰。置大使、副使、直長各一員，司吏一人。大使一員、副使一員、直長一員、司吏一人。

牙局〔三〕

至元十一年始置，掌宫殿象牙龍床之工。提領一員、管勾一員。

司屬雕木局〔四〕

至元十一年始置，掌宫殿香閣營繕之事。提領一員。

【考校記】

〔一〕輯自《永樂大典》卷一九七八一。

〔二〕「兩」，依上下文例及文意，此上疑脱「掌」字。

〔三〕〔四〕輯自《永樂大典》卷一九七八一。

甸皮局〔一〕

至元七年初，設甸皮局大使，未有印俸。十四年，始定爲正七品，管匠三十餘户，隸工部。二十一年，隸大都留守司，兼少府監。歲辦熟造甸皮紅羊皮二千有奇。今定置大使一員。

【考校記】

〔一〕輯自《永樂大典》卷一九七八一。

廣誼司〔一〕

國初，以安慶佩金符，爲覆實司官。至元十四年，改爲覆實司辦驗官，兼提舉市令司，秩從五品。二十五年，罷。三十一年，復置爲提舉覆實司，秩如舊。置提舉、同提舉、副提舉、提控案牘、司吏、秤子等。仍減〔二〕户、工二部司計、司程、主事、令史、譯史、稟差等員，以其禄廪給。至大德五年，又分大都路都總管府官屬任供需事，置供需府。凡和雇、和買營繕〔三〕、織造工役，供億物色，必令覆實司估其直，而供需府給之。至順二年九月二十一日，罷供需府及提舉覆實司，立廣誼司以總其務，秩正三品，命中書右丞撒迪領之。置司令二員，秩正三品；同知二員，正四品；副使二員，正五品；判官二員，正六品。佐幕置經歷、知事各二員，照磨一員。司官：司令二員，同知二員，副使二員，判官二員；首領官：經歷二員，知事二員，照磨一員。

【考校記】

〔一〕輯自文氏鈔本，文氏録自《永樂大典》卷一一一一九。

〔二〕「減」，原作「滅」，據《官制雜記》改。

〔三〕「繕」，原作「善」，據《官制雜記》改。

上都留守司

修内司〔一〕

至元八年始置，秩從五品，鑄給銀印，掌營修内府之事。今定置大使一員、副使三員、直長三員。

【考校記】

〔一〕輯自文氏鈔本，文氏録自《永樂大典》卷一一一一八。

昭功萬户都總府使司

繕工司〔一〕

天曆〔二〕二年二月，立繕工司，秩正三品，掌人匠，命明里董阿領之。置卿二員，少卿二員，丞二員，經歷一員，知事一員，照磨兼提控案牘、管勾承發架閣一員，及吏屬十有二人。今隸昭功萬户都總府使司〔三〕，官：卿二員，少卿二員，丞二員；首領官：經歷一員，知事一員，照磨兼提控案牘、管勾承發架閣一員；吏屬：令史四人，譯史二人〔四〕，知印二人，怯里馬赤一人，典吏三人。

【考校記】

〔一〕輯自文氏鈔本，文氏録自《永樂大典》卷一一一一九。

〔二〕「曆」，原缺，據《官制雜記》補。

〔三〕「昭功萬户都總府使司」，《元史》卷八九《百官志五》無「府」字。

〔四〕「人」，原脱，據《官制雜記》補。

宰臣年表〔一〕

宰相者，上承天子，下統百司，以治民庶，治體之得失，國勢之安否繫焉。國初，將相大臣年月疏闊，簡牘未詳者則闕之。中統建元以來，執政之官，其拜罷歲月之可考，列表而書之，政事因可得而見矣。

【考校記】

〔一〕輯自《元文類》卷四〇。

入官〔一〕

天子擇宰相，宰相擇百官。治天下之要，用人而已。建官之法，有天下者之所慎也。我國家之初，任人惟其材能，卒獲豪傑之用。及得中原，損益古今之制度而行之，而用人之途不一。親近莫若禁衛之臣，所謂怯薛者。然而任使有親疎，職事有繁易，歷時有久近，門第有貴賤，才器有大小，故其得官也，或大而宰輔，或小而冗散，不可齊也。國人之備宿衛者浸長，其屬則以自貴，不以外官爲達。方天下未定，軍旅方興，介胄之士莫先焉，故攻取有功之士，皆世有其軍而官之，事在樞府，不統於吏部。惟簿書、期會、金穀、營造之事，供給應對，惟習於刀筆者爲適用於當時，故自宰相、百執事皆由此起，而一時號稱人才者，亦出於其間，而政治繫之矣。

擇吏之初，頗由於儒，而所謂儒者，姑貴其名而存之爾，其自學校爲教官顯達者蓋鮮，獨國學初以貴近就學，而用之無常制。其後歲有貢法，而寖失初意矣。其以文學見用於朝廷，則時有尊異者，不皆然也。至元以來，數欲以科舉取進士，議輒中止。延祐始力置進士科，三年，取不及百人爾。

世祖皇帝置國字以通語言，其用人略如儒學之制而加達矣。至於奉上官之任使，奔走服役，歲月既久，亦皆得官。雖細大有殊，要皆爲正流矣。乃宗王之有分地、官府而保任之者，與夫治酒漿、飲食者，執樂伎者，爲弓矢、衣甲、車廬者，治曆數、陰陽、醫藥者，出納財賦者，遠夷掌其部落者，或身終其官，或世守其業，不得遷他官。而有恩幸遭遇，驟至貴近者有之，非有司所得制。而陳言獻策、納粟捕盜，與勳舊之後裔、權要之引進，皆有其人焉，而不常也。凡入官之途大槩如此云。

【考校記】

〔一〕輯自《元文類》卷四〇。

補吏〔一〕

國朝入官之制，自吏業進者爲多，卿相守令於此焉出，故補吏之法尤爲詳密，今别而録之。雖有舊例也，銜改者簡牘尚存，則亦存之，以備沿革之考。譯史、宣使、通事、知印、奏差附見。

【考校記】

〔一〕輯自《元文類》卷四〇。

儒學教官〔一〕

世祖皇帝既立國子學，以教國人及公卿大夫之子，取其賢能俊秀而用之。又推其法於天下，而郡縣皆立學。其司儒之命於朝廷者曰儒學教授，路、府、上州則置焉。蒙古字行，則置蒙古字教授，考滿皆入流。而陰陽、醫學亦倣置教授，不與流選之考。

【考校記】

〔一〕輯自《元文類》卷四〇。

軍官〔一〕

武臣之入官也，其始以功，其子孫以世繼。兹著其大槩，詳在軍旅之典矣。

【考校記】

〔一〕輯自《元文類》卷四〇。

錢穀官〔一〕

國家既有中原，國用所繫，賦税爲重。而内附諸侯之取諸民者，寬急豐約各唯其意，莫能一也。

世祖皇帝始制宣課官，多擇明敏忠厚之士用之，民用稍舒。方是時，郡縣之間唯利權爲要，官及〔二〕好聚歛者見用，紛然建置官府，民用弗堪。今數十年之間，稍有定制，故凡錢穀之任有可考者，則備書之，以見其沿革云。

【考校記】

〔一〕輯自《元文類》卷四〇。

〔二〕「及」，據文意，疑當作「之」。

投下〔一〕

古者諸侯分國而治，天子命卿之外，大夫、士以下，其君皆得而命之。今制，郡縣之官皆受命於朝廷，惟諸王邑司與其所受賜湯沐之地，得自舉人，然必以名聞諸朝廷，而後授職，不得通於他官，蓋慎之也。

【考校記】

〔一〕輯自《元文類》卷四〇。

封贈〔一〕

至元中，追贈之制，唯一二勳舊之家，以特恩見褒，雖略有成例，未行也。至大初，始行定制，課忠責孝之意備矣。其沿革著于篇。

恭人〔二〕

正、從六品，母、妻並封恭人。

宜人〔三〕

元命婦，夫官正、從七品者，並封贈宜人。

【考校記】

〔一〕 輯自《元文類》卷四〇。

〔二〕〔三〕 輯自《永樂大典》卷二一九七二。

承廕〔一〕

聖王之制，賞延于世，是以國家有承廕之法，辨嫡庶，謹嗣續，推恩致儆之法意備焉。

【考校記】

〔一〕 輯自《元文類》卷四〇。

臣事〔一〕

維我祖宗聖德神功至盛極大，如天地之不可計度，如日月之不可繪畫。聖上詔脩此書，實以顯謨承烈爲重，然求事蹟於吏牘，則文繁者不足以得其旨意，事簡者又不足以見其始末。於是神聖思慮之精微，誥訓之詳委，攻取之機略，法令之制作，幾不得其什一焉。以爲宗藩大臣、中外文武百僚有近侍帷幄，遠將使旨，內議典則，外授征討，或各有所授而傳焉。因得以考其續餘之所在，故從而求之，朞月之間，其以書來告者，既取其大係諸聖典，而其事有不可棄遺者，著臣事之篇。

【考校記】

〔一〕輯自《元文類》卷四〇。按：此下細目排列，大致以傳主所處時代先後爲序。

鮮卑仲吉〔一〕

鮮卑仲吉，中山人。歲乙亥，國朝遣兵定中原，鮮卑仲吉首率平灤路軍民詣軍門降，太祖命爲灤州節度使。從阿述魯南征，充右副元帥，攻取信安、開州諸城，以功賜虎符，授河北等路漢軍兵馬都元帥。歲壬辰，平蔡有功，加金吾衛上將軍、興平路都元帥、右監軍、永安軍節度使兼灤州管内觀察使、提舉常平倉事、開國侯。尋卒。

子準，歲戊午，充管軍千户，從札剌台火兒赤東征高麗。中統元年，賜金符，扈駕征阿里不哥，以功受上賞。三年，從征李壇。四年，修萬壽山宫殿，命董之。至元十年，授侍衛親軍千户。積官昭武大將軍、大都屯田萬户，佩虎符。卒，子誠襲。初授宣武將軍、高郵上萬户府副萬户，佩虎符。改授懷遠大將軍，僉武衛親軍都指揮使司事，領兵征爪哇，攻八百媳婦國，使廣東，克勤于役，尋以疾卒，子忽篤土襲職。致和元年秋八月兵興，西安王命領所部軍京師備守禦。

【考校記】

〔一〕輯自《永樂大典》卷二八〇六。

張邦傑〔一〕

張邦傑，榮之子也，字智萬。年十七，以諸侯子質藩邸。跋涉艱厄，益善臣節。及歸省父，命襲爵。邦傑明敏於政，時奥都合滿行省燕京，擬於常賦外徵銀七兩，諸路畏其威權，莫敢言者。邦傑曰：「今天下甫定，民瘡痍未復，輕徭薄賦以招徠之，猶懼不蔇，豈宜厚歛以重民瘼？」稟請免徵，上可之。民懷其德，歌訟于道。行省增酒課，歲爲銀三百錠，邦傑曰：「今民正供猶不給，又倍酒稅，是驅吾民散之四方，轉死溝壑矣。」力請如舊額。先是，民多逋賦，省檄俾居者代償。邦傑詣闕稟免之。尋榷監〔二〕利，有司欲均賦於民，歲責民□，力排其議，民又免監〔三〕害。賊李佛者擁衆掠東平，犯齊河，率兵討平之。距府城一舍，地卑下，霖雨泥濘，路人病涉，邦傑因農隙築甬送〔四〕，行者至今□之。居家事親至孝，母歿，□於墓側，哀□如禮，人皆賢之。卒年四十四歲矣。

宏字可大，又名朮兀赤，邦傑之子也。自幼小□然有成人風，長通諸國。及襲父爵，克繼先業。嘗從憲宗皇帝征釣魚臺。及世祖皇帝總軍渡江，宏爲前驅，有功。李璮以兵搏濟南，時濟南城無定□，兵不滿千。祖榮命宏以劍誓子孫及諸將校曰：「吾承國恩四十餘年，子繼孫承，無有報效。今賊至，不用命者死。」衆悉奮竦。璮平，以功遷宏本路大都督，統攝諸軍事，仍以其妻孥賜焉。至元初，遷真定路總管兼府尹，加鎮國上將軍。九年，師次襄陽，改新軍萬户。宋安撫呂文煥城守，攻之不下，遣人往招之。呂曰：「得張濟南一言，吾將降矣。」宏承詔往諭，文煥舉城降。十一年，襄陽等處統軍使，總兵十七萬人。十三年，宋平，悉歸功諸將。尋以疾退。二十四年，卒，年五十有九。字〔五〕元節，宣武將軍、征西萬户。

【考校記】

〔一〕輯自文氏鈔本，文氏録自《永樂大典》卷六三八七。

〔二〕〔三〕「監」，據文意，疑當作「鹽」。

〔四〕「送」，據文意，疑當作「道」。

〔五〕「字」，據文意，疑當作「子」。

張柔〔一〕

（《元史》：張柔，字德剛。云云。多慕義從之。）德〔二〕剛世居涿州定興，隸民籍。額右有異肉如錢，怒則奮起。貧不事家産，嘗曰：「大丈夫當爲公侯，田舍翁無足道也。」任俠〔三〕遊燕趙間。金至寧初，國大亂，群盜並起。柔年三十四，有女道士蔡鍊師語之曰：「金祚將絶，君於所興之國，當爲諸侯。」因授以兵法。遂招〔四〕叛亡，鍊精鋭，屯東流砦，稱義兵。時豪傑起者，皆自封拜。

（中都。云云。乘勝攻完〔五〕州，下之。）明日，柔從數騎，挾槊躍馬，直抵仙營，大呼陷陳。敵軍披靡，盡獲其旗鼓以歸。又明日，益張旗幟于山谷間，揚塵鼓〔六〕進，與仙戰，遂大破之，殭尸數十里。

（獲州佐。云云。金人莫能支。）命聶福堅構飛梁以薄城，三戰而登。鞏彥暉率突騎二十奪其宮〔七〕城，諸軍進取。

（金主。云云。遂圍睢陽。）睢陽城北軍皆背水陣，柔見之，曰：「敵若開門出迎，必擠于水。」金將果夜〔八〕出，斫其圍，北軍潰亂。柔乃從百騎直衝其軍，敵敗走，入城復益兵出，勢益熾。柔命所〔九〕部繫舟南岸，示無還意，下令登舟者斬。俾一卒執幟立隄上，士卒伏隄下伺敵，至者斬之，敵竟不敢下。黎明，令〔一〇〕卒之弱者先濟〔一一〕，壯者次之，將校又次之，身爲殿後，復勝隄上，勝之。

（金主走汝南。云云。孟珙以兵粮來。）合我軍，絶粮。柔請貸于宋，得米三十萬石。

六年正月，孟珙〔一二〕以城潭爲城阻。

（會珙〔一三〕。云云。太赤攻徐邳。）拔傅城壘，奪其外城。宋守將出戰，諸軍悉力拒之。柔乃繞出其背夾〔一四〕擊之，敵潰，溺水死者十餘萬。宋人西遁，萬户史天澤邀擊之，柔戰甚力，宋人殲掠無遺，破其城。復與大帥察罕出許州，略宋兩淮地，侵其邊，分戍許、鄭間，宋師不復自馬鞍山出矣。

（丁酉。云云。攻洪山寨，破之。）柵山四壁斗絶，宋人保其上，矢〔一五〕下如雨。柔肉〔一六〕薄之，一日而破其壘。

（遂營。云云。十有三人。）定以兵二萬出荆、鄂，柔命何伯祥逆〔一七〕戰，斬首五百級，獲〔一八〕其統制等十有六人。

（遂會諸軍取光州。）軍於〔一九〕城北〔二〇〕，夜遣鞏彦暉率勁〔二一〕卒二百伏城西南。五更，柔攻其西北，宋人悉力拒戰，鼓譟乘虚先登，拔其外城。攻子城，又破之，降其守。宋重兵在三山寨，高險不可上。柔乃誘敵出戰，潛使人視其要害，夜秣馬蓐食，質明至寨。會大霧四塞，發石伐木，闢〔二二〕所視路。柔奮戈而進，衆魚貫登，宋人崩潰，馘擄數萬，蹂墜山谷者不可勝數〔二三〕。

（又進趣。云云。先登，拔之。）命王安國攝行府事，戍光州。

（己亥。云云。皆屬焉。）王汝明爲掌書記。汝明年二十餘，始見柔，説以軍事。柔與語竟日，不覺墮麈尾于地。柔〔二四〕深器〔二五〕重之。

（庚子。云云。略和州諸城。）正月，還師順天。王汝明説柔曰：「明公終歲出師，惟資兩淮粮以給軍食，非久遠計。莫若因[二六]許、鄭之戍開屯田，以縱餉餽。」柔乃遣汝明及聶福堅將千人屯于襄城。秋，柔會察罕渡淮南，略宋邊，柔駐[二七]軍杞[二八]上，盡領山東、河南軍。柔會察罕略宋淮西地，攻壽[二九]州。百户趙明、石文爲柔致[三〇]力死，柔哭之曰：「後當爲婚姻，不負汝也。」一軍咸[三一]奮，竟破壽州。

（師還。云云。又敗宋師于泗州。）盱眙[三二]捷，遂深入。粮餽將絶，王汝明漕襄城屯粮數千斛至，諸軍悉濟。冬，收[三三]潁川，還軍杞上。命子弘範妻趙百户之[三四]女，以己女適石氏子，人服其信。定宗元年丙午，朝[三五]于和林，柔聞陵川郝經賢，請教諸子，經爲柔論爲國大要。二年，會察罕圍泗州。

（還杞上。云云。仍軍民萬户。）柔遣何伯祥率其衆從大帥察罕伐宋，進破司空寨，轉戰千餘里。三年，柔之將王統軍總管叱剌攻宋廬州。四年，裨[三六]將王安國將軍[三七]四千渡漢南，深入而還。柔城亳[三八]，以遏宋境。五年，王安國進徇宋邊，獲其將三十四人并戍將數人以歸，故進率水軍出臺子灣，抵蒙縣，獲宋統制二十八人，鎧仗以獻。柔欲進戍荆山，先爲宋人所據，攻之，不能克。復會元帥布憐吉台擊蘄，攻五河口，以圖大舉。

（甲寅。云云。有詔止之。）時命中原諸大將皆遣子質于朝〔三九〕。上以柔所將皆精兵，分三千五百衛京師。柔以子弘慶入爲質〔四〇〕。二年正月，見〔四一〕上於上都，朝議削諸侯權，選耆德爲監。諸侯懼，推柔〔四二〕奏止。柔聞之，言于上曰：「臣已老，今爲將治郡者皆年少，臣子亦少，未習於政。若隳事功，不加之罪，則爲廢法，欲重寘〔四三〕之，則矜其微勳，皆得老成人制之爲便。」上大悦，遂立十道安撫司。諸侯皆怒柔〔四四〕，已而咸德之。初，柔收《金實録》，自始祖至宣宗共四百七十二帙。至是，獻於〔四五〕朝，且請致〔四六〕仕，是年已七十矣。三年二月，李壇〔四七〕叛，詔柔與子弘範將精卒二千，備甲仗入宿衛。將行，復止。壇〔四八〕乞師於宋，宋命夏貴出蘄州爲之聲勢，柔趨至亳以薄蘄。比至，而弘範已破貴，復諸城，築亳外堡以備。至元三年，城大都，命柔判行工部事，將二十萬人以受役，子弘略爲修築宮城總管佐之。始建御史臺，臣博羅請以柔爲御史大夫。上曰：「臺諫，搆怨之所，非所以保全功臣。」既而議封國，上以柔起功于燕，成于蔡，詔自擇之。柔曰：「燕，天子所都，臣〔四九〕封蔡足矣。」遂封蔡國公，刻印以賜。

（分其兵。云云。六月卒。）己巳疾，薨于燕京開遠里第。

（年七十九。云云。子十有一人。）子十一人，曰福壽，早卒。曰弘基，順天〔五〇〕宣權萬户兼勸農官。次子〔五一〕弘正，襲順天宣權萬户。弘彦，學于郝經，善騎射，殺虎前後以百數。始從擊宋荆山，有功，授金符，爲新軍總管，攻鄂，先登者再。中統元年，扈從上都，改順天路新軍總管。三年，授新軍萬户，佩金虎符。至元二年，授昭〔五二〕勇大將軍、郢州萬户。十六年，裕宗在東宮，召爲侍衛親軍副都指揮使。年四十，告老，八十而終。有子七人。弘規，從郝經學〔五三〕《左氏春秋》。中統二年，授順天、涿州等路新舊軍奥魯總管。

【考校記】

〔一〕輯自文氏鈔本，文氏録自《永樂大典》卷六三八六（《純常子枝語》作六三八八）。按：文氏在此以節録《元史·張柔傳》爲綱，將《經世大典》相關内容抄録附入。爲便於閲讀理解，故一仍其舊，將節録《元史·張柔傳》内容以圓括號標明。以下二目同此，《元史》内容引自各傳主本傳。因文氏《純常子枝語》卷三七也輯有張柔、張德輝、張禧三人傳記，故以《純常子枝語》校之。

〔二〕「德」，原作「知」，據《元史》卷一四七《張柔傳》改。

〔三〕「俠」，原作「使」，據《純常子枝語》改。

〔四〕「招」，原作「於」，據《純常子枝語》改。

〔五〕「完」，原作「定」，據《元史》卷一四七《張柔傳》及《純常子枝語》改。

〔六〕「鼓」，此下《純常子枝語》有「譟」字。
〔七〕「宫」，原缺，據《純常子枝語》補。
〔八〕「夜」，原作「應」，據《純常子枝語》改。
〔九〕「所」，原作「取」，據《純常子枝語》改。
〔一〇〕「令」，原缺，據《純常子枝語》補。
〔一一〕「濟」，原作「擠」，據《純常子枝語》改。
〔一二〕〔一三〕「拱」，原作「拱」，據《純常子枝語》改。
〔一四〕「夾」，原作「來」，據《純常子枝語》改。
〔一五〕「矢」，原作「無」，據《純常子枝語》改。
〔一六〕「肉」，原作「内」，據《純常子枝語》改。
〔一七〕「逆」，原缺，據《純常子枝語》補。
〔一八〕「獲」，原缺，據《純常子枝語》補。
〔一九〕「於」，原作「入」，據《純常子枝語》改。
〔二〇〕「北」，原作「莊」，據《純常子枝語》改。
〔二一〕「勁」，原作「動」，據《純常子枝語》改。

〔二二〕「闢」，原缺，據《純常子枝語》補。

〔二三〕「數」，《純常子枝語》作「計」。

〔二四〕「柔」，《純常子枝語》無此字。

〔二五〕「器」，原作「然」，據《純常子枝語》改。

〔二六〕「因」，原作「用」，據《純常子枝語》改。

〔二七〕「駐」，原缺，據《純常子枝語》補。

〔二八〕「杞」，原缺，據《純常子枝語》補。

〔二九〕「壽」，原作「專」，據下文及《純常子枝語》改。

〔三〇〕「致」，原作「改」，據《純常子枝語》改。

〔三一〕「咸」，原作「罕威」，據《純常子枝語》改。

〔三二〕「眙」，原作「胎」，據《純常子枝語》改。

〔三三〕「收」，原作「修」，據《純常子枝語》改。

〔三四〕「之」，原作「三」，據《純常子枝語》改。

〔三五〕「朝」，原缺，據《純常子枝語》補。

〔三六〕「禪」，原作「禫」，據《純常子枝語》改。

〔三七〕「軍」，《純常子枝語》作「兵」。
〔三八〕「毫」，此下《純常子枝語》有「城」字。
〔三九〕「朝」，原缺，據《純常子枝語》補。
〔四〇〕「質」，原作「侯」，據《純常子枝語》改。
〔四一〕「見」，原作「七」，據《純常子枝語》改。
〔四二〕「柔」，原衍「柔」字，據《純常子枝語》删。
〔四三〕「寘」，原作「寞」，據《純常子枝語》改。
〔四四〕「柔」，《純常子枝語》無此字。
〔四五〕「獻於」，原作「厭入」，據《純常子枝語》改。
〔四六〕「致」，原作「政」，據《純常子枝語》改。
〔四七〕〔四八〕「壇」，原作「壇」，據《純常子枝語》改。
〔四九〕「臣」，此下《純常子枝語》有「得」字。
〔五〇〕「天」，此下《純常子枝語》有「府」字。
〔五一〕「子」，《純常子枝語》無此字。
〔五二〕「昭」，原作「胎」，據《純常子枝語》改。

〔五三〕「學」，《純常子枝語》作「受」。

張德輝〔一〕

（《元史》：張德輝。云云。疏烏古倫貞等二十〔二〕人以聞。）德輝手疏烏古倫貞、張邦彥、徒單公履、張豸、張肅、李槃、張昉、曹椿年、西方賓、周止、高逸民、王博文、劉郁、孫汝楫、王惲、胡祗遹、周砥、李謙、魏初、鄭宬等以聞。

【考校記】

〔一〕輯自文氏鈔本，文氏録自《永樂大典》卷六三八八。

〔二〕「十」，此下原衍「二」字，據《元史》卷一六三《張德輝傳》及《純常子枝語》刪。

張禧〔一〕

（《元史》：張禧，東安州人。云云。從元帥阿术戰，却之。）七年，與宋將范文虎戰於雲壽洲。九月，復戰于竹根〔二〕灘、餓虎崖，獲戰船數艘，俘二千餘人。（八年。云云。禧獨免。）尋〔三〕復見，退居十餘年。二十八年，卒，年七十有五。至治三年，贈推誠著節功臣、榮禄大夫、湖〔四〕廣等處行中書省平章政事、柱國，封齊國公，謚忠烈。

【考校記】

〔一〕輯自文氏鈔本，文氏録自《永樂大典》卷六三八八。

〔二〕「根」，原作「報」，據《純常子枝語》改。

〔三〕「尋」，原缺，據《純常子枝語》補。

〔四〕「湖」，原作「湘」，據《純常子枝語》改。

張山〔一〕

張山，字景仁，濟南人。隸軍籍，從伐宋有功，用爲百夫長，陞總把，戰殁。子均襲，從親王塔察兒南伐，渡江攻鄂，面中流矢。中統三年，從征李璮有功，以總帥命充管軍千户，守淄州。至元六年，從左丞董文炳等攻宋五河口。至濠州北，敵伏兵其南，命均率步奮戰，敗之。十年，從征連〔二〕州，奪孫村堡。十一年，賜金符，授忠翊校尉、泝〔三〕郯翼千户。從南征，奪敵艦于蕪湖，俘四十餘人。從丞相阿塔海諸交進征，有功，陞武略將軍。十四年，賜虎符，進宣武將軍、總管。二十二年，遷松江萬户。二十四年，從鎮南王征交趾，有功。二十六年，從北征，還，授明威將軍、前衛親軍副都指揮使。三十年，扈駕征乃顔，以功受上賞。元貞元年，屯田和林，歲收倍增。諸王藥木忽兒北征，轉餉賴以不匱。上嘉其功，賜鈔一百定、金織衣二襲。大德元年，改和林等處副元帥，歷宣慰司同知，陞都元帥，積官鎮國上將軍。延祐元年，卒。

子〔四〕世忠，襲充前衛親軍副都指揮使。卒，次世祥襲。世祥卒，次世衍襲。次世順充管軍千户，世忠之子元珪代世衍之職。

【考校記】

〔一〕輯自文氏鈔本，文氏録自《永樂大典》卷六三八八。

〔二〕「連」，據《元史》卷一六六《張均傳》及其校勘記〔七〕，疑當作「漣」。

〔三〕「泝」，據《元史》卷一六六《張均傳》，疑當作「沂」。

〔四〕「子」，原作「於」，據文意改。

張洪〔一〕

張洪，河間滄州人。中統二年，以功授銀符千户。三年，從征李璮，圍濟南，易金符，進武衛親將〔二〕軍千户。至元四年，董脩大都工程，賞金織段二。十一年，從征五河口。十二年，出守鄭陽郡。十四年，從北征撒里，以功進宣武將軍、侍衛親軍總管。還，至和林塔迷兒之地，行槖爲賊所掠。十六年，改授宣命，進廣威將軍、左衛親軍副都指揮使。十七年，加安遠大將軍。二十四年，扈駕征乃顔。二十五年，以昭毅大將軍尋告老。

子奉政襲醆〔三〕，授武墨〔四〕將軍，僉左衛親軍都指揮司事。元貞元年，提調左衛屯田，得粟十餘〔五〕萬斛。大德十一年，子庸襲職。

【考校記】

〔一〕輯自文氏鈔本，文氏録自《永樂大典》卷六三八八。

〔二〕「將」，據元代官制，此字疑爲衍字。

〔三〕「醆」，據文意，疑當作「職」。

〔四〕「墨」，據元代官制，疑當作「略」。

〔五〕「十餘」，原作「餘十」，據文意乙正。

只兒哈郎〔一〕

哈郎，滅乞里台氏。至元二十四年，授昭武大將軍、太僕卿。元貞元年，進階資德大夫。是年，立西域司，改授資德大夫、御史大夫、太僕卿、西域親軍都指揮使司達魯花赤，佩虎符。尋進榮禄大夫。大德四年，以疾卒。子秃魯不花，至大元年，授開府儀同三司、豐國公，遥授平章政事，行太府院使、西域親軍都指揮使，佩虎符。尋又特授左丞相，行知樞密院事。至大元年，以疾卒。子咬住哥，授嘉議大夫、西域親軍都指揮使司達魯花赤。皇慶二年，進通議大夫。至治三年，改授正議大夫、同知典瑞院使，兼前職。天曆元年秋九月，有戰功。二年，授雲需總管府達魯花赤。

【考校記】

〔一〕輯自《永樂大典》卷七三二九。

別魯古〔一〕

別魯古，欽察氏。至元二十三年，立欽察衛，命充本衛僉事，佩金符。武宗皇帝潛邸時，從征杭海。床兀兒王傳旨，命總扈駕軍爲萬户，從戰有功，尋復爲欽察衛僉事。卒，子脱歡不花襲。脱歡不花卒，侄兀魯思襲。天曆元年秋九月，討倒剌沙，兀魯思與，有戰功，錫名拔都兒。二年，從丞相燕帖木兒護送國璽，迎明甲皇帝于北，授虎符、明威將軍、大都督府副使。

【考校記】

〔一〕輯自《永樂大典》卷一〇八八九。

別里古〔一〕

別里古，欽察氏。至元三十一年，爲欽察衛僉事。武宗皇帝潛邸時，成宗皇帝命從哈剌赤禿滿萬户北征，死事。武宗皇帝念之，命其子脱合安爲百户，尋陞千户，其僉事之職以次子脱歡不花代之。泰定四年，以長孫禿滿襲其職。

【考校記】

〔一〕輯自《永樂大典》卷一〇八八九。

畢林〔一〕

畢林，濟南章丘人，爲百夫長。卒，子泉襲，從大軍伐宋，累功授敦武校尉、管軍百户。至元十三年，從大軍收附淮東，陞忠顯校尉、左衛親軍總把。十五年，賜銀符，進階忠武。十六年，從北征，加昭信校尉。十八年，進武略將軍、管軍千户。十九年，賜金符，命同中書省斷事官抹那台等録囚京兆、中興、甘州等處，進武義將軍、左衛親軍副千户。尋加武德將軍。大德二年卒，子澍襲職。

【考校記】

〔一〕輯自《永樂大典》卷二〇二〇五。

第六　賦典

賦典總序〔一〕

傳曰：「有德此有人，有人此有土，有土此有財，有財此有用。」茲古今不易之論也。粵若皇元，肇基朔方，神功大業，混一華夏，好生之仁，如天地無不覆載，此聖德之昭著也。今賦典之目，有曰版籍户口，八紘萬國，文軌攸同，總總林林，重譯歸化，此有人也。曰都邑，曰經理，始自建邦設都，分疆畫界，置郡邑以聚烝民，經田野以均税役，次而大封同姓，以厚親親之義，此有土也。曰農桑，曰賦税，曰鈔法，曰海運，曰金銀珠玉，曰銅鐵鉛錫，曰鹽法，曰茶法，曰酒課，曰商税，曰市舶，均其貢賦，遷其有無，穀貨流通，富民利國，此有財也。曰宗親歲賜，曰百官俸秩，曰公用錢，曰常平義倉，曰惠民藥局，曰市糴粮草，曰賑糶賑貸，曰恤惠鰥寡，歲有經費，制之以節，出納稽會，有司具焉，此有用也。於乎！我祖宗創業守成，艱難勤儉，亦豈易言哉。大率以脩德爲立國之基，以養民爲生財之本，布諸方策，昭示後裔，以垂憲萬世者，寧有既乎？

【考校記】

〔一〕輯自《元文類》卷四〇。

都邑〔一〕

惟我太祖皇帝開創中土而大業既定，世祖皇帝削平江南而大統始一，輿地之廣，古所未有。遂分天下爲十一省，以山東西、河北之地爲腹裹隸都省，餘則行中書省治之。下則以宣慰司轄路，路轄府州若縣，星羅棊布，粲然有條。至元間，嘗命祕書少監虞應龍等修《大一統志》，書在官府，可考焉。若夫地名沿革之有異，城邑建置之不常，歸附之期，設官之所，皆必有徵，所以紀疆理之大，彰王化之遠也。猗歟大哉！

附録

安南

我國家始定雲南，即出師取安南，事見《征伐》篇。及其來朝，事見《朝貢》、《遣使》等篇。今黎崱所撰《安南志略》，沿革、地理、山川、物産、風俗略備，取以著此篇。其封爵有王侯，官稱有御史，輿服、法令之類，僭擬於天朝。朝廷寬仁，待以遠人而闊略之，而不可載於此，故不書。

【考校記】

〔一〕輯自《元文類》卷四〇。

版籍〔一〕

洪惟我太祖皇帝龍飛朔方，開天建極，以生民爲心。繼惟太宗皇帝纂承天緒，迨歲甲午，滅金於蔡，明年乙未始下詔籍民數。時方兵革之餘，自燕京、順天等三十餘路得户八十餘萬。屢敕撫民之官勞來安集，增羨者賞，逃亡者罰。歲壬子，欲驗户口登耗，復下詔籍之，視乙未之數增二十餘萬户。

欽惟世祖皇帝其仁如天，世治時雍，黎民丕變。至元七年，有司請大比民數，復增三十餘萬户。十一年，上命丞相伯顏伐宋，諭之曰：「昔曹彬不嗜殺人，一舉而江南定，汝其體朕心，法彬事，毋使吾赤子横罹鋒刃。」聖人如天之仁，於兹見矣。迨南北混一，越十有五年，再新亡宋版籍，又得一千一百八十四萬八百餘户。南北之户總書于册者計一千三百一十九萬六千二百有六，口五千八百八十三萬四千七百一十有一，而其山澤溪洞之氓又不與焉。上視漢唐極盛之數，無以加此。夫天地之道生生不息，推之以祖宗厚澤深仁，洪昌繁衍，聿有以隆我皇元萬世無疆之丕基。

【考校記】

〔一〕輯自《元文類》卷四〇。

經理〔一〕

履畝而税者，亦田制之一法也。故有國家者，必善治之，則人不擾而賦有恒。否則，未見其利也。夫民間强者田多而税少，弱者産去而税存，固在所當治也。延祐初，章閭倡經理之議，期限猝迫，貪刻並用，官府震動，人不聊生。富民黠吏並緣爲姦，盜賊並起，田萊荒蕪，其弊有甚於在前者。至降明詔以撫慰之而後定。故才臣計吏之有欲爲者，可不熟慮而慎行之哉！

【考校記】

〔一〕輯自《元文類》卷四〇。

農桑〔一〕

農桑者，王政之本也，可不重哉？我世祖皇帝從左丞張文謙之請，立司農官，頒農政，化天下以敦本就實之道。老者得其所養，少者有以自力，教之蓄積之方，申之學校之義。牧民之官法〔二〕其勤惰，風紀之司嚴其體察，歲終以爲殿最，其法可謂至矣。迨夫列聖相承，綸音誕布，必諄諄以勸農爲言，皆所以爲生民之命而開太平之基者也。今悉著于篇。

【考校記】

〔一〕輯自《元文類》卷四〇。

〔二〕「法」，錢校本校曰：「翠巖本作『驗』。」

社長〔一〕

凡縣邑所屬村堡，五十家立一社，擇高年曉農事者爲社長，以教督農桑爲事。凡種田者立牌橛於田側，書某社某人於上，社長以時點視，舉不率教者姓名以授提點官責之。有疾病、凶喪不能耕種者，合力助之。一社之中災病多者，兩社助之。凡爲長者，復其身，郡縣官不得以社長與科差事。

【考校記】

〔一〕輯自《元明事類鈔》卷七。

賦税

税粮〔一〕

太宗皇帝詔有曰：依倣唐租庸〔二〕調之法，其地税量土地之宜。大朝開創之始，務從寬大。此丙申歲詔旨之節文也。

世祖皇帝至元十七年，申明舊制而加密焉。則送納之期，收受之式，封完之禁，會計之法，於是乎大備矣。

【考校記】

〔一〕輯自《元文類》卷四〇。

〔二〕「庸」，原作「康」，據文意改。

夏税〔一〕

成宗皇帝時，丞相完澤等以江南科税之未有定例也，於是參稽亡宋之制，定夏秋二税。夏〔二〕則輸以木綿布絹絲綿等物，秋止徵其粮。税視其粮以爲差，或一石輸税三貫、二貫、一貫，或一貫五伯文、一貫七伯文，因其地利之宜、人民之衆，酌其中數而取之，蓋經久之道也。然税隨地出，有産去而税存者，貧弱或不給焉，守土之吏可不體其立法之意也哉？

【考校記】

〔一〕輯自《元文類》卷四〇。

〔二〕「夏」，原脱，據上下文補。

科差〔一〕

國家之得中原也，納差之名有二，曰絲料，曰包銀，各驗其户而上下〔二〕科取之。中統建元以來，始有定制。歲終，中書則會計其出入總數而奏焉。年穀不登，則有減免之恩，所以息民方也。及得江南，其制益廣。國家殷富，人物阜康，則王者輕徭薄賦之效焉。

【考校記】

〔一〕輯自《元文類》卷四〇。

〔二〕「而上下」，據文意，疑當作「上下而」。

海運〔一〕

惟我世祖皇帝至元十二年，既平宋，始運江南粮。以河運弗便，至元十九年，用丞相伯顔言，初通海道漕運抵直沽，以達京城。立運粮萬户府三，以南人朱清、張瑄、羅壁爲之。初，歲運四萬餘石，後累增及二百萬石，今增至三百餘萬石。春夏分二運至，舟行風信有時，自浙西不旬日而達於京師，内外官府，大小吏士，至於細民，無不仰給於此。於戲！世祖之德，淮安王之功，逮今五十餘年，裕民之澤，曷窮極焉。

世祖皇帝至元十九年，初命上海總管羅璧、張瑄、朱清造海船六十艘，募水工同官軍自海道漕運江南糧四萬六千餘石，明年三月至直沽，從丞相伯顔所言也。伯顔丞相奉旨取宋，既得江南，而淮東之地猶爲宋守，乃令張瑄、朱清等自崇明州募船裝載亡宋庫藏圖籍物貨，經涉海道運入京師。又命造鼓兒船運浙西糧，涉江入淮，由黄河逆水至中灤旱站，般至淇門入御河，接運赴都。次後𠚲開濟州、泗河，自淮至新開河，由大清河至利津河，入海接運。因海口沙壅，又從東阿旱站運至臨清，接入御河。及𠚲開膠萊河道，通海儹運。至元十九年，太傅丞相伯顔見裏河之儹運糧斛，前後勞費不貲，而未見成效。追思至元十二年，海中般運亡宋庫藏圖籍物貨之道，奏命江淮行省，限六十日造平底海船六十隻，聽候調用。於是行省委上海總管羅璧、張瑄、朱清等，依限打造。當年八月，有旨，令海道運糧至揚州。羅璧等就用官船軍人，仍令有司召顧梢碇水手，裝載官糧四萬六千餘石，尋求海道水路，𠚲行海洋，沿山求嶴行使，爲開洋風汛失時，當年不能抵岸。在山東劉家島壓冬。至二十年三月，經由登州，放萊州洋，方到直沽。因河内淺澁，就於直沽交卸。

十九年十二月，立京畿、江淮都漕運司二，漕運江南粮。仍各置分司，催督綱運。以運粮多寡，爲運官殿最，中書省：「契勘南北粮餉，國之大計，前雖曾儹運，虚費財力，終無成功。蓋措置乖方，用人不當，以致如是。今大都漕運司，止管淇門運至通州、河西務，其中灤至淇門，通州〔二〕、河西務至大都陸運車站，別設提舉司，不隸漕運司管領。揚州漕運司止管江南運至瓜州，其瓜州至中灤水路，綱運副之。押運人員，不隸漕運司管領。南北相去數千里，中間氣力斷絶，不相接濟。所以粮道遲滯，官物虧陷，失悞支持，所係非細。比以省臣奏奉旨，京畿、江淮設立都漕運司二，舊官盡行革去。其江淮漕運司，除江南運至瓜州依舊管領外，將漕運司官一半於瓜州置司，一半於中灤、荆山上下行司，專以催督綱運。每歲須要運粮二百萬石，到於中灤，取京畿漕運司通關收附，申呈揚州行省爲照。其京畿漕運司，自中灤運至大都，仍將中灤至淇門、河西務至大都車站，撥隸本司管領。其漕運司官，一半於大都置司，一半於中灤、淇門上下行司，專以催督綱運。每歲須要運粮二百萬石到都，取省倉足數，抄憑申呈户部爲照。每歲十二月終，省部考較，運及額數者爲最，不及額數者爲殿。當該運司官，一最陞一等，三歲任滿，別行遷轉。一殿降一等，次年又殿，則黜之。」都省移咨揚州行省，欽依施行。

二十年六月，王積翁建議開挑河道，漕運江南粮。右丞麥朮丁等奏：「王積翁言亡宋都南京時，每年運粮六百萬石。如今江南粮多，若運至京師，米價自賤。以其説奏，有旨，命臣等議。蓋運粮之事，惟廣輸運之途。今止是中灤一處漕運，盡力一年，惟可運三十萬石。近者阿八赤新開一河，又前奏准，令奥魯赤經由濟州門〔三〕挑一河。又黄河迤上有沁河，可以開挑一河，遣人相視，具見畫圖。今脱忽思進呈，如此等河道一一成就，則所運粮數自多。」上曰：「朕觀圖，宜如卿所奏。」是年八月，以去歲初試海運暨諸河運，總計所至者粮二十八萬石。丞相火魯火孫、參議秃魯花等奏：「去年伯顔曾言海道運粮，火魯火孫省官令試驗。今自揚州以船一百四十六運粮五萬石，四萬六千石已到，其餘六船尚未到，必是遭風。來者又言，此海道初行，多不曉會，沿海來去，紆繞遼遠。今海中間有徑直之道，乞遣人試驗。」又奏：「阿八赤新所開河道二萬石有餘粮。又東平府南奥魯赤新修河道三萬二千石粮，過濟州内五千餘石，暨御河常州儹運河道粮，總二十八萬石，俱已到。餘粮逐次將至。」奏旨稱善。

是年十月，禁運粮軍人及綱運船户擾民不便條制。中書省准，御史臺呈，江北淮東道提刑按察司言：「切見漕運司運粮軍人并綱運人户，牽駕粮船於揚州、淮安運河要路，故意阻塞河道，將脚板兩邊探出，不通客旅往來。間有客船欲於粮船兩邊經過，或是船梢誤衝探出脚道板，或客船桅篷高低、牽繩長短，誤相牽挽，不曾挽動分毫浮動物件。運粮軍人分布用篙將客船搠打，或將客船篙棹、蘆席、桅繩等物搶奪，但去遮護，便將客人行打。及於兩岸居住村坊店舍人家處，取要酒食，强打豬雞。但有推阻，衆人便將百姓毆打，百端騷擾。爲此，令淮安漕運分司講究得，運粮軍人，俱係江北兩淮撥到漢軍并新附軍人，諸翼輳集，撥成一運，俱有管軍千户、總把、百户人員管領押運，時暫漕運司勾當。并和顧運粮船户，亦係諸路顧到，已有差定押綱官員。但遇散軍或船户騷擾行船客旅及岸上居民，除將散軍、船户對證是實，取訖招伏，痛行斷罪外，將押運正官取勒約束不嚴，招伏斷罪，似望易除民害。本司參詳，如准淮安漕運分司所言事理禁治，實與民除害。若不嚴行禁約，切恐當路人民不能居止。道路蕭條，深爲不便。」除已移牒江淮都漕運司，遍歷經行漕運分司去處榜諭，依上禁約外，本臺參詳行御史臺咨到約束運粮軍人并船户，不得阻塞路道，擾民事理，是爲允當。又據本臺呈，山東東西道提刑按察司言：「照得本司於至元二十一年月日不等，十次寧海州并淄萊路牒呈，海州運粮過往行船梢水蠻軍，計一十五起，動經聚衆百十餘人，各持兵刃，劫掠良民，打奪財物，及將所運官粮自相般奪等事。除已行下合屬，行移捉賊外，本司切詳山東瀕海地面，土廣人稀，地形險惡，未曾收復亡宋時，其瀕海去處，在前有東路蒙古、漢軍都元帥也速觧兒管領軍馬行營種田，并有守把海口壯丁軍人屯駐，以備不虞。削平亡宋之後，前項軍馬遷迤南，即今前項海道典迤南，諸蠻相通，其間遞運貢物過往行船梢水軍人，不時聚衆下船，侵害良民，劫掠人口、財物，即便上船，開洋去訖，陸路不能根捉，又巡防弓兵數少，難以禦備。兼瀕海去處田野寬廣，合無量移軍人，置立屯田，以備不虞，實爲長便。」於至元二十一年十二月十七日，本臺官大夫玉速帖木兒，中丞阿剌帖木兒、崔彧，侍御禿剌帖木兒啓：海道運粮軍人，來往經過海邊郡邑，居民多被騷擾。今與省院官一同商量如何鎮壓，從便舉行。啓奉皇太子令旨，允其所請，送户部就與刑部一同講究得，如淮臺呈，似爲便當。所有運官、押綱官用心約束軍人、船户，不致擾民者，緣係職分當然，難議優賞。外據量移軍人於瀕海去處，置立屯田、鎮壓事理，合從樞密院定奪。都省准擬，移咨江淮等處行中書省，及下户部，行下合屬，依上禁治。劄付御史臺，照會去訖。

軍般、短般前來淮安路交割綱運，自江南呂城軍船運至瓜州一節，令江淮都轉運使司別無約束外，據瓜州運至淮安路短般粮船，係是隨路撥到漢軍、新附軍人使駕官船往來般運。今議得自瓜州裝起重船，三運、兩運或三四運，前後相序行程，專差奏差一員，乘坐站船往來催督，及監視有無擾民之事。每運頭船并末尾船上，各插白旗一面，書寫運官姓字，庶望被擾人民易認是何運次。運官既立名旗，亦懼連累，知所警誡。瓜州總司先取奏差人等，須管往來催督運粮疾早到來淮安，不致遲滯。及監視運官，約束軍人毋得阻塞河道。如遇客船兩相趓過，不致阻當客旅行程。及不致軍人歐打客船，搶奪諸物，不得於岸上村坊店舍百姓之家，取要酒食，强打豬雞，歐擊良民。如但有違犯軍人，差來奏差親見者，奏差隨即約會運官，即將擾民軍人捉拿，痛行斷訖。别取運官鈐束不嚴招伏，先行入遞申來淮安分司。如運官私下不伏取招，仰奏差人具由申來。奏差前後催綱，如不親見擾民者，但有客船或到村坊店舍，須管詢問百姓。如但曾擾民者，奏差等抄寫百姓某人被那軍人或奪訖物件，或取訖酒食，或打訖豬雞，或打傷某人，即令百姓當地官司陳告，申覆本管上司，移關淮安分司，奏差隨時前來運官處説知，挨問擾民軍人，隨時依例斷罪。如運官不肯依例斷治，仰奏差一一申呈淮安分司，等候粮運到來淮安，隨時挨舉。除運官已將擾民軍人、船户痛行斷治，約束不嚴招伏，隨時依例斷治外，據奏差察知，或各路官司移文前來擾民公事，將擾民軍人鎖索監收。迴到擾民處所對證是實，量情斷罪訖。仰奏差人等備細申覆瓜州總司，等候把總、運官并各翼官到於瓜州，取勒運官并各翼官約束不嚴，縱令軍人擾民，不行究治招伏，依例斷遣施行。如綱運到來並無申到擾民公事，取要奏差、運官重甘執結，以後却有事發擾民者，依下項條款斷罪。今約量定到各各罪名于後。

受宣官員，若親自部領軍人擾民者，或所轄軍人因毆傷致人命者，此二項，但犯罷職。如鈐束不嚴，致令軍人擾民者，雖將軍人嚴行斷訖，本官取訖招伏，初犯笞七下，再犯一十七下，三犯呈省定罪。如親見軍人擾民，不爲斷治者，與部領軍人擾民同。如約束不嚴，縱令軍人擾民，不爲用心體究，不行斷治，或因事發露者，初犯笞一十七，再犯二十七，三犯呈省別議。

受敕官員，若親自部領軍人擾民者，或所管軍人因毆傷人命者，此二項，但犯罷職。如鈐束軍人不嚴，致令軍人擾民者，或縱令軍人擾民者，不爲用心體究，不行究治，或因事發露，比受宣官員，凡罪加一等。

受省院劄付帥府諸衙門劄付官員，若親自部領軍人擾民者，或因毆傷人命者，此二項，但犯罷職。如鈐束軍人、船户不嚴，致令擾民者，并縱令擾民者，不爲斷治，或因事發露，比受敕官員凡罪加一等。

本司奏差，但有軍人擾民，不爲用心體究，因事發露者，除軍人、軍官，依例斷罪外，據奏差人等，初犯二十七，再犯三十七，三犯罷去。知而不舉，或看覷面情，或受錢物、酒食不舉者，量其取受輕重，斷罪追錢，並行罷去。

淮安路卸訖空船迴去時，淮安分司先取訖運官不致違犯執結，亦差奏差一名，取不致看循須管盡心執結，乘坐站船，隨船催督，疾早到瓜州復運。及監視運官，鈐束軍人，亦如重船一體行事。但有違犯，並令瓜州總司斷遣。

和顧民船長運直到中灤并利津交割綱運。瓜州裝起中灤、濟州長運綱船，俱係和顧民船。三綱兩綱或三四綱船，亦差奏差一員乘坐站船，前後往來催督綱運，監視押綱官，鈐束綱頭、船户，依前例取訖押綱官鈐束船户，不致擾民執結，及取訖奏差重甘執結到來。淮安分司隨時檢舉，如有違犯，將押綱官取招斷罪。如是親見船户擾民，不行約當者，與自擾民同。及船户毆傷百姓，因傷致命或毆死者，但犯，罷職。如遇河道淺澁去處，若有賫奉都省行省明文，許令各處添力盤剥牽拽者，押綱官親賫省府文字，更行移當地官司取索，與本處官司一同斟酌可用車牛，或船隻、人夫盤剥者。如當地官司不行着緊應付，雖應付不及用度者，押綱官即申附近漕運司，照依奉到都省劄付，取本路首領官、縣達魯花赤已下官員招伏，就便的決。無得多餘取要車船、人夫，亦不得徑直自拖拽車、人、船隻。如押綱官不經由當地官司，徑直拖拽民夫、車船者，或無賫執省府許令應付車船、人夫文字，不得騷擾官司取要。如無文字取要人夫、拖拽車船者，此二項與親領船户擾民同。或多餘取要氣力者，與約束軍人不嚴致令擾民同。如約束不嚴，致令船户擾民者，凡犯並與上項受省劄諸衙門文字軍官同罪。奏差約束亦同上例。淮安分司開閘將重船放入淮河，分爲中灤、濟州兩路，隨即差奏，差二員各隨本綱催督前去。

中灤粮船，淮安分司催到臨濠府，已上係荆山分司，各管催督。自淮安臨濠府，沿路但有擾民事理，仰奏差人等並申荆山分司，等候粮船到彼，依上斷治。奏差到臨濠府，回來還司，如但有不用心體究，或受錢物、酒食買告不舉者，隨處官司行移淮安分司，一例斷遣施行。荆山分司交割得上項粮綱，亦差奏差一員，乘坐站船，催督前去，及監視押綱官、鈐束軍人，毋令騷擾百姓，直到杞縣。中間如有違犯，即與上項短船軍人罪同。奏差等直申中灤行司，候綱船到中灤時，行司依上斷遣。如有争差不伏，行移取發元委，奏差前去對證，依上施行。杞縣上流係中灤行司，差委奏差，催督綱船，監視押綱官，鈐束船户，無令騷擾百姓。如有違犯，直到中灤行司斷遣。中灤迴綱，空船三五運，差奏差一員，押迴直到荊山交割。荊山差人直來淮安分司交割，淮安差人直赴瓜州交割。如有擾民，依例各處斷治。

濟州、利津粮船，淮安分司差委奏差一員催督，監押綱官，鈐束綱頭、船户，直到濟州漕運司交割。中間但有擾民者，仰奏差申覆濟州漕運司，依上斷遣。利津迴來空船，利津分司差人押來濟州交割，濟州差人押來淮安交割，淮安分司差人前去瓜州交割。如有擾民，隨處依上斷遣。濟洲漕運司交割到上項粮綱，別差奏差，催督監視押綱官前去利津縣行司交割。中間但有擾民者，申覆利津行司，依上斷遣。議得合於應干粮船，經行河道兩岸，但有三家、五家村店，照依此條，令瓜州漕運司盡行出榜，曉諭百姓并軍人、船户通知，及行移瀕河州郡。如遇粮船到界，更爲差官巡視。議得運官、押綱官，年終考較，如有用心約束軍人、船户，不曾擾民者，合無量加優賞。

是年十一月，以海運可行，議罷阿八赤新開道。丞相火魯火孫等奏：「阿八赤新挑河道迤南用船一百九十四隻，運粮四萬八千九百六十一石。其船一百四隻内，損壞訖粮五千五十一石，外船九十隻，該粮二萬三千九百九石。凡粮之到者與已損者，具數以聞。」有旨以問阿八赤。阿八赤言：「比前者揚州所運，其船不堅。又沿海邊而行，故多損壞，非預臣事。臣所將船五十，纔失其四，其餘當以風信未至耳。」省臣言：「阿八赤新開河口，候潮以入，所損甚多，民亦苦之。今欲造小船五百隻，建倉三處。」上曰：「伯顏運粮之道，與阿八赤所開河相通否？」對曰：「不通也。阿八赤之言非實。今春試行海道，其船一百四十八皆已至矣，其不至者，七舟而已。前有旨，以其事囑忙兀䚟，今忙兀〔四〕䚟使來言，今用此道運粮，爲船二百七十，所失者十有九舟，今皆得之矣。」上曰：「果如是，阿八赤不必用。忙兀䚟好人也。俟其來，使遵所用海道以行。阿八赤新挑河可勿用。」

是年十二月，以朱清爲中萬户，易金符爲虎符；張瑄爲千户，仍佩金符；以忙兀䚟爲一府達魯花赤。餘一府，以萬户之無軍有牌者除充。丞相伯顏、平章扎散、右丞麥术丁等奏：「海運之事，兩南人言朝廷若支脚錢，請用己力，歲各運粮十萬石至京師，乞與職名。臣等議，朱清元有金牌，今授中萬户換虎符。張招討之子見帶銀牌，換金牌，爲千户。忙兀䚟見帶虎符，今爲一府達魯花赤。餘一府，以萬户之無軍而帶虎符者爲達魯花赤。」上從之。

二十一年二月，罷阿八赤河道，以其軍人、水手及船分與揚州、平灤兩處運粮。右丞麥术丁等奏：「斡奴魯兀觧三次文書，言阿八赤新挑河道損多益少，漕運弗濟。其水手、軍人等二萬，船千艘，俱閑不用，乞付臣等，歲運粮一百萬石。臣等前奉旨，與忙兀觧議用海道，今已送粮回訖。又，朱清等各願送粮十萬。又，囊家觧、孫萬户請得此船與軍，以充海運。臣與伯顔丞相等議，以阿八赤河道所有水手五千、軍五千、船一千付揚州省，教習水手運粮，餘軍五千、水手五千，就駕平灤船，從利津海道運粮。」上從之，罷阿八赤所開河。

是年十一月，約束運粮回船軍人，不使擾民。都省據臺呈，爲約束運粮軍人、船户、梢水擾民事理，送户部與刑部一同講究，准臺呈禁治。運粮船隻總押送官到河西務等處，下卸粮斛畢，往往赴都求仕，别無理會勾當，却令梢水人等不成宗伴，縱意畸零迴還，因而伺隙作過。今後交割粮斛畢，却將應管船隻，令已押粮官總行押運迴還。遇夜，聚集一處停纜，鈐束梢水，不致下岸。似望易爲關防。每宗粮船各用顔色標記。及大字書寫押運官職名，容易辨驗。如遇下船般柴取水，摘委有職官員新〔五〕行管押梢水人等下岸，事畢押還，似望不致違犯。令押運官物，收禁梢水人等船上夾帶隱藏鎗刀弓箭。

二十二年二月，以濟州運粮船數闕，命三省續造三千艘。參政不魯迷失海牙等奏：「自江南每歲運粮一百萬石，從海道來者十萬石，阿八赤、樂實二人新挑河道，運者六十萬石。濟洲奥魯赤所挑河道，運者三十萬石。今闊闊你敦等言，濟洲河道闕少船隻。臣等議，令三省造船三千艘。」准奏。是年七月，支運粮梢水口粮。省准户部呈，利津海道萬户府，自江淮省起遣到新附梢水二千名，合照運粮梢水例，每名月支粳米四斗。行下濟洲漕運司放支。

二十三年二月，以征日本所造船給海邊民户運粮。平章阿必失哈、參政禿魯花等奏：「忙兀觪言，修造征日本國船已完，去歲無人看守，有浥爛者。今阿八赤、忙兀觪同議，分付海邊民户運粮。」上是之。是年十一月海運船壞棄米者，運官償之。人船俱溺者，免所陪粮，於下年帶運。平章薛徹干等奏：「海運粮四年，凡一百一萬石，至京師者八十四萬石，不至者一十七萬。運者言江南斗小，至此斗大，以此折耗者有之。又以船壞，恐其沈溺，因棄其米者有之，固當陪償。其人船俱没者，不知合陪否？」上曰：「没於水，何可使之陪？」又奏：「其合陪者，差好人與忙兀觪等一同教陪，與明年粮一處運米。」上從之。

二十四年，立行泉府司，專領海運，增置萬户府二，總爲四萬户府：都漕運海船上萬户府，亦速爲頭，與張文龍等勾當；平江等處運粮萬户府，忙兀觪爲頭，與費拱辰、張文彪等勾當；孛蘭奚等海道運粮萬户府，與張武等勾當；徹徹都等海道運粮萬户府，與朱虎等勾當。二十四年正月，始罷東平河運粮。平章薛徹干等奏：「自江南海道經由東平新開河道，所運粮船往來難辛，官未得濟，乞罷之。」制可。

二十五年，增海運粮一百萬石。丞相桑哥、平章帖木兒、阿魯渾徹里等奏：「往者奏奉旨，每歲運江南粮一百萬石，在後未足其數，止運七十萬石。今養濟百姓，食用粮數多，宜增運一百萬石。」制可。是年二月，内外分置漕運司二。丞相桑哥等奏：「以漕運粮斛，舊設運司一，兼管内外，欺詐者多，亦稽誤公事。比奉旨，分置漕運司二，在内者爲京畿都漕運使司，在外者爲都漕運使司。内欽受宣命者一十一員，祗受敕牒者七員。」從之。是年十月，内、外漕運分掌税粮房照得兩司分掌事務：

京畿都漕運使司，依舊領大都九倉，收支粮斛，并新運粮提舉司站車攢運一切公事。

都漕運使司，於河西務置司，自濟州東阿爲頭，并御河上下，直至直沽、河西務、李二寺、通州、垻河等處水陸攢運，接運海道粮斛，及各倉收支一切公事，並隸本司管領。

京畿都漕運使司站車，赴各馬頭倉般運粮斛，仰本司先將半印勘合，支簿關發都漕運使司收管。然後押印勘合關文，開坐所運粮數，分付押運官賫拏前去都漕運使司投下，比對元發半印號簿相同，都漕運使司亦同勘合，下倉支撥交裝，毋致刁蹬停滯。就取押運官明白收管。隨即具交裝訖粮數，行移京畿都漕運使司，照會行下省倉，依數收受，仍鳌勒押運官，須要用心關防車户般運交納。如有短少，隨即追陪數足，及取押運官招伏治罪。每十日一次，各司具實交裝并到倉收訖數目，申部呈省。

都漕運使司，凡支粮斛并船户人粮馬料，須要依例置立勘合號簿，明白書填，押印勘合文貼，下倉放支。非奉省部許准明文，毋得擅自動支。

京畿都漕運使司，應管各各倉分，收支見在并趲運粮斛，旬申月報數目，及點覰各倉挑倒粮斛、關防事理。仰户部照例行下本司，須要依例申部呈省。仍令各倉每月一次結轉赤曆呈押，毋致作弊違錯。若有該載不盡事理，仰都漕運司從長講究，申部擬定呈省。

二十七年十月，賜海漕運粮官毳衣段各一。丞相桑哥等奏：「自江南海運來者，薛徹秃、孛蘭奚、朱、張萬户等萬户，及千户、百户，今歲多用心力，乞每人賜衣一領。」上曰：「南人愛毳段，各賜毳段一端，令還。」

二十八年八月，罷泉府司所隸運粮二萬户府，從朱清、張瑄所請也。平章不忽术等奏：「海道運粮，朱清、張瑄萬户言，往歲運粮，止以臣等二萬户府。自去年隸泉府司，沙不丁再添二府，運粮百姓艱辛，所有折耗俱責臣等。乞見憐，宜罷二府，或委他人。」上曰：

「彼所言是，止令二府運之。」又奏：「朱、張二萬户言，或有疑臣等者，乞留臣等在此，令臣之子代運。」上曰：「安用如此？」言止以朱、張二人運之。是月併海道都漕運爲二萬户府，張瑄以驃騎衛上將軍、淮東道宣慰使兼領海道都漕運萬户府事，朱清以驃騎衛上將軍、江東道宣慰使兼領海道都漕運萬户府事。中書省奏准，合併設立海道都漕運萬户府二處：

一，海道都漕運都達魯花赤萬户府，係驃騎衛上將軍、淮東道宣慰使兼領海道都漕運萬户府事張瑄管領。每年運粮以十分爲率，該運六分。本府正官六員：達魯花赤一員，萬户二員，副萬户三員。首領官四員：經歷一員，知事一員，照磨兼提領案牘一員，提控案牘一員。令史六名，通事一名，譯史一名，奏差六名，合屬鎮撫二員，千户三十三員。至元二十九年，分作八翼：慶元浙江翼、江灣上海翼、青浦翼、崇明翼、許浦沿江翼、大場乍浦翼、青龍翼、顧逕下冲翼。元貞元年，併爲四翼：青浦江灣翼、青龍顧逕翼、許浦崇明翼、大場慶元翼。大德七年，再設六翼，取知仁聖義忠和爲名：崇明知字翼，青號；青浦仁字翼，紅號；許浦聖字翼，花號；青龍義字翼，白號；大場忠字翼，黄號；江灣和字翼，黑號。百户三十三員。

一，海道都漕運達魯花赤萬户府，係驃騎衛上將軍、江東道宣慰使兼領海道都漕運萬户府事朱清〔六〕。每年運粮以十分爲率，該運四分。本府正官五員：達魯花赤一員，萬户二員，副萬户二員。首領官四員：經歷一員，知事一員，照磨兼提領案牘一員，提控案牘一員。令史六名，通事一名，譯史一名，奏差六名，合屬鎮撫二員，千户二十七員。至元二十九年作七翼：殷武略翼、朱忠顯翼、陳承務翼、第忠武翼、朱承信翼、丁忠武翼、趙國顯翼。至元三十年併爲二翼：殷武德、陳承務翼，蔡忠武、楊忠顯翼。百户二十七員。

二十九年二月，海運水工每户月給家屬五口粮，免其差徭。平章不忽朮、平章闍里等奏准：「海運梢工、水手人等，選擇堪用者顧傭，錢價如例給之，每户妻、子以五口爲則，與之粮，免其雜泛差役。」

三十年十月，以朱虞龍授明威將軍、海道都漕運萬户，提調香糯事。中書省奏：「以朱虞龍降虎符，授明威將軍、海道都漕運萬户，提調香糯事，别降印信，設千户一、百户三。」制可。

三十六年六月，以軍四百守護河西務十二倉，又調軍一千接江南新運。參政暗都剌等奏：「河西務沿河等處收貯米粮倉廒一十二處，看守軍人四百名。如米粮發熱，令軍人及斗脚人等挑倒曝曒。」又奏：「海運朱、張船隻自江南到時，乞依去歲例，調軍一千迎接鎮遏。」並從之。

成宗皇帝元貞元年，以歲豐，海運止運三十萬石，每石水運脚價減爲六兩五錢，丞相完澤、平章賽典赤等奏：「朱、張海運，往歲一百萬石，或增其數，亦常運之。如值禾稼不收，人民艱食，海運多得。濟、亳、懿州一帶迤東貧民多聚集，時并高麗地數歲闕食，亦仰此海運賑救。今歲豐米賤，若即海運，切恐未宜。去歲會計見在粮數，只運三十萬石。今年如上年例，亦運三十萬石。在先每石脚價鈔八兩五錢，後減去一兩。今粮食諸物比往歲尤賤，脚價内再宜減一兩，每石作六兩五錢。」又奏：「每年斟酌海運粮米數，以十分爲率，張萬户運六分，朱萬户運四分。今朱萬户言乞均分停運。」並從之。

二年三月，諭行省、行臺諸司毋阻壞海道運粮都漕運萬户府事。聖旨諭：「行中書省、行御史臺、宣政院、通政院、行泉府司、宣慰司、肅政廉訪司、轉運司、管軍官、管民官、應管公事官吏、軍民站赤諸色人等，據中書省奏，海道都漕運萬户府告説漕運粮斛，恐有沮壞，乞降添力聖旨事，准奏。海道都漕運萬户府運粮，其間諸衙門官吏人等不得攪擾沮壞。如此曉諭之後，沮壞者罪之。運粮官吏等不依體例行事，寧不知懼？」

大德二年五月，以海運所頓香糯布囊完好者於下年復用。中書省據海道都漕運萬户府朱虞龍呈：「每歲海運上用細白粳糯，并鼠耗附帶，該一十一萬六千五百石，合用夾布袋一十一萬六千五百條，每條該布一疋，每疋官價不下五兩，計該中統鈔六千餘定，針線錢不在其中。和買布疋之時，府司州縣無過分派鄉村，動摇百姓。雖是和買布匹，須每家俵散成造。如此動摇十萬餘户，方得完備。裝運到都，止將粮米支持，其上項布袋，仍於醴〔七〕源倉、八作司、太倉收頓，别無用度，日漸不無損壞。今卑職參詳，每歲起運上項白粳糯米粮，船户每石破耗三升，明該係是貼補折耗米數，合於正粮布袋内添搭盛貯，一體裝運，不須别給布袋。外據正附粮米合用布袋，若於醴源倉、八作司、太倉等處累年積下數内分揀堪好數目，差官比及二三月間迤南裝粮之時，先於裏河裝載前去江浙行省交割，於内間有污損去處，官爲補洗，不致虧官損民，實爲兩便。今宣徽院、京畿都漕運司、八作司見在堪中夾布袋二十三萬九千二百單七條。其大德二年白粳米五萬石、香莎糯米五萬石，合依朱懷遠所言，擬發夾布袋一十萬條。除就用京畿運司見收堪中夾布袋六萬六千五百一十五條外，不敷三萬三千四百八十五條，於八作司見收堪中布袋内，令京畿運司委官選揀給付，仍令都漕運司押綱官管領收貯，俟海道運粮朱、張萬户至，驗數交割，令本府收管順帶前去用度。」咨江浙省，都省准擬，起運夾布袋二十萬條。劄付户部，都省准擬，於見在夾布袋内通起二十萬條，就便行移合屬，早爲依數運赴直沽，令都漕運收貯，伺候海運到來，交割順帶前去。

六年，以海道運粮萬户府官員，本府自行舉保，從張文虎〔八〕所言也。江浙等處行中書省參知事張文虎〔九〕會驗：「卑職父子於至元十九年以來，欽依世祖皇帝聖旨，剏開海道漕運粮斛，今將二十餘年。先爲行泉府司所設衙門四處，運粮萬户三十五員，千户、百户五百餘員，至甚冗濫。卑職於二十八年親赴都省，陳説減併，止設都漕運萬户府二處。在先年分，運粮一百八十萬或一百五十萬石，數目浩大，本萬户府以十分中合運六分，除别蒙銓注都副達魯花赤二員外，所用頭目依奉都臺定例，從卑職父子驗數舉保諳知海道萬户五員，鎮撫二員，千户、百户各三十三員，首領官四員，押運粮斛。近年以來，本府所運多不過三十五萬石。元設官員，其實太冗，虚受俸禄，中間多有衰老不任風水人員，兼都副達魯花赤往來通署兩府文字，至甚不便。以此卑職參詳，既是每年額運粮米數少，擬合除減本府止設達魯花赤一員，正、副萬户四員，首領官二員。嘉定州置司所管頭目，設立鎮撫二員，千户、百户各二十員，非惟少裁冗濫，實可省費俸鈔。以後倘有增運粮數，足能辦事，亦不添設，卑職在先建言剏開海道，若不舉明，伏慮因而廢弛。具呈都省，已蒙准呈。今通行選舉到後項諳知海道、慣識風水官員，開坐于後，如蒙都省早賜定奪聞奏，不致失悞來春裝運。外據其餘歇下人員，擬合依例給由，到省求敘，從優區用，似望激勵後人。」又據江西等處行中書省參知政事張瑄呈：「切惟饋運粮儲，始因諸河勞民費財，儹運無成。至元十九年，欽依世祖皇帝聖旨，創行海道般運，經今二十餘年，已是成效。在先行泉府司設立衙門四處，該設萬户三十五員，千户、百户人等五百餘員，官冗人濫，不便多端。至元二十八年，男張文虎親赴都省陳言便利，革罷減併，止設海道都漕運萬户二處。此時年分運粮一百八十萬或一百五十萬石，本萬户府以十分中運六分，除通行提調兩府都副達魯花赤二員、本府達魯花赤一員，别蒙都省銓注外，其餘所用頭目依奉都堂定例，從卑職驗數舉保諳知海道萬户五員，千户、百户各三十三員，鎮撫二員，首領官四員，責付運粮勾當。近年以來，所運粮斛，本府與朱萬户府停半分運，多不過三十五萬石。元設官員，實爲太冗。非惟多費俸禄，中間亦有衰老不受風水之人。又兼都副達魯花赤往來通署兩府事務，甚不便當。況近欽奉詔書，釐革政令未便等事。以此，大德四年，有男張文虎究思元言與今事異，議擬除減外，本府止設達魯花赤一員，正、副萬户四員，首領官二員，鎮撫二員，千户、百户二十員，足可辦事。如此具呈都省，已蒙准擬，繼選舉諳知海道、慣熟風水員名，開具合受職役，保呈都省定奪聞奏，未奉明降。卑職參詳，運粮人員起自卑職，與朱參政𠝹行海道，由此都省從准所舉，久而爲例。蓋航海冒險輕生，非歷練風濤、壯年精健，不能應當，職名難同常調，求備所歷。今男張文虎所保官員，的係諳知海道，及自幼根逐父祖下海，精練風水，熟諳公務之人。卑職衰老坐疾，不任輔政，却緣初行海道，𠝹始艱難，不易成就，安忍坐視其廢。即目已是春暮，裝粮時分在邇，若不蒙早賜定奪，誠恐失悮今歲粮儲，將來漸至敗壞。爲此，今重將已保員數、職名開坐于後，保結具呈照詳。本府元設官七十員，存設保陞四十九員。保陞：陞散官一員達魯花赤，萬户二員，副萬户二員，經歷、知事二員，鎮撫二員，千户一十二員，百户一十二員。就用二十員：千户一十二員，百户八員。減去二十九員：萬户一員，提控案牘一員，照磨一員，千户一十三員，百户一十三員。」

七年十二月，併海道運粮三萬户府爲一，設萬户六員，其屬鎮撫所一，官二員；海運千户所十一，每所官三員。中書省奏：「前者海道運粮立萬户府三，復併爲一，宜委付萬户六員。前孛可孫扎剌兒𧥩沙的爲之長，建康路達魯花赤阿里伯之子曰忽都魯撒剌兒次之。餘萬户四員，以先所委色目、漢人、南人内謹慎并年月未滿及於内李才者四人，如舊仍就帶虎符，乞刱降虎符四。」又奏：「萬户之下，合委千户、鎮撫、首領官七十員。内欽受宣命金牌六十七員，就帶金牌者三十九，刱降牌面者二十八，受敕牌者三員。」並從之。

大德八年，平江路開司署事。當年，交割前萬户舊有海船一百二十五萬料運粮。本府正官：達魯花赤一員，萬户二員，副萬户三員。首領官：經歷一員，知事一員，提領案牘照磨一員，提控案牘一員。令史一十名，通事一名，譯史一名，奏差一十名。合屬一十二處，每處設司吏二名。鎮撫所，官二員。海運千户所一十一處：平江等處香莎糯米千户所，達魯花赤一員，千户二員，副千户二員；嘉定等處千户所，達魯花赤一員，千户二員，副千户三員；常熟所，崑山所，温台所，崇明所，上海所，嘉興所，松江所，杭州所，江陰所，已上九所官員，並如嘉定所之數。

武宗皇帝至大四年十月，海道運粮萬户府舊設官六員，尚書省增爲八員，今復如舊數。千户所十一，今併爲七。鎮撫所仍舊設置。中書省奏：「運粮萬户府官，往歲六員，尚書省添爲八員，乞依舊六員。」又奏：「千户所舊一十一處，乞罷其四。宜併崑山、崇明爲一，松江、嘉定爲一，杭州、嘉興爲一，常熟、江陰爲一，刱設温台、慶紹所二，并平江香糯所而爲七。鎮撫所依舊設置。」並從之。本府官六員：達魯花赤一員，萬户一員，副萬户四員。千户所一十一處，併作七處：常熟江陰所，崑山崇明所，松江嘉定所，杭州嘉興所，已上四所，平江路置司；温台所，温州路置司；慶紹所，慶元路置司；平江香糯所。鎮撫所。

是年，遣官同江浙行省提調運粮官講究海運久行良法。中書省啓奉皇太子令旨，以爲講議海運，差委刑部田侍郎，仍委高參政等提調督責萬户府官同講究久行良法。今講究到船户利病之由，海運興廢之故。議擬減運粮額，去福建召顧擾民之弊，增脚價充船户應用不敷之資。除免一切差徭，少蘇民力，棄遠就近裝粮，以圖民便。選重望長官提振大綱，汰冗員千户去除民蠹。太倉蓋倉，移府就彼置司，易爲辦事。各項便宜事理，開具申覆都省。除准擬減運粮額，併去千户所四處，選官分職外，其餘元議船户免役等事，未奉明降。府司參詳海運利病，如蒙照依本府官萬户王少中與中書省差來官并提調官江浙行省參政事高中奉講議。已後運粮可以久行良法，内除免船户、里正、主首差徭，改撥上江、真州等處粮斛，浙西嘉興、松江等處位下併各投下田粮，收納本色，裝發海運。却將上江等處粮米，易鈔撥還投下。及於太倉蓋倉，收糧海運，移府就彼署事。各所添設都目、司吏辦事，實爲官民便益。開坐各項元議事件，省府送户部，議擬到下項事理。船户增添脚價。據温台等處海運千户所狀申，温、台兩路船户夏吉甫等狀告，各有梯己海船，於至大二年以來，蒙官司召顧，遞年承運官粮，别無短少。又吉甫等住居瀕海，捕魚爲生，接連福建之地。至大四年十一月，蒙官司召顧船隻，見數聽候運粮。此時吉甫等未曾支給脚價，先蒙官司督併脩理船隻，以此吉甫等貸錢預爲收買桐油、麻筋、石灰、木植等物，雇匠脩理船隻。至皇慶元年正月内，纔蒙官司放支一半脚價，合用物料價直湧貴，并本船合用捎水，比之太倉加倍。顧覓及置辦貢具、捎水口粮，又且盤費浩大。況本處水程約有三千餘里纔到，起程至卸粮，捎水合用口粮計該九月，比附太倉船户五月開洋，多用口粮四月。所有官司召顧福建船隻，裝粮到於直沽之時，尚然優恤，每石添支脚鈔二兩。據吉甫等裝粮船隻内，多有捕魚小船，今來官司若照浙西脚船户般運，支給脚價，似爲偏負。近承奉都府旨揮，備奉江浙省劄付，減併改立千户所，往歲不照船户住居，窵遠隔越，參雜管領。今既從新，理當隨宜更改。數内慶紹、温台所，即係剏改，運粮一切事務，令各官前去規辦。擬於温州開置治所，取勘船隻，給散脚鈔，催督起發。除另行外，今據見告，卑所參詳夏吉甫等，俱係捕魚爲生，遞年官司自十月間召顧拘留船隻，不能生理，舉債收買物件，脩理船隻。次年正月纔方支給一半脚價。收糴米粮，顧募捎水，加倍費用。比及太倉先行往迴六千餘里，裝粮了畢，隨船開洋運赴直沽。比附太倉船户，五月開洋，多用口粮四月，所得脚錢已用不敷。若照依浙西船户一體支給脚價，實爲偏負。至大元年，温、台等處荒歉之時，官司於太倉和顧船隻賑濟，亦與脚價鈔四兩五錢。至大四年，浙西船户到於福建經營，本處召顧運粮，亦行每石添支脚錢二兩。議得夏吉甫等住居瀕海，接連福建，遞年官司召顧船户，典妻賣女承運。略舉温州路船户陳孟四，將一十三歲親女賣與温州樂清縣傅縣尉，得中統鈔五錠，起發船隻。此等船户，到此極矣。至大四年，温、台兩路運粮迴還，在海遭風，并直沽卸欠官粮出賣等船五十六隻、二萬六千二百三十料。又兼物料比之舊日色色增添，有至十倍之上。如蒙添給脚價，庶幾船料日漸增加。若弗添支，轉見船户消乏。船隻事故，理宜優恤，既脚錢不虧，則船户無損。申乞照詳。

至大四年，奉江浙省符文，備都省咨，爲至大四年海運正粮二百五十七萬五千石，除委刑部田侍郎馳驛前去咨請，敬依委請本省官烏馬兒平章、高參政提調督責元委官萬户府官，照依坐去春夏合起粮斛，趁時裝發起運，毋致躭悮，仍與差去官刑部田侍郎、萬户王仲温等，一同從長講究已後可以久行良法，擬定咨申。奉此。除春夏二運粮斛，别行裝發，所講究到海運利病，數内一項運粮，必合添支脚價，資給船户，脩造船隻，以國家辦事齊成，先濟海運脚錢。三十年前，粆始之初，鈔法貴重，百物價平。此時江南米價，每石中統鈔三兩。運粮一石，支脚鈔八兩五錢，幾及米價三倍。又於舊年九月十月之間，撥降好鈔，船户得此，趁時買物，脩造海船，如造船一千料，所用工料價錢不過一百定。運粮一千石，隨得脚錢一百七十定。爲有餘利，争趨造船，專心運粮。今則物重鈔輕，造船物料十倍價高。每年船隻必須脩粘，浮動貢具必合添辦，所得不償所費，船户艱辛。雖蒙每石添作至元鈔二兩，其物價愈翔，不敷其用。況浙東温、台、慶元海船，水程窵遠，比到太倉裝粮處所，海洋水程不下二千餘里，難與附近船户一體支給脚價。今量擬遠者，温、台、慶元船隻，運粮每石帶耗添至元鈔一兩，通作三兩。其餘船隻，裝運糙白粮米香糯，每石添鈔六錢，通作二兩六錢。稻穀每石添鈔六錢，通作二兩。於九月十月之間，俵散脚價，以資給船户，修理船隻，庶使船身貢具得以堅壯，不致損失作弊，虧損官粮。照得先爲講究各項事理，數内船户必合添支脚價，已經移咨中書省照詳，未准回示。户部議得，温、台、慶元顧到船户，經涉海洋，既比兩浙程遠，每石帶耗量添脚價至元鈔二錢，通作至元鈔二兩二錢。外據香糯糙白香粮稻穀，近年以來已曾量添，别難再議。如遇給散脚價，行移本道廉訪司，體察相應，具呈照詳。

元講議優恤運粮船户與免雜泛差役，使之專心運粮，庶得易爲成就。照得至大三年十二月内欽奉聖旨節文，但是運粮之户，除免里正、主首雜泛差役。及蒙省擬曉諭，雖有船户樂從造船，有三十萬料裝運之際，欽奉詔書内一款節文，民間和顧和買、一切雜泛，邊遠軍人并大都至上都自備首思站户外，其餘不以是何户計，與民一體均當。欽此。其各路有司，將運粮船户復行差充里正、主首生受。已經講議，有曰，運粮船户運官粮千石者，除免本户梯已苗粮四十石，里正、主首雜泛差役，其餘多寡，一體除免。若有運粮一萬石之上者，役免；不過四百石，餘苗依例應當。外據無田船户，依例優恤。開申省府，未奉明降。講議之後，其平江路合屬崑山州，將温台千户所副千户劉居仁充本州里正，着落催辦差税。將無催人户所欠税粮，勒令劉居仁閉納，過四千一十餘石，俱有納獲倉鈔存照。似此將船户差充里正、主首甚多，俱有倍償粮斛。若不將船户免役，切恐船户將船出賣，或詭寄他人，不肯運粮，所繫非輕。謂財賦承佃户計，正是管領佃種財賦粮米，甚爲優輕。官司尚且與免里正、主首差徭，白雲宗僧人種田不納税粮，亦除里正、主首。其海運船户自備己錢造船，若以刱造一千料船一隻，工價、油灰、桅柁、釘線、版木等物價錢，少者八百餘定。裝粮一千石，官給脚價二百定，召顧梢水往迴口粮，短般脚價除銷用，外有不敷，陪錢貼補起粮，所給不及所費。然後又令親身下海，運至直沽交卸粮儲，經涉海洋數萬餘里，晝夜風濤，棄生就死。其落後，家屬復被有司捉拿，勒令應當里正、主首雜泛差役。又將詭户逃亡無徵粮斛，監督倍納，即與財賦佃户，并白雲宗僧人實爲優劣不同。將來船户避重就輕，海運廢馳，深繫利害。宜從省府移咨，都省聞奏，欽依先降聖旨，除免里正、主首差役，或照已講議定驗粮免役。庶使船户得以安養氣力，專心運粮辦事，可爲久長便益。乞照詳。照得先爲講究各項事理，數内船户自備船隻裝粮一千石爲則，令各户依舊輸納官粮，止免四十石苗粮，里正、主首雜泛差役。運至一萬石者，止許免四百石差役。餘粮依驗多寡，與民一體均當。已經移咨中書省照詳，未准回示。户部照得至大四年三月十八日，欽奉詔書内一款節該：民間和顧和買、一切雜泛差役，除邊遠軍人并大都至上都自備首思站户外，其餘各驗丁産，先儘富實，次及下户，諸投下不以是何户計，與民一體均當。應有執把除差聖旨、懿旨，所在官司就便拘收。本部議得，所言詭名税粮，合依已行歸併田主粮數，着落佃地之人徵納，毋得似前勒令里正、主首追陪。除免雜泛差役一節，擬合依例均當相應，具呈照詳。

元講議船上江東寧國、池、饒、太平等處裝粮不便，又將湖廣、江西等處起運粮米至真州泊水灣，與海船對裝，其海船重大底小，止可海内行使。近年以來，海運粮額增添，坐下江東寧國、池、饒、太平、建康等路及真州對裝粮斛，勒令海船從揚子江逆流駕使前去裝發。緣江内水勢湍急不常，走沙漲淺，山磯數多，常於口内着淺，粮船俱壞，歲歲有之，實爲不便。切照浙西各路多有各投下財賦，及嘉興、松江府位下粮米約有百萬餘石。遞年折收輕賫，變雜價錢，若將財賦等粮收納本色裝發海運，却將江南、湖廣粮米令各路變鈔或折價錢撥還投下，唯復官爲支付，非唯船户支裝快順不誤風訊，亦免江河沙淺損失官粮之患，官民兩便。外有起運香糯米粮，舊例亦在直沽交卸。在後朱虞〔一〇〕龍害衆利己，要功同職，將香糯直赴大都醴源倉送納，轉交河船般剥，經過閘、垻，河船户偷盗夾雜，虧折官粮，交割短少，揭借重債，閉納稽留日久，歲終方回，船户消乏。如蒙將上項香糯照依舊例，與糙粮止於直沽交卸，實爲良便。已經備申，未奉明降。如將裝粮止於浙西起運，香糯亦於直沽交卸，實爲官民便益。照得先爲講議各項事理，數内本省先擬嘉興、松江歲科秋粮六十餘萬石，并江淮財賦府年辦税粮一百餘萬石，江浙財賦府歲辦粮二十四萬餘石。照依時估，於係官錢内先行提撥，却將前項粮數以充海運。已經移咨中書省照詳，未准回示。户部議得嘉興、松江兩路財賦田粮，啓准充爲海運。江浙等處財賦府税粮，約二十四萬餘石，奏啓一體免糴，海運相應。外據香莎糯米，既已醴源倉下卸，行之已久，别難更改。具呈照詳。

元講議太倉剏蓋倉敖收納浙西等路税粮，供給海運。本萬户府管軍萬户總司并崑山州於太倉置司，似此却將十處千户所裁減。每所額設司吏四名、都目一員，照略案牘辦事，照得本府既管運粮海船，多於太倉劉家港等處灣泊。在先年分，運粮數少，就浙西各路支裝海運。近歲以來，粮額增添，督責海船，直抵江東太平、寧國、池、饒、建康等處支裝。緣海船多係大料，直州以上江面窄狹，水勢湍急，山磯數多，泝流而上，損壞船粮，年年有之。浙西諸路相離太倉，遠者不過三二百里，近者百里之上。裝粮之際，顧覓裏河民船，剥至太倉裝海船，其間東量西折，公私擾害，不便。況太倉正係灣泊海船，人煙輳集去處，每歲粮船俱於此處聚集整點，起發開洋。若於此處蓋倉收納浙西各路税粮，就移萬户府於太倉置司，裝發海粮，却將十處千户所裁減四處，止設六處，鎮撫所、香糯所依舊存設。已經照勘得千户所六處，合該司吏四名，計二十四名。除見存應設司吏二十名，外合添設四名，都目八員，照略案牘，實爲公便。及有本府達魯花赤阿散忽都魯與都省差來官刑部田侍郎，親詣太倉劉家港起發。

至大四年夏，運船略行踏視得太倉朱辛一房屋東北朱家莊，舊有房舍週圍空閑地基，可以起蓋倉敖，收頓官粮，兼有萬户府於此鎮守關防。已經彩畫圖本，開坐申蒙省府，移准中書省咨。減併訖千户所四處，止設六處，鎮撫所、香糯所依舊存設。革去千户二十四員。其元議粮倉移府州於太倉置司，添設各所都目、司吏，未蒙准擬。今歲皇慶元年海運粮斛一百八十萬石，跨涉一十七處，裝發實是闕官辦事，幸而完備。今來府司參詳，如蒙照依元議，移咨都省，擬於太倉起蓋倉敖，收納浙西各路税粮，供給海運。本萬户府管軍萬户總司并崑山州移於彼處置司，每千户所一處添作司吏四名、都目各一員，照略案牘。一則革去冗員千户蠹政害民之弊，二則削除船户舍近趨遠裝運之勞，實爲官民兩益。已經申覆省府照詳，未奉明降。如准海道萬户府所擬，似爲相應。户部議得，崑山州太倉劉家港起蓋倉敖，囤貯粮儲，瀕靠大海，中間恐有不測，况兼運粮已久，似難更張。外據運粮千户所難同有司，不須添設司吏、都目，具呈照詳。

仁宗皇帝皇慶二年十月，增海運粮脚價，浙東每石中統鈔一兩五錢，其餘去所每石一兩。中書省奏：「江浙行省言，今歲海運粮船，阻風損壞者多，若弗增其脚價，船户艱辛。又兼造船物料，比之往歲價增數倍。臣等議，量其地里遠近，比元脚價之上，除浙東每石添中統鈔一兩五錢，其餘去所每石添一兩。」奏可。

歲運粮數：

至元二十年，該運粮四萬六千五十石，運到四萬二千一百七十二石二斗二升五合，事故粮八百七十七石七斗五合。至元二十一年，該運粮二十九萬五百石，運到二十七萬五千六百一十石，事故粮一萬四千八百九十石。至元二十二年，運粮一十萬石，已運到粮九萬七百七十一石五斗五升，事故粮九千二百二十八石四斗五升。至元二十三年，運粮五十七萬八千五百三十石，已運到粮四十三萬三千九百五石四斗，事故粮一十四萬四千六百一十四石六斗。至元二十四年，運粮三十萬石，已運到粮二十九萬七千五百四十六石七斗，事故粮二千四百五十三石三斗。至元二十五年，運粮四十萬石，已運到粮三十九萬七千六百五十五石八斗六升，事故粮二千三百四十四石一斗四升。至元二十六年，該運粮九十三萬五千石，已運到九十一萬九千九百四十三石，事故粮一萬五千五十七石。至元二十七年，該運粮一百五十九萬五千石，已運到粮一百五十一萬三千八百五十六石八斗，事故粮八萬一千一百四十三石二斗。至元二十八年，該運粮一百五十二萬七千二百五十石，運到粮一百二十八萬一千六百一十五石，事故粮二十四萬五千六百三十五石。至元二十九年，該運粮一百四十萬七千四百石，已運到粮一百三十六萬一千五百一十三石六斗八升，事故粮四萬五千八百八十六石三斗二升。至元三十年，該運粮九十萬八千石，已運到粮八十八萬七千五百九十一石五斗，事故粮二萬四百八石五斗。至元三十一年，該運粮五十一萬四千五百三十三石，已運到粮五十萬三千五百三十四石，事故粮一萬九百九十九石。元貞元年，該運粮三十四萬五百石，俱到。元貞二年，該運粮三十四萬五百石，已運到粮三十三萬七千二十六石六斗，事故粮三千四百七十三石四斗。大德元年，該運粮六十五萬八千三百石，已運到六十四萬八千一百三十六石九斗五升，事故粮一萬一百六十三石五斗。大德二年，該運粮七十四萬二千七百五十一石，已運到粮七十萬五千九百五十四石五斗，事故粮三萬六千七百九十六石五斗。大德三年，該運粮七十九萬四千五百石，俱到。大德四年，該運粮七十九萬五千五百石，已運到粮七十八萬八千九百一十八石二斗七升，事故粮六千五百八十一石七斗三升。大德五年，該運粮七十九萬六千五百二十八石，已運到粮七十六萬九千六百五十石，事故粮二萬六千八百七十八石。大德六年，該運粮一百三十八萬三千八百八十三石六斗三升，已運到粮一百三十二萬九千一百四十八石一斗，事故粮五萬四千七百三十五石五斗三升。大德七年，該運粮一百六十五萬九千四百九十一石三斗二升，已運到粮一百六十二萬八千五百八石八斗七升，事故粮三萬九百八十二石四斗五升。大德八年，該運粮一百六十七萬二千九百九石八斗六升四合，已運到粮一百六十六萬三千三百一十三石五斗九合，事故粮九千五百九十六石三斗五升五合。大德九年，該運粮一百八十四萬三千三百九斗，已運到粮一百七十九萬五千三百四十七石一斗一升六合二勺，事故粮四萬七千六百五十六石七斗八升三合八勺。大德十年，該運粮一百八十萬八千一百九十九石五斗，已運到粮一百七十九萬七千七十八石三斗七升五合二勺，事故粮一萬一千一百二十一石一斗二升二合八勺。大德十一年，該運粮一百六十六萬五千四百二十二石八斗五升五合三勺，已運到粮一百六十四萬四千六百七十九石一斗七升八勺，事故粮二萬七百四十三石六斗七升七合五勺。至大元年，該運粮一百二十四萬一百四十八石四斗八升八合七勺，已運到粮一百二十萬二千五百三石四斗七升三合九勺，事故粮三萬七千六百四十五石一升四合八勺。至大二年，該運粮二百四十六萬四千二百四石八斗，已運到粮二百三十八萬六千三百石四斗八升一合，事故粮七萬七千九百四石三斗一升九合。至大三年，該運粮二百九十二萬六千五百三十三石六斗四升九合，已運到粮二百七十一萬六千九百一十三石九斗九升五合，事故粮二十萬九千六百一十九石六斗五升三合四勺。至大四年，該運粮二百八十七萬三千二百一十二石一斗，已運到粮二百七十七萬三千一百六十六石一斗九升六合，事故粮九萬九千九百四十五石九斗四合。皇慶元年，該運粮二百八萬三千五百五石四斗七合，已運到粮二百六萬七千六百七十二石八斗六升七合，事故粮一萬五千八百三十二石五斗四升。皇慶二年，該運粮二百三十一萬七千二百二十八石八升四合，已運到粮六十五萬四千三十六石一升五合，事故粮一十五萬八千五百四十三石一斗一合。延祐元年，該運粮二百四十萬三千二百六十四石四斗三升四合，已運到粮二百三十五萬六千六百六石一斗二升二合，事故粮四萬六千六百五十八石三斗一升二合。延祐二年，該運粮二百四十三萬五千六百八十五石九斗九升八合，運到粮二百四十二萬二千五百五石一斗九升二合，事故粮一萬三千一百八十石八斗六合。延祐三年，該運粮二百四十五萬八千五百一十四石一斗八升五合，已運到粮二百五十三萬七千七百四十一石一斗八升五合，事故粮一萬七百七十三石。延祐四年，該運粮二百三十七萬五千三百四十五石四斗三合，已運到粮二百三十六萬八千一百一十九石六斗四升二合，事故粮七千二百二十五石七斗六升一合。延祐五年，該運粮二百五十五萬三千七百一十四石三斗一合，已運到粮二百五十四萬三千六百一十一石五斗四升一合，事故粮一萬一百二石七斗六升。延祐六年，該運粮三百二萬一千五百八十五石八斗八升九合，已運到粮二百九十八萬六千七百一十七石九斗七升八合，事故粮三萬四千八百九十一石九斗一升一合。延祐七年，該運粮三百二十六萬四千六石五斗六升七合，已運到粮三百二十四萬七千九百二十八石一斗六升二合，事故粮一萬六千七十八石四斗四合八勺。至治元年，該運粮三百二十六萬九千四百五十一石五斗六升四合，已運到粮三百二十三萬八千七百六十五石九斗一升九合八抄五撮，事故粮三萬六百八十五石六斗四升四合九勺一抄五撮。至治二年，該運粮三百二十五萬一千一百四十石，及帶起附餘香白糯米一萬八千九百四十二石六斗一升二合，已運到粮三百二十四萬六千四百八十三石一斗五升七合，事故粮二萬三千五百九十九石四斗五升五合。至治三年，該運粮二百八十一萬一千七百八十六石九斗三升七合，已運到粮二百七十九萬八千六百一十三石九斗六升三合，事故粮一萬三千一百七十二石九斗七升四合。泰定元年，該運粮二百八萬七千二百三十一石七斗八升九合，已運到粮二百七萬七千二百七十八石三斗六升九合，事故粮九千九百五十三石四斗二升。泰定二年，該運粮二百六十七萬一千一百八十四石六升，已運到粮二百六十三萬七千七百五十一石八斗九升四合，事故粮三萬三千四百三十二石七斗五升。泰定三年，該運粮三百三十七萬五千七百八十四石二斗八升，已運到粮三百三十五萬一千三百六十二石三斗六升，事故粮二萬四千四百二十一石九斗二升。泰定四年，該運粮三百一十五萬二千八百二十石六斗六升，已運到粮三百一十三萬七千五百三十二石七斗七升，事故粮一萬五千二百八十七石八斗九升。天曆元年，該運粮三百二十五萬五千二百二十石四斗四升，已運到粮三百二十一萬五千四百二十四石三斗，事故粮三萬九千七百九十六石四斗一升。天曆二年，該運粮三百五十二萬二千一百六十三石一斗，已運到粮三百三十四萬三百六石二斗，事故粮一十八萬一千八百五十六石九斗。

收江南粮鼠耗則例：

至元二十二年十月，中書户部呈，依奉省劄，照依江南民田税石，擬合依例每石帶收鼠耗分例七升。内除養贍倉官、斗脚一升，外六升與正粮一體收貯。如有短折數目，擬依腹裏折耗例，以五年爲則，準除四升。初年一升二合，次年二升，三年二升，四年三升四合，五年共報四升。餘上不盡數目，追徵還官。若有不及所破折耗，從實準筭，無得因而作弊，多破官粮。外據官田帶收鼠耗分例，若依行省所擬，比民田減半，每石止收三升五合。却緣前項所破正粮，擬合每石帶鼠耗分例五升，似爲允當。呈乞照詳。議得除民田稅石，依準户部所擬。外據官田擬依行省所咨，減半收受。都省移文江浙等處行中書省，照驗定擬。

南粮北粮耗例：

至元二十五年十月，省臣奏准，南粮每石帶耗一斗四升，北粮七升，定到省倉、馬頭倉、站車、垻河、船運各各合該數目，劄付户部去訖。近據省倉、馬頭倉官人等告稱，見定破耗委實不敷。不惟倉官破家艱辛，官司積累懸欠數多，公私不便。今都堂再行圓議，聞奏過下項各各合添耗粮例，開例于後：

南粮元破每石帶耗一斗四升，海運至直沽，每石四升。直沽每石一升三合。船運至河西務，每石七合。河西務每石一升三合。船運至通州，每石七合。通州每石一升三合。垻河運至大都，每石一升。站車運至大都，每石七合。省倉每石三升。今議每石帶耗一斗七升五合，除元破外，添三升五合。依舊破耗，海運至直沽，每石破四升。直沽一升三合。添破耗粮，搬運直沽至河西務，每石一升二合，元破七合，添破五合。河西務破耗二升，元破一升三合，添破七合。船運河西務至通州，每石破耗一升五合，元破七合，添破八合。通州倉二升，元破一升二合，添破七合。垻河、站車運至大都，每石破耗一升五合，元破一升，添破五合。省倉每石四升，元破三升，添破一升。

北粮元破每石運至大都，通破耗米七升。河船運至河西務，每石破五合。河西務每石破一升二合。盤船河西務運至通州，每石破耗三合。通州倉每石破一升三合。站車運至大都，每石五合。垻河運至大都，每石七合。省倉每石二升五合。今議每石帶耗八升二合，内除元破，外添一升二合。船運自唐村等處運至河西務，每石破七合，元破五合，添破二合。河西務倉每石破一升五合，元破一升二合，添破三合。船運河西務至通州，每石破五合，元破三合，添破二合。通州倉每石破一升五合。垻河、站車運至大都，每石破耗一升，元破七合，添破三合。省倉每石破三升，元破二升五合，添破五合。

南北倉添鼠耗則例：

至元二十六年閏十月，省臣奏：「各倉官員告稱，往歲定到鼠耗分例數少，倉官陪償，破其家産，鬻其妻小者有之，因此多欠粮數。臣等圓議，去年奏添南粮，自直沽裏運至河西務，每石元破七合，今添五合。河西務運至通州，每石元破七合，今添八合。河西務倉内每石元破一升三合，今添七合。通州倉内每石元破一升三合，今添七合。垻河、站車運至大都，每石元破一升，今添五合。省倉内每石元破三升，今添一升。北粮内自唐村等處河西務倉每石元破一升二合，今添三合。河西務運至河西務，每石元破五合，今添二合。通州倉每石元破一升三合，今添二合。壩河、站船運至通州，每石元破三合，今添二合。省倉每石元破二升五合，今添五合。」奏可。車運至大都，每石元破七合，今添三合。

省臣奏准再定南北粮鼠耗則例：

至元二十九年八月，完澤丞相等奏：「通州、河西務倉官告説，各倉收粮，前省官定擬鼠耗分例數少，至有鬻其妻子家産，尚陪納不完，至今辛苦。臣等議得，前省官所定鼠耗分例不均，如今南北耗各年分例，比在先斟酌再定之。」上曰：「如卿所奏。雖然，亦合用心。雀鼠待食用多少，休因此教觧人作弊，爲盜欺詐。」依舊聽耗：唐村等處船運至河西務，北粮每石破七合。直沽船運至河西務，南粮每石破一升二合。河西務船運至通州、李二寺，南粮每石一升五合，北粮每石五合。壩河、站車運至大都省倉，南粮每石一升五合，北粮每石一升。今議擬聽耗例：大都省倉，元定破耗，南粮每石四升，北粮每石三升。今議擬限年聽耗，初年聽耗，南粮每石二升，北粮每石一升五合；次年聽耗，南粮每石三升，北粮每石二升三合；貯經三年已上，依元定聽耗，南粮每石四升，北粮每石三升。河西務、通州、李二寺，元定破耗，南粮每石二升，北粮每石一升五合，今擬限年聽耗，初年依元定破耗，南粮每石二升，北粮每石一升五合；次年聽耗，南粮每石三升，北粮每石二升三合；貯經三年已上聽耗，南粮每石四升，北粮每石三升。直沽倉除對船交裝不須破耗外，今擬一年，須要支運盡絶。南粮每石聽耗二升，元定破一升三合，今擬添七合。

香糯白粳破耗：

大德三年，中書省准户部呈，若依糙米例定奪。緣糙粳米俱各散裝，白粳香莎糯米終用夾布袋盛，以此參詳，擬合比附散裝糙米破耗定例，三分中量減一分。海運至直沽，每石破耗八合；河西務至通州、李二寺，每石破耗一升。如直沽裝船，經由通惠河，徑赴大都交卸，止依至通州、李二寺，每石破耗一升八合。

排年海運水脚價鈔：

至元十九年，欽奉聖旨，剏開海道，不給脚鈔。就用係官海船，官司召顧水手，起運粮儲，至楊村碼頭交卸。講究水程，自開洋上海等處，至楊村碼頭，計一萬三千三百五十里。至元二十一年，依驗千斤百里脚價，每石該支脚錢中統鈔八兩五錢九分。令近海有力人户，自行造船，顧募梢水，依已定擬，每石支鈔八兩五錢。至元二十九年，減作每石七兩五錢。元貞元年十二月二十八日奏：「朱、張海運粮，在先每石脚錢八兩五錢，減爲七兩五錢。如今粮食諸物，比之在先甚賤，脚錢亦合減。若不減，恐虧官。臣等議每石宜減去一兩，爲六兩五錢。」奏可。本年爲頭，糙白粳米就直沽交卸，每石支中統鈔六兩五錢。香糯直赴大都醴源倉交納，每石增鈔五錢，計七兩。大德七年，起運稻穀二十萬石，每石脚錢中統鈔五兩。至大元年四月初十日，奏過：海運粮脚價每石六兩五錢。如今粮食諸物湧貴，量添五錢爲七兩。已後不與。照依先體例，與六兩五錢。至大三年，准尚書省咨該，本省咨，至大三年，海運粮斛，差官召顧到海船，即目諸物湧貴，春運脚價每石添作至元鈔一兩六錢，必是海道府先令本管船隻裝運，所據召顧海船，俱係福建、浙東等處召顧。至平江太倉劉家港裝運處所，比附海道舊管船户，先去一二千里之遠，日用口粮盤費，偏負生受。量添脚價，官民兩便。照得先咨運粮脚價，費用不敷。春運粮米，每石量添至元鈔三錢，通該至元鈔一兩六錢。夏運粮斛，止依舊例，不須添支。移咨依上施行。今夏運船户，依准所擬。照依春運例，每石添支至元鈔三錢，咨請照驗。本年脚價，糙白粳每石至元鈔一兩六錢，香糯每石至元鈔一兩七錢。至大四年，准中書省咨該，尚書省准本省咨，講究拯治海運。至大三年十月二十九日，奏准運粮脚價，每一石支至元鈔一兩六錢，如今添爲二兩。稻穀一石元支至元鈔一兩，如今添爲一兩四錢至元鈔。本年爲頭，脚價糙白糧每石至元鈔二兩，香糯每石至元鈔二兩八錢，稻穀每石一兩四錢。延祐元年二月初六日，海道府奉中書户部符文，備奉中書省劄付。皇慶二年十月二十五日，奏准斟酌地里遠近，比元價之上，添與脚錢。本年爲頭，粮斛脚價，内福建遠船運糙粳，每石一十三兩；温、台、慶元船運糙粳，每石一十一兩五錢，香糯每石一十一兩五錢；紹興、浙西船，每石一十一兩，白粮價同稻穀，每石八兩，黑豆每石依糙白粮，例支鈔一十一兩。已後年分至今起運糙白粳、香糯、稻穀，依前支價。年例預支，每歲八九月間，海道府權依上年運粮額數爲則，扣筭先支六分脚價，差官赴省關撥，管押前去平江、慶元、温、台官庫寄收。候都省坐到粮數，委定提調省官職名。或十月十一月内，海道府差官稟請省官，親臨平江路提調給散，除慶、紹、温、台，兩浙合該脚價，海道府差官前去，與各路所委官一同給散外，本省提調官或有事故，改委左右司官前去，僅及一月，散訖還省。海道府分派定春夏二運粮數，差官赴省關撥，貼支四分脚價。次年正月間，咨請提調官親詣海道府裝發粮斛，給散貼支脚價。直至五六月間，夏運開洋，了畢還省。據天曆二年，海運正粮三百萬石，脚價不等，散過中統鈔六十四萬九千七百二十八定二十八兩五錢，并增運附餘香白糯正粮三千四百七石三斗六升九合，鈔七百八十三定三十四兩七錢四分三釐。通計支散脚價鈔，六十五萬五百一十二定一十三兩二錢四分三釐。

漕運水程：

至元十九年，刱開海運，每歲粮船於平江路劉家港等處聚粽，經由揚州路通州海門縣黃連沙頭萬里長灘開洋，沿山捉嶼，使於淮安路鹽城縣，歷西海州海寧府東海縣、密州、膠州界，放靈山洋，投東北取成山路，多有淺沙，行月餘才抵成山。羅璧、朱清、張瑄講究水程，自上海等處開洋，至楊村馬頭下卸處，經過地名山川，徑直多少迂回，計一萬三千三百五十里。至元二十九年，朱清等建言，此路險惡，踏開生路。自劉家港開洋，遇東南風疾，一日可至撑脚沙。彼有淺沙，日行夜泊，守伺西南便風，轉過沙嘴，一日到於三沙洋子江。再遇西南風色，一日至匾擔沙大洪抛泊，來朝探洪行駕，一日可過萬里長灘。透深才方開放大洋，先得西南順風一晝夜，約行一千餘里，到青水洋，得值東南風三晝夜，過黑水洋，望見沿津島大山，再得東南風一日夜，可至成山。一日夜至劉島，又一日夜至芝罘島，再一日夜至沙門島。守得東南便風，可放萊州大洋，三日三夜方到界河口。前後俱係便風，徑直水程約半月可達。如風水不便，迂回盤摺，或至一月四十日之上，方能到彼。倘值非常風阻，難度程限。明年又以粮船自劉家港開洋，過黃連沙轉西行，使至膠西，投東北取成山，亦爲不便。繼委千户殷明略踏開生路，自劉家港開洋，至崇明州三沙放洋，望東行使入黑水大洋，取成山轉西至劉家島聚䑸。取薪水畢，到登州沙門島，於萊州大洋入界河，至今爲便。皆行北道，風水險惡。

至元十九年爲始，年例，粮船聚於劉家港入海，由黄大郎嘴、白茆撑脚，唐浦等處一帶率皆沙淺，其洪道闊，却無千丈長之潮，兩向俱有白水，潮退皆露沙地。候得西南風順過匾擔沙東南大洪，過萬里長灘，透深開放大洋。至青水洋内涇陸家等沙，下接長山，并西南鹽城一帶趙鐵沙嘴，及半洋沙、嚮沙、匾擔等沙淺。及至蘇州洋，又有三沽洋山、下八山、補陀山。到於黑水大洋，過成山北面一帶，并芝罘島、登州一路木極島等處，近沙門島山或鐵山嘴，開放萊州大洋。又有三山茅頭嘴、大姑河、小姑河、兩頭河等灘。及北有曹婆沙、梁河沙，南有劉姑蒲灘。至界河海口，復有灘淺，狹洪沙硬，潮汛長落不常。但遇東南風，本處船聚稠密，則有妨礙之虞。上項所由各各險惡去處，設遇風濤，不甚猛惡，可以預爲轉調罈閃，或收入山島藏避，守伺風平浪少，然後行使。若值不測，驟風急雨、巨颶湧浪，危險之時，或白晝迷霧、黄夜昏黑，皆賴聖朝洪福，天地神明護祐，非人力所及。

延祐三年正月，海道都府據慶元、紹興所申，紹興路三江陡門至下蓋山一帶沙淺，一百餘里名鐵板沙，潮汛猛惡。温台船隻尖底，食水深浚，船户、梢水不識三江水脉，避怕險惡。直至四月中旬，尚於烈港等處停泊，不敢前來。差人搜究斷罪催趕，顧覔剥船般剥。緣剥船數少，卒急不能尋顧，尚於海岸屯貯。委實靠損船户不便。據紹興六路下年海運粮斛，如蒙照依皇慶二年例，就用本路船料裝發，若有不敷，於慶元路標撥小料海運貼裝。其温、台、福建船隻，起發劉家港交割，依舊於平江路倉裝粮，官民兩便。又準本府副萬户抄兒赤目擊艱難，必須改擬。若台州有裝官粮，先儘本路船隻，不敷，於温州船内貼撥。紹興路粮，亦用本路船隻裝發，不敷，用慶元路小料海船貼裝。其慶元府港深闊，臨近路倉，脚夫徑直擔米上船，就將舶船，并温、台所用不盡船料支裝。倘有剩下船料，及慶元路船隻，差官押發劉家港交割，裝粮兩便。已經準擬標撥外，據福建舶船，依已行於慶元路支裝。

記標指淺：

至大四年十二月，海道府據常熟州船户蘇顯陳言立標指淺事，再行會集老舊運粮千户殷忠顯、黄忠翊等，講究得每歲粮船，到於劉家港聚齊起發。甘草等沙淺水暗，素於粮船爲害。不知水脉之人，多於此上揍閣，排年損壞船粮，渰死人命，爲數不少。今蘇顯備己船二隻，抛泊西暗沙嘴二處，竪立旗纓，指領粮船出淺，誠爲可采。今畫到圖本，備榜太倉周涇橋路漕宮前聚船處所，曉諭運粮船户，起發粮船，務要於暗沙東蘇顯魚船偏南正西行使，於所立號船西邊經過，往北轉東，落水行使至黄連沙嘴抛泊，候風開洋。如是潮退，號上桅上不立旗纓，粮船止許抛住，不許行使。若有不依指約因而淒淺損失官粮之人，船主判院痛行斷罪，所陷官粮臨事斟酌着落陪還。以蘇顯所言，於官有益，於民有便，例應陞擢。申奉省府，出給劄付，令蘇顯祗受充指淺提領，依上施行。

延祐元年七月，據常熟江陰千户所申，爲江陰州界揚子江内巫子門等處，沙淺損壞粮船，喚到本處住坐船户袁源、湯嶼，講究得江陰州管下夏港至君山、直開沙淺。至馬馱沙南一帶，至彭公山、石牌山、浮山、巫子門、鎮山、石頭港、雷溝、陳溝九處〔二〕，約有一百餘里，俱有沙淺暗礁，江潮衝流險惡。潮長則一槩俱没，潮落微露沙脊。遞年支裝上江寧國等處粮船，爲不知各處淺沙暗焦，中間多有損壞。宜從官司差撥附近小料船隻，設立諸知水勢之人，於每歲裝粮之際，駕船於沙淺處立標，常川在彼指引粮船過淺，不致踈虞。爲是江東各路船户顧文寬、林德明等粮船，俱於巫子門等處着落淺潦没，其餘不及枚數。據袁源等所言，實爲官民便益。申奉省府給降劄付，令袁源等充指淺提領，照依議到事理，預備船隻旗纓，依上指淺施行。

延祐四年十二月，海道府承奉江浙行省劄付，准中書省咨，送户部，呈奉省判，御史臺備，監察御史呈：「每年春夏二次海運粮儲，萬里海程，渺無邊際，皆以成山爲標准，俱各定北行使。得至成山，轉放沙門島、萊州等洋，約量可到直沽海口。爲無卓望，不能入河。多有沙湧淤泥去處，損壞船隻。合准所言，設立標望於龍山廟前，高築土堆，四傍石砌，以布爲旛。每年四月十五日爲始，有司差夫添力豎起，日間於上懸掛布旛，夜則懸點火燈，庶幾運粮海船，得以瞻望。」部議合准監察御史所言，令江浙行省計料成造旛竿、繩索、布旛，燈籠、蠟燭，趁迭來春運粮時月，發付海道萬户府順帶至直沽，交付有司收管，於海門龍山廟前豎立，晝則懸旛，夜則挂燭，伺候春夏二運粮船齊足，方許倒卸。責付看廟僧人，如法收掌，次年趁時復立，依上懸點。如有損壞短少，預爲申索相應。都省准擬，咨請依上施行。

測候潮汛應驗：

海道都漕運萬户府前照磨徐泰亨曾經下海押粮，赴北交卸。本官紀録：「切見萬里海洋，渺無際涯。陰晴風雨，出於不測。惟憑針路定向行船，仰觀天象以卜明晦，故船主高價召募慣熟梢工，使司其事。凡在船官粮人命，皆所繫焉。少有差失，爲害甚大。泰亨因而詢訪得潮汛、風信、觀象，略節次第，雖是俗説，屢驗皆應。不避譏哂，綴成口訣，以期便記誦爾。潮汛：前月起水二十五，二十八日大汛至。次月初五是下岸，潮汛不曾差今古。次月初十是起水，十三大汛必然理。二十還逢下岸潮，只隔七日循環爾。風信：春後雪花落不止，四箇月日有風水。二月十八潘婆颶，三月十八一般起。四月十八打麻風，六月十九日彭祖忌。秋前十日風水生，秋後十日亦須至。八月十八潮誕生，次日須宜預防避。白露前後風水生，白露後頭亦未已。霜降時候須作信，此是陰陽一定理。九月二十七無風，十月初五決有矣。每月初三颶若無，初四行船難指擬。如遇庚日不變更，來到壬癸也須避。觀象：日落生耳於南北，必起風雨莫疑惑。落日猶如糖餅紅，無雨必須忌風伯。日没觀色如臙脂，三日之中風作厄。若還接日有烏雲，隔日必然風雨逼。烏雲接日却露白，晴明天象便分得。對日有垢雨可期，不到巳申要盈尺。雨餘晚垢横在空，來日晴明須可剋。北辰之下閃電光，三日之間事難測。大雨若無風水生，陰陽可以爲定則。東南海門閃電光，五日之内雲潑黑。縱然無雨不爲奇，必作風水大便息。東北海門閃電光，三日須防雲如織。否則風水必爲憂，屢嘗試驗無差忒。行船：遲了一潮搭一汛，挫了一線隔一山。十日灘頭坐，一日過九灘。」

艘數裝泊、艘數泊所：

年例，以船料多少數目、灣泊何處、自何處開洋，合用船隻，依驗歲運粮數。灣泊去處，隨户所居家步。緣户計消長，遷移不常，粮額增減無定。况船有損舊，必須修拆，或以小船三五隻，拆卸并造改作一二隻。或因大料一船不堪，却將三二小船抵運，因此艘數泊所，俱無定籍。今已至順元年爲率，用船總計一千八百隻：崑山州太倉劉家港一帶，六百一十三隻；崇明州東西三沙，一百八十六隻；海鹽澉浦，一十二隻；杭州江岸一帶，五十一隻；嘉定州沙頭浦官橋等處，一百七十三隻；上海浦等處，一十九隻；常熟白茆港一帶，一百七十三隻；江陰通州蔡港等處，七隻；平陽瑞安州飛雲渡等港，七十四隻；永嘉縣外沙港，一十四隻；樂清白溪沙嶼等處，二百四十二隻；黄巖州石塘等處，一十一隻；烈港一帶，三十四隻；紹興三江陡門，三十九隻；慈溪、定海、象山、鄞縣、桃花等渡，大山、高堰、頭慈嶴等處，一百四隻；臨海、寧海、嚴嶴、鐵場等港，二十三隻；奉化、揭崎、昌國、秀山等嶴一帶，二十三隻。

皇慶元年五月，海道都府承奉江浙行省劄付，爲慶紹千户所官集衆講究得，慶元地居東南，既於本處裝訖粮米，再入劉家港取齊，多有沙險去處。若就定海港口放洋，徑赴直沽交卸，實爲便益。省府照得海運粮儲，最爲重事，浙東慶元、紹興路粮斛，既已講究定，就於定海開洋，本府正官理合親臨督併起發。仰即便摘委廉幹府官一員，速詣彼中點視完備，趁時迭風汛開洋，毋致失悞。具差定官職名，起程日期飛申。

延祐元年六月，慶元紹興千户范承直呈：「温台、慶紹兩所〔一三〕粮數，前來劉家港交割裝粮。今歲二月使至匯上港口，多爲春運，重載相妨。踏逐得常熟州白茆港水深，内外堪可灣泊。」都府行據常熟、江陰所申，移准千户忽林失奉議將帶指淺提領蘇顯，相視得白茆港，合依年例，令松江粮船自本港口上墩，南至包橋一帶拋泊。却令温台、慶紹兩所粮船，於包橋上塘一帶着泊。開洋時分，先令本處沿江船隻，領艕出港，照依指淺船隻，開洋順便。浙西平江路劉家港開洋，一千六百五十三隻；浙東慶元路烈港開洋，一百四十七隻。

支裝粮船淺海，皆知險惡。其於裝粮江河多有艱危去處，亦不爲易。今挨問到上江裏河支裝粮斛、遠近里路、安危地向如後：

上江裝粮海船，自平江路嘉定州劉家港開船，經由揚子江逆行使，經由各處沙淺，常損粮船。平江路常熟州地面甘草等沙水淺，委蘇顯指引江陰州地面淺沙暗礁九處，約一百餘里。夏港至君山、直開、馬馱沙面一帶，至彭公山、石牌山、浮山、巫子門、鐵積沙、鎮山、石頭港、雷溝、陳溝，委袁源、湯嶼指引。

真州泊水灣交裝江西、湖廣粮。自劉家港至彼，約六百六十五里。江東各路自真州以上，江西狹窄，水勢緊急。及蕪湖采石一帶，山磯峽險，每船一隻，小者亦用三五十人。登山入水，攀緣木石，打號盡力一聲，方牽一步。延祐二年爲始，申覆省府，并提調官劄付，各路如遇江狹磯淺湍急去處，差倩人夫，添力牽運船隻。

集慶路倉，自劉家港至彼，約九百四十里；至太平路，一百八十里，共一千一百二十里。至寧國路水陽倉，三百六十里，共一千四百八十里。以上三路，每歲海船可以抵岸支裝。

延祐六年四月二十日，據崑山崇明所千户郭奉議申，船户駕使海船至黄池蕪湖港口，爲是各船料大，溪河淺澁，不敢抵倉，約離三五十里。移準寧國路提調官總管宋中大夫等牒，差官前去本路河岸，及漂水州建平縣地面，將應有船隻作急前來短搬，外合支水脚錢鈔，今船户就便支給。本府移牒寧國路添力剥載。池州路倉一百八十里，共一千六百六十里。在前年分，本處短剥官粮，至太平蕪湖江口交割，水程三百五十里。延祐四年，奉省劄，海船徑抵倉門。滿浦裝粮海船，自揚州崇明州三沙、黄連沙，投西過地名料角等處一帶沙淺，連屬千里。潮長則海水瀰漫，淺深莫測；潮落則僅存一溝，寸步萬險。若船科〔一三〕稍大，必致靠損，難計里路。

浙西裝粮路分，皆是船户顧覓河船，短剥粮斛，般上海船。今以崑山州太倉聚船去處，至九路倉分，平江路一百八里，無錫州一百九十八里，常州路二百八十八里。內三倉係在城置立，河道淺狹，用小料河船逐旋般至城外，裝入剥船。海鹽州三百四十里，湖州路三百一十八里，松江府三百六十里。海船至花涇塘灣泊，離倉約一十二里，小船般剥。烏泥涇四百八十六里，海船於黄浦口灣泊，離倉約七里，用小船般剥。江陰州四百五十里，海船於黄田港灣泊，離倉約三里，用小船般剥。鎮江路六百八十里，糙米倉在香糯倉之北，用小車般運，約二三里，至鱔魚港垻頭，用小船剥上海船。香糯倉之南，用小車運至河船，約三二里，到鱔魚港垻頭，用小船剥上海船，轉搭生受。

浙東裝粮路分。紹興路三江陡門至下蓋山一帶河淺，一百餘里，名爲鐵板沙，必用本路諳知地勢海船，并慶元路小料船隻，裝運本路官倉至海船灣泊處。三江陡門有小河，水程一十八里，顧覓河船短剥。台州路長田港沙淺，用本路海船支裝官倉至南門外泊船處，約離三里，脚夫挑擔上船。慶元路府港深闊，臨近，路約一里，脚夫挑擔上船。

【考校記】

〔一〕輯文第一段（至「曷窮極焉」）輯自《元文類》卷四〇，是爲《海運》之序；其餘則輯自《永樂大典》卷一五九四九—一五九五〇，是爲《海運》之正文。

〔二〕「州」，原作「西」，據上下文改。

〔三〕「門」，據文意，疑當作「開」。

〔四〕「兀」，原作「古」，據上下文改。

〔五〕「新」，據文意，疑當作「親」。

〔六〕「朱清」，依上文「海道都漕運都達魯花赤萬户府，係驃騎衛上將軍、淮東道宣慰使兼領海道都漕運萬户府事張瑄管領」文例，此下疑脱「管領」二字。

〔七〕「醴」，原作「體」，據下文改。

〔八〕〔九〕「虎」，原作「彪」，據下文「卑職於二十八年親赴都省」及張瑄呈文「至元二十八年，男張文虎親赴都省」改。

〔一〇〕「虞」，原作「虎」，據上文改。

〔一一〕「九處」，按：其上所述僅八處，據下文，當缺列「鐵積沙」一處。

〔二〕「所」，原作「浙」，據下文改。
〔三〕「科」，據文意，疑當作「料」。

鈔法〔一〕

世祖皇帝中統元年七月，創造通行交鈔，以絲爲本，以革諸路行用鈔法之弊也。行用鈔之法，文牘莫稽，交鈔則以銀五十兩，易絲鈔一千兩。是年十月，又印造諸路通行中統元寶，每一貫同交鈔一兩，兩貫同白銀一兩。又以文綾織爲中統銀貨，每一兩同白銀一兩，而銀貨未及行焉。印造支發，歲有經數。用久而弊者，則赴官換易，除以工墨。稱物貨之平，通貿易之便，爲利博矣。其法之弊也，鈔輕而物重，子母不能相權。故至元，尚書省折以中統之五倍；至大，尚書省又折以至元之五倍，每加愈重，而中統、至元之相兼，迄於今而見用。其可稽者皆録焉。

附録 錢法

《周禮》九府圜法，其來尚矣。聖朝造交鈔、寶鈔以權錢，鈔有錢文，銅有禁法，是世祖皇帝有意於圜法久矣，特未遑鼓鑄流通耳。

至大三年，詔有司行用銅錢。四年，詔罷之，錢雖不行而議者甚衆，間有論辯確至，隨章具録，以備舉行。雖然資世之寶，廢興亦有數存乎其間云。

【考校記】

〔一〕輯自《元文類》卷四〇。

金銀珠玉銅鐵鉛錫礬𪉩竹木等課〔一〕

山林川澤之産，皆天地自然之利也，可以富國，而或以病民。我國家皆因土人呈獻願輸之課，其多者不盡收，其少者不强取，故享其利於莫窮焉。凡州郡所入之數，登於王府、爲國經賦者則載之，而好功興利之徒，時立説以自售，其事之虛實、言之用否，則在朝廷也。

【考校記】

〔一〕輯自《元文類》卷四〇。

鹽法〔一〕

國初以酒醋、鹽税、河泊、金銀鐵冶取課於民，歲定白銀萬定，六色均辦〔二〕之。太宗皇帝歲庚寅，始行鹽法，立河間、山東、平陽、四川課税所四，每鹽一引須重四百斤，其價銀一十兩。世祖皇帝中統二年，減銀爲七兩。至元十三年，既取宋，立兩淮、兩浙、福建運司三，每引改中統鈔九貫。二十六年，增爲五十貫。凡天下總設運司七，分辦歲課，然難易各不同，有因自凝結而取者，解池之顆鹽也；有煑海而後成者，河間、山東、兩淮、兩浙、福建之末鹽也。惟四川之鹽出於井，深者數百尺，汲水煑之，井亦多不同，往往在萬山之中。解鹽之外，工力勞費，竈户凋弊，課額漸增，本末均困，此其難者也。元貞丙申，每引增課鈔爲六十五貫。至大己酉至延祐乙卯，七年之間累增爲一百五十貫。泰定乙丑，減去二十五貫。天曆己巳，復增爲一百五十貫。

凡今天下歲辦正餘鹽，以引計者二百五十六萬四千有奇，以課鈔計者歲入之數七百六十六萬一千餘定。噫，視中統、至元之數已增幾二十倍矣！然而國用益不給，何哉？司財用者不可不察也。

【考校記】

〔一〕輯自《元文類》卷四〇。

〔二〕「辨」，錢校本校曰：「翠巖刻作『辨』。」

茶法〔一〕

皇朝至元六年，始以興元交鈔同知運使白賡言，初榷成都茶課。十三年，江南平，左丞呂文煥首以主茶税爲言，以宋會五十貫準中統鈔一貫。次年，定長引短引。是歲，征一千二百餘定。十七年，置榷茶都轉運使司于江州路，總江淮、荆湖、福廣之税，而遂除長引，專用短引。二十一年，免食茶税，以益正税。二十三年，以李起南言，增引税爲五貫。二十六年，丞相桑哥增爲一十貫。延祐五年，用江西茶運副法忽魯丁言，減引添錢，每引再增爲一十二兩五錢。次年，課額遂增爲二十八萬九千二百餘文〔二〕。逮天曆己巳，罷榷司而歸諸州縣。按茶之榷始于唐德宗，宋遂爲國賦額。今國家茶課由約而博，原委有自云。

【考校記】

〔一〕輯自《元文類》卷四〇。

〔二〕「文」，據上下文及《元史》卷九七《食貨志五·茶法》，疑當作「定」。

酒醋〔一〕

國初，有徵收課税所，而州縣酒醋悉隸。後大都則立酒課提舉司，外而路、府、州、縣皆著課額，爲國賦之一，其利亦云厚矣。

【考校記】

〔一〕輯自《元文類》卷四〇。

商税〔一〕

國家始得中原，賦諸民者未有定制。歲甲午，始立徵收課税所，以徵商賈之税，初無定額。至元七年，立法始以三十分取一，每歲隨路通收税課，以銀四萬五千定爲額，禁毋多取，以紓民力。逮二十六年，桑哥爲丞相，遂重增其税，自是以來漸以增益，視其初倍蓰十百不侔矣。

【考校記】

〔一〕輯自《元文類》卷四〇。

市舶〔一〕

皇朝平定江南，幅員既廣，貢賦益夥。於是泉州、上海、澉浦、温州、慶元、廣東、杭州隣海諸郡，與遠夷蕃國往復，互易舶貨。因宋制，細物十分而取一，麤物十五分而取一，以市舶官主之。其發舶，其回帆，必著其所至之地，驗其所博之物，給以公文，爲之期日，而所入之貨當以萬計，其法至詳密矣。或者以損中國無用之貲，易遠方難致之物爲説，而不思夫國家聲教綏懷無遠不及之效，孰謂知所當寶者哉？

【考校記】

〔一〕輯自《元文類》卷四〇。

宗親歲賜〔一〕

國朝諸宗戚勳臣食采分地，凡路、府、州、縣得薦其私人以爲監，秩禄受命如王官，而不得以歲月通選調。其賦則每五户出絲一斤，不得私徵之，皆輸諸有司之府。視所當得之數，而給予之。其歲賜則銀幣各有差，始定於太宗之時而增於憲宗之日，其文牘可稽也。至世祖平定江南，各益以民户，時科差未定，皆折支以鈔，而成廟復加賜焉。於戲！人統有宗而事權不紊，分支有則而恩澤不遺，規摹宏遠哉！

【考校記】

〔一〕輯自《元文類》卷四〇。

俸秩〔一〕

國初在官未置禄秩。至世祖皇帝中統建元，始著給禄之令。内而朝臣百司，外而路、府、州、縣，微而府史胥徒，莫不有禄。大德中，以外有司之有職田也，故益之以米焉。朝廷之歲費重矣，而官吏之奉職者可不思所以報稱之哉？

【考校記】

〔一〕輯自《元文類》卷四〇。

公用錢〔一〕

在官者月給廪禄，亦既周矣。而隨朝諸大夫多貴官，時有賀上、燕集、交好之禮，取俸給以備用，則吏屬多不給，廼賜之錢，使得貸諸人，入其子息以給其用。自至大二年始，賜左右司、六部。後諸司援例以請者皆頒賜焉，多寡無定制云。

【考校記】

〔一〕輯自《元文類》卷四〇。

常平義倉〔一〕

國朝自至元六年詔立義倉于鄉社，又置常平倉于路府，使饑不損民，豐不傷農，粟直不低昂而民無菜色，誠救荒之良法也。今名雖存而實廢焉，申明舉行則在乎人耳。

【考校記】

〔一〕輯自《元文類》卷四〇。

惠民藥局〔一〕

聖朝自太宗皇帝九年丁酉，始立惠民藥局，自燕京至南京，凡一十路。逮大德三年，詔各路分置之，官給鈔本各有差，月營子錢，脩備藥物。仍擇良醫主典，救療貧民，俾無疾痛之患。大哉！列聖大德，好生之心無所不用其極。

【考校記】

〔一〕輯自《元文類》卷四〇。

市糴糧草〔一〕

夫食者，民之所急，故八政以食爲先。況邊府所需軍儲，尤不可一日闕者。自中統二年，省臣奉旨，命户部發鈔或鹽引，令有司增其市直，於上都、北京、西京等處，募客旅和糴糧，以供軍需，以待歉年，歲以爲常。又，在京飼馬之芻，惟用河間鹽，令有司以五月預給京畿郡縣之民，至秋成，各驗鹽數以輸之，名曰鹽折草。每鹽二斤，折草一束，須重一十斤，計歲用草八百萬束，折鹽四萬引。此國家市糴之大略也。

世祖皇帝中統二年正月，以中統鈔一千二百五十定於民間市糴軍糧。聖旨宣諭：「左丞相耶律鑄并北京路達魯花赤撒里、管民官，西京達魯花赤、管民官，據軍前合用米糧，就於本路和糴白米三萬石，限明年正月已裹，並要數足。合用價銀，今差宣撫柴禎、右三部郎中粘合安仁、宣撫別古思等管領元寶鈔一千二百五十定，一同勾當。仰驗市直價例，約量添加，於本管民户并不以是何投下諸色人處和糴。仍將上項米如法變造細麨一千碩，須要堪中食用。合用夾布袋，亦就於發去鈔内，和買成造。若有係官布袋，盡數就用。此係軍用急速米糧，須要縫造牢固，無致沿路破綻，損壞官物。此事委付卿等去矣，如何早令成就，卿宜從長區處，隨後便當起運。如至日違限不足，雖足於内點視得却有帶穀米數，或浥變不堪食用者，依失悮軍儲論罪。」

四年正月，以解鹽引一萬五千道和中陝西軍儲。聖旨宣諭：「陝西行中書省據欽察都元帥奏告，所告蒙古、漢軍食用年糧，比者已發鹽引五十道，和中米糧。以不敷食用，今又和中二千九百五十四碩。爲無鹽引，客旅處尚未給散。若今年可得引一萬五千道，來歲止用一萬二千道，俟耕種漸成，再行定奪事。准奏。如聖旨到日，據已和中米二千九百餘碩，先支給鹽引二千道外，今歲糧儲別支解鹽一萬五千道，選委人員賫去。欽察都元帥、楊大淵、張大悦、蒲元珪取管不失悮文字呈省，聞奏。」

是年三月，以扎馬剌丁市糴米糧，仍諭軍民官毋沮壞。聖旨宣諭：「蒙古軍萬户、千户、百户人等，并隨處達魯花赤、管民官、衆百姓，今遣扎馬剌丁將車牛和買米糧，及扎馬剌丁遣去商販之人，不選是誰，諭旨之後，敢有擾亂沮壞者，寧不畏懼邪？其扎馬剌丁亦毋倚恃，不干己事之人，勿令夾帶前去，無理之事勿行。如違之，汝等自不知懼邪？」

五年正月，諭北京、西京等路市糴軍糧。聖旨宣諭：「北京、西京、隆興宣慰司、轉運司、總管府、管鷹房子打捕官、諸投下官員人等，據中書省奏告，即目西北諸王率領民人前來歸降，其間多有合贍濟人口，及本路合支諸色人口糧，除係官税糧内應付外，宜預爲計置和糴事。准奏。今教中書省撥降交鈔，差人於本路并不以是何投下諸色人户内，依彼中市直，收糴糧斛。仍仰本路宣慰司選差廉幹官，與中書省差去人將價錢同各管頭目給散，無致中間剋減，虧損百姓。其各管頭目，亦不得推故違慢。」

至元三年十一月，以南京等處和糴糧四十萬碩。中書省奏：「南京等處和糴米糧，元擬二十八萬碩，今擬糴四十萬碩。」奏可。南京五萬碩，符離一十二萬碩，徐州一十二萬碩，三叉口一十一萬碩。

四年十一月，奏中納官糧，接續還其直。平章耶律等奏：「京兆客旅趙信、紀震等告，自己未年節次中納訖興元、沔州、和州、大安等處軍糧，爲官不支價錢，告奉聖旨，於中統三年差發内支還，到今不曾支撥事。臣等議，所支價鈔數多，切恐其間别有詐冒，合無差官再行分揀見實合支數目，在後接續支還。」奏可。

八年十月，增添各路市直和糴糧斛。御史臺承尚書省劄付，爲隨路常平倉合收糧斛，今户部照勘擬到可收糧七十八萬七千五百碩，内擬於各路令赴河倉糧内，改撥四十八萬五千碩赴各路常平倉收貯，以備支用。除外，驗彼中價直，約量和糴三十四萬二千五百碩，據合用價鈔，擬令本路於見在包銀鈔内放支。若止依彼中市直收糴，又恐百姓畏懼官司，不肯中納，宜照依當處時估，餘上添分毫錢數，明出榜文，許諸人和中。驗所納糧數，畫時支價等事。爲不見糴糧合添價直，再送本部。擬以謂隨路粟價，俱各不等，宜令照依各月時估粟價，以十分爲率，增一分。省府准擬。仍令各道提刑按察司體究。

是年十二月，講究各路和糴米粟。中書省奏：「今年田禾好收，即目正是和糴常平倉糧之時，宜增價和糴。臣等宜與尚書省臣集議。」上是其言。奉旨，公議得今歲隨路多有農牧去處，若不官爲和糴，亦是百姓費耗之數。如止依户部所擬和糴糧斛，實爲數少。及陝西五路并中興等路，亦係可以和糴路分，再行講究可以添糴糧數。及劄付御史臺，行下各道提刑按察司體究施行。總和糴糧粟三十九萬四千六百六十碩：米五萬五千碩，折粟九萬一千六百六十六碩，粟三十萬三千碩。真定路四萬五千碩；順天路七萬碩；懷孟路三萬碩；彰德路三萬碩；衛輝路三萬碩；歸德府一萬碩；南陽府二萬碩；南京一十萬石，折粟一十三萬三千三百三十碩：米五萬碩，折粟八萬三千三百三十碩，粟五萬碩；河南府一萬碩，折粟一萬三千三百三十三碩：米五千碩，折粟八千三百三十三碩，粟五千碩；洺磁路八千碩。前件劄付户部，據所擬各處和糴糧斛合該價錢，就於本處行用庫内逐旋放支和糴。行下隨路依准中書省咨該，與本省官一同議定，西京路費用糧斛浩大，依上都一體和糴。亦不須别設和糴官，專委〔二〕本路正官一員，不妨本職提調勾當。其餘路分，見擬和糴糧斛，除已糴到倉外，未糴糧數驗各處每月時佑〔三〕實直，米粟價錢以十分爲率，添搭二分。常川、和糴却不得因而樁配。仍委各處正官一員，不妨本職，專一提點。據諸色人中過糧價，須要晝時盡實給付，不得分毫剋減，亦勿令百姓畏懼官司，不敢糶賣。本部更爲明出榜文，常切鼇勒倉官、斗脚人等，毋得刁蹬結攬停滯，須要用官降斛檻斗升，兩平收受。如有違犯之人，嚴行治罪。如提點官不爲用心，以致和糴糧數不到，或却令百姓生受，無得給付解由。仍每季開坐和糴到糧斛數目各各價直，申呈施行。

十六年七月，以兩淮鹽引五萬道，募客旅中納米糧。中書户部承奉中書省劄付，據淮西、淮東鹽轉運使潘傑言：「切見都省差官前去江南運米，水陸脚價每碩不下四兩，周歲不能運到。雖令山東、河間運司鹽課内帶收糧斛，終是不見折收。照得客旅往往將本江南買賣，如蒙准擬，許發兩淮運司鹽引五萬道，分付本司官一員收管，驗彼處鹽袋，價鈔一十一兩六錢，會計每引可中米三碩，於大都并長蘆等倉收受，憑客納獲朱鈔給引。令運司抄連呈省，移咨行省，撥鹽發早將白米一十五萬石到官。更比江南般運省減脚價一萬定，又是不勞民力。如後節續中納，蓄積糧斛數多，深於官民兩便。乞定奪事。」都省議得，擬於大都萬斯倉、通州倉中納。據前項鹽引，止於本部掌管，憑客旅納獲朱鈔銷照無差，就便關發。行移兩淮運司，支查鹽袋，從便貨賣。除已劄付兩淮鹽轉運使潘傑提調裝查鹽袋，候客旅齎引到彼，晝時支撥，毋得刁蹬停滯外，仍多出文榜，召募客旅，照依所定碩斗中納。仍鳌勒倉官、斗脚人等，如遇客旅中納糧斛，即便兩平收受，毋得取要加耗分例。如有違犯，嚴行究治。省部今將榜文一道隨此發去，常川張掛，毋致風雨損壞。仍更行下合屬，多出文榜，召募客旅，依所定碩斗，赴大都萬億庫、通州倉中送納，憑客旅納獲朱鈔銷照無差，赴官關撥鹽引施行。

十九年九月，以鈔三萬定隆興等處市糴米糧。丞相火魯火孫、右丞麥朮丁等奏：「上都兀良哈䚟、月赤察兒、帖木兒遣人來言，今年田禾好收，今冬就彼處糴糧甚易。臣等議，上都兀良哈處，宜降鈔二萬定。隆興府、宣德州、德興府，已差人視其禾稼，甚收成，宜再降鈔一萬定，令准備市糴米糧。」上曰：「此三萬定鈔得米幾何？」對曰：「約得八九萬碩。」上是之，可其奏。

二十年正月，以鈔五千定北京糴糧。丞相火魯火孫、平章扎撒等奏：「北京米糧今歲甚賤，上都糴運并以後多有所用，令給鈔五千定，詣彼處市糴。」奏可。

是年二月，發鈔萬定上都市糴糧。丞相火魯火孫、耶律鑄等奏：「上都米糧亦賤，再給鈔一萬定，令其市糴。」奏可。

是年三月，以上都市糴糧，續發鈔五萬定。賀留守等奏：「以上都和糴米糧，中書省先給鈔三萬定，今米來者多，兀良哈觶與丞相火魯火孫等集議，宜續降鈔五萬定，令臣等聞奏。」從之。

是年八月，以鈔三千定應昌路和糴糧。參議明里不花等奏：「去年以鈔三千定，應昌府和糴糧。今歲彼處又賤，宜再給鈔三千定。」上曰：「此係汝等之事。然與曉會之人再議，如果有益，聽其市糴。」

二十一年三月，以河間、山東、兩浙、兩淮鹽引募諸人中糧。中書户部呈：「今歲田禾已有收成，正是興販糧斛之時。今擬河間、山東運司量發鹽引，於大都召募客旅中納白米新粟。用元降印烙圓斛，兩平收受，照依時估以十分爲率，添搭二分，依驗結課鈔數扣筭，合該引目，聽從民便支給。仍令轉運司憑准納獲糧引朱鈔，晝時下場，先行支查鹽袋、中到糧數，逐旋交付省倉收貯，以備支持事。」都省准呈，别行差委運使木八剌沙、後衛經歷馮庶等，赴部關撥山東濱、樂、清、滄、揚州鹽引，於大都萬斯倉召募諸人中納。如般運米粟到倉，晝時令當該倉官用元降圓斛，兩平收受，出給朱鈔。令所委官驗客旅納獲粮數，支訖合該引目。開坐花名、居住籍貫，逐旋申部。除山東、河間兩運司鹽引，本部用勘合符，下本司先行支查鹽袋外，據兩淮、兩浙鹽引呈省，移咨行省，劄付各運司支給。仍驗關支出堝鹽數結課，每月一次開具元關鹽引、中到米粟數目，申部呈省。仍多出文榜，召募諸人，依上施行。

兩淮鹽引：白米每引中九斗三升，粟每引中一石八斗六升。兩浙鹽引：白米每引中八斗七升，粟每引中一石七斗四升。河間鹽引、清滄鹽引：白米每引中八斗八升，粟每引中一石七斗六升。越支、盧臺鹽引：白米每引中九斗一升，粟每引中一石八斗二升。山東鹽引：白米每引中七斗九升，粟每引中一石五斗八升。

是年四月，以鈔四千定應昌府糴粮。明里不花等奏：「應昌府倉廒，每歲和糴米粮收貯。今宜給鈔四千定，聽其市糴。」奏可。

是年九月，發鹽引七萬道、鈔三萬定和糴上都粮。丞相火魯火孫等奏：「臣與月赤徹兒、怯來等集議，上都闕少糧儲非宜。去年河西之地麥朮丁用鹽引中粮，倉粮得成就。如今上都宜以鹽引七萬道，依前者奏准三萬定鈔數與之，令明安答兒、木八剌沙二人專一管領，和中收受。」上是之。又曰：「令斟酌收受，如多，恐有浥爛。」

二十二年正月，以鈔五萬定令木〔四〕八剌沙和糴上都糧。不魯迷失海牙等奏：「去歲上都奏准，以鹽引七萬道，令市糴粮斛，未曾成就。今宜給鈔五萬定，令木八剌沙等市糴。」從之。

是年二月，江南民田秋成，官爲定例收糴，次年減價出糶。右丞盧世榮、參政不魯迷失海牙等奏：「江淮行省言，今歲浙西米價湧貴，富户積粮，貪圖高價，貴糶，饑民不聊其生。自今歲秋成爲始，乘其米價賤時，將有粮最多之家，官用錢本兩平收糴。謂如租一萬石之上者，三分中官糴二分；三萬石之上者，平糴一半；五萬石之上者，三分中官糴一分。官倉收貯，次年比及新陳相接，乏粮價貴，官爲開倉，減價糶賣。年年依時收糴糶賣，永爲定例。臣等議，江南富户地土廣盛，每歲所收粮斛數多，依准江淮行省所據依時糴買，於官倉内收貯，次年比及新陳相接，貧民闕食，減價賑糶。」上是之，可其奏。

二十三年正月，發鈔五千定市糴沙静、隆興軍糧。平章忽都魯、參政秃魯花等奏：「沙静榷場倉官馬合麻言，今秋軍人經過，倉粮支給盡絶，宜給鈔二千定，聽其市糴。入奏，八鯢遣人來言，隆興府糧儲闕少，宜給鈔三千定。」並從之。

二十四年五月，官發鹽引，聽民中糧。平章桑哥等奏：「大都鹽引聽從百姓和中米糧。如沿路短少，交納時依數償之。比官爲般運，亦多得濟。」奏可。

是年十二月，以揚州、杭州鹽引五十萬道，兑換民糧。丞相桑哥等奏：「今年田禾未曾收成之處，百姓闕食，已行賑濟。來年無糧，恐百姓生受。揚州、杭州兩處，宜與鹽引五十〔五〕萬道，令准備兑換米粮。如歲不收，官爲出糶，其價鈔亦常在。」又奏：「浙西魚泊，係官採取，歲課計鈔三千定。宜開其禁，聽民採取。」並從之。

二十七年十月，增價和糴西京糧。丞相桑哥等奏：「西京周回爲食粮者多，官給鈔常令市糴。若依市價，百姓未肯賣。臣等議，宜如市直例，每一十兩之上增一兩市糴。」奏可。

二十八年二月，奏還忽里牙忽思米價。平章不忽木等奏：「忽里牙忽思係也里可温人，去年朶兒朶海鬭散人民迴去之後，那木罕太子下不倫八都兒及哈蠻等十一千户處，忽里牙忽思以馬三百一十五疋、床子四千一百四十五石嘗分給之。近以答失〔六〕蠻、剌真納兒都聞奏，奉旨迴其價鈔。桑哥等省官止與馬價鈔九百三十定，米價以疑惑，米〔七〕曾與之。今答失蠻、八八、剌真等又奏，臣等遣人計算，該鈔八千餘定。總十一千户處，止有哈蠻一千户收米文帖，餘皆無之。」上曰：「哈蠻一千户有文憑，迴與價鈔。餘者照勘是實，與之。」

二十八年五月，凡接濟軍糧，今後驗文憑給價。平章麥术丁等奏：「北安王遣使來言，斡脱馬合謀、阿里二人，自二十四年往迤北之地，以細米六百石市彼地貧乏軍人，今價鈔宜奏聞與之。臣等議，每石爲鈔一百四十二兩，總計一千七百四定。」奏可。麥术丁又奏：「今後斡脱軍士（八）米粮頭疋，不以是何物，宜先於臣等處説知幾多頭疋粮斛，見在何處。俟聞奏訖，臣等遣人及物主一同取其數目，詣何處千户、百户某官處，相關防分付畢，就賫彼地明白文憑迴，然後給價。」上曰：「麥术丁之言是也，不須疑惑，如卿所奏。」又謂木八剌沙曰：「汝亦省誤此事者。」

二十九年五月，奏還不伯米、牛價鈔。平章剌真、平章不忽木等奏：「回回人不伯以粮二百五十石、牛一百八十隻，於和林阿剌台處與之，比者塔兒渾、木八剌沙奏，奉旨還其直。往歲阿剌台自許每米一石，價鈔一十二定，其價甚大，恣意許之，無此理。臣等遣人詢問之，彼云當年上都米價，每一石價鈔五十五兩，今加倍與之，每石爲一百一十兩，牛每隻鈔兩定，計九百餘定。」上曰：「只與許多，足矣。」

成宗皇帝大德五年二月，議運和林軍糧方略。丞相答剌罕、平章賽典赤等奏：「起運和林軍糧，臣等偕樞密院、御史臺一同集議。世祖皇帝時，每歲運二十萬石之上。自皇帝登寶位之後，增運至三十萬石。今每歲額運一十五萬石，已三年矣。然運送之人欠少數多，以謂當時諸王都瓦之來，又經值次年牛病口瘡倒死，爲此失陷。然此言未可盡信，見行追徵。去年忽刺出來題說，若只令斡脱之人運送，多見短少其數，不能盡實到官，各取去脚價，至軍上又將官糧作己糧，重取價鈔，似此深有窒礙。宜以鈔或鹽引，比斡脱所運，添其價鈔，就和林等倉和糴。巡歷監察御史亦言其便。已奉旨，令試行之。然比及和糴成就，若往起運，亦不可。如何運送或别區處。臣等昨日與臺院蒙古臣僚一同集議，衆人以謂苦寒之地，更别有甚擘畫，惟令各部下准備掃里作站赤遞運。」暗伯知院又言：「世祖皇帝時，此法已行之，亦不能成就。今歲又經值風雪，宜召募有産業信實之家堪委任者，官給脚價，運送一十五萬石。如其短少，亦易取償。」奏可。

仁宗皇帝延祐三年二月，中糴和林糧二十三萬石。中書省奏：「和林倉糧見有二十餘萬石，若不接續收糴，恐誤支持。今曉諭多人，移文各處，令嶺北行省官提調和中糧二十三萬石。」奏可。

五年十一月，遺運和林軍糧二十萬石，和中二十萬石。中書省奏：「今年和林多用糧數，令遺運二十萬石。再令和林省和中二十萬石。」又奏：「明年支持，從今若不預行文字，恐其遲悞。臣等議，再趲運十萬石，和林中糴十萬石。」奏可。

六年，和中和林軍糧二十萬石。丞相伯答沙、阿〔九〕散等奏：「今年爲嶺北行省支持軍糧，已趲運和中二十餘萬石矣，明年軍儲宜預備二十萬石。臣等議，宜令遼陽省所轄州縣及山後，召募客旅，和中一十五萬石；西京宣慰司趲運五萬石。」奏可。

七年二月，趲運和林軍糧十萬石。太師右丞相帖木迭兒、左丞相阿散啓：「奉皇太子令旨，嶺北行省除見在糧外，恐支持不敷，再令預備一十萬石，內和中五萬石，趲運五萬石。」又啓：「宣德府、雲州、察罕腦兒三處，令趲運糙米一十萬石，其周迴合請糧人户，就令支持。」並從之。

鹽折草：

成宗皇帝大德八年，定鹽折草數則例。中書省劄付，户部呈：「大都、河間等路都轉鹽運使司申，照得年例，合起草折食鹽。即目相近年終，若不預爲申覆，誠恐臨時失悞。本部議，喂養馬駞，年例鹽折稈草八百萬束，每鹽二斤折草一束，須重一十斤，合該折變食鹽四萬引。即目將近春首，合令大都、河間運司委官提調，須要從新召募北人船户。如無，於南人船户內推派選揀有抵業、信實無拖欠者六綱，遞互相保，承攬裝載。於內若有短少，各綱均陪。每綱差奏差并有職人員一名，親行管押，設法關防，比及蛟蠓生發。照依上年例，四月終俱要運到下卸處所。其運司長押官，候交割完備，方許迴還。令大都路委官，須要五月十五日以裏，盡數俵散人户食用，准備稈草，依期赴場送納。合該脚價，十分爲率，先給一半，候交割所載鹽貨，别無短少，至日全行支付。於内若有短少，於六綱合關脚錢，通行措除。所據押運奏差人等，量事輕重，停役斷罪。如是濫雇船户，罪及運司判署官吏。如蒙准呈，本部依上施行。」都省准擬。先具本部并運司提調正官各各職名，同管不致違悮，依准呈省。

各處納草限次。九月終，三分；十月終，一半；十一月終，八分；十二月終，齊足。

各場額收鹽折草數，總計八百萬束。白蓮西場，麗正門外一十里地，額收草八十八萬九百五十三束。萬斯南場，平則門外一里地，額收草六十八萬五千九百七十八束。萬斯北場，平則門外一十里地，額收草七十六萬八千八百一十五束半。玉泉場，肅清門外一十五里地，額收草三十九萬三千三百一十一束。相因西場，建德門外半里地，額收草七十三萬四千三百九十束。相因東場，安貞門外半里地，額收草七十二萬五千二百三十七束。湖渠東場，安貞門東一十里地，額收草三十七萬五千一百四十五束。湖渠西場，光熙門外北三里地，額收草七十四萬七千三百三十三束。千斯場，光熙門外二里地，額收草八十三萬四千七百七十七束半。亭子場，齊化門外一里地，額收草四十三萬四百一十三束半。鄒店場，齊化門外二十五里地，額收草四十三萬四百一十三束半。白蓮東場，文明門外西一十里地，額收草四十二萬四千二百六十六束半。

大德元年九月，定收草官減資例。中書吏部承奉中書省劄付，户部呈：「大都路申，寶坻縣尹李榮等狀告，元貞元年八月内，大都路摘差收受元貞元年應辦鹽折草，每場不下五七十萬束，必於甸野積垛。每遇支草怯薛丹、闊端赤人等，少者不下數百。一布向前，争攙支要，多有蹂踐，收草官員不能遍歷照管，中有被攘多端，不能悉舉。其年，收草官連年失陷短少，有借債陪納，有將人口事産折剉，有終身不能求仕，有因此致命員死者。中間利害，殆非一端。任滿止與外路州縣官一體遷轉，實是偏重。至元貞二年五月内照筭了畢，除其餘管草人員別行外，爲榮等收支草數，別無短少，蒙使府官赴省覆説。每年收受鹽折草，實係錢穀重事。切見沿河在都倉官，粮數不限多寡，俱各先行陞等遷用。又有設立司倉人等，倘有失陷短少，一體均陪。如是一年任滿，別無短少，又陞一等。切謂賞罰乃國之大柄，其倉官既有陞等之例，唯收草官獨有責而無賞，似爲偏負。設若榮等倘在少草項下，肯以輕恕？由此論之，若依倉官例陞等，似合公論。不唯賞罰至明，庶有激勵于後。本部議得，無短少人員，若依收粮倉官例，優陞品級相應。」送吏部，呈：「議得收草官即比倉官，劇易不同。若依户部所擬陞等，似涉太優。却緣每歲州縣官内摘差，若不明立賞罰，無以激勵。合無自大德元年爲始，收草一界，别無短少，任滿從本路保勘明白，減一資。」都省准擬，依上施行。

排年草數。至元二十八年，三百二十三萬六千九百六十一束。二十九年，三百八十一萬三千四百三十束。三十年，四百二十一萬三百六十一束。三十一年，五百六十八萬六千九百三十九束。元貞元年，五百五十八萬六千九百三十九束。二年，五百四十三萬八千七百四十五束。大德元年，五百五十九萬四千九百六十二束。二年，五百六十七萬四千二百四十四束九斤。三年，六百七十九萬二千四百四十九束。四年，六百七十萬六千四十七束六斤。五年，五百二十一萬二千八百九十束。六年，六百四十六萬六千五百二十三束五斤。七年，五百三十六萬三千二百一束。八年，八百四十四萬九千二百七十六束。九年，一千一萬五千五百二十八束。十年，一千二十八萬九千二百束。十一年，一千二百八十六萬八千四十一束五斤。至大元年，九百九萬二千八百五束。二年，七百八十八萬五千七百一十七束。三年，一千三十四萬七千六百七十九束四斤。四年，七百六十四萬一千九百八十三束一斤。皇慶元年，八百六十萬六百四十二束五斤。二年，九百二萬五百九十九束九斤。延祐元年，七百九十四萬六千二百二十七束。二年，八百一十六萬七千四百三十束六斤。三年，九百一十一萬五千三百九十束三斤。四年，九百一十九萬六千四百二十七束四斤。五年，九百六十一萬五千九百八十七束。六年，九百六十九萬五千九百六十四束。七年，七百三十八萬二千八百七十六束六斤。至治元年，八百三十七萬六千五百九十四束八斤半。二年，七百二十一萬四百一十九束五斤。三年，一千九十八萬二百八十八束。泰定元年，一千一百三十六萬三百一十束。二年，九百六十四萬九千三十六束五斤。三年，八百八十八萬四百三十三束五斤。四年，八百七十萬九千四百五十五束八斤。天曆元年，八百三十二萬一千二百九十八束七斤。二年，九百二十一萬六千三百二十八束。

【考校記】

〔一〕輯自《永樂大典》卷一一五九八。

〔二〕「委」，原作「姜」，據下文改。

〔三〕「佑」，據文意，疑當作「估」。
〔四〕「木」，原作「不」，據下文改。
〔五〕「十」，原作「一」，據上文改。
〔六〕「失」，原作「大」，據下文改。
〔七〕「米」，據文意，疑當作「未」。
〔八〕「土」，據文意，疑當作「士」。
〔九〕「阿」，原作「河」，據下文及《元史》卷一一二《宰相年表一》改。

蠲免

恩免差税〔一〕

古者府藏有積，乃與民休息，或復其租。我朝治底隆平，時因慶遇或行幸所過，恒賜差税。由是密邇如大興、開平、興和畿内諸縣，賦税屢免。垂白之老不識公吏，熙熙陶陶，咸樂太平之世。吁亦盛矣！

災傷免差税〔二〕

民者國之本，賦者民之力。我國家常以薄税歛，寛督責，思與民同樂乎雍熙。故於耕也，勸其惰，勞其勤，惟恐民之不足。或有災沴，詔書迭下，除其賦税，以優民力，俾無流移之患。曰徯有年，皆吾皇之賜也。

【考校記】

〔一〕〔二〕輯自《元文類》卷四〇。

賑貸

京師賑糶粮　紅帖粮〔一〕

京師乃天下之都會，人物繁輳，逐末者多，仰給海運粮。至元二十二年，兩城設鋪，分遣官吏，下其市直賑糶，歲以爲常。間爲豪强嗜利之徒巧取，弗能周及貧民。大德五年，省臣奏旨，令有司取會兩城貧乏户口之數，置立半印號簿文帖，各書其姓名、口數，逐月對帖以給之。其視賑糶之價，三分常減去其一，名曰紅帖粮，遂與賑糶並行焉。

【考校記】

〔一〕輯自《元文類》卷四〇。按：據本節内容及《賦典總序》，「賑貸」疑當作「賑糶」。

各處災傷賑濟〔一〕

《周禮》救荒之政十有二，凶荒、凶札皆有蓄積以備不虞。漢高就食之令，文帝發倉之政，亦其次也。我國家每下詔，必以鰥寡孤獨不能自存爲念，特加優卹，官爲廩贍。或不幸而遇水旱蟲螟之災，即遣使存問安撫，戒飭官吏，廩粟庫幣不吝其出。凡在民者，閉糴者罪，出粟者官。視之如赤子，惟恐有凍餒焉。斯民何其幸也！

【考校記】

〔一〕輯自《元文類》卷四〇。

第七　禮典

禮典總序〔一〕

於皇有元，應天順人，功成治定，迺稽古經國，施和萬民。惟帝中興，禮樂大備，粲然成方，垂則後世。夫制禮，自邇覃遠，由親暨疏，朝覲會同以正大位，以統百官，以馭天下。錫賚燕饗以睦宗戚，以親大臣，以裸賓客。天下既定，弗敢怠寧，故行幸以時。君臨萬邦，在器與名，故通信以瑞節，辨等以輿服，定律作樂，治曆明時。何以守成？求聞帝王之訓以崇德。何以新民？率循聖賢之學以設教。勵學以經行而賓興其賢能，廣聽於芻蕘以通徹其壅蔽。討論潤色，藝文脩矣；厚往薄來，遠人柔矣。天道弗遠，示君以事，故度德以應禎祥，脩己以弭灾變，而人道備矣。是以道合于天，德涵乎地，仁義孚于民，然後可以享上帝、事祖宗，通乎上下之祀而無愧。生榮死哀，極乎幽明之變；祕科內典，悉其祀禱之方，而鬼神之情見矣。考諸行事，厥有成績，作禮典上、中、下篇。一曰朝會、二曰燕饗、三曰行幸、四曰符寶、五曰輿服、六曰樂、七曰曆、八曰進講、九曰御書、十曰學校、十有一曰藝文、十有二曰貢舉、十有三曰舉遺逸、十有四曰求言、十有五曰進書、十有六曰遣使、十有七曰朝貢、十有八曰瑞異，爲禮典上篇。一曰郊祀、二曰宗廟、三曰社稷、四曰嶽鎮海瀆、五曰三皇、六曰先農、七曰宣聖廟、八曰諸神祀典、九曰功臣祠〔二〕廟、十曰謚、十有一曰賜碑、十有二曰旌表，爲禮典中篇。一曰釋、二曰道，爲禮典下篇。蓋國家典禮，朝會以尊君，治人之道也；郊廟以禋祀，事神之道也；佛氏爲教，超乎神人之表，所以輯福於國家民庶者也，故各爲一篇之首。

【考校記】

〔一〕輯自《元文類》卷四一。

〔二〕「祠」，原作「祀」，據下文標題及文意改。

朝會〔一〕

國朝凡大朝會，后妃、宗王、親戚、大臣、將帥、百執事及四方朝附者咸在。朝會之信、執禮之恭、誥教之嚴、詞令之美、車馬服用之別、牲齊歌樂之辨，寬而有制，和而有容，貴有所尚，賤無不逮，固已極盛大於當時矣！

世祖皇帝建國紀元，始命議禮考文，思兼古帝王之事，粲然成一代典章，以垂無窮焉。

【考校記】

〔一〕 輯自《元文類》卷四一。

燕饗〔一〕

國有朝會慶典、宗王大臣來朝、歲時行幸，皆有燕饗之禮。親疏定位，貴賤殊列，其禮樂之盛，恩澤之普，法令之嚴，有以見祖宗之意深遠矣。與燕之服，衣冠同制，謂之質孫，必上賜而後服焉。

【考校記】

〔一〕 輯自《元文類》卷四一。

行幸〔一〕

皇朝建國之初，四征不庭，靡暇安處。世祖皇帝定兩都以受朝貢，備萬乘以息勤勞，次舍有恒處，車廬有恒治，春秋有恒時，遊畋有度，燕享有節，有司以時供具而法寓焉。此安不忘危，貽子孫萬世之法者也。故列聖至于今，率循而行之。

【考校記】

〔一〕輯自《元文類》卷四一。

符寶〔一〕

古者合信於天下皆用玉焉，至秦得和氏璧，刻爲皇帝璽。後有天下者，傳之爲寶。或不得，則倣而作之。噫！天命有德，何有於秦璽哉？我朝懲歷代之謬，雖得秦刻及前世之器，皆藏而弗用，爰製大寶，質兼金玉之貴，文列古今之宜，以成一代之制度，典瑞掌之，爰述其目。凡軍符、驛券、諸侯王百司印章附焉。

【考校記】

〔一〕輯自《元文類》卷四一。

輿服〔一〕

聖朝輿服之制，適宜便事。及盡收四方諸國也，聽因其俗之舊，又擇其善者而通用之。世祖皇帝立國建元，有朝廷之盛、百官之富、宗廟之美，考古昔之制而製服焉。如冕舄之制，祭祀則用之；旂常之章，朝會則用之。至英宗皇帝，始置鹵簿，於是乎儀衛兼備矣。

【考校記】

〔一〕輯自《元文類》卷四一。

皇太子冠服〔一〕

按《太常集禮》，至元十二年，博士擬衮冕制，用白珠九旒，紅絲組爲纓，青纊充耳，犀簪導。青衣、朱裳，九章。五章在衣，山、龍、華蟲、火、宗彝；四章在裳，藻、粉米、黼、黻。白紗中單，青褾襈裾。革帶，塗金銀鉤鰈。蔽膝，隨裳色，爲火、山二章。瑜玉雙佩，四采織成大綬，間施玉環三。白襪、朱舄，舄加金塗銀釦。

大德十一年九月，照擬前代制度。唐制，皇太子衮冕，垂白珠九旒，紅絲組爲纓，青纊充耳，犀簪導。玄衣、纁裳，九章。五章在衣，龍、山、華蟲、火、宗彝；四章在裳，藻、粉米、黼、黻，織成之，每行一章〔二〕，黼、黻重以爲等，每行九。白紗中單，黼領，青褾襈裾。革帶，金鉤鰈，大帶。蔽膝，隨裳色，火、山二章。玉具劍，金寶飾玉鏢〔三〕首，瑜玉雙佩。朱組帶大綬，四采赤白縹紺，純朱質，長丈八尺，首廣九寸。小雙綬，長二尺六寸，色同大綬，而首半之，間施玉環三。朱韈、赤舄，加金飾。侍從祭祀及謁廟、加元服、納妃服之。宋制，皇太子衮冕，垂白珠九旒，紅絲組爲纓，青纊充耳，犀簪導。青衣、朱裳，九章。五章在衣，山、龍、華蟲、火、宗彝；四章在裳，藻、粉米、黼、黻。白紗中單，青褾襈裾。革帶，塗金銀鉤鰈。蔽膝，隨裳色〔四〕，火、山二章。瑜玉雙佩，四采織成大綬，間施玉環三。白襪、朱舄，舄加塗金銀飾。加元服、從祀、受册、謁廟、朝會服之。已擬其制，未果造。

【考校記】

〔一〕輯自《永樂大典》卷一九七八五。

〔二〕「每行一章」，或作「每章一行」，參見《元史》卷七八《輿服志一》校勘記〔一三〕。

〔三〕「鏢」，原作「縹」，據《元史》卷七八《輿服志一》改。

〔四〕「色」，原作「衣」，據《元史》卷七八《輿服志一》及其校勘記〔一三〕改。

公服〔一〕

按《衣服令》曰：公服，亦名從省服。唐《輿服志》曰：江南則以巾褐裙襦，北朝則雜以戎夷之制。爰至北齊，有長帽、短鞾，朱紫玄黃各任所好，雖宴見君上，出入省寺，若非元正大會，一切通用。隋代帝王貴臣，多服黃紋綾袍。大業元年，始令五品以上通服朱紫，是後貴賤異等，用緋緑。武德初，天子常服以黃袍衫，後漸用赤黃，遂禁士庶，不得以赤黃爲衣服雜飾。四年八月，敕三品已上，其色紫；五品已上，其色朱；六品以上，其色黃。貞〔二〕觀四年，詔三品已上服紫，四品、五品服緋，六品、七品以緑，八品、九品以青。龍朔三年，改青爲碧。上元元年，令四品服深緋，五品服淺緋，六品服深緑，七品服淺緑，八品服深青，九品服淺青。文明元年，八品改爲碧。大和元年，服青碧者許通服緑。又有賜緋賜紫及賞借之文。宋如其制。

【考校記】

〔一〕輯自《永樂大典》卷一九七九二。

〔三〕「貞」，原作「正」，據《舊唐書》卷四五《輿服志》改。

樂〔一〕

樂也者，聲文之著者也。國家樂歌雄偉宏大，足以見興王之盛焉。郊社宗廟、孔子之廟、先農之壇用古樂，朝會燕饗用讌樂，於是古今之音備矣。

【考校記】

〔一〕輯自《元文類》卷四一。

曆〔一〕

欽天授時，帝典先焉。我世祖皇帝混一區夏，首徵名儒作《授時曆》，爲仰儀、簡儀及諸儀表，創物之智，有古人未及爲者。於是測景之所，東極句麗，西至滇池，南踰朱厓，北盡鐵勒，凡二十有七，是亦古所未備者也。其爲法多采唐一行之議，主於隨時考驗，以與天合，則無前代沿襲傅會之弊，此亦古所未能用者也。豈非真元會合、宇宙一初之徵歟？昔在太宗皇帝時，中書耶律楚材嘗爲《庚午元曆》，足以見國初彌綸天地之事者已如此。今西域亦有曆官，國家參用之。

【考校記】

〔一〕輯自《元文類》卷四一。

進講〔一〕

國初，嘗求儒者於兵間，已有問道考治之意。

世祖之在潛藩也，盡收亡金諸儒學士，及一時豪傑知經術者而顧問焉，論定大業，厥有成憲。在位三十餘年，凡大政令、大謀議，諸儒老人得以經術進言者，可考而知也。歷朝因之，至我欽天統聖至德誠功大文孝皇帝，始開奎章閣，陳祖宗之遺訓，考經史之格言，以養德性，以成事功，而文治大興矣。

【考校記】

〔一〕輯自《元文類》卷四一。

御書〔一〕

日月之縣象，雲漢之爲章，星辰之經緯，皆天之文也。及夫河出圖，洛出書，則有以通神明之德，類萬物之情，豈非造化之緼，至是而著明歟？天子言而爲訓誥誓命，行而爲禮樂典章，何往而非文也。至於萬幾之暇，親御翰墨，則刻之琬琰，焜燿來世，亦猶天之所爲，其惟圖書乎？我國家自世祖皇帝爰擇名儒以傳東宫，是故裕宗皇帝之在春坊，嘗有日習倣書，藏之東觀，以示子孫。迨夫仁宗皇帝、英宗皇帝，時有宸翰，寵賜群臣。傳至欽天統聖至德誠功大文孝皇帝，則辭章之粹、書法之聖，度越前代帝王矣。猗歟盛哉！

【考校記】

〔一〕輯自《元文類》卷四一。

學校〔一〕

古之有國家者，設庠序學校以教其民，申孝弟之義，導仁義之方，所以扶植三綱五常之道也。故自王宮國都至于閭巷，莫不有學。秦漢以降，率是而行之則治，違是而廢之則否，明效大驗，不可誣也。我朝自太宗皇帝投戈講藝，建學于燕，四方諸侯相繼興學。迨夫世祖皇帝之在潛邸也，故金進士元好問啓請爲儒教大宗師，作其即位，以道建極，文軌混同，內設胄監，外設提舉官以領郡縣學校之事。於是遐陬絶漠，先王聲教之所未暨者，皆有學焉。至元八年頒行國字，又設蒙古字學，視儒學而加重。自時厥後，書院精舍月益歲增。及夫大司農之立，則一鄉一社皆有學矣。列聖相承，百年之間，幅員萬里，黌舍相望，何其盛也！而我欽天統聖至德誠功大文孝皇帝，又設置授經郎于奎章閣之下，以教近臣貴戚子弟之幼者。教學自貴近始，天下有不感化者乎？外是醫藥卜筮之流，亦皆有肄習之所，則名一藝者，咸精其能矣。若稽《周官》，鄉大夫之教屬地官，大司樂之教屬春官，今國都郡邑之學載禮典，鄉社之學則賦典具存云。

【考校記】

〔一〕輯自《元文類》卷四一。

藝文〔一〕

我國家文學之盛，上古聖賢以來，諸儒經傳之學，史官載之書。其主典之官，則有翰林、國史、集賢等院，祕書、國子等監，而律曆、陰陽、醫卜之事，竺乾之教、老莊之説，又各有其人焉。民間之書尚多也，自我朝之所作者，製國字以通語言文字於萬方，述國制以示禮樂刑政於天下。至若奎章之建閣，斷自宸衷，緝熙聖學，表章斯文，所謂唐虞之際，於斯爲盛矣夫。

【考校記】

〔一〕輯自《元文類》卷四一。

貢舉〔一〕

以科目取賢能之士，歷周漢至于唐以來，其目多矣。我太宗皇帝既取中原，即行試選取士之法。至元中，嘗議行進士科，歷大德、至大，皆有議而未及行，仁宗皇帝始以獨斷行之，如茂異神童之科，有則舉之，非若進士科之有定額也。而亦附見焉。

【考校記】

〔一〕輯自《元文類》卷四一。

進士及第唱名儀〔一〕

前期，庀執事者承奉班都知具朝服，司香舍人二員，傳唱三員，第三員兼通贊。引贊二員。至期大昕，侍儀官設牓案、香卓、褥位于闕前，宣詔榻于其西，布進士席位于南，三行北向，又布舉人席位稍南，重行北向。有司借國子監生員唐帽、白襴衫，令舉人服之，引贊引舉人至席位，讀卷官〔二〕、知貢舉等入稟榜畢，舍人二人引中書禮掾奉二榜，讀卷官、知貢舉以下奉隨出。自崇天門置于案，傳唱立于左，西向，讀卷官、知貢舉以下立於右，東向，承奉班都知曰「有制」。通贊贊曰「鞠躬」，曰「拜」，曰〔三〕「興」，曰「拜」，曰「興」，曰「平身」。承奉班都知升棡，宣曰：「欽奉聖旨，策試舉人第一甲賜進士及第，第二甲賜進士出身，第三甲賜同進士出身〔四〕。」通贊贊曰「鞠躬」，曰「拜」，曰「興」，曰「拜」，曰「興」，曰「平立」。舍人宣唱賜進士三甲名氏，唱曰「蒙古、色目人第一甲第一名某」，傳至第三，舍人唱曰：「蒙古、色目人第一甲第一名某，出班〔五〕前立。」又唱「曰漢人、南人第一甲第一名姓某」；傳唱如前。又唱曰「蒙古、色目人第二甲」，傳唱如前。曰「某」，第二甲次名以下，止唱名曰而已，唱「出班前立」如前，餘皆仿此也。曰「蒙古、色目人第三甲某」；曰「漢人、南人第二甲姓某」，曰「漢人、南人第三甲姓某」。並以次承傳。蒙古、色目人立于右，漢人、南人立左，以中爲上。通贊曰「班首稍前跪」，曰「進士皆□〔六〕」，曰「上香」，曰「上香」，曰「三上香」，曰「龍〔七〕拜」，曰「興」，曰「復禮」，曰「拜」，曰「興」，曰「拜」，曰「興」，曰「平」。

分班：左司郎中導二榜，出至欞〔八〕星門外，進士分行由左門以出。大興府尹備儀衛送二榜首，還取二黃榜於欞星門之左右三日。至順元年，唱名興聖門外。

【考校記】

〔一〕輯自文氏鈔本，文氏録自《永樂大典》卷一四一二七。

〔二〕「官」，原脱，據下文補。

〔三〕「曰」，原衍「曰」字，據上下文刪。

〔四〕「身」，原脱，據上文補。

〔五〕「班」，原缺，據下文補。

〔六〕「進士皆□」，據《元史》卷六七《禮樂志一》各朝儀，疑當作「進士皆跪」。

〔七〕「龍」，據《元史》卷六七《禮樂志一》各朝儀，疑當作「就」。

〔八〕「櫺」，原作「極」，據下文改。

進士後思儀〔一〕

是日，傳〔二〕儀司設表案、香案、褥位于闕前。進士□□□敘班于櫺星門外，引贊、舍人分引至闕前，蒙古狀元即第一甲。偕蒙古進士班于右，漢人狀元偕漢人、南人進士班于左。二狀元各奉表捎〔三〕前，置于案，復位。引贊報班齊，宣□〔四〕唱曰「拜」，通□□〔五〕曰「鞠躬」，曰「拜」，曰「興」，曰「拜」，曰「興」，曰「平身」。曰「班首稍前」，曰「跪」，曰「衆官皆跪」。司香□〔六〕曰「搢笏」，通□□曰「上香」，曰「上香」，曰「三上香」，曰「出笏」，曰「龍〔七〕拜」，曰「興」，曰「平身」，曰「復住」，曰「鞠躬」，曰「拜」，曰「興」，曰「拜」，曰「興」，曰「平身」，曰「搢笏」，曰「鞠躬」，曰「三舞蹈」，曰「跪左膝，三叩頭」，曰「山呼」，曰「山呼」，曰「再山呼」，曰「出笏」，曰「就拜」，曰「興」，曰「拜」，曰「興」，曰「拜」，曰「興」，曰「平立」。引贊分引進士由左右門以出。

【考校記】

〔一〕輯自文氏鈔本，文氏録自《永樂大典》卷一四一二七。「儀」，原作「議」，據下文改。

〔二〕「傳」，據《元史》卷六七《禮樂志一·制朝儀始末》，疑當作「侍」。

〔三〕「揁」，據文意，疑當作「稍」。

〔四〕「宣□」，據《元史》卷六七《禮樂志一》各朝儀，疑當作「宣贊」。

〔五〕「通□□」，據《元史》卷六七《禮樂志一》各朝儀，疑當作「通贊贊」。下同。

〔六〕「司香□」，據《元史》卷六七《禮樂志一》各朝儀，疑當作「司香贊」。

〔七〕「龍」，據下文及《元史》卷六七《禮樂志一》各朝儀，疑當作「就」。

舉遺逸〔一〕

國家取人之途多矣。其有爲有能之士，或不肯自售，朝廷以禮徵聘而起之，高爵厚禄以待之，是以貪夫廉，薄夫敦，鄙夫寬，懦夫有立志者，用此道也。以遺逸舉者，百餘年間尚多有之，而簡牘殊不備，書有徵者，以啓其端。

【考校記】

〔一〕輯自《元文類》卷四一。

求言〔一〕

昔者芻蕘之言，聖人擇焉。我國家來言者，以達下情，言苟不當，亦不加罪，著在令甲。其内外臣僚章疏，語在《治典》中。禮曹職掌封事甚衆，朝廷數使治擇而采用之。俟其成編，則取而載之此。

【考校記】

〔一〕輯自《元文類》卷四一。

進書〔一〕

工執藝事，各進其技，因以得官者，蓋有之矣。能文之士，以其所作來獻，朝廷許之。噫！道成而上，藝成而下，君子亦兼取焉。

【考校記】

〔一〕輯自《元文類》卷四一。

遣使〔一〕

昔我國家之臨萬方也，未來朝者遣使喻而服之，不服則從而征伐之，事在《政典》，此記使事而已。天下既定，郡縣既立，有所詢問考察則遣使，致命遐遠則遣使，皆事已而罷。彙有司之存牘爲此篇。

【考校記】

〔一〕輯自《元文類》卷四一。

朝貢〔一〕

我國家幅員之廣，極天地覆燾。自唐虞三代，聲教威力所不能被者，莫不執玉貢琛，以脩臣職。於是設官治館以待之。梯山航海，殊服異狀，不可勝紀。案牘不具，不得備書，立此篇以俟考補。

【考校記】

〔一〕輯自《元文類》卷四一。

瑞異〔一〕

古人有灾異則謹書之，所以儆天戒而思患豫防也。而祥瑞或缺不書者，恐善佞者之生侈心焉。今灾祥並置，以考休咎之徵，故簡牘有存者，悉書之。

【考校記】

〔一〕輯自《元文類》卷四一。

郊祀〔一〕

惟天子得祭天，古之制也。我國家建大號以臨天下，自有拜天之禮，衣冠尚質，祭品尚純，帝后親之，宗戚助祭，率其世職，非此族也不得與焉。報本反始，出於自然，而非强爲之制者也。有司簡牘可知者，憲宗皇帝始拜天於日月山，既而又用孔子孫元措言，祭昊天后土，始大合樂。世祖皇帝至於今，制度彌文，而國家之舊禮初不廢也。

【考校記】

〔一〕輯自《元文類》卷四一。

神位〔一〕

神州地祇，在方壇第二成東南設位。

【考校記】

〔一〕輯自《永樂大典》卷五四五三。

祖宗配侑〔一〕

憲宗皇帝二年壬子秋八月，祀昊天上帝于日月山，以太祖聖武皇帝、睿宗景襄皇帝配享。武宗皇帝至大三年冬十有一月丙申冬至，祭享南郊，以太祖法天啓運聖武皇帝崇配。先是，中書禮部移文太常禮儀院，下博士定擬配位等事。博士李之紹、蔣汝礪呈，略曰：檢討歷代典故，按古制圜丘配位，有虞氏禘黄帝而郊嚳，夏后氏禘黄帝而郊鯀，殷人禘嚳而郊冥，周人禘嚳而郊稷。漢魏以下，或以受命之祖，或以始祖，雖或少異，然皆一享一配。至唐高宗，始以高祖、太宗同配昊天上帝。開元十一年，明皇親享，始罷同配之儀，以高祖神堯皇帝定配。宋真宗親郊圜丘，奉太祖、太宗並配。仁宗以太祖、太宗、真宗並配。慶曆四年，禋祀天地，以太祖爲定配，二宗爲迭配。嘉祐七年，以臣寮言並侑違禮，遂以太祖配圜丘。金以太祖配圜丘，太宗配方丘。謹按：《春秋傳》曰：「自外至者，無主不止。」《詩》云：「思文后稷，克配彼天。」又云：「對越在天。」皆謂祖宗之靈配順天地，侑神作主之義。祖一而已，始受命者也；惟宗無數者，待有德也。夫功德顯著，自可崇廟祏之制，垂之無窮；至於對越昊天，則神無二主，所以奉上帝之尊，示不敢瀆。竊謂國家始受天命，肇基立極，實自太祖，論其功德，與周之后稷異世同符，南郊配位，宜依古制，恭奉太祖法天啓運聖武皇帝侑神作主，以副聖上尊祖配天之意。其唐宋同配並侑之説，違經背禮，一切删去，誠爲允當。

欽天統聖至德誠功大文孝皇帝至順元年冬十月辛酉，上親祀南郊，以太祖法天啓運聖武皇帝崇配。先是，秋九月，有旨，親祀南郊。中書禮部移文太常禮儀院議行典禮。二十八日，太常禮儀院同僉宋翼、博士李好文等詣西宫，稟議神位、配位及禮文等事。按，大德九年集議合祭天地，非禮之正，不足爲法。又天文從祀神名、位次，多寡不一，考之典禮，殊爲乖謬。合依《周禮》，止祀昊天上帝一位。至大三年，乃以太祖聖武皇帝配享。然有五方帝、日月以下星辰等從祀數百餘位。今次郊祀，宜取聖裁。十月初十日，太師右丞相燕帖木兒、平章亦烈赤、參政姚庸、參議馬祖常、郎中佛住及太常禮儀院使教化、同知太常禮儀院事補化、僉太常禮儀院事錦州不花、同僉太常禮儀院事孛羅、院判亦憐真八、經歷李慎言、都事張起宗、博士李好文、王讃議配位于興聖宫門下。議曰：成宗皇帝大德九年，專祀昊天上帝，不設配位，蓋爲初立南郊，禮未備也。至武宗皇帝至大三年，初以太祖皇帝配享，其禮始備。謹按，《春秋傳》：周之郊祭稷，王者必以祖配。「自内出者，無匹不行，自外至者，無主不止。」歷代祀天，皆以祖配。今天子親祀南郊，創行大禮，雖事出聖衷，宜從典禮，以太祖皇帝配享。議畢，丞相及御史大夫帖木兒不華、月魯不華，平章亦烈赤，御史中丞和尚，參政脱因納、姚庸，太常禮儀院使教化，參議馬祖常，郎中佛住，同僉太常禮儀院事孛羅等奏曰：「今月十四日，皇帝親祀南郊。臣等集議：歷攷前代郊祀，皆以始祖配享。今之郊祭，請以太祖法天啓運聖武皇帝配。」又，監察御史嘗有是請。上曰：「然。其以十二日，卿等與執事官奉香告廟者。」八月十二日，太常寺言，尊祖配天，其禮儀樂章別有常典。國家之事，莫重於此，若候至日聞奏，誠恐忽遽之際，有司難以供具。倘有差悞，關係非輕。十六日，中書省奏：「自古漢人朝代，祖宗配天享祭者有之。臣等與平章何榮祖、群臣議，宗廟已依時祭享，今行郊祀以祭天，伏取聖裁。」制曰：「可。」

【考校記】

〔一〕輯自《永樂大典》卷五四五六。

宗廟〔一〕

國初，祭享之禮，祖宗自有成法。世祖皇帝中統元年秋七月，祀祖宗于中書省。三年，因建太廟于燕京。四年冬十有一月，有事于太廟。至元十七年，新作太廟于大都，更定室次，歲有恒祀。武宗皇帝始親享，英宗皇帝更作新廟，始製鹵簿，御衮冕，行祼獻。今上中興，先見廟而後即位，親祀之禮，史不絕書。宜乎克戡大難，身致隆平，規模宏遠矣。

【考校記】

〔一〕輯自《元文類》卷四一。

社稷〔一〕

古者，有人民則置社稷。至元二十九年，始用御史中丞崔彧言，以明年正月營社稷於和義門内少南，以春秋仲月上戊致祀，牲牢器幣三獻之禮，八成之樂，亞於郊廟之隆矣。郡縣之祀風雨雷師，皆附見焉。

【考校記】

〔一〕輯自《元文類》卷四一。

嶽鎮海瀆〔一〕

古者，有事於方岳，天子親之。其在諸侯封内者，則諸侯亦各得祀之。秦漢之後，嶽鎮海瀆全歸職方氏之時蓋鮮。我國家混一，名山大川咸在封域之内，自世祖皇帝累降明詔，以次加封，歲時遣使禮焉。

【考校記】

〔一〕輯自《元文類》卷四一。

嶽鎮海瀆二十八位〔一〕

南嶽、南鎮、南海、南瀆，火神祝融。東嶽、東鎮、東海、東瀆，木神勾芒。中嶽、中鎮，土神后土。西嶽、西鎮、西海、西瀆，金神蓐收。北嶽、北鎮、北海、北瀆，水神玄冥。各隨其方壇第三成設位。山林川澤丘陵墳衍原隰從祀神祇：南山、南林、南川、南澤，東山、東林、東川、東澤，西山、西林、西川、西澤，崑崙，北山、北林、北川、北澤，一十七位，各隨其方在内壝内設位。南丘、南陵、南墳、南衍、南原、南隰，東丘、東陵、東墳、東衍、東原、東隰，西丘、西陵、西墳、西衍、西原、西隰，北丘、北陵、北墳、北衍、北原、北隰，中丘、中陵、中墳、中衍、中原、中隰，三十六位，内隨其方在内壝外設位。前件議得方丘從祀，自漢已下，歷代制度不一，至唐始因隋制，以神州五方嶽鎮海瀆、山林川澤丘陵墳衍原隰從祀。宋金之制，具載於圜方合祭圖本。今合無參酌累代典故，議行祭祀。

【考校記】

〔一〕輯自《永樂大典》卷五四五三。

三皇〔一〕

三皇配天立極，有國家者，載諸祀典，禮亦宜之。我國家通祀於天下，祭儀略倣孔子之廟，歲以春秋之季行事，而以醫者主之。

【考校記】

〔一〕輯自《元文類》卷四一。

先農〔一〕

國家既得中原，始立勸農司，又置大司農，專領耕桑之事。歲有祈報於先農，則其官主之，請于天子而行事焉。

【考校記】

〔一〕輯自《元文類》卷四一。

宣聖廟〔一〕

有國家者通祀仲尼於天下，其來尚矣。我國家定中國，廟祀如故，而學隸焉。舟車所至，凡置郡縣之地，無小大莫不皆有廟學。其重者，京師有國學之建，東魯有闕里之祠。至於褒封聖門之重，崇撫儒者之勤，尤爲盛大矣。

【考校記】

〔一〕輯自《元文類》卷四一。

諸神祀典〔一〕

神明之祀，必因山川之形氣，或有功德於人民，可以禦災患，可以立名教者，則載之祀典。非禮之禮，不淫則諂，在王政所宜禁者矣。

【考校記】

〔一〕輯自《元文類》卷四一。

功臣祠廟〔一〕

古者諸侯有國，大夫有家，則有廟以祭其祖考。功臣之立廟，雖諸葛武侯之於蜀漢，猶有所不許焉。後世宗法不行，諸侯大夫之家無廟以祭，幾於忘其先矣。我國家一二大勳勞之臣，賜之廟而使之祭，皆異數云。

【考校記】

〔一〕輯自《元文類》卷四一。

謚〔一〕

謚以易名，所以定論平生也。而群臣之謚，善惡具在。今善者多得謚，而惡者無與立謚焉。

【考校記】

〔一〕輯自《元文類》卷四一。按：下文輯自《永樂大典》殘卷。《永樂大典》按韻排列，文氏鈔本分君謚、后妃謚、臣謚三部分匯輯，恰可恢復《經世大典》謚法原貌，然其錯漏甚多，故本類按文氏鈔本編排，但佚文仍以《永樂大典》爲準。文氏鈔本的相關考證成果，則收入「考校記」。

君謚〔一〕

神

一民無爲。劉熙曰：「一民使有常，不二其業，是以刑措，以至無爲。神道設教之化，故曰神。神農以爲號也。」應變無方。《易》曰：「神無方，能妙萬物。」《易》曰：「神也者，妙萬物而爲言者也。」聖不可知。《孟子》曰：「聖而不可知之謂神。」道化宜民。《易》曰：「神而化之，使民宜之。」顯仁藏用。《易》曰：「顯諸仁，藏諸用，鼓萬物而不與聖人同憂。」

聖

極深研幾。《易》曰：「聖人所以極深而研幾也。」窮理盡性。《易》曰：「聖人所易以窮理盡性。」窮神知化。《易》曰：「窮神知化，德之極也。」能享上帝。《禮記》曰：「惟聖人爲能享帝。」兼聽善謀。《六家謚法解》：「昔之制字，以口謀之、耳聽之爲聖。」裁成天地。《易》曰：「后以裁成天地之道。」睿智天縱。《論語》曰：「固天縱之將聖。」《書》曰：「睿作聖。」百姓與能。《易》曰：「天地設位，聖人成能。人謀鬼謀，百姓與能。」備物成器。《易》曰：「備物致用，立成器以爲天下利。」備道全美。《荀子》曰：「聖人備道全美者也。」

文

經緯天地。《春秋左氏傳》曰：「經緯天地曰文。」道德博聞。《六家謚法解》：「文之所該遠矣，道德足乎已，而暢乎四肢，發乎事業，非尊其所聞者，孰能光大如是哉？」修德來遠。《論語》曰：「遠人不服，則修文德以來之。」德洽四國。《詩》曰：「矢其文德，洽此四國。」徽柔懿恭。《書》曰：「文王徽柔懿恭。」聖謨丕顯。《書》曰：「丕顯哉！文王謨。」化成天下。《易》曰：「觀乎人文，以化成天下。」純穆不已。《詩》曰：「維天之命，於穆不已，於乎不顯，文王之德之純。」

武

克定禍亂。劉熙曰：「能定禍亂，使就清夷，故曰武。」禁暴戢兵。《春秋左氏傳》曰：「夫武，禁暴、戢兵、保大、定功、安民、和衆、豐財者也。」克有天下。《春秋左氏傳》曰：「克有天下。」睿智不殺。《易》曰：「古之聰明睿智、神武而不殺者夫。」卹民除害。《史記》曰：「是故先王非務武也，勤恤民隱而除其害也。」

成

經德秉哲。《書》曰：「經德秉哲，自成湯至于帝乙，成王畏相。」民和神福。《春秋左氏傳》曰：「於是乎民和而神降之福，故動則有成。」政立民安。《六家謚法解》：「立政安民，事之序也，至於政立民安，斯可謂之成矣。」持盈守成。《詩》曰：「太平之君子，能持盈守成。」道兼聖智。《文選·四子講德論》：「文學夫子曰：昔成康之世，君之德歟？臣之力也？先生曰：非有聖智之君，惡有甘棠之臣？」

康

安樂撫民。《六家謚法解》：「成王之時，神祇祖考安樂之矣。至於康王，不忘保釐之命，猶曰：欽若先王成烈，以休於前政。所謂安樂撫民者歟。」能安兆民。《國語》曰：「自稷之始基靖民，十五王而文始平之，十八王而康克安之。」俊民用章。《書》曰：「俊民用章，家用平康。」久膺多福。《書》曰：「予小子，久膺多福。」

獻

聰明睿智。劉熙曰：「獻猶軒，軒，在物之上之稱。取四德，可謂高，在物上曰獻。」嚮惠德元。劉熙曰：「嚮，猶上也，元也。施恩惠而有大德，軒然高顯，故曰獻。」智質有聖。《六家謚法解》：「《爾雅》以獻爲聖，劉熙曰以智質有聖爲獻，蓋本諸《爾雅》〔二〕。」

懿

愛民質淵。劉熙曰：「愛養下民，其質如淵之受物也，故曰懿。」體和居中。《六家謚法解》：「懿，俊德之美也。體和居中，君子所以育德者如此。」德浸光大。《楊子》曰：「浸以光大，不亦懿乎？」

章

法度大明。《楊子》曰：「法度章，禮樂著，垂拱而視，天民之阜，無爲矣。」

穆

布德執義。劉熙曰：「穆，和也。德義，人道之貴，能布行之，以此致穆和之化，故曰穆。」緝熙敬德。《詩》曰：「穆穆文王，於緝熙敬止。」德政應和。《春秋左氏傳》曰：「德政應和曰穆。」

敬

威儀悉備。《詩》曰：「敬慎威儀，維民之則。」齊莊中正。《禮記》曰：「齊莊中正，足以有敬也。」令善典法。《汲冢周書·謚法解》：「非敬何以善之。」畏天愛民。《家語》：「舜畏天而愛民。」

元

主善行德。《書》曰：「德無常師，主善爲師。」《易》曰：「元者，善之長也。」又曰：「君子行此四德者。」行義悦民。劉熙曰：「所行合宜，是以民悦，亦善之長也，故曰元。」萬邦以貞。《書》曰：「一人元良，萬邦以貞。」體仁長人。《易》曰：「君子體仁，足以長人。」

昭

聖德嗣服。《詩》曰：「武王有盛德，昭哉嗣服。」德業升聞。《書》曰：「玄德升聞。」智能察微。《史記》曰：「明以察微。」

景

耆意大圖。劉熙注曰：「耆，老也。少而有老成之謀，能大其功，故曰景。」布義行剛。劉熙曰：「施義以割情，行剛以斷之，臨大節而不可奪也，故曰景。」繇義而成。《六家謚法解》：「以義斷恩，則事無不成，故其所謂者必假於義也。劉熙：取由義而成德。」德行可仰。《詩》曰：「高山仰止，景行行止。」

孝

協時肇享。劉熙曰：「供養合四時之宜。肇，始也，物始出以獻其親，孝養之禮也。」博施備物。《禮記》曰：「孝有三，大不匱。博施備物，可謂不匱矣。」繼志述事。《禮記》曰：「武王、周公其達孝矣乎！孝者，善繼人之志，善述人之事。」教刑四海。《孝經》曰：「刑于四海，蓋天子之孝也。」德通神明。《孝經》曰：「孝悌之至，通于神明。」

宣

施而無私。劉熙曰：「雲行雨施，日月無私照，天道宣著之大德，故曰宣。」重光奠麗。《書》曰：「昔君文王、武王宣重光。」義問周達。《詩》曰：「宣昭義問。」秉心易智。《詩》曰：「秉心宣猶。」

平

布剛〔三〕治紀。劉熙曰：「治平，綱紀設張，衆目不失，官職有序，化致平，故曰平。」治而無眚。《六家謚法解》：「目病曰眚，眚者所見不明之謂。治至無眚，則遠近小大無不其平。」布德均政。《春秋左氏傳》曰：「布德于民，而平〔四〕均其政事。」無黨無偏。《書》曰：「無黨無偏，王道平平。」治道如砥。《詩》曰：「周道如砥。」

桓

闢土服遠。劉熙曰：「桓，武也。以武力出征，四夷畏服而遠遯，故曰桓。」能成武志。《詩》曰：「桓，武志也。」

莊

威而不猛。《六家謚法解》：「《戴記》以孔子之德爲莊謚，蓋孔子之所謂莊者如此。」端恪臨民。《論語》曰：「臨之以莊，則敬。」《前漢書》曰：「正躬嚴恪，臨衆之儀。」

僖

質淵受諫。《六家謚法解》：「夫人君者，其質淵然，而能受諫。非樂取諸人以爲善者能之乎？」

肅

剛德克就。劉熙注曰：「肅肅栗己，以威剛御下，下民畏而用令，肅然自就，故曰肅。」

惠

慈仁好與。《六家謚法解》：「《周書》曰：慈民好與。劉熙曰愛民好與，又曰愛民好柔，其義一也。《周公謚法》改慈民曰慈仁，義亦無異。以《周公謚法》爲正。」能綏四方。《詩》曰：「惠此中國，以綏四方。」子愛困窮。《書》曰：「先王子惠困窮。」儉以厚下。《前漢·五行志》：「節用儉服，以惠百姓。」《楊子》曰：「惠以厚下。」

安

寬裕和平。出《廣謚》。所保惟賢。《書》曰：「所保惟賢，則邇人安。」兆民賴慶。《書》曰：「一人有慶，兆民賴之，其永惟寧。」中心宅仁。《禮記》曰：「中心宅仁者，天下一人而已矣。」脩己寧民。《論語》曰：「修己以安百姓。」

明

照臨四方。《春秋左氏傳》曰：「照臨四方曰明。」譖愬不行。《論語》曰：「浸潤之譖，膚受之愬，不行焉，可謂明也已矣。」聖能作則。《書》曰：「明哲實作則。」無幽不察。《六家諡法解》：「《書》曰：視遠惟明，聽德惟聰，無幽不察，則微而見之，明其詩乎。」任賢使能。《六家諡法解》：「《烝民》之詩，美先王任賢使能，而詩言明命使賦。蓋明命者，任賢使能命也。」令聞不已。《詩》曰：「明明天子，令聞不已。」奉若天道。《書》曰：「明王奉若天道。」孝治天下。《孝經》曰：「昔者明王之以孝治天下也。」奉養有節。《詩》曰：「明王自奉養有節。」遏惡揚善。《易》曰：「火在天上，大有，君子以遏惡揚善，順天休命。」《義》曰：「火是照耀之物，而在於天上，是光明之甚，無所不照。」視能致遠。《書》曰：「視遠惟明。」

定

安民法故。劉熙曰：「務要安民，仍舊法，故曰定。」安民大慮。劉熙曰：「安全其民人，慮其害而爲之，使得定，故曰定。」仁能一衆。《孟子》曰：「卒然問曰：天下惡乎定？吾對曰：定於一。」注：謂仁政爲一。嗣成武功。《詩》曰：「嗣武受之，勝殷遏劉，耆定爾功。」

簡

易從有功。《易》曰：「簡則易從，易從則有功。」平易無疵。《六家謚法解》：「《書》曰：惟厥攸居，政事惟醇。平易近民，醇而無疵，可謂簡之善矣。」至德臨下。《書》曰：「帝德罔愆，臨下以簡。」

隱

不顯尸國。劉熙曰：「尸，主也。若魯隱公，不顯，然爲國主，隱其志也，故曰隱。」

翼

思慮深遠。劉熙曰：「思慮將來，或有害者，能豫防以自翼衛，故曰翼。」小心事天。《詩》曰：「小心翼翼，昭事上帝。」

襄

闢土有德。劉熙曰：「襄，除也。除殄四方夷狄，得其土地，故曰襄。」

哀

德之不建。《春秋左氏傳》曰：「德之不建，民之無援，哀哉。」

烈

秉德尊業。劉熙曰：「烈，業也。以道德爲業，而能尊之也。」海外有截。《詩》曰：「相土烈烈，海外有截。」業成無兢。《詩》曰：「無兢惟烈，丕承聖謨。」《書》曰：「丕顯哉！文王謨。丕承哉！武王烈。」

威

蠻夷率服。《春秋左氏傳》曰：「蠻夷率服，可謂威也。」信賞必罰。《周禮・太宰》其七曰：「刑賞以馭其威。」德威可畏。《書》曰：「德威惟畏。」强毅執正，有威可畏。

愍

禍亂方作。《六家謚法解》：「禍亂方作時也，無大過惡，而所遇之時如此，是可愍也。」使民悲傷。《六家謚法解》：「遭時禍亂，不能戡定，然惡不加于民，悲傷之有閔之意。」在國罹憂。出蔡攸《謚法》。

靈

亂而不損。劉熙曰：「靈，神靈也。貪亂宜亡，得神靈妖氣之助，不損其君之尊，故曰靈。」好事鬼神。《汲冢周書》注：「瀆鬼神，不致遠也。」極知神事。劉熙曰：「能與鬼神交通，先知來事，如今巫也，故曰靈。」

幽

壅遏不達。劉熙曰：「權臣擅命，故令不達於國，遂至幽，故曰幽。」違禮亂常。《六家謚法解》：「禮出于天之所秩，其尊卑貴賤小大先後，理皆有常，而不可易也，違而亂之，則周幽王之爲幽。」暴民殘義。《六家謚法解》：「今取《孟子》暴其民甚之意。」

厲

殺戮不辜。《六家謚法解》：「周之厲王，使衛巫監謗者，以告則殺之，所謂狠愎遂過，殺戮不辜者也。」

德

修文來遠。《論語》曰：「遠人不服，則脩文德以來之。」叡智日新。《易》曰：「剛健篤實，輝光日新其德。」《書》曰：「德日新。」善政養民。《書》曰：「德惟善政，政在養民。」尊賢親親。《禮記》曰：「仁者，人也，親親爲大。」《孟子》曰：「仁不偏愛，急親賢之爲務。」忠和純淑。蔡攸《謚法》曰：「夫聖不至于聖，則以義爲忠，以忠爲和者，賢德也。然忠和之德不能兼備者有矣，未有忠足以直内，和足以利用，不能自信者矣。」

質

中正無邪。《禮記》曰：「中正無邪，禮之質也。」恬淡無爲。出蔡攸《謚法》。

靖

虛己鮮言。《家語》曰：「舜德若天地而静虛。」《六家謚法解》：「敬己鮮言，君之靖。」緝熙宥密。《詩》曰：「夙夜基命宥密，於緝熙，單厥心，肆其靖之。」式典安民。《詩》曰：「儀式刑文王之典，日靖四方。」

順

慈和徧服。《春秋左氏傳》曰：「慈和徧服曰順。」德合帝則。《詩》曰：「不識不知，順帝之則。」受天百禄。《禮記》曰：「福者，百順之名，是曰受天百福。」

思

追悔前過。劉熙曰：「過而知悔，故曰思。」

憲

賞善罰姦。《國語》：「中行穆子曰：賞善罰姦，國之憲也。」刑政四方。《六家謚法解》：「《書》曰：穆王度作刑以詰四方。蓋法度存焉曰憲。」聖能法天。《書》曰：「惟天聰明，惟聖時憲。」

仁

利澤萬世。《莊子》曰：「利澤施於萬世，天下莫知。」大德好生。唐徐有功曰：「聖人之大德。」率性安行。《論語》曰：「仁者安仁。」《疏》：「天性仁者，自然安而行之。」

義

除去天地之害。《禮記》曰：「除去天地之害謂之義。」理財正辭。《易》曰：「理財正辭，禁民爲非曰義。」仁能制命。《春秋左氏傳》曰：「君能制命爲義。」能成其志。《禮記》曰：「大義者所以成也，道無不理，義也。」

禮

奉義順則。《春秋外傳》曰：「奉義順則謂之禮。」善自防間。《詩》曰：「大夫妻能以禮自防也。」

智

察言知人。《禮記》曰：「舜其大智也與！舜好問而好察邇言。」《老子》曰：「知人者智，自知者明。」

欽

克慎成憲。《書》曰：「慎乃憲，欽哉！屢省乃成，欽哉！」

戴

典禮不愆。劉熙曰：「人所瞻戴也。其容不改，出言有章，故曰戴。」愛民好治。劉熙曰：「愛養其民，親之以義，使能感化而治，天下戴仰之，故曰戴。」

懷

慈仁短折。《六家謚法解》：「夫民之所懷者，仁也。慈仁而短折，宜懷而思之者也。」民思其惠。《書》曰：「民心無常，惟惠之懷。」

荒

好内怠政。《六家謚法解》：「内作色荒，好内怠政是也。」内外淫亂。劉熙曰：「男女無别，荒亂者也，故曰荒。」昏亂紀度。《六家謚法解》：「昏亂紀度，所謂無綱紀文章者，其荒可知也。」狎侮五常。《書》曰：「狎侮五常，荒怠不敬。」

惑

以欲忘道。《禮記》曰：「以欲忘道，則惑而不樂。」淫溺喪志。《春秋左氏傳》曰：「晉侯求醫於秦，秦伯使醫和視之，曰：是謂近女室，疾如蠱，非鬼非食，以喪志。趙孟曰：何謂蠱？對曰：淫溺惑亂之所生也。」婦言是用。《書》曰：「今商王受，惟婦言是用。」

夷

失禮基亂。出蔡攸《謚法》。

【考校記】

〔一〕輯自《永樂大典》卷一三三四五。

〔二〕「爾雅」，原作「雅爾」，據上文乙正。

〔三〕「剛」，據文意，疑當作「綱」。

〔四〕「而平」，原作「平而」，今通行本《春秋左氏傳》無此文，據《國語》卷四《魯語上》乙正。

后妃謚〔一〕

文

克嗣徽音。《詩》曰：「《思齊》，文王所以聖也。」又曰：「大姒嗣徽音。」慈惠愛民。劉熙曰：「文德之治，以慈惠養民者也，故曰文。」德美才秀。《春秋左氏傳》曰：「子產之從政也，擇能而使之。馮簡能斷大事，子太叔美秀而文。」

成

夙夜警戒。《詩》曰：「故陳賢妃貞女，夙夜警戒，相成之道焉。」曲直赴禮。《春秋左氏傳》曰：「能曲直以赴禮者，謂之成人，不亦宜乎！」仁化純被。《詩》曰：「天下純被文王之化，仁如騶虞，則王道成矣。」

康

温良好樂。劉熙曰：「性能温良，好樂不荒，所以安也，故曰康。」壽考且寧。《詩》曰：「壽考且寧，以保後生。」保民迪吉。《書》曰：「爽惟民迪吉康。」務德不争。《春秋左氏傳》曰：「務德不争，靖退而安民。」

獻

賢德有成。《論語》曰：「文獻不足故也，足則吾能徵之矣。」注：獻，賢也；徵，成也。

懿

温柔聖善。《詩》曰：「母氏聖善，我無令人。」柔克有光。《六家謚法解》：「《烝民》之詩：民之秉彝，好是懿德。而繼之曰：仲山甫之德，柔嘉惟則，令儀令色。蓋言仲山甫之有懿德也如此。」

章

其言有文。《大戴記》曰：「言有文章。」《春秋左氏傳》曰：「動作有文，言語有章，以臨其下，謂之有威儀也。」上下無私。《列女傳》曰：「仲尼聞敬姜之朝哭穆伯而暮哭文伯也，曰：季氏之婦，可謂知禮矣，愛而無私，上下有章。」

穆

德化肅和。《詩》曰：「《何彼襛矣》，美王姬也，猶執婦道以成肅雍之德。」

敬

夙夜警戒。劉熙曰：「早夜警戒於君，敬之至也，故曰敬。」戒尊師傅。《詩》曰：「尊敬師傅，則可以歸安父母。」戒懼無違。《孟子》曰：「女子之嫁也，母命之，往送之門，戒之曰：往之女家，必敬必戒，無違夫子。」

元

體仁内恕。《春秋左氏傳》：「穆姜曰：元，善之長也，體仁足以長人，今我婦人而有不仁，不可謂元。」仁明道合。《列女傳》曰：「大姒仁而明道。」

昭

容儀翼美。周公注曰：「有儀可象，行翼可美。」德禮不愆。《六家謚法解》：「婦人所謂德者，有見於言德容功之美，而所謂禮者，又以自防而已。二者之不愆，則所以自昭者至矣。」高朗令終。《詩》曰：「昭明有融，高朗令終。」

孝

慈惠愛親。劉熙曰：「以己所愛所慈之心，推以事親，孝之至也，故曰孝。」尊仁安義。《禮記》曰：「中孝用勞。尊仁安義，可謂用勞矣。」先意承志。《禮記》曰：「君子之所謂孝者，先意承志。」能奉祭祀。《詩》曰：「夫人可以奉祭祀則不失職矣。」敬慎所安。《禮記》曰：「敬爲難，敬可能也，安爲難；安可能也，卒爲難。父母既歿，慎行，其不貽父母惡名，可謂能終矣。」

宣

聖善周聞。劉熙曰：「通於善道，聲教宣聞曰宣。」能布令德。《春秋左氏傳》曰：「周景王將鑄無射，問律於伶州鳩，對曰：無射所以宣布哲人之令德，示民執範也。」

平

執事有制。劉熙曰：「有常制則民心平矣，故曰平。」分不求多。《禮記》曰：「分無求多。」注：「謂傷平也。」

莊

履正志和。《六家謚法解》：「履正志和，莊之德也。惟外之所履者正，内之所志者和，則發乎聲音顔色之間者，人畏而愛之矣。此君子之所謂莊也。」端一克誠。《六家謚法解》：

「蓋取大任之性，端一誠莊，維德之行也。」齊敬中禮。《禮記》曰：「敬而不中禮，謂之野。不莊。」

僖

小心畏忌。劉熙曰：「小心翼翼也，畏懼大人之格言至于熾大，故曰僖。」見善用長。出《周公謚法》。

肅

執心決斷。《六家謚法解》：「居上者執心決斷，則民有肅心矣。」能執婦〔二〕道。《詩》曰：「猶執婦道以成肅雍之德。」

惠

淑質受諫。《六家謚法解》：「柔質然後能受諫，受諫然後能惠下。柔質受諫者，君之惠。淑質受諫者，后妃之惠。」恩能及下。《詩》曰：「《小星》，惠及下也。」

安

務德不争。《春秋左氏傳》曰：「務德而不争，靖退而安民。」莊敬盡禮。《大戴禮》曰：「盡力有禮，莊敬而安之也。」敬而有禮。《禮記》曰：「人有禮則安。」史禮[三]：「敬讓所以養安。」

明

獨見先識。《六家謚法解》：「劉熙曰：獨見先識爲明，於義爲當。」内治和理。《禮記》曰：「后治内職，以明彰婦順，故天下内和而家理。」

定

踐行不爽。出《周公謚法》。審於事情。《列女傳》曰：「君子謂衛定姜可謂賢，知遠審於事情。」德操純固。出蔡攸《謚法》。

簡

一德不懈。劉熙曰：「簡，易簡也。一心於德，不懈於上，則上下有常而不錯繆，易簡之理也。」

正

其儀不忒。《詩》曰：「其儀不忒，正是四國。」精爽齊肅。《國語》曰：「精爽齊肅則忠正。」内外賓伏。劉熙曰：「靖恭爾位，正直是與，讒諂不行，則内外咸服公正，故曰正。」誠心格非。《孟子》曰：「惟大人爲能格君心之非。」又曰：「君正莫不正，一正君而國定矣。」莊以率下。出蔡攸《謚法》。息邪詎詖。《孟子》曰：「我亦欲正人心，息邪説，詎詖行。」

隱

違拂不成。劉熙曰：「若魯隱公，讓志未究而爲讒所拂，使不得其美，故曰隱。」〔四〕

哀

遭難已甚。《詩》曰：「衛莊姜傷己也。遭州吁之難，傷己不見答于先君。」

烈

光有大功。《詩》曰：「烈文辟公。」又曰：「念兹戎功。」烈，光也。安民有功。劉熙曰：

「民安功成，灼然者也，故曰烈。」

勤

服勞無怨。《詩》曰：「勤而無怨。」又曰：「遇勞而無怨，嫡亦自悔也。」能修其官〔五〕。《書》曰：「能舉其官。」注：所舉能修其官。《禮記》曰：冥勤其官而死。廣業不怠。《書》曰：「業廣惟勤。」勤行世業。《春秋左氏傳》曰：「季氏世修其勤。」好學力行。《禮記》曰：「好學近乎知，力行近乎仁，知耻近乎勇。知斯三者，則知所以修身。」

貞

履正中饋。《易》曰：「在中饋，貞吉。」守教難犯。《詩》曰：「貞信之教興，强暴之男〔六〕不能侵陵貞女也。」幽閒專一。《詩》曰：「窈窕淑女。」注：幽閒貞專之善女。恒德從一。《易》曰：「恒其德貞，婦人貞吉，從一而終也。」

靈

死見鬼能。《汲冢周書》：「有鬼爲厲。」不勤成名。《六家謚法解》：「不勤成名，若衛靈公之爲靈是也。」《儒學警悟·謚法褒貶》：「謚之曰靈，蓋有二義。謚法曰德之精明曰靈，又曰亂而不損曰靈，若周靈王、衛靈公是美謚也，若楚靈王、漢靈帝是惡謚也。《莊子》曰靈公之爲靈也久矣，此褒之也。《漢贊》曰靈帝之爲靈也優哉，此貶之也。故曰此一字兼美惡兩謚。」

幽

淫德滅國。《詩》曰：「赫赫姬周，褒姒滅之。」注：幽王惑褒姒以爲后，詩人知其必滅國也。

厲

挾邪違正。出蔡攸《謚法》。長舌階禍。《詩》曰：「婦有長舌，維厲之階。」

節

巧而好度。《荀子》曰：「巧而好度者必節。」能固所守。《春秋左氏傳》曰：「聖達節，次守節。」躬儉中禮。《詩》曰：「后妃在父母家，則志在於女功之事，躬儉節用，服澣濯之衣，尊敬師傅，則可以歸安父母。」好廉自克。劉熙曰：「廉，儉也。慎修能勝其欲也，不傷財，不害民，故曰節。」《汲冢周書》注：「自節其情欲也。」直道不撓。出蔡攸《謚法》。臨義不奪。《論語》曰：「臨大節而不可奪也。」

德

富貴好禮。《禮記》曰：「富貴而知好禮，則不驕不淫。」仁而有化。《列女傳》曰：「簡狄之性，樂施惠德，君子謂簡狄仁而有化。」憂在進賢。《詩》曰：「《關雎》，后妃之德也。」又曰：「憂在進賢，樂得淑女。」勤恤民隱。《國語》曰：「穆王將征犬戎，祭公謀父諫曰：先王非務武也，勤恤民隱而除其害也。」

質

直心靡他。《六家謚法解》：「婦人之質在守之以正而已。直心靡他，則無私行以己，無枉道以事人，其德之正足以爲質矣。」

靖

柔德教衆。劉熙曰：「以柔順之化成，其衆治而安，故曰靖。」寬樂令終。劉熙注曰：

「性寬好樂，民善終其事，治安者也，故曰靖。」

順

和比於理。《戴記》曰：「比次於禮。」柔德承天。《易》曰：「乃順承天。」德性寬柔。《禮記》曰：「寬裕温柔，足以有容也。」淑慎其身。《詩》曰：「終温且惠，淑慎其身。」德容如玉。《詩》曰：「言念君子，温其如玉。」

憲

行善可記。《禮記》曰：「凡養老，五帝憲，有善可記之。」

忠

讓賢盡誠。夫推賢盡誠，所以報也，非忠而何。危身奉上。劉熙曰：「危其身欲以安國，忠之至也。」《汲冢周書》注：「險不辭勞也。」中能應外。出蔡攸《謚法》。

仁

功施於民。《前漢》引《禮記》祀典曰：「聖王制祭祀也，功施于民則祀之。」屈己逮下。

《詩》曰：「《樛木》，后妃逮下也。」

欽

威儀悉備。《書》曰：「享多儀。」注：「奉上之道多威儀，不及禮物，惟曰不奉上。」

良

順理習善。《六家謚法解》：「良，善也。仁善爲元，禮善爲嘉，信善爲穀，義善爲臧，智善爲淑，而良爲甚善，所以爲謚。」温敬寡言。《禮記》曰：「爲孺子室于宮，擇諸母及可者，必求其温良敬遜，慎而寡言者。」孝悌成性。出蔡攸。小心敬畏。賀琛《謚法》。注曰：晉有良王曹勵。

徽

元德充美。出蔡攸。

柔

順德麗貞。《易》曰：「柔順利貞。」至順法坤。《易》曰：「乾至健也，坤至順也。」又曰：

「乾剛坤柔。」

荒

縱樂無度。劉熙曰：「志意躭荒，職事頓毀，故曰荒。」

惑

夸志多窮。《汲冢周書》注曰：「自足者，必不足也。」《詩》曰：「其君儉嗇褊急，而無德以將之。」

戾

不悔前過。劉熙曰：「遂非自是，好行狠戾，故曰戾。」不思順受。注文。闕。

【考校記】

〔一〕輯自《永樂大典》卷一三三四五。

〔二〕「婦」，原作「父」，據下文改。

〔三〕「史禮」，按：其下引文出自《史記》卷二三《禮書》。

〔四〕按：據文意，此條疑當屬《君謚》。

〔五〕按：文氏鈔本將「能修其官」及以下「廣業不怠」、「勤行世業」、「好學力行」等四條歸於《臣謚》。

〔六〕「男」，原作「勇」，據《毛詩正義》卷一之四《行露》詩序改。

臣謚〔一〕

文

博聞多見。《六家謚法解》：「博聞多見，和順積中而英華發外，可以謂之文矣。」敬直慈惠。《六家謚法解》：「敬直以處己，慈惠以行之，剛而能柔者也，剛柔相助，所以爲文德也。」勤學好問。《易》曰：「學以聚之，問之辯之。」修治班制。《禮記》曰：「夫子聽衛國之政，修其班制，不亦文乎！」與賢同升。《論語》曰：「公叔文子之臣大夫僎，與文子同升諸公。子聞之，曰：可以爲文矣。」

武

除亂靖難。《六家謚法解》：「除亂靖難者，人臣之大節也。」帥衆以順。《春秋左氏傳》

曰：「晉魏絳有言曰：帥衆以順爲武。」折衝禦侮〔二〕。《春秋左氏傳》曰：「折衝於尊俎之間。」《詩》曰：「予曰有禦侮。」赴敵無避。《春秋左氏傳》曰：「武不避敵。」闢土斥境。《六家謚法解》：「《詩》曰：昔先王受命，有如召公，日闢國百里。《孟子》曰：欲闢土地，朝秦楚。皆言武之事也。」

成

通達强立。《禮記》曰：「九年，智慮通達，强力而不反，謂之大成。」不忘久要。《論語》曰：「久要不忘，斯可謂成人矣。」佐相克終。《國語》曰：「佐相以忠，克成令名。」德備禮樂。《論語》曰：「文之以禮樂，亦可以謂成人矣。」德見於行。《易》曰：「君子以成德爲行，日可見之行也。」

康

寬裕和平。出《廣謚》〔三〕。敬而有禮。《禮記》曰：「人而有禮則安，無禮則危。」保衛社稷。《孟子》曰：「有安社稷臣者，以安社稷爲悦者也。」造道自行。《孟子》曰：「君子深造以道，欲其自得之也，自得之則居之安。」動而無妄。出蔡攸。

獻

博聞多能。《六家謚法解》：「《爾雅》以獻爲聖，而《語》以獻爲賢，然則博聞多能謂之賢也。」智能翼君。《書》曰：「民獻有十夫予翼。」學該古訓。《書》曰：「學于古訓乃有獲。」

懿

文德充實。《易》曰：「小畜。君子以懿文德。」秉彝好德。《詩》曰：「民之秉彝，好是懿德。」尚能不争。《春秋左氏傳》曰：「世之治也，君子尚能以讓其下，是以上下有禮，讒慝黜遠，由不争也，謂之懿德。」

章

温克令儀。《詩》曰：「人之齊聖，飲酒温克。」又曰：「豈弟君子，莫不令儀。」敬慎高明。出《周公謚法》。

穆

申情見貌。《詩》曰：「穆穆魯侯，敬明其德。」敬和在位。《前漢書》曰：「周文開基西郊，達衆賢〔四〕，罔不肅和。文王既没，周公思慕，歌詠文王之德，其詩曰：於穆清廟，肅容顯相。」

敬

夙夜就事。劉熙曰：「不敢怠慢故曰敬。」陳善閉邪。《孟子》曰：「陳善閉邪謂之敬。」死不忘君。《前漢書》曰：「忠臣遠不違君，死不忘國。昔史魚既没，餘忠未訖，委柩後寢，以屍達誠。」難而不君〔五〕。沈約《謚例》：劉熙撰〔六〕。受命不遷〔七〕。衆方克就。劉熙曰：「多方策而能使成功，皆敬其事功者也，故曰敬。」

元

宣慈惠和。《春秋左氏傳》曰：「忠肅敬懿，宣慈惠和，天下之民謂之八元。」

昭

明德有功。劉熙曰：「大學之道，在明明德，而能任之，是以有功而昭顯，故曰昭。」德音孔宣。《詩》曰：「德音孔昭。」

孝

秉德不回。劉熙曰：「回，違也。事生養，死葬之以禮。樊遲問孝，子曰：無違。故曰孝。」思愛忘勞。《禮記》曰：「小孝用力，中孝用勞，大孝不匱。思慈愛忘勞，可謂用力矣；尊仁安義，可謂用勞矣；博施備物，可謂不匱矣。」從命不忿。《禮記》曰：「從命不忿，微諫不倦，可謂孝矣。」志不忘親。《禮記》曰：「不忘父母可謂孝矣。」富貴不驕。《孝經》曰：「在上不驕，高而不危，制節謹度，滿而不溢。高而不危所以長守貴也，滿而不溢所以長守富也。富貴不離其身，然後能保其社稷，而和其民人，蓋諸侯之孝也。」能守祭祀。《孝經》曰：「能保其禄位而守其祭祀，蓋士之孝也。」

宣

浚達有德。《書》曰：「日宣三德，夙夜浚明有家。」力施四方。《書》曰：「予欲宣力四方，汝爲。」

平

政以行辟。《孟子》曰：「君子平其政，行辟人可也。」執事有制。注同《君謚》。分不求多。注同《后妃謚》。

桓

克敵服遠。蔡攸《謚法》：「夫桓，武志也。然克敵者未必能辟土，所以兼國也。」壯以有力。出蔡攸《謚法》。

莊

執德不矜。《禮記》曰：「非禮不成，曰莊。」

僖

小心敬慎。《六家謚法解》：「敬以事上，慎以持身，則侮慢縱恣之心不生，動無過舉矣，非僖而何。」

肅

好德不怠。《禮記》曰：「敦善行而不怠，謂之君子。」貌敬行祗。《禮記》曰：「心肅則容敬。」

惠

寬裕不苛。《六家謚法解》：「德性寬裕，而臨政不苛，可謂惠矣。」柔質慈民。劉熙注：「體質既柔，而又愛民，惠下之政也，故曰惠。」遺愛在民。《春秋左氏傳》曰：「子産死，孔子曰：古之遺愛也。又曰：子産惠人也。」分人以財。《孟子》曰：「分人以財謂之惠。」利而不費。《論語》曰：「因民之所利而利之，斯不亦惠而不費乎？」注：利而在政，無費於財。

明

總集殊異。《六家謚法解》：「彼亦一是非，此亦一是非，彼是非方生，則殊方異慮，棼然殽亂而莫知其辯，能總而集之，不惑於多岐，非明，孰能與此。」能視致遠。《書》曰：「視遠惟明。」誠身自知。《老子》曰：「自知者明。」守静知常。《老子》曰：「知常曰明。」

定

以勞定國。《禮記》曰：「以勞定國，則祀之。」克綏邦家。《書》曰：「惟周公左右先王，綏定厥家〔八〕。」原本缺。

簡

仕不躁進。《易》卦注曰：「舍其靈龜之明兆，羨我朶頤而躁求，凶莫甚。」能行直道。《六家謚法解》：「取《大戴禮記》直道必簡之意。」

隱

懷情不盡。《論語》曰：「言未及之而言謂之躁，言及之而不言謂之隱。」

襄

執心克剛。《六家謚法解》：「用心不剛，不足與有成也，執心克剛，有襄之義。」協贊有成。《書》曰：「贊贊襄哉。」

哀

處死非義。《春秋左氏傳》曰：「死而不義，非勇也。」《史記》：「人固有一死，死重於泰山，或輕於鴻毛，用之所趨異也〔九〕。」

毅

致果殺敵。《春秋左氏傳》曰：「殺敵爲果，致果爲毅。」勇而近仁。《論語》曰：「仁者必有勇，勇者不必有仁。」又曰：「剛毅木訥近仁。」

勇

持義不撓。《春秋左氏傳》曰：「死而不義，非勇也。」以義死用。《國語》曰：「以義死用。」臨事屢斷。《禮記》曰：「臨事屢斷，勇也。」勝敵壯志。《汲冢周書》注：「不撓故勝。」臨難不懼。《論語》曰：「勇者不懼。」

壯

勝敵克亂。劉熙曰：「勝敵故能剋亂，壯健之功也，故曰壯。」死於原野。劉熙曰：「見危授命，野戰而死，壯於勇義，故曰壯。」好力致勇。劉熙曰：「力行勇，故能有功，壯健於自勵，故曰壯。」屢行征伐。劉熙曰：「數征伐，不畏强禦，故曰壯。」武而不遂。劉熙曰：「志存節義，事有窘迫，功不得成而死者也，《春秋》原心，故曰壯。」武德剛毅。劉熙曰：「兼有此四者，故曰壯。壯，健也。」非禮弗履。《易》曰：「雷在天上，大壯。君子以非禮弗履。」

克

愛民作刑。《周書》：「愛民作刑曰克。」勝敵得俊。《春秋左氏傳》曰：「得俊曰克。」勝己之私。《楊子》曰：「勝己之私之謂克。」

貞

大慮克就。劉熙曰：「幹事能正曰貞。大規慮斷圖之事，能正曰貞。」直道不撓。沈約《謚例》：劉熙撰〔一〇〕。清白守節。劉熙曰：「居體以清，立行明白，所守得節，是履正者也，故曰貞。」內外用情。沈約《謚例》：劉熙撰〔一一〕。不隱幽屏。《六家謚法解》：「不隱幽屏，蓋有尚不愧於屋漏之意，非好是正直者，曷足以與此。」圖國忘死。柳子碑文：「圖國忘死，圖之大者。」名實不爽。沈約《謚例》：劉熙撰〔一二〕。事君無猜。《春秋左氏傳》曰：「送往事君，偶居無猜，貞也。」固節幹事。《易》曰：「貞固足以幹事。」

愍

佐國逢難。劉熙曰：「志義未究，遇難而死，可閔惜者也，故曰愍。」危身奉上。《六家謚法解》：「士有勇而必於義，而不得遂其志者，君子悲之，則危身忠上，是乃所以爲愍。」

幽

暴民殘義。《孟子》曰：「暴其民甚，則身弑國亡；不甚，則身危國削，名之曰幽厲。」〔一三〕

白

涅而不淄。《論語》曰：「不曰白乎，涅而不淄。」致慮忘機。《莊子》曰：「虛室生白。」

德

剛塞簡廉。《書》曰：「寬而栗，柔而立，愿而恭，亂而敬，擾而毅，直而温，簡而廉，剛而塞，强而義。」寬栗擾毅。注見上。直温强義。注見上。輔世長民。《孟子》曰：「輔世長民莫如德。」富貴好禮。《禮記》曰：「富貴而知好禮，則不驕不淫。」

匡

輔弼王室。《春秋左氏傳》曰：「匡正王室。」以法正國。《周禮》曰：「匡人掌法，則以匡邦國。」彌縫災害。《春秋左氏傳》曰：「彌縫其闕，匡救其災。」正君之過。《春秋左氏傳》曰：「過則匡之。」

質

名實不爽。劉熙曰：「質，實也。名實内外相應不差故曰質。」言行相應。《禮記》曰：「行脩言道，禮之質也。」

靖

仁敬鮮言。劉熙曰：「性敬而仁，少言敏行，安而寬大，故曰靖。」

順

慈仁和民。《六家謚法解》：「蔡伯喈《獨斷》以仁慈和民爲順，蓋本《周書》。」克將君美。《孝經》曰：「將順其美。」

憲

文武可法。《詩》云：「文武吉甫，萬邦爲憲。」

堅

磨而不磷。《論語》曰：「不曰堅乎，磨而不磷。」〔一四〕

忠

臨患不忘國。《春秋左氏傳》曰：「臨患不忘國，忠也。」慮國忘家。《六家謚法解》：「賈誼有言曰：公爾忘私，國爾忘家，主爾忘身，然則慮國忘家，可謂忠矣。」殺身報國。《六家謚法解》：「人臣之節，或殺身以報國，或危身以奉上，忠之義莫大於此。」廉方公正。《六家謚法解》：「子路問事君，子曰：勿欺也，而犯之。忠者，不欺之謂也。非廉方公正，其孰能與於此。」世篤勤勞。《書》曰：「世篤忠貞，服勞王家。」善則推君。《禮記》曰：「善則稱君，過則稱己，忠也。」死衛社稷。《六家謚法解》：「今取《左氏》將死不忘衛社稷之説。」以德復君。《荀子》曰：「以德調君，而補之以忠也。」以孝事君。《孝經》曰：「以孝事君則忠。」安不擇事。《莊子》曰：「事其君者，不擇其事以安之，忠之至也。」教人以善。《孟子》曰：「教人以善謂之忠。」中能應外。出蔡攸。

仁

畜義豐功。《國語》曰：「畜義豐功謂之仁。」度功而行。《春秋左氏傳》曰：「楚[一五]伍尚曰：度功而行，仁也。」殺身成志。《論語》曰：「志士仁人，無求生以害仁，有殺身以成仁。」克己復禮。《論語》曰：「克己復禮，天下歸仁。」寬信敏惠。《論語》曰：「子張問仁，子曰：恭、寬、信、敏、惠。」功施於民。《前漢》引《禮記》：「聖王之祭祀，功施於民則祀之。」愛仁利物。《莊子》曰：「愛人利物之謂仁。」

義

推功尚善。《六家謚法解》：「周公以推功尚善爲義，夫遜所以爲義也。」以禮節行。《論語》曰：「君子義以爲質，禮以行之。」取而不貪。《春秋左氏傳》曰：「取而不貪。」《論語》曰：「義然後取，人不厭其取。」行禮不疚。《周書》曰：「行禮不疚，義也。」見利能讓。《禮記》曰：「見利能讓，義也。」以公滅私。《書》曰：「以公滅私，民其允懷。」制事得宜。

《禮記》曰：「義者，天下之制也。」《楊子》曰：「事得其宜謂之義。」

禮

躬儉中節。《詩》曰：「儉而用禮。」《後漢書》曰：「奢儉之中節〔一六〕，以禮爲界。」審節而和。《論語》曰：「知和而和，不以禮節之，亦不可行也。」著誠去僞。《禮記》曰：「著誠去僞之謂禮。」

智

敬而不忘。出賀琛《謚法》。尊明勝患。《春秋左氏傳》曰：「尊明勝患，智也。」摧芒折廉。《六家謚法解》：「人之游世，摧其芒鋭，折其廉隅，雖鈍而利，雖弱而强。」擇任而往。《春秋左氏傳》曰：「擇任而往，智也。」能治大官。《晉語》：「悼公使張老爲卿，辭曰：臣不如魏絳，夫絳之智，能治大官。」臨事不惑。《論語》曰：「智者不惑。」知言知默。《荀子》曰：「言而當，智也；默而亦當，知也。」

信

思難不越官。《春秋左氏傳》曰：「思難不越官，信也。」周仁承命。《春秋左氏傳》曰：「周仁之謂信。」又曰：「臣能承命爲信。」立言可復。《論語》曰：「信近於義，言可復也。」守禮不違。《春秋左氏傳》曰：「禮以行義，信以守禮。」

直

守道如矢。《論語》曰：「直哉史魚，邦有道如矢，邦無道如矢。」言行不邪。《大戴記》曰：「君子直言直行，不宛言以取富，不屈行而取貴。」質而中正。《大戴禮》曰：「取直質而中正。」正人之曲。《春秋左氏傳》曰：「正曲爲直。」折獄在中。《書》曰：「惟良折獄，罔非在中。」孝弟成性。出蔡攸《謚法》。小心敬事。出蘇洵《謚法》。

欽

肅敬而承上。出蔡攸《謚法》。

良

謀猷歸美。《書》曰：「爾有嘉謀嘉猷，則入告爾后于内，爾乃順之于外，曰：斯謀斯猷，惟我后之德。嗚呼！人臣〔一七〕咸若時，惟良顯哉！」

類

勤施無私。《春秋左氏傳》曰：「勤施無私曰類。」不忝前哲。《史記》曰：「奕世載德，不忝前人。」

度

心能制義。《春秋左氏傳》曰：「心能制義爲度。」進退可軌。《孝經》曰：「進退可度。」守法緯民。《春秋左氏傳》曰：「晉國將守唐叔之法度，以經緯民。」從容有常。《詩》曰：「古者長民，衣服不貳，從容有常，以齊其民。」禮儀咨善。《春秋左氏傳》曰：「咨禮爲度。」《詩》曰：「禮儀卒度。」

戴

典禮不愆。愛人好禮。〔一八〕

懷

仁敬短折。《六家謚法解》：「《周書·謚法解》：懷，思也。蓋傷之則爲哀，思之則爲懷。夫民之所懷者，仁也，慈仁而短折，宜懷而思之者矣。」執義去位。劉熙曰：「此懷來之懷也，所執者義，善事日彰，人來歸之，故曰懷。」

荒

内外淫亂。劉熙曰：「男女無别，荒亂者也，故曰荒。」

慤

誠以致志。出蔡攸《謚法》。

【考校記】

〔一〕輯自《永樂大典》卷一三三四五。

〔二〕「侮」，原作「武」，據下文改。

〔三〕按：文氏鈔本以爲以下「敬而有禮」、「保衛社稷」、「造道自行」、「動而無妄」等四條應單立《臣謚・安》。

〔四〕「達衆賢」，《漢書》卷三六《楚元王傳》作「雜遝衆賢」。

〔五〕「難而不君」，文氏鈔本以爲此四字有誤。

〔六〕「劉熙撰」，此下疑有脱文。

〔七〕「受命不遷」，文氏鈔本以爲此下當脱注文。

〔八〕「家」，原作「定」，據《尚書正義》卷一九《畢命》改。

〔九〕按：語出《漢書》卷六二《司馬遷傳》，非出《史記》。

〔一〇〕按：文氏鈔本在「沈約謚例劉熙撰」下曰：「此七字屢出，不可解。」

〔一一〕〔一二〕同〔六〕。

〔一三〕按：文氏鈔本以爲此條當屬《君謚》。

〔一四〕按：《永樂大典》引《經世大典》該條無屬類，依文氏鈔本，歸於《臣謚》。

〔一五〕「楚」，原作「禁」，據《春秋左傳注・昭公二十年》改。

〔一六〕「奢儉之中節」，《後漢書》卷六〇上《馬融傳》作「奢儉之中」。

〔一七〕「人臣」，《尚書正義》卷一八《君陳》作「臣人」。

〔一八〕按：文氏鈔本曰：「二條原注闕。」

賜碑〔一〕

昔之有大勳勞於國家者，勒之鼎彝，以勸臣庶，以示其子孫後世。伐石紀功以文，其出自上旨者皆異恩也。其事具《天官·臣事》，兹著其目焉。

【考校記】

〔一〕輯自《元文類》卷四一。

旌表〔一〕

《詩》云：「天生烝民，有物有則。民之秉彝，好是懿德。」夫孰無秉彝好德之心哉？有國家者，立爲法制，使愚不肖者有所觀感，庶乎企而及之，勉强以從之，故有忠臣、孝子、義夫、節婦之目以風示天下。我朝教育之久，有司上于禮部者無虚日，旌異之書幾徧海内，可不謂之盛治哉！

【考校記】

〔一〕輯自《元文類》卷四一。

釋〔一〕

佛氏之學，其言以涵弘廣大爲宗。我國家思以至仁大慈覆燾萬物，利益群有，是以崇尚其教而敬禮之。日盛月益，大抵爲宗社生靈計也。其事攷而得之者，悉載于篇，以冠禮典丙卷之首。

【考校記】

〔一〕輯自《元文類》卷四一。

道〔一〕

道家者流，以清浄爲宗，禬禳禜醮其末也。

太祖初，有全真丘〔二〕處機者，亦勸上以好生止殺之事，中原之人至今稱道之，此道之一門也。其他如正一、大道之類，皆有所因起，其事有關於朝廷者則録之。

【考校記】

〔一〕輯自《元文類》卷四一。

〔二〕「丘」，原作「兵」，據錢校本改。

中國史學基本典籍叢刊

經世大典輯校

下

〔元〕趙世延 虞集 等撰
周少川 魏訓田 謝輝 輯校

中華書局

第八　政典

政典總序〔一〕

天生五材，兵能撥亂。軒轅之興，其戰七十。征頑伐鬼，代不絶書。惟我國家光受貞符，二祖、三宗，經營大業，天戈攸及，無遠不庭。成廟以來，敷文享成，邊垂乂安，間有小警，德明德威，尋致敉寧。若創與守，度越前古，編之簡册，焜耀無極，是作政典，其類二十，其帙百二十三。

凡天下事，其統有宗，貫鏹挈裘，以索以領，作目録一卷。天造草昧，西東梗阻，式涣其群，以一萬有，作征伐第一。末盜遐夷，潢池倔强，蝨蚤奚校，道兼畏懷，作招捕第二。籍各編伍，憲度以申，踐更調發，靓若畫一，作軍制第三。刀斗靈姑，干戚斧鉞，櫜兜函矢，皆軍之用，作軍器第四。作息進退，齊之實難，乃立之師，示以成式，作教習第五。器久益弊，習久益忘，俾陳在列，視其臧否，作整點第六。有能勤事，以死樹功，高爵厚禄，用錫其成，作功〔二〕賞第七。怠惰亡命，賊事敗衆，待爾以何，刀鋸鞭扑，作責罰第八。周廬徼巡，前後左右，居重馭輕，以臨天下，作宿衛第九。大君之心，天下一家，思保億兆，皆如王宫，作屯戍第十。勞則思善，興建是役，且寬三農，俾專南畝，作工〔三〕役第十一。爾病我藥，我振爾乏，沐浴膏澤，歌詠勤苦，作存恤第十二。看〔四〕來叢脞，紛瑣無歸，取不可門，棄之弗備，作兵雜録第十三。屯田軍食，馬牧軍資，獵以合圍，斯寓軍政，驛郵騶邏，皆有卒名，非兵而兵，故悉附見，作馬政第十四、屯田第十五、驛傳第十六、弓手第十七、急遞第十八、祇從第十九、鷹房捕獵第二十，終焉。

【考校記】

〔一〕輯自《元文類》卷四一。

〔二〕「功」，原作「軍」，據錢校本及下文標題改。

〔三〕「工」，原作「功」，據錢校本及下文標題改。

〔四〕「看」，錢校本作「有」，並校曰：「翠巖本、西湖本漫漶。」

征伐

平宋〔一〕

國家既踣金，遂與宋鄰，歲有疆埸之事。天啓列聖，方事開拓，宋德日衰，權姦擅命，土隳人貳，曾不知警。迨世祖即祚，拘我好使郝經，結我叛臣李璮，天子震怒，是以有襄陽之役。文焕送款吕文焕，亡徵具矣。而直我神聖興王之運，驅豪傑，攬群策，飈逐霆訇，三道鼓行。至元十一年十月，左丞相伯顔奉詔南征。九月一日，伯顔與史天澤命師襄陽，分軍爲三道：伯顔引大軍水陸趍郢州，招討使翟某以兵一萬由西路老鵶山趍荆南府，唆都以兵一萬由東路棗陽掠司空山。前茅破竹，中堅握機，於是斮沙陽、新城，十月二十二日，大軍至沙陽城下，令黑楊總管招降，城上不肯與之語。復使一俘持黄榜及檄文，且傳郢州都統趙文義首入城招之，其守將串樓王總管者斬俘，焚黄榜。其部官傅益乘一舟引軍十七人來降，續又降軍船七艘，王總管斬益軍之欲降而未及者。日暮，我軍立砲。二十三日，參政吕文焕至城下，諭之使降，弓弩亂發，乃水陸並進。軍中有李國用者，能祭風，風大作，砲手張元帥等順風掣金汁火砲入城，燒屋舍，煙焰燎天，城遂破。生禽串樓王等四人，餘悉斬之。沙陽南五里爲新城，其將曰邊都統。二十四日，參政吕文焕至城下招諭，城上〔二〕人不肯酬答，流矢亂下。二十五日，伯顔等過江，令鐵木兒、史答剌渾二人詣城下招之，列沙陽所斬首，及縛串樓王等，令望城呼邊都統宜速降，不然禍在目下。又射黄榜及文檄入城中，又遣人招。邊都統曰：「請吕參政與語。」文焕騎馬至城下，飛矢如雨，中文焕右臂，奔還。二十六日，總制黄順來降。二十七日，令順赴城下呼城上軍，其部曲即縋城欲下，邊都統邀截入城，當門斬之。統副任寧又來降，遂引軍據其周圍堡寨。復使人招於城下，邊都統不言，但以火砲、石炮、弓弩、箭鑿俱發。於是水陸並進，立砲彀弩、竪雲梯登城，攻破，邊都統自焚死。串樓王等四人亦併誅。

鏖陽羅，十一月廿三日，大軍至蔡店。伯顔大會親將，議渡江。遣總管劉深、千户馬福觀沙湖水勢，令諸將皆趍漢口。諸將曰：「漢口水急且有備，不若由淪河轉取沙武口，以入大江。」伯顔遣覘沙武口，宋將夏貴堅守，其勢難犯。伯顔乃圍漢陽軍，陽言取漢口渡江。貴果出精兵數千援漢陽，併力守禦。伯顔遣萬户阿剌罕率騎兵倍道趍沙武口，襲振之。十二月九日，大軍自漢口開垻，引船入淪河，轉沙武口，達於大江。十日，伯顔以戰艦萬計相踵而至，先令數千艘泊於江岸北屯布，蒙古、漢軍旌旗彌望，宋人奪氣。夏貴率漢、鄂舟師彌亘三十餘里迎敵，至夜貴潛發兵犯我師軍船，總管張當戰却之。是日，令諸將修攻具，進陽羅堡。十一日詰旦，遣人宣布朝廷威德，招諭陽羅將士，弗聽。十二日，又遣人敷陳禍福。宋將士曰：「我輩受大宋重恩，戮力死報，此其時也，安有叛逆歸降之理？備吾甲兵，決之今日。」伯顔遂指揮諸將進攻，不克。十三日，復攻陽羅堡，伯顔密謀於阿术曰：「宋人之心，謂我必拔此堡方能渡江。此堡堅，攻之徒勞苦。今夜汝以鐵騎三千，泛〔三〕舟泝視上流，陣必不堅，當爲擣虛之計。以來日絶早渡襲南岸，苟得過，速遣人報我。」阿术亦曰：「攻城〔四〕乃下策。若分軍船之半循岸西〔五〕上，泊青山磯〔六〕

下，伺〔七〕隙擣虚，可以得志。」遂以昏時泝流二十餘里，泊青山。是夜，雪大作。夜半，遥見南岸多露沙洲，即率部曲徑渡，載馬後隨。宋將程鵬飛拒戰江中，阿术横身盪決，蹀血中流，禽都統高邦顯、房某，死者無筭，得船千餘艘。阿术登沙洲，急擊，攀岸步鬭，開而復合者數四，敵小却。萬户史弼鼓勇而戰，遂得南岸。諸將出馬苦鬭，破之，追殺至鄂南〔八〕門，宋人敗走。十四日黎明，阿术遣報：「依命而往，已過江矣。」伯顔大喜，指揮諸將急攻陽羅堡，又舟師直衝敵船，大戰江中。我軍盡鋭攻之，宋軍大潰，數十萬衆，死傷幾盡，流尺〔九〕蔽江而下。夏貴僅能脱命，乘舟走至白虎山，抵暮方止。諸將以貴大將，不可使逸，請追之。伯顔曰：「陽羅之捷，吾欲遣使前告宋人，而貴走代吾使，不必追。」是夜宋置制使朱禩孫舍鄂州而遁，既而沿江諸郡邑皆來降。

蹙賈似道蕪湖，十二年二月九日，伯顔兵入池州。宋平章賈似道率孫虎臣、夏貴等悉兵十餘萬，號百萬，建都督府，以戰艦五千餘艘屯丁家洲。遣袁克己、宋京等奉國書求成，請稱臣歲貢。伯顔遣千户囊加觧與克己同往答書：「如君臣相率納土，即當奏聞。不然，備尔甲兵，以決勝負。」囊加觧回，言似道不肯降。十六日，次于丁家洲，兩軍相拒數里。十八日，進戰，伯顔曰：「衆寡不敵，宜以計勝。」即令軍中作大栰數十，採薪芻置其上，陽言欲焚其舟。宋人但晝夜嚴備，而戰心少懈。伯顔乃分兵夾江步趍，然後麾戰艦合勢衝宋軍。阿术與其前鋒泰州觀察使孫虎臣對陣，夏貴以戰艦二千五百艘横亘江中，似道將後軍。時我已令諸將順江勢，兩岸樹礮，擊其中堅，南軍陣動，伯顔趣我船急追，阿术即手柁衝船，雷鼓大震，聲動天地，我師掠彼舟，大呼曰：「宋人敗矣。」似道倉皇失措，舳艫簸蕩，乍分乍合。阿术以小旗麾將校率輕鋭横擊深入，宋軍大潰，即回棹走。伯顔以步騎夾岸掎之，追奔百五十里，殺溺死者蔽江而下，水爲之赤。獲戰艦二百艘，及都督府印、軍資器械無筭。似道走揚州，貴走廬州，虎臣走泰州。軍次當塗，和州、太平、建康相繼款附於我。**走張世傑焦山**，七月一日，張世傑等率水軍，操戰艦曰黄鵠、白鷁萬餘艘，屯焦山南北。每十船爲一舫，沉鐵碇於江，非有號令，不得擅自起碇，蓋示以必死也。時宋將劉師勇攝常州，誘浙右新附諸城復叛，與世傑、虎臣輩相合，咸欲致死於我。二日，阿术登石公山望之，舳艫連接，旌旗蔽江。阿术曰：「可燒而敗之。」遂命伉建善彀者千人，載以二艦，分兩翼來射，阿术居中合擊，繼以火矢灼其蓬牆，窘無所出。董文炳亦以軍直扣焦山之麓。交戰自寅至午，宋人力不能支，遂潰。欲遁，又卒不能起碇，士卒投江者數萬。世傑等鼠竄不知所往。追至圌山，得船七百餘艘，俘敗兵萬餘，自是淮東兵不敢出。**大熸毗陵**，十一月十六日，伯顔軍至常州。先是常帥劉師勇舉衆附，既而陰結外援，據城以叛。伯顔至，不忍加兵，乃射書城中，曉以禍福，許其自新。至再三，終不從。十七日，又令諸掾史書諭文，射入城中，曰：「常州，我大元已附之城，尔衆復來據之。大丞相領兵臨城，四面攻擊，勢易摧枯耳。然念我主上好生惡殺，務以招徠爲先，連日遣人告諭，未見聽從。尔之士民，勿以歸降復叛爲疑；尔之將士，勿以拒敵我師爲懼。約以來日，如能出城歸附以保生靈，前罪一無所問，不妄戮一人。仍依沿江已附州城，一例遷加爵賞，四民各令安業。若更執迷堅拒，城破之日，枕尸流血，老幼無遺。宜速審思，無貽後悔。」又不聽。伯顔乃親督帳前軍數千，臨於南城，又多建火砲、弓弩等，日夜攻之不息。十八日，諸軍奮勇争先，登木城，即竪紅幟於城上，四面並進，宋兵大潰。克之，遂屠其城。**五戰而宋不國矣**。**昰、昺亡命，假息閩、廣**，十三年正月十九日，大軍至臨安北〔一〇〕五十里。陳宜中、張世傑、蘇劉義、劉師勇等挾宋宗室廣王昺、益王昰遁去。宋主尋歸命。五月一日，文天祥、宜中、世傑等立昰於福州，收集潰兵，大假閩人爵賞，於是閩中亦變，爲昰用。昰發兵五萬，取邵武諸城。六月，命彭都統征廣州，李恒救邵武。至建昌，民心少安。又破吴浚兵於南豐。九月，江西兵與東省阿剌罕、董文炳會征昰。招討也的迷失會東省兵于福州。右副元帥吕師夔、左副元帥張榮實將兵赴梅嶺，與昰兵遇，敗之。昰遁海外碙洲。十四年九月五日，福建宣慰使唆都言，南劒州安撫司達魯花赤馬良佐遣人於福、泉等處密探得，殘宋建都廣州，改咸熙元年。又聞舟師至港口，爲廣州官軍殺退，回在海内，有一山名秀山，又名武空山。山上民萬餘家，有一巨富者，昰買此人宅宇作殿闕，屯駐其兵，病死者甚多。十一月十五日，千户教化孫獲南人，言宜中奔廣州。十二月九日，塔出圍廣州，宜中遁。十二日，宋將張鎮孫以廣州降，宜中尋與昰、昺、世傑、劉義等走香山。十八日，塔出會哈剌䚟，言唆都遣人持書諭：世傑、昰等驚潰不知所之。塔出復遣哈剌䚟與宣撫梁雄飛、招討王天禄將兵追襲之，與世傑軍遇於香山，奪戰艦、符印，俘其將吏李茂等。詰問之，茂對：世傑攻泉州，宜中衆尚數千人、船八百艘，比至虎頭山，中流爲風壞船，衆溺死，宜中以身免。二十三日，沿海經略使、行征南左副都元帥府兵追昰、昺、世傑等，至廣州七洲洋，及之，戰海洋中，奪船二百艘，獲昰母舅俞如珪等。十五年五月二十九日，昰將王用來降，言昰已死，世傑等立昺，改元祥興，士卒止萬人。而碙洲無粮儲，聞瓊州守臣欲給粮二萬石，海道灘水淺急，難於轉運，止有沓磊浦可通舟楫，宜急以兵守之。雷州總管忙兀䚟等得其説，即命諸將進軍，爲戰守之計。崖山拉傾，六月二十七日，江東道宣慰使張弘範拜蒙古漢軍都元帥，江西省參政李恒爲副都元帥，征昺等。閏十一月十四日，恒入廣州，待弘範。降卒戴寶言益王死碙洲，廣王〔一二〕屯新會縣之崖山，縛草架木爲宫殿，凡千餘楹，有船七百艘，軍士尚衆。由海道度，兩晝夜可抵其所，舍舟莫能往也。

十六年正月二日，弘範發潮陽港，徑往崖州。十四日，弘範至崖山，圍世傑軍。十六日，李恒聞弘範已赴海道，即率麾下戰艦百二十艘入海。二十二日，恒會弘範于崖山。初，弘範至甲子門，獲昺斥侯劉青、顧凱，知昺棲于崖山之西，山南北亘二百餘里，東南枕海，西北皆港。弘範至山北，水淺不通。乃由山東而南，又西，與昺遇。昺建宮山麓，碁結巨艦千餘艘，下碇海中，中艫而外舳，大索貫之，爲柵以自固，四圍樓櫓如城。弘範潛舟載騎兵登麓，焚其宮。昺以鬬艦號快船者樵汲，弘範命樂總管立寨斷其汲路，恒亦〔一三〕拔都船當之。昺遣兵争之，皆敗去，自是樵牧日梗。弘範又命樂總管自寨以砲擊昺艦，艦堅，不動。有烏蜑船千艘救昺艤于北，弘範笑曰：「此徒取死耳。」夜擇小舟由港西潛列烏蜑船北，徹其兩岸，且以戰艦衝之。烏蜑船皆並海民，素不知戰，昺又不敢援，進退無據，攻殺靡遺。弘範因取烏蜑載草灌油，乘風縱火，欲焚昺艦。昺預以泥塗艦，懸水筒無數，火船至，鉤而沃之，竟莫能燬。昺將周文英日挑戰十餘次，皆爲弘範所敗。弘範以張世傑其父柔之故卒，戍杞時有罪逃宋，索其甥韓某署萬户府經歷，三遣諭禍福。世傑歷數古忠臣，曰：「吾知降生且富貴，但爲主死，不移也。」韓迫之，世傑笑曰：「果欲吾降，撤汝圍兵，使吾出。」諸將請以砲攻之，弘範曰：「砲攻，敵必浮海散去，吾分追，非所利，不如以計聚留而與戰也。且上戒吾屬，必誅滅此。今使之遁，何以復命。」恒亦謂弘範曰：「我軍雖圍賊，賊船正當海港，日逐潮水上下，宜急攻之，不然彼薪水既絶，自知力屈，恐乘風潮之勢遁去，徒費軍力，不能成功也。」遂畫圖定議，與敵船相直對攻。二月五日夜，弘範召諸將三誓之，發碇與昺相對。六日平旦，弘範分諸將爲四軍，恒當昺北及西北角樓，諸將分居昺南及西，弘範將其一居西南，去昺里許。令曰：「敵東附山，潮退必南遁，南軍急攻，勿失之。西北軍期吾樂作，乃戰。」又令曰：「敵西南艦可受危，聞其將左大守之，必驍勇也，吾其自攻。」諸將謂：「元帥不宜自輕，某等當效力。」弘範曰：「帥當先其難者。」頃之，有黑氣出山西，微雨滿天。弘範曰：「吉兆也。」潮退，水南瀉。恒從北面順流衝擊，突入其陣。恒令諸軍船尾，命柂師轉船逆行，徑擣其柵。我軍憑高瞰敵，勇氣百倍，登其船，斷其索，短兵接戰。彼以江淮勁卒，各殊死鬭，矢石蔽空。至巳時，奪三船，恒率拔都軍復與快船戰。至日半，潮水長，北流，南面軍復順水勢進攻，世傑腹背受敵，以火砲禦，南面軍預濡罽覆艦，砲盡，不能灼寸尺。然戰不利，弘範益其卒，始奪一艦。弘範所乘艦布障四匝，伏盾作樂，敵疑宴而懈。弘範以己艦卑於敵，且出入艱，乃回。艦尾抵左大，左大射矢，集布障桅索如蝟。弘範度其矢盡，撤障去盾，兵矢火石俱發，奪左大艦。又與夏御史戰，奪七艘，敵懾衂去，自投水。諸將合勢乘亂，皆殊死混戰，自巳至申，聲震天海，斬獲幾盡。昺端明殿學士陸秀夫先沉妻子於水，登昺船曰：「官家，事危矣，奈何？」遂抱昺俱死于水。時弘範操小舟詣恒議事，世傑等乘間開南壁，率十六艦奪港門遁去。恒與弘範等追至崖山口，值天晚，風雨驟至，烟霧四塞，諸將各〔一三〕相失。弘範還，恒獨進追之。承宣使翟國秀等解甲就降，焚溺之餘，尚得海艦八百餘艘。十日，浮水之屍十餘萬，有卒求物屍間，言見一屍小而皙，衣黃衣，負印，籖云詔書之寶，取寶獻弘範。弘範問宋人，尹都統曰：「昺也。」又問近侍數人，皆以爲然。求之，已不得矣。世傑奔交趾，至海陵港，遇風，艦敗溺死。弘範等磨崖山紀功而還。恒退至高州，得獲昺尸，報，遂回。蘖芽斯絶。惟太祖皇帝以來，西夏、回紇、高昌、六詔、交州、三韓以及中原悉爲臣庶，獨宋未下，我世皇遂能一六合車書，混光嶽之氣，以上接百王之統。嗚呼盛哉！若神謀睿筭，獨運於萬物之表者，有不可得而知。

將相之方略，士卒之拳勇，取舍之機會，降下之次第，則悉著篇中。

【考校記】

〔一〕輯自《元文類》卷四一。按：本節大字部分爲《平宋》之序，小字部分乃原編者節録《平宋》正文爲注。其中小字部分有關沙陽、陽羅、蕪湖、焦山、毗陵五次戰役和宋帝昰、昺敗亡的描述，系統詳細，可見正文梗概。因輯文原貌如此，已難將節録正文剥離而單獨成文，故依節文舊貌編排。

〔二〕「上」，原作「工」，據錢校本改。

〔三〕「泛」，原作「況」，據《元史》卷一二七《伯顔傳》改。錢校本校曰：「汎。」

〔四〕「城」，原作「成」，據錢校本及《元史》卷一二八《阿术傳》改。

〔五〕「西」，錢校本校曰：「翠巖本作『而』。」

〔六〕「磯」，原作「機」，據錢校本及《元史》卷一二七《伯顔傳》、《元史》卷一二八《阿术傳》改。

〔七〕「伺」，原作「同」，據《元史》卷一二八《阿术傳》改。錢校本校曰：「伺。」

〔八〕「南」，《元史》卷一二七《伯顔傳》、《元史》卷一二八《阿术傳》皆作「東」。

〔九〕「尺」，據文意，疑當作「尸」。

〔一〇〕「北」，原作「比」，據錢校本改。

〔一〕「王」，原作「州」，據錢校本改。

〔二〕「亦」，錢校本校曰：「翠巖刻『以』。」

〔三〕「各」，原作「名」，據錢校本改。

高麗〔一〕

太祖皇帝之十三年，天兵至高麗，其王降，通使歲貢。十九年，盜殺使者，遂絶不來。太宗三年，討之，王瞰又降，置京、府、縣達魯花赤七十二監之，而班師。明年，盡殺朝廷所置官以叛保海島。遣帥問罪，帥中傷死，軍回。七年、八年、九年，連以兵拔其城甚多。十年，瞰遣人奉表。詔徵瞰，以母喪辭；詔朝明年，終不至。定宗之二年，憲宗之三年至七年，伐不已。世祖中統元年，王倎歸款，且言出水就陸，詔罷征。二年，世子植朝。至元元年八月，植以王朝京師。六年，其令公林衍廢植，立安慶公曰温者。遣國王頭輦哥以兵撫定，詔植復位，偕温、衍入朝。植受詔，得還爲王，且來覲，温、衍不至。七年，討衍，師壓境，衍已前死，國人滅其族，因又設官監其國。無何，植之族承化公以三別抄叛〔二〕，又遣將破斬之，餘黨金通精走耽羅，尋亦禽誅。植始歸其王京者居焉。是後王來，世子入侍，寵錫便蕃，至尚主，爲王官，賜功臣號，至于今渥澤益以加。列聖之涵濡煦嫗者至矣！匪頒貢〔三〕，語在《禮典》，兹第書軍旅之事，而附以耽羅焉。

太祖皇帝十一年丙子，契丹人金山、元帥六哥等領九萬餘衆，竄入高麗侵擾。

十二年丁丑九月，攻拔江東城池，拒守。

十三年戊寅，上遣哈只吉、劄剌等領兵征之。高麗人洪大宣詣軍降，與哈只吉等一同圍攻。高麗王暾〔四〕奉牛、酒出迎王師。始行歸行之禮，且遣樞密院使、吏部尚書、上將軍、翰林學士承旨趙冲來助，併力攻滅。劄〔五〕剌與冲約爲兄弟，以結世好。請歲輸貢賦，劄剌曰：「爾國道遠，難于往來，每年可遣使十人，賫特赴上。」是年十二月二日，劄剌移文取兵粮，高麗王送米千斛。

十四年己卯正月十三日，高麗遣權知〔六〕閤門祇侯尹公就、中書注書崔逸奉結和牒文送劄剌行營。十四日，劄剌遣人答謝，以固和意。高麗王以侍御史朴時允爲接伴使迎之。二十四日，遣蒲里帒也持詔使高麗宣諭，國王迎拜，設宴。九月十一日，皇太弟〔七〕、國王及元帥合臣、副元帥劄剌等各以書令宣差大使慶都忽思與東真國懷遠大將軍紇石烈等十人抵高麗，促其入貢，高麗尋以方物來進。

十五年庚辰九月，大頭領官堪古苦、着古歟與東真二人復持皇太弟、國王書，促高麗來貢，復以方物上。

十六年辛巳七月，宣差山术䚟等與東真等四人傳旨，諭高麗以伐女真事，高麗王奉表陳賀。八月、十月，着古歟、喜速不瓜等先後〔八〕使高麗。

十七年壬午十月，詔遣使着古歟等十二人，探高麗納款之實。

十八年癸未八月，宣差山术䚟與東真十二人奉皇太弟、國王書，復催貢，尋獻方物。

十九年甲申二月，宣差着古歟等復使高麗。十二月，又使其國，中途爲賊所害。

二十年、二十一年、二十二年、戊子年、太宗皇帝元年、二年，積杜絶信使。

三年辛卯九月，上命將撒里塔火里赤領兵爭〔九〕討，國人洪福源迎軍投降，附近州郡亦有來歸者。撒里塔火里赤即與福源攻未附州郡。撒里塔火里赤又差阿兒禿與福源赴其王京，招其主王瞮，遣瞮〔一〇〕弟懷安公請和。隨置王京及諸州郡達魯花赤七十二人鎮撫，即班師。十一月二十九日，元帥蒲桃、迪巨、唐古等三人領兵至其王京城，高麗瞮遣監察御史閔曦、郎中宋國瞻等奉牛、酒迎之。十二月一日，高麗王瞮遣曦詣元帥行營問勞。二日，曦與元帥下四十四人入王城，付文牒。五日〔一一〕，國王瞮遣懷安公王侹、軍器監宋國瞻等詣〔一二〕撒里塔屯所犒師。

四年壬辰正月，遣使持璽書諭高麗。三月，高麗遣中郎將池義源、録事洪巨源、金謙等賫國贐文牒送撒里塔屯所。四月，國王瞰遣將軍趙叔璋〔一三〕、御史薛順〔一四〕等奉表入朝。五月，復降旨諭高麗。六月，本國叛殺各縣達魯花赤，率王京及諸州郡人民竄於海島拒守。洪福源集地界四十餘州縣失散人民保聚，俟天兵來援。八月，降旨，復遣〔一五〕撒里塔火里赤領兵討之。至王京南處仁城攻擊，撒里塔火里赤中流矢卒。别將鐵哥火里赤領兵回。其已招降之〔一六〕，復令福源管領，屯於各處。十月，國王瞰遣將軍金寶鼎、郎中趙瑞璋上表陳情。

五年癸巳四月二十四日，諭王瞰等悔〔一七〕過來朝，詔曰：「汝表文奏告事理具悉，率諂妄推託之辭，彼此有何難知？汝若委無諂妄，可來朝覲。自昔討平丹賊、殺訖劄剌之後，未嘗遣一介赴闕，爾等曾無遵依大國法度施行，此汝之罪一也。賫擎長生天之訓言省諭去者使命，爾等輒〔一八〕敢射回，此汝之罪二也。爾等又將着古歟謀害，推稱萬奴民户殺壞，若獲元告人，此事可明。如委係萬奴將爾國排陷，朕命汝征討萬奴，爲何逗留不進？此汝之罪三也。命汝進軍，仍令汝弼入朝，如此明諭，爾敢抗拒不朝，竄諸海島，此汝之罪四也。又令汝等民户俱集見數，爾稱若出城計數，人民懼殺，逃入海中。爾等嘗與天兵協力征討，將爾等民户誘説出城，推稱計數，妄行誅殺，輒敢如此妄奏，此汝之罪五也。除此罪之外，爾等諂妄過惡，豈可勝言，長生天之訓言省諭，去時不爲聽從，欲行戰争，仰賴上天之力，攻破城邑，將執迷不降之人殲勦者有之，或伏降出力之人，雖匹夫匹婦，未嘗妄殺。除爾之境内西京金信孝等所管十數城應有人民，依奉朝命，計點見數，悉令安業住坐。除外，普天下應有民人，何啻億萬，悉皆輸貢，按堵如故。爾或未知信，可遣使前來，朕將令爾觀之。朕惟天之聖訓省諭之後，將爾等憫恤思濟，爾等曾未之悟，竄之水中，引惹争戰之語，良以此爾。止託天之威力，克取爾國，固亦小端。爾等或存或亡，初無利害。朕惟上天聖訓省諭之後，欲令爾等輸貢服力。今則汝若不爲出海來朝，苟避一時之難，我朝何知〔一九〕？上天其監之哉！以爾拒命不服，申命大軍，數路進發。以爾反覆二心，惜乎服力之兆民，妄遭殺戮，斯民垂死之際，莫不憾恨，歸咎於汝。今則爾更不朝，島嶼遺民亦將憾恨，歸咎於汝，底於滅亡也。汝欲六師還旆，汝可躬領軍兵進討萬奴勾當。爾或堅執不朝，又不躬行征討，自陷罪惡死亡之地也。止緣萬奴勾當及汝諂妄之故，世間真僞，朕胸中了然矣。爾與黎民灼然可見之事，何難之知？數皆何喪，定不可逃！以致爾等自貽其咎，自抵滅亡耳！」十月，㬢復遣兵攻陷已附西京等處，降民亦劫洪福源家。時福源以前爲高麗所侵，後爲女真、契丹等賊來攻，福源上言，乞領降民遷居遼陽等處。

六年甲午五月一日，賜高麗降人鱗州探問神騎都領洪福源金牌，俾領元降民户於東京居住。初，福源率編民千五百户來降，且有請曰：「若大事底于成，天子當念臣愚忠；其或敗事，愿就地，弗敢辭。」至是，有旨，以元降民户，令福源管領。復諭之曰：「爾能戮力效職，則後降者皆令爾領之。」是日，遣使持璽書諭高麗國未降人民節該：「若將高麗國王王㬢及元謀搆起戰爭人員執縛來朝者，與先降洪福源一同優加恩恤任用。若天兵圍守之後，拒我者死，降我者生。其降民悉令洪福源統攝。」

七年乙未，命將唐古拔都魯與福源同領兵征高麗，攻拔龍崗縣、咸從縣、鳳州、海州、洞州、九月山城、慈州等處。

八年至九年，攻拔歸信城、金山城、金洞城。

十年戊戌五月十二日，降旨宣諭高麗新降人趙玄習、李元祐等。時玄習輩率二千人迎軍降，命東京安置，受洪福源節制，且降御前銀牌，使玄習等佩之，以招未降户民。尋又有李君式等十二人來降，亦依玄習例撫慰之，且諭唐古就活里察時磨里地取洪福源族屬十二人付之。十二月二十四日，瞮遣其將軍金寶鼎、御史宋彦琦等奉表〔二〇〕入朝。

十一年己亥四月，奉旨遣寶鼎僚屬校尉黄貞允、義州别將朴希實從詔使先還。五月一日，降詔徵瞮入朝，曰：「前來頒降長生天之聖訓，去後爾不爲聽從。爲爾不行省悟，是以出軍進討，明致天罰。爾又不即迎軍出降，並無出力供職之辭，乃敢竄諸海島，苟延殘喘。昔降宣諭，命汝親身入朝，却令還國，此詔見在彼中。若能欽依元降詔旨，躬親赴闕，所有一切法制宣諭了畢，即當班師。爾等違背詔書，輒來奏告，乞令軍馬回程，於理未應，此非爾等之罪也？如此詔諭爾等，或有違貳，我朝安能知之？上天其監之哉！」十一日，詔告取洪福源族屬。六月，瞮遣其禮賓卿盧演、禮賓少卿金謙充進奉使、副，奉表入朝。九月，寶鼎、彦琦從詔使還國。十月十三日，降旨宣諭瞮曰：「據來具奏，悉云緬貢誠忱，輒申感戴，已具陳於前表。據回降宣諭，已令元使賫去。又奏，先妣柳氏傾逝，仰瞻天闕，未由所訴。如有所奏，實能拜降出力。仰於庚子年親身朝見，但有條畫事件，至日省諭。如違元表，誣奏，我國焉能知？上天其監之！」十二月十二日，瞮遣其新安公王佺與寶鼎、彦琦等一百四十八人奉表入貢。

十二年庚子三月，瞮遣右諫議大夫趙修、門〔二一〕祗候金成寶等奉表貢獻。五月，詔諭暾曰：「所奏事具悉，語皆不實。如果無虚詐，爾等若能依元奏之事，又何難見？止爲合車、劄刺已死，奏此謟妄之語。知此事之人俱在，爾等所奏先曾出力之事，我非童穉，豈能欺我哉？自先出力之事，我亦知矣。來章贊祝，更復何言？我國處正宣諭，如此依其所奏，悉能無二，固可嘉尚。若果無二心，遷出海島，民户悉令見數。如差去使臣未到間，切勿令出。候使到日，然後出遷，令使臣一一點數。據諭去使臣未到間，切勿令之出，言爾等勿謂不令出海，止是伺候使臣到日，遷，仍令一就點數民户畢，然後出海。其自外而入者，或有舊居，隨處島嶼，人民亦仰依例遷出。據海内所有房舍，盡令燒毁，爾等必有再往之意。如再入海，必有拒敵之謀。若將民户數目隱匿，依大朝條理治罪。其民户見數畢，據合出秃魯花人數，然後明降諭去。出海撫定之後，别無詳細人使，繼歲取發貢賦。如不出海，以大軍攻取。又昌、朔州民户來賓，爾等輒將家口殺〔三〕掠，據擅行殺掠之人，豈非罪歟？將爲首始謀萬户、千户官員人等，仰捉拏發遣前來。爾等既稱一國，一國之中豈有此事？彼處被劫落後流移人數，盡數刷集分付。如將行劫之人不行捉拏發遣，及將流移民户故不起發，豈爲出力供職之事耶？如爾等教令殺掠，故不捉拏；若不曾教令，必捉拏分付。着古歟之事，當時爾等特賴亏加下，所違德愆，除已發罪訖，即目猶似亏加下出理，伐亏加下罪時，曾助多少軍馬。今後既爲一國，凡有來賓人民，邀當匪當也。若將大國條畫抗拒，必有叛背之意。遷出海島，點數民户，出秃魯花，捉拏有過之人，惟此四事諭去，何足多言？如能出海，數見户數，出秃魯花，外凡有條畫，至是省諭。及汝弟佺口奏，告有兄瞰令奏，凡有皇帝聖訓，必不違背。據奏過事目，別録付去，汝當知之。如此宣諭，却行不出海島。來奏，云必不違背，如是却違前言。我國焉能知？上天其監之！」十二月，瞰遣其禮賓少卿宋彦琦、侍御史權違充行李使入貢。是歲，攻拔昌州等處。

定宗皇帝二年丁未，命將阿母侃與洪福源一同征討，攻拔威州平虜城。己酉年八月十五日，皇后太子懿旨，宣諭王瞰曰：「貴由皇帝丙午年年間，爾等來時，不遵上天聖訓、成吉思皇帝、皇帝聖訓，宣諭爾等，並不欽依〔二三〕。二帝明諭，尚有不從之人，我之訓言，焉肯聽從？果欲稱臣，出力供賦，務要安居樂業，遷海島，依先降聖旨，親身朝見，來時宣諭大朝〔二四〕條理。如何可憐之事，我自知之。爲此據爾所奏表文，不曾回降聖旨，即時遣還。又省會軍前使臣，若延緩不出海島，速便征討去者。既爾奏言，爾等遷處〔二五〕出，此上不曾進征。昔知爾等甚多謟妄，未必遷出，信其虚誕推託之辭，遽止六師，元戎大將悉加譴責。如果無二，果必遷出，勿令征討。如明諭，今歲又不遷，更無疑二，即征進。久知爾等數爲謟妄，皇帝親爲詰問，爾等並無一辭，以此罪歸。爾等累奏表文，俱是已嘗諭去。皇帝御前，爾等尚爲隱諱，合車、劄剌二人已死，計我何知？我非童穉，豈能欺我焉？知此事之具臣俱有據。爾等射回使命禾者并殺訖着古歟之事，顯然可知。如委的出力供賦，果無二心，於壬辰年令隨從撒兒塔征討萬奴，爾等即却違背，遷入海島。既居海内，却奏親身欲往朝見，遷出海島，累以謟妄。又奏親欲往朝見，間亡其父母，懼此不能去得。明見爾等推託虛妄。遷出海島，令使臣塔海一一見數，爾等並不尊奉，累積多罪，明降宣諭，終不悔悟。若委出力供職，於庚子年間親身朝見來者，如此明諭去來。今日又如昔違皇帝聖訓，給我何知何聞？爾等固爲輕忽！曩者皇帝、貴由皇帝屢責爾等之事，亦嘗聞之。宣諭爾等訓言文字并爾等所奏表文，我國俱有，知此事之具臣亦在，少我何知？恣行謟妄，苟安一時。爲爾等數爲虛妄，廣罪釁，若數其事，計之無窮。宣諭爾等，訓言爾國，不無所降，宣諭遵奉無違。如依來奏，遷出海島，點數民户，親身朝見，出力供職，依諸國例，令爾等安業住坐。如此宣諭，却違天聖訓、成吉思皇帝聖旨，故立遵奉，若違元奏，給我何知何能？討滅爾國之事，我國焉能知？上天其監之哉！」

憲宗皇帝三年癸丑，命宗王耶虎與洪福源同領軍征高麗，攻拔禾山城、東州、春州、三角山城、楊根城、天龍城等處。四年甲寅，改命〔二六〕劄剌䚟與洪福源同征高麗。五年、六年、七年，連歲攻拔光州、安城、忠州、玄鳳、珍原、甲向、玉果等城。八年戊午三月，命洪茶丘領兵從劄剌䚟同征高麗。

世祖皇帝中統元年庚申，四月二日，降旨宣諭高麗國王倎曰：「朕祇若天命，獲承祖宗休烈，仰惟覆燾，一視同仁，無遐邇小大之間也。以爾歸款，既册爲王還國，今得爾與邊將之書，因知其上下之情，朕甚憫焉。凡所懇祈，區處于後。一出水就陸以便民居事。此朕素所喜也，今時方長育，不可因循自悞歲計，更當勸課農業，以阜殘民。一軍馬侵擾事。自前年若留軍壓境，不無搔動。已敕將領即日班師罷征。其體朕兼愛之心，毋自疑懼。自前年春二月，被虜逃來人民乞放還事，已下有司遍行刷會。自言約之後，逃虜人等，放令歸國，到，可收係存恤。一凡爾國中應有作過罪犯者，欽依已降赦文施行。一軍民擅掠民物一絲者，具以實聞，依條斷罪。」六月，復降詔諭倎曰：「卿表請附奏六事，一皆允俞。衣冠從本國之俗，上下皆不更易。行人惟朝廷所遣，禁止餘使不得通行。古京之遷遲速，要當量力。鴨緑之撤屯戍，秋以爲期。元設達魯花赤一行人等，俱敕西還。其自願託迹於此者十餘輩，事須根究。今後復有似此告留者，斷不準從。朕以天下爲度，事在推誠，《易》不云乎『安土敦乎仁，故能愛』，其體朕懷，毋自疑懼。」

二年四月十九日，高麗世子植〔二七〕入朝。八月三日，上賜世子植玉帶一，遣侍衛將軍勃立札、禮部郎中高逸民護之還國〔二八〕。九月，倎遣侍御史張鎰奉表入謝。十月，朝廷遣〔二九〕阿的迷失、焦天翼持旨諭以開榷場事。二十九日，使回。

三年三月七日，張鎰受旨還。四月五日，倎遣左諫議大夫朴倫、郎將辛洪成等奉表入朝。八月十八日，進奉使朴倫等受旨還，宣賜西錦三段、間金熟綾六段。十月二十九日，詔諭國王植曰：「小大分殊，當謹畏天之戒；往來禮在，要知懷遠之心。卿自東隅臣屬上國，因而家之有難，越其境以來歸，特侈新封，俾還舊服。凡有祈請，無不允從。如弗易衣冠，班收軍戍，去水而就於陸，在虜者聽其歸，若此甚多，難於具悉。豈其弗諒，動則肆欺，向許貢於珍禽，已乖素約，頃少徵於銅貨，又飾他辭。陸子襄一羈旅也，愍骨肉之暌離，降綸綍而理索，輒爲拒命，是誠何心？ 茲小事尚爾見違，於大節豈期〔三〇〕可保？ 凡遠邇〔三一〕諸親附之國，我祖宗有一定之規，則必納質而籍編民，置郵而出師旅，轉輸粮餉，補助軍儲。今者除已賞納質外，餘悉未行。卿自有處，必當熟議，庸俟成言，其歲貢之物，依禮入進，毋怠初心，以敦永好。」

四年六月，聖旨諭植曰：「省表具知。朕嚮以細事見卿之心未孚，故有責備之報。今茲來復，丐俟民生稍集，然後惟命，辭意懇實，理當俞允。朝貢物數，亦宜稱其力焉，第凡所言者能踐與否，卿其圖之。」

五年正月，諭高麗回使，令其主植躬朝闕廷。四月十一日，遣必闍赤古乙獨賫敕使高麗，徵植入朝。曰：「朝覲會同，國家之大典也。朕粤自纘承丕緒，于今五年，第以兵興之故，有所未暇。近西北諸王率衆疑〔三二〕附，擬今歲朝王公群牧於上都。卿宜乘馹而來，庸修世見之禮，尚無濡滯，其體朕懷。」五月十六日，植遣其借國子祭酒張鎰與古乙獨入朝。八月十一日，植親朝〔三三〕。九月十六日，遣郎中路得成以改中統五年爲至元元年聖旨、赦書各一道，與植郎將康允紹頒於其國。十二月二十三日，遣植還國。

至元三年八月，遣國信使兵部侍郎黑的、禮部侍郎殷弘、計議官伯德孝先等奉旨至植國，諭以日本國通好事。詔曰：「今趙彝奏，海東諸國，日本與高麗爲近鄰，典章政治有足嘉尚。漢唐而下，亦或通使中國，故特遣使持書以往，得遂通好爲嘉。苟不諭此意，以至用兵，其孰好之？至於導達去使以徹彼疆，開悟東方嚮風慕義，茲事之責，卿宜任之。勿以風濤險阻爲辭，勿以未嘗通好爲解，勿以恐彼不順命有阻去使爲託。卿之忠誠，於斯可見，卿其勉之。」十二月，植遣其樞密院副使宋君斐、借禮部侍郎金贊等與黑的持書赴日本國。

四年二月十九日〔三四〕，植遣宋君斐、金贊等奉表與詔使黑的、殷弘等入朝。六月十日，奉旨，復遣黑的與君斐等還，諭以日本國通好事。詔曰：「向聞卿之東鄰有日本國，故命使而往招懷。特委卿遣介鄉道。不意卿以辭爲解，遂令徒還。意者日本既通，必盡知而國虛實，高麗之人在茲者爲不少，何見之遲？且天命難諶，人道貴誠，與其用智數而苟延，何若推至誠以保終始。惟卿前後食言多矣，不待縷數而自知焉。今日本之事，一以委卿。凡我朝所行，卿之所信服者，當俾官詣彼宣布，以必得要領爲期。況卿嘗有言，聖恩天大，誓欲報效，此非報效而何？今遣兵部侍郎黑的、禮部侍郎殷弘持詔赴，卿其體朕倚注之意，勿復遲疑。」九月十一日，植遣其起〔三五〕居舍人潘阜、書狀官李挺充國信使，持書詣日本國。十月十日，光禄大夫、中書右丞相安童致書於高麗國王，曰：「即日冬寒，敬惟起居多福。今茲發使臣詣日本國，聖上倚注于執事甚厚。朴尚書乞差官監視登舟，方欲擬遣間，聖上既已委高麗國王，不必更有所遣，執事宜有以副聖上倚注之意，期于必成，是所望也。餘惟慎令調護不宣。」

五年正月二十八日，詔諭王植曰：「朕惟天道難諶，人道貴誠，而卿之事朕，率以飾辭見欺。朕若受其欺而不言，是朕亦不以誠遇卿也。故與卿弟淐面數其事，無有所隱。向卿自請撤兵，三年當去水就陸。撤兵之請，久已從之。就陸之期，今幾年矣？以前言無徵，是用爲問。卿意必曰舍險即夷，則慮致不虞。或未取信，聽其所止。惟我太祖成吉思皇帝制度，凡内屬之國，納質助軍，輸粮設驛，供數户籍，置達魯花赤，已嘗明諭之矣。繼有來章，稱俟民生稍集，然後惟命。稽延至今，終不以成言見報。聞汝國之政，例在左右，得非爲所梗蔽使卿不聞歟？抑卿實聞之而未之思歟？是豈愛而身立而國者也？且納質之事，自我太祖〔三六〕皇帝，王綧等已入質，代老補亡，固自有例。其驛傳亦粗立，自餘率未奉行。今我朝方問罪於宋，其所助士卒、舟艦，自量能辦多少？輸粮餉則就爲儲積，及達魯花赤、户版之事，卿意爲何？今特北路〔三七〕總管兼大定府尹于也孫脱、禮部郎中孟甲持諭〔三八〕以往，當盡情實。令海陽公金俊、侍郎李藏用賫表章與去使同來，具悉以聞。」三月二十二日，于也孫脱、孟甲等至高麗。四月五日，植遣其門下侍郎李藏用奉表與于〔三九〕也孫脱等入朝。

五月二十九日，有旨諭李藏用，若曰：「我太祖成吉思皇帝降諸國之制度，以出軍助戰事降詔于爾國，爾國不以軍數分朗具表，乃以模糊之言來奏，是以王綧奏云，爾國王所嘗有四萬軍人，又雜色可僉一萬軍，共有五萬軍。故朕作日就敕爾等云，王所不可無軍，以一萬留衛，以四萬助戰。爾等奏云，王所無爾等許軍，綧之言非實。若未信誠，遣使與綧偕往，一一點數。若實有四萬軍，則罪在我輩，惟聖裁。若無四萬軍，則其妄説之人，亦惟聖裁。若爾等初以分朗之言來奏，則朕何言？爾等以模糊之言來奏，故朕有此言，此乃綧之言乎。又敕云，今此敕昔往諭於爾王，速以多少可出征軍數回奏，疑爾等既往姑昔之計，又復稽延，欲聞爾等端的之言，將遣人督之。若又不以端〔四〇〕的之言奏來，則將有損害於爾國。又敕，今出軍，爾等必疑將出何地，是乃或欲南宋或欲日本爾。若徵若〔四一〕爾馬牛，則當辭難，爾等常用舟楫，何難之有？君臣一家，爾國有事，朕不救乎？若朝廷將出軍於何地，爾等亦出師助戰，是常理也。今此軍事，將詔諭爾主，其舟艦之事，則爾等可備言之。當造舟一千艘，其一千艘能涉大海，可載三千、四千石，新而堅好者。若苟備名數而有舊裂，或小有朽者，則朕亦知之。」藏用奏云：「舟艦之事，今已奉命，即便應副。但促之，則雖大有舟材，人民殘少，恐不即期。」上又云：「朕又于爾等有言，三皇五帝堯舜漢唐之道，朕何必言。爾等讀書，皆知之。朕取近事言之，爾等亦當知之。往者河西王於成吉思皇帝之世，納女請和，乃曰，皇帝若征女真，我爲右手而助之；若征回回，我爲左手而助。後，成吉思皇帝回兵討河西而滅之。」藏用奏云：「往者臣國有四萬軍，三十餘年，死於兵殁殆盡，今只有牌子頭、五十户、百户、千户之類，雖有其職，但虛名而而無軍卒。」上曰：「死者有之，生者亦有之。爾乃年老誠之人，爲此無端之言耶？」藏用奏云：「果如聖敕，蒙賴聖德，自停兵以來，有生長者，但僅十歲也。」上又曰：「自爾國來者，言海中之事，宋則如得順風，可兩三日而至；日本則朝發而暮至，暮發而朝至。言是者乃高麗人與南人也，舟中載米，海中捕魚而食之，則豈不可行乎？」綍復欲言軍事，藏用云：「至尊之前，何必争説？如此遣使可驗。」上謂綍曰：「言已畢矣。」又敕藏用云：「歸可以此言諭爾主。」

七月二十日，詔都統領脱朶兒、武德將軍統領王國昌、武略將軍副統領劉傑〔四二〕等使高麗，與其來朝者大將軍崔東秀偕行。八月，至其國。植出昇天府迎之，蓋諭以閲軍、造艦也。詔曰：「卿遣東秀來奏備兵一萬，造船一千隻事，今特遣明威將軍都統領脱朶兒、武德將軍統領王國昌、武略將軍副統領劉傑詣彼整閲軍數，點視船艦。其所造船隻，聽其指畫。如躭羅已與造船之役，不必重煩。如其不與，即令别造百艘。其軍兵船隻整點足備，或往南宋或日本，逆命征討，臨時制宜。仍仰差去官先行相視黑山、日本道路，卿亦差官護送導達。」九月，復遣黑的等使日本，命植導送。詔曰：「卿來奏表，潘阜[四三]等奉命日本，不得要領而還，未副聖慮，惶懼實深。朕謂向委卿導達去使，若送至日本，彼或發還或留滯，責不在卿。乃飾以僞辭，中道而還。卿前稱大洋萬里，風浪蹴天[四四]，不可輕涉，今潘阜何由得達，可羞可畏之事，卿已可爲之矣，復何言哉？今兹表奏，遣使至日本，逼而送還，此語又安足取信？今朕復遣中憲大夫兵部侍郎國信使黑的、中順大夫禮部侍郎國信副使殷弘等充使以往，期於必達。卿當令重臣導送，毋致如前稽阻。」十二月，植遣其知門下省事申思全[四五]、禮部侍郎陳井、起居舍人潘阜等從國信使黑的等赴日本，借禮部尚書張鎰奉表與脫朶兒來朝。

六年正月，植遣其大將軍康允紹奉表奏芟夷權臣金俊、金沖等。三月十六日，植復遣申思金[四六]奉表從黑的來朝。四月二十日，植遣其世子愖[四七]入朝。七月，遣使相視躭羅道路，詔植曰：「曾有人云，若至躭羅，欲往南宋并日本，海道甚易。今復遣明威將軍都統領脫朶兒、武德將軍統領王國昌、武略將軍副統領劉傑就彼整點卿所備軍兵船隻，并先行相視躭羅等處道路，當應副大船。可選堪委見職正官，務要引送導達，以副朕懷。」八月，植世子愖來言，臣下擅廢置其君。遣斡朶思不花詳問之，詔曰：「諭高麗國文武臣僚，據世子〔四八〕王愖來奏，本國臣下擅自將國王廢去，其弟安慶公淐立爲國王。朕初聞之，以爲誠僞無徵，未可深信。國王植嗣位以來，未聞有過。苟有過失，諫而不悛，當控〔四九〕告朝廷，以聽我區處，不有朝廷，臣下擅自廢置，亘古以來，寧有是理？今遣使臣斡朶思不花、李諤等前去詳問，若傳聞之誤，王身無災，於汝何責？如其果然，敢有將國王與世子并其族屬一有戕害者，朕必無赦！汝等其明諭朕心，審思臣節，當條具以聞。」二十五日，斡朶思不花等至高麗。九月七日，高麗國樞密院副使金方慶奉表從斡朶思不花等入朝。二十二日，樞密院、御史臺奏：「世子愖稱，若去出征，能辦三千軍粮草，更比及就得此粮，此間先准備五箇月粮，於事爲宜。又設如令先一千軍入境，不可不令我等同往。若止軍行，則恐其人驚駭逃往他境。若我等同往到彼，先令使臣將曉示文書，令其勿懼，如此撫諭而入，於事爲宜。又李宰相來時，彼人有言，若十月二十日間不回，我等往他境矣。今不遲緩，必須即去。」奉聖旨：「卿等與中書再議，既世子欲與軍一處入討，何妨令早入其地。」又脫脫兒、求馬合答奏：「臣等與省官商議，脫脫兒并千户二人，亦自聰明，一行二十人且令在彼屯駐，馬匹合與馬〔五〇〕。」奉聖旨：「卿等如此議定，可斟酌與之。」二十五日，授高麗世子愖以特進、上柱國，詔曰：「敕高麗國世子王愖〔五一〕，卿弼承乃父，屏翰我家，再修朝覲之儀，益見忠勤之心。念汝邦之未輯，庶東土之有依，優錫寵光，用章藩嫡，授特進、上柱國，尚加恭恪，用副眷懷。」是月，抄不花奉命征高麗〔五二〕，以病罷行。詔遣蒙哥都代之。十月十六日，中書省奉旨，於王綧、洪茶丘所管户内僉起軍士，差斷事官别同瓦馳驛於綧、茶丘所管。

至元六年，實科差户内，僉起百户牌子整點足備，限十月終東京取齊，交付樞密院收管，實得三千三百人。是月，遣國王頭輦哥率兵撫定高麗。詔諭高麗國官吏軍民曰：「以爾國權臣擅行廢立，特遣國王頭輦哥等行中書省事，率兵東下，撫定汝國。惟首是問，自餘吏民一無所及。惟爾有衆，咸當按堵如故。詔諭之後，其或妄生疑懼，亂行叛〔五三〕竄，必加俘略。若爾等悉遵約束，安守舊業，已敕將帥嚴申兵律，不致侵擾。」及召植并安慶公淐、林衍等人入朝，詔曰：「諭高麗王王植及僚屬軍民，頃以王植稱疾，擅立〔五四〕安慶公淐權總國事，遣使爲問。今始還，言林衍稱此事俱權〔五五〕臣所爲，臣位居七人之下，有何權力能行事？果行此事，當出衆臣。若其不然，事止於此，即今豈不明見乎？據汝所聞之言，其人向汝所説，是朕如此亦聞，皆汝所爲。汝言即今豈不明見，此言亦是，然不可不辨。今遣中憲大夫、兵部侍郎黑的、淄萊路總〔五六〕管府判官徐世雄特詔國王王植、安慶公淐、林衍等，限十二月初十日同詣闕下，面陳情實，朕聽其是非，自有區處。且聞王植無恙，植之存亡尚所未保，必親來覲，朕方可信。已遣頭〔五七〕輦哥國王等率兵壓境，如逾期不至，即當窮詰首惡，進兵勦戮無疑。」

十一月二日，樞密院奏議征高麗事。初，五月間，馬亨呈：「臣亨謹奏皇帝陛下。高麗者，本箕子所封之地，漢晉皆爲郡縣。今雖來朝，其心難測。竊聞先曾有旨，令量力出居陸地，至今不出。去歲遣使和好，本爲親仁善鄰之道，今高麗謀稱飾詞，有違上命。夫鄰國不知鄰國之事情者，未之有也。南宋見執郝經，今又遣使於日本。萬一逆上命，有失威〔五八〕重，後雖起兵，地限滄海，勝負難必，故千鈞之弩，不爲鼷鼠而發。于今莫若嚴兵，假道于高麗，以取日本爲名，乘勢可襲高麗，定爲郡縣，安撫其民，可爲逆取順守。就用本國戰船、器械、軍旅，兼守南宋之要路，缺日本往還之事情，此萬全〔五九〕之勢也。今遲之，恐聚兵於島嶼，積粮於海内，廣被固守不能摇矣。此不可不察也。」亨又言：「今既已有釁端，不宜動兵伐之。動而得勝，亦不爲善；萬一不勝，上損國家之威，下損士卒之力。彼恃江山之險阻，積粮於海内，謹守不動，何計取之？今高麗有十年之鋭，恐朝廷攻伐日本，必有滅虢之心。又節次有違上命之罪，深不自安，如履薄冰，所以無故而待動也。今若發兵，如虎入山，抱薪而救火，此實不可爲也。亨謂如有來進表文，所告情節，即宜遣使寬赦其罪，減免進奉，安撫其民社。仍召執政者一二人至，則數南宋之罪惡，欲與勠力一心，同聲伐罪。所遣使於日本，爲親仁善鄰之道，亦是此意。宜以此語温恤其來者，庶幾感慕聖旨，以成大舉。待南宋已平，再審他志，迴兵誅之，亦未爲晚，是一舉而兩得也，可爲全勝之策。今便發兵，彼亦以兵應我，是生一敵國也。」前樞密院經歷馬希驥亦言：「今之高麗，乃古新羅、百濟、高句麗三國併而爲一也。大抵藩鎮權分則易制，諸侯强盛則難臣，古今之通義也〔六〇〕。曩者詔命遣信使垂恩於日本，陰謀沮壞，遷居民捨水而就陸，亦不聽從。此時亦易有恃山水之固，自爲强大，抗拒之萌〔六一〕已見矣。蓋爲臣下之權太重故也。近者不請上國，擅自廢立，法當不容。然治遠邦者，不牽於常制，安反側者，務要於從權。今者小國事已如斯矣，我朝誠宜熟議。希驥以謂若釋罪就封，上國不爲姑息之政；或興兵致討，三軍恐無全勝之功。合無兩釋，取其酌中，止鞫廢立謀臣之一夫，赦詿誤諸人之重罪。驗彼州城軍民多寡，離而爲二，分治其國，使權侔〔六二〕勢等，自相維制，則我國徐議良圖，易爲區處耳。如是，則彼人人必懷聖朝寬宥之大恩，其國不削而自弱矣。昔漢之主父偃削諸侯權，是其議也。況高麗邊陲殘類，海嶼遠方，不聞朝廷之聲教久矣，宜從寬恕，許令自新，亦我上國懷遠安邊、勝殘去殺之意也。今倘捨此而不爲，或以威力〔六三〕追召，或以積兵進取，萬一小國權臣恣凶作逆，阻山恃水，與宋連衡拒守海嶼，我聖朝雖有雄兵百萬，未可以歲月下之，甚非大國之利也。不以人廢言，不以言害直，千慮一得，倘有所取，亦臣子之萬一。」至是，樞密院具以聞，奉聖旨：「卿等以爲何如？」參政回奏：「已行之事，終是各人用心，其言必須聞奏。」十七日，黑的等至高麗。二十三日，植受詔復位。是月，植遣借禮部侍郎朴杰〔六四〕從黑的等奉表入朝。十二月十九日，植來朝。

七年〔六五〕正月十五日，詔諭高麗國僚屬軍民以討林衍之故。詔曰：「朕即位以來，憫爾國久罹兵亂，册定爾〔六六〕主，撤還兵戍。十年之間，其所以撫護安全，靡所不至。不圖亂臣林衍自作弗靖，擅將國王植廢易，脅立安慶公淐。詔令赴闕，復稽延不出。眷惟王植，實朕所立，今輒爲林衍所廢，豈可釋而不誅？已遣行省率兵東下，惟林衍一身是討，其安慶公淐本非得已，在所寬宥，自餘脅從詿誤，一無所問。惟爾臣庶當謀去逆效順，有能執送林衍或戮以獻，雖舊在惡黨，亦必重曾官秩，自餘拔身歸命，密輸忠款者，咸當量功遷賞。如或執迷不復，同惡相濟，至加以兵，雖悔何追？朕之本心，務在存爾世封，保爾黎庶，不欲重罹塗炭，故豫爲告敕，使知所處。惟爾臣庶其審圖之。」

二月十六日，遣軍送植就國。詔曰：「諭高麗國官吏軍民，朕惟臣之事君，有死無二。

不意爾國權臣，輒敢擅廢國主。彼既驅率兵衆，將致爾衆危擾不安。以汝黎庶之故，特遣兵護送國王植還國，奠居舊京，命達魯花赤往鎮撫，以靖爾邦。惟爾東土之民，不知爲汝之故，必生疑懼。爾衆咸當無畏，按堵如故。以別敕將帥嚴戒兵士，勿令侵犯。如或妄動，汝妻子爰及汝身，當致俘略，宜審思之。」初，有旨令頭輦哥行省駐西京，而以忙哥都、趙良弼充安撫使，與植俱入其京。既而復令行省入其王京，而以脱脱兒充其國達魯花赤，罷安撫司。十七日，中書省奏：「高麗王王植奏，乞朝廷差一人，特旨召林衍來朝。臣等謂彼中方疑，或不須差人。俟大軍壓境時，令東省移文與之。」五月六日，東京行尚書省軍近西京，遣徹徹都等同植之臣鄭子璵等持省劄，召高麗國令公林衍。十七日，使回言：「衍於二月二十五日已死，子惟茂襲令公位。五月十五日，高麗國侍郎洪文系、尚書宋松禮殺惟茂及衍婿崔宗炤〔六七〕。十六日，惟茂弟惟裀〔六八〕自剄。」二十一日，大軍次王京西闕城，遣人收繫林衍妻子。二十三日，行省與植議定，遷江華島居民於王京。二十四日，累與植議就江華島宣詔，撫綏士民及諭諸疑貳者，植弗從。二十七日，植入居其舊京。二十九日，植始聽從。六月一日，植遣人報有先自天朝逃來一翼軍，與高麗兩翼軍叛，蓋植族承化公以三別抄軍叛也。二日，世子愖復報言：「叛兵據江華島，宜率軍水陸進擊之。」

是日晚，植報叛兵悉遁去。三日，世子惧報叛兵劫府庫、燒圖籍，逃入海中。行省使人覘江華島中，百姓皆空。島之東南相距四十里，叛兵乘船，候風勢欲遁。於是即命乃顔率衆追擊。七月二十日，丞相安童等奏，頭輦哥等遣大託、忙古觧來言，令阿海領軍一千五百屯王京，伺察其國中。遂以阿海爲安撫使。

十一月二十五日，中書省奏，於高麗設置屯田經略司，以忻都、史樞爲鳳州等處經略使，領軍五千，屯田於金州，又令洪茶丘以舊領民二千屯田，阿剌帖木兒爲副經略司總轄之，而罷阿海軍。閏十一月，下詔諭王植曰：「上天眷命皇帝聖旨諭高麗國王王植，據陪臣元傳等奏陳頭輦哥國王爲頭行省官員數事，及今明辯，俱是妄説。復謂非親聞親見，蓋得之於他人，此殆非卿意，皆若輩小人所爲。曩者卿嘗謂朕毋聽小人之言，朕特諭卿，朕於小人之言或曾誤聽，第朕不自知，卿慎勿聽也。自今觀之，卿聽小人之事，寧非顯然？若輩小人又陳説前代故事暨祖宗法度，雖有前代故事，或卿祖宗法度，其中豈無善與不善？當擇其善者而從之，其不善者而改之可也。朕於卿豈用不善之心，若欲用不善之心，當在前年、去年矣。至於前年，有人言高麗與南宋、日本往來交通，嘗以問卿。卿惑於小人之言，以無有爲對。今歲却南宋船來，卿私地發遣，迨行省至詰，始言不令行省知會，是爲過錯。又見有將到日本國歸附高麗之人，説往者日本歲貢高麗。又前年，卿承當括兵、造船，至今未有成效，託以林衍擅權，事非由己。脱若此後再用小人，卿寧復欲指以爲辭？卿國小，卿是一國之主，黜陟威福，或是與非，當自己出。如專任不善之人，行爲不善之事，止及卿身。若夫天道悠遠，事之未來者，人孰預知？就人事論之，若輩小人，於卿猶擅廢立，況已後於卿子孫，豈肯盡心輔佐？朕與卿既爲一家，可乘此時藉我國家之力，以威遠人。自兹以往，或先有事南宋，或先有事日本，若兵馬、船艦、資糧，宜早措置。儻依前託辭以營辦爲難，先自效願赴事功之人甚衆，卿其審思之。」是月，又詔植曰：「嚮嘗遣信使通問日本，不謂執迷，固難以善言開諭，此卿所知。將經略於彼，敕有司發卒屯田，爲進取之計，庶免爾他日轉輸之勞。仍護遣使持書，先示招懷。卿其悉心盡慮，裨贊方略，期於有成，以稱朕意。」初，林衍之變，百姓驚擾，至是下詔撫慰之，曰：「諭高麗王王植：頃以林衍叛逆，乃命將出師，撫定爾國，罪人殲滅，卿已奠居故京，東方無復事矣。然念罹兹變故，東土之人無不驚擾。自兹已往，卿其保全生聚。諭以朕意，俾安生業，毋或妄生猜釁。」

十二月二日，下詔諭植送我使通好日本，曰：「朕惟日本，自昔通好中國，實相密邇，故嘗詔卿道達去使，講信修睦〔六九〕，爲渠疆吏所梗，竟不獲〔七〇〕明諭朕〔七一〕意，後以林衍之亂，故不暇及。今既輯寧爾家，遣少中大夫、秘書監趙良弼充國信使，期於必達。仍以忽林失、王國昌、洪茶丘將兵送抵海上。比國信使還，姑令金州等處屯駐。所需粮餉，卿專委官赴彼，逐近供給，并鳩集金州旁左船艦，於金州需待，無致稽緩匱乏。」

八年正月十二日，植遣其樞密使金諫奉表來見，請結婚。四月，上降旨諭植曰：「據忻都、白羊奏，若添與軍，比及天氣暄熱、霖雨發時，將反賊收附。朕爲此間軍民比及暄熱霖雨已前不能到彼，卿於側近軍民即便僉起軍六千人分付，攻取珍島。若事早畢，於卿百姓便益。」五月，詔諭植曰：「嚮嘗遣陪臣邛工秀上表奏陳，小邦蓄積，就陸之日，悉爲逆賊攘奪。又因供億王師，罄盡無餘，斂及中外臣民，甚是艱窘。而又耕牛不蕃，徵索未便。及敕有司遣官前往體問，卿方上表，謂軍馬接秋粮餉，限以力盡受飢；屯牛、農器等，漸次當依元數，則前奏豈非虚妄？且匹夫一言不誠，尚恐不爲人所信，卿一國臣民之主，敷奏不實，可乎？然爾後慎勿復再。卿又云，此百姓皆皇帝之百姓，使其失業，不堪勞苦，且恐有貳於賊盜，若不揆力陳實，早達宸所，以至困難，誰任其責？蓋由爾不令之人肆爲叛逆，未免軍民俱勞，已爲一家，初無内外之間。如撫定之後，豈肯坐視人民困苦而不加恤哉？尚體至懷，益殫誠赤。」是月，經略使忻都等攻破承化公，斬之。初，忻都、史樞、洪茶丘往攻珍島，賊列戰艦于島之北岸。樞曰：「今兇豎跳梁，未可力爭。況夏暑方熾，海氣鬱蒸，弓力緩，卒難爲用。誠因此時分軍爲三隊，多張旗幟，以爲疑兵，吾與諸軍潛師以出，直挫其鋒，以趁珍島，破之必矣。」遣使以聞，且乞火槍、火礮及諸攻戰之具，上從之。既而與賊戰，大敗，禽斬之，其黨金通精走躭羅。六月六日，植遣其上將〔七二〕軍鄭子璵進表謝攻珍島。是月，世子愖率其尚書右丞宋玢、軍器監薛公儉等衣冠胤胄二十八人入侍天庭。八月十一日，忽林失至高麗，赴鎮邊合浦縣屯所。九月六日，植遣其通事別將徐稱導送宣撫趙良弼使日本。十月九日，達魯花赤脱脱兒卒。是月，遣愖還國。十一月，植遣其同知樞密院事李昌慶奉表謝允婚事。

九年正月十日，植遣其別將白鋸〔七三〕偕張鐸等十二人奉表來見。是月，特進、上柱國高麗世子王愖狀言：「林衍之能擅權倔强者，專以左邊、右邊及神義軍等三別抄故也。及其死也，其子惟茂傳繼，詔發官軍討之。行省入小邦境土，先遣徹徹都、官人曹外朗及本國尚書鄭子璵、李玢禧等往諭詔旨，惟茂竟不祇奉，益堅據江華城，分遣三別抄人使外官州郡，促入島嶼山城而固守。當是時，無敢議者。尚書右丞宋玢、玢父上將軍松禮慷慨自奮，欲殺惟茂。而玢幸爲將軍，統神義軍別抄。故往年五月十四日夜，入宿向前軍所。及夜半，松禮與衍之婿洪文系克期會到，玢使神義軍屬松禮。即刻，玢先率不多人突入左、右邊三別抄所密諭，而能合衆心。比曉，與三別抄攻破惟茂家，滅之。是月十七日，與洪文系偕行，詣國王。趙平章行軍，路次寶山站，告之。念我小邦自入江華以來，往往以陸地詔示，因循未奉者〔七四〕，廼累世權臣，專欲而不顧國便故耳。況惟茂多率食客與三別抄，拒違詔命也。玢不顧萬死，與父松禮同盡心力，一朝掃除，然後京都能出古基，事上朝益勤。玢父子之功，實不小矣。伏聞聖朝，凡有功者賞延于世，況自成功者也？今惜還國，欲庀船楫與軍糧，必以宋玢經略事務，須佩大朝章服，以耀民望。況玢曾有大功，竊希聖澤，伏望中書省詳照，敷奏天聰。」二月十三日，植致書于日本國王，使通好天朝。是月，遣郎中不花、馬璘等使高麗，諭以供輸、戰艦、軍粮事。四月，達魯花赤李益至高麗。

十年四月二十八日，經略使忻都同洪茶丘領兵入海，攻拔躭羅賊城，禽金通精等，奉旨誅之。初，承化公既死，其黨金通精復叛，引軍突入耽羅拒守。時侍衛親軍千户王岑奉旨赴高麗，與國王及洪茶丘同議取耽羅叛賊，茶丘因陳高麗王京多有通精親戚，可遣招誘。若不從命，則以軍力擊之不晚。事聞，奉旨，命茶丘於全羅道訪得通精姪金永等七人，使招通精。通精與本國星主等不從，盡殺使命，惟留永。至是，忻都等奉聖旨攻拔，伏誅。六月，植遣其大將軍金忻表奏攻破濟州。九月三日，副達魯花赤焦天翼政滿還朝。十二月，以周世昌充副達魯花赤。

十一年三月四日，遣木速塔八、撒木合持詔使高麗，僉軍五千六百人，助征日本。五月十一日，公主忽都魯怯里迷石降于世子愖。七月，高麗國樞密院副使奇蘊奉表告王植薨。是月，詔世子愖襲爵，詔曰：「諭高麗國王宗族及大小官員百姓人等，國王王植在日，屢言世子愖可以承替。今令世子王愖承襲高麗國王勾當，凡在所屬，並聽節制。」八月二十五日，世子愖還國，是日襲位。九月二十四日，愖遣其齊安侯王淑進表謝襲位。十一月五日，公主入京城。是月，愖遣判閤門事李信孫等進表謝。十二月，以黑的爲高麗國達魯花赤，二十一日，達魯花赤李益受代還朝。

十二年二月八日，周世昌卒。七月，黑的還朝。十一月，遣使諭愖改官職名號。是月，愖遣帶方侯王澂率衣冠子弟二十人入侍。以石抹天衢充副達魯花赤。

十三年七月二十日，愖遣其僉議中贊金方慶奉表賀平南宋。十一月，愖遣其判秘書寺事朱悦奉表奏，改名睶〔七五〕。

十五年二月，中書省奏：「高麗王睶言，達魯花赤石抹天衢任滿未替，乞復留三年。」從之。是春，東征元帥府請於忠清、全羅諸處屯兵，以鎮外夷。初，高麗國大將軍韋德儒、盧進義訢、侍中金方慶與其子愃、愃、恂，婿趙卞等，陰養士卒四百人，匿鎧仗〔七六〕器械，造戰艦，積粮餉，欲謀作亂，東征元帥府捕方慶等，按驗得實，流諸海隅。至是，上言：「高麗初服，民心未安，可發征日本回卒二千七百人，置長吏，屯忠清、全羅諸處，以鎮撫獠夷，以安其民。復令士卒備牛〔七七〕畜耒耜，爲來歲屯田之計。今歲粮餉，姑令高麗國給之。」議上，樞密院奏聞。七月二十日，中書省奏改鑄駙馬高麗王印以賜睶，上從之。

十八年二月，睶上言：「本國必闍赤不諳行移文字，請於天朝吏員内除郎中、員外郎各一員爲參佐。」是月，换給睶宣命職銜，增駙馬〔七八〕字，從所請也。

十九年正月十五日，以蒙古軍五百人戍高麗之金州。先是，日本國寇高麗邊海郡邑，燒人居室，掠人子女而去。至是，其國王上言，請發闍里帖木兒麾下蒙古軍五百人於金州匣不合，以備鎮戍。樞密院奏，奉旨准。

二十八年五月二十日，中書省奏，命王睶之子謜爲世子。

三十年二月，中書省奏，高麗王睶遣使來奏，復更名晅，及乞功臣號，從之。制曰：「特進、上柱國、開府儀同三司、征東行中書省左丞相、駙馬高麗國王王昛，世守王爵，選尚我家，載旌藩屏之功，宜示褒嘉之寵。可賜號推忠宣力定遠功臣，餘如故。益懋厥勳，對揚休命。」十一月十七日，昛來朝。

成宗皇帝大德元年十一月，封昛爲逸壽王，以世子謜爲高麗王，從所請也。詔曰：「咨爾推忠宣力定遠功臣、特進、上柱國、開府儀同三司、征東行中書省左丞相、駙馬、高麗國王王昛，恪居藩翰，茂著勳庸，宣力我家，歷年兹久。比陳衰疾，冀脱煩勞，乞疏嗣爵之恩，將爲逸老之計，載惟忠懇，宜賜允從。其封世子謜爲高麗國王。可授〔七九〕卿推忠宣力定遠保節功臣、開府儀同三司、太尉、駙馬、上柱國、逸壽王。卿雖耆年，國之重務，尚資訓導，迄用有成。於戲！全始全終，既被殊常之眷；惟忠惟孝，勉思報效之勤。祗服寵光，益綏福履。」封謜詔曰：「咨爾儀同三司、上柱國、高麗王世子謜，挺秀東藩，聯芳右戚，迺眷親賢之懿，宜膺世爵之傳，可授開府儀同三司、征東行中書省左丞相、駙馬、上柱國、高麗國王。寵命祇承，勉篤忠貞之義；前休克配，毋忘孝敬之誠。」又詔宣諭其國曰：「諭高麗國宗族、國吏、諸色人等，邇者高麗國王王昛遣使表陳，春秋方耄，憂恙交攻，慮庶務之煩勞，期息肩於重負，乞令世子謜襲爵。朕以王昛嗣守東土，垂三十年，累效忠勤，勳勞〔八〇〕茂著。矜其誠懇，特賜允俞。授世子開府儀同三司、征東行中書省左丞相、駙馬、上柱國、高麗王，仍受王昛推忠宣力定遠保節功臣、開府儀同三司、太尉、駙馬、上柱國、逸壽王，以示優崇之意。國有重務，尚須訓勵，聿底于成。咨爾臣民，體予至意。」二月七日，中書省奏，謜有罪，當廢，復以其父昛爲王。

三年正月十日，丞相完澤等奏：「高麗王謜有罪。先遣吉丁等往詰問之，今吉丁回言，世祖時，或言高麗僭設省、院、臺。有旨罷之，其國遂改立僉議府、密直司、監察司。今謜加其臣趙仁規司徒、司空、侍中之職，又昛給仁規赦九死獎諭文書。又擅寫皇朝帝系，自造曆日，加其女爲令妃。又立資政院，以崔冲紹爲興禄大夫。又嘗奉太后懿旨，公主與謜兩位下怯薛觧合併爲一，謜不奉旨。謜又擅殺千户金吕，而以其金符給宦者述合兒。又仁規進女侍謜，有巫蠱之事。今乞將仁規、冲紹發付京兆、鞏昌兩路，羈管安置，不得他適。昛行事不法，謜年少妄殺無辜，乞降詔戒飭。」上曰：「仁規杖二十七，冲紹三十七而遣之。詔辭當加嚴厲。」二月，下詔，諭高麗國王王昛并闔境臣民人等，曰：「比者奉使回奏，本國陪臣趙仁規等所行不法及事有不遵典制，合行釐正者。據仁規等罪，已飭中書省量輕重決遣。自今以始，卿其勉遵守國之規，益謹畏天之戒。凡在官者，各勤乃事，協力匡贊，勿蹈前非，自干刑憲。緇黄士庶，各安其業。所有釐正事理，條列於後。一先朝已定官府及受宣人員，毋得變更，中間有所擅自更易者，即行改止。一命官有罪，須具事情本末聞奏，毋得輒行殺戮。一奉使奏説本國臣庶，曾經世子流竄海島，及斷没人數，有無罪犯，從國王分揀審録，合改正者即與改正。」五月十九日，中書省奏：「哈散奉使高麗，回言其國王不能彈壓其衆，朝廷差官共理之可也。臣等議，宜復立征東行省。」從之。命闊里吉思爲高麗行省平章政事。九月，昛上表陳情。

四年三月，闊里吉思上言：「僉議司官不肯供報民户版籍、州縣疆界。本國横科暴歛，民少官多，刑罰不一。若止依本俗行事，實難撫治。」

五年二月，罷行省官。詔諭高麗國王王昛，曰：「向以爾國自作弗靖，遣平章政事闊里吉思等權令與王供事，以鎮遏之，非欲久任於彼，今悉命赴朝廷。闊里吉思所言爾國越禮濫罰、官繁民敝數事，中書省别有公移。來表乞不變更祖宗舊法，朕惟先朝以本國官號與朝廷不殊，已嘗改正。王於是時，即當以類推之。事如害義，改亦何難？今遣中奉大夫山東東西宣慰使塔茶兒、正議大夫刑部尚書王泰亨賫詔往諭，王其勉思累朝覆育之恩，以宗國生靈爲念，威福予奪，當自予出。凡事體有未便、民情有未安者，其審圖之。緊爾群僚，悉心奉正，各修乃職。敢有蹈習前非，專恣不法，王雖爾容，朕必不貸。據省移事理，釐革既定，差官偕去使以聞。」

附耽羅

世祖皇帝至元六年七月五日，樞密官奉旨，差千户脱脱兒、王國昌、劉傑赴高麗地界，相視耽羅等處道路，整點軍兵、船艦，令高麗王選差知識海道地面好官，領引前去。詔曰：「諭高麗國王王植，以其曾有人云，若至耽羅，欲往南宋并日本，道路甚易。今復遣明威將軍都統領〔八一〕脱脱兒、武德〔八二〕將軍統領王國昌、武略將軍副統領劉傑，就彼點整卿所備軍兵船隻，并先行相視耽羅等處道路。卿當應副大船，可選堪委見職正官，務要引送道達，以副朕懷。」

九年三月，鐵匠高樓等上黑山、耽羅等海道圖本，就中書省圓看過議定，省、院、臺等同奏：「黑山、耽羅公事，臣等議得，宜先取耽羅。若先取黑山，賊兵横截而入，恐我軍失利。高麗王亦稱乞上司添力，併除耽羅，前者已有表聞。今鴉鶻劉往黑山一節，不須□及，止議高麗王所説。若取耽羅，彼有船隻，氣力多少，我軍合用幾何？鴉鶻劉不必與名位，且令作使，俟回還征進時與名位。又察忽弟兄皆在彼處，察忽輩皆在彼處人，深知彼中事勢。察忽見在金州，宜令來王京，與其弟兄及共事之人商議，所知事務，悉令上奏。」並奉聖旨，從之。十一月十五日，中書省奏：「先奉旨議耽羅、日本事。臣等同樞密院官詢問有自南國經由日本來者耽羅人三名，畫到圖本，稱日本太宰府等處下船之地，俱可下岸，約用軍三二萬。臣等謂若先事日本，未見本國順逆之情，恐有後詞。可先平訖耽羅賊寇，然後若日本國果不放趙良弼等返〔八三〕國，徐當再議，似無後患。又兼耽羅國王曾來朝見，今叛賊逐其主，占據城郭，義當先平。」上曰：「察忽先令人入耽羅，今回未？」臣僚奏：「未回。」上曰：「其人回日，若耽羅順歸，夫復何言？」又奏：「其人回，而不歸順，竊恐遲悞軍事。」上曰：「行之，至如耽羅歸順，不用兵，別亦有調用之處。卿等議，合〔八四〕用多少兵力？」回奏：「臣等約量本處屯田軍，可摘二千，復於漢軍內選三二千人。船中載馬費力，蒙古軍可少差。高麗國合僉兵五六千，共一萬餘軍可矣。」上曰：「武衛軍差二千，卿等更議餘者。」

十年正月四日，左丞相奏：「臣等與察忽議，二月初至三月半征耽羅爲宜。」奉聖旨，從之。上又曰：「可令察忽去。」張左丞再奏：「臣等議，征耽羅軍將爲長者忻都，第二武衛軍鄭也可拔都兒，第三察忽。」亦奉旨準。三月十九日，趙平章等奏：「高麗王上言，欽蒙聖慈令伐耽羅賊寇，若賴上威靈，平定其地〔八五〕，伏望下令官軍，必以殲殄逆種爲期。濟州百姓，乞禁其虜掠，置諸生地。」奉旨，依奏諭之。四月九日，經略使忻都、史樞及洪茶丘等率兵船大小計一百令搠艘進發。二十八日，攻破耽羅，賊黨悉平。朝廷於其地立耽羅招討司，屯鎮邊軍一千七百人，其貢賦每歲進毛施布百匹。後改爲軍民都達魯花赤總管府，尋又改爲軍民安撫司。

三十一年五月二十九日，丞相完澤等奏：「高麗王上言，耽羅之地，自其祖宗以來臣屬其國。林衍逆黨既平之後，尹邦寶以計求徑隸〔八六〕朝廷，乞仍舊。臣等不知其詳，雙叔輩當知之。俟詢問明白，果無窒礙，別奉畀之。」上曰：「此小事，何必多言，可使還屬高麗。」

【考校記】

〔一〕輯文第一段（至「而附以耽羅焉」）輯自《元文類》卷四一，是爲《高麗》之序；其餘則輯自文氏鈔本（文氏録自《永樂大典》卷四四四六），是爲《高麗》之正文。《元文類》卷四一《高麗》小字部分顯係節録《高麗》正文，因斷續簡略，無須輯入；文氏鈔本小字部分則係摘抄《元史》，亦不輯録。

〔二〕「叛」，此下文氏鈔本有「朝廷」二字。

〔三〕「貢」，此下文氏鈔本有「獻」字。
〔四〕「瞰」，原缺，據《元高麗紀事》補。
〔五〕「劄」，此上《元高麗紀事》有「六哥」二字。
〔六〕「權知」，原作「知權」，據《元史》卷二〇八《高麗傳》乙正。
〔七〕「弟」，原作「帝」，據《元史》卷二〇八《高麗傳》及《元高麗紀事》改。
〔八〕「後」，原作「從」，據《元高麗紀事》改。
〔九〕「争」，據文意，疑當作「征」。
〔一〇〕「遣瞰」，《元高麗紀事》作「瞰遣」。
〔一一〕「五日」，《元史》卷二〇八《高麗傳》作「又明日」。
〔一二〕「詣」，原作「請」，據《元史》卷二〇八《高麗傳》及《元高麗紀事》改。
〔一三〕「璋」，《元史》卷二〇八《高麗傳》作「昌」。
〔一四〕「順」，《元史》卷二〇八《高麗傳》作「慎」。
〔一五〕「遣」，原作「牽」，據《元史》卷二〇八《高麗傳》及《元高麗紀事》改。
〔一六〕「之」，此下《元史》卷二〇八《高麗傳》有「人」字，《元高麗紀事》有「地」字。
〔一七〕「等悔」，原作「悔等」，據《元史》卷二〇八《高麗傳》乙正。

〔一八〕「輒」，原作「轍」，據《元高麗紀事》改。

〔一九〕「知」，《元高麗紀事》作「如」。

〔二〇〕「奉表」，原作「表奉」，據《元高麗紀事》乙正。

〔二一〕「門」，此上《元高麗紀事》有「閤」字。

〔二二〕「殺」，原作「投」，據《元高麗紀事》改。

〔二三〕「依」，原脱，據《元高麗紀事》補。

〔二四〕「朝」，原脱，據上文補。

〔二五〕「處」，《元高麗紀事》無此字。

〔二六〕「命」，原作「名」，據《元高麗紀事》改。

〔二七〕「植」，《元史》卷二〇八《高麗傳》作「倎」。

〔二八〕「八月」至「還國」，按：《元史》卷二〇八《高麗傳》載「六月，倎更名禃，遣其世子愖奉表以聞。八月，賜禃玉帶一，遣侍衛將軍孛里察、禮部郎中高逸民護愖還國」，與此處記載不同。另，「禃」，《元文類》及文氏鈔本皆作「植」。

〔二九〕「遣」，原脱，據《元高麗紀事》補。

〔三〇〕「期」，原作「欺」，據《元高麗紀事》改。

〔三一〕「邇」，原作「爾」，據《元高麗紀事》改。

〔三二〕「疑」，《元史》卷二〇八《高麗傳》作「款」，《元高麗紀事》作「歸」。

〔三三〕「八月十一日植親朝」，《元史》卷二〇八《高麗傳》作「六月乃親朝」。

〔三四〕「二月十九日」，《元史》卷二〇八《高麗傳》作「正月」。

〔三五〕「起」，原脱，據《元高麗紀事》補。

〔三六〕「太祖」，《元史》卷二〇八《高麗傳》及其校勘記〔二〕以爲當作「太宗」。

〔三七〕「特北路」，按：《元高麗紀事》作「特遣北路」，然元代無「北路」建制；《元史》卷二〇八《高麗傳》作「特遣北京路」。

〔三八〕「諭」，原脱，據《元高麗紀事》補。

〔三九〕「于」，原脱，據上文補。

〔四〇〕「端」，原脱，據上文補。

〔四一〕「若」，疑爲衍文。

〔四二〕「傑」，原作「捷」，據下文及《元史》卷二〇八《高麗傳》改。

〔四三〕「阜」，原作「復」，據上下文改。

〔四四〕「天」，此下原衍「天」字，據《元高麗紀事》删。

〔四五〕「全」，《元史》卷二〇八《高麗傳》及其校勘記〔三〕作「佺」。

〔四六〕「金」，《元史》卷二〇八《高麗傳》作「佺」。

〔四七〕「愖」，原作「堪」，據下文改。

〔四八〕「子」，原脱，據上下文補。

〔四九〕「控」，原作「空」，據《元高麗紀事》改。

〔五〇〕「馬」，據文意，疑當作「焉」。

〔五一〕「愖」，原作「堪」，據上下文改。

〔五二〕「麗」，原作「行」，據《元高麗紀事》改。

〔五三〕「叛」，原作「判」，據《元高麗紀事》改。

〔五四〕「立」，原作「公」，據《元高麗紀事》改。

〔五五〕「權」，原作「傳」，據《元高麗紀事》改。

〔五六〕「總」，此下原衍「判」字，據《元史》卷九一《百官志七》及《元高麗紀事》删。

〔五七〕「頭」，此下原衍「目」字，據上下文删。

〔五八〕「威」，原作「違」，據《元高麗紀事》改。

〔五九〕「全」，原作「金」，據《元高麗紀事》改。

〔六〇〕「義也」，原作「也議」，據《元高麗紀事》改。

〔六一〕「萌」，原作「崩」，據《元高麗紀事》改。

〔六二〕「侔」，原作「謀」，據《元史》卷二〇八《高麗傳》及《元高麗紀事》改。

〔六三〕「威力」，此上原衍「違」字，據《元高麗紀事》删。

〔六四〕「杰」，《元史》卷二〇八《高麗傳》及其校勘記〔一三〕作「烋」。

〔六五〕「七年」，此上原衍「中統」二字，據《元史》卷五《世祖本紀二》紀年删。

〔六六〕「爾」，此下原衍「定」字，據《元史》卷二〇八《高麗傳》删。

〔六七〕「玿」，《元史》卷二〇八《高麗傳》及其校勘記〔一七〕作「紹」。

〔六八〕「䄄」，《元史》卷二〇八《高麗傳》及其校勘記〔一八〕作「梱」。

〔六九〕「睦」，原作「陸」，據《元高麗紀事》改。

〔七〇〕「獲」，原作「護」，據《元史》卷二〇八《高麗傳》及《元高麗紀事》改。

〔七一〕「朕」，此下原衍「不」字，據《元史》卷二〇八《高麗傳》及《元高麗紀事》删。

〔七二〕「上將」，原作「將上」，據《元史》卷二〇八《高麗傳》及《元高麗紀事》乙正。

〔七三〕「鋸」，《元史》卷二〇八《高麗傳》作「琚」。

〔七四〕「奉者」，此上原衍「逢」字，據《元高麗紀事》删。

〔七五〕「晧」，《元文類》卷四一作「晧」，《元史》卷二〇八《高麗傳》及其校勘記〔三〇〕作「賠」。
〔七六〕「仗」，原作「伏」，據《元高麗紀事》改。
〔七七〕「牛」，原作「年」，據《元高麗紀事》改。
〔七八〕「馬」，原脱，據《元史》卷二〇八《高麗傳》及《元高麗紀事》補。
〔七九〕「授」，原作「受」，據《元高麗紀事》改。
〔八〇〕「勞」，原作「發」，據《元高麗紀事》改。
〔八一〕「領」，原缺，據《元史》卷二〇八《耽羅傳》補。
〔八二〕「德」，原作「得」，據《元史》卷二〇八《耽羅傳》及《元高麗紀事》改。
〔八三〕「返」，原作「逆」，據《元高麗紀事》改。
〔八四〕「合」，原作「和」，據《元高麗紀事》改。
〔八五〕「平定其地」，原作「平地其定」，據《元高麗紀事》乙正。
〔八六〕「隸」，原作「歷」，據《元史》卷二〇八《耽羅傳》改。

日本〔一〕

日本，海國。自至元、大德間，黑迪、殷弘、趙良弼、杜世忠、何文著、王積翁、釋如智、寧一山與高麗之潘阜、金有成輩，數使其國，惟積翁中道爲舟人所殺，餘皆奉國書以達，而竟不報聘。至元十年，忻都、洪茶丘以二萬五千人征之，第虜掠而歸。十七年，阿剌罕、范文虎輩以十萬人征之，未見敵，喪全師。二十年，阿塔海復以十萬人往。而昂吉兒上言，民勞，乞寢兵。上亦謂日本未嘗相侵，而交趾犯邊，宜置日本，專事交趾，遂罷征。日本人竟不至。國書始書「大蒙古皇帝奉書日本國王」，繼稱「大元皇帝致書日本國王」，末並云「不宣白」，不臣之也。辭懇懇款款，自抑之意溢於簡册，雖孝文於尉陀不是過。阜還，上以爲將命者不達；黑迪被却，上以爲典封疆者以慎守固禦爲常，此將吏之過；良弼之往，復謂不見報者，豈以高麗林衍叛，道梗故耶？終不以旅拒名之。忻都軍既還，其國遣商人持金來易錢，亦聽之。又詔：「勿困苦其商人。」柔遠之道至矣。阿剌罕之行，上宣諭曰：「有一事朕憂之，恐卿輩不和耳。」既而諸帥果以輿尸取敗，而上言將校不聽節制逃去，載運士至合浦，遣還鄉里。及敗卒于閶者脱歸，則言省臣先潰去，棄軍五龍山下，爲日本所殲，諸將之罪始暴著。昂吉兒之言曰：「語曰，上下同欲者勝，又曰，兵以氣爲主。近歲民貧賦重，荐水旱救死不暇，復驅之涉海遠征，莫不愁嘆，此非上下同欲也。軍嘗挫衄東海，倉皇喪氣，人無鬬志，非所謂以氣爲主也。」成宗即祚，或又建言伐之，上曰：「今非其時，朕徐思之。」卒遣寧一山附商舶往使而已。嗚呼，世祖之文經武略與知人之明、謙光之度，成宗之能持盈，昂吉兒之讜言，諸將之罪負，日本之自絕照臨，皆當使後世有聞焉。

至元二年，命兵部侍郎黑迪、禮部侍郎殷弘持國書往使日本。書稱「大蒙古皇帝奉〔二〕書日本國王」云云，末云「不宣白」。道高麗，高麗王植言：「道險〔三〕遠，不可辱天使。」命其起居舍人潘阜持書往。留六月，不得要領而歸。

五年九月，再命黑迪、弘往。至對馬島，日本人拒不納。交鬭，執其塔二郎、彌二郎二人而還。

六年，命高麗金有成送還執者，且俾中書省牒其國，亦不報。十二月，又命祕書監趙良弼往使，良弼乞定與其王相見之儀，廷議與其國上下分未定，與其國且無禮數，上從之。良弼至，留其太宰府守護所者久之。時又有曹介叔者上言：「高麗迂路導引國使。有捷徑，順風半日可到。但使臣則不敢同往；大軍進征，則願爲鄉導。」上曰：「如此則當思之。」

九年五月，命高麗王植致書日本，諭使通好，始遣彌四郎者入朝。上宴勞之。既又逼使者徒歸，竟不報聘。

十年，命鳳州經略使忻都、高麗軍民總管洪茶丘以千料舟、拔都輕疾舟、汲水小舟各三百，共九百艘，載士卒二萬五千伐之。

十一年十月，入其國，敗之。而我軍不整，箭又盡，第虜掠四境而歸。

十二年，遣禮部侍郎杜世忠、兵部侍郎何文著、計議官撒都魯丁往使，書前言「大元皇帝致書於日本國王」，後言「不宣白」，亦不來覲。

十四年，遣商人持金來易銅錢，許之。

十七年十月，立日本行省，命阿剌罕爲右丞相，與左丞相范文虎及忻都、茶丘等率十萬人討之。

十八年二月，諸將陛辭，上若曰：「有一事朕憂之，恐卿輩不和耳。范文虎新降者也，汝等必輕之。」八月，諸將未見敵，喪全師以返。上言至日本，欲攻太宰府，累風破舟，猶欲議戰，萬户厲德彪、王國佐等不聽節制逃去。本省載餘軍至合浦，散遣還鄉里。未幾，敗卒于閶脱歸，言官軍六月入海，七月至平壺島，移五龍山。八月一日，風破舟。五日，文虎等諸將各自擇堅好船坐去，棄士〔四〕卒十餘萬于山下，無食無主者三日。衆議推張百户者爲主帥，號之曰張總管，聽其約束。方伐木作舟，欲還。七日，日本人來戰，盡死，餘二三萬虜去。九日，至八角島，盡殺蒙古、高麗、漢人，謂新附軍爲唐人，不殺而奴之，閶輩是也。蓋行省官議事不相干，故皆棄軍歸。久之，閶與莫青、吴萬五者逃還，十萬之衆，得返者此三人也。

二十年，命阿塔海爲日本省丞相，徹里帖木兒右丞、劉二拔都左丞、陳某右丞、鄭某參政往〔五〕以十萬人往，淮西宣慰使昂吉兒上言：民勞，乞寢兵。

二十一年，又以其俗尚佛，遣王積翁者與補陀僧如智往使，舟中有不願行者，共謀殺積翁，不果使而返。

二十三年，上曰：「日本未嘗相侵，今交趾犯邊，宜置日本，專事交趾。」

成宗大德二年，江浙省平章政事也速達耳乞用兵日本，上曰：「今非其時，朕徐思之。」

大德三年，遣僧寧一山者加妙慈弘濟大師，附商舶往使日本。而日本人竟不至。

【考校記】

〔一〕輯自《元文類》卷四一。按：本節大字部分爲《日本》之序，小字部分乃原編者節録《日本》正文爲注。

〔二〕「奉」，原作「本」，據錢校本及上文改。

〔三〕「險」，原作「驗」，據錢校本改。

〔四〕「士」，原作「土」，據錢校本改。

〔五〕「往」，錢校本校曰：「『往』字，兩元刻同，疑衍。」

安南〔一〕

安南，以險遠爲國。自憲宗、世祖時，大將兀良哈䚟、鎮南王脱歡凡兩以王師入其所居之城。其餘疆埸之事，皆細微也，然亦略載之。

憲宗二年，世祖征大理，發中道，兀良哈䚟由西道晏當路，諸王抄合、也只烈由東道白蠻進。三年，大理平。四年，世祖北還，留兀良哈䚟攻諸夷未附者。七年，兵次交趾北阿閩，遣使往諭，不返。又遣徹徹都等將兵，進抵洮江。兀良哈䚟繼進。十二月十三日，交人敗，入其國，國主陳勝竄海島，出所遣使獄中，屠其城。留九日，以熱班師。還至三十七部鬼方，復遣二使招勝，勝還國，憤殘毁，縛還二使。八年，勝傳國其長子光昺，光昺遣其壻以方物來見。兀良哈䚟遣訥剌丁招光昺來朝，光昺納款。

中統元年，禮部郎中孟甲充南諭使，持詔入安南。光昺遣族人通使大夫奉公、員外郎諸衛寄班阮琛等詣闕獻書，乞三年一貢，從之。

至元三年，頒改元詔，賜曆日。

十四年，光昺卒，其世子日烜立，累徵入朝不至。

十八年十月，立安南宣慰司，以不顏帖木兒爲參知政事，行宣慰使都元帥，設僚屬有差。詔立陳遺愛爲安南王。

二十年，阿里海牙以書抵日烜，俾助兵粮，攻占城。上命鎮南王道交趾，伐占城。

二十一年十月，師次永州，安南遣興道王率衆二萬屯衝要，以阨王師。十二月，敗之于可離隘。又敗之于洞板隘，殺其將秦岑。至内旁隘，敗其興道王，遁走，執其將大僚班段台。進至萬劫，興道王又敗走。官軍至富良江，日烜親拒戰，敗，棄城走天長府，師入其國。別將右丞唐兀䚟敗其太師昭明王、雲肅王、左天王等兵；宗王咬哥敗其昭孝王于清化府，斬之。大軍追日烜于阿魯江、德剛江，處處破之，進至天長府。日烜又敗走，禽其建德侯陳仲，追至膠海口，不知日烜所在。其族昭國王、文義侯、武道侯、明智侯、明誠侯、彰懷侯、彰憲侯、義國侯等皆降。唐兀䚟追日烜及其上皇，至安邦海口，棄船走山林，尋聞入清化府。四月，交兵大起，其興道王攻萬户劉世英于阿魯堡，忠誠王攻千户馬榮于江口，皆殺退。既而水陸來攻大營，城圍數匝，雖多死，增兵轉衆。官軍朝暮鏖戰，困乏，器仗皆盡，遂棄其京城，渡江屯駐，尋班師。至如月江，日烜遣其懷文侯來追，殺之。至册江，伏發，官軍蹋斷浮橋，多溺死。七月，事聞樞密院，請以兵五千，期今年十月，會潭州征之。

二十三年正月，議徵兵各省，復大舉伐安南，詔立其族之來降者益稷爲安南王，秀峻爲輔義公，以奉陳氏祀。日烜上書東宫，哀鳴求罷兵。湖南宣慰司亦上言民疲，士卒多死傷。詔散兵還，各營罷征。

二十四年，令烏馬兒、樊參政率兵水陸進征交趾，尋亦罷。

三十年，以累徵不至，議遣劉二拔都征之。

世祖上仙，成宗即祚，詔赦日燇罪。

【考校記】

〔一〕輯自《元文類》卷四一。按：本節大字部分爲《安南》之序，小字部分乃原編者節録《安南》正文爲注。

雲南〔一〕

憲宗御極，當癸丑之歲。世祖以皇弟奉詔征西南夷，命兀良哈台爲先驅。明年，還朝，兀良哈台專征。至五年，悉定，凡得城五、府八、郡四、蠻部三十七。至元四年，册宗室忽哥赤爲雲南王，遣就國，鎮撫之。自是裔夷獷俗，時起跳梁，則皆郡縣其地之後之事，故第入招捕類中，此不載。

憲宗三年，世祖征西南夷，由土蕃入雲南，命兀良哈台自旦當嶺入，降摩些部，涉金沙江，攻下諸砦，取龍首關。世祖遂入大理國城，兀良哈台分兵取附都善闡、烏爨、次羅部府。大酋高昇拒戰，大破於滄可郎山下。昇嬰城自守，城際滇池，三面皆水，難攻。圍七日，始克。國主段智興柔暗，權臣高祥方謀篡弑。及大兵至，智興走匿昆澤，追及善鄯，獲之。世祖入其城，秋毫不犯。尋引兵入土蕃，酋長唆火脱因塔里堅守。兀良哈台進攻，懼而出降，用爲鄉導，襲取白蠻，譯曰察早章。蠻依山固守，兀良哈台令其子阿术殺蠻退走，乘勝至烏蠻，曰哈剌章，攻破水城。

四年春，世祖還，兀良哈台至烏蠻之都曰押赤城，依山阻水不可近，鬼蠻輩復助之。兀良哈台攻，不下，阿术攀城而入，遂拔之。又下乾德哥城，圍不花合因國，拔赤土哥塞。又克忽闌城，降羅羅斯、阿伯、阿魯諸國。凡平五城、八府、四郡，烏、白等三十七部蠻。

至元四年，命忽哥赤爲雲南王以鎮之。

【考校記】

〔一〕輯自《元文類》卷四一。按：本節大字部分爲《雲南》之序，小字部分乃原編者節録《雲南》正文爲注。「雲南」，原作「雲安」，據本節内容改。

建都〔一〕

建都，古越巂也。至元四年，怯綿領兵招諭，其人亦有願爲内應者，既而以無功坐誅。九年，親王也速台兒乞往征。十一年，蒙古台又往征。元貞間，立軍民總管府于其地。然出師振旅，降下攻擊之詳，簿書闕焉。

至元三年九月，四川行院言建都欲降，乞降詔招之。四年九月，怯綿乞領兵招建都，從之。十月下詔招諭。五年三月，建都總管軍民大頭目八座、億智、拍祖、不作四人遣急吉者來告，乞官軍攻城，我等殺國主效力，土蕃頭目晚着亦願助粮。六年六月，怯綿無功亡士卒，棄市。九年正月，親王也速台兒願領六千人往征之，上從其請。十一年，命蒙古台領兵一萬一千五百征之。元貞二年五月，丞相完澤奏立建都軍民總管府。

【考校記】

〔一〕輯自《元文類》卷四一。按：本節大字部分爲《建都》之序，小字部分乃原編者節録《建都》正文爲注。

緬〔一〕

朝廷以至元十年始遣使招緬，不至。十四年春，緬人犯邊，偏將忽都、土官信苴日輩大敗之。十月，行省遣納速剌丁破其三百餘砦，然皆方面疆場之事。二十年，始詔宗王相吾答兒往征，破其江頭城。二十二年，乃議納款，貢方物。既〔二〕其王爲庶子不速速古里所囚。大德二年，其臣阿散哥也復擅廢立。四年，命宗王闊闊、雲南省平章政事薛超兀兒、忙兀都魯迷失等率師問罪，功不就而還。臣作政典，見高麗有林衍、承化公、金通精之亂，今緬亦似之，皆蕞爾國而妻有弗靖，至煩朝廷兵鎮撫，可憐哉！

至元八年，大理、鄯〔三〕闡等路宣慰司遣乞台脱因等使緬，招其内附。不得見其王，見其臣下，遣价博者偕來。

十年，以乞台脱因充禮部郎中，與勘馬剌失里及工部郎中劉源、工部員外郎小云失充國信使副，持詔往諭，徵其子弟、大臣來朝。

十二年四月，建寧路安撫使賀天爵言：「金齒人阿郭知入緬三道，一由大部馬，一由繅甸，一由阿郭地，俱會緬之江頭城，又阿郭親戚阿提犯在緬，掌五甸，户各萬餘，欲内附。阿郭願先招阿提犯及金齒之未降者爲引導。」雲南省因言緬王無降心，去使不返，必須征討。聖旨：「姑緩之。」十一月，雲南省始報：「差人探伺國信消息，蒲賊阻道。今蒲人漸多降者，道稍通。遣金齒千額總管阿禾探得國使已達緬，俱安。」

十四年三月，緬人以阿禾内附，怨之，攻其地，欲立砦騰越、永〔四〕昌之間。時大理路蒙古千户忽都、大理路總管信苴日、總把千户脱羅脱孩奉命伐永昌之西騰越、蒲、驃、阿昌、金齒之未降部，駐南甸。阿禾告急，忽都等晝夜行，與緬軍遇一河邊。其衆約四五萬，象八百，馬萬疋，我軍僅七百人。緬人前乘馬，次象，次步卒，象被甲背負戰樓，兩旁挾大竹筒，置短槍數十於其中，乘象者取以擊刺。忽都下令：「賊衆我寡，當先衝河北軍。」親率二百八十一騎爲一隊，信苴日以二百三十三騎傍河爲一隊，脱羅脱孩以一百八十七人依山爲一隊，交戰良久，賊敗走。信苴日追之三里，抵寨門，旋濘而退。忽南面賊兵萬餘，繞出我軍後。信苴日馳報忽都，復列爲三陣，進至河岸擊之，又敗走。追破其十七砦，逐北至窄山口，轉戰三十餘里，賊及象馬自相蹂死者盈三巨溝。日暮，忽都中傷，遂收兵。明日，追之至千額，不及而還。捕虜甚衆，軍中以一帽或一兩靴、一氈衣易一生口。其脱者又爲阿禾、阿昌邀殺，歸者無幾。而官軍負傷者雖多，惟一蒙古軍獲一象，不得其性，被擊而斃，餘無死者。

十月，雲南省遣某道宣慰使都元帥納速剌丁率蒙古、爨、僰、摩些軍三千八百人征緬，至江頭，深蹂酋首細安立砦之所，招降其木乃、木要、蒙帖、木巨、木禿、磨欲等三百餘砦，土官曲臘、蒲折民四千，孟磨、愛呂民一千，磨柰、蒙匡、黑答、八剌民二萬，蒙古甸甫祿保民一萬，木都渾禿民二百，以天熱還師。

二〔五〕十年十一月，王師伐緬，克之。先是，詔宗王相吾答兒、右丞太卜、參知政事也罕的斤將兵征緬。二十年九月一日，大軍發中慶。十月二十七日，至南甸，太卜由羅必甸進軍。十一月二日，相吾答兒命也罕的斤取道於阿昔江，達鎮西阿禾江，造舟二百，下流至江頭城，斷緬人水路，自將一軍，從驃甸徑抵其國。十一日，與太卜軍會。十三日，令諸將分地攻取。十九日，破其江頭城，擊殺萬餘人，別令都元帥袁世安以兵守其地，積粮餉以給軍士，遣使持輿地圖奏上。

二十二年十一月，緬王遣其鹽井大官阿必立相至大公城，欲來納款，爲孟乃甸白衣頭目䚟塞阻道，不得行。

遣贍馬宅者持信搭一片來告，驃甸土官匿俗，乞報上司，免軍馬入境。匿俗給榜，遣贍馬宅回江頭城，招阿必立相赴省。且報鎮西、平緬、麗川等路宣慰司、宣撫司，差三摻持榜至江頭城，付阿必立相、忙直卜弄二人，期以兩月領軍來江頭城，宣撫司率蒙古軍至驃甸相見議視〔六〕事。阿必立相〔七〕乞言於朝廷，降旨許其悔過，然後差大官赴闕。朝廷尋〔八〕鎮西、平緬宣撫司達魯花赤兼招討使怯烈使其國。

二十四年正月，緬王爲其庶子不速速古里所執，囚於昔里怯荅剌之地，又害其嫡子三人，與大官木浪周等四人同爲逆。雲南省請今秋進討，奉旨，不聽。既而雲南王與諸王進征，至蒲甘，喪師七千餘，始平定，歲貢方物。

大德元年，緬王遣其子僧加八的來朝，賜王爵印，封僧加八的爲世子。

二年，雲南省先遣管竹思加使登籠國，其國王遣其舅兀剌合、兀都魯新合二人，從管竹思加赴闕。二月，至蒲甘，緬王帖滅的令可瓦力引軍登舟，縛去兀剌合、兀都魯新合，劫掠貢物以去。六月，管竹思加至大公城，緬人阿只不伽闌等來言：「舊緬王帖戚〔九〕的實行劫奪於尔，今已去位，鄒聶爲王，遣我輩召尔，議遣人赴朝。」管竹思加至蒲甘，鄒聶曰：「帖滅的引八百媳婦軍，破我甘當、散當、只麻剌、班羅等城，又劫奪尔登籠國人、物。尔等回朝，不知其故，必加兵於我。今帖滅的已廢，持差大頭目密得力、信者、章者思力三人奉貢入朝。」又移文雲南省，稱：「木連城土官阿散哥也，皇帝命佩大牌子，爲官人。初實無罪，前緬王欲殺之。聖旨令安治僧民，前緬王却通叛人八百媳婦，引兵來壞甘當、散當、只麻剌、班羅四族百姓，又劫奪登籠國貢物。是故阿散哥也、阿剌者僧吉藍、僧哥速等廢前緬王，令我爲王。」行省以聞。

三年八月，太公城總管細豆移文江頭站頭目逮的刺必塞馬加刺言：「阿散哥也兄弟三人領軍三萬，謂答麻的微緬王及其世子曰：自歸大元之後，使我多負勞費。殺緬王以下世子、妻妾、父師、臣僕百餘人。」雲南行省問其持文書來者，我文哥言：「緬王就弑時，謂阿散哥也曰：我祖以來，不死於刃，可投我水中，或縊死。遂縊之，埋死所屋下，七日風雨不止。夢其國人曰：吾埋不得其地，若焚屍弃骨於水則晴，從之，果然。」我文哥出十餘日，又聞世子及逃出次子之母與父師、臣僕，與前此隨國信使、留緬回回、畏吾兒、漢人百餘輩，皆被害。阿散哥也又逼淫新王之母。是月，緬王之子古馬剌加失八颯耽八者里及其師來奔，陳辭於雲南省，乞復讐。大槩謂「阿巴民叛，緬王乞師朝廷伐定之。叛人怒，謂王求軍殺掠，我爲人奴，遂修城聚兵，謀廢其王。又僧哥〔一〇〕速左右及阿剌者僧吉藍從人相繼從叛者，殺害密里都邦加郎等族。王謂其兄阿散哥也：可勸汝兄弟勿尔。對曰：我說，必聽。不聽，我親伐之。王悉以其民付阿散哥也，因此力衆，遂生二心，王執而囚之。僧哥速等於不甘、雨宿、吉老亦之地，築大城拒守，水陸進兵，來逼蒲甘。王釋阿散哥也，令百官乘象、馬從阿散哥也出見僧哥速。僧哥速奪象、馬，掠百官，求錢物，燒城池，鎖王足置豕牢中，分其妻妾。王爲皇帝奴，冤苦如此，望拯救」。雲南行省左丞忙兀都魯迷失又上言：「緬王歸朝十一年矣，未嘗違分。今其臣阿散哥也兄弟三人以三罪加其身，置父子縲紲，又通新王之母，據舊王之妻妾。假一罪皆實，亦當奏從朝廷區處，乃敢擅權廢立，豈有此理？今其子來求救，且小甸叛人劫虜官民，尚且赴救，答麻剌的微王乃上命爲國主，叛臣囚之，豈可不救？拆使外國效尤爲亂，將致大患。」行省以聞。已而又聞新主亦被弑，阿散哥也篡立。九月，中書聞於上，上曰：「忙兀都魯迷失之言是也，速議奏行。」十二月，阿散〔一一〕哥也犯邊，攻阿真谷、馬來城，拒太公城二十里駐兵。尋退。

四年正月，召忙兀都魯迷失赴闕議兵事。五月，故緬王壻馬來城土官納速剌上言：「大德元年，朝廷遣尚書教化迪伴送世子僧加八的還國，國王集衆聽詔。惟阿剌者僧吉藍、僧哥速不至。二年二月，二人興兵叛，來駐蒲甘近境。王亦整兵，諭叛賊之兄阿散哥也，曰：尔二弟不聽詔，又敢爲亂，尔令退兵，從命則已，否則是尔同謀。阿散哥也諭之，不從。王遂囚阿散哥也。二人引兵逼城，王遣納速剌等出戰，納速剌敗，被禽。王令國中諸僧出，謂二人曰：毋徒苦百姓，尔欲害我乎？若無此心，當釋尔兄，復乃職，否則明以告我。阿散哥也及二弟皆曰：主是我主，豈有異心，如不信請入大寺爲重誓，從之。誓畢，釋之，賊退，納速剌亦得歸。至五月，三人合兵攻蒲甘，執王及世子僧加八的、次子朝乞力朝普，囚於木連城，凡十又一月。三年四月十日，阿散哥也令弟阿難答速弑緬王并二子，餘子康吉弄古馬剌加失巴遁去。放世子於蒲甘，而奪其妻，又分據王妻妾。共立王孽弟鄒聶，方十六歲，誅不附己者。十二月，又攻破阿真谷〔一二〕、馬來兩城，納速剌逃來。」

五月十五日，中書、樞密奏征緬事：「忙兀都魯〔一三〕迷失請用六千人。臣等謂緬與八百媳婦通好，力大，非一萬人不可。」奉旨：「所擬猶少，可增爲一萬二千人。」又奏：「忙兀都魯迷失乞與薛超兀兒、劉都元帥德禄同事，及求雲南土官高阿康從軍，又請命親王闊闊監軍，以振兵威。」皆從之。上曰：「闊闊雖去，勿令預事。」

四年閏八月，雲南平章政事薛超兀兒、忙兀都魯迷失等發軍中慶，期至大理西永昌、騰衝會集。十月，入緬。十二月五日，至馬來城大會。十五日，至阿散哥也凡弟三人所守木連，三城相接。賊出戰，敗之，賊閉門拒守。忙兀都魯迷失、劉左丞據城東北面，薛超兀兒、高阿康參政據西面，正南無軍守之。賊日出戰，城内四面立三梢、單梢砲向外攻擊。官軍尋立排沙圍其城。

五年正月，分軍破其石山寨。又召白衣催粮軍二千助圍其城南。十九日，城上發矢石擂木，殺官軍五百餘人。二月二日，阿散哥也令十餘人呼曰：「我非叛人，乃皇帝良民。以緬王作違理三事，我等收之。彼自飲藥而死，非我等殺之。我等蒙古人，無其作惡，若許我投降，省官鑒之。」賊遂使人持金銀禮物出見。省官諭賊三人親出，方可，不然難信。若一年不出，我軍亦住一年。賊竟不肯親出。二十七日，萬户章吉察兒等狀陳：「天熱瘴發，軍勞苦。不還，實懼死傷獲罪。若令我等住夏瘴死，不如赴上前就死。若明白有旨，孰敢不住？在法：口傳聖旨，勿行。我等今當迴軍。」二十八日，分省官方議軍事，章吉察兒等俱領軍起營回。二十九日，分省官亦回。三月五日，至阿占國城，追及章吉察兒等。忙兀都魯迷失移文稱：「大事未成，豈可回軍，若尔等果不肯住，可留一半軍或三千當職，當住夏守賊。」平章薛超兀兒、劉左丞、高參政皆言：「平章可住，我輩亦可住，我輩皆願住夏。」徧告軍官，俱令住夏。是日，新王之母乘象追及分省官，訴：「賊拘我於木連城，今始放出。若大軍五日不迴，必出降。惜乎回早〔一四〕！」章吉察兒等宣言：「病軍皆已先行，我等明日亦去，無可議者。」分省官命追回先行軍，皆言去已遠，何可及？次日，將校皆回。分省官亦由蒙來路歸。薛超兀兒、忙兀都魯迷失上言：「賊兵困屈，旦夕出降。參政高阿康、土官察罕不花、軍官章吉察兒等，同稱軍多病，不可住，擬合回軍。下令留之，不聽。恃親典兵權，引軍而回。彼既行矣，分省亦不能住。」又言：「朝廷所立緬王，已送至其父舊所居城中，報賊脅從者已少，皆從我矣。若可住，當遣人再報。若不可住，我亦走出。」又言：「賊饋阿康酒食，阿康受之，疑是寶貨。又軍回五程，阿康出銀三千兩，曰：此阿散哥也賂衆將校者。薛超兀兒等言：此銀尔實受之，我輩未嘗知也。欲與諸將，尔自處之。蓋因阿康與察罕不花等預此行，故功不成。乞置對，以懲後。」

八月八日，丞相完澤等奏，奉旨遣河南平章政事二哥等，赴雲南雜問之。蓋自宗王闊闊、平章政事薛超兀兒、忙兀都魯迷失、左丞劉德禄、參知政事高阿康下至一二大將校、幕官、令史皆受賊賂。瓜難已至，兵中復縱之。共爲金八百餘兩、銀二千二百餘兩，遂不能號令偏裨。阿康因與察罕不花謀令諸將抗言不能住夏，擅回，阿康、察罕不花伏誅。忙兀都魯迷失前死，薛超兀兒、劉德禄遇赦，皆追奪宣敕，永不敘用。忙兀都魯迷失子不得廕。首沮軍事萬户咬咬忽都不丁、千户脱脱木兒真決有差，皆奪所居官，籍其家産之半，餘將校各以輕重被笞。察罕不花者，麗江路軍民宣撫使也。

【考校記】

〔一〕輯自《元文類》卷四一。按：本節大字部分爲《緬》之序，小字部分乃原編者以《緬》之正文爲注。
〔二〕「既」，據文意，此下疑脱「而」字。
〔三〕「鄯」，原作「鄴」，據《元史》卷二一〇《緬傳》改。
〔四〕「永」，原作「水」，據下文及《元史》卷二一〇《緬傳》改。
〔五〕「二」，原作「三」，據錢校本及《元史》卷二一〇《緬傳》改。
〔六〕「視」，疑爲衍文。《元史》卷二一〇《緬傳》無此字。
〔七〕「相」，原作「先」，據上文及《元史》卷二一〇《緬傳》改。
〔八〕「尋」，據文意，此下疑脱「遣」字。

〔九〕「戚」，錢校本校曰：「翠巖『滅』。」

〔一〇〕「哥」，原作「可」，據錢校本及上下文改。

〔一一〕「散」，原作「剌」，據錢校本及上下文改。

〔一二〕「谷」，原作「國」，據上文改。

〔一三〕「魯」，原作「剌」，據上下文改。

〔一四〕「早」，錢校本校曰：「早。」

占城〔一〕

占城，初嘗奉表來降。至元十九年，以執國使，興師問罪。二十年正月，破其木城。洎大州，其主孛魯由補剌者吾遁走，其舅寶脱禿花陽求降附，以款我師，陰爲戰計，往返再三，辭語支蔓，總兵官唆都竟不之覺。及得曾延之報，始疑信相半，而已墮其術中，幾陷偏師。嗚呼！鄙夷亦多詐哉。二十一年之征，則以安南道阻，不果，語在《安南》事中。

至元十五年，左丞唆都以宋平，因遣人至占城。還言其王失里咱牙信合八剌麻哈迭瓦有内附意。奏之，詔降虎符，授榮禄大夫，封占城郡王。

十六年十二月，遣兵部侍郎教化迪、總管孟慶元、萬户孫勝夫與唆都使占城，諭其王入朝。

十七年二月，占城國王保寶旦孥囉耶邛南誸占把地羅耶遣使貢方物，奉表降。

十九年十月，征占城。初，朝廷以占城國主孛由補剌者吾曩歲遣使來廷，稱臣内屬，謂其誠服，遂命左丞唆都等就其地立省，以撫安之。既而其子補的專國，負固弗率。萬户何子志、千户皇甫傑使暹國，宣慰使尤永賢、亞闌等使馬八兒國，舟經占城海道，皆被執，故征之。上曰：「老王無罪，逆令者乃其子與一蠻人耳。苟獲此兩人，百姓當依曹彬故事，不戮一人。」十一月，占城行省官率兵自廣州航海。二十九日，師次占城港。港口北連海，旁有小港五，通其國大州，東南止山，西旁木城。官軍依海岸屯駐，占城兵自三十日爲始，治木城，四面約二十餘里，起樓棚，立回回三梢砲百餘座。又木城西十里建行宫，孛魯補剌者吾親率大兵屯守應援。行省遣都鎮撫李天祐、總把賈甫招之，七往，終不服。十二月十八日，占城貼書，刻期請戰。

二十年正月，行省傳令軍中，以十五日夜半發船攻城。至期，分遣瓊州安撫使陳仲達、總管劉金、總把栗全以兵千六百人由水路攻木城北面，總把張斌、百户趙達以三百人攻東面，沙觜省官三千人分三道攻南面。舟行至天明泊岸，爲風濤所碎者十七八。賊開木城南門，建旗鼓，出萬餘人，乘象者數十，亦分三隊迎敵。矢石交下，自卯至午，賊敗北。官軍入木城，復與東北二軍合擊之，殺溺死者數千人。守城供餉餽者數萬人，悉潰散。國主棄行宫，燒倉廩，殺永賢、亞闌等，與其臣逃入山。十七日，整兵攻大州。十九日，國主使報答者來求降。二十日，兵至大州東南，遣報答者回，許其降，免罪。二十一日，入大州，尋又遣博思兀魯班者來言：「奉王命來降，國主、太子後當自來。」行省傳檄召之，我師復駐城外。二十三日，遣其舅寶禿魯花等三十餘人，奉國主信物雜布二百疋、大銀三定、小銀五十七定、碎銀一甕爲贄，歸款。又獻金葉九節標槍，曰：「國主欲來，病未能進。

先使持其槍來，以見誠意。長子補的期三日請見。」省官却其物，寶脱秃花曰：「不受，是薄之也。」行省度不可却，姑令收置，聽候上聞。二十九日，寶脱秃花復令其主第四子利世麻八都八德剌、第五子利世印德剌來見，且言：「先有兵十萬，故求戰。今皆敗散，聞敗兵言，補的被傷已死。國主頰中箭，今小愈，愧懼未能見也。故先遣二子來議赴闕進見之事。」省官疑其非真子，不之質，聽其還，諭國主早降。且以問疾爲辭，遣千户林子全、總把李德堅、栗全偕往覘之。三十日，二子在途先歸。子全等入山兩程，國主遣人來拒，不果見。寶脱秃花謂子全曰：「國主遷延不肯出降，今反揚言欲殺我，可歸告省官，來則來，不來我當執以往見。」子全等回營。是日，又殺何子志、皇甫傑等百餘人。二月八日，寶脱秃花又至，自言：「吾祖父、伯叔前皆爲國主。至吾兄，今孛由補剌者吾殺而奪其位，斬我左右二大指，我實銜之，願禽孛由補剌者吾、補的父子及大拔撒機兒以獻。請給大元服色。」行省賜衣冠，撫諭以行。十三日，居占城唐人曾延等來言：「國主逃於大州西北鴉候山，聚兵三千餘，并招集他郡兵，未至。不〔二〕日將與官軍交戰，懼唐人泄其事，將盡殺之，延等覺而逃來。」十五日，寶脱秃花偕宰相保孫達兒及撒及等五人來降，行省官引曾延等見，寶脱秃花詰之，曰：「延等姦細人也，請繫縲之。國主軍皆潰散，安敢復戰？」又言：「今未附州郡凡十二處，每州遣一人招之。舊州水路，乞行省與陳安撫及寶脱秃花各遣一人，乘舟招諭攻取。陸路則乞行省官陳安撫與己往，禽國王、補的及攻其城。」行省猶信其言，調兵一千屯半山塔，遣子全、德堅領軍百人，與寶脱秃花同赴大州進討。約有急，則報半山軍。子全等比至城西，寶脱秃花背約，間行自北門乘象遁入山。官軍獲諜者曰：「國主實在鴉候山，立砦聚兵約二萬餘，遣使交趾、真臘、闍婆等國借兵，及徵賓多龍、舊州等軍未至。」十六日，遣萬户張顒等領兵赴國主所棲之境。十九日，顒兵〔三〕近水城二十里。賊浚濠塹，拒以大木，我軍斬刈，超距奮擊，破其二千餘衆。轉戰至木城下，山林阻隘，不能進。賊旁出，截歸路，軍皆殊死戰，遂得解還營。行省遂整軍聚粮，刜木城，遣總管劉金、千户劉涓、岳榮守禦。三月六日，唆都領軍回。十五日，江淮省所遣助唆都軍萬户忽都虎〔四〕等至占城唆都舊制行省舒眉蓮港，見營舍燒盡，始知官軍已回。二十日，忽都忽令百户陳奎招其國主來降。二十七日，占城主遣陳〔五〕通事者來，稱納降。忽都忽等諭令其父子奉表進獻。國主遣文勞卬大巴南等來稱，唆都除蕩，國貧無進物。來年多備禮物，令嫡子入朝。四月十二日，國主令其孫濟目理勒蟄、文勞卬大巴南等奉表歸款。

二十一年，命平章阿里海牙奉鎮南王脱歡發兵，假道交趾伐占城，不果進。

【考校記】

〔一〕輯自《元文類》卷四一。按：本節大字部分爲《占城》之序，小字部分乃原編者以《占城》之正文爲注。

〔二〕「不」，原作「百」，據《元史》卷二一〇《占城傳》改。

〔三〕「兵」，原作「木」，據《元史》卷二一〇《占城傳》改。

〔四〕「忽都虎」，下文皆作「忽都忽」，《元史》卷二一〇《占城傳》皆作「忽都虎」。

〔五〕「陳」，《元史》卷二一〇《占城傳》作「王」。

海外諸蕃〔一〕

海外諸蕃，見於征伐者，惟爪哇之役爲大。會三行省兵二萬，設左、右軍都元帥府二，征行上萬户府四，發舟千艘，費鈔四萬定，賫一年粮，降虎符十、金符四十、銀符百，金衣段百端備賞，往返八閲月。爪哇降而復叛，伐葛郎，得其妻子官屬百餘人而還。其餘遜答、流求、三嶼、俱藍、馬八兒、那旺、蘇木都剌、蘇木達、也里可温、木速蠻、須門那、僧急里、南無力、馬闌丹、丁呵兒、來來、急闌亦台、進麻里予兒、阿昔之屬，又皆瑣瑣者。其至也，或遣使招來，或風入貢，不皆以兵下。

爪哇

至元二十九年二月八日，詔福建行省授亦黑迷失、史弼、高興爲平章政事，征爪哇，軍二萬，海舟千艘，給一年粮。二十五日，亦黑迷失等陛辭，上曰：「卿等至爪哇，明告其國軍民，朝廷初與爪哇通使，往來交好，後刺詔使孟右丞之面，以此進討。」九月，軍會慶元，弼、亦黑迷失領省事，赴泉州，興率軍輜自慶元登舟涉海。十一月，福建、江西、湖廣三省軍會泉州。十二月十四日，自後渚啓行。

三十年正月十八日，至拘欄山，議方略。二月六日，亦黑迷失、孫參政先領本省幕官，并招諭爪哇等處宣慰司官曲海牙、楊梓、全忠祖，萬户張塔剌赤等五百餘人，船十艘往招諭。議定後七日，大軍繼進，於吉利門相候。十三日，弼、興進至爪哇之杜並足，與亦黑迷失等議，分軍下岸，水陸並進。弼與孫參政帥都元帥那海、萬户甯居仁等水軍，自杜並足由戎牙路港口至八節澗。興與亦黑迷失、都元帥鄭鎮國、萬户脱歡等馬步軍，自杜並足陸行，以萬户申元爲前鋒，遣副元帥土虎登哥、萬户褚懷遠、李忠等，乘鑽〔二〕風船由戎牙路於麻喏巴歇浮梁前進，赴八節澗期會。二十一日，招諭爪哇宣撫司言，爪哇王土罕必闍耶舉國納降，土罕必闍耶不能離軍，先令楊梓、甘州不花、全忠祖引其宰相昔剌難答吒耶等五十餘人迎。三月一日，會軍八節澗，澗上接杜馬班王府，下通莆奔大海，乃爪哇咽喉，必争之地。又其謀臣希寧官沿河泊舟，觀望成敗，再三招諭不降。行省於澗邊設偃月營，留萬户王天祥守河津，土虎登哥、李忠等領水軍，鄭鎮國、省都鎮撫倫信等領馬步軍，隨省水陸並進。希寧官懼，棄船宵遁，獲鬼頭大船百餘艘。令那海、居仁、萬户鄭珪、高德誠、張受等鎮八節澗海口。

大軍方進，土罕必闍耶使來告，葛郎王追殺至麻喏巴歇，請官軍救援。亦黑迷失、張參政先往安慰土罕必闍耶，鄭鎮國引軍赴章孤接援。興進至麻喏巴歇，却稱葛郎兵未知遠近，興回八節澗。亦黑迷失尋報賊兵今夜當至，召興赴麻喏巴歇。七日，葛郎兵三路攻土罕必闍耶。八日，亦黑迷失、孫參政率萬户李明迎賊於西南，不遇。興與脱歡由東南路與賊戰，殺數百人，餘奔潰山谷。午時，西南路賊又至，興再戰，至晡，又敗之。十五日，分軍爲三道，伐葛郎，期十九日會答哈，聽砲聲接戰。土虎登哥等水軍泝河而上，亦黑迷失等由西南，興等自東道進，土罕必闍耶軍繼其後。十九日，至答哈，葛郎國主以兵十餘萬交戰，自卯至未，連三戰，賊敗，奔潰，擁入河死者數萬人，殺五千餘級。國主入内城拒守，官軍圍之，且招其降。戌時，國主哈只葛當出降，撫諭令還。

四月二日，遣土罕必闍耶還其地，具入貢禮，以萬户捏只不丁、甘州不花率兵二百護送。十九日，土罕必闍耶背叛逃去，留軍拒戰。捏只不丁、甘州不花、省掾馮祥皆遇害。二十四日，軍還，得哈只葛當妻子官屬百餘人，及地圖户籍、所上金字表。

【考校記】

〔一〕輯自《元文類》卷四一。按：本節大字部分爲《海外諸蕃》之序，「爪哇」及以下小字部分乃原編者節録《海外諸蕃》正文爲注。

〔二〕「鎖」，錢校本校曰：「翠巖『鑽』。」

平倒剌沙〔一〕

天曆元年九月壬申，今上皇帝即大位，詔天下，其節文曰：「洪惟我太祖皇帝肇造區夏，世祖皇帝混一海宇，爰立定制，以一統緒，宗親各授分地，勿敢妄生覬覦，此不易之成規，萬世所共守者也。世祖皇帝之後，成宗皇帝、武宗皇帝、仁宗皇帝、英宗皇帝以公天下之心，以次相傳，宗王貴戚咸遵祖訓。至於晉邸，具有盟書，願守藩服。而與賊臣帖失、也先帖木兒等潛通陰謀，冒干寶位，使英皇不幸罹于大故。朕兄弟播越南北，備歷艱險，臨御之事，豈獲與聞。朕以叔父之故，順承惟謹。于今六年，災異迭見。權臣倒剌沙、兀伯都剌等，專擅自用，疏遠勳舊，廢棄忠良，變亂祖宗法度，空府庫以私其黨類。大行上賓，利於立幼，顯握國柄，用成其姦。」明詔既下，於是倒剌沙之罪暴於縣宇，中外同心，奮勇敵愾，卒致乾坤清夷，歸璽神聖，宗社尊安，四海樂業。

是編自八月甲申今太師中書右丞相臣燕帖木兒舉義，至十月庚戌齊王臣月魯帖木兒奉上寶璽，大臣奏散遺諸軍，以至倒剌沙棄市。三閱月之間，致天下晏然者，悉具簡册焉。

【考校記】

〔一〕輯自《元文類》卷四一。

招捕〔一〕

真聖樹業，中天下以家宅。大武不涉，斯生蘖芽。要荒四履，六詔最遐。閩廣播思，兩江海涯。遼霤江右，嶺蜀木波。番分龍盧，自此下皆一字種名。黎別生、熟。撞、爨、驃、蒲，傜、芒、僰、猪。人賒切。落落、顧顧，綿綿、羅羅。此疊字名，綿綿則村名，用以足句。羅羅，羅羅斯也。白衣、金齒，漆頭、花角。八百妾御，七十閫闍。音奢。此以其服飾及所有爲種名者。八百媳婦、七十城門，皆國名。甸、呰、團、洞，箐、柵、墟、畬。嵒盤川屋，激駃谽谺。山經叵究，豎亥斯差。此下一字地名也。廣、瑶、縹、慶，甸名。兼、我〔二〕、凍、斜。州名。白、幫、上、東，團名。齒、判、粘、凹。村名。頻、計、淥、在、影，雷、窖、瓢、木、茶。洞名。昛暇之州，洒涌之社。琅詡之譯〔三〕，噥聳之坡〔四〕。此下皆二字地名。此其尤奇者也。朊昌、瓦農、獲架、必迦、苴善、抽俸、矣比、枯柯、車里、烏撒、蹉泥、窩〔五〕、散毛、爛土、雍真、淥查、林背、嶺豚、那結、都渦、杜望、杜暮、白定、白拿、大踢、青特、筠連、豕鵞、赤珊、藍塞、嵬骨、果夥、猙猛、甕省、賸串、昔霞。曰九層際，此下三字地名。曰新而元，曰伽矣傑，曰百眼佐，曰水手浪，曰上落麼。師宗弥〔六〕勒。此下四字地名。阿尼必斛、一奚卜薛、阿白出麻、貘狉犵狫、八郎篤公、吸剌豁曈、客客昔多。

夷生其中，自爲雄夸：火頭、大老、此下皆酋長位名。把事、希古、軍火、營主、山主、尊長。族種謬悠，氏名聱牙：提呂、摩耳、此下二字人名。訇思、阿禾、雄挫、渾弄、矣豆、者哦、雙茉、拜法、的井、答麫、个忙、尼雁、莽占、居些、谷納、剌構、阿葵、胡弄、夯采、只驗、娘報、竹哥、細麥、嬰上、亞浪、落麼、蒙毢、空〔七〕弟、羅勾、非白、阿氈、卧踏、委界、勾巴、合彪、鮮的、官兜、心撻、瓦英、厭薛、甲古、阿娥。若過生琮，此下三字人名。若大希〔八〕婆，若夢兀仲，若渾乞濫，若約薛要，若阿匭瓜，若卜制頭，若閉羅蠒，若夭程猱，若思蓬怯，若兀勸吉，若黃公爹，若獨然堋，若大河沙。必乖豆來、此下四字人名。蒲雪韋吠、麻納布昌、玉不廉古、六分靳斤、蘆崩信備、答昃什用、喉社句耶。山公氏貞、此下四句著夷姓異。的傍系猫、古綴派盤、窮腸譜陀。貞公、猫的傍、盤古綴、陀窮腸。

健婦作配，匪婉娩娃：阿衣、納衣、此下二字婦人名。折射〔九〕、折利、阿初、虵節、攬陶、蘇他。有忙葛農，此下三字婦人名。有梳鑾塔，有南貢弄，率蒸報窒嫛。上於加切，下苦加切。《韻釋》：女作姿態貌。今中原方言爲婦人狠惡之稱。融結之左，生息之野。風氣不淑，習俗異華。故雖横目以生，悉獷黠奇袤。不有天彝，國憲謂何。骨肉睚眦，鬩争紛拏。重譯之言，鴃舌謼謏。上陟加切，下女加切。喜人怒獸，含戴則那。製衣不領，不巾以靴。裂綵纏髀，椎結鬖髿。起居佩刀，少忤輒相加。或嘯徒復讐，蠻觸鬩蝸。或出犯徼地，爲王民孽痾。焚劫公私，脱囚拲枷。邊吏捕之，則螳蜋奮斧以禦車。標槍批竹，矢毒如虵。敗則各鳥烏散，入險阻隈阿。貢鋤坐草，軍圈户嫁。木狀盂纈，魚粮蚆俗作叭。鎈。自貢鋤以下，事詳見後。禽獸畜之朝，不見譴訶。或略誅弗薙，獮以兵戈。革面而來，羈縻撫錫，賚冠服、銅印、青緺。

粵若妖民，造異興訛。妄竊位號，自投網罟。黄華猘狂，黎德蛟譁。六十鳴梟，五九跳蠅。聖許、萬頃、鎮龍、郎達、圓明、廣德、細春、可用，魚鼎紀號，鼠穴正衙。劉六十、蔡五九、黄聖許、李萬頃、楊鎮龍、韋郎達、黄廣德、丘細春、杜可用、圓明和尚，皆嘗僭號改元，建朝殿，懸闕牌，事亦見于後。坐止其身，族鄙宥赦。叶平聲。惻不盡戮，視同殺猳。於乎我元，王政不頗。文柔武競，互出兼施。叶踈何切。威聲其訇，流澤滂沱。會稡諸畢，爲招捕之科。

【考校記】

〔一〕輯自《元文類》卷四一。按：本節大字部分爲《招捕》之序，小字部分乃原編者節録《招捕》正文爲注。

〔二〕「我」，下文《雲南》作「峩」。

〔三〕「譯」，下文《宋隆濟》作「驛」。

〔四〕「坡」，下文《宋隆濟》作「陂」。

〔五〕「窩」，下文《宋隆濟》作「底窩」。

〔六〕「弥」，下文《雲南》作「孫」。

〔七〕「空」，下文《湖南》作「穿」。

〔八〕「希」，下文《雲南》作「布」。

〔九〕「射」，下文《雲南》、《四川》作「躬」。

雲南〔一〕

至元十三年正月，羅甸官禾者、阿禾、必紹降。十月，雲南省調蒙古、爨、僰諸軍征白衣、和泥一百九砦。土官匍思、叛溪、七溪等降，得户四萬。又攻金齒、落落、廣甸、瑶甸，殺掠甚多。又攻斜烏蒙、秃老蠻、高州、筠連等州十九處。烏蒙阿謀歸舊侵藤串縣地。是月，與安南鄰者七十城門國主答公，遣其人名摩耳者來乞降。又提吕、提邦兩部來降，饑，行省發廩賑之。未幾，提吕子達量爲提索所禽。行省給榜招提索，及，使釋達量，提索聽命。

二十三年，蒙乃土官長子殆昔，其鄰境土官弗里皮之壻也。蒙乃不以位與長子，而與次子，弗里皮與殆昔同出討之。朝廷降旨諭弗里皮，如得蒙乃地，許令其壻統之。是歲，又征縹甸大部馬。

二十四年十月，木龍蠻奴他謀，告阿勒沙村阿加之子明目，引軍殺死回村頭目剌些。雲南省下麗江路軍民宣撫司，明目出見，雲南王免其罪。是年，雲南右丞愛魯以蒙古軍一千、師宗孫勒寸白軍一千、農士富民丁三千，征維摩蠻者哦，滅鐵赤必匝，尋出降。

三十年八月，雲南省征習普蠻阿浪、普龍、華扎山砦賊，官生皆破之。火頭輩逃者，追普安路總管步木普丁府嶍峩頭目矣豆等，賫榜招出。是歲，七十城門蠻密察挾讐殺掠大甸土官阿鄰，繼遣其弟牟平來侵，阿鄰逃入臨安路納樓，建水城避之，行省不能救。又參省阿叔招捕花角蠻，蠻恃險率衆拒敵，殺令史一人、裨將十五人。

元貞元年九月，習普馬兒等犯邊，雲南省招出習普、朊昌等八砦蠻，及馬兒部不舊斛、舊龍二砦蠻官的井、的探等。有必乖豆來者不肯降，殺的井從者二人。的井等懼，不敢出官。

二年九月，蒙光路軍民總管答麫：「乞藍的頭目答剌吉瓦農、開陽兩寨，自來不曾投降。」雲南省差道奴攻破之。十一月，車里蠻渾弄興兵占奪甸砦十又三所，結構八百媳婦蠻，欲攻倒龍等，雲南省遣兵招捕。

大德元年十二月，雲南省參政忽速剌攻破花角蠻等寨，其酋長韋郎〔二〕遁走。初，廣南西道宣慰使兼知特磨道事農士富上言，安寧州沈法昔招引唐興州黃夢祥、溧碎縣林言，與花角蠻圍士富所居，殺掠奪虎符，執其子信以去，又攻其峩州隘岸百姓。既而又言，夢祥結睢暾州岑聰，引歸仁州、歸洛州、上降州、利州軍四千人，燒劫羅佐州官農郎生所轄那悶村，及那寡州南村、魯谷村，付州那羅村，又奪其那環、射隘、剥笋、羅波、射布那哈那等十村，行省覘知花角蠻，去特磨四日程，安寧州十日程，唐興州、睢暾州皆八日程。十月三日，忽速剌進討。十二月七日，過昔陽江，經杜箐。九日，至花角蠻木葦砦，破之。十二日，攻其正砦第一門，賊敗，奪門，蓋其砦十二重也。十四日，分九道進攻，自辰鏖戰，節次攻破其門。日暮，入砦，賊散走，蠻酋韋郎達不知所在。韋郎自國家開拓以來，不曾降附。至元二十七年，阿叔招之，不服，迎敵，官軍失利。以此狂縱，僭稱大號，以妹夫郎滿爲平章，其餘有萬户等官，至是始敗。尋又破其卒羅磨詖、獲架、哥雅、木笄等砦，招出韋郎達婦翁，繼村火頭普及，把事希古竹幹，哥雅砦火頭郎滿，及其弟郎狀。郎滿，韋郎達之壻也，稱韋郎達就陣中傷，敗走，不知存亡。又攻撒都砦，其火頭郎圖、希古郎甚出降。及羅共砦，火頭統幹，希古都鷄，韋郎達弟韋郎動、子韋郎應，把事希古通幹、知幹，不弄砦火頭郎勤皆出降。移軍攻安寧州，沈法昔降。移攻夢祥，敗之，棄砦走。

七年春，永寧路阿永蠻雄挫反。初，雲南、四川、陝西、湖廣四省會兵討順元、羅鬼、烏撒、烏蒙、東川、芒部叛蠻，雄〔三〕挫匿順元蛇節賊黨阿氈及其妻折躬、折利，并芒部蠻納即弟卧踏。事覺，遂與把事阿都、阿牟等，以二月二十一日於赤水河作亂，殺永寧府判官常珪、行省宣使南家台、千户卜速魯，拒暮暉關。三月一日，官軍過關，蠻拒戰。阿都死，獲其金裹甲、鑊子槍，賊退走。自是連日轉戰，自暮暉至普市關，九戰，殺蠻三百餘，破海落、越寨二洞，阿牟亦死。行省以天熱班師，扼其魚槽、長寧軍、梅嶺等關。聞于朝，以爲雄挫東接羅鬼，西鄰芒部，南近烏撒，姻親相結，滋蔓力强。合以十月初，雲南省軍進入暮暉，湖廣軍自播州打鼓寨會寧鎮進入蠻地藺州，四川省軍自魚槽、長寧進討。十一月一日，會於赤水河雄挫巢穴，從之。閏五月，軍中遣永寧同知蔡閏、行省左右司員外郎撒班赤等招雄挫。雄挫遣阿加、阿抱出降，稱病不出，又令其屬委界入朝。宰相奏：「雄挫不至，乞再伐之。」雄挫乞以十二月八日狗日出見。

八年五月，赴闕，原其罪，仍充土官，遣還。

九年，羅雄州軍火主阿邦龍少、麻納布昌，結廣西路豆温阿匡、普安路營主普勒、下軍火頭阿只、阿爲，及亦左鄉阿甫等叛，燒他羅迷驛。左諺軍火主有軍三圈子，普安路有軍六圈子。降旨招諭，仍督兵進討。阿邦龍少拒遠雄山，官軍進攻，虜阿那勇古答等，阿非、阿樓、阿邦龍少子龍豆皆降。豆温賊阿匡與弟阿思、火頭者哇亦降。連戰敗之，獲阿邦龍少。追麻納布昌，不得。

十一年，阿迷土官日苴、火頭抽首領落落軍劫僰人，奪官馬以叛。又納樓茶甸土官師禾希古、阿夷落圭、阿立甸必信，怪齒村火頭阿則、判村火頭阿提納、填村火頭身和、苴善村火頭阿次虧、抽俸村火頭雙茉、嵩村火頭咱休、菁苙鄉火頭阿豆加、矣傑村火頭阿主、矣北村火頭抽皆、床村火頭遮奴、元江路日納村火頭介忙、忙部火頭虧抽，維摩州土官者歐芽者文大布婆等，並起應之。官軍尋皆討定。

至大元年，教合三部步少、來龍砦火頭漸恐等反。遣本部達魯花赤阿里招諭，不服，賊黨答掛殺阿里，官軍破其巢，斬漸恐、答掛，梟其首。

延祐七年七月，花角蠻韋郎達糾合五十三村山獠，起兵萬餘，劫阿用村，呼其人曰：「尒急來降，我即退兵。尒之皇帝甚遠，我亦作帝，甚近。若不降我，必破尒砦。」火頭農郎勝降賊，行省遣官招諭。九月，永寧路曲村頭目和俄等擅兵劫掠，殺渠津州吏目李榮貴，奪𡨋渠州同知敕牒。行省遣官招諭。

至治元年十月八日，𡨋渠州知州剌俄殺其兄剌秋〔四〕。癸丑歲，剌秋祖剌都降附，雲南行省定立州縣，令剌秋父剌陶作土官，充𡨋渠州知州。後剌秋伯父剌落襲職，尋爲火頭木落所殺。剌落子剌定幼小，依其舅子合住，居綿綿村，因持剌陶、剌落宣命及州印以去。剌俄謂己當襲職，二次訴于雲南省，捕子合、剌定，不獲。剌俄以計誘剌秋赴破寺村，潛于道，彎弓射之，中左日墜馬，又斫左額一刀，剌秋死。俄集衆，依摩些俗，殺馬牛各一，焚剌秋屍。明日，逼其嫂梳蠻塔爲妻，及占奪剌秋所部百姓。梳蠻塔父剌資來取其女，剌俄欲殺之，剌資懼，逃去柏興府。

二年正月二十八日，剌俄兄剌定自綿綿村與子合起兵，奪剌俄剌地和山砦。剌俄糾合頭目子首、居歩等合兵，射死剌定，復奪砦。本州官往招之，剌俄拒砦，遥謂曰：「父祖宣命，俱在子合處，又藏印不與尒客官行用。我兄弟自相讐殺，爭奪山砦，不關尒番漢官事。梳蠻塔係我嫂，我殺兄剌定、剌秋，故以嫂爲妻。我出官，尒欲何說？」再三招諭，不肯出官。行省乞以一千人討之，樞密院不聽，咨本省招諭。

二十年四月，馬龍鄉蠻普萬作亂。初，普萬父哥祛，馬龍他郎甸人也。任普日思摩甸長官，致仕，長男普奴承蔭，父子皆居木用村。普萬乃次子，憤不得立，與哥祛壻抽丑、孫壻阿運，結蒙古逃軍白夷、顧顧等人，攻燒木用甸，甸民護哥祛逃出。普萬殺哥祛弟阿笠、弟子阿占、壻可當等，劫掠百姓，求哥祛欲殺之。行省委官招諭。○十二月，蒙化州蘭神場落落磨察火頭過生琮，結慶甸蒲火頭阿你通，起蒲軍二千五百、磨察軍五百，劫鎮南州定遠縣當布户計羅黑加等，殺九十九人，虜男女百餘人。行省招諭。○泰定二年，開南州阿都剌火頭大阿哀，引車里陶剌孟等萬餘人，圍剌砦，攻破十四處。木邦路土官八廟等，領白衣軍攻破倒八漢砦，朝廷遣斡尔端等持詔，招大小車里。車里寒賽子尼雁、搆木子刀零出降。

【考校記】

〔一〕輯自《元文類》卷四一。按：自此目至《圓明和尚》，共二十三目，《元文類》編者以小字録爲《招捕》序文之注。這些文字有的連續性很强，可能依原文照録；有的連續性較弱，是原文如此，抑或有所删節，已難考實，故一仍其舊。

〔二〕「韋郎」，下文及《招捕》序作「韋郎達」。

〔三〕「蠻雄」，原作「雄蠻」，據上下文乙正。錢校本校曰：「『雄蠻』，兩元刻同，疑誤倒，『蠻』字當屬上句。」

〔四〕「秋」，原作「初」，據下文改。錢校本校曰：「秋。」

大理金齒〔一〕

至元七年，征金齒、驃國五部未降者，破其二部，餘三部酋長阿慝福、勒丁、阿慝瓜降，獻馬、象。

二十四年，金齒孟定甸官俺嫂、孟纏甸官阿受、人魯砦官木拜，共率民二萬五千來降。又林場蒲人阿禮、阿憐、叔阿郎，及阿蒙子雄黑，皆爲行省招出。阿禮歲承差發鐵鋤六百，雄黑布三百疋。

二十九年，木忽甸土官忽都馬，遣其子阿魯進金索、鱗膽、氊衣、虎豹皮，詣闕朝見。

三十年正月，遣使持詔招漆頭金齒。

延祐五年，永昌南窩蒲城阿都衆、阿艮〔二〕等作亂，燒劫百姓，殺鎮將，奪驛馬。雲南省遣參政汪中奉、右丞朶尔只討之。自八月至明年五月，破其寨栅，殺人甚衆，賊走入箐。阿樓艮降，餘不可得。以天熱回軍。其枯柯甸、祐甸、慶甸等皆降，願歲納貝八千索。

至治元年七月，怒謀甸主管故，侵芒施路魯來等砦，燒百四十一村，殺提控按牘一人。有司奉詔書，開讀招諭，管故不跪聽，亦不出降。

二年，鎮西路大甸火頭阿吾與三陣作亂，奪不嶺、雷弄二砦。初，三陣父阿蘭爲鎮西總管，叛，要斬。其弟你谷南赴闕貢獻，得襲職。你谷南死，子觧朶襲位。三陣使火頭倒緬、招思二人見觧〔三〕朶，求少土地人民，不予，遂投阿吾訴之，共作亂。詔使往諭，迎至一樓上，樓下周圍懸人首。聽詔畢，阿吾怒曰：「三陣，吾孫也。吾破不嶺寨，殺傷甚衆，虜五十人；破雷弄甸，燒四百餘户。管別砦懼而降我，我還其民二百五十家于我弟拜法砦中。不嶺所虜人，其族各以銀三兩贖一人，盡贖去訖。今官招諭，我終不出，亦不受榜，所奪地亦不回，何須與之相殺。」南甸路木甸火頭斛院，先奪羅左甸火頭阿賽妻阿衣爲妻，取之，不肯與，又奪阿賽弟莽占妻納衣，妻其子阿你。阿賽怒，使莽占領兵三百遣奪其妻，不得，燒斛院砦。

【考校記】

〔一〕輯自《元文類》卷四一。

〔二〕「阿艮」，下文作「阿樓艮」。

〔三〕「斛」，原作「解」，據上文改。

羅羅斯〔一〕

至元十五年，定昌路總管谷納叛，遷入八只巴砦爲賊。八剌、即安、古馬、楊古剌、乞剌蒲等皆應之，毁橋梁，取倉粟，奪驛馬及屯田牛。明年，官軍擊斬谷通〔二〕。

【考校記】

〔一〕輯自《元文類》卷四一。

〔二〕「通」，上文作「納」。

車里〔一〕

大德二年三月，小車里結八百媳婦爲亂，經時不下。數遣使奉詔招之，不聽命。延祐三年，車里兀竹魯侵阿尼必斛砦、阿白出麻砦，燒劫。又罕旺及其弟胡念、弟愛俄等，侵銀沙羅甸、兀里鹽井部日女具落索等甸，劫民財，嚇取官所徵差發。遣使招降，遣白衣阿愛詐爲己子出官，劫掠如故。既而愛俄死，其兄弟子姪罕塞、昭愛、剌構、木力、夢兀仲等五人分黨，争愛俄位，相殺。久之，遣少頭郭力看賫象牙一、金信答二來降。

【考校記】

〔一〕輯自《元文類》卷四一。

烏撒　烏蒙　東川　芒部〔一〕

大德五年，右丞劉深奉命征八百媳婦，徵順元遞運人馬，土官宋隆濟、蛇節等拒命作亂。朝廷起湖廣、河南、四川三省兵，與田、楊二氏軍馬，會雲南省兵收捕。于是烏撒土官宣慰使普利〔二〕、總管那由與東川、芒部乘釁俱叛。其接羅羅斯及武定、威楚、曲靖、仁德、普安、臨安、廣西諸土族，皆以朝廷遠征，供輸煩勞爲辭，携貳，反形已具。車里、白衣、八里日等，殺掠普騰、江尾二甸，奪麥亢、忙龍二砦，燒忙陽等二十四砦。揚言我與吕也構思麻部日共議，渾候連漠桑軍，來攻普騰砦柵。二月五日，梁王出駐陸梁州。六日，烏撒蠻阿都、普信及烏蒙蠻阿桂、阿察多等，殺掠皇太后及梁王位下人畜。十一日，劫芒部官吏、商旅貨財。烏撒宣慰使僧家奴逃入中慶。十五日，東川土官阿葵、烏撒逃來陸梁州，依梁王城。阿車、阿苗分軍二道，欲執宣慰使阿忽台，約日由落吉渡口會阿乃普吉，烏蒙軍先攻阿都百姓，次攻建昌，燒烏蒙總管廨舍。十七日，烏撒蠻犯曲靖霑益州，燒蕩坦驛，殺掠，駐兵闕渡橋。二十日，烏撒、烏蒙、東川、馬湖四族，聚衆四千，復起羅羅斯軍，渡金沙江，刻日攻建昌。三月六日，賊逼雅州、邛部州甚急。陝西省遣右丞脱歡禦之。八日，奉旨：也速觧兒充陝西省平章政事，汪阿塔赤充參知政事，也速忽都魯充湖廣參政，與平章劉二拔都等〔三〕進征叛蠻。闊里吉思爲湖廣平章，與左丞散竹觧、陝西楊參政給軍，凡有軍事，聽也速觧兒、劉二拔都兩人節制。其小有增損軍馬，支給錢粮，並便宜行事。四月二日，那由普利逼烏撒、烏蒙，宣慰使兼管軍萬户阿都台棄城去。時陝西調軍二千人會合收捕，三百人守播州小溪，以遏烏撒蠻充斥之路。雲南省調軍三千人屯陸梁州，五百人駐西曲靖東望水西，一千人於霑益州接烏撒地要害鎮守，二千人護中慶，而梁王又有兵五千人。劉二拔都、劉深、田、楊等兵方捕斬順元叛蠻，未能會合，也速觧兒與雲南兵共進，悉次第討平之。

【考校記】

〔一〕輯自《元文類》卷四一。

〔二〕「利」，錢校本校曰：「翠巖『刺』。」
〔三〕「等」，原作「寺」，據下文改。

八百媳婦〔一〕

大德元年，八百媳婦國與胡弄攻胡倫，又侵緬國，車里告急，命雲南省以二千或三千人往救。

二年，與〔二〕八百媳婦國爲小車里胡弄所誘，以兵五萬，與夢胡龍甸土官及大車里胡念之子漢綱争地相殺，又令其部曲混干以十萬人侵蒙樣等，雲南省乞以二萬人征之。

四年，梁王上言，請自討賊。朝議調湖廣、江西、河南、陝西、江浙五省軍二萬人，命前荆湖占城行省左丞劉深等率以征。既而道經順元，土官宋隆濟作亂，道路不通，官軍死傷。深領軍回，不果征。

至大四年，雲南省言，八百媳婦、大小車里作亂，蒲蠻阿婁銀僭平章都元帥，七十城門土官緬察犯臨安、建水，普定路土官的謀害遷調官吏，似此蜂起，數年不息，乞進討。朝廷命賫詔招之。

皇慶二年，雲南省命斛難甸達魯花赤法忽剌丁等，領元招出八百媳婦部曲乃愛、乃温、官哀、官吾、恰尼、哀當、吾化兒、阿吾、阿散、阿哀等，往其地。

延祐元年正月，至其境木肯寨，其蠻酋渾乞濫妻南貢弄，使火頭乃要弄來迎詔。至砦，立栅圍使者，問來故，答之。又曰：「賫來聖旨有何説？」使者言：「未開讀，不敢言，俟見渾乞温言之。」乃要〔三〕還報。既又來，致南貢弄之言曰：「使臣有何説，可告我。前此使者止至我砦即回。」法忽剌丁等不可。二月十三日，渾乞濫男南通來見。使者言：「行省先遣胡知事招尔等，尔等遣乃愛等出降，故聖旨令遣我輩來招尔父子。」南通曰：「我等非降也。胡知事言尔朝廷地闊軍多，故使家中一二人從胡知事往觀之耳。」明日，南通遣乃要來言：「胡知事來時，與我衣服、鞍馬。今尔等所有馬，可盡牽來。」言訖，一時牽去。明日，又來取去衣服。既而渾乞濫遣火頭南忩來曰：「可令使臣來見我。」三月十七日，法忽剌丁等至合三砦，與渾乞濫相見，宣詔。明日，渾乞濫令使者送其子南通往孟范甸把邊，可就觀我地境。使者不從，曰：「若不觀我地土，歸朝何以復命？」使者從之。至孟范，別有生蠻比要與南叔父力乞倫來侵。南通言：「使者不可不助我。」使者從南通至木丙山拒敵。比要聞有詔使，遂退。還至孟范，使者欲返，南通曰：「天熱水漲，秋凉令尔回。」八月終，始得出。九月四日，至渾乞濫砦。渾乞濫手書白夷字奏章，獻二象，令其部曲渾乞漏、渾八剌我、董賽、愛章闌等，隨使者赴闕。

【考校記】

〔一〕輯自《元文類》卷四一。

〔二〕「與」，疑爲衍文。

〔三〕「乃要」，上文作「乃要弄」。

八番順元諸蠻〔一〕

又名一奚不薛〔二〕。至元十五年，羅殿國主羅阿察、河中府方蕃主韋昌盛，皆納土來降。十六年三月，西南八番等國卧龍蕃主龍昌寧、大龍蕃主龍延三、小龍蕃主龍延萬、武盛軍蕃主程延隨、遏蠻軍蕃主龍羅篤、太平蕃主石延異、永盛軍蕃主洪延暢、静海軍盧蕃主盧延陵皆來降，其部曲有龍文貌、龍章珍、黄延顯、盧文錦、龍延細、延回、龍四海、龍助法、龍才零、龍文求等。朝廷立八番宣慰使司，司官赴鎮。十一月二十一日，至新添，遣千户張旺招羅氏國，惟賀宗一寨投降，餘皆迎敵，旺殺散。二十七日，至羅崩寨，賊又連日與總管王釆戰，皆披甲戴紅氊帽，釆遇害。二十九日，又戰於大吴。十二月一日，司官至番中，呼集諸番主，以四日集卧龍番受宣命。至期俱來，惟盧番主盧延陵，爲羅氏國主阿察引軍往大吴西胡迷，使趙木納來執去，不肯令出降。阿察初已納款，後與鬼國結婚，鬼國言：「我未降，尔奈何先降？」羅氏遂毁虎符以叛。羅氏又名羅殿。事聞。

十七年，四川蠻吕告部主阿濟，上言乞招阿察，從之。既而命南省及雲南、四川進討。八月二十九日，阿察遣阿榨、阿麻二人至四川諸蠻夷部宣慰使司，自言無反意，但雲南平章聽我讐人烏鎖納之言，織羅我罪，朝廷不知。我今赴闕，聽聖裁。雲南左丞愛魯、四川都元帥也速𧢲兒，與南省期以十一月十五日會一奚卜薛。至期，南省軍不至。愛魯與阿察戰，也速𧢲兒命萬户彭天祥、樂剌海、帖木兒脱歡分三道攻會寧關。一奚卜薛遣其部落阿侯拒戰，敗，逃入山箐，亦奚卜薛奔鵰飛砦，阿察走大寧。愛魯等進兵，也速𧢲兒曰：「賊已離巢穴，今發烏撒、播州及南省近地兵，足以勦除，我等可回。不然，曠日持久，粮乏瘴起，不便。」事聞，上命藥剌海以千人守其地。

久之，賊窮困，以二十年二月八日納款。

二十九年二月一日，降詔招懷溪洞蠻夷曰：「中書省奏，金竹知府臊驢言，先奉聖旨招諭平伐山齊砦主謔薛，約定奪今有居幾地面百眼左、阿吉谷各當、各迪等，自以外荒，久欲内附，乞頒聖旨，庸許自新。朕嘉其誠，遂俞所奏，令諭尔衆，咸聽朕言。惟尔鄰封，率多臣服，自番方而入貢，尋萬國以來庭。南順丹州，北懷金竹。陳蒙爛土，頃已向風。新添葛蠻，久皆款化。咸膺寶命，仍佩金符。賞賚有加，官守如故。尔等如能率衆效順，同仁一視。尚尔迷之，或□是伊戚之自貽。勉思轉禍之言，當體好生之意。」

元貞二年六月，平伐鄰界平珠瀘洞砦主王三原、謝鷄鷄公、韋巴郎、楊義等十八處等官，來雲南省告降。行省差官入洞撫諭。

至大德元年四月，平珠洞宿家、沙家二族，賫進呈禮物出洞，道經其鄰蠻新添葛蠻宋氏之村頭水底砦，宋氏怒二族不由己以降，乃遣上都雲長官落冒，率衆遮道，奪進物，二族逃散，破劫韋巴郎砦。五月，宋氏復令平浪巡檢歐陽濯龍，與其下大洞李巴林、竹哥等，率木栳六十餘人，劫平珠洞蠻官足萬金、婆南大砦柵，逼使背雲南之招，從己求降。不從，濯龍掠去足萬金從人足萬雷等，及進獻方物。此行實招到平林獨山州搖和洞唐開珠羅等處八百四十四砦，民五萬餘，朝廷立長官司以統之，而以蠻婦阿初充長官。

大德二年四月，八番桑柘蠻王二萬〔三〕、馬虫等叛，殺巡檢。三萬尋出降，馬虫走他所，聚七千餘人，陷平包砦，圍重奥砦，又與叛猫犵狫、必際等蠻，結連甕槐丫江等處猫人作亂。

三年，命湖廣平章劉某征之。

四年正月，猫桑柘遣所部文何持竹契、長刀及方物來降。播州宣慰司以爲蠻苟逃禽戮，然亦須招安。既而黄平府亦上言，桑柘附近之重奥、必際、都陣、犵猪、必梅等二十二砦，刻契來降。七月，桑柘蠻及思官賊楊金匣、播州楊金萬、必梅砦主娘報等三百餘砦皆降。

五年六月，八番宣慰司言，党兀自降至今，八年不供賦役。所部娘祖、大盤、小盤、白定、白藥等蠻，先結連平伐蠻叛，劫先宗砦，圍吴卜弄砦，射猫民阿羊、金堒皆死。官軍捕班夏、潘家蠻，党兀遮道，助其拒敵。今年正月，又使板橋、郎來、重陂等砦猫燒劫百納砦。宣慰司令上馬橋金竹府備之，且以兵討之。党兀年七十九，老不能出，遣其砦主的拗，及子党砦的沙、勇强砦的福三人出降。的物等又與其黨幼鬼砦主陳醒、朱蓋砦主樓地之弟楊八、小盤砦主騰香等共誓不叛。

至大二年三月，八番蠻割和寨主各皺、谷霞砦主洛驃、刺客砦洛卜傍、吾狂砦的搗、谷浪砦只驗皆降，詣闕。

三年，八番乖西猫蠻阿馬等作亂，奏准捕之。

四年春，阿馬與其徒洛羅、洛登、各替及脅從蠻官卜制頭之子哥暮出降。

至治二年六月，八番蠻官閉羅繭與其屬卜嵓讐殺。七月，百眼佐等處蠻夷長官司言，康左砦主老康，糾合谷聳砦主恰信等，殺巡檢王忠，拘長官洛邦，又殺土官蒙卜郎作亂。宣慰司發官兵，與土官敵通往討之。

三年正月，八番呈周砦主韋光正等，殺牛立天，立盟歸降。自言有地三千里、九十八砦，係楊黄五種人氏，二萬一千五百餘房，光正等二十三人領之，願歲出土布二千五百疋爲租入。

【考校記】

〔一〕輯自《元文類》卷四一。

〔二〕「一奚不薛」，下文又作「一奚卜薛」、「亦奚卜薛」。

〔三〕「二萬」，錢校本校曰：「上作『二萬』，下作『三萬』，兩元刻同，當有誤字。」

宋隆濟〔一〕

大德五年，雍真葛蠻土官宋隆濟叛。初，朝廷調廣湖〔二〕、雲南兵二萬，征八百媳婦蠻。湖廣兵命左丞劉深等領之，取道順元八番進討，又令雲南左丞月忽乃招答剌罕軍入境調用，命新添葛蠻軍民宣慰司自琅詡驛，經平埧蠻峽，至順元噥聳等砦，斟酌日程，分六處安營，備餽運丁夫、馬疋，俟月忽乃至點視，而雍真葛蠻、乖西等部當出丁夫、馬百疋。

五月二十四日，文書至，隆濟乃言：「猫人犵狫謂官欲髡其髮，印記而送軍，三四年不返，寧死不往，雖就砦見殺可也。以此觀之，夫不可差。」同官雍真總管府達魯花赤也里干〔三〕曰：「然則起尔宋氏盡行。」隆濟曰：「吾往訴之宣慰司。」遂行。六月十七日，隆濟搆木婁等族作亂。其姪臘月、宋六分、靳斤等告也里干，使爲備。也里干遂避於底窩楊黃砦。明日，隆濟率臘月弟小奴部家童農斛洛中、段剌、答洛、忙中等，納五百人攻楊黃砦，燒雍真總管廨舍。臘月奴都保葛海又來報，隆濟以一弩二矢，與阿昔長官爲號，糾其同叛。又有紫江賊助兵四千，破楊黃砦。也里干走，掠去總管府印，殺也里干奴阿麻、妻忙葛農等。是日，龍骨長官阿都麻，殺生祭鬼，誓衆應隆濟，亦謂官拘壯士，黔面髡髮充軍，或殺虜我家，亦不可知，寧死不離此土，各負長刀赴亂。二十日，又脅底窩總管龍郎，與古龍阿馬都所部不這、羅鬼、阿開、阿嬌等犵狫，抵阿斛砦，拒落邦劄佐長官司止十里，聲言欲攻劄佐。二十一日，破底窩砦，又欲攻隴兒砦於迷樂橋。二十二日，自貴州至新添界噥聳陂，北至播州界刀垻水，及卜鄧加、鶴鳴等站，皆被焚劫。又遣中火紫江直猫，脅巡檢倘答鄧同叛。二十七日，劫順元母告之地官牧擬進御馬。尋攻貴州，殺散普定龍里守倉軍，燒官粮，殺張知州。

七月十日，梁王下令湖廣、雲南、四川三省會兵誅捕。八月，雲南平章床兀兒入順元，與賊戰，數敗之。然水西、水東蠻俱叛，床兀兒遣人招水西土官之妻蛇節，不出。蠻人洛暮報云：者阿泡言，蛇節已反，統青衣破軍，圍貴州甚急。又有三家猫箐蠻坐草敵官軍，敗之。十一月，詔「宋隆濟妄説，驚擾事端，糾合蛇節及羅鬼酋長阿容等，相扇作亂。特遣湖廣行省平章政事劉二拔都〔四〕、指揮使也先忽都魯率兵，及思播宣慰賽因不花等土兵，與四川、雲南省分道並進，別敕梁王提兵進討。悔罪來歸者，復其官爵。能殺賊酋或禽獻者，賞。執迷不悛，勦除。一切事宜，並從劉二拔都等區處」。十五日，隆濟黨校莊旁等攻貴州，床兀兒掠得阿容者，言始因徵征八百媳婦人夫、馬匹。亦奚卜薛〔五〕之子岁曰，人馬不辦，官鎖其項。岁曰恥忿，與隆濟議，糾合阿八、阿納、許波、泥帖等反。烏撒總管那由言：「尔兵若破貴州，鴨池之事容易，我將圖之。」遣其族阿雖、阿行、頭佐助兵。行省令土官普利買馬助軍，普利稱軍馬價不用𧴦，非金不可，觀望不肯進。是月，土官烏犀叛。行省討之，敗走祿豐砦，劫梁王位財𧴦。

六年正月，官軍以隆濟九次攻圍貴州，粮盡退還，賊邀於花猫、牛場二箐，及長脚木猪，截萬溪山沙木南箐，鐵門關沙樹猫北箐，殺傷甚衆，掠去行裝文卷。〇江頭、江尾、和泥等二十四砦，龍馮蹄一十八村皆叛。二月一日，四川宣慰使汪惟勤，與湖廣平章會兵播州。三月六日，至打鼓砦南木瓜垻，遇賊阿氊，敗之。九月十九日，劉平章使土官俠者潛刺殺阿泡。蛇節駐兵折刺危水，以待官軍。十月十七日，劉平章殺敗蛇節，乘船遁去。陝西兵殺敗芒部叛蠻鬼旺、納濟等，與雲南、湖廣軍合，過泊飛關，追蛇節。

七年正月二十六日，劉平章至阿加砦，追及蛇節。二月一日，出降。其黨曲捧阿暮等四十餘人皆出。三月三日，領軍自必加迴程，奉旨斬蛇節。蛇節初叛地名蹉泥。尋禽斬隆濟，惟金竹賊月下、卜蘭术逃去。

【考校記】

〔一〕輯自《元文類》卷四一。

〔二〕「廣湖」，疑當作「湖廣」。

〔三〕「干」，原作「手」，據錢校本及下文改。

〔四〕「都」，原作「郡」，據錢校本及下文改。

〔五〕「薛」，原作「奪」，據錢校本改。

廣西兩江〔一〕

至元十三年，知來安軍李維屏、知來安軍兼知涷州事岑從義降。

十五年，田州、上隆州、下隆州、武隆州兼州黄漢拽，思恩州八中温閏呰頻洞、計洞、渌洞、在洞、上下雷洞、上下影洞皆降。

十七年，廣州海港賊霍公明、蘇俄、細麥、嬰上等，害招討馬應麟，捕斬之。

大德七年四月，藤州大任洞賊黄德寧，殺人、牛、犬祭兵，僭賤〔二〕，造妖言，劫掠，僞稱皇帝李龍神，定國公皇佐，丞相黄德寧，立國公皇羅榮，開國飛童黄京夫，主朝化民衙主黄汝妙，六部尚書潘國用，六按尚書潘金、王精，光禄大夫兼管生民殿前太尉彭元吉，殿前引兵斬斫使莫道名，都統幹太師黄勸。賊設醮筵，門首横寫大字牌曰「建慶賀新君登極太平道場醮筵」，呼萬歲。又曰：「願我皇帝早登九五之位。」四月九日，以黑漆木椅作亭屋，持兵，張旗幟，鳴金鼓，至巫烈山，迎李龍神，進銀慶賀。德寧家有大字黄紙位牌，寫「上祝新君李萬歲」。其曉民榜示曰：「照會穹庭發下寶物，付李皇帝掌握，日後統九五之位，運半千之慶，緣一六國，皆已統成一天。今李皇編排得力，得衙主差一十八司，及府額六百十四軍州，七千餘縣。後安天之日，命令衣冠、圭簡、靴帽、殺、活、杖、玉璽計七事，結付李皇掌管。今十分之民，七分不信，三分須信。五月輕差兵車，收不信中民一千之數，尚慮累及信民，今發曉民榜一道，付古蠻衙，曉示信民。至日兵馬行，令有誥者免罪，無誥者定行誅戮。玉印朱文，預先榜〔三〕示，故榜，並令知悉。兔年四月日榜。」封民倉帖云：「逆民禾倉，定公封。」龍神又名萬頃。德寧與父璋信，先曾叛逆，出降。有司謂其三代爲寇，六次叛伏，今不可赦。尋習〔四〕捕獲，伏誅。八年，都窩洞賊叛。

至大二年，常豐洞蠻大弟什用，糾集洗王、不鬼、散毛等洞蠻，劫掠永寧之阿那禾砦。

延祐二年，靖江古縣羅蠻洞徭賊劫掠，燒架閣庫文卷，縱獄囚。四年，招出徭人趙仦十七、潘仦等，殺獲石倉團侯重用，及秀秀嶺頭團、白團、提江團、淋背團、嶺豚團等賊。重用能祭雷雨，通陰陽。七年十一月，左州黃郎君劫掠淥查村。

至治元年，太平路賊趙郎陳叛，屯粘村。二年，廣西宣慰使燕牽言，猺族非一，生於深山窮谷者謂之生猺，野處巢居，刀耕火種，採山射獸，以資口腹，標槍藥弩，動輒殺人。其雜處近民者曰熟猺，稍知生理，亦不出賦。又有撞猺，則號爲兵官，守隘通道，於官有用。自宋象州王大守，始募熟猺，官供田牛，以供此役，至今因之。爲今之計，莫若置熟猺與撞猺，並爲撞户，分地遏賊爲便。

【考校記】

〔一〕輯自《元文類》卷四一。

〔二〕「賤」，《招捕總録》作「號」。

〔三〕「榜」，錢校本校曰：「翠巖『曉』。」

〔四〕「習」，據文意，疑當作「皆」。

黄聖許〔一〕

至元二十九年閏六月，知上思州黄聖許反，聚二萬人，斷道路，結援交趾，借兵攻邕州。遣副樞密程鵬討之，聖許戰敗，率三十人逃入交趾。既而復至邊地攻劫。

三十一年，同知兩江宣慰司事楊兀魯台上言，能不用兵招降聖許，從之。八月，聖許劫幫團長山隘，又與交趾興道王結婚。

未幾，詔赦罪，許自新，行省差楊〔二〕兀魯台赴賊黄合巢内開讀。聖許經一月亦不出，復以二萬人討之。時賊屯上思州那答栅、三忒栅、佃良栅、石佛栅、那結栅、那次栅等砦。楊兀魯台上言，聖許兩招不出，三月七日，令子志寶同大小頭目一千餘人來言，聖許曾對天陳誓，不肯出官。賫到降狀，稱楊兀魯台賫聖旨來招，豈不欣悦，望北謝恩外，聖許雖有誓不出，願情投降。當令兒孫頭目出官，聖許還本州，招集逃户復業。行省以聖許不出，依前進討。三月十九日，聖許生日，坐草房正廳，紫羅盤領衫，裹胯金帶，據銀交椅，直上懸朱漆金字闕碑〔三〕，參賀人二〔四〕呼萬歲。

明年正月，聖許駐上牙六羅茅山林。既而兵敗，自兜半山走交趾亨村晚夢。久之，聞官軍回，復還，由旁村至峙細潛居。官軍約十月一日會合進討，聖許敗，獲其妻女。

大德元年二月五日，聖許遣其子志寶賫狀，赴廣西兩江道宣慰司出降，赴闕。尋詔聖許朝京師，聖許不肯，挾志寶走交趾萬寧寨。志寶不聽，逃回，訴于官。六年，聖許復回故地，居鳳凰舊巢，攻圍諸屯、仙洞屯。既而又使人來告降，且乞還其所虜之妾。朝廷羈縻之。

延祐元年正月，聖許陷忠州，殺黃知州等。六年，聖許族人黃萬山、萬松壽攻古能村、戈村，劫殺歸龍團皮零洞。

至治三年，聖許壻黃縣官攻劫邕州渠樂墟，百姓逃避於彎團。

【考校記】

〔一〕輯自《元文類》卷四一。

〔二〕「楊」，原脱，據上下文補。

〔三〕「碑」，《招捕總録》作「牌」。

〔四〕「二」，《招捕總録》作「三」。

岑氏〔一〕

至元十八年，鎮安州鎮撫岑毅反，與特磨道農士貴書曰：「設有達達軍馬來起差税，吾與尔皆一家之人，圍聚戰殺，實不願作大元百姓。」於是放兵攻劫，殺順安知州李顯祖，掠其小妻家財。官軍討之，出降。

大德十一年，左江來安路總管洞兵萬户岑雄作亂，殺其姪世傑。

延祐七年，來安總管岑世興反。十二月十七日，燒田州上林縣那齊村。明年二月，殺懷德知州凌順武，奪州印。又攻那帶縣。世興尋出降，稱「洞溪事體與内郡不同，自唐宋互相讐殺，並不曾殺官軍，侵省地」。廣西道又上言，世興嘗殺兼州知州黄克仁，分食其屍。世興，雄之子也。

【考校記】

〔一〕輯自《元文類》卷四一。

思播〔一〕

至元十四年六月，思州思景賢、播州楊邦憲兩安撫使降。邦憲在宋爲牙牌節度使，正任安遠軍承宣使、左金吾衛上將軍、知播州事、御前雄威將軍都統制、紹慶珍州南平安撫使，節制屯駐鎮戍軍馬，朝廷授以龍虎衛上將軍、侍衛親軍都指揮使、紹慶珍州南平等處沿邊宣撫使，兼播州管内安撫使，佩虎符。十六年春，官軍平思州杜望、杜暮、河土、茶林諸砦，圍桐木籠竹。既而犵狫伯同叛，陷合水、美嵒二砦。

至大元年七月，思州言，廣利、白拿等處苗賊，與公俄羊溪苗賊作亂，伏白泥站劫人。三年，獨山州土官蒙天童款附，蒙朝廷設獨山州峉洞、木洞、都雲等五處軍民司，令天童乞往招本州毗鄰未附者，黎坡、上團、九黎、九姓、黎苟、王刺、南郭、文下、都雲等一千九百餘砦，平伐生猫主只王等，不在其數。行省從之。招到平垻三間地酋長羅宋備，桑根地砦主蘆桑、吳各觪、陳蒙，爛土蠻官天程牙、男天程猱等，桑林獨力長官亞浪、男洛磨，界牌猫砦主乞把、上爛土砦主陳爛虫、下爛土砦劉國圍、麻乃砦主猫的傍、谷記砦主猫青珪等，以刀、槍、氈、馬來獻。

延祐四年，洛磨反。初，招附時，洛磨稱病，遣其子各里，及大砦主都罷、洛能等赴省。既而同降者楊銀延，訴各里非其子，乃奴子各午也。至是侵水手浪等處。

至治二年四月，播州上言，招降洞蠻地心砦官蘆崩信備，大晏大關砦主安吉力，上洛磨砦羅傲水，洞八砦官黎上、錢廝亮，大、小答架砦官黎桑皮、歪蘆客錢等。

【考校記】

〔一〕輯自《元文類》卷四一。

海北海南〔一〕

至元二十八年，瓊州安撫使陳仲達上言，乞招生熟二黎，降旨許之。招到本州生黎大踼、小踼、端趙、麻山等四洞，王氏十等出降。

皇慶二年，黎賊王奴歐等反，僞稱平章元帥，立國設官，焚劫百姓。三年正月，奴歐等降，刻箭，誓不復亂，使之歸業。然羅襖等處兵未散。

延祐二年十二月二十三日，黎盜百餘人入横州永淳縣，殺達魯花赤，磔死民義，射傷縣尉，走賓州古辣村。

至治元年九月，黎賊犯茶洞，燒民居。二年七月，黎人年火燒攻劫百姓，捕獲其黨蒙毡、甘佛龍、彭瘦等。火燒劫獄奪去，又陷南偏洞砦，殺夯釆等。

【考校記】

〔一〕輯自《元文類》卷四一。

廣東〔一〕

至元二十年九月，廣東黎德區將軍聚十萬人，改元僭號，殺居民，陷城邑。又增城縣蔡大老、鍾大老、唐大老皆應之，據平康下里東團村等處，官軍破之。區將軍走監糞營，官軍追燒之。

延祐三年三月，德慶路徭蠻叛。既而令山主五世禄、山主李伯達，招降圓麻山徭人盤郎梗、盤古綴、王窮腸等出官。

至治二年，猺人何窮腸、陀窮腸等降。出月，徭賊馮岳護犯新會縣洒涌社。

【考校記】

〔一〕輯自《元文類》卷四一。

江西〔一〕

至元十四年四月，汀州長汀賊黄廣德，自稱天下都大元帥，刻都帥印，又立爲天從廣德皇帝，設銅將軍、鐵將軍等號。五月，沙縣賊謝五十自稱擎天將軍。尋皆平定。十七年，南康都昌縣杜可用反，號杜聖人，僞改萬乘元年，自稱天王，民間皆事天差變現火輪天王國王皇帝。以譚天麟爲副天王，都昌西山寺僧爲國師。朝廷命史弼討敗之，江西招討方文禽可用。

元貞二年七月，贛州興國縣籠坑民劉六十名季，撰妖言，張僞榜及劉季天旗，自稱劉王，刻「皇漢高祖廣新之帝」并「行王」二印，設朝殿，開行省，置丞相、左右丞、將軍、軍頭等官，宣言止殺官中人，與張大老作亂。八月，攻吉州永豐。遣江西省左丞董士選討之。十月，捕獲六十，自裁，不死，伏誅。

延祐二年四月，贛州寧都州蔡五九反，與其黨聚兔子寮五王廟，殺猪置酒，俱執錫楞槍刀，五九自號洞主。六月，五九率衆劫掠村落郡邑，殺寧都州趙同知，圍寧都州，燒四關。八月三日，官軍開門與戰，賊退。五九自稱察王，騎馬列儀衛，張漢高旗，造戰棚、砲架、攻具，其勢甚張。又犯福建地，奏遣兵討之。九月，江浙、江西兩省會兵至石城縣，弓兵宋伏成於兔子寮木麻坑禽五九，伏誅。

【考校記】

〔一〕輯自《元文類》卷四一。

福建〔一〕

至元十六年五月，降旨招閩地八十四畬未降者。

十七年八月，陳桂龍父子反漳州，據山砦。桂龍在九層際畬，陳吊眼在漳浦峰山砦，陳三官水〔二〕篆畬，羅半天梅瀧長窖，陳大婦客寮畬，餘不盡録。

十八年十月，官軍討桂龍，方元帥守上饒，完者都屯中饒。時桂龍衆尚萬餘，拒三饒，尋捕得其父子，斬之。南劍州丘細春反，行鎮國開國大王，改元昌泰。

二十年八月，建寧招討使黄華反，集亡命十餘萬，剪髪文面，號陀頭軍，據政和縣。十月，詔史弼、高興、劉二拔都、伯顔將兵討之，與福建忽剌出會合。華敗，自焚死。

【考校記】

〔一〕輯自《元文類》卷四一。

〔二〕「水」，錢校本校曰：「翠巖『永』，西湖『水』。」

浙東〔一〕

至元二十一年十月，台州仙居縣有王仙人者，言今年五星朝斗，天崩地陷，合有聖人出。招立大將，置寨黄都，南溪民陳再一等從之爲亂，敗，自焚其屋，赴火死。

二十六年二月，台州寧海人楊鎮龍反，據玉山縣二十五都，僞稱大興國皇帝，置其黨厲某爲右丞相，樓蒙才左丞相，以黄牌書其所居門曰「大興國」，改安定元年，乘黑轎、黄絹轎，罩黄傘。得良民，刺額爲「大興國軍」四字。二月一日，殺馬祭天，受僞天符，舉事，蒙才等拜呼萬歲。有兵十二萬，七萬攻東陽、義烏，餘攻嵊縣、新昌、天台、永康。宗王甕吉䚟、浙東宣慰使史弼討之。鎮龍陷東陽縣，尋禽誅，獲其二印，一「皇帝恭膺天命之寶」，一「護國護民威權法令奉命之印」。

【考校記】

〔一〕輯自《元文類》卷四一。

湖北〔一〕

大德五年閏八月，懷德府麻用南木達，結構生蠻獏狚犵狫，於麻用州界立砦，殺掠田大十什家，劫辛苦村洞主仰閧驢家。

皇慶二年十一月，靖州青特團石榴山蠻吴千道作亂，尋降。

延祐元年，沅州胡老鼠猺賊作亂。三月，招出其黨蒲狗、向金朝、李部凱，至甕省砦出官。

七年六月，慈利州貞家山居民貞公，結懷德府河者洞驢合什用、謝甲洞巨仙什用、恩石洞没尔什用、安俱洞重達義等，侵白水泉界。

【考校記】

〔一〕輯自《元文類》卷四一。

湖南〔一〕

至元十五年，全州教授唐子定，奉府檄招下清湘縣西延溪蠻，皆持木狀，赴府中降。沽油團屋孫耶，捧水團門客耶、師哥罵耶，車田團唉無米耶、喉社勾耶，龍堂團近師耶、壬哥、羅勾，狰猛□團客多耶，小池團祖女耶、穿弟、傘匠耶等，共二十餘團。此徭人居深山窮谷巢穴中，不巾不裳，赤脚露脛，衣用牛羊血點白布作青花，逐幅相體湊成，無領袖，耕山地，種豆薯芋，産楮皮、厚朴。

大德二年，郴州可大老叛，官軍殺其劉尊長、王寨司等。又有黄公爹者，亦反。

【考校記】

〔一〕輯自《元文類》卷四一。

四川〔一〕

至元十四年五月，降旨付西川諸蠻夷部宣慰使昝順，使招思州田景賢、瀘州西南番蠻王阿永、敘州筠連、騰串、豕鵞、昔霞等處諸族蠻夷。十五年，敘州剥骨蠻殺使者。十七年六月，施州市備、大盤、散毛等洞溪納款。十九年，發都掌阿永等民爲兵，征答馬剌。都掌等上言：「宋時未嘗僉軍，乞以馬牛助軍需。」從之。未幾，征亦奚卜薛，起軍，酋長阿峻等亦不從命。二十二年正月，討降又巴、聳農洞諸蠻。三十年十月，西川行樞密院奉詔征鐵州、茂州、汶州西番蠻夷，其殺戮降下者必力溪等十五砦，其砦主曰牛特、蛇必、烏麥、蒲雪韋吠、舍具、得輪、只禪、非白、東非、勾巴等也。其未附而當征者，西番螘磨、朋成、獨秦罷、强獐徹垓、顔蘇、呧則、客客昔多、坡必立、兀剌、新而元、立山等也。

六年〔二〕，陝西平章也速答兒奉命進兵，討順元、羅鬼、烏撒、烏蒙、東川、芒部叛蠻。九月，也速答兒自敘州慶符直衝矣娘州烏撒，參政阿答赤自長寧直衝芒部，降下十八九。回軍就粮，至永寧，阿永蠻雄挫反。雄挫藏八番反蠻蛇節部曲阿氊及其妻折躬、折利，及芒部納即弟臥踏，故於七年二月二十八日反於赤水河。也速答兒就討之，射死阿都，奪其金裹甲、鑊子槍，九戰，得出叛境。閏五月，雄挫妻蘇他與招降官蔡閏文字一紙，略曰：「阿具、阿卑賫得榜文，爲我住在山箐，別無同伴蠻官。我自來不管官事，順元結連諸夷作亂，差人邀我同叛。我雖是親戚，斷不曾聽信。」又言：「聽得羿子殺訖使臣，不是蠻官本情，我親去單洛，具與衆蠻官報知，然後出來。」軍中再令閏往招雄挫。六月，遣阿加、阿抱持文字來，大意謂我不反，使臣貪婪所致。十四日，雄挫遣牌頭阿底、下夷人阿大，遞文字降陝西省右丞，而稱病不出，但令永寧路同知阿況之子委界赴官，蓋其叔父也。又與必能、阿模同行。朝廷必欲令雄挫入朝，移文行省，不出則進討。十一月，雄挫呈，擇二十四日起程。續又呈，再擇十二月初三日狗日出部。二十四日，到魚槽，與其部曲阿他，及把事頭目各者、末末等二十九人赴京都，賞衣服、弓矢、鞍轡，放回。

至大元年三月，大弟什用集洗王、不鬼、散毛等洞兵，侵者等洞。既而出降，遣墨施什用、答旻什用赴闕。五月，歸州巴東縣唐伯圭言，十七洞之衆，惟容米洞、罔告洞、抽攔洞有壯士兵一千，餘皆不足懼也。若官軍討之，可分四道：其一自紅鈔寨直趍容米、玩珍、昧惹、卸加、阿惹、石驢等洞，其一從苦竹砦抵桑厨〔三〕、上桑厨、抽攔洞，其一由紹慶至峷摩、大科、陽蔓師、大翁迦洞，其一徵又巴洞，問十萬大帝什用洞兵接應，如此可平。

至治二年，散毛洞蠻大望什用劫掠黔江縣五里荒。三年五月，順元洪番安撫劫掠卜奇所管砦民銅鼓、牛氊等物。

【考校記】

〔一〕輯自《元文類》卷四一。

〔二〕「六年」，據上下文時序，此上當脱「大德」二字。

〔三〕「厨」，錢校本校曰：「翠巖『樹』」。

西番〔一〕

至元四年五月，崇慶等處從宜王遇等，令已降西番人大番官旁术及阿里吉，招到西番大和尚解設、三卜魯大蒙、答谷族思蓬怯、將同族速恭麻、拘宰族鮮酌等，共十一族。七年，從宜府遣投降番官顙和尚，招到遠番和尚石本雜、汝鳳川番官獨然珊，入朝。二十三年，陣骨族六彪及其子合彪，結氊單族、條竹族寇脱思麻路，敗之。二十六年，疊州西番人朵兒只牙思，招到生番心摻等八族降。

至大三年二月，雲南省蒙光路土官解罕上言，有弟三瀾，在西天界藍塞守邊。大德八年，三瀾來言，西天地僻，不知是何達達軍馬，奪數砦而去。今年正月，三瀾復遣火頭官兜來言，西天使來，又有達達軍馬殺西天王而立其孫，奪其堡寨，所乘馬甚高大，蹲伏乃可韝鞍。問此疆之外，其主者誰？西天王對：白衣所居，歸屬大元，爲民出賦久矣。遂出大箭三、金段一，使致信于白衣曰：「我得之地，我爲主。在爾之地，爾自主之。無相侵奪。」今來使以其箭與金段授三瀾母攬陶，有此邊警，不敢不報。事聞，朝廷命雲南省體探隄備施行。

至治元年，土蕃宣慰司呈，孔提谷充兒等七族番賊阿娥弟蒙者等，伏五盧平林内，殺傷官軍。又昌東、着思巴、八郎篤公、參卜郎、赤栅、阿八、必只剌等，東西萬里，俱係生番。其八郎朵公劫朵兒只八站馬二百餘匹。

【考校記】

〔一〕輯自《元文類》卷四一。

遼陽嵬骨〔一〕

至元十年，征東招討使塔匣剌呈，前以海勢風浪難渡，征伐不到解因、吉烈迷、嵬骨等地。去年征行至弩兒哥地，問得兀的哥人厭薛，稱欲征嵬骨，必聚兵候冬月賽哥小海渡口結凍，冰上方可前去。光〔二〕征解因、吉烈迷，方到嵬骨界。云云。

大德二年正月，招討司上言，吉烈迷人百户蓋分、不忽里等，先逃往内豁疃，與叛人結連，投順嵬骨作耗〔三〕。奉旨招之。千户皮牙思以爲蓋分等已反，不可招，遂止。大德元年五月，嵬骨賊瓦英乘吉烈迷所造黄窩兒舡過海，至只里馬觜子作亂。八月，吉里迷人奴馬失吉過海，至爲子砦，遇内豁疃人，言吉烈迷人牙乞才稱，嵬骨賊與不忽思〔四〕等，欲以今年比海凍，過果夥虜掠打鷹人，乞討之。既而遼陽省咨：三月五日，吉烈迷百户兀勸吉等來歸，給魚糧網扇，存恤位坐，移文管兀者吉烈迷萬户府收管。六月五日，官軍敗賊於吸刺豁疃。七月八日，嵬骨賊玉不廉古自果夥過海，入拂里河，官軍敗之。九年六月，吉烈迷人甲古報，嵬骨賊劫南木合等，官軍追之，不及。過拙墨河劫掠。

至大元年，吉烈迷百户乞失乞乃言，嵬骨玉善奴欲降，遣大河沙者至訥里于。又吉烈迷人多伸奴、亦吉奴來言，玉善奴、瓦英等乞降，持刀甲與頭目皮先吉，且言每年貢異皮，以夏間答刺不魚出時回還。云云。

【考校記】

〔一〕輯自《元文類》卷四一。

〔二〕「光」，據文意，疑當作「先」。

〔三〕「耗」，據文意，疑當作「亂」。

〔四〕「不忽思」，錢校本校曰：「兩元刻同，與上『不忽里』必有一誤。」

圓明和尚〔一〕

延祐七年六月十三日夜，奉元盩厔縣終南景谷小高山僧圓明和尚，就扶風小員大家，糾合蘇子榮等五十餘人，各執桑木笏，持二劍，祀星斗，僞即位爲皇帝，衆呼萬歲。圓明和尚者，姓白，名唐兀台，年二十七，耀州美原縣探馬赤軍。延祐七年四月，小高山湫池邊建禪菴誦經。尋移其母馮閏娥與弟廣師皆來菴中。盩厔人來燒香者受戒牒，因與子榮等相識。至是，誡以七月五日攻奉元路舉事，其徒言普覺長老和尚，上元甲子合坐大位。六月二十九日，扶風縣人告變，官軍捕之。唐兀台提劍，夜二更，欲出山走。官軍圍之，遂相射。鷄鳴時，復回菴中。七月一日，陝西省參政朶里只八、史中奉以兵捕賊。唐兀台藏其母林中，與妻妙師及其黨西循秦嶺走。久之，棄僞印章草内。又無粮，唐兀台與妙師藏林中，令人下山探伺消息。八月五日午時，唐兀台困睡，官軍追及，執妙師等，唐兀台脱走。九日，奉元路達魯花赤伯顔於白楊平河禽唐兀台，伏誅。

《招捕》事不止此，是惟取其人名、地名及事與序相干者入注中〔二〕。

【考校記】

〔一〕輯自《元文類》卷四一。

〔二〕按：「《招捕》事不止此」一段，出於《元文類》編者。

軍制〔一〕

國朝起龍朔，制度簡古，典軍之官，視軍數爲名，設萬户、千户，而所鎮之地分左、右手。

世祖即阼，建官位事，侍衛則有左、右、前、後、中諸衛，衛設親軍都指揮使。外此，則萬户之下置總管，千户之下置總把，百户之下置彈壓。總以樞密院，皇太子兼樞密使，節制天下兵。方面有警，則置行樞密院，事已則廢。而移都鎮撫司屬行省，命長官一二人領之。萬户、千户、百户分上、中、下。萬户佩金虎符，符趺爲伏虎形，首爲明珠，而有三珠、二珠、一珠之别。千户金符，百户銀符。萬户、千户死陣者，子孫襲爵；死病，則降一等。總把、百户老死，萬户遷他官，皆不得襲。是法尋廢。今無大小皆世其官，獨以罪去者否。

號部伍曰翼，百户而下繇散兵，官本翼則免其家爲卒，他翼者不免。千户而上，雖本翼，仍不免。幕官久次，積階至四品，得爲千户。而軍士則初有蒙古軍、探馬赤軍，蒙古軍皆國人，探馬赤則諸部族也。其法，家有男子十五以上、七十以下，無衆寡，盡料爲軍，有事則空營帳而出，十人爲一牌，設牌頭，上馬則備戰鬭，下馬則屯聚牧養。孩幼稍長，又籍之，曰漸丁軍。既平中原，發民爲卒，曰漢軍。或以貧富爲甲乙。户出一人，曰獨户軍。合二三而出一人，則一爲正軍户，餘爲貼軍户。或以男丁論，嘗以二十丁出一卒。至元七年，十丁出一卒。又或以户論，二十户出一卒，而限年二十以上者充。士卒之家爲富商大賈，則又取一人，曰餘丁軍，至十五年免。或取匠爲軍〔二〕。或取諸侯將校子弟充軍，曰質子軍，又曰秃魯花軍。皆多事之際，一時之制。

天下既平，嘗爲軍者定入尺籍伍符，不可更易。詐增損丁産者，覺則更籍其實，而以印印之。病死戍所者，百日外役次丁，丁少者再予五十日。死陣者，復一年。貧不能役，則聚而一之，曰合併。貧甚者、老無子者，落其籍。户絶者，别以民補之。奴得縱自便者，俾爲其主貼軍。逃而還者，復三年；又逃者，杖之；投他役者，還籍中。醫而良者，奏復其房。其土田則初視民輸半租，既而蠲四頃，曰贍軍地，餘田賦如常法。

繼得宋兵，號新附軍。大率蒙古軍、探馬赤軍戍中原，漢軍戍南土，亦間厠新附軍。諸國人之勇悍者，聚爲親軍宿衛，而以其人名曰欽察衛、康里衛、阿速衛、唐兀衛，内外卒皆以時踐更。又有遼東之糺軍、契丹軍、女直軍、高麗軍，雲南之寸白軍，福建之畬軍，則皆不出戍他方，蓋鄉兵也。又有以技名者，曰砲軍、弩軍、水手軍。應募而集者，曰答剌罕軍。此不給粮餉、不入帳籍，俾爲游兵，助聲勢，虜掠以爲利者也。其名數，則憲宗二年之籍，至元八年之籍、十一年之籍，而新附軍有二十七年之籍。非有旨，雖典掌者不敢擅發，亦不得閲其數。軍出征戍，家在鄉里曰奥魯，州縣長官結銜，兼奥魯官以莅之，此其槩也。事之見簿書者，具諸左方。

【考校記】

〔一〕輯自《元文類》卷四一。

〔二〕「爲軍」，據文意，此下疑脱「曰匠軍」三字。《元史》卷九八《兵志一》，此處有「曰匠軍」。

軍器〔一〕

是編載兵器，而附軍需，器之料例名物具《工典》，此其給納之事也。至元初，命統軍司造兵，壞則諸萬户行營選匠自脩之。今則内有武備寺積貯，列郡設雜造局，歲以鎧仗上供。其精者有西域礮、摺疊弩，皆前世所未聞。軍需則粮鈔、衣帽、靴袴，至製燧、馬罵、馬蹄澁、魚網、斧鐮、鴉钁、渾脱之類是也。太宗四年，十户辦軍衣一套，每套四件：帽、綿襖、綿袴、靴。

○軍器有十五梢、九梢、七梢、五梢、三梢砲。至元二年，令統軍司造兵器。或脩補，則各萬户軍中選匠置局自治之。四年，上都李仲成造靴車神鳳弩，射八百餘步。六年，教頭李初言乞造軍器，教士卒武藝。奉旨各色内止造一真者，餘以木爲之。○軍需有馬脚澁、披氊、夾袋、火鐮、木椀、絆布帳、鐵橛、罐、斧、鐮、柳編子、柳罐、氊帳、鐵鑹、鐵鴉钁、鐵罩籬、渾脱鐵杓。十一年，造弩，四石斗力；柱子弩，二石斗力。三十年，取江浙省紙信砲。皇慶元年，新附軍甲仗拘收於本萬户封置，有調遣則給與之。

【考校記】

〔一〕輯自《元文類》卷四一。按：本節大字部分爲《軍器》之序，小字部分乃原編者節録《軍器》正文爲注。

教習〔一〕

陣有奇正，人有坐作，兵有擊刺，必耳金鼓、目旗幟，千萬夫如一人，則始可用矣。神元上世，北戴斗極以立國，寓兵法於獵，開闔聚散嚴矣。及取天下，四征不庭，水陸之師，莫不教練，故能東西討伐，所向無前。承平既久，愈益不廢，諸將麾下，悉設教首，勤賞惰罰，皆有著令。今載其見於簿書者，使後有攷焉。陣圖、戰藝，秘不示衆。

【考校記】

〔一〕輯自《元文類》卷四一。

整點〔一〕

天子新即位，則分遣樞密院臣僚，乘傳行諸省洎列郡，考戍將所典之士壯若儒，校其籍之數，觀馬肥若瘠，與兵之利鈍，甲胄鞍盾之堅脆，弦箙弓矢旗幟之新弊，什物之備否。大閱，行賞罰，還奏吏文，曰整點。一則以受圖膺貢之初，振舉庶政，而武事其一；一則以警動天下耳目而備不虞，此常制也。餘則或有征伐，亦閲所當遣卒於期會啓行之方；或外本兵者廢革，而藩方新有其軍，必覈實齊一之；或受任者怠於事，而往作其弛墮，皆整點，如上法令雜載之。第是數者，非得旨，皆不敢行。

【考校記】

〔一〕輯自《元文類》卷四一。

功賞〔一〕

賞典，軍中要事也。其有戰守功登□賞賚者，皆已隨事附載。見於是者，則或已過時，追念其功而賞；或累數功而總議行賞；或泛以征伐勞苦而有所賜予；或興土木之役，畢事而犒之；或遣使整閱天下兵，還奏，恪慎效職而遷擢者也。自世祖已前，則簿書闕焉。

【考校記】

〔一〕輯自《元文類》卷四一。

責罰〔一〕

國家用兵行師數矣，責罰之見於纂述者甚少。蓋因事致罰者，各隨其事而見。此所録率多雜罪，如賞典云。

【考校記】

〔一〕輯自《元文類》卷四一。

宿衛〔一〕

屬橐鞬，列宮禁，曰宿衛軍。國有大朝會，徧徵諸侯王，入京師之歲，所司設廬茇環大內，士晝夜居其中，以備非常。既朝會，則罷之，曰圍宿軍。皇帝祀郊廟、幸佛寺，蹕街清道，曰儀仗軍。從幸畿甸，曰扈從軍。坐帑藏倉庾，譏問出入，摇鐸警夜，以護天子之良貨賄，曰看守軍。皇帝幸上都，從留守大臣，以夜鍾時出譙樓下，分行國中衢陌，察盜賊至曉，曰巡邏軍。歲遭繇海至枯水口輸海津倉，五方人坌集，惡少不逞，游警其間，出千人彈壓，曰鎮遏軍。如上雜載一卷，舉一以附其餘，曰宿衛類云。

【考校記】

〔一〕輯自《元文類》卷四一。

屯戍〔一〕

國初，征伐駐兵，不常其地，視山川險易，事機變化，而位置之前却進退無定制。及天下平，命宗王將兵鎮邊徼襟喉之地；如和林、雲南、回回、畏吾、河西、遼東、揚州之類。而以蒙古軍屯河洛山東，據天下腹心；漢軍、探馬赤軍戍淮江之南，以盡南海；而新附軍亦間厠焉。蒙古軍即營以家，餘軍歲時踐更，皆有成法。獨南三行省不時請移彼置此，樞密院必以爲初下南時，世祖命伯顏、阿术、阿塔海、阿里海牙、阿剌罕與月兒魯、孛羅輩所議定六十三處兵也，不可妄動，奏卻之。此其槩也。

【考校記】

〔一〕輯自《元文類》卷四一。

工役〔一〕

軍之役土木者，率以築都城、皇城，建郊廟、社稷、宮殿、籍田、官府、寺舍、倉庾，治道，築隄堰、牐壩，造橋梁，開漕河，大祭祀掃除壇壝之類。餘則建佛寺，起塔樹幡竿，脩寺僧之水磑，爲大臣築第，拽碑石，與伐船材，斫葦被城上，理鹿圈、黄羊圈。百人、五十人，則樞密院指撝，過是則奏。間亦給傭直洎粮，然第畿内事也。外郡則惟脩甘州城，且建倉，浚咸平府清寇河之游，理寧夏浮圖一百又八而已。

【考校記】

〔一〕輯自《元文類》卷四一。

存恤〔一〕

國家恤軍士至矣。然吏予奪之際，亦有文致刻深者，朝廷忠厚，久亦悉釐正之。虞其飢，賜之粮餉；寒，給之衣；歲荒，振其妻子。由戰戍歸，道中有司續食。病者療之。不幸而死，予鈔二十又五貫，曰墳瘞錢。將校倍之，使藁殯行營旁。俟其同鄉縣人爲卒，更代得歸者，命負置骸骨其家。不既至矣乎！

始定制：卒之陣死者，復其家一年；病死者，半年；傷而扶還以斃者，比病死。樞密院以爲戰而傷，還死營壘中，異屯居告終枕席，亦畀復一年。又卒以月朔旦受粮，不幸病死，自死至月末盡日之食曰破月粮，有司復徵入倉廩。或病時已賣粮爲資用，則取償其火五人粮，曰揹除。逃去者亦僂指其日，徵之如上法。在位者婁上言非便，乞無多寡，盡賜以買棺。又官吏病，滿告百日報罷，其破月俸米，過其月五日者，亦仍給之，又其比也。事下版曹，執舊比不變，廟堂不聽，卒免遠戍病死者破月粮，而逃者徵如故。不既忠厚乎？至元十五年八月，樞密院議，陣亡軍，存恤一年；病死者，存恤半年。若臨陣攻戰被傷，還營致死，難同屯居病亡，合從陣亡例存恤。至治□年六月，龍興副萬户王武德言，廣東身死軍，追揩支過月請鹽粮，非便。甘肅行省亦嘗言，開除軍士照筭身死、在逃月日，食用不盡鹽粮，却於見在軍内就除，有虧見役軍人。又南安路總管府判官牟規上言，病故軍閃下或十日，或半月鹽粮，拘收還官，不便。乞今後無問多寡，盡給爲買棺之用，似望死生不致失所。今南雄路戍軍李真、湛灼等，自本月初九日、十一日以後身死，官司俱將已支各軍破月鹽粮，作門下數日，於下月實在軍粮内揩除。伏覩省部定倒〔二〕，諸官吏患病百日，作闕，支過俸米除全月回納還官外，據支過破月俸鈔，如已過當月初五日，非屬破月粮數，免徵。都省送户部議，身死及逃軍抛下米粮，擬合拘收還官，如無，令所管頭目陪納，已遍行，依上施行訖。都省以所擬未當，再下本部，邊遠戍軍病故，支過口粮既已費用，若令揩除陪納，若失優恤之意，擬合免徵，次月隨即開除。却不得因時虚揞捏合，冒破官粮，仍令肅政廉訪司體察。

【考校記】

〔一〕輯自《元文類》卷四一。按：本節大字部分爲《存恤》之序，小字部分乃原編者節録《存恤》正文爲注。

〔二〕「倒」，錢校本校曰：「例。」疑當作「例」。

兵雜録〔一〕

兵雜録者，其所以録之意義見總序，此其事。

【考校記】

〔一〕輯自《元文類》卷四一。

馬政〔一〕

國朝肇基朔方，地大以遠，槖駞、馬、羊、牛，不可以限量而數計。今牧馬之地，東越耽羅，北踰火里秃麻，西至甘肅，南暨雲南，凡十有四所。又大都、上都，以及玉你伯牙、折連怯呆兒，地周迴萬里，莫非監牧之野。在朝置太僕寺，典御馬及供宗廟影堂、山陵祭祀，與玉食之挏乳〔二〕。馬之在民間者，有抽分之制，數及百者取一，及三十者亦取一，殺乎此則免〔三〕。牛、羊亦然。其抽分之地，凡十〔四〕有五，或遇征戍，及邊圉〔五〕乏馬，則和市拘括，以應倉卒之用，非常制也。悉類以述于兹。

太僕寺典御馬，左股烙官印，號大印子馬。其印有兵古、貶古、闊卜川、月思古、斡欒等名，產駒即烙。太廟祀事及諸寺影堂用乳酪，則供牝馬；駕仗及宫人出入，則供尚乘馬。供上及諸王、百官挏乳，取黑馬乳以奉玉食，謂之細乳；諸王、百官者，謂之粗乳。又自世祖皇帝而下山陵，各有醞都，取乳以供祀事，號金陵擠馬，盡三年，以與守山陵者。

抽分羊馬。太宗時，家有牛、羊、馬〔六〕及百者，取牝牛、羊、馬各一頭入官；牝馬、牝牛、牝羊及十頭者，亦各取一頭入官。定宗時，諸人牛、羊、馬群，十取其一，隱者有罪。憲宗時，百取其一。成宗時，每年七八月間，委人賫聖旨乘驛赴所該州縣，與民官眼同抽分，十月分赴都交納宣徽院。群上及百、下及三十者，抽分一頭，不及三十者免。共十有五處〔七〕：虎北口、南口、駱駝嶺、白馬甸、遷民鎮、紫荆關、丁寧口、鐵門關、渾源口、沙静□、忙安倉、車坊、興和等處、遼陽等處、察罕腦兒。又世祖時，不許販馬過南界。黄河以南，潼關之東，直至蘄縣，非官中人不得騎馬，皆令賣之於官中。仍禁拽車、拽碾及耕地。

至元六年三月二十四日，中書省奉旨：「科要取乳牝馬，除直北蒙古千户、百户、牌甲，元以聚會之故科著者取之外，據只魯瓦觪尋常科要取乳牝馬，勿取之。若只魯瓦觪處已有刷到〔八〕者，亦得〔九〕還主。」欽此。都省劄付右三部，欽依施行。

仁宗皇帝延祐七年六月七日，太僕寺官忠嘉、阿剌鐵木兒奏：「所管各項官孳畜，去歲〔一〇〕風雪倒死，百姓困乏，不曾遍歷點數。今年差人計點收拾，每三十疋作一群。但是倒死，驗皮肉，及六馬補一牝馬，兩馬補一羊，乞用官印烙訖，取勘實有數目賫來，令其加意牧養。」准奏。

英宗皇帝至治二年三月二十三日，太僕寺官〔一一〕八思吉思奏：「爲享太廟之故，用乳馬、乳牛各五百頭供乳酪〔一二〕，先〔一三〕奉旨令同知教化提調。今乞於者憐怯列并青州所有官馬、牛内撥付之。」奉旨准。

三年三月，有旨：每三年於各愛麻選擇騍馬之良者，以千〔一四〕數給尚乘寺，備駕仗及宫人出入之用。

泰定元年十月十三日，太僕卿渾丹、寺丞塔海奏：「自躭羅起至牛八十三頭，至此不伏水土。乞以付哈赤，令變换作三歲乳牛，印烙入官。」奉旨准。

是年，渾丹等又奏：「各愛麻馬多耗損，請市馬一萬以實之。」准奏〔一五〕。以鈔一萬錠付渾丹，約牝馬帶駒一，其直十錠。先於興和路市一千疋，令哈赤等掌之。既而本寺又奏，取乳牝馬不敷，續買九千疋。

二年七月二十三日，太僕寺卿燕帖木兒奏：「各處官馬數目短少，於舊文册亦不明。乞差太僕寺官及怯薛人赴各處，點數明白，具〔一六〕實數來上。」奉旨准。

三年七月二十六日，太僕寺官闊怯、燕鐵木兒等奏：「係官頭疋已有備細數目，今乞再差太僕寺官詣各處點視。」奉聖旨准。

四年七月十八日，太僕寺奏：「阿塔赤傳旨，令選擇騍馬。舊制，三年一次選擇。去年已選一千疋，今限未到，乞預選三百疋。若何？」奉旨准。

今上皇帝天曆二年二月八日，撒敦特奉聖旨：「各所屬内哈赤黑玉面馬、五明馬、桃花馬，於三等毛色内選擇進呈。又，馬主隱匿有毛色牡馬、牝馬，亦里玉列者或首告發露，以馬與首人，犯者杖一百七下。」欽此。三月，太僕寺卿不蘭奚特奉聖旨：「有毛色之馬，可疾速差人起進。又黑玉面、五明、桃花、黑花、赤花、赤玉面、栗色玉面馬，及有毛色駿馬，選擇差人，限六月一日押至上都〔一七〕聽候。」是春，上御興聖殿觀馬，有旨，賜牧人繒綺各一。又命拔〔一八〕都兒阿魯花專掌之。復詔經正監，別賜草地，自爲一群，號異樣馬。

八月二十二日，太僕寺官撒敦、不蘭奚，教化月列吉奏：「舊制，皇帝登寶位，太僕官〔一九〕躬詣各處點數官馬。今乞依例差官點數。」奉旨准。

十一月二十四日，太僕寺官撒敦、不蘭奚奏：「奇異毛色馬疋，止於太僕司作數，或別項作數？取聖裁。」奉旨：可別項作數。欽此。

【考校記】

〔一〕輯文第一段（至「悉類以述于玆」）輯自《元文類》卷四一《馬政》大字部分，是爲《馬政》之序；其餘則輯自文氏鈔本（文氏録自《永樂大典》卷一一六七八），是爲《馬政》之正文。《元文類》卷四一《馬政》小字部分顯係節録《馬政》正文，雖斷續簡略，但有些内容或可補文氏鈔本所闕，或可參稽互證，故仍輯入，附於序之後。

〔二〕「挏」，原作「桐」，據下文改。錢校本校曰：「挏。」

〔三〕「免」，原作「兔」，據繆鈔本、文氏鈔本及《馬政記》改。

〔四〕「十」，原作「千」，據文氏鈔本及下文所列十五處改。

〔五〕「圉」，原作「圍」，據繆鈔本、文氏鈔本及《馬政記》改。

〔六〕「馬」，原作「爲」，據錢校本及上下文改。

〔七〕「十有五處」，原作「十河處」，據下文所列十五處改。

〔八〕「到」，原作「制」，據繆鈔本改。

〔九〕「得」，繆鈔本作「行」。

〔一〇〕「歲」，繆鈔本作「年」。

〔一一〕「寺官」，原缺，據繆鈔本補。

〔一二〕「酪」，原缺，據繆鈔本補。
〔一三〕「先」，原缺，據繆鈔本補。
〔一四〕「千」，此上原衍「年」字，據繆鈔本删。
〔一五〕「奏」，此上原衍「馬」字，據繆鈔本删。
〔一六〕「具」，原作「其」，據繆鈔本改。
〔一七〕「至上都」，原缺，據繆鈔本補。
〔一八〕「命拔」，原缺，據繆鈔本補。
〔一九〕「官」，此上繆鈔本有「寺」字。

和買馬〔一〕

太宗皇帝十年戊戌六月二日，降聖旨，宣諭札魯花赤胡都虎、塔魯虎䚟、訛魯不等節該：自今諸路應有係官諸物，及諸投下宣賜絲線、疋段，並經由燕京、宣德、西京經過，其三路鋪頭口難以迭辦。今驗緊慢，定立鋪口數目，驗天下户數，通行科定，協濟三路。通該舊户二百一十七户，四分着馬一疋；新户四百三十四户，八分着馬一疋。舊户一百六十九户，二分着牛一頭；新户三百三十八户，四分着牛一頭。聖旨到日，仰即〔二〕便差人，與各路差去人一同前去所指路分，着緊催促驗數，分付各路收管。見得以南路分馬疋牛畜難得，今約量定立到馬一疋價銀三十兩，每牛一頭價銀二十兩。仰各處皆驗燕京酌中時直，折納輕賫疋段、紗〔三〕羅、絲線、絹布等物，用鋪頭口轉遞交付。却令三路置庫收貯，明附文曆，支銷回易諸物，於迤北民户内，逐旋倒换頭口用度。若各自願計置頭口分付者，聽從民便，不得因而刁蹬抑勒，多要輕賫。除各路别給御寶文字外，據燕京路合得協濟路分，開具下項。東平府路所管州縣城，驗户二十三萬四千五百八十五户。内有復數民户，時重數訖五千八百五十户，爲不見新舊，權作舊户免徵外，實徵二十二萬八千七百三十五户。内有本路課税所從實勘當新舊户計，照依鋪頭口分例，另行科徵送納，總合着馬七百八十八匹五分五釐、牛一千一十七頭二分四釐。舊户一十一萬五千二百四十七户，合着馬五百二十九疋一分五釐、牛六百八十一頭八分。新户一十一萬三千四百八十八户，合着馬二百五十九疋四分、牛三百三十五頭四分四釐。民户二十三萬二千六百二十九户，重數户課税所户，在内摽撥與宗王口温不花〔四〕、中書吾圖〔五〕撒合里，并探馬赤查剌温火兒赤一千七百五十八户，内民户一千七百一十二户，軀户四十六户。民户内舊户八十一户、新户一千六百三十一户。宗王口温不花撥訖一百户，内舊户三户、新户九十七户。中書吾圖撒合里撥訖新户三百四十五户。秃赤怯里馬赤撥訖新户六户。查剌温火兒赤伴等回回大師撥訖新户三十户。訛可曹王撥訖新户一十户。羅伯成撥訖新户三户。奪活兒兀蘭撥訖新户七户。查剌温火兒赤并已下出氣力人撥訖一百八十三户，内民户一百三十七户、軀〔六〕户四十六户，民户内舊户二户、新户一百三十五户。乞里觧并已下出氣力人撥訖三百三十六户，内舊户三十八户、新户二百九十八户。笑乃觧并已下出氣力人撥訖四百六十七户，内舊户二十七户、新户四百四十户。孛里海拔都撥訖一百户。課課不花撥訖五十五户。合旦撥訖一百一十六户，内舊户一十一户、新户一百五户，外軀户八十二户、回回户九十六户、打捕户二十户。

世祖皇帝中統元年五月，奉聖旨，諭宣撫司，若曰：「聖旨到日，仰於本路和買騍馬一萬疋。除出征官員并正軍征行馬疋，及上赴朝廷人所騎馬外，但有騍馬，拘收見數，依市價，每課銀一定，通滚買馬五疋，臨時斟酌高低定價。俱要堪中馬，不堪出力者不得收買。凡有騍馬之家，五疋内存留一疋，本主騎坐；有職事官吏，亦許存留一疋。和買見數印烙了畢，達魯花赤、管民官吏管押前來開平府交割，沿路無致走失瘦乏。據和買價銀，於本路係官不以是何銀内，即便支給，無致人難。」准此。燕京路二千四百疋，真定路八百疋，北京路二千疋，平陽路八百疋，東平路八百疋，濟南濱□兩處四百疋，大名路四百疋，西京等路二千四百疋。

二年十一月十五日，奉聖旨，諭行中書省，若曰：「前時阿里不哥敗，於昔木土腦兒退散。今聞北方雪大，却復回此。雖未必來，然須准備。據隨路不以是何人等馬疋，盡令見數。若有堪中騎坐者，每五疋馬，價課銀一定和買。」是日，又奉旨，諭西京、宣德、北京等路和買馬疋節該：「堪中者，每五疋價課銀一定。不堪騎坐瘦馬，亦行見數，止令本主收喂。如已後再用，亦依例和買。須管便要，不得遲慢，因而看順面情，或取受隱漏。如但有隱藏及看順面情，或取受之人，照依軍法斷罪。據見收到堪中馬疋，分付差去官，散與步行達達軍騎坐。如有騎坐不盡之數，具以上聞。」十二月七日，奉聖旨，諭陝西、四川等路行中書省節該：「爲阿里不哥事，聖旨到日，仰將延安路除合納粮斛外，應係絲線包銀課程一切差發，從長計置。堪中騎坐馬疋，據買到馬數，先差使臣奏聞。」二十八日，聖旨諭北京等路達魯花赤、管民官：「據本路和買到馬疋，仰在意喂養。仍令本處正官一員常切點視，毋致瘦弱。除緊急海青使臣應付走遞外，其餘使臣人員，並不得應付。」准此。

四年八月四日，聖旨諭中書省：「據阿朮差來使臣抹臺奏告闕少馬疋，軍人乞降馬疋事，准奏。仰差人驗坐去馬數，於東平、大名、河南路宣慰司今年新差發内，照依已降聖旨，不以回回通事、斡脱并僧道、答失蠻、也里可温、畏兀兒諸色人，匹每鈔一百兩，通滚和買堪中肥壯馬七疋，分付阿术等給散與軍人。此係軍情公事，如有怠慢去處，嚴行治罪。」准此。總計買馬一千五百五十疋。阿术一千六十四疋，長壽一十九疋，懷都六十九疋，也先不花三百九十八疋。

至元六年二月二十二日，樞密院奉旨：「買馬三千疋，給都元帥阿术軍中，勿惜〔七〕錢。」欽此。十二年四月，樞密院劄付益都路：「三月三十日，中書省與本院官同議，漣水州設站，據買馬價錢，擬於各處係官錢内支付，於不以是何户計内和買。如軍户内有自願賣者，官支價錢鈔三十兩，隨即給付。如不願者，無得樁配，抑勒違錯。」

十四年三月十二日，中書省劄付，先爲和買拘刷馬疋，已經差官催督去訖。今奏奉聖旨節該：「收拾到馬疋，數内盲者、瘤者、嗓者、懷駒者，印烙畢，分付本主。又漕運司牽船馬疋，印烙訖，分付時暫牽船運粮。」欽此。都〔八〕省行下各處及差官欽依。見奉聖旨，除漕運司牽船馬匹，别委本司印烙外，其餘諸色人等馬匹數内，揀擇盲者、嗓者、懷駒者分付本主外，肥壯馬匹疾早差官，依已行押運，沿路官給草料，應副人夫槽蔨，前赴所指處送納。瘦者於内斟酌，合騎馬人員驗拘訖肥馬之數，却與瘦馬，官爲印烙，許令騎坐。餘上馬疋，趁美水草牧放，亦赴所指處交割。如各處官吏諸色人等，隱匿肥壯并高身無病無駒馬疋，并牡馬及堪騎馬駒者，照依扎撒斷罪。若有違慢，從已委官就便將當該人吏的決，首領官罰俸，官員取招呈省。仍仰各路官吏先行具報，並無隱匿夾帶結罪文狀，分揀定各各備細數目，申部呈省。

二十年正月四日，丞相火魯火孫等奏：「忙古觮、拔都軍二千人，每人給馬三疋，今見在一千疋。乞降價錢，再買五千疋，每三疋内兩疋牝馬，一疋騬馬，於大王只必鐵木兒、駙馬昌吉兩位下民户内，并甘、肅州、察罕八剌哈孫數處，差人買之。」奉旨：「依卿等所議行之。」

二十六年七月十日，兵部承奉尚書省奏奉聖旨和買馬疋事，欽此。除已別發勘合放支和買馬疋價錢，差官管押前去各處交割，及開坐下項合行事理，劄付各道宣慰司并各路總管府，摘委正官，一同和買外，仰更爲行移合屬，依上施行。所據發去各處鈔數，合用打角物件，防送弓兵，就便行移合屬，依上應副施行。仍將在都諸衙門買到馬匹，本部打勘備細，開坐呈省。

一,和買馬疋去處并放支鈔數。計至元鈔一萬定,都省差官管押前去各處:燕南河北道宣慰司至元鈔二千四百定,山東東西道宣慰司至元鈔二千錠,河南等路宣慰司至元鈔一千八百錠,太原路至元鈔一千錠,平陽路至元鈔一千錠,保定路至元鈔三百錠,河間路至元鈔三百錠,平灤路至元鈔二百錠。本部關支發付合屬和買馬疋,在都諸衙門馬疋至元鈔四百錠,大都路至元鈔六百錠。陝西等處行尚書省就用係官錢内放支和買馬疋。

一,摘委本道宣慰司正官、各路總管府官一同和買。據宣慰司、按察司、轉運司、總管府及諸衙門官吏、僧道、荅失蠻、也里可温、斡脱,不以是何軍民諸色人户,所有堪中馬疋,盡數和買,當即印烙,合該價錢隨即給主。

一,站赤每正馬一疋,許留貼馬二疋,餘者馬數,依上和買。

一,差去官押運鈔數,至彼依數收管呈省。其辦集遲速、馬疋好弱,止責宣慰司并各路官吏。

一,和買四歲已上堪中馬疋,雖年老,若肥壯堪以出力,亦行和買。

一,權豪勢要之家隱占馬疋,決杖一百七下,其馬没官。

一,見買馬價,若有剋減并冒破官錢,有人首告,或因事發露到官,聞奏〔九〕,重行治罪。

一，各處官員，若同心辦集，馬疋肥好，別議聞奏。其或怠慢，并馬數不堪者治罪。

一，買到馬數，除陝西行省、平陽、太原，徑直前赴河東山西道宣慰司交納外，其餘去處，每一二百疋作一運，差委能幹正官節續管押，赴都交納。行移經過官司，依例應副牽馬人夫，押運官依時飲牧，不致瘦弱。病者，所在官員〔二〇〕隨即差撥獸醫看治。如沿途比之元納膘分，但有瘦弱倒死，勒令押馬官陪償斷罪。

一，買到馬疋，開寫各主姓名、毛齒、膘分、價錢呈省。

一，探馬赤、唐兀禿魯花軍人，除本家原有馬數不在收買之限，却不得轉買諸人馬疋。如有違犯，買主賣主各決一百七下，其馬價錢俱各没官。

一，見發價錢不敷，作急呈省撥降。若銷用不盡，依數回納。

一，馬疋價直，中統鈔爲則。騸馬，每疋上等五錠，中等四錠，下等三錠；曳剌馬，每疋上等四錠，中等三錠，下等二錠二十兩；小馬，每疋上等三錠，中等二錠二十五兩，下等二錠。

十四日，兵部承奉尚書省劄付：奏奉聖旨和買馬疋事。欽此。除經差官前去各處并劄付本部收買去訖。照得在前拘收馬疋合該價錢，未盡實支付。今次和買，明立價值，委官當面給主。切恐有馬之家不行赴官中納，私下隱藏，權豪勢要人等故行影占。都省除外，今將榜文八道，隨此發〔一〕去，仰收管於大都張掛，曉喻軍民、站赤、諸色户計，并和尚、先生、也里可温、答失蠻、斡脱等户，但有四歲以上騸馬、曳剌馬、小馬，不分肥瘦，盡數赴官中納，當面從實給付價鈔。若有隱藏、影占馬疋之人，許人〔二〕首告，决杖一百七下，其馬没官。兩隣知而不首者，同罪。仍於犯人名下追中統鈔五錠，給付告者充賞。所據隸屬省部保定、河間、平灤等路，并平陽、太原，本部多出文榜，發下各路州縣，於人烟輳集處張掛。仍行移各衙門照會，依上施行。

榜文内開寫：

一，站户依元行每正馬一疋，許留貼馬二疋，餘馬數依上中納。

一，見任官員許存留馬數外，餘有馬疋，依上中納。二品以上存留五疋，三品四疋，四品、五品三疋，六品、七品二疋，八品以下一疋。

一，榜文到日，限一十日盡數赴官中納，違者與隱下一體治罪。

本部合行事：

一，探馬赤、唐兀禿魯花軍人，除見起來馬疋外，在家應有四歲以上騸馬、曳剌馬、小馬，仰宣慰司、總管府與樞密院差去官、本管奥魯官，一同收拾見數，不須給價，開寫各主姓名、毛色、齒歲，分付隨處探馬赤、唐兀禿魯花、本管奥魯官取，明白收管，差人團群牧放，須要添膘。若有瘦弱、走失、倒死，定是著落追陪斷罪。先將收拾到馬數，依上備細開具呈省。

一，瘦馬價錢，中統鈔不過四十兩。

一，買到堪中馬疋，依已行疾早差官起納。其餘瘦馬亦行印烙，本處達魯花赤、管民官常切提調，差人踏趁好水草地面，在意牧放，須要肥盛。如有瘦弱、走失、倒死，定是著落追陪治罪。先具各各馬數、毛色、齒歲呈省。

一，大都路州縣買到馬疋，不分肥瘦，盡數起赴大都交納施行。

十二月七日，丞相桑哥等奏和買馬事，與月兒魯等共議：「京兆等二十四處城池，免和買。彼中所有之馬，若也速觧兒并忽蘭鐵哥烈所領軍內，有上馬者與之。其餘腹裏漢人城池内所有之馬，若盡買之，竊恐〔一三〕絶種。站户、軍户馬免買。各處科一萬疋，但買騸馬、牡馬，不買牝馬。」奉旨准。

三十年三月五日，中書平章政事鐵哥、剌真等奏：「前者爲收馬事，有旨令臣等議奏。今與樞密院、御史臺阿老瓦丁、伯顔、塞因囊加觧等共議，但是請俸人員，令出俸錢買一萬馬。今正用馬之時，有司與錢，更買一萬。若又拘刷，恐損民力。乞減價，與五錠買之。」奉旨：「朕不知，卿等裁之。」前者昔寶赤輩言，真定種田漢人，或一百、或二百人，騎馬獵兔，似此馬皆當拘之。」剌真又奏：「衆議斟酌，一馬價五錠，臣等恐太多。作三錠，若何？」又奉旨：「朕不知，卿等裁之。」又奉旨：「三[一四]萬馬不足於用。前者爲刷馬事，蓋暗伯以李拔都兒之言上請也。卿等與暗伯共論以聞。」月兒魯、鐵哥、暗伯、剌真、李拔都等共奏，各省科取一萬馬。奉旨准。且曰：可降御寶聖旨。欽此。

成宗皇帝大德五年三月，兵部承奉中書省劄付，三[一五]月二十六日奏，山後城池内所有馬疋，儘數和買。奉旨准。欽此。都省議得，擬於上都、大同、隆興三處和買馬疋，每處撥降中統鈔一萬錠，差官馳驛管押前去。除已劄付隆興路委本路總管也里忽里、河東宣慰司委本道宣慰使法忽魯丁、上[一六]都留守司委本司副達魯花赤撒哈秃，不妨本職，提調欽依和買十歲已下、四歲之上，堪中肥壯騸馬、曳剌馬、小馬，每疋價錢通滚不過中統鈔五錠。將所買馬疋印烙，差人趁善水草牧養聽候，無致瘦弱損失。如見發價錢不敷，於本處不以是何係官錢内支付。具買到馬數，逐旋呈報。仍將實買訖馬疋毛齒、膘分、各各價錢，通行保結，開坐關部呈省。外仰行移合屬，依上施行。

宋本《至治集》。成宗時，每年七八月間，委人賫聖旨乘驛赴所該州縣，與民官眼同抽分，十月内赴都交納宣徽院。群上及百、下及三十者，抽分一頭，不及三十者免。共十五處：虎北口、南口、駱駞嶺、白馬甸、遷民鎮、紫荆關、丁寧口、鐵門關、渾源口、沙静州、忙安倉、庫坊、興和等處、遼陽等處、察罕腦兒。又世祖時，不許販馬過南界。黄河以南，潼關之東，直至蘄縣，非官中人不得騎馬，皆令賣之於官中。仍禁拽車、拽碾及耕地。〔一七〕

仁宗皇帝延祐四年五月十七日，平章伯鐵木兒、參政乞塔等奏：「樞密院言：奏奉聖旨，不蘭奚管轄軍率貧乏步行，於附近各千户，五疋馬内〔一八〕起一疋給之，總計五千疋，今酬其價。臣等議，今歲經費頗多，府庫不敷支用，乞與三千疋價，共爲鈔一萬八千定。」奉旨准。

【考校記】

〔一〕輯自文氏鈔本，文氏録自《永樂大典》卷一一六七八。

〔二〕「即」，繆鈔本作「就」。

〔三〕「紗」，原作「沙」，據繆鈔本改。

〔四〕「花」，原作「化」，據繆鈔本、下文及《馬政記》改。

〔五〕「圖」，原作「國」，據繆鈔本、下文及《馬政記》改。

〔六〕「軀」，原作「驅」，據繆鈔本及上下文改。

〔七〕「惜」，《馬政記》作「借」。

〔八〕「都」，原作「督」，據繆鈔本改。

〔九〕「奏」，原作「奉」，據繆鈔本改。

〔一〇〕「員」，繆鈔本作「司」。

〔一一〕「發」，此上原衍「即」字，據繆鈔本删。

〔一二〕「人」，此上繆鈔本有「諸」字。

〔一三〕「恐」，原作「空」，據繆鈔本及《馬政記》改。

〔一四〕〔一五〕「三」，繆鈔本作「二」。

〔一六〕「上」，原作「正」，據繆鈔本改。

〔一七〕「宋本至治集」至「仍禁拽車拽碾及耕地」，按：宋本（一二八一——一三三四），元大都（今北京）人，至治元年（一三二一）進士第一，後官至禮部尚書，《元史》卷一八二有傳。其《至治集》今佚。

繆鈔本在本段首末句用紅綫與上下文分隔，似標明本段乃録自《至治集》。

〔一八〕「内」，原作「因」，據繆鈔本改。

刷馬〔一〕

世祖皇帝至元十二年二月二日，樞密院奏：「也速觧兒等所統步軍，臣等與省官議，乞就近城池内括二千五百馬給之。」奉旨准。

二十三年六月十三日，丞相安童等奏：「議定漢地州城括馬，斡兒脱、達魯花赤官、回回、畏吾兒并閑居人富户有馬者，三分中取二分，漢人盡所有拘收。又軍、站、僧道、也里可温、答失蠻，欲馬何用？此等人不括其馬，則必與人隱藏，乞亦拘之。」奉旨准。又奏：「其價錢續當給降。隱藏及買賣之人，乞斟酌輕重杖之。」上曰：「此卿等事也，卿自裁之。」

總計刷到馬一十萬二千疋。

一，赴上都交納馬八萬疋：大都路一萬疋，保定、太原等路各六千疋，真定、安西等路各七千疋，延安、平灤等路各三千疋，河間、大名等路各六千疋，東平、濟南等路各四千疋，北京路八千疋，廣平路三千疋，順德路二千疋，益都路五千疋。

一，赴大都交收，省部差官趁好水草牧放，聽候起遣馬二萬二千疋：彰德路三千疋，衛輝路一千疋，懷孟路一千疋，東昌路二千疋，淄萊路一千疋，濟寧路二千疋〔二〕，恩州路五百疋，德州五百疋，高唐州五百疋，冠州三百疋，曹州七百疋，濮州五百疋，泰安州五百疋，寧海州五百疋，南京路三千疋，歸德府一千疋，河南府路一千疋，南陽路一千疋，平陽路二千疋。爲災傷賑〔三〕濟量擬馬數。

二十四年，聖旨：「楊總統奏，漢地和尚、也里可温、先生、答失蠻，有馬者已行拘刷，江南者未刷。僧道坐寺觀中，何用馬？令楊總統與差去官一同拘刷，交付江淮省，送鎮南王位下，以其數聞。隱藏者有罪，首告者有賞。」八月九日，平章桑哥等奏：「江淮省言，江南和尚、也里可温、先生，出皆乘轎，養馬者少。杭州城内刷訖一百疋，其餘江南地界拘刷訖。」總計馬一千五百單三疋，差淮安路總管欣都管押，赴鎮南王位下交納訖：江淮省馬一千二十六疋，江西省馬一百四十疋，福建省馬四十七疋，湖廣省馬二百九十疋〔四〕。

二十五年六月三日，尚書户部據隆興路申，回回人也林伯等口傳聖旨：「就上都大内鷹房子阿失不花、秃剌鐵木兒等奏，隆興府地界，不問是何投下人户，拘刷馬疋與直北出軍人。隱藏者斬首，懸城門示衆」。欽此。隆興路刷到馬一百四十三疋，交付北征軍收訖。七月二十二日，阿只吉大王位下王府官宋都䚟與上位使臣怯薛䚟滅力吉、哈刺哈孫，佩海青牌，馳驛赴太原路傳旨，令「本路應付阿只吉位下七百步行人，每名騸馬二〔五〕疋及兩月糧」。欽此。本路除將軍糧前去大同朔州，依軍人行糧例支付外，别無係官見在馬疋。照依合該數目，差人分頭遍歷拘刷，令各處正官管押前來。分揀定三百餘人，止用訖九百一十六疋，其餘退下馬疋，給付各主訖。是年，尚書省准遼陽省咨，武平路申，玉速鐵木兒大夫等傳奉聖旨，於本處官吏并不以〔六〕是何户内，刷馬一千疋應付出征。本省依數刷到馬疋應付訖。

二十六年六月二十七日，答思、禿刺鐵木兒等奏，其所領漸長成丁人無馬。奉旨：隆興路拘刷給之。欽此。尚書省劄付隆興路，拘到九十九疋，交付與鷹房官塔思、阿魯渾沙等收管。十二月七日，丞相桑哥等奏：「爲江南刷馬事，臣等議，行省官騎馬五疋，宣慰司官、三品官各騎馬三疋，四品、五品官各騎馬二疋，五品以下各騎一疋。軍官、軍站馬免刷。移文樞密院，令嚴切行文書，軍官、軍人、百姓馬勿隱藏夾帶。移文南臺，令按察司官監察體察。」奉聖旨從之。

二十七年正月二十五日，都省欽依聖旨，移咨各行省，除軍官、軍人、站户、品官合存留馬外，將不以是何人户，應有馬疋盡數拘刷到官，與省委官眼同分揀堪中馬疋，用發去印子印訖，差州縣達魯花赤管押，經由所指路程。限十月初十日以裏，到大都交納，毋[七]致沿途瘦弱、走失。經過官司，依例應付草料。外據不堪馬疋，使訖退印，即便分付各主明白取收管。若有隱藏夾帶不納之人，杖一百七下；兩鄰知而不首，同罪。仍具實刷到馬疋，節次起運數目、各各毛色、齒歲、膘分、管押官職名，逐旋開呈。總計九千一百三十七疋：江淮省六千二百五十四疋，福建省二百三十一疋，湖廣省一千八百二十疋，江西省六百九十六疋，四川省一百三十六疋。支撥六千八百一十三疋：哈剌赤收三千二百九十六疋，阿塔赤收五百四十五疋，阿速收五百一十六疋，貴赤衛收一千五十七疋，四怯薛阿塔赤等收一千三百九十九疋，起赴上都阿速衛等收二千一百八十八疋，倒死二十一疋，見在馬一百一十五疋。都省劄付太僕寺收管訖。

三十年三月八日，欽奉聖旨，若曰：「叛王不悔過，今用軍之際，隨處行省括馬十萬疋，後給其價。」欽此。十一日，中書省劄付御史臺，令監察御史并各道廉訪司體察，及差官分頭馳驛前去各處拘刷。下兵部照驗，行移合屬，欽依見奉聖旨事意并備去事理，專委各路廉幹正官，與都省差去官，一同照依坐去數目，將不以是何投下諸色人户并和尚、也里可温、先生、答失蠻，應有馬疋，盡數到官，眼同分揀印烙堪中馬疋，分作運次，差官管押，赴所指處交納。若有數外多餘馬疋，亦行依上起解。更爲多出榜文，明白曉諭，仍將馬主花名、馬疋毛齒脿分，造册呈省。奉此。

合行事理：

一，諸人應有馬疋，除病瘦不堪者使訖退印，及帶駒牝馬官司知數打訖退印，分付各主，其餘堪中馬疋，盡數收拾。却不得〔八〕將堪中馬疋作弊，不行印烙。違者，當該官吏斷罪罷職。

一，養馬之家應有馬疋，盡數赴官。如有隱藏、影占、抵换馬疋之人，并故行賣與他人者，有人首告，或因事發露到官，決杖一百七下。買馬并轉行隱藏者，同罪，其馬没官。若有價錢，其錢分付告人充賞；如無價錢，驗價於犯人名下均徵給賞。

一，站户每正馬一疋，許留貼馬三疋，餘上馬數，盡行赴官印烙。違者依隱藏馬疋例追斷。

一，探馬赤軍人等，欽依至元二十三年六月二十一日樞密院奏奉聖旨，探馬赤、阿速、貴赤、哈刺赤、唐兀秃〔九〕魯花、大都六衛軍馬免刷。餘外正軍、貼户應有馬疋，盡行見數，別用印記印烙訖，分付各主知在聽候。其探馬赤軍人等，却不得將他人馬疋隱占及私下收買，違者依隱藏馬疋例追斷。

一，押馬官從各處官司與差去官一同揀選，知會牧養頭疋能幹達魯花赤色目正官，管押前來。每運不過一百疋。若所押馬疋別無瘦弱、倒死、損失，量加陞用。如是不爲用心提調、牧放、飲喂，以致瘦弱、死損者，驗數斷罪黜降。

一，大小軍民官員見有馬病，除合存留外，其餘有馬疋，盡行赴官印烙。如梯己馬疋不及存留數目，却不得將他人馬疋作自己合存留數影占，亦不得私下收買，違者依影占例追斷，仍解見任。見任勾當官員合存留馬：一品五疋，二品四疋，三品三疋，四品、五品二疋，六品以下一疋。聽除官員：色目人二品以上留二疋，三品至九品留一疋；漢人一品至五品受宣官留一疋，受敕官不須存留。

一，外路在閑官員，除受宣色目官留一疋，其餘受敕以下并漢人官員馬疋，無問受宣、受敕，盡行赴官印烙解納。

一，隨朝二品以上衙門并六部、省斷事官、通事、譯史〔一〇〕、令史、宣使、奏差、知印人等，如舊有馬疋者，止存留一疋；無者，毋得刱〔一一〕行置買。違者，杖五十七下，其馬没官。

一，差去官并各處刷馬官、押馬官、吏人等，不得因而抵换馬疋，及取受錢物，看徇面情。如違，斷罪罷職。

十四日，中書平章政事鐵哥、剌真等奏：「在先刷馬，皆由一道赴都，聚爲一處，搔擾百姓，踐踏田禾，馬亦多死。今各處括馬，令捷道驅來。」奉聖旨：「是矣。」

二十二日，樞密院奏：「刷馬之事，臣等有思慮不及者。總帥府紅胖襖二十四城連年出征，乞免刷。」奉聖旨准。欽此。具呈中書省，欽依去訖。

四月十五日，中書平章政事不忽术等奏：「陝西省言已刷到馬，彼中無牧地，不知何處交納。」奉聖旨：「先有成言，與阿難答者。」欽此。各處〔一二〕刷馬計一十一萬八千五百疋。江南四處行省馬二萬四千疋：江浙省馬一萬疋，福建省馬二千疋，兩省馬到宿遷縣計會，都省所委官指撥，經由泰安州、東平路、益都路作三道，分道前來大都。湖廣省馬八千疋，江西省馬四千疋，兩省馬經由汴梁、懷孟驛〔一三〕路、太原、大〔一四〕同迤北交納。腹裏、行省、宣慰司并直隸省部路分，馬九萬四千五百疋：河南省馬二萬疋，汴梁等五路并荆湖等處馬，經由懷孟驛路、太原、大同迤北交納。淮東道馬至宿遷縣計會，都省所委官指撥，經由泰安州、東平路、益都路作三道，分頭〔一五〕前來大都。淮西道馬經由大名前來大都。陝西、遼陽兩處行省收拾馬疋見數，就本省地面，趁善水草牧放。陝西省八千疋，分付阿難答收管。遼陽省五千疋。四川省一千五百疋，押赴陝西省交割，牧放聽候。山東道宣慰司一萬五千疋，從便前來大都。河東道宣慰司一萬疋，大同迤北交納。直隸省部路分一十二處，直赴上都交納者，平灤路二千疋；經由驛路太原地面前去大同迤北交納者，衛輝路一千疋、彰德路二千疋、懷孟路一千疋；從便前來大都交納者，大都路八千疋、保定路四千疋、恩州三百疋、冠州二百疋、大名路四千疋、河間路四千疋；經由飛狐口前去大同迤北交納者，真定路五千疋、廣平二千疋、順德路一千五百疋。

成宗皇帝大德二年十二月十三日，丞相完澤、平章賽典赤等奏：「近以刷馬事，有旨，令臣等議擬以聞。臣等觀舊簿書，世祖皇帝時刷馬五次，在後一次，括十萬疋，雖行訖文書，止得七萬餘疋。爲刷馬之故，百姓養馬者少。今乞不定數目，除懷駒、帶駒馬外，三歲以上者皆刷，和尚、先生、也里可温、答失蠻并其餘諸人，依前例拘刷。」奉聖旨准。又奉旨：「刷馬之故，爲迤北軍人久在軍前，欲再添軍數令赴敵，以此拘刷。可如此行文書。」欽此。總計馬一十一萬一千七百五十五疋。行省三萬七千二百一十二疋：河南省一萬六千八百七十二疋，陝西省〔一六〕一萬八千四百一十九疋，四川〔一七〕省一千八百五十九疋，遼陽省六十二疋。腹裏七萬四千五百四十三疋：大都路八千二百二十三疋，保定路二千九百六十七疋，河間路三千二百一十九疋，濟南路六千二百二十三疋，般陽路二千七十七疋，益都路五千二百四十四疋，高唐州二百三十六疋，恩州二百四十四疋，冠州二百一十八疋，德州一千二百八十五疋，曹州一千六百五十六疋，東昌路一千三百二疋，濟寧路二千六百五疋，廣平路二千二百三十三疋，真定路八百六十七疋，濮州一千九十八疋，彰德路二千八百四十一疋，大名路三千三百八十二疋，順德路一千一十一疋，東平路一千六百三十二疋，泰安州一千一百三十四疋，平灤路三百五十四疋，衛輝路二百九十六疋，寧海州二百三疋，懷孟路一千六百六十七疋，平陽路九千八百六十六疋，大同路二千八百四十四疋，太原路九千五百一十六疋。

二十一日，平章賽典赤、暗都剌等奏：「民間聞刷馬，私下其直賣之。臣等今罷馬市，察私賣者罪之。都城中從昨日爲始刷馬，刷馬官也可札魯花赤、省札魯忽赤、臺中忽剌出等，并路官，皆已委任之矣。世祖皇帝時，皆皇帝上馬之後，拘刷都城合騎合納官者，皆令印烙訖，無印字者刷之，以此不亂。今難於在先怯薛觶、諸王、公主、駙馬等各枝皆在都城中，依先例合刷合迴主者，不可印烙。各城内漢人百姓，已行文書，依先例，隱藏者有罪。

蒙古怯薛䚟等，亦乞以此省會之。」奉旨准。

三年二月一日，樞密院奏：前者有旨，振給紅胖襖軍物力。今省官議，每人支馬價五定。臣等謂雖有給鈔之名，虛費不得用。因與省官議，察忽真、念不烈百姓，又忙奇䚟百姓，及河西不曾刷馬之地，和尚、先生、也里可温、答失蠻馬疋，盡行拘刷，依例與價。如更短少，然後支價與軍。奉旨：「卿等議是矣。卿等行之，不敷則給錢。」欽此。本院具呈中書省，及咨甘肅行省，劄付征西都元帥府欽依施行。去後征西都元帥府呈，節次交割到馬三千疋，開坐各各齒歲、膘分。得此，本院移咨甘肅行省及下征西元帥府，欽依唱名，給散各軍去訖。

二十八日，中書省奏：「刷馬已到。在前，按攤火羅罕、隆興府、塔思哈剌、官山等處交付。今臣等謂塔思哈剌一處不須交付，乞止於按攤火羅罕、隆興府、官山三處怯薛䚟内交付。」奉旨准。

武宗皇帝至大三年三月十一日，丞相别不花奏：「尚書省、樞密院等官議，西面察八兒等諸王、駙馬，多年不曾朝會，今始來降。振起〔一八〕其軍站物力，合拘刷馬疋。」奉聖旨准。腹裏、行省刷馬四萬一百三十三疋。腹裏路分三萬四千三百二十四疋：晉寧路二千七百七十五疋，冀寧路二千三百疋，真定路九百四十六疋，懷孟路六百八十二疋，廣平路一千二百四十三疋，順德路六百七十三疋，彰德路四百五十四疋，衛輝路六千〔一九〕二疋，中都留守司五百五十九疋，大都路四千八百八十八疋，保定路四百三十六疋，河間路九百四十五疋，德州四〔二〇〕百九十疋，曹州二百四十一疋，大名路一千二百一十五疋，濟南路七百二十三疋，高唐州一百六疋，恩州一百五疋，永平路五百二十六疋，冠州一百三十三疋，東昌路二百一十四疋，濮州四百二十六疋，益都路一千六百二十四疋，濟寧路四百四十八疋，般陽路一千一十三疋，東平路二百一十九疋，廣平路四十七疋，泰安州一百九十六疋，寧海州〔二一〕六百三十五疋，塔思哈剌牧〔二二〕馬官、衛尉，太僕院使床兀兒平章等收訖。行省刷馬一萬五千八百九疋：河南江北行省七千七百九疋，中都刷馬官大宗正府札魯花赤別鐵木兒平章等官收訖；湖廣行省二千六百四十二疋，中都刷馬官別鐵木兒平章等官收訖；江浙行省三千四百五十八疋，大都刷馬官刑部尚書伯勝等官收訖；江西行省二千疋，中都刷馬官別鐵木兒平章等官收訖。事故馬八千六百八十七疋：寄留三千八百八十疋，倒死四千三百一十五疋，狼食二疋，水渰死一十八疋，被盜五十一疋，走失五十九疋，照勘二十五疋，給散站馬四百三疋，例回本主四疋，發回照勘無印記一疋，發落不明無收管一疋，實收馬三萬一千四百四十六疋。

仁宗皇帝延祐三年十二月四日，太師右丞相鐵木迭兒等奏：「近與樞密院官同議，起遣河南省所管各處探馬赤軍，各令將馬二疋。千户、百户、牌頭内有騸馬、牡馬、牝馬皆行。如不敷，於附近城池内差人拘刷四歲以上馬，各貼作二疋。」奉聖旨准。

四年閏正月十八日，太師右丞相鐵木迭兒等奏：「前者軍人上馬之時，大都、上都西路拘刷馬疋。今東、西、濟南、益都、般陽等處，又北京一帶，遼陽省所轄路府，并未刷去處，乞差人依先例拘刷。」奉旨准。總計二十五萬五千二百九十一疋。腹裏一十六萬四千五百二十三疋：上都留守司二千六百二十疋，冀寧路二萬八千二百八十疋，晉寧路一萬六千二百九十疋，益都路一萬八千七百三十八疋，大同路三千二百四十疋，濟南〔三〕路五千九百三十六疋，般陽路六千四百三十四疋，河間路一萬七百五十二疋，永平路三千二百六十六疋，恩州二百七十六疋，德州三千一百一十九疋，懷孟路一千七百三十三疋，寧海州二千六百二十五疋，興和路七百五疋，保定路三千八百八十九疋，大都路一萬六千九百六十一疋，濮州六千六百二十疋，順德路一千五百二十疋，衛輝路一千六百七十六疋，彰德路二千六百六十五疋，高唐州七百六十五疋，廣平路二千一百六十一疋，大名路二千二百六十二疋，泰安州一千六百八十七疋，濟寧路八千六十七疋，真定路九千八百七十二疋，東昌路三千三百三十六疋，冠州七百三十二疋，曹州二千四百四疋，東平路八百九十二疋。遼陽省所轄七千九百六十八疋：廣寧路九百疋，遼陽路四百五十九疋，瀋陽路二百八十三疋，開元路六百五十三疋，金復州萬户府二千一百四十二疋，大寧路三千一百五疋，懿州四百二十六疋。河南省八萬二千八百疋，各交付四萬户蒙古軍人訖：淮東道宣慰司九千七十二疋，荆湖北道宣慰司五千九百二十三疋，南陽府五千三百二十一疋，安慶路三千七百七十五疋，歸德府五千二百一十二疋，汝寧府七千六百四疋，汴梁路二萬二千二十七疋，襄陽府三千七十二疋，安豐路七千七百二十二疋，開州路一千一百五十五疋，德安府三千五百六十四疋，河南府二千六百三十九疋，廬州路五千四百一十一疋，黄州路二千一百三疋。

五年十二月二十日，樞密院准中書省照會，延祐五年十二月初九日奏，阿撒罕等叛亂之時，陝西省所轄地内，不分軍民站赤，一概拘收馬疋。後各回付元主。去年差人各處刷馬之時，其地不曾拘刷。今軍站辛苦，乞差人前去，除軍站外，刷百姓馬疋。皇太后懿旨，亦欲差人前去。奉聖旨准。回奏：「乞令察乃往刷。」又奉旨，從之。且云：省中令欽察去。欽此。除已差官及咨陝西省，欽依聖旨事意，照依延祐四年刷馬定例，與各處正官一同拘刷，分揀不堪者，明附文簿〔二四〕，使訖退印，分付本主。堪中馬疋，依例印烙，明白交割，取收管造。同咨省外都省，可照會依上施行。准此。差官及移咨陝西省，劄付陝西都府、鞏昌都總帥府、陝西萬户府，與委官一同前去所指去處，依上施行去訖。

一，各投下諸色人户并和尚、先生、也里可温、答失蠻，應有馬疋，除病瘵并三歲以下不堪馬數，分付各主，其餘馬疋盡數拘刷，却不得將堪中馬疋作弊隱匿。違者，當該〔二五〕官吏斷罪罷職。

一，養馬之家，應有馬疋盡數赴官。如有隱藏、影占、抵換馬疋之人，并故行賣〔二六〕於他人者，有人首告，或因事發露到官，決杖一百七下。買馬并轉行隱藏者，同其罪，其馬没官。若有價錢者，其錢分付告人充賞。

一，大小軍民、諸色官員見有馬疋，除合存留外，餘有馬疋，盡行赴官印烙。如梯己馬疋不及合存留數目，却不得將他人馬疋作自己合存留馬數影占，亦不得私下收買，違者依隱藏例追斷，仍解見任。

一，見勾當官員合存留：一品五疋，二品四疋，三品三疋，四品、五品二疋，六品以下一疋。

一，聽除受宣敕官員，二品以上留二疋，三品至九品留一疋。

一，行省、行臺、宣慰司、廉訪司、轉運司及路、府、州、縣見設請俸、通事、譯史、令史、知印、宣使、奏差人等，止許存留一疋。若有隱藏，依例追斷。

一，差去官并各處刷馬官吏人等，不得因而抵換馬疋及取收錢物、看順面情。如違，斷罪罷職。

一，各處之〔二七〕拘刷馬疋官員，如有怠慢，從差去官取訖招伏，受宣官以下，就便的決。

一，各處巡防捕盜弓兵，每名止許存留馬一疋。影占他人馬疋者，依例追斷。

一，陝西行省所轄路、府、州、縣，探馬赤汪總帥等應有軍站，及應當怯薛人員、鷹房子户、怯憐口户，不在拘收之例。

六年三月七日，參議中書省事欽察等奏：「去年冬間，令拘刷陝西省管轄百姓馬疋。今陝西行省并臺官上言，阿撒罕等叛亂，搔擾百姓，拘收馬疋，又兼田禾不收，百姓闕食，乞罷刷馬之事。臣等謂其言有理，乞依其請。萬户齋都軍五千人，止給兩疋騍馬、一疋牝馬之價。」從之。

七年四月,樞密院准中書省照會,四月十四日,太師右丞相鐵木迭兒等奏:「爲起遣此間押當吉譯言貧人。迴還之故,曾奏准於漢地和買三萬疋馬給散。今年爲整治軍力并聚會之故,錢帛空虚,權且於附近城池内拘刷三萬疋馬給之,候秋間撥還其價。」奉聖旨准。欽此。都省除外,可照會欽依施行。總計刷到馬一萬三千三百一十三疋:河間路三千八百六十一疋,大都路五千二百七十七疋,保定路二千一百五十六疋,永平路二千一十九疋。支運一萬二千五百三十八疋,就支大都馬一千八百八十五疋,起運各處交收馬一萬六百五十三疋:灤州交收九千七百七十四疋,上都交收三百一十九疋,察罕腦兒交收五百六十疋。外有事故馬七百七十五疋:倒死六百三十疋,寄留九十五疋,被盜河間路一十二疋,大都路賈巡檢轟奪馬八疋,回付各主三十疋。

七月六日,中書右丞相鐵木迭兒、知樞密院事也先鐵木兒等奏:「怯薛觧用馬,若不預備,至時拘刷,恐耽公事。今乞於大同、興和、冀寧三路,依春間例,差人拘刷。」奉旨准。總計馬一萬二千四百五十二疋:興和路四百六疋,大同路三千八百八十六疋,冀寧路八千一百六十疋。堪中起運興和路作數收馬九千四百八十六疋,支撥訖七千五百二十五疋:押當吉支七千一百四十六疋,接濟站赤小馬一百五十一疋,撥付朶兒只班皇后位下教化五十等馬二百疋，回付王速七疋，起赴中都東斡耳朶交收馬二十疋，寄留一疋，倒死一千九百六十一疋，不堪退回各主二千九百六十六疋。

致和元年九月一日，平章速速等啓：隨後出戰之軍，即日用馬。今乞令大都南、北兩城，除見任官外，回回并答失蠻等馬騾，限初二日赴大都路總管府納官。違限不納者，重罪之。奉令旨准，且云：「疾速拘收。」敬此，劄付刑部，委本部尚書徹里鐵木兒，并大都路達魯花赤舉林伯，一同印烙去訖。又九月七日，丞相别不花等啓：燕鐵木兒知院用馬三百疋，昨和尚、也里可温、先生、秀才馬不曾拘收，今乞將此輩馬拘之。如不敷，各衙門内科派與之。奉令旨准。敬此，委吏部郎中脱里不花與大都路正官一員，一同拘收印烙，見數開坐呈省。劄付刑部，依上施行去訖。又當月九日，丞相燕鐵木兒、别不花、平章速速、郎中自當、員外郎舉里、都事朶來等啓：差省斷事官捏古伯、兵部侍郎罕赤等赴真定路，將本路所轄地面馬疋拘刷。但有合行之事，本路官聽從差去官言語行之。奉令旨〔二八〕准。敬此，都省委各官馳驛前去真定，除見在官員、軍站、弓兵户，計三歲以下及懷駒、引駒馬疋外，其餘不以是何人等馬疋，盡行拘刷。隱匿、寄藏、换易者，依條斷罪。拘到馬疋，每一百疋作一運，差官管押，赴都交割，不致死損瘦弱。劄付兵部，依上施行去訖。是日，丞相別不花等又啓：前者河間、保定、真定等路，降鈔以四定、五定爲率，和買馬疋。軍事緊急，比及和買，誠恐遲悮。今乞拘刷三路馬疋。奉令旨准。欽〔二九〕此。都省就委已差斷事官梁謙、三寶，敬依拘刷。劄付兵部，依上施行去訖。丞相燕鐵木兒等又啓：河南省所轄路、府、州、縣拘刷馬疋，令阿里海牙提調，給散彼中步軍，以其數聞。奉令旨准。敬此。又令上皇帝天曆元年九月十四日，平章速速等奏，乞差不顏拘刷晉寧、冀寧兩路馬疋，給散太和嶺軍士。奉聖旨准。欽此。改差吏部員外郎辛鈞馳驛前去冀寧，寧夏路同知保禄賜馳驛前去晉寧路。劄付兵部，依上拘刷去訖。

十六日，左丞相別不花等奏：「臣等與樞密院、御史臺同議，調度之間不可乏馬。今乞將大都路并所轄州縣，除軍、站户并有怯薛人員、各衙門見任官吏人等閑良色目官員外，其餘人馬疋，盡數拘刷。若有隱藏，依舊例斷罪。」奉聖旨准。欽此。委大都路達魯花赤舉林伯欽依拘刷。劄付兵部，欽依施行去訖。

二十二日，平章速速等奏：「山東所轄州縣，乞依此間例，差人拘刷馬疋。」奉聖旨：此間差人拘收者。欽此。總計腹裏拘刷到馬一萬七千六百九十五疋：真定路兩千四百疋，河間路〔三〇〕八百二十疋，保定路八百二十六疋，益都路三千六百一十一疋，濟南路一千五百二十八疋，東平府八百二十〔三〕疋，東昌路二百三十六疋，濮州三百五十一疋，濟寧路一千三疋，泰安州三百四十四疋，曹州四百二十六疋，高唐州二百一十二疋，德州四百八十六疋，般陽路三百三十二疋，大都路四千二百六十八疋。河南省刷到三萬九千八百二十八疋：淮東道宣慰司六千七百九十疋，荊湖北道宣慰司九千一百七十九疋，汴梁路九千二百二疋，黄州路一千五百一十一疋，廬州路五千二百一十一疋，安豐路三千一百七疋，德安府四千八百二十八疋。

【考校記】

〔一〕輯自文氏鈔本，文氏録自《永樂大典》卷一一六七八。

〔二〕「疋」，原作「路」，據繆鈔本及《馬政記》改。

〔三〕「賑」，原作「賬」，據繆鈔本及《馬政記》改。

〔四〕「馬二百九十疋」，原作「二百九十疋馬」，據繆鈔本及《馬政記》乙正。

〔五〕「二」，繆鈔本作「三」。

〔六〕「以」，原作「一」，據繆鈔本及《馬政記》改。

〔七〕「毋」，原作「每」，據繆鈔本改。

〔八〕「得」，原作「行」，據繆鈔本改。
〔九〕「秃」，原作「委」，據繆鈔本改。
〔一〇〕「史」，原作「吏」，據繆鈔本改。
〔一一〕「朔」，原作「刼」，據繆鈔本改。
〔一二〕「處」，原作「馬」，據繆鈔本及《馬政記》改。
〔一三〕「驛」，原作「譯」，據繆鈔本、下文及《馬政記》改。
〔一四〕「大」，原作「太」，據繆鈔本、下文及《馬政記》改。
〔一五〕「頭」，《馬政記》作「道」。
〔一六〕「省」，原脱，據繆鈔本補。
〔一七〕「川」，原作「州」，據繆鈔本改。
〔一八〕「起」，繆鈔本作「給」。
〔一九〕「千」，繆鈔本作「十」。
〔二〇〕「四」，原作「路」，據繆鈔本改。
〔二一〕「州」，原脱，據繆鈔本及上下文補。
〔二二〕「牧」，繆鈔本作「收」。

〔二三〕「南」，原作「寧」，據繆鈔本及上文改。
〔二四〕「簿」，原作「薄」，據繆鈔本改。
〔二五〕「當該」，原作「該當」，據繆鈔本乙正。
〔二六〕「行賣」，原作「賣行」，據繆鈔本乙正。
〔二七〕「之」，繆鈔本無此字。
〔二八〕「旨」，原脱，據繆鈔本補。
〔二九〕「欽」，繆鈔本作「敬」。
〔三〇〕「路」，原脱，據繆鈔本補。
〔三一〕「十」，繆鈔本無此字。

抽分羊馬〔一〕

太宗皇帝五年癸巳，聖旨諭田鎮海、豬哥、咸得不、劉黑馬、胡土花，小通事合住、綿厠哥、木速孛伯，百户阿散納、麻合馬、忽賽因、賈熊、郭運成并官員等，及該不盡應據斡魯朶商販、回回人等，若曰：「其家有馬、牛、羊及一百者，取牝馬、牝牛、牝羊一頭入官；牝馬、牝牛、牝羊及十頭，則亦取牝馬、牝牛、牝羊一頭入官。若有隱漏者，盡行没官。如各處收拾牧放，開具何人頭疋備細花名數目聞奏，聽候支撥，不得違錯。如違慢之〔二〕人，豈不斷罪？外據張德常、郭運成、蒙古觧并山西東西兩處、燕京路，但有迭百頭口官員等，一體施行。」准此。

定宗皇帝五年庚戌五月初八日，奉旨諭諸色人等，馬、牛、羊群，十取其一，隱匿者罪之。

憲宗皇帝二年壬子十月十一日，奉旨諭諸人〔三〕，孳畜百取其一，隱匿者及官吏之受財故縱者、不得財而搔擾者，皆有罪。

成宗皇帝大德七年十月五日，中書兵部承奉中書省劄付，御史臺呈：山北遼東道肅政廉訪司申，刷卷問出大寧路惠州應付抽分羊、馬官都列捏等，搭蓋羊圈、放羊、人夫飲食分例擾民事，具呈都省。宜令合干部分，開坐各該數目，出給〔四〕印信文憑，遍行照會，有所遵守。抽分到馬、牛、羊口，亦令有司知數，以防姦弊。送本部照擬回呈，行據宣徽院經歷司呈，各處隘口抽分羊馬人員，年例七八月間，欽賚元受聖旨，各該鋪馬馳驛前去，拘該地面抽分，限十月以裏赴部〔五〕送納。各人飲食已有定例，外據常川〔六〕取要飲食分例、長行馬疋草料，州縣搭〔七〕蓋棚圈，別無許准文憑。得此，本部參詳，抽分羊馬人員，每歲擾動州縣，苦虐人民，廉訪司所言至甚允當。今後擬合令宣徽院定立法度，嚴切拘鈐。至抽分時月，各給印押差劄，明白開寫所委官吏姓名，並不得多餘將引帶行人員、長行頭疋，定立回還限次。欽賫元領聖旨，經由通政院倒給鋪馬分例，前去各該路、府、州、縣，須要同本處管民正官，眼同依例抽分羊、馬、牛隻，隨即用印烙記，趁好水草牧放。如抽分了畢，各取管民官司印署保結公文，明白開寫抽分到數目、村莊、物主花名、毛皮、齒歲，申覆本院。量差人夫牽趕至前路官司，相沿交換。已委官押領，依限赴都交納。沿路倘有倒死，亦取所在官司明白公文，將皮貨等起解赴院。中間若有違法不公，欺隱作弊，宜從本道廉訪司嚴加體察。其餘一切搭〔八〕蓋棚圈并常川馬疋草料、飲食等物，不須應付。如蒙准呈，遍行合屬照會，庶革擾民欺誑之弊。都省呈准，下兵部遍行合屬，依上施行。

八年三月十六日，中書省奏：「舊例，一百口羊内抽分一口，不及一百者，見群抽分一口。探馬赤羊、馬、牛不及一百者，免抽分。今御史臺并奉使行省官、部官等皆言，見群抽分一口損民。今後羊及三十口者抽分一口，不及者免，於官民便益。臣等謂今後依先旨，一百口内抽分一口，見群三十口抽分一口，不及三十口者免。如此立定則例。令宣徽院選差見役廉慎人，與各處管民官一員，一同抽分，將在先濫委之人罷去。令廉訪司官提調體察。」奉聖旨准。

仁宗皇帝皇慶元年八月四日，樞密院奏：「世祖皇帝聖旨，探馬赤軍〔九〕馬、牛、羊等，一百口抽分一口，與下户貧乏軍接濟物力。去年中書省奏遣愛牙赤於軍中再抽分一半馬、牛、羊，一半鈔定氈子等物，北口等處又抽分。如此重疊，軍力必至消乏。乞令中書省并把北口等處人不重抽分，止依薛禪皇帝聖旨施行爲便。」奉聖旨：「軍與其餘百姓不同，其依世祖皇帝聖旨行之。」欽此。

延祐元年六月十六日，中書省奏：「北口等處抽分牛羊頭疋，去年宣徽院委人抽分，若止令一衙門差人，不肯從實報數，作弊。乞中書省、宣徽院各差一人，互相關防。抽分畢，令赴宣徽院交納。」奉聖旨准。欽此。照得在前年分，哈赤節次關訖係官牝羊三十餘萬口，本欲孳生以備支持。經今年遠，其哈赤等將孳生到羯羊，不肯盡實納官。宣徽院失於整治，以致哈赤人等私自侵用。每歲支持羊口，皆令省部破用官錢收買。又體知哈赤人等，每遇抽分之時，將百姓羊指作官羊，夾帶影庇，不令抽分。照得年例，北口等處抽分羊、馬、牛，擬於見役并到選人内，選差出〔一〇〕北口。都省、宣徽院從新選廉幹官二員，其餘去處各差一人〔一一〕。若有濫用〔一二〕人數，盡行革去。差去官就賫文榜印子，兵部出給半印，勘合帖子號簿前去，照依元定則例，從實抽分，明白於號簿内附寫。早晚用心巡綽，無令寅夜於小路走透。若有看徇作弊，定是究治。哈赤牧放官羊，亦仰分揀，除牝羊外，其餘堪中支持羯羊，印烙見數，逐旋開寫羊口斤重、馬牛毛色、齒歲、膘分、物主姓名，差官管押赴都，計稟交納，毋致瘦弱、易换。具實抽分到羊、馬、牛數目，同物主姓名，附寫號簿呈省。劄付宣徽院委官御史臺，依例體察。兵部出給半印，勘合號簿帖子，出榜差官依例抽分去訖。今據見呈都省出榜省諭，不以是何投下諸色人等，應有羊、馬、牛群，照依則例，聽從抽分。哈赤羊群，除牝羊并帶羔羊仔留孳生外，應有堪中羯羊，印烙見數拘收，一就交付宣徽院支持。如有隱匿，發露到官，痛行追斷施行。虎北口、南北口、駱駝嶺、白馬甸、遷民鎮、紫荊關、丁寧口、鐵門關、渾源口、沙浄州、忙安倉、車坊、興和等處、遼陽等處、察罕腦兒。

【考校記】

〔一〕輯自文氏鈔本，文氏録自《永樂大典》卷一一六七八。

〔二〕「之」，原作「者」，據繆鈔本改。

〔三〕「人」，此上繆鈔本有「色」字。

〔四〕「給」，原作「計」，據繆鈔本改。

〔五〕「部」，繆鈔本作「都」。

〔六〕「川」，原作「州」，據繆鈔本及《馬政記》改。

〔七〕「搭」，原作「答」，據繆鈔本及《馬政記》改。

〔八〕「搭」，原作「塔」，據繆鈔本及《馬政記》改。

〔九〕「赤軍」，原作「軍赤」，據繆鈔本乙正。

〔一〇〕「出」，繆鈔本作「除」。

〔一一〕「人」，繆鈔本作「員」。

〔一二〕「用」，繆鈔本作「設」。

馬政雜例〔一〕

太宗皇帝四年壬辰六月二十四日，聖旨諭西京脱端、勾索等：「即目見闕飲馬槽，除東勝、雲内、豐州外，依驗本路見管户，計一千六百二十七户，每户辦槽一具，長五尺，闊一尺四寸。蒙古中樣各處，備車牛，限七月十日以内赴斡魯朶送納，不得違滯。如違，斷按答奚罪。」准此。

世祖皇帝中統二年正月二十五日，聖旨諭馬月忽乃，若曰：卿昨奏已備怯薛台馬，今可取肥健者五百疋，或三百疋，交付禡禡。禡禡每五十疋差一好蒙古人，經由有水草路，勿令瘦死及賊盜去，疾速進來。十二月二十八日，聖旨諭耶律丞相，若曰：據所奏，合丹皇后諸位下，并亦乞烈思、甕吉剌種田户，及也速觧兒、阿海武衛軍馬疋，合無知數事，准奏。仰將馬疋各各取會見數，止於本主處存之。

至元二年六月，聖旨諭中書省：照得已前哈罕皇帝、蒙哥皇帝累降聖旨，禁約諸人，無得將馬疋偷販外界。近年以來，亦曾禁治，終是不絶。蓋因沿邊一帶，不分好觧，濫行乘騎，及把邊軍官并管民官司，不爲用心關防禁治，以致不畏公法之人偷販南界，轉資敵人。若不將沿邊去處禁斷，切恐官民多遭刑戮。除已遍行統軍司并監戰萬户嚴令禁治，今擬黄河以南，自潼關以東直至蘄縣地面内，百姓、僧道、秀才、也里可温、答失蠻、畏吾兒、回回、女直、契丹、河西蠻子、高麗，及諸色人匠、打捕、商賈、娼優、店户，應據官中無身役人等，並不得騎坐馬疋，及不以是何人等，亦不得用馬拽車、拽碾、耕地。黄河上下大小渡口，亦别行差官看守巡禁，遇有過往蒙古、漢軍及宣使人員，并官中勾當許令騎馬者，亦須驗各管上司堪印信押文〔二〕憑，然後放行。外諸人若無憑驗文字，不得將馬疋輒過黄〔三〕河乘騎、販賣。自蘄縣至沂州，專委樞密院，再令添插軍鋪，常切往來巡綽，除沿邊蒙古、漢軍許令騎馬人等外，不合騎馬人，將見有馬疋自聖旨到日，限三日於街市貨賣，或於本路官司和中畫時依例支價。如限外乘騎、隱匿、夾帶，泛濫雜使者，許諸人告捉到官。問當得實，將犯人處死，驗馬疋合該價值，給付告人充賞。今將合騎坐〔四〕馬疋人員逐一開具，仰欽依施行。

一，許令騎馬人員：

一，蒙古軍人所有馬疋，須管於本千户處，印烙見數。如遇倒死，將印記於千户處呈過。若欲再行添補，却就於千户處告給文字，方許添置，隨即報數。

一，漢軍所有馬疋，亦須於本管監戰萬户處，印烙見數。如遇倒死，即將印記呈過。欲再行添買馬疋，監戰萬户處告給印信文字，方許置買報數。

一，站户所有馬疋，於總管府報過數目，别烙印記，止許供給使臣乘騎。如遇倒死，總管府給印信文字置買，站户家屬亦不得亂行乘騎。

一，本處總管府爲頭達魯花赤、達達人員，將引漢人雖多不過二十人，各人許令騎馬一疋。總管馬十疋，同知七疋，治中六疋，府判五疋，經歷、知事、委差官各馬三疋，照磨、檢法、提控、令史、通事、譯史各馬二疋。

一，轉運司拘榷官同，各路總管府奧魯亦同。

一，州官達魯花赤同長官六疋，同知以下各五疋，吏目、孔目官二疋，司吏、委差各一疋。

一，南京警巡院、捕盜司并司縣官，每員三疋，主典二疋，司吏各一疋，捕盜、弓手各一疋。

一，管金銀、鐵冶、丹粉、錫碌等官，各馬一疋。

一，諸倉庫、院務、坊場官吏各一疋。

一，管人匠、打捕户并投下管民官總頭目官，每員五疋，首領官每員二疋，司吏、委差各一疋。

一，鷹房子頭目，各馬三疋，鷹房子各一疋。

一，僧道、秀才、也里可温、荅失蠻、畏兀兒大師内若有尊宿師德、有朝廷文面，方許乘騎。

一，守把關隘、河渡頭目，各二疋。

一，應合存留、許令騎坐之馬，須於各管官司共報數目，及將馬疋印烙過，出給合該騎馬印押文字，方許乘騎。如報過合騎馬倒死，呈驗印記，欲補買者，出給公據，然後於河北地面置〔五〕買。如供報數目不實，及不行印烙，或無上司文憑擅行補置馬疋者，嚴行治罪。

一，本處若有和中到馬疋，令本路官司差人，牽至中都交納。

一，若有該載不盡受宣、帶牌人員，各許令騎坐馬疋。

六年五月六日，上都隆德殿前樞密院奏：「先奉旨，差人送騸馬赴西川、東川統軍也速觧兒、哈〔六〕剌軍中。今阿塔赤稱，馬約有二千疋，皆已飽青，合無於蒙古拔都内差也里可等八人送去。」奉旨准。欽此。仰送至玉〔七〕盤山外麻觧處交割。

二十七年十月二十八日，丞相桑可奏：「只兒哈忽昔寶赤并憨哈納思、乞里吉思等馬，總計五百一疋，先奉旨於雲州、宣德府周回牧養。又哈迷昔寶赤馬二千六十疋，曾移文於興州、松州牧養。今上都留守司上言，今年宣德、雲、興、松四州百姓，田禾霜災闕食，若於其周回牧馬，不可。乞取回京師飼秣。」奉旨准。

二十九年八月二十一日，丞相完澤等奏：「去年山後田禾微收，又因和糴，奏准不曾牧養官馬。今年又用粮，乞依舊例，免牧官馬。」奉旨准。

三十年八月十四日，平章不忽木等奏：「按坦火兒歡地及撫州所有官馬，除肥健者支散外，其瘦病者，按坦火兒歡馬分付上都，撫州馬委撫州，令各於其境内牧養。山後今年頗豐，欲和糴粮。除此瘦馬外，其餘怯薛觧及昔寶赤馬，乞不令牧養。」上曰：「是矣。可諭各頭目，勿令因朕遺忘，又復往牧其地。」

成宗皇帝元貞元年十月，中書省據大司農司呈，大都路備固安州申：本處年例，有帖麥赤牧放官駞，自九月初到本州良渠、留禮、西内村等處，至下年四月終往上都。自冬至春，並不立圈餵飼，俱於百姓地内牧放，致令嚼齧桑棗果木諸樹死損。會驗到詔赦内一款節該：國用民〔八〕財，皆本於農，所在官司，欽依先皇帝累降聖旨，歲時勸課，當耕作時，不急之役，一切停罷，毋致妨農。公吏人等，非必須差遣者，不得輒令下鄉。仍禁約軍馬，不以是何諸色人等，毋得縱放頭疋，食踐損壞桑果田禾，違者治罪陪償。乞行下合屬禁治事。都省劄付宣徽院禁約。又下兵部，更爲行移，依上施行。

【考校記】

〔一〕輯自文氏鈔本，文氏録自《永樂大典》卷一一六七八。

〔二〕「文」，原作「人」，據繆鈔本改。

〔三〕「過黄」，原作「黄過」，據繆鈔本乙正。
〔四〕「騎坐」，原作「坐騎」，據繆鈔本乙正。
〔五〕「置」，此上繆鈔本有「内」字。
〔六〕「哈」，繆鈔本作「合」。
〔七〕「玉」，繆鈔本作「六」。
〔八〕「用民」，原作「民用」，據繆鈔本乙正。

屯田〔一〕

國家平中原，下江南，遇堅城大敵，曠日不能下，則困兵屯田，耕且戰，爲居久計。當時無文籍以誌，制度之詳不可考。既一海内，舉行不廢。内則樞密院各衛，皆隨營地立屯，軍食悉仰足焉；外則行省州郡，亦以便利置屯。甘、肅、瓜、沙，河南之勺陂、洪澤，皆因古制以盡地利。雲南八番、海南海北，本非立屯之地，欲因之置軍旅於蠻夷腹心，以控扼之也。其和林、陝西、四川等，或以地所宜，或爲邊計，慮至周密，法甚美矣。其置立之由、增損之制、收穫之數、賞罰之規，悉具左方。

【考校記】

〔一〕輯自《元文類》卷四一。

樞密院所轄〔一〕

左衛屯：東安州、永清縣，軍二千，田一千三百一十頃有零。實耕一千頃，餘地立營司場院、廬舍。牛二千。○右衛屯：永清縣、霸州益津縣，餘同左。○中衛屯：香河、武清、寶坻，餘同。○前衛屯：霸、涿、雄三州，益津、文安、新城。○後衛屯：永清、霸州。○武衛屯：保定之定興、霸州、涿州，軍三千，田千頃，牛四千。○左翼屯：會川縣，滄、清二州，置屯田萬户府。軍二千，田一千三百九十九頃，牛一千六百。○右翼屯〔二〕：大都之武清、保定之新城，一千五百人，田六百九十九頃。田在灤、雄二州。牛三百七十。○中翊侍衛屯：大同之平地、朔州之馬邑，三千人，二千頃。清州静海七百人，六百五十六頃。○龍翊侍衛屯：文安，八百人，三百頃。○左衛率府屯：武清，三千人，千五百頃。○宗仁衛屯：薊州大寧路七金山，二千人，二千頃。○宣忠扈衛屯：一萬人，田百頃。

【考校記】

〔一〕輯自《元文類》卷四一。按：自此目至《湖廣》，共十五目，《元文類》編者以小字録爲《屯田》序文之注。這些文字是照録原文抑或有所删節，已難考實，故一仍其舊。

〔二〕「屯」，原脱，據上下文例補。

司農司所轄〔一〕

永平屯：馬城，三千二百九十户，牛三千六百六十頭，田一萬一千六百頃。○營田提舉司屯〔二〕：武清，二千一百餘户，田三千五百頃，牛三千六百。○廣濟署屯：滄州，一千二百三十户，牛三千二百，田一萬二千六百頃。

【考校記】

〔一〕輯自《元文類》卷四一。

〔二〕「屯」，原脱，據上下文例補。

宣徽院所轄〔一〕

淮東淮西屯：淮安東、海州、高郵、招、泗、通、泰，淮東、淮西淮安州、塔山、徐、邳、沂，一萬一千七百户，田一萬五千二百頃，牛三千二百六十六。○豐閏署屯：薊之豐閏縣，八百三十户，田三百五十頃。○寶坻屯：寶坻縣，三百户，田四百五十頃。○尚珍署屯：兖州，四百五十户，九千七百頃。

【考校記】

〔一〕輯自《元文類》卷四一。

腹裏所轄〔一〕

大同屯儲府：大同山陰縣，九千九百人，田五千頃。○虎賁司屯：上都置司，典松州分司。軍三千，佃户七十九户，田四千二百頃。

【考校記】

〔一〕輯自《元文類》卷四一。

嶺北省屯〔一〕

稱海、五條河：四千六百户，六千四百頃。

【考校記】

〔一〕輯自《元文類》卷四一。

遼陽所管〔一〕

大寧路海陽屯：遷馬鎮置司，瑞州之西瀕海置屯。一百二十户，二百三十七頃。○浦峪路屯：刺憐置司。四百九十户，田四百頃。○金復州屯：本路置司，忻都察立屯。三千六百户，二千五百頃。○肇州屯：蒙古女直屯户六百五十户，田一千五百頃。

【考校記】

〔一〕輯自《元文類》卷四一。

河南〔一〕

南陽民地：六屯，六千户，田一萬六百頃，牛四千。○洪澤：淮安之白水塘、黄家疃，一萬六千户，田三萬五千三百頃。○勺陂：安豐之安豐縣，屯户一萬四千。○德安屯：浮城畈、豆陂、環河、磨山、省港、蒿子港、潭陂、潭河、港陂、李陂十屯，屯户九千三百，軍五千九百，田八千八百頃。

【考校記】

〔一〕輯自《元文類》卷四一。標題原竄入正文「南陽民地」四字，據《元史》卷一〇〇《兵志三·屯田》

移正。

陝西屯〔一〕

鳳翔、鎮原、櫟陽、涇陽、彭原、安西、平凉、終南、渭南：共七千五百户，田五千八百頃。○陝西萬户府屯：盩厔之孝子村、張馬村、古園莊、亞柏鎮，寧州之大昌、原德，順州之威戎，二千六百户，田八百一十頃。○貴赤延安屯：二千户，田四百八十頃。

【考校記】

〔一〕輯自《元文類》卷四一。

甘肅寧夏屯〔一〕

西安州置司，塔塔里置屯，二千三百户，田一千四百九十頃。○肅、沙、瓜三州屯：甘州置司，黑山、滿峪、泉水渠、鴨子翅置屯，二千二百九十户，田一千一百六十頃。○營夏營田司屯：棗園、納憐站、唐來渠尾立屯，二千一百户，田一千八百頃。○寧夏官屯：鳴沙州置司，九百户，田四百四十頃。○亦集乃屯：合即渠置司，二百户，田九十一頃。

【考校記】

〔一〕輯自《元文類》卷四一。

江西南安砦兵屯〔一〕

贛之龍南、安遠、五龍、相鄉四處，三千二百户，田五百二十四頃。

【考校記】

〔一〕輯自《元文類》卷四一。

江浙省汀漳屯〔一〕

汀之上杭、漳之漳浦，軍三千，田四百七十頃。

【考校記】

〔一〕輯自《元文類》卷四一。

高麗屯〔一〕

東寧府、鳳州等十屯，每屯五百人。

【考校記】

〔一〕輯自《元文類》卷四一。

雲南〔一〕

威楚提舉司屯：三十三户，田一百六十五雙。○大理金齒屯：軍六百六，民三千七百户，田二萬二千一百五雙。○鶴慶路屯：軍一百五十二户，民百户，田一千雙。○威楚軍民屯：軍三百九十九户，民一千一百户，田七千一百雙。○武定路屯：一百八十户，田七百四十八雙。○中慶軍民屯：軍七百九户，民四千一百户，田二萬二千五百雙。○曲靖屯：曲靖、澂江、仁德三路立屯，萬一千户，田九千雙。○烏撒屯：軍百一十户，民八十六户。○臨安路屯：逮水州立屯，二千四百八十户，田五千一百雙。○烏蒙屯：軍七百户，田三千七百八十雙。○梁千户屯立於烏蒙。○羅羅斯屯：會通、建昌、會川、德昌立屯，四百七十户。○烏蒙屯：軍五千，田一千二百五十頃。

【考校記】

〔一〕輯自《元文類》卷四一。標題原竄入正文「威楚提舉司屯」六字，據《元史》卷一〇〇《兵志三·屯田》移正。

四川〔一〕

廣元路屯：八十七户，田九頃。○敘州屯：長寧軍、富順州立屯，四千四百户。○紹慶路屯：九十一户。○嘉定路屯：十二户。○順慶路屯：五千户。潼川屯：一千四百户。○夔路屯：五十户。○重慶路屯：三千五百户。○成都路屯：百五十〔二〕户。○保寧軍屯：千一百户，田一百十八頃。○敘州軍屯：宣化縣隅口立屯，二百户，田四十一頃。○重慶五路萬户府屯：三堆、中嶆、趙市立屯，千二百户，田四百二十頃。○夔路萬户府屯：崇慶州簸箕莊、遂寧州北垻立屯，三百五十户，田五十六頃。○成都萬户翼屯：崇慶州義興鄉楠木園立屯，二百九十户，田四十二頃。○河東陝西萬户府屯：灌州之青城、陶垻，崇慶之大栅頭，千三百户，田二百八頃。○廣安萬户府屯：崇慶之七寶垻立屯，百五十户，田二十六頃。○保寧萬户府屯：崇慶州晉源縣之金馬，五百六十户，田七十五頃。○敘州萬户府屯：青城，二百二十户，田三十八頃。○五路萬户府屯：崇慶之大栅鎮、孝感縣、灌之青城縣之懷仁鄉，千□百户，田二百三頃。○興元金州萬户府屯：晉源之孝感鄉，三百四十户，田五十六頃。○隨路八萬户府屯：灌之青城、温江縣，八百三十户，田百六十頃。○舊附萬户府屯：青城、崇慶，一千户，田百二十九頃。○砲手萬户府屯：青城縣龍池鄉，九十户，田十六頃。○順慶軍屯：晉源之義興鄉、江源之將軍橋，五百六十户，田九十八頃。○平陽軍屯：青城、大棚，三百九十户，田六十九頃。○順慶萬户府軍屯：漢初、白土、舉子平，六百五十户，田百一十四頃。○廣安萬户府屯：新明立屯，雷〔三〕百一十八户，田二十頃。

【考校記】

〔一〕輯自《元文類》卷四一。

〔二〕「十」，原作「千」。錢校本作「十」。《元史》卷一〇〇《兵志三·屯田》載「成都路民屯：世祖至元十三年，簽陰陽人四十户，辦納屯糧。二十二年，續簽瀘州編民九十七户，充屯田户。三十一年，續簽千户高德所管民一十四户」，三次之和爲一百五十一户。據改。

〔三〕「雷」，據上文，疑當作「軍」。

湖廣〔一〕

海北海南屯：瓊、高、化、廉、玉州立屯，八千三百户，田五百六十頃。○廣西兩江撞兵屯：上浪、忠州、那扶、雷留、水口、藤州，四千九百户，田六百四十頃。○衡州屯：衡陽之青化、永州之烏符、武崗之白倉立屯，千五百户，田三百一十頃。

【考校記】

〔一〕輯自《元文類》卷四一。

驛傳〔一〕

國家驛傳之制，有府寺，通政院、兵部、脱脱禾孫、站官。有符節，圓牌、聖旨、札子。有次舍，有供頓。馬、車、牛、驢、狗、轎。驛傳之在漢地者，兵部領之；在北地者，涖以通政院。郡邑之都會、道路之衝要，則設脱脱禾孫之官，以檢使客，防姦非。驛各有主者以典其事，此其府寺〔二〕。使者銜密命以出，或急遽不能待有司文移，則典瑞院徑自御前出金字圓符付之，即佩以行。次有銀字者。以常事遣，則省部給御寶聖旨，水行者給船劄，此其符節。驛中有堂、有室、有庖湢。兩驛相距道脩，則道半别置官舍以憇，號邀驛，此其次舍。使者宿驛中，則給米洎酒各一升，麪洎肉各一斤，曰全飡。不宿而過者給半飡。冬之炭，夏之冰，雨之製備焉。僕從予米，他不給。陸行馬，微者或給驢。閩廣馬少，或代以牛。水行舟，山行轎，倦者給卧轎。綱運以車馬，直險則丁夫負荷。遼海以犬曳小輿，載使者行冰上，此其供頓。其馬舟車之數，視官崇卑、事大小爲多寡。民之役驛中者，復其地四頃，不輸租，與兵士同。然出馬供使客，馬死輒買補之。有正馬、副馬。或久而貧，不能爲役，别取可者代之。使者不得枉道行，杖館人，擇善馬，囊橐重不勝載，非警急而疾馳，馬致斃者，皆有罪。此又其事之大槩也。進奏之邸，在京師者曰會同館，而綱運則號陸運提舉司云。

【考校記】

〔一〕輯自《元文類》卷四一，是爲《驛傳》之序。《元文類》卷四一《驛傳》小字部分顯係節録《驛傳》正文，因斷續簡略，無須輯入。

〔二〕「寺」，原作「事」，據上文改。

驛傳一〔一〕

站赤者，國朝驛傳之名也。凡站陸則以馬、以牛，或以驢，或以引車，水則以舟。其應給驛者，皆以璽書。而軍務大事之急者，又以金字圓符爲信，銀字者次之。其符信皆天府掌之，其出給在外者，皆國人之爲官長者主之，他官不得與也。馬數多寡，視官品高下、公事大小。止則有館舍，頓則有供帳，饑渴則有飲食。事畢，則以符信歸諸所受之府，不敢三日稽也。祖宗之法，至如今守之。

其官爲驛令，小者皆設提領。又置脱脱禾孫於都會關要之地，以詰其姦僞，總之以通政院、中書兵部。站户有闕乏逃亡者，則以時而僉完周卹之。

我國家疆理之大，東漸西被，暨于朔南，凡在屬國，皆置驛傳，星羅棋布，脉絡通通[三]，朝令夕至，聲聞畢達，此又總綱挈維之大機也。遼東犬站，亦附見云。

太宗皇帝元年己丑十一月十五日聖旨，戒飭諸牛鋪馬站，大意若曰：若有起驛馬者，驗之。如無牌面文字，其始初給馬之驛官，徒二年，杖七十，元差官斷按答奚罪。有文字牌面而不給馬者，驛官亦坐罪。除顏色、絲線、酒米、宫中段匹係官物外，不得與驛馬事件。每一百户站，置漢車一十具。各站俱起米倉，站户每年一牌内納米一石。專令百户一人，用車牛送與商賈作客之人，勿騎驛馬，違者斷按答奚罪。如有送絲線、顏色、物料，并外國使臣將禮物段匹，及有急速勾當來者，應付鋪馬。如各驛馬、牛闕少，本百户規措。

是月，制曰：「上天眷命，錫皇帝之徽名大蒙古國，衆寡小大，罔不朝會。訓之曰：一乃心力，其無二。凡我國内黎元，其聽朕命，循先訓舊章。績用弗成者，其罪當死。爾等糺漢衆官暨降民凡若干，先來服役，忠貞者有之，謟妄者有之。以宿舊之故，委用信任，一切不須詰問。爾等自以不經詰問，乃謂謟妄者當如是，爾勿存是心，轉加恣横。如此明諭，其或不悛，爾等罪愆，何遠之有？」皇帝訓諭下項：

一，使臣不經由鋪路往來者，斷按答奚罪。無牌子，有文字往來者，亦斷按答奚罪。將帶隨投下牌子、文字往來人等，强要鋪馬，取要口食者，仰收捉枷禁，辯逐根脚來歷，明白端的緣由，至時免放。似此使臣人等，不爲收捉，却稱彼中騷擾，如此奏告來者，官員亦斷按答奚罪。委係朝廷差去使命，有牌子、文字者，若不聽從之人，亦斷按答奚罪戾，仍處死。

一，使臣人等，每人日支肉一斤、麪一斤、米一升、酒一瓶，仰如數支破。州城官員人等，爲係使臣，如自願饋獻些小禮物者聽。不得附餘多索，仍不得强行乞取。如違者，斷按答奚罪戾。據上項物件，不得於係官課程税石科差内支破。其差去使臣，若依理勾當，回日，朝廷約量給賞。

四年壬辰五月二十五日聖旨，諭隨路官員并站赤人等，如使臣無牌面、文字，爲始給馬之驛官，徒二年，杖七十，元差官斷按答奚罪。有文字、牌面而不給馬，亦徒二年，杖七十。若軍情急速事件，及進納顔色、絲線、酒食、米粟、段匹、鷹隼，但係御用諸物，雖無牌面、文字，亦仰驗數應付鋪馬、車、牛。如不應付，亦依上斷罪。

六月十六日聖旨節該：西京、下水、弘州三處置立馬站。仰各站不得令來往馳驛使客，因而將隨站馬匹打過。如有過越者，仰各站當管官司陪償馬匹。據三站合用馬匹，仰照依本路見在户計，一例科着，無得分毫違錯。

五年癸巳二月五日聖旨：據太原路達魯花赤塔塔不花等奏，太原府内見有達魯花赤，并久住使客、諸投下人等，取酒肉米麪數多，每年該羊一千四百餘頭。塔塔不花等情願自備糧食，不關祗應等物。如此，百姓似爲容易。準奏。宣諭太原路：舊嘗有旨，令課税所官二員支糧，餘官不曾令支。今後往來使臣，依先例應付，餘者盡行罷支。其管民、管匠達魯花赤，若有己身糧食者放支，如無，每人日支米一升。如有依前亂行取酒肉米麪之人，并斷按答奚罪。仰塔塔不花等抄録御寶文字，差人齎擎，就便行移十路，依上一體施行。

七年乙未三月二十四日聖旨，諭管站乞里合台，并隨處站赤，若曰：據邊關急速公事使臣，爾輩何故有健馬不與，令其乘車？今後不得如此。若依前給車，遲悮公事，定是斷罪。可令諸站驛人知悉。

六月十七日聖旨：據燕京咸得不奏告，每年進呈御酒，沿路官司爲無御寶文字，不肯疾早應付鋪牛，以致遲滯到闕事。今降御寶文字前去，仰元來送酒人石抹神撒、堆剌兒等收此。仍仰經過去處，即便應付與鋪頭口者，不得遲滯。若因别事起要頭口，並斷按答奚罪戾。

九月六日聖旨：據濟南府張榮奏告，經過使臣，不肯令驗降去御寶文字，即取鋪馬準奏。如聖旨到日，除軍期急速事物，并進呈諸物人等，依驗物件應付外，不以是何使臣，若不令看過元降文字，即取鋪馬者，開具姓名，聞奏治罪。若看徇不驗，輒給驛馬者，亦罪之。

二十一日奉旨：闊出太子軍前使來，沿路驛站斷絶，令忒末兒、赤剌温等往諭西京應州、崞縣、忻州、太原，及太原至潞州酌中地。又潞州椀子城、懷州各立一站，馬各二十匹。黄河岸，令劉甫立一站，馬三十匹。西京應州，令堝端躬往建立。太原州城八哥、潞州椀子城秀才、懷州合思迷里，各躬往建立。黄河渡口，劉甫專一勾當。上項站馬，别用火印烙記，止令闊出太子軍前使臣騎坐，其餘並不得應付。如有别使欲騎，給者、受者並斷按答奚死罪。每站須管立有心力能幹官一員，提領勾當，如法養飼，不得死損。如死，逐旋補數。若上項委官差故，仰各人名下見在官員準上勾當，若有違慢，並斷按答奚罪。軍前來使，若遇不選是何作商賈回回人等，可奪馬馳驛，不與者亦斷按答奚罪。

九年丁酉八月二十三日奉聖旨，若曰：聞各路往來使臣，在城別無公事，不經站路走遞，稱有牌劄，索取祗應。有公事使臣到城，走馬二匹、或三匹，却領不干礙十人、二十人，及牽私己馬匹，取祗應草料。應付猪、牛、馬、羖䍽等肉，不肯食用，須要羊肉。縱與羊肉，却又稱瘦。回回使臣到城，多稱不食死肉，須要活羊。又不肯於館驛内安下，止欲於達魯花赤、管民官家内止宿。如此刁蹬。公事了畢，推稱事故，不肯起發。除正使臣應付與鋪馬外，其餘親隨，鋪驢、車、牛遞送，須要鋪馬。若到前路站赤，又不交替遞送。及有長行車具到城，又要倒换新車及取繩索。如此騷擾。聖旨到日，今後如有朝廷差去使臣，齎把御寶文字之人，依分例日支米一升、麪一斤、肉一斤、酒一瓶，其餘親隨并隨投下諸衙門差去人催糧、絲線、顔色官吏人員，支米一升。如無牌劄，不得應付。公事了畢，若得鋪馬，不得稱瘦倒换。若到前路站赤，即便交替。及不得倒换長行車具，取要繩索。無事不得入城。若有多索酒食、活羊、馬匹、草料之人，仰達魯花赤、管民官差人一同前去，斷事官折證治罪施行。仰宣德州達魯花赤、管民官收附，遍行諸路，一體施行。

十年戊戌六月二日聖旨，諭札魯花赤大官人胡都虎、塔魯虎䚟、訛魯不等節該：目今諸路應有係官諸物，及諸投下宣賜絲線、匹段，並由燕京、宣德、西京經過，其三路鋪頭口難以迭辦。今驗緊慢，定立鋪頭口數目，驗天下户數，通行科定，協濟三路。通該舊户二百一十七户，四分着馬一匹；新户四百三十四户，八分着馬一匹。舊户一百六十九户，二分着牛一頭；新户三百三十八户，四分着牛一頭。聖旨到日，仰就差人，與各路差去人一同前去所指路分，着緊催促驗數，分付各路收管者。見得以南路分馬匹牛畜艱難，今約量定立到每馬一匹價銀三十兩，每牛一頭價銀二十兩。仰各處皆驗燕京酌中時估，折納輕齎匹段、紗羅、絲綿、絹布等物，用鋪頭口轉遞交付。却令三路置庫收貯，明附文曆，支銷回易諸物，於迤北民户内，逐旋倒换頭口用度。若各路自願計置頭口分付者，聽從民便，不得因而刁蹬抑勒，多要輕齎。只令一次諸路協濟，已後止令三路逐旋補數。其各鋪所置頭疋，仰三路各差本處州、府、司、縣官一員，專一提控；轉差官一員，專一管勾其草料。於三路各驗民户多寡，均科應付。若非理死損，並勒提控官、親管勾當官均陪。若因病倒死，即仰作急貨賣皮肉，逐旋補買，不得闕數。若使臣非理騎生死損者，仰依條令使臣陪償。若蹉程死損者，每三次罰馬一匹，與被蹉之鋪充輔〔三〕馬用度。除各路另給御寶文字外，據協濟路分，仰欽依作急應付施行。

十一年己亥十月十五日奉旨：驛傳勿給懷駒牝馬。如違，給者、乘者各杖五十。使臣若無急事，令乘牛車。

十二年庚子十一月二十三日奉聖旨：據燕京路達魯花赤禿魯别迭兒、管民官鋼疙疸奏，過往使臣，多有無牌劄，及增乘驛馬、多索分例祗應草料之人，乞禁約事。準奏。仰禿魯别迭兒、鋼疙疸等，委人辨驗過往使臣，有無牌劄，增乘驛馬，及不合起馬之人，并據合得分例祗應，照依已降分例支遣。兼有長行馬匹草料，自十月一日草枯時爲始放支，至向前四月一日住支。每馬一匹，依準大軍體例支料三升、草一秤。若十匹以上，不得支遣。本處如有官中勾當公事使臣，依例祗應。如無勾當，許令應付一日，次日不得支遣。如違，照依《大札撒》，將犯人枷鎖前來斷罪。出軍之人，不在此限。

十二月十三日聖旨：據孛利斛、都魯班等奏告，前來奉降《札撒》，據運酒米中站内，諸人不得經行。今來却有不合經行人等，於站内經行，及射野物事。聖旨到日，仰將射野物人等，隨逐塔海欠不出軍者。若不曾射野物，於中站經行人等，據應有頭口内，各斷一半没官。

甲辰年三月朝命節該：據東平府路萬户總管軍民長官嚴忠濟奏，隨城郭居住别投下開鋪營運之家，不肯協濟本路祗應。準奏。仰照依元降《大札撒》，協濟祗應，如違治罪。

世祖皇帝中統元年五月奉聖旨，於望雲立一站，又於榆林、望雲之間，酌中處立一站。

五月二十一日，中書省官忽都不花奉旨：縉山至望雲，速取徑道，立海青站者。中書議差斷事官亦捏哥等，赴宣德州置縉山、静邊、望雲三驛，撥榆林站肥馬五十匹與縉山，雷家店站馬四十匹與静邊，宣德州站馬四十匹與望雲。就令各站頭目馬主，備馬脚𢃇子、使臣飲食等具，近者二日期，遠者三日期，達于新站當役。違者以失悞軍期論罪。仍從宣德州擇能幹官一員，充脱脱禾孫。除遞傳諸侯王哈必赤來使外，餘不得給。其榆林、雷家店、宣德州三站增補馬各二十五匹，每匹支價鈔元寶鈔二十貫，總計三十定買備訖。

是月奉聖旨：今後使臣官員，除軍情急速公事，有海青牌者，入望雲站直截前來，其餘使臣，仰榆林站官楊孛欒觪詢問，如無急速公事海青牌者，不得縱令縱由望雲，止令入大站。如違治罪。

七月，劉天麟奏告：故劉權府元受先帝聖旨，賽典赤處關鈔一千錠，規運利息，專與燕京置買在城使臣騎坐小鋪馬。除已納訖，乞换授事。準奏。給降聖旨付天麟，照依已前體例，從長規劃，不得違錯。

二年二月奉旨：大名等路宣撫司所管州城諸色人匠，織造到係官段匹，雜造到應用生活，并採捕到皮貨、翎毛、鷹鶻，及年例應有進呈等物，起發來時，依例合應付脚力者，仰宣撫司照依舊例，斟酌物件輕重，即出給鋪頭口文面，不得遲住。今後若無宣撫司文面，州城站赤不得一面應付脚力，違者治罪。據出給入站文面回程時，却令赴本司繳納。若各管頭目已有奉到許令入站聖旨，并各投下令旨，亦仰經由宣撫司照依各得體例，應付與鋪車頭口。如有不應，開具緣由，申省聞奏，仍下所屬去處照會。

四月，中書省奏：宣撫司若遇緊要并機密公事，須當赴朝省計稟，即乘坐鋪馬走遞。如是尋常公事，止令入遞轉發，除降去起馬劄子外，本司不得别給。宣撫使起馬五匹，副使四匹，委差官令史等三匹。又宣撫司官，及頒俸以來，權依使臣分例批支。

五月十九日奉聖旨節該：南合奏，也里海牙所轄州城宣使，軍馬多索祇應，民户至甚苦之。定到分例，每人日支肉一斤、麵一斤、米一升、酒一瓶，乞降聖旨事。準奏。今後無得分外取索騷擾，違者治罪。

十二月聖旨，諭濟南、濱□、益都路宣撫司節該：已前體例，隨路管軍官、管民官朝見來時，俱各騎坐自己馬匹往來。今官員有朝廷勾當，將引一行人吏，不計匹數，盡行騎坐鋪馬，以致站赤困乏。今後除有聖旨宣召人員，自有定去鋪馬數目外，據朝見官員須合來者，仰計稟過本路宣撫司，騎坐自己長行馬匹前來，不得乘騎鋪馬。

三年三月，中書省奉旨：今後但發鋪馬劄子，皆從蒙古文字，已經欽依給降，及追收各處漢字劄子。凡遞運，驗物重輕應付頭匹，押運之官物，少者起馬一匹，酌中者二匹，多者不過三匹外。又爲西京等路宣慰司鋪馬疲勞，擬令押運官坐車、騎驢。奏奉聖旨，今後隨路車運官物，止令押運官坐車、騎驢，不須給馬。都省欽依，遍行照會。

四月聖旨，諭開平路達魯花赤、管民官并榆林管站官節該：今後但有騎坐鋪馬使臣人等，仰照依已降聖旨，不得於望雲取直道上經行，奪要鋪馬，止令經由撫州宣德府正站。若有軍情急速公事海青使臣，徑直望雲、鵰窩路上經行。若元騎鋪馬困乏，依例倒換。如馬不乏，並不得强奪人馬，因而騷擾百姓及過往客旅。

七日，中書省奏：蒲元圭鎮戍邊城，凡有急務，遣使赴朝，乞給降海青圓牌、鋪馬劄子。奉旨，可與海青牌一面、鋪馬劄子一道。

十日，中書省奏：蘭州路當衝要，又是邊城，當站頭口勞斃，百姓逃徙，誠可矜憫。乞給孳畜、白金，以振其民。奉旨，可委陝西行省斟酌與之。

十二日聖旨，諭元帥阿术，據管下應管軍官元關海青牌面，今差官前去拘收。如到，除阿术元帥府許存留海青牌三面外，據管下軍官在前應關訖海青牌面，並仰收拾，盡數分付差去官收管，前來繳納，毋得漏落。萬户怯烈二面，也速解兒二面，興元、成都、潼川路都元帥鐵的等牌三面，閬、蓬、廣安、順慶、夔府等路都元帥欽察三面。

二十日聖旨，諭各路宣慰司節該：據管下總管府，先爲計稟軍情，緊急勾當，俱有關降海青牌面、鋪馬劄子。即目軍民分豁，凡有民間公事，委付宣慰司通行管領，已後仰就便申覆宣慰司。據元關海青牌面、鋪馬劄子，令差官前去拘收。如到，除將宣慰司先關訖鋪馬劄子許令存留，若有海青牌面，盡數分付差去官外，其餘管民總管府，應有海青牌面、鋪馬劄子，亦仰盡數分付差去官收管，前來繳納，毋得漏落。順天、真定、大名、河間等路，陝西行省，東平、濟南等路，北京、關元等路，西京、平陽等路，河南路，山東路。

四年三月，中書省定擬乘坐驛馬，長行馬使臣、從人及下文字曳刺、解子人等分例，劄付左三部遍行遵守。乘驛使臣换馬處，正使臣支粥食、解渴酒，從人支粥。宿頓處，正使臣白米一升、麵一斤、酒一升、油鹽雜支鈔一十文，冬月一行日支炭五斤，十月一日爲始，正月三十日終住支；從人白米一升、麵一斤。長行馬使臣如賫聖旨、令旨及省部文字，幹當官事者，其一二居長人員支宿頓分例，次人與粥飯，仍支給馬一匹、草一十二斤、料五升，十月爲始，至三月三十日終止，白米一升、麵一斤、油鹽雜用鈔一十文。投呈公文曳剌、解子，依部擬分例，宿頓處批支。

四月二十八日聖旨，諭中書省節該：來奏開平站路斷絶，有礙使臣客旅行程，乞安置事。今令此中講究到立站去處，并合該户計牛馬數目，開寫前去。所據站户，或令隨路減下牛站人户充當，或於附站隣近州城摽撥，速爲從長擬定，令差去霍木海即便安置。仍仰本省亦差能幹官一員，與霍木海一同勾當。欽此。外據合用走遞牛馬，若令新撥站户便行剏置，唯恐生受遲滯。除已別行定奪，今歲不令出備，候至新年正月内，照依各站已定數目，全要置買，入站走遞。帖里站。南口牛站一處，二百五十户，牛五百隻。爲新店地近，設置馬站。北口牛站一處，二百五十户，牛五百隻。土墓牛站一處，二百五十户，牛五百隻。爲榆林近下，不設立馬站。槍杆嶺一站，五百户。内馬站二百五十户，每二户半養正馬一匹、貼馬一匹，共計二百匹。内將雷家店馬站，存留一半雷家店走遞，摽撥一半馬匹并户計槍杆嶺走遞，餘上不敷，貼撥就數。所有牛站，依舊應當。牛站二百五十户，牛五百隻。鵰窩站一處，五百户。内馬站二百五十户，正、貼馬共計二百匹。牛站二百五十户，牛五百隻。下頃七站，依鵰窩站一體設立。蝦蟇嶺、赤城、河察兒、八眼、撒赤古、桓州、孛老站九處，專一搬運段匹、雜造、皮貨等物。每一站一百五十户，内馬户五十户，正、貼馬共計四十匹；牛户一百户，牛二百隻。宣平一站，於宣德州見設馬站内摽撥正馬二十匹，并合該户計入宣平站走遞。牛站依舊應當。外據宣平新增牛站，依數摽撥。其餘八站，照依今定户計牛馬數目，差撥安置。

五月十七日聖旨，諭隨路宣慰司節該：上都以西隆興府道立孛老站。上都以南望雲道立車站并馬站。隆興府以南，望雲道偏嶺以南至燕京漢地，合設站赤，令漢人站户應當。西路隆興府以北，及南路偏嶺以北至上都，令達達貼户應當，漢民津貼。據偏嶺以南，隆興府以南起移前來，立站户三千七百户。今差斷事官阿昔鐵木兒、宣使紀忙兀觧前去，與宣慰司一同，於隨路馬站内，驗中書省坐去均定合起户數，揭照各站籍定文册，依驗丁多及富强户内，選揀堪中上户。其外數目，仰於步站内，亦依上例，選揀堪中上户。馬站户馬一匹，車站户牛二隻，於各户下選擇堪以當站好人，不問親軀，每户止取二丁，同來人家屬起移前來，於指定立站去處安置住坐。仍就於各站元設官吏内，亦行選揀堪充站户官吏，管押前來。據選揀到户數，定立到頭目，并其餘不該起移津貼步站人户，各另開坐花名、丁口、事産，呈省聞奏。河東西路、西京等路。

十月十一日聖旨，諭中書省節該：據隨路到隆興府、雲州道上迤南立站人户，今起蓋房舍，準備來年當站，除依例應付站鋪頭口首思外，仰經過使臣軍馬人等，毋得於站户處非理騷擾，取要飲食，及奪要一切物件。各住地面所屬官司，亦不得分毫騷擾。如有違犯之人，其各站頭目，於總管隨路站赤達魯花赤霍木海處説知，令轉行申省究治。外有站户元住處家屬，仰各路宣慰司，嚴行禁約管民官司及元管頭目。既是各家前來應當站赤身役，並不得科取錢物，侵擾不安，違者治罪。

五年五月七日，樞密院據成都、四川等路行樞密院、參政呈：劍關係田元帥所管地面，乞於劍州置司，摘軍看守劍門。更於人頭山添設驛站，庶省鋪馬，不致失悮事情。奏奉聖旨准。

八月九日，中書丞相線真等奏：站户貧富不等，每户可限四頃，除免税石，以供鋪馬祗應用度。已上地畝，令全納地税上之。

是月聖旨，諭中書省節該：所奏隨處漢地站驛，宜屬州府親管。其使臣起數、鋪馬強弱，合無令霍木海提領事。準奏。據隨路站赤，仰照依已前體例，止令各處管民官親行管領。使臣起數、鋪馬强弱，霍木海常切提領，子細詢問。往來使臣人等，除依例合得鋪馬首思外，無得分外取要飲食諸物。霍木海各站内，並不得添差頭目。如已有委付之人，並行革罷。管民官亦不得於站户處擅便科差，侵擾不安。仍仰點視鋪馬，加意喂養，須管肥壯，不悮走遞。

至元二年正月六日，中書丞相線真、塔察兒，平章阿合馬等奏：雲州見設站户，乃迤南州城遠來之人，别無田産，宜令近縣人户交換應當。乞召集各州縣官吏，齎民户見當包銀丁口鼠尾文册，前來品答定奪。上曰：「此輩何可委付？其令來此，從卿等區處可也。」

閏五月六日，中書兵刑部據西京路總管府申，渾源、弘州等處，不係立站驛程，順天、真定、德興等路，使臣往來，背道經行，索換鋪馬。乞照驗本部，申奉中書省劄付，行下各處站官，令兀剌赤等，今後引送往來使臣，止由正站走遞，毋得徑行不立站驛之處倒换鋪馬。是日，管領諸路蒙古、漢人甲匠阿昔寒言：各路額造皮、鐵衣甲，應期送納及關撥物料，俱各給驛，庶免遲悮。省部准擬，遍行諸路，如遇阿昔寒所管局，分送納衣甲及關撥造甲物料，往來驗數遞運，仍給押運人鋪馬。

二十三日，丞相塔察兒等奏：奉聖旨，四川鋪馬衹應，從行省從長規劃。今後遇有往來使臣，止用鷄、猪、魚、鴨祇應，開具四川定立站馬匹祇應等如後。四川總四十一站。舊有二十五站，新增一十六站。馬站二十九，驢站一十二。馬一千八十八匹，牛二百五十七頭，種田及馳馱用驢一千一十三頭。祇應和買猪、鷄、鴨鈔七十二定三十五兩，長生孳畜。就支每月造酒麴米麥二百九十八石。

是月，大名〔四〕等路工匠府言：起運常課，只係段匹，至洺州路總管府，不應付押運官鋪馬，乞明降事。都省議，令兵刑部下隨路照會，如遇各局送納係官段匹，照依舊例，應付押運人鋪馬二匹。

【考校記】

〔一〕輯自《永樂大典》卷一九四一六。按：本節及以下各節爲《驛傳》正文，此部分内容較多，爲方便檢閲，特依《永樂大典》分卷，釐爲八節。因《驛傳》序中未見下一級類目名稱，故按「驛傳一」至「驛傳八」代擬各節題目。

〔二〕「通通」，據文意，疑當作「通達」。

〔三〕「輔」，文殿閣書莊本《站赤》作「鋪」。

〔四〕「名」，原作「明」，據《元史》卷五八《地理志一》改。

驛傳二〔一〕

至元〔二〕三年四月三日，中書右三部奉中書省判，送斷事官只八兒忽觧迤南公差回還，言沿途鋪馬數少，不繫於廐，頭目人等多不在站，至甚不整。仰行下各站，今後須令如法養飼驛馬，常存合用之數在廐，以備走遞。其頭目人等，亦須常川在站，無致失悞。

四月五日，制國用使司奏準聖旨，計置驢車三十輛，春月運物赴上都。至夏，拘車在官，驢令佃户飼養，以助耕力。秋來肥健，取發於中都，遞運官物。

六月，制國用使司言：河南府路榷課税，每歲差吏赴省計撥税糧，總管府不準給驛，乞區處事。省部定擬，今後每年勾集科撥絲綿糧税，總管府、轉運司人吏來時，許給鋪馬三疋。行移合屬，照會施行訖。

八月九日，丞相安童、伯顔等奏：納隣站鋪馬，使臣經過本路州城，來索諸物。臣等議，使臣若無城中公事，不得輒入，索物者亦不得應付。上從之。

十月，中書右丞相安童等奏：西凉、甘州、莊浪等處增站事，今議除甘、肅、瓜州，其間合立站赤，候阿沙來時區處外，就令鳳哥斟酌到中興、西凉、蘭州、甘州、信嵬添設站。可用馬一百三十五疋、牛六十八隻、驢六十頭，於官錢内買置。奉旨準。

十月二十三日，中書省奏：近以西夏之西，近川黄兀兒于量站、塔失八里站、攬出去站，此三處闕鋪馬。奉旨令塔察兒、奪羅不斛，與都省制國用使司馬區處增置之。今已定擬，合增羊馬牛之數，委麻合馬、航木里等，如彼買備，奏取聖裁。上從之。黄兀兒于量站，令阿木干䮝馬民户出騸馬一百五十疋、牡馬五十疋、牛五十隻，外增買走遞騸馬、牡馬二百疋，孳生牝馬一百五十疋。塔失八里站，元存羊一百二十口，外增買走遞騸馬、牡馬二百疋，孳生牝馬二百疋、羊一百八十口。攬出去站，增買走遞騸馬、牡馬二百疋，孳生牝馬二百疋、羊三百口。

四年正月十四日，線真、脱歡等傳旨：送茶速禿之地至燕乙裏，剏立驛館一十四處，圖本與中書省，令與制國用使司官，同議規劃驛船鋪馬人糧之數。續奉旨：每站給羊二十口、羖羊三十口、乳牛九隻、强牛一隻，其價與買驛馬錢共斟酌支給。制府欽遵，放支鈔四百定，下陝西等路轉運司，於五月内和買，給付各站去訖。茶速禿至燕乙裏立十四站，拽船牛二百二十隻，驢二百二十頭，馬二百二十匹，孳生羊二百八十口，羖羊四百二十口，乳牛一百二十六隻，强牛一十四隻，船五十六艘，人工二千名，備三月糧。常役水手二百二十四人，兀剌赤一百一十人，遞送小站者七十人，計四百四户。

四月，中書省遣忙古䚟、鎖赤等，賫奉御寶聖旨，諭阿出、鳳哥、東勝達魯花赤等官，及八令迭兒、朶魯不䚟、納隣站民，仰從應理下至東勝站十所，用水手二百四十人、驛船六十艘，宜令應付者。

五月二十一日，中書省據西夏中興等處宣撫司呈，東勝合立三站，本路合立七站。除從權以東勝見在船二十一艘，散給各站行用外，未造船三十艘，擬用已伐到大通山木植，其餘物料計該價鈔四十餘定，及工匠糧食，合無令轉運司應辦。又忙古䚟回稱，只打忽等處舊有船三十六艘，合令修整。

七月一日，中書省奏準，新造船三十艘，修整舊船三十六艘。一切物料、口糧，鐵木之工，官爲應付。據水手二百四十名内，擬令各投下差撥一百六十二名，中興府民户内差撥六名，西京抄海所管水手内差撥七十二名。每站給牛一十隻、祗應羊一百口，起置館舍、衾褥，標撥種養之地。劄付制府及西夏、中興等路宣撫司施行訖。

七月十七日，都元帥也速䚟兒言：乳山口守城千户忽特木兒申，南兵船隻往來，必合隄備。其鐵哥等各千户行營，相離帥府九百餘里，並無站道。凡有急使，請令經過州城换易鋪馬，庶不失悞軍情。省府以乳山口之地，屬益都路即墨縣，相去海口三里，也速䚟兒見於萊州等處行營事，宜應援劄付右三部行下所屬，今後如委有邊報軍情急務海青使臣，仰經過州城倒換鋪馬。其餘常事，沿站經行，不得指例，背驛乘傳。

五年二月，制國用使司言：拘收翎根納官，除應付綱運外，其押運之人合無乘驛馬事。都省令右三部行下合屬，應付鋪馬一匹。

三月四日，中書右丞相安童奏：霍木海呈，中統四年奉命總管諸路站赤，至元元年改革漢站，令各路管民官掌管，霍木海提領使臣起數、鋪馬强弱勾當，事理似不歸一，誠恐兩耽。臣等議得，止合依至元元年定制。上從之。

六月十九日，中書左丞相安童等奏：濟南、濱□投下所出物貨，勞民遞送，有司請以蒙古户計立站外，有二站乞差撥本投下漢民設立。臣等議得事關大體，別無此例。上曰：「塔察大王漢站，其始如何定立？可再議聞奏。」

十二月二十四日，樞密院官奏：萬户黄急答兒言，也孫托非理起移托鉢地界站赤，合無遣使前去，只令依舊置立。奉聖旨，且曰「令黄急答兒差人去者」。

六年二月，御史臺呈，奉中書省定擬，司官巡歷合屬如無馬站去處，就乘州縣官馬匹，依例更换，爲例施行。

是月，御史臺定擬，憲司遣官詣朝廷計事，合依總管府例，約量差起鋪馬，每道給鋪馬七匹、劄子三道，計一十二道，發下各司，遵守施行。

三月，制國用使司據運司申，爲制府所屬合用鋪馬，就本路總管府出給劄付，恐本司有故遣使，總府不準應付事。制司議，行下合用鋪馬，除就發常行劄子外，若有不敷，斟酌可用幾何，依舊例關總管府取給。

五月十二日，中書右丞相安童、平章政事忽都答兒奏：中都至上都站赤，以聚會故，遞運係官及投下諸物數多，滯不能發，至甚勞苦。臣等與樞密院、制國用使司、御史臺、宣徽院及四怯薛官同議，洪贊至獨石四站，各增車驢三十具，榆林站增牛驢十具，總計價鈔一百五十六定。自火你赤爲始，至上都蒙古四站，於四怯薛内差撥牛畜助運一月，官給路貲，似爲便益。奉聖旨準。

六年六月，西京路申，驛使到站，往往不知姓名，又不明示起馬劄子及所幹之由，乞下隣境官司開拆文字照會事。省部準申，行移各處官司，今後起發印信關文，應付鋪馬施行。

十一月，制國用使司言：巡鹽官吏、弓手，舊例每名官支米一升、馬粟三升、芻一束，雖多不過十人。草青之時，不支芻粟。今所支多於元定之數。擬合轉運司、課税所，今後差官出巡，明給公文，具人馬實數，令所至官司依上應付。都省準擬。

十二月，河南道提刑按察司言：河南兩路鋪馬，前都元帥、四萬户、統軍司等泛濫給驛事。河南行省移咨軍前行省，各令照會都元帥，及總管四萬户、河南統軍司、沿邊監戰萬户，今後遇有給驛，申省斟酌緩急起馬，毋得擅行。其河南兩路總管府、轉運司，并迤北差來南京軍前計事者，亦驗緩急應付。各官司毋容輒準給發。

七年正月十一日，中書省臣阿里傳旨，若曰：内外諸處往來使臣，須憑印信文字給驛。無文憑而起馬、給馬者皆有罪。都省劄付右三部，遍下合屬，欽依施行。

二月，中書省據左三部呈，與右三部議擬站赤事理下項：

一，總管府在城驛設官二員，就於見役人員内，擇有根脚經事者任之。直隸總管府不得用私己人。

一，州縣驛設頭目二名。如見役人即是相應站户，就令依上任事；不係站户，則就本站馬户内别行選用。

一，府、州、司、縣官站官，皆不得借乘鋪馬，影占站户，及擅科差發侵擾。仰總管府常切體究，違者治罪。

一，從站户自買肥壯齒小無病馬匹，喂養走遞，有司及諸人無得結攬。

一，站赤合供報文字，總管府依例行下合屬縣分，取勘申報。

一，除脱脱禾孫依舊存設，據隨路見設總站官，截日革罷。於内若有袛受聖旨、令旨、中書省劄付，及歷事年深、别無過犯者，保申合于上司區用。

一，照依舊例，經過使臣，開具各位下姓名并鋪馬數目，賫擎是何官司，起馬蒙古字劄子，從某處前往某處，幹辦是何公事。各站每季造册申報總管府，不過次月初十日以裏申部。

六月十二日，速古兒赤明安答兒對中書省臣奏：京兆府營葺館驛，不令使臣止宿，却於民家安泊，豈不擾民？奉旨，若曰：既有使臣驛舍，不令安止，乃宿民家，騷擾百姓，安有此理？省部欽依遍行革正訖。

二十日，樞密院奏：先奉體例，禽獲走小路賊人并細作人，所有南貨，一半充賞，一半没官。臣等議得札撒聚會時，宜以没官物充使臣飲食之費。從之。

七月九日，益都路言：各位下使臣給驛，各齎令旨起馬，本路合無再出劄子。其馳運物貨鋪馬，未審如何應付，乞明降事。省部照得舊制，段匹、皮貨例從車運。至如各位下進納海青鷹隼人員，委有印信文字，所起鋪馬與見納堪中鷹隼數目相同，本路不須再給劄子。若實起鋪馬比元文數少，令各路明具關文，相沿倒换。

八月，省部定擬，都元帥府、統軍司、招討司，遇有蒙古軍人與民相關及軍前公事，從本府遣使，就乘長行馬，於差劄上明具人名、馬數、公事之由，給限應付分例。其餘萬户、千户不得指例。如非軍前公事，及無印署文憑者，皆禁止之。

九月二十八日，大理、鄯闡、金齒等處宣慰司呈準差來立站使臣帶木斛、亦只里等文字該，與帖古斛相接立站。卑司即便和買到鋪馬一百五十匹，并察罕章分到站户五百户，已於西番小當當地起立馬站畢。外據大理寺等一十四處，見今鋪馬闕少，站户消乏。爲此，本司大小官吏出私己錢，買到馬二百匹，官錢和買八十匹，乞照驗事。都省移咨尚書省照驗去訖。

十月二十六日，司農司言：四道巡行勸農官乘驛勸課，所過無站之處，合無從按察司巡歷體例，乘坐馬匹，請區處事。都省準擬，依上施行。

十一月，河北河南道提刑按察司言：河南轉運司起納課程，除馳鈔鋪馬外，止合差官一員，起馬一匹，不應多起庫子馬一匹事。收銀庫呈，若止差庫官一員，難以照略。中奉河南等路行尚書省，擬送本司，今後起納課程，差庫官、庫子各一名，就用元降本司劄子，起馬二匹。

是月九日，始立諸站都統領使司，兀良哈解、斡脱哥欽奉聖旨，專一管領站赤公事。來往使臣令脱脱禾孫盤問，無聖旨、牌面起馬者裁減之，非急務則應付牛驢，事速則馳驛。一切整治，委命兀良哈解、斡脱哥、霍木海三人主之。有不聽其號令，致鋪馬倒死、首思失悮者罪之。

八年正月二十五日，中書省議：鋪馬劄子初用蒙古字，其各處站赤未能盡識。仰繪畫馬匹，鑄造小印，於劄子年月日之後，墨印馬匹數目，復以省印覆之，庶無疑惑。因令今後各處取給鋪馬，標附文籍，具馬匹數，付譯史房書寫畢，就左右司用墨印印給馬數目，省印印訖，別行附籍發行墨印，左右司封掌。

四月，陝西、四川等處提刑按察司言：書史、書吏、奏差，元例給鋪馬一匹，似爲不敷。御史臺議擬，每道增給鋪馬八匹。如書史、書吏、奏差、侍官巡按，量地之近遠、事之閑劇，給馬不得過二匹，回日繳納。照會爲例施行。

五月，御史臺言：監察御史、各道按察司巡按體察公事，合乘鋪馬，呈省出給劄子。不惟遲悮，亦有事涉機密，如制國用使司、樞密院遣使，俱自出給劄子。合無依例，就便斟酌出給事。都省準呈，下尚書兵部，遍行照會。

六月一日，東路都元帥也速𧿹兒軍馬南征，經莒州莒縣宿頓，憑樞密院劄付，坐下千户一員，日支羊半口，重一十五斤，取於縣司。既而本縣照議，先欽奉聖旨，出征聚會軍馬，經過本處宿頓，每千户一員，應付羊半口一十斤。今所支過多，遞申省部區處。户部照得至元六年十一月十二日，中書已擬千户宿頓，支羊半口一十五斤，仰照驗施行。

八月六日，御史臺據河北河南道提刑按察司申，體知在城館驛，多爲有司官占居，却令使客於民家安下。問得本路館驛四位，爲達魯花赤、同知已占其二，理體不宜。卑司除已行移本路起移各官外，申乞照詳。

十二月，山東東西道提刑按察司言：各路官員乘驛，品秩或同，起馬却有多少，乞區處事。兵部照擬隨各路官員，若奉特旨，或省部明文，以急務乘驛者，依舊例，三品五匹，四品、五品四匹，六品、七品三匹，八品以下止給二匹。仍申事例如後：

一，隨路總管府官監捕蝗蝻，達魯花赤、總管起鋪馬三匹，同知、治中、府判二匹。

一，運司每季差押運官一員、庫子一員，赴部納課，元給劄子，起馬二匹。今運司既罷，總管府依例送納。

一，各路交鈔庫子、庫官，赴都關支鈔本，解納昏鈔，從各路總管就給劄子，起馬二匹。

一，隨路局院起納段匹、雜造、軍器等生活，各路就起劄子，應付押運官鋪馬一匹。

一，隨路府運司等，每歲計撥稅糧，考校課程人吏。今運司既罷，各路依例就給劄子，起馬三匹。

一，隨路係官局院，差人赴都，及於他處關撥物料，起馬一匹。上年不曾馳驛，不在此限。

一，隨路差人根檢急遞鋪，遺失損壞文字，本路就給劄子，起馬一匹。

一，隨路差人押運進呈御饍野物，本路給劄子，起馬一匹。

一，隨路運司馳運鹽引，驗斤重給馬。今改立都鹽使司，亦依例應付。

是月，中書省據御史臺呈，軍中差人辦事，及取發年銷紙劄，委官各處歸問軍民詞訟，并出征人員，合無給劄子起馬事。送兵部議得，沿邊萬户，遇軍情急務，差人飛報，各許給鋪馬一匹。又統軍司、都元帥府，差官直赴朝廷，計會軍情事務，合乘鋪馬，不過二匹，並從統軍司、都元帥府給劄子。至如差官各處歸問軍民詞訟，取發年銷紙劄，别無乘驛之理。其軍官出征，自有征行馬匹，難議馳驛。遍行爲例。

九年五月，中書工部差委造甲官馳驛，引領作頭等人，前去隨路指使造甲，送户部定擬分例。所至應付，罷役住支。知會造甲官宣德府甲局劉應，日支白米一升、麪一斤、肉一斤，鹽、油、菜、燈等物。作頭一名，日支白米一升、麪半斤、肉半斤，油、鹽、菜等。

八月，中興等路提刑按察司言：五品以上長官，俱得進表稱賀，止令乘己馬，預期來上。照得中興等路行省，每遇聖節元日，差人進表，俱各乘驛。卑司相去朝廷，不啻萬里，今後合無依行省例，馳驛進表，一就赴臺計稟公事，似爲便益。省部議得，各路計稟公事，及押送諸物人等，尚得馳驛，其賫擎表章人員，皆以臣子赤誠，若由常行馬匹，於禮未安。據中興等路，道途迢遠，今後遇天壽聖節、元日，差人捧表詣闕稱賀，擬合起馬一匹相應。所據各道按察司，并隨路總管府五品以上，及直隸省部官署，一體施行。移文遍諭遵行。

是月，西京路脱脱禾孫昔班盤詰詐使忽賽因，及無劄子起馬之人劄璘，親乘鋪馬，押送二人，赴諸站都統領使司區處。西京路言：昔班乘驛非法，都省下本司推問。昔班引據舊制云：脱脱禾孫盤問下使臣夾帶物貨，許從鋪馬押送。今次已嘗白於西京路達魯花赤等官，令遵先例送上，以故起馬，非我罪也。諸站都統領使司議，昔班因公馳驛，初不爲過。省部準擬。今後脱脱禾孫若有公幹，合行馳驛，即於本路官司出給劄子，方許起馬。照會各路，依上施行。又諸站都統領使司言：朝省諸司局院，及外路諸官府應差馳驛使臣，所賫劄子，從脱脱禾孫辨詰。無脱脱禾孫之處，令總管府驗之。各站明白相關所差之由，如干軍務急速公事，依例走遞。事苟細緩，而非理馳驟，所過州城，探親飲酒留滯，及至上馬，兼程走驟，傷損鋪馬者，當治罪勒償相應。都省準呈施行。

十一月，河間路備清州會川縣言：本縣路當山東益都、淄萊、濟南等處衝要，却無設立站赤。不時驛使經過，索换鋪馬，除將官吏已馬應付外，又復邀奪船隻、客旅，及坊郭軍民馬匹乘傳，騷擾不安，因而死損民馬，多致訴訟。合無令自大都迤南，并益都、淄萊、濟南站赤，凡往來起馬人員，今後並由站路經行。嚴諭各站官吏及回馬之人，須令引送前路立站去處换馬，毋取小道，似望商民安便。省部準擬，行下合屬，依上施行。

十年五月，陝西提刑按察司僉事董奉議言：至元九年十二月，至太原介休縣，見蒲元帥一行起馬二十匹;又至平陽霍州站,見合剌統軍起馬三十匹。爲數太多,乞定奪事。都省照會樞密院議,擬到軍官合騎鋪馬數目,行下合屬,遵守施行。四川行院長官起馬八匹,次二官起馬六匹,次三官起馬五匹,次四官起馬四匹。軍官萬户起馬五匹,餘者馬三匹。

六月十六日,中書省議,今後遣使回日,須將元給牌面、鋪馬劄子隨即繳納,違者究治。遍行中外,照會施行。

十八日,兵刑部侍郎伯术奏:失呵兒、斡端之地産玉,今遣玉工李秀才者採之,合用鋪馬六匹、金牌一面。上曰:「得玉將何以轉致至此?」對曰:「省臣已擬令本處官忙古䚟、拔都兒,於官物内支脚價運來。」上曰:「然則必得青、黄、黑、白之玉,復有大者,可去其瑕璞起運,庶幾驛傳輕便。」

九月,中書兵部議,諸官府出使,事非急速,往往在路停止。及至上馬,兼程奔驟,遂將鋪馬損斃。今立程法,遍行遵守。

一,驛使到站,先驗起馬劄子,其事干軍務急速,即仰如數應付良馬,毋得停滯。如係緩慢公事,當日行過三站,復欲起馬,或無劄子,不得給行。

一，依驗劄子應付正馬外，其元來兀剌赤已給馬者聽。無馬者徒步引送，許乘正馬以回，仍關前路照會。

一，馳驛使臣，合祗應飲食分例，不得闕悮。若有長行官員，雖賫上司文字，令應付飲食者，州縣與之，站赤毋得擅給。

一，諸府州縣官迎迓官員，不得差人乘驛馬。

一，今後除朝廷軍情急速公事之外，毋得擅差鋪馬，亦不得亂行前路文字。

一，今後使臣人員，乘前站馬匹，遇晚到站，不可還者，仰本站依例遞相飼秣，毋得闕悮。

一，站内槽前鞍轡、繩索一切什物，須要完備，仰各處提調官每日點視，毋令短少。馬匹不得瘦弱闕役。

十月，中書省所委整點站赤斷事官亦捏哥呈，擬便宜二事。其一謂隨路總管府差人馳驛，不計事之緩急，輒起鋪馬三匹、兀剌赤馬一匹。此時軍務方劇，竊恐所起數多，馬匹疲瘦，久而失悮公事。宜令今後以軍情要務遣使者，量起鋪馬一二匹，餘事止乘己馬相應。省部準擬。其二謂隨路差人吏赴省部照算稅課、送納軍籍者，自始發及回日，不論緩急，日夜奔驟，走損鋪馬。又於站赤取索鞍轡、雨衣、氈褥，動致弊壞。合無令乘驛人吏，自備鞍轡、雨衣，應限到部。事畢，依程從緩還役。省部議得駞載係官文字，當從站赤應付苫氈，餘令人吏自備。本路承受部符之日，即合起遣應限，毋致遷延至期，致令人吏兼程馳驟。事畢，亦須徐緩還家。

十二月，諸站都統領使司言：本司品同部院，各路總管府合聽指揮。今總管府親臨站赤，本司係總要上司，據隨處站户同軍户奧魯，擬屬元籍州縣外，其立站去處，合無革去州縣一重官府，止令徑隸總管府，依樞密院例，並聽使司指揮，易爲責辦。二十一日，省部照擬站户同軍户奧魯，擬屬元籍州縣，外據立站去處，止令直隸總管府，仰總管府並聽使司指揮。遍行照會。

十一年五月，諸站都統領使司言：朝廷遣使幹辦諸事，每員鋪馬不過三匹，此常制也。今省院諸司，凡差人員，往往起馬四匹，乞區處事。省部議得除奉使遠方，及非常例事干急速者，隨時斟酌，其省院臺部諸衙門，常例遣使馳驛，多不過三匹。仰依上施行。

十月十二日，益都路總管府言：先奉諸站都統領使司照會，立站去處，革去州縣一重官府，直隸總管府，並聽本司指揮。續奉禮部符文，却該諸站都統領使司，各路總管府並聽指揮，别不曾云立站去處直隸總管府。請明降事。省部照擬得隨處站赤，止令直隸各路總管府，外站户家屬，擬合元籍州縣管領。仰依上施行。

十二年二月七日，中書省奏：奉聖旨，增給東西兩川鋪馬，祗應中統鈔二百錠。

是月，河南等路宣慰司言：各路押軍及運兵器人員，每人起馬三四匹，以致站赤消乏事。都省議下南京路，今後若有差遣押軍及運兵器者，起發鋪馬，不過二匹。河北諸路亦從此法施行。

三月七日，中書省奏：甘州所管長行站、納憐站，其站户多有投訖各投下者，以致見當站役者貧乏。又批支不敷，站中常闕鋪馬，往復使臣勞苦。臣等議，乞差人往問，果是站户，悉令還之。奉聖旨準。

十二日，中書平章政事阿合馬、張右丞奏：諸王只必帖木兒所置三站之糧，來請接濟。臣等議，每站二十人，計六十人，一年之食，以羊準支。其久遠口糧，每人給乳羊五十口。奉旨準。

六月，中書省所委點站斷事官滅里吉觧言：隨路計撥税糧、考校司吏，初非急切之事，往往走驟驛馬，乞禁約事。省部準言，遍行禁約。

十一月二日，中書兵刑部據濟寧路備兖州曲阜縣言：本縣路當連、海、徐、沂等州，本非驛道。使臣之來，需换鋪馬，稍或分辨，動遭箠罵。今年自春及秋，泰安州、滕州鄒縣，數送使客經行，縣司慮失公事程期，未免以官吏、弓兵之馬，及驅逼居民、過客所騎馬匹，以代驛傳，常有死損。竊照省部定例，差委官員須經正站，乞區處禁約事。省部議下合屬，今後無令兀剌赤人等，引送使臣人員無站去處經行。

是月，河南等路宣慰司言：蒙古千户、百户俱有常俸，而所過宿頓，復需飲食分例，騷擾不便。中書照會樞密院，照擬得蒙古萬户、千户、百户，遠近出征經過及聚會去處，合用飲食，令有官署州縣，照依定例應付。如鎮店村坊人煙稀少之地，不合取要相應。都省準呈，下合屬照會施行。

十三年正月十五日，諸站都統領使司言：伏自大元立國以來，軍站爲重。至元七年，上命設立本司掌管漢站，兀良哈䚟、斡脱哥、霍木海三人同事，照依樞密院例，委各處達魯花赤、管民正官兼管。遇有裁決不定事務，止申本司。乞更官署之名。省部行移翰林院擬，改爲通政院。奏奉聖旨：「何用此名？」回奏：「爲行移公文之用。」上曰：「既爾，與之可也。」十八日，都省命降鑄印信，改立通政院訖。

七月，中書省議，時當暑月，道途泥潦，諸官府不分事之巨細緩急，泛濫給驛。今後各路官司及諸色人員，遇事須申上司，區處給驛。果有急務，就便起遣，毋致泛濫。遍行遵守。

十四年二月七日，中書左丞相合伯、平章政事阿合馬奏：永昌路山丹城、許速土、帖里滅、土火郎各站，請給立站錢六十定。又乞以鈔千定，令其規運息錢，補增五站祗應，不致失悮。又諸王只必帖木兒言：永昌府站户一百二十户，當役困乏，鬻其妻子地産。先奉上命，賜寶鈔五十定贖還，又用三十一定買馬八十匹當站，止存一十九定，贖其妻孥，尚闕三十一定，乞矜憐給賜之。臣等議得依數支給。俱奉聖旨準。

十五年二月，諸路皮貨都提舉司言：舊制，拘收皮貨人等合乘鋪馬，皮毛脚力亦當應付，乞區處事。都省下兵部，仰照舊例，驗物輕重，應付脚力遞運。

是月，中書省定擬，隨路站赤，官爲應付祗待羊口，皮毛納官，頭蹄肚臟等折計斤兩，準肉支用。送兵部依上施行。

五月六日，中書平章政事哈伯等奏：中慶路至烏蒙賽典赤所管之地，立訖九站，烏蒙北五站不得立。烏蒙土官稱，使我屬賽典赤，則可立站。臣等議，差人諭塔里不罕，能主張立站則立之，不能則委賽典赤領其地以立站。又烏蒙北至敘州，若造船立訖水站，則陸路七八日程，順水一日可到。俟立訖，來由水〔三〕路，去者使由陸路爲便。並奉聖旨準。

是月，益都路淘金總管府言：十三年，設立官署於淄萊路，萊州置司，歲辦金課。除於淄萊路取給驛馬馳載，及押運官乘驛赴上進納外，年例起解并考校人吏，合給鋪馬，預乞區處事。省部照擬，除考校課程人吏别議，開定納課乘驛數目，仰益都路遵守應付施行。府官一員，闊端赤馳馱馬共三匹，收金庫官馬一匹，馳金馬一匹。

六月十五日，承旨火魯火孫等奏：甘州宣慰司呈，敬奉只必帖木兒王令旨，在先接濟站赤，給降鈔一千定，秃兒干站以不曾奏聞，不得。乞依山丹城等五站例，與鈔二百六十定。奉聖旨準。

七月，河南等路宣慰司言：今後除朝廷大官、蒙古使臣，及不食死肉官員，依例應付羊肉活鷄，餘者給猪肉。又泰安州言：屠户供備羊肉，官價有虧，無可從出。省部議，依河南宣慰司所擬，一體應付。行移合屬，依上施行。

十月，中書兵部照得諸衙門尋常差委之人，站赤亦同朝省大官、蒙古使臣，一例應付猪羊肉分例。或一名起鋪馬三匹，全支分例。復需酒饌、常行馬芻粟，又不於館舍安宿。

以此相度，除朝省大官、蒙古使臣，及不食死肉官員，與隨朝尚書等，依例應付外，其不相干官府所差之人，驗差劄應付正人分例，食以猪肉，宿於館驛。如無許給常行馬芻粟文字，不得應付。行下合屬，照驗施行。

十二月，大名路滑州内黄縣言：比者有人自稱校尉，需求分例，却無許支文憑。本縣路當驛程，常有似此之人，難辨虚的。今後若有校尉承差，乞給文憑事。省部依準，劄付宣徽院，但差校尉，依例令當該部分出給文憑，於合屬應付飯食。仍遍行照會，若有似此無文憑者，不得支給。

十六年正月，南京路言：速忽都公主至許州，命取盃酒，已於官務應付。外設有不測朝省蒙古、漢人大官，似此需求，無可應付。又保定、太原等路，大都廩給司各言：如上位及諸王位下使臣，祗應盃酒，合無設立官務，醖造供給。兵部議得，祗待使臣官員盃酒，合照依舊例醖造祗待。呈奉都堂鈞旨，送本部斟酌施行。

二月，中書省所委照勘南京等處税課官馮八兒言：東昌路抑奪民車，運載金銀至茌平縣，不爲交換官司遞運，明出官錢和顧民車，或差撥站車，豈有脅奪百姓車輛之理？都省送兵部，遍行各路禁約施行。

四月，大都路脱脱禾孫言：濟寧府等路差來使臣，所賫起馬劄子，雖寫蒙古字，却云漢語，又且字有差訛。乞下合屬路分，改正書寫蒙古字語。通政院具呈省部，照擬得濟寧路別無蒙古譯史，以此不能如法。擬合令翰林院先發譯史於各處就役，然後改正書寫。遍行各路，今後凡遇差人起馬劄子，書寫蒙古語言字樣，仍取問見役譯史，是否翰林院所發人數呈省。

五月二十日，臨洮府脱脱禾孫塔察兒言：臨洮、鞏昌、通安等十站，富者出籍，貧者充役。比年災傷闕食，驛馬倒斃數多，官政逼迫，未免鬻妻賣子，以至逃亡。或有投充諸王位下昔寶赤、怯憐人匠等户，規避站役者。至元十四年、十五年，伯答罕、土里叛亂，人不聊生，官司又復拘收馬匹，及倍程乘坐車馬過站，科差、和買、雜役，站户難以存止。乞照詳事。是日，中書平章政事合伯，御史大夫玉速鐵木兒、樞密院官朶兒朶呵、孛羅，通政院官兀良哈觧等，集議定一十五事。塔察兒對仗奏告，俱奉聖旨準，省臺欽依，下合屬施行。

一言，先奉上命，除帶新圓牌聖旨外，凡以公文遣使者，鋪馬勿與。今諸王及諸官府，因公移文遣官，如何給驛。臣等議得，軍情重事，擬帶圓牌。此外不以是何公事，諸官府行以公文，若阻滯之，竊恐不宜。

一言，總帥所轄城邑，有站户三百四十户，今皆投充諸王只必鐵木兒、駙馬愛不花投下户。臣等議，依先例回當站役。

一言，只必鐵木兒王位下使臣，已給鋪馬祗應外，其長行馬匹，復索芻粟宿頓〔四〕等物。今後似此者，勿得支與。

一言，臨洮府站赤元有牧地，今只必鐵木兒王令旨，令海陰秃、昔剌陳、鐵木兒不花三人爲主。臣等議，令審實回付站赤。

一言，僧俗之官，把執諸王鋪馬令旨者有之。臣等議得，合行追收。

一言，民户及諸王布施之物，有給鋪馬行者。今議諸王布施，許起鋪馬。其餘僧人，毋得給驛。

一言，諸王位下細茶飯、五户絲，及軍人錢物，如何給驛將送。臣等議得，此係已先所行，不宜遽罷。

一言，斡脱息錢，合無收拾給驛。今議，如舊制。

一言，總帥、總管府、按察司官給驛，合無減省。臣等議得，果有軍情急務，許由鋪馬經行，此外站赤不得給驛。其干民事者，州城有司應付起遣。

一言，諸官府遷轉往來官員，合無減省給驛。今後鋪馬不與。

一言，諸王作佛事、寫經等，取運物色，合無減省給驛。今議，並依已行。

一言，諸王所過民間，不置行幕，却仰站赤行止。今後若有急務，須乘鋪馬。餘者準備宿頓之所，迤邐前來。

一言，黄水站有乘舟復换鋪馬者，請減省事。今議，似此一次、二次，可省者從之。

一言，土鉢地差去使臣，除元來鋪馬定數外，復將大王、國師鋪馬文書物件以行。臣等議得，元來鋪馬文書已上，不令增給。

一言，都省、樞密院、御史臺、通政院、王相府，以公文起發鋪馬，合無減省。臣等議得，諸公事在先擬從鋪馬辦集，豈可罷之。但依先例施行。

是日，中書平章政事合伯、御史大夫玉速鐵木兒等奏：臨洮府脱脱禾孫塔察兒，阻遏隴右河西道提刑按察司巡按人員，不給驛馬。臣等謂，總帥府、總管府、按察司等官，因公起馬，固不可省。奉旨，若曰：此等果有軍情急務，合給驛馬，餘者則不得給。其干民事者，經由城邑以行。

二十七日，中書省臣奏奉聖旨：往來使臣人等，或無文憑，輒於沿路站赤，取給飲食、馬匹、芻粟。今後皆勿與。欽此。都省下兵部，遍行合屬照會。

是日，中書省奏：愛不花所治州城，議立二十三站，合用牛三百隻、車二百輛。牛價就彼支鈔，及令西京準備車輛。奉聖旨準。

二十九日，中書省臣桑哥等奏：李陵臺管站官吏，侵盜祇應官錢，科取百姓物色。事發，詞伏。計贓二百三十二定，已追二百定，未追三十餘定。且如一站追至此數，其餘似此者多矣。臣等議，令通政院官孛欒觧等追理，仍遍行禁治，如有侵盜之人自首於官者，免其罪。奉聖旨準。

六月三日，中書省奏：西域之人，有自河西來者，往往假公營私，每於諸王只必鐵木兒府告給驛馬。不得，則求於宣慰司遞傳以來。合無戒飭宣慰司，今後詰其所由，可者遣來，其不可者勿從其請。奉聖旨準。

九日，中書平章政事合伯、參政耿仁、參議禿烈羊阿等奏：臣等與兀良哈觧、阿合馬等議木八剌沙所言達達四站事，榆林站元僉一千二百七十户，洪贊、鵰窩、獨石等三站，每站止僉八百户。今自西川、拓跋、河西等處來使，皆由此三站。若比榆林站户之上，又增八十户，每站一千三百五十户，三站總計五千四百户，方爲得宜。又在先四户養一馬，今議五户養一牛，猶慮新僉站户事未慣習，於舊站内差一百户，新撥二百五十户，每站三百五十户，以充車牛之役。舊站一百户，却以新撥户補之。外一千户充養馬之役，選差廉幹頭目以董其事。令宣德府、西京、北京三處差撥二千七百户，近裏城邑差撥二千七百户，以充新撥之數。每站增置馬一百五十四、牛二百隻，車具全。每馬一匹，價鈔一定二十五兩，車價一定。數内達達車二百輛，漢車五十輛。如此規劃，未審可否。上曰：「達達站赤如何區處？」兀良哈觪對曰：「容臣再議敷奏。」

是月，大名路申，使臣盃酒，在前定到，萬户日支酒三十升，千户二十升，百户十五升，使臣人員一升。爲不見軍馬宿頓，斟酌合支多少。都省令樞密院議定，萬户日支酒三瓶，千户二瓶，百户、使臣例同，日支一瓶。見出征軍人，下各路依上應付。仍定每瓶準酒一升爲數。行移合屬，照會依上施行。

七月五日，兵部侍郎忽都答兒奏：先嘗有旨，謂來往使臣，除衾褥外，餘物鋪馬上勿載。如有，從脱脱禾孫搜取之。今使臣凡有所將，悉爲脱脱禾孫之利。江南使客實多，恐無此理。上曰：「朕未嘗言之，今後毋令搜者。」省部欽遵，爲例施行。

是年，潭州行省以公事遣傳總把省馳驛，由南京路站道經行，爲所乘馬步驟不佳，在途奪乘本站回站馬，奔走倒死。省部議合陪償，咨潭州行省施行。

十七年二月，上都留守司言：每歲支持糧斛，全籍北京收糴，民力運送，官民勞費不便。又興州道站赤相接北京路豐臺站，歲運迤東高麗、耽羅、東京等路，進獻御饍、鷹隼諸物，往來官吏頻數，人馬闕乏。莫若將放罷牛群頭等四站蒙古户計，徙至興州道上，立懺道禿、七箇營蒙古兩站，却以懺道禿等漢人站户，分立尖山、新店、湧泉三站。每站擬設三百户，除舊户四百二十八户外，合擬北京路附近相應當差四百七十二户，總九百户應當站役，與蒙古站接連遞運，似爲官民兩便。設如力有不迨，量顧民丁，終是省費。請區處事。是月四日，玉速鐵木兒、朶兒朶合等奏取聖裁，上從之。都省欽依，劄付兵部、北京宣慰司、通政院施行訖。

九日，通政院言：宣州林原等站，並無分例食羊，止憑站户捕獵野物，祇應使客。今奉聖旨，禁斷軍器，拘收弓箭，無可採捕，失悞祇應。四月二十五日，中書省臣孛羅等奏，奉旨，射野物者，許執弓箭可也。

二十八日，平章政事阿合馬奏：和州言，民户祇應往來使臣首思，以故困乏。請爲奏聞，優增物力，庶幾休息。臣等議得，鋪馬首思，乞從中書斟酌與之。奉聖旨準。

是年春，江淮行省言，各處安置水陸站赤，遞送使臣，事干軍情急務則給馬，緩者乘舟。却有毆逼站官，必須馳驛者，往往損斃鋪馬，失悮站赤。除已增補水站船隻，及令馬站約量存留驛騎外，今後擬令本省宣使人員，無問緩急，止從水驛來往。自朝廷以至諸王、公主、駙馬，省臺樞密院差來使臣，亦請一體於劄子上該寫。自邳州爲始，應付站船遞送迤南，委是便益。都省劄付通政院呈，擬水程八十里，增立一站，依例撥户，官支口糧，和買船隻。各馬站斟酌存留馬匹，以備劇務走遞。除照勘增置水站地方及存留馬數，别行具呈外，都省議得，今後除海青使臣，軍情急務，方許馳驛。餘者自濟州水站爲始，乘船往來，所給劄子明白該寫相應。遍下合屬，依上施行。

四月三日，左阿剌太子位下來使鐵赤速都寒奏：臣等馳驛至豐州站，待至日暮，無祗應者。遂問得州官，言往者有司管站，未嘗若此怠慢，今無人鈐束故也。奉旨，若曰：今後使臣赴上計事，似此怠悮，失悮必矣！其與中書省言之。都省欽遵，劄付西京、上都站赤，戒飭官吏，從朝至暮，不得擅離。及差官點視，如有違慢，一次者斷罪，再犯者黜代之。

十五日，中書參政耿仁等啓皇太子曰：去年五月，臨洮府脱脱禾孫〔五〕塔察兒奏奉聖旨，遷轉官已後毋得給驛。今年正月，御史臺奏，南方及河西、西京、京兆府，差去官員不能自達，定議二千里之外乘驛，二千里之内者備己力以行。令旨嘗可其事。今管民之職，似此遠行，合無依御史臺所奏，一體施行。奉令旨準。

七月十二日，中書參政耿仁、尚書阿里等奏：白宣慰言，大江南北各站，多有消乏。合無定議江南行省各道宣慰司、總管府、萬户、千户，除奉上命赴朝外，若以公事歷本境之地者，止乘己馬。果有軍情急務，則遣使往來馳驛。臣等以爲諸官被召，及機密軍務，宜從行省迤邐乘傳。其朝見及言利便者，止乘己馬。或妄説官中公事而給驛者，罪之。奉聖旨準。

十八年二月，少府監呈，年例，召集各路放還人匠，沿途合用飲食脚力，請應付事。都省下兵部照驗，如是起到人匠前來，照依年例，應付粥飯脚力施行。

二十三日，樞密院奏：重慶至荆南府二千里，水站凡十四處，其間多闕站船。若於夔府之下、巴東之上巫山縣增立一站，復以峽州白沙站移至下流黄牛廟前安置，似爲便益。今蠻夷宣撫司郭漢傑言，有亡宋養種户三百，乞斟酌撥充站户。臣等議得，種田户勿與，以鈔二百定與之。奉旨準。本院具呈中書給降鈔數，差官點視自敘州至荆南府各各水站，除舊有一十九站、一千四百一十八户、船一百二十九艘外，新增站夫六百八十二户、船七十三艘。四川南道宣慰司領巫山縣一站，與荆湖北道宣慰司所領歸州萬流一站，總計二十一站、二千一百户、船二百一十二艘。

四月二十九日，御史大夫玉速鐵木兒、樞密副使朶兒朶海、僉樞密院事暗伯、中書省左丞耿仁等奏：諸王阿只言，舊站消乏，不能增新站物力，乞賜矜憫，依先例津濟，只令遞運租賦。上曰：「彼處站赤，乃茶合鯓兄所立。今朕增與物力，專令遞運租賦。除朕以急速事遣使外，不以是何昆弟使臣，此站勿得行。」

五月十七日，尚書何里奏：先嘗奉旨造海青牌，每一面或兩面造成，即逐旋送上。一人不得納，須令兩人，蓋防盜之也。今大都中書省臣阿合馬等議，合無令因公差去之人，就便附納，庶省鋪馬。取自聖裁。上曰：「阿合馬之言是也。有誠實之人，可就致之，不必特送。」

六月十六日，省部定擬，下益都路等處，今後凡遇起運官物，令元發官司於差劄上，具押運官姓名、所乘人物斤重、可用船車、防送人數、預定起程、所至日期，行移前路官司驗憑，别無詐僞附帶，依數應付遞送。仍令經過去處，季申遞送車船起數到部。

七月二十九日，中書左丞耿仁奏：汪左丞四川分省請給圓牌，用備馳傳。奉旨準給。

八月八日，尚書阿里、左丞耿仁等奏：隨路祗應官吏，數年以來，多有姦弊，侵盜官錢。臣等今議，立法繩之。奉旨，若曰：此乃卿等之職，其自裁處之。閏八月，中書省定議隨路站赤祗應，奏奉聖旨：此乃中書所職之事，卿等處之。二十四日，都省遍行各路諸寺、監、宣慰司，欽依施行。

一，中書省以下諸官司所差使臣，今後推故違慢，追陪元支祗應，治罪。

一，諸使不得將引家屬，需求飲食及常行馬芻粟。除軍務急速，不拘程限，餘事各計往迴幹辦公事小大程期，明書差劄，令所過官司站赤辨驗。其無故走死鋪馬，或違限遷延行程，多支祗應，無省部許支文憑，取要家人飲食、常行馬芻粟者，並勒陪償治罪。

一，諸驛擇有家業廉謹之人充站官，月具支過省、臺、部、院等來使分例、起馬之數，各因是何公事，申報省、部、通政院，及元差官府勘會。

一，除上都、榆林迤北站赤外，據隨路道元撥官錢，不須支付，驗其閑劇，量增站户，協力自備首思當站。

是月二十五日，張右丞、郝左丞等奏：隨路管站官吏，減剋使臣祗應，多書文籍，及冒破常行馬匹芻粟，罪不勝紀。臣等議，令樞密院、御史臺、行省并諸官府，凡差遣使臣，逐月報省。仍令驛站亦具數目，兩各查勘，其弊自見，庶幾後人懼罪懲戒。奉旨曰：「善，其行之。」

九月，通政院言：東平路在城站連年死損站馬，蓋因馳運重物，損肋破脊，不堪騎乘。合無定擬，凡係解納沉重之物，以舟車舁載，似爲便益。都省準呈，仰依上施行。

十一月，通政院呈，應運重物，所在官司應付疾便脚力，既費官錢和買，又且騷擾車户。請區處事。都省送兵部，遇有合運官物，驗緩急依例遞運。施行。

十九年正月，中書省奏奉聖旨：腹裏飛放鷹房子人員，可與分例酒。移文有司行之。都省欽依，送兵部，遍行合屬照會。

三月二十一日，脱鐵木兒、剌真等奏：自鴨池地經過塔兒八合你，其道可以立站。奉旨準。都省欽依，移咨雲南、四川行省，欽依施行。

四月九日，參知政事阿里奉聖旨：「朕聞拓跋之地，多有持都省劄子而乘驛者。」對曰：「豈惟拓跋，諸官府皆然。臣等凡以錢糧庶務遣使，並乘鋪馬，或與一二常川劄子者有之，行省給劄子來往者亦多有之。」上曰：「自行省來者聽之，今後中書勿與鋪馬文字，給降聖旨可也。」

十九日，又奉旨：凡公差人齎去牌面聖旨，回日不即於該吏處繳納者，有罪。該吏見而不拘者，笞決。都省欽依施行。

二十三日，中書參知政事阿里奏：江南省、臺、按察司、宣慰司、路府官署，但凡遣使，就給鋪馬劄子。又使臣不食猪肉、魚、鴈、鵝、鴨等，必須羊肉。江南羊價，每口計鈔七八十貫，實害站赤。奉旨：可即移文省諭，毋令出給鋪馬劄子。使臣到館，有猪肉則與之，無則與飯。其地必多魚，亦可與之，無則亦不必與。至如羊肉、鵝、鴨、飛禽等，不得與之。此二事速令截日罷去。

二十七日，中書左丞耿仁、參知政事阿里等奏：先嘗奏旨，謂省臣不當妄給僧人使臣鋪馬劄子，於吐蕃來往數多，騷擾百姓。今驗於公文，皆從功德使司，傳奉聖旨給驛。每恃上命趣行，何敢不與？上曰：「朕言尚有妄傳者，何況都省文字？卿言是也。今後不得朕言，慎勿與之。」

五月二日，中書左丞耿仁、參知政事阿里等奏：貴赤中有乃蠻觧者，今赴和林管課種田，請給驛馬四匹。奉聖旨：可與之。

九日，中書參政阿里等奏準，各處行省，給降鋪馬聖旨五道。如本省有使在朝，就令齎去，無者遣使送致之，異時斟酌增給。揚州行省、鄂州行省、泉州行省、隆興行省、占城行省、安西行省、四川行省、西夏行省、甘州行省，每省五道，内五匹、四匹、三匹各一道，二匹二道。

二十二日，樞密副使孛羅、中書右丞劄散奏：遡者石宣慰言，南方驗田糧及七十石者，準當站馬一匹。富人多有隱匿糧數，取貧下者副之，就執馬役，請覆驗之。已嘗奉旨，若馬兀孛温公事畢時，與之議抄籍。今石宣慰請給鋪馬五匹以回，候馬兀孛温至日議行。奉旨：令回去者。

九月十二日，通政院言：隨路站赤，三五户共當正馬一匹，十三户共車一輛，自備一切什物公用。遞年以來，多爲諸王、公主及正宫太子位下頭目識認招收，或冒入投下户計。未嘗考究版籍，一槩給據出役，曠離站赤。復有省部行下，或承令旨，補换户計，新者未得，舊役已除，三二年不能勘會補完。以此站赤損弊，漸不可支。今後乞擬换補站户，俟本院勘會事完，已補新户入役，然後舊户聽歸所屬相應。都省準擬，遍行爲例。

二十四日，四川行省言：鴨池之地，經由塔八合你而來，嘗奉上命，於道上立站，從本省出馬僉户，置納隣小站。近差成都府同知李庭筠、雅州知州趙文貴相視其地，李庭筠冒中瘴毒而死。從塔八合你至相公嶺一百六十里，三月爲始，毒龍瘴氣生發，九月方息，犯之者致疾以死。竊恐立站之後，損傷使客。又兼見差站户，皆是遠來貧民，勢不可以久居，請議更革事。通政院具奏，奉旨：有煙瘴處勿住，何礙立站？欽此。回咨四川省施行訖。

是月，兵部言：隨路驛舍，冬無暖室，夏無凉所，飲食器皿、床榻鋪陳之屬，俱不整齊。不惟虚費官帑，當館者得以怠肆。擬令各路州縣長官，不妨本職，專一提調。委按察司常切計點，若有似前怠慢者責問，任滿於解由内開寫，相沿交割，庶望稍成次序。仍令隨路出榜，曉示使臣人員，不得因而騷擾。省準遍行爲例。

十月，中書省體知蒙古人員，因公出外，民間不與飲食安宿。劄付兵部，遍行合屬，今後遇有隨朝蒙古人員，因公在外，經過去處，依例應付粥飯，安宿房舍。其人却不得非理擾民。

二十四日，中書右丞相火魯火孫等奏：前者西川及甘州、中興、京兆、泉州五處行省，各降鋪馬聖旨五道，今來俱言數少。臣等定議，西川、京兆、泉州三處繁劇，各增給十道；甘州、中興各增五道。聖裁。上從之。

十一月二十九日，中書右丞相火魯火孫奏：每年各路進獻果食、藥品，今爲不給鋪馬劄子，無從給驛，以故不來。上曰：「彼以諸物來貢，即是鋪馬顯驗。」省部欽依施行。

【考校記】

〔一〕輯自《永樂大典》卷一九四一七。

〔二〕「至元」，原作「中統」，據上下文時序改。

〔三〕「由水」，此下原衍「由水」二字，據文意删。

〔四〕「頓」，原作「頮」，據上下文及文殿閣書莊本《站赤》改。

〔五〕「孫」，原作「强」，據上文改。

驛傳三〔一〕

至元〔二〕二十年二月十二日，中書省議，近令民間應付過往怯薛斛蒙古人員粥飯、安宿。今聞百姓仍舊不與，致有争訟，不便。再下兵部，遍行合屬，丁寧省諭府、州、司、縣、村、坊、道、店人民，今後遇有怯薛斛蒙古人員經過去處，依理應付粥飯，夜則止宿，毋致争訟。如蒙古人毆漢人，不得還報，立證訴於有司。其違犯者，嚴行治罪。施行。

十五日，丞相火魯火孫等奏：「和林宣慰司答木丁乞降差使鋪馬聖旨。臣等議，給二道。」奉旨準。

三月二十一日，中書省奏：「爲官之人，考滿自來求仕。既已注授，則稱地遠，皆請給驛。臣等集議，似此一槩準給，驛馬既損，且不能遍給，宜定其制。除西川、福建、兩廣遠地給以驛馬，此外勿從其請。」奉旨：「此議是矣，從之。」

五月四日，殿中侍御史沙的等奏：「江淮行省官闊闊你敦言，元降鋪馬聖旨數少，請增給事。都省議，以起馬一疋聖旨十道給之。又都省亦爲往來遣使繁多，乞增發起馬一疋聖旨二十道。」上可其奏。

七月，中書省劄付通政院，議各路站赤户計，自備首思，免其和買和顧、雜泛夫役，有無便益事。本院行據大都路良鄉等驛申，站户自改法應當雜役、官降首思以來，困乏尤甚。蓋有司復令站官闕錢祗待，不能應卒，往往假貸於民，使站赤重負逋息，煩紊官牘，理訴實繁。如將和顧和買、鹽折草、車牛、丁匠、社長、主首行例等役奏免，仍令站户自備驛使下馬日首思，似爲便益。通政院以爲大都、上都站赤係天下之總，舊制官降首思，非他路之比。雲南、甘肅、陝西、四川等處，皆是邊遠。江南新附州郡，難同腹裏，合從行省官司從長議擬。今權擬大都路一體自備經過使臣下馬日首思，如各路站赤。委若祗應不前，合擬增户，庶得官民兩便。

是月二十四日，通政院使憨剌哈兒、副使也只列、參議中書省事明里不花等奏準聖旨，除免站户和顧和買、一切雜泛差役，仍令自備首思。省部欽依，遍行合屬照會。如使臣經過，已支當日首思，次日以公務未行者，仰管民官司於年銷祗應錢内，依例應付。每季具站户自備及官支分例正、從之數申報。

十月二十二日，丞相火魯火孫、右丞阿難答等奏：「奧魯赤挑河運糧，令自海道以來其餘官物，取東阿至御河，立陸站以致之，誠爲順便。」上曰：「御河，朕曾見。所議是也。」又奏：「濟州迤南潭口站，徙於新開河邊魯橋鎮置立，使臣無急務者，從此一站，令由水驛，則剩一馬站，又且直捷。」上曰：「是也。今從水站行者。」

十一月二十日，右丞相火魯火孫等奉準增給甘州行省鋪馬聖旨十道，通前共計二十道。是月，彰德、真定等路言，間有使臣乘長行馬到驛者，亦於站户處支取當日下馬分例，伏慮未應，合無從官應付。省準。

十二月五日，右丞相火魯火孫等奏：「揚州、荊湖、四川、福建行省及四川轉運司分司、湖南宣慰司各言，元降鋪馬聖旨不敷，請增給事。臣等議，斟酌各處辦事之緩急，分增鋪馬聖旨三十五道。」奉旨準。江淮行省增給起馬一疋者五道，二疋者五道。四川行省增給起馬二疋者五道，一疋者五道。安西轉運司分司增給起馬二疋者一道，一疋者一道。荆湖行省所轄湖南宣慰司增給起馬二疋者一道，一疋者二道。福建行省增給起馬二疋者五道，三疋者五道。

二十七日，丞相火魯火孫等奏：「雲南隨站般運一切官物，已設人夫。今過往使臣却令扛運馳馱，人數不敷，又於民間起點。乞目今除進呈上位官物、諸王物，令見設人夫般運外，其餘使臣馳馱，不得差起民夫。」奉聖旨：「是矣。過往使臣勿令多將馳馱。」欽此。

二十一年二月九日，中書右丞相火魯火孫、右丞麥术丁奏：「軍前賞與孳畜，去官合無乘驛，或於斡脱見在馬疋內與之。」奉旨：「宜給驛馬令去。」

十日，參議中書省事明里不花、學士阿難答等奏準事理：

一，荆湖、占城等處造舟運粮，供給占城之役，合增各官司鋪馬如左：本省增起馬二疋劄子一十道，荆湖北道宣慰司增起馬二疋劄子二道，所轄路分一十六處，每處增起馬一疋劄子二道，總三十二道。荆湖北道澧州路、辰州路、沅州路、靖州路，河南道全州路、衡州路、道州路、柳州路、桂陽路、永州路，廣南西道邕州路、肇慶路、容州路、橫州路，海北海南道廉州路、化州路。

一，山東運司辦課甚重，行鹽之地數千里，及宣德府所合準備車駕納鉢，北平王掃里，各擬增給鋪馬。山東運司增起馬一疋劄子二道，河間運司增起馬二疋劄子一道、一疋劄子六道，宣德府增起馬二疋劄子一道、一疋劄子二道。

一，江西等處行省增給起馬一疋劄子三道、二疋劄子二道。

一，福建行省所轄路分，每處給降起馬一疋劄子一道、二疋劄子一道，總計一十四道，內一疋七道、二疋七道，興化路、泉州路、南劍路、建寧路、邵武路、汀州路、漳州路。

一，司農司掌隨路斷没財產、人口、孳畜、屯田、供儲，事甚繁重。擬給起馬二疋劄子二道、一疋三道。

一，四川行省所轄順元路宣慰司及思、播兩處宣撫司，擬給鋪馬。順元路宣慰司給起馬三疋劄子一道、二疋劄子二道，思州、播州兩處宣撫司各給起馬一疋劄子二道。

一，都省增給起馬二疋劄子一十道、三疋劄子一十道。

十七日，通政院奏：「譯史阿散來自女直之地，據信站户告言，打捕鷹房官忽都魯者，由川路回過本站，見在之肉不食，必需活羊烹之。後來者若復倣此，實難供給。」上曰：「此站何遇而與之？今後見在有肉則與之，與而不食，雖水勿與可也。」

二十九日，伯哈納、塔魯忽觪、楊同僉等奏：「昂吉兒言，謂如頒降聖旨，諸官具公服迎迓。今使臣賫捧鋪馬聖旨，所遇未嘗具禮，漢人、南人得無輕視，是皆阿合馬所使然也。請更其制，令省、部、臺、院各出鋪馬文字給驛。臣等議，往時以濫乘鋪馬故，罷除各衙門文字。今復其舊，於理不宜。」奉旨，若曰：「非阿合馬之謀也，朕實行之。其諭昂吉兒，令守口供職可也。」

四月，陝西漢中道宣慰司言，使臣分例內，每員油鹽菜等支鈔一十文，市易不敷，乞增給事。省部定議，正使每員油鹽菜等日支，增鈔二分，通作三分，遍行合屬，照會施行。是月，通政院言，使臣分例乳酪、柴炭、燈油似無定數，都省照得正使油鹽菜等鈔數，每員增作三分。其首思已有定例，如每月乳酪於分例酒肉内準折，應付正使宿頓支米一升、麪一斤、羊肉一斤、酒一升、柴一束、油鹽雜支鈔三分，經過減半。從者每名支米一升，經過減半。

閏五月，濟寧路言，大清河漕運南糧却有行省所差押綱頭目，亦稱宣使，所過強需飲食，擾民不安，乞禁治事。省部議，咨江淮行省，凡差押綱運粮，并乘長行馬疋公幹之人，明給文憑，開具正、從合支分例，仰過經官司依例應付。如無憑驗，妄需飲食及馬疋、芻粟者，所在官司就便追究。施行。

是月，御史臺言，内外官府出使人員，每至城邑，持威挾勢，頤指風生，一身而支分例二三名，或從者同正食。又或嗜味索饌，命妓縱酒，無所不至。會計祇應文籍，不過常制，蓋是有司委曲包容，哀民媚上。若上〔三〕禁止，官民俱受其弊。今後莫若定擬内外大小出使人員，除正、從外，不得多餘支取分例，及廣需精饌。計諸人告言，各道按察司嚴加體察，犯者抵盜官物罪，追陪元數，取與同坐，似望管站、出使之人各知懲戒，蠹弊可除。都省準呈，定擬今後遣使，從本衙門定其正、從之數。始自脱脱禾孫及站官，印署公文，遞報前站，依上祇應。如有多取者，職官具其姓名來上，餘人就追賞之。管站人員，亦不得過當應付，飾名虛破官錢違錯。劄付御史臺，及遍行合屬照會。

六月六日，襄陽路言，竊見雲南、四川諸部蠻夷進獻馬疋諸物經過，於内多有得代及因事赴都官員，初無來歷文憑，詐冒需支飲食、馬疋、芻粟，凌轢官府，動擾百姓，乞區處防禁事。都省議得，今後遇有進呈之物，本處官司驗數斟酌，明書差劄關文，行移前路應付脚力，遞運至交割之所。飲食、草料，依例施行。下合屬照驗訖。

十五日，中書參知政事老哥、尚書答失蠻等奏：「阿諦遠來朝現，自乘己馬到京，今馬已損弊。乞依信苴日例，給鋪馬，其從者給鋪車而回，庶見優卹。」奉旨準。

八月二十九日，中書右丞相火魯火孫等，欽奉聖旨，諸城毋得與錢祗應使臣，皆爲站官所侵盜，來使二三人，或書作二三十。今後使臣止令站户祗應，蓋物從己出，不致多支。若有諸侯王如滅里干等，來時明以官錢應付可也。

九月十六日，火魯火孫等奏：「乞給阿里海牙所治之省十道鋪馬聖旨，内起馬三疋者五道、二疋者五道，又所轄二處宣慰司，每處給起馬二疋劄子三道。」上可其奏。

十月四日，火魯火孫等奏：「前者奉旨，令羌吉剌、闊闊出二人從脱歡太子出軍，今已至矣。若由己力而行，竊恐遲悞。合無令同阿里海牙來使乘傳前去，其人有馬七疋，始置于此，却令阿里海牙照數給與之。」奉旨準。

十二月十日，丞相不魯迷失海牙、參政拜杭等奏：「火魯火孫在省之時，欽領鋪馬聖旨一百七十三道，因公給發一百五十八道，未回。今及年終，見議差官疏決罪囚，復有其餘庶務，必伏鋪馬劄子馳驛，乞給發事。」奉旨與之。

二十五日，中書參知政事撒的迷失、帖木兒等奏：「鄂州行省言，元頒鋪馬聖旨內，阿里海牙賫去者有之，以他事遣使者有之，伏慮分張不敷，請將起馬三疋劄子五道，回易一疋者五道、二疋者五道。」上曰：「與之。」

二十二年正月七日，樞密院副使哈答等奏：「諸侯王阿只吉言，請於別失八里立站，以便使客來往。」奏准，通政院欽依。以是年立別失八里站赤，置馬六十疋，牛、驢各二十五隻，歲支首思羊一百口，解渴酒一千五百升，各給價錢買備。仍與鈔六百錠，規運息錢以供後來之費。都省准擬。

四月二日，中書右丞相不魯迷失海牙等奏：「陝西行省并各處宣慰司、行工部等處，請給鋪馬二百三十二疋。」從之。總給鋪馬二百三十二匹，計劄子一百二十六道：

一，陝西行省起馬五十匹，計劄子一十九道，內五匹者三道、四匹者二道、三匹者四道、二疋者五道、一疋者五道。

一，各處宣慰司每處起馬一十疋，計劄子七道，總計八處，起馬八十疋，劄子五十六道。甘肅宣慰司、成都路宣慰司、湖北道宣慰司、江西道宣慰司、浙西道宣慰司、燕南河北道宣慰司、河東山西道宣慰司、山東東西道宣慰司。

一，行工部每處起馬一十疋，計劄子七道，内二疋者三道、一疋者四道，總計三處，劄子二十一道。浙江行工部、江西行工部、荆湖行工部。

一，大司農司起馬一十五疋，計劄子八道，内三疋者二道、二疋者三道、一疋者三道。

一，慶元都提舉暗都剌昔思之任，馬四疋，計劄子一道。

一，濟寧漕運司起馬五疋，劄子四道，内二疋者一道、一匹者三道。

一，順元路宣慰司增起馬三匹，劄子三道。

一，上都留守司增起馬六匹，劄子六道。

一，遼陽道宣慰司，回易所收開元宣慰司鋪馬四匹，劄子三道，内二疋者一道、一匹者二道。

一，雷州總管田任之任七十餘里，以邊遠故，許起馬四匹，劄子一道。

一，玉速帖木兒大夫投下全州達魯花赤禿忽魯等之任，鋪馬九匹，劄子二道。全州路達魯花赤禿忽魯馬四疋，縣達魯花赤二員馬五疋。

一，丞相相威江淮行省之任，馬十五疋，劄子一道。

一，董參政江淮行省之任，馬七疋，劄子一道。

是月，中書省準雲南諸路行中書省咨，中慶路申，至元五年間，前宣慰都元帥寶合丁設立站赤時，將各户合著差發，補買馬疋，所種地畝税糧，就充往來使臣人員衹應米麫杯酒并鋪馬料粟等，自收自支用度。本省所轄路分民户散漫，每歲差發課程數少，及有拖欠，不能盡實到官。即目雲南王領兵征緬，所用軍需支持浩大，尚自不敷。緣腹裏站户止免各户差發，自備鋪馬，官給支應，合着地税却赴官倉送納。此間站户差税除免，自收自支，即與腹裏事體不同。如準依舊，止令站户將合納税粮就充衹應，官民皆便。準此。撒里等奏奉聖旨準，中書省回咨雲南省，欽依去訖。

十一月六日，剌迓奏：「在先赴雲南有二道，事不急者由水站，急者取道建都。今一切使臣皆往建都道，站中鋪馬十匹、二十匹，多者止三十匹。使臣既多，站赤消乏。四川、建都、雲南站馬，乞增作五十、六十、七十匹，差人前去措辦。」奉聖旨準。

十二月三日，中書參知政事秃魯花鐵木兒、桑哥等奏：「舊制，遠方之任官員許給鋪馬，可否？乞聖裁。」上曰：「與之。」

二十三年四月四日，參政秃魯花鐵木兒奏：「也先鐵木兒、鐵木兒不花兩界，其間烏蒙地可立站，一站用馬十五匹可也。」奉旨：「立站則是，但肯從其言立之乎？如何則可立，可與共論之。」是日，中書省奏準事理。

一，福建、東京兩行省，各給圓〔四〕牌二面。

一，奥魯赤出使交趾，先給圓〔五〕牌二面，今再增二面，於脱歡太子位下給發。

一，南京行省起馬三十匹，給圓牌二面。

一，剏立三處宣慰司，合給劄子，起馬三十匹。

六月十二日，中書平章政事阿必失哈、忽都等奏：「納速剌丁挈家之官，請給鋪馬二十匹。」奉旨：「與之。」

二十八日，通政院奏：「邇者隨路拘刷騸馬，都省定擬令站户每人存留馬兩匹，餘者皆拘入官，一户兩馬當站，竊恐不敷。臣與玉速鐵木兒等官議，每户存馬三匹，餘者入官。」奉旨：「三匹尚少，增之可也。」對曰：「今存四匹，足矣。」奉旨準。

七月三日，通政院奏：「大都、上都兩路當站者告言，在先和顧和買不料站户，止令自備飲饍祗待使臣。去年改定官給祗應，令站户例當和顧買之役。有司又復欺隱官錢，全不支與，是以困乏。請從先例，站户出備祗應，與免和顧和買及其餘差役，庶得官民兩便。」奉旨準。

十三日，御史大夫玉速鐵木兒、中書平章政事忽都等奏：「和林宣慰司言，諸侯王使臣經過者多，請給祗應首思錢五千錠。」奉旨：「勿與之，食粥可也。」

八月二日，江西行省遣宣使魏義翼等解寶鈔一十萬錠、金銀諸物，限九月終至都。來咨已達官，物不到。部省移準行省咨該，竊慮所過水陸途程，應付脚力遲滯，是致耽悮。既而魏義翼等押物赴官收貯外，省部議得各處行省、宣慰司，每歲起納錢物數多，其經過官司爲無統攝，不即應付脚力，停滯來使五七日，方得起行，耽悮未便。遍行合屬，今後如承前路官司公文遞運官物，即仰本處正官一員措備水陸車船，隨時接運，毋致留難。如押運人員到部告言稽滯去處，罪在當該正官、首領官吏。

九月十九日，中書平章政事薛徹干、左丞鐵木兒等奏：「前者省臣阿合馬等定擬，邊遠官員憑省劄乘傳。既而火魯火孫奏給起馬聖旨。今來議得劄子文字，既定其名，比至回納，恐不可復用。莫若以省庫所存劄子一百道，頒給遠方，庶官於省劄書上其姓名，將來回納，劄子又可別給。」奉旨準。

十二月十一日，中書左丞鐵木兒奏：「起補馬者已降給聖旨，其從水驛乘舟者，若例與聖旨，竊恐太多，宜令中書省移文起遣。」上從之。

十三日，火兒赤塔里牙赤等奏：「闊闊你敦令赴哈剌章行省，請給鋪馬。往者脱鐵木兒去時，給馬三十匹，數涉太多，乞與二十匹。」奉旨准。

二十四年閏二月二十八日，平章政事桑哥、右丞阿魯渾撒里等奏：「前者八兒思赤烏馬兒來自河西務，爲無驛傳，奪乘民馬。以此奏準聖旨，議立站赤。今乞令通政院官分撥鋪馬，或十匹、或二十匹於河西務伺候，不須立站。」上從之。

三月，中書省會驗各處站赤鋪馬瘦弱，司驛者不得其人，館内鋪陳什物闕損，祗應首思失悮。蓋是已委正官怠於提調，以致此弊。劄付兵部，遍行合屬，督責已委正官，照依累行事理親行提調，點視完備。仍選信實之人當館，從朝抵暮專一祗待使臣，依例應付首思，毋致除剋冒破。仍令本道宣慰司，即便差官往來點勘。如有失悮怠慢去處，取提調官招伏，關部呈省，其餘人員，就便斷罪。

四月二日，參知政事忻都等奏：「先給尚書省鋪馬聖旨一百五十道，即今發遣已盡，請增給一百五十道。」奉旨准。遂給起馬五匹者五道、四匹者五道、三匹者三十道、二匹者五十道、一匹者六十道。

十八日，怯里馬赤阿散奏：「腹裏州城軍民官，每日迎送往來使臣，曠失公事。合無令都省定擬，移文省諭，凡降聖旨至某處城邑開讀，其本處軍民官須令迎送。其餘往來經過，免令迎送。似爲便益。」聖旨，若曰：「諸使臣復令迎接見於公文者，書其姓名來上。」都省欽依，移咨各省施行。

二十五日，尚書省定擬廩給司久館使臣分例，令通政院、兵部一同分揀起數，行移合屬，依例支給。

廩給司支八起：

一，拜八千户子母二人；

一，阿魯渾大王下〔六〕使臣寄住馬，奉聖旨賜亡宋宫女朱氳氳等三人，及從者一名；

一，回回太醫也薛哈欽四人；

一，熬沙糖倒兀等二十七名；

一，海都大王位下小云赤二人；

一，蒙古生員三十名；

一，高麗公主下王按等四十人，内親屬三十四口、驅六口；

一，賽因不花大王遺下唆郎哈真等四人。

户部支鹽粮五起：

一，織佛人匠李元傑等二十人，内大一十五口、小五口；

一，回回砲手闊里吉思等八人；

一，太史院鄒子龍、田惟詔等三十二人；

一，日本國引道人烏馬兒、答剌沖、近先等四十一人；

一，日本國引道葉茂盛等五人。

分令各衙門區處八起。

宣徽院二起，照御花園子例：

一，我種蔓藤阿亦伯下剌真、昔蘭等四人；

一，栽種沙糖的等八人。

太醫院二起：

一，編修本草劉仲思正、從各一名；

一，編修本草潘嚴、杜章、王彬等三人。

詹事院四起：

除學生隸國子學外，同本投下怯憐口。
一，學生蔣武子一名；
一，彈絃子八的魯四等四人；
一，緬人馬馬撒等五人；
一，緬人撒鑾答速等一百四十人。
住支：
一，回回陰陽人阿倫一名；
一，開硬弓八里彎一名。
是月，濟州泗汶漕運司言，催運南糧人員，合給站船差劄二道事。通政院謂，鋪馬、站船即係一體，合降御寶聖旨爲便。中書省照擬，站船從省劄發遣，已有奏準定制。除依上出給站船差劄二道，各船一艘，仰發濟州泗汶漕運司，收用施行。
五月十一日，省臣桑哥奏：「西京豐州亦剌真站廢弛，有司請給鈔整治。臣等議得，支錢買馬，豈不遲悮，乞從都省、通政院差官前去西京，於刷到馬群内支六十匹當站，似爲便益。」上從之。

十二日，尚書省奏：「大都館驛久留使臣數多，請罷祗應，各與米粮。」奉旨準，都省欽依，分別人數放支訖。

十三日，丞相桑哥奏：「揚州省忙古觧言，徐州至揚州水、馬站兩各分置，夏月水潦滿道，鋪馬使臣勞苦。又因屯田修築堤堰，凹洼聚水之地甚多。請徙馬站附併水站，一處安置。馳驛者白日馬行，夜則經由水路。況站户皆是水濱居止者，庶幾官民兩便。可否？取裁。」制可。

七月二十四日，參議中書省事阿散等奏準應付雲南、四川、甘肅、福建、兩廣之任官員鋪馬，遍行照會。同日，阿散復奏：「尚書省平章政事桑哥言，中興路、陝西行省、廣東宣慰司、沙不丁等官未給鋪馬聖旨，以是來請。臣等今議與之。」奉旨準。沙不丁、烏馬兒各給起馬二匹劄子二道、一匹者二道，廣東市舶司一匹者五道，鳳翔府一匹者一道，中興路一匹者三道。

十月六日，平章政事桑哥等奏：「去年和林宣慰司請給諸侯王使臣祗應錢五千錠，上命勿與，止令食粥。今北安王、甘麻剌太子、大王、駙馬復請祗應。」奉旨：「勿與之，食粥可也。」

是月，尚書省定議，高麗老公主下王侫以下親屬三十三名、奴六口，内正十名，擬支羊肉五斤，其餘依元定減半、驗月日支付。親屬三十三名，日支總計羊肉五斤、麪一十六斤半、粳米一斗六升半、柴一十六束半、鈔七錢。奴六口，日支米六升。

二十五年正月，兵部據各路申，近年以來田禾不收，百物踴貴。及有剏立水陸站赤去處，祇應繁重，已撥額鈔不足支用，以致科借於民。其呈都省，照得腹裏路分年銷祇應錢不敷，已擬增作鈔七千一百六十九錠。至元二十三年爲始，分上下半年預期開撥去訖。今據見申，既是元降額鈔七千一百六十九錠，委是不足祇應。今驗驛程緩急，從新增鈔三千九百八十一錠。自今年爲始，周歲總定額中統鈔一萬一千一百五十錠，仍分上下半年預期撥降合屬，從實銷用，年終通筭，不得科借於民。總計三十八路。

直隸省部四路：保定路，周歲額撥中統鈔八百錠，元額四百錠，今增四百錠；河間路，周歲額撥中統鈔七百錠，元額五百錠，今增二百錠；平灤路，周歲額撥中統鈔二百三十錠，元額一百八十錠，今增五十錠；隆興路，周歲額撥中統鈔三百五十錠，元額鈔三百錠〔七〕，今增鈔五十錠。

南京等路宣慰司所轄五路：南京路，周歲額撥鈔九百錠，元額鈔五百錠，今增鈔四百錠；河南府，周歲額撥鈔一百三十錠，元額鈔一百一十五錠，今增一十五錠；歸德府，周歲額撥中統鈔二百五十錠，元額鈔一百五十錠，今增一百錠；南陽府，周歲額撥鈔一百二十錠，元額鈔一百錠，今增二十錠；襄陽路，周歲額撥鈔七十錠，元額鈔五十錠，今增二十錠。

燕南河北道宣慰司所轄九路：真定路，周歲額撥鈔一千八百錠，元額鈔一千錠，今增八百錠；順德路，周歲額撥鈔一百三十錠，元額鈔一百錠，今增三十錠；廣平路，周歲額撥鈔一百五十錠，元額鈔一百錠，今增五十錠；彰州路，周歲額撥鈔一百錠，元額鈔八十錠，今增八十錠；衛輝路，周歲額撥鈔一百五十錠，元額鈔一百錠，今增五十錠；大名路，周歲額撥鈔一百二十錠，元額鈔七十錠，今增五十錠；恩州，周歲額撥鈔二十五錠，元額鈔一十九錠，今增六錠；懷孟路，周歲額撥鈔七十五錠，元額鈔五十五錠，今增二十錠；冠州，周歲額撥鈔一十錠。

河東山西道宣慰司所轄三路：西京路，周歲額撥鈔一千五百錠，元額鈔一千錠，今增五百錠；平陽路，額撥鈔八百錠，元額鈔五百錠，今增三百錠；太原路，周歲額撥鈔七百錠，元額鈔四百錠，今增三百錠。

山東東西道宣慰司所轄一十二路：東平路，周歲額撥鈔二百錠，元額鈔一百五十錠，今增五十錠；濟寧路，周歲額撥鈔二百錠，元額鈔一百二十錠，今增八十錠；益都路，周歲額撥鈔一百七十錠，元額鈔一百五十錠，今增二十錠；濟南路，周歲額撥鈔一百錠，元額鈔八十錠，今增二十錠；東昌路，周歲額撥鈔一百錠，元額鈔六十錠，今增四十錠；般陽路，周歲額撥鈔五十錠，元額鈔四十錠，今增一十錠；濮陽，周歲額撥鈔四十五錠，元額鈔三十錠，今增一十五錠；高唐州，周歲額撥鈔三十錠，元額鈔二十五錠，今增五錠；德州，周歲額撥鈔三十錠，元額鈔二十錠，今增一十錠；曹州，周歲額撥鈔三十錠；泰安州，周歲元額鈔三十錠；寧海州，周歲元額鈔五錠。

遼陽等處行尚書省所轄五路：東京路，周歲額撥鈔一百八十錠，元額鈔一百三十錠，今增五十錠；北京路，周歲額撥鈔八百錠，元額鈔五百錠，今增三百錠；安撫高麗總管府，周歲元額鈔三十錠；瀋州高麗總管府，周歲元額鈔一十五錠；遼東道宣慰司下開元路，周歲元額鈔二十五錠。

二十五日，通政院奏：「阿藍哈迹言，中興府朶兒滅站，麻沙、應去里、也孫、帖里温五站，富户爲鷹房捕獵官牧等户隱占者多，已議差官追理。據合該補買馬匹，其見户雖稱不費官錢，自可應當。緣五站倒斃鋪馬，計二百有五匹，先例，每年省降官錢補買，乞定擬。

比及拘刷隱占站户以來，預給價鈔補買，庶使站赤不致隳廢。」上曰：「然。可遣人去者。」都省、通政院遣使，與甘肅行省委官體覆各站倒死鋪馬，就於本省參政迷兒火者收買馬内，應付二百五匹。

二月，尚書省奏：「陜西行省言，所屬道通哈剌章、緬國、亦奚不薛之地，諸王、公主、駙馬、使臣經過頻數，馬多勞瘠。雖委各路官提調，而州縣無職此者，自今請擇一員兼董之。臣等議得，各站遠離總管府者誠有之，合令州縣達魯花赤長官提調爲便。」上曰：「可。」

是月，尚書省奏：「畏吾兒撒里言，南方置立馬站，每十户七十石苗税者，出馬一匹，免其一切差税。有司容私僉撥納粮一百石上、下富户，以當站役，又或有一户之税八石、九石而令當站赤，所有餘税將以他役及之，往往倚稱站户，因而辭避，轉及下民。是故富者愈富，貧者愈貧。乞立法選委廉幹更事之人，與各路正官一員，恊心分揀，以粮七十石出馬一匹爲則，或十石之下八九户共之，或二三十石之上兩三户共之，惟求税石僅足當站之數，不致多餘，却免其一切雜泛差役。若有納糧百石之下、七十石之上，自請獨當站馬一匹者，收係爲便。如此似望江南賦役惟均，窮民不致失所。」奉旨準。移文江淮行省、通政院，欽依施行。

五月十三日，丞相桑哥等奏：「遼陽行省元降聖旨起馬二十匹，今言所屬地廣，軍民事繁，請增給鋪馬事。臣等議，增起馬二匹劄子五道與之。」奉旨準。

是月，尚書省參議哈散奏：「江南站赤內軍民官託事止宿，以鋪馬芻粟飼養長行己馬，似此者多。」上曰：「不以何人，勿容安下。違者記名奏來。」都省、通政院遍行照會。

六月，河東山西道宣慰司言，晉陽驛久留使臣，常食正、從分例，實費官錢。開具到各各起數，請區處事。省部定議，令本役下官錢內自支應付。

一，王府官宋獨䚟等正六人、從五人，鋪馬十匹，自至元十四年三月二十日到館。

一，笘撒下等正二人、從一人，鋪馬三匹，自至元二十四年三月二十日到館。

一，閏興等正一名、從二名，鋪馬三匹，自至元二十五年四月十四日到館。

一，泰不花等正三名、從一名，鋪馬四匹，自至元二十五年四月十六日到館。

一，脱忽撒等正二名、從一名，馬三匹，自至元十三年到館，一十三年。

一，塔察兒正一名，鋪馬一匹，自至元二十年到館，五年。

一，脱歡察兒正二名、從一名，鋪馬三匹，自至元二十五年二月十八日到館。

十四日，通政院奏：「塔兒䚟言，曩者愛牙合赤位下千户伸思伯八叛，驛道不通，國使行遶坊州始達其地。尋常計程不過三日，乃遲一月之久，是故軍政失悞。今一千户之叛者，悉已降附，請以其民就便立站，少則僉户補之。未知可否？」上曰：「塔塔兒觧之言是也。可令彼省官同議立站事。」通政院欽詳，彼方叛擾方寧，難俾站户自備牛馬，擬從官給價鈔和買應付，後有倒死，今站户補置。都省準擬。

十七日，忽剌忽兒等奏：「今春爲馬站消乏，曾遣幹羅茶兒前去整點。反命，果言站户飢餒者衆，仰給富户孳畜乳食，乞津濟物力。今議於闊里吉思城邑支兩月口粮，以濟飢者，其怯薛觧合添物力，依已前各千户分揀窮乏例，差人給賜之。乞降聖旨宣諭事。」上準。都省劄付户部放支訖。

是月，兵部定擬平灤路行用庫副將引庫子赴省，關撥鈔本一千定，合令本路應付鋪馬一匹。都省準呈。

七月，尚書兵部會計各路祗應過諸王親行分例，内有續添人數，亦支其食，及不遵照宣徽院元定明文，過餘應付鷄鴈、蜜酪、果木、茶食等物。自保定迤南路分，所支羊酒、米麪諸物，多於良鄉等驛，多破正、從人數，復有不同。呈奉省劄，分例之外，多破正、從支訖飲食，擬就判置官吏追徵償官。

是月，中書平章政撒里〔八〕等奏：「哈剌所轄汝州蠻官，自言歸順之後，歲輸四川造船木板。至元二十一年，爲省官侵害，故闕貢賦。今來願貢氈衫四百領。又四十六囤、阿樓、落冒、高州、上羅計、下羅計等蠻官，皆言每年共入氈衫四百領，各請給驛。臣等議，氈衫八百，每歲輸納，合應付鋪馬一匹。」奉旨準。

九月四日，廣東道宣慰司月的迷失言，撫州至潮州，經由汀、梅徑道一千六百餘里。比之福建，近便七百五十餘里。若於汀、梅徑道立站，官民利便事。行省謂福建、江南、廣東地面，已嘗差官約會相視可立站赤去處，繪圖連咨請區處事。都省議得，既經相視，汀、梅徑道一十七處，準擬回咨，如委便當，就於附近緩慢站内，量撥驛馬安置。若有不敷，差撥相應户計充之。

十一月，福建行省言，本道地遠，庶官難於往復。雖給驛赴任，考滿回途，則以己馬長行。合無令沿路館驛，應付飲食、芻粟，請矜恤區處事。十三日，尚書省奏準聖旨，欽依定議任回官員人馬之數，咨福建行省，今後給憑，書其官品人馬數目、所過城邑，每起止支正分例一名，餘給粥飯，仍應付長行馬芻粟。如至所止，即於所在官司繳納元憑解部。且如左方三品之上，正、從不過五人，馬不過五匹；四品、五品，正、從不過四人，馬不過四匹；

六品至九品，正、從不過三人，馬不過三匹；令譯史、通事、宣使人等，正、從不過二匹。十三日，丞相桑哥奏：「元給福建行省鋪馬聖旨二十四道，今爲遣使繁多，起馬不足，伏請增給起馬二匹劄子六道。」上從之。十九日，丞相桑哥等奏：「前者奏除暗普充和林宣慰副使，與哈剌斡脱赤共董廪粟之政，今言合用鋪馬，請給降聖旨事。臣等議，與起馬二匹劄子二道，一匹者二道、六匹者四道，可否？取裁。」上曰：「可。」

二十六年正月二十二日，丞相桑哥等奏：「光禄寺合給鋪馬，今乞給發劄子一匹者三道、二匹者一道與之。」奉旨準。

二十八日，通政院欽奉聖旨，咸平府至聶延立一十五站，本院官與塔出同赴尚書省會議，每站置馬二十匹，給價和買。奏奉聖旨，就令塔出安置之。都省移咨遼陽行省，欽依施行。

二月十六日，尚書省奏：「泉州至杭州，陸路遠窵，外國使客進獻奇異物貨，勞民負荷，鋪馬多死。今有知海道者沿海鎮守官〔九〕蔡澤言，舊有二千水軍，合於海道起立水站遞運，免勞百姓，又可戢盜。可否？取裁。」上從之。事下江淮行省。欽依施行訖。

是月，中書省據御史臺呈，按察司官分輪巡按，遍歷所管地面。如無馬站去處，就乘各州縣官員馬匹，依例更换，不得違悮。都省準擬。又台州路達魯花赤剌剌言，江南之任官，遐邇不侔，已罷乘驛之例。至於兩廣、福建、江西、湖南、浙東等處，遠者數千里，梯山航水，況谿谷之間，素無邸店，居民聞馬嘶，輒閉户驚竄，不免宿於空屋，人馬飢困。或遇盜賊，輕則掠貲裝，重則致傷人命。今後乞令之任官員宿頓館驛，給賜人馬食粟，庶免盜賊之害。浙東海右道提刑按察司以其言遞聞，都省議得，今後應赴任之官徑之任所，自起程官司辨驗各官新授宣敕，許於館驛安下，驗坐去品給、實有人口應付粥飯。仍行移前路官司，依上施行。已準給驛者，不在此例。遍行各路施行。三品，不過五人；四品、五品，不過四人；六品至九品，不過三人。

三月二十日，尚書阿難答等奏：「給海道運粮萬户府鋪馬聖旨五道，起馬五匹。」奉旨：「與之。」

四月二日，尚書阿難答奏準事理：

一，四川紹慶路給降鋪馬劄子二道，每道起馬一匹。

一，四川成都府給降鋪馬劄子六道，内一道起馬三匹，二道各起馬二匹，三道各起馬一匹。

二十六日，平章阿魯渾撒里等奏準事理：

一，龍興行省起運米粮、縑帛、衣甲及以軍情馳驛者多，增給鋪馬聖旨五道，起馬五疋。

一，太原府宣慰司及儲峙提舉司所供新城、静州及沙井軍粮公事，給驛實繁，擬給鋪馬聖旨二道，起馬二匹。

五月五日，中書省議擬整治站赤，劄付兵部施行如左：

一，樞密院、札魯忽赤、御史臺及各處行省遣使給驛，比之都省起馬居多。今後量事省減，毋令多附行李，越次選馬。非急速事，不得馳驟。

一，常使并回程者走損鋪馬，已嘗禁治。今後非軍情急務，馳騁鋪馬損斃，仰驛官具姓名申上，以憑追究。仍分别回使之閑慢者，從水驛舟行。

一，管站人員凡在官者，不得承攬站户當役馬匹，取斂芻粟、錢物，違者罪之。

一，路、府、州、縣提調正官及諸在官者多以駑鈍馬疋换易站馬，致令人户消乏，今後犯者，嚴行追斷。

是月，中書省摽撥大都成〔一〇〕東北無主荒地五十六頃三十畝，付大都站，以充鋪馬芻牧之地。又兵部尚書桑哥言，因公自良鄉站回還，據站官告稱，諸使臣到站，皆需羊肉，不食猪肉，倘不如命，動遭箠詈。稟奉都堂鈞旨，除隨朝出使人員及諸王、駙馬、大官經過，應付羊肉，餘使各支猪肉。行移遍諭，依上施行。

六月三日，丞相桑哥等奏：「李陵臺站赤官吏犯贓，追鈔二百三十二錠，合無就以此錢令通政院給付本驛，以供使臣祇應之用。」奉旨準。

七月十二日，都省所委官都漕運副使馬之真呈，開臨清等處河道已通。先於二十三年九月，省委兵部員外郎添置宿遷、吕梁、沛縣、濟州至東阿水站，每一大站置五十料船五十艘，遞運物貨，遠者相去二百餘里。兩大站之間又立二小站，各置二三十料船六七艘，遠者相去八九十里，近者六七十里。今新河已成，擬將亭子站船一十七艘，徙置固賢村，東阿站船十艘，徙置周家店西。每處增三十料船二艘，該一十户；五十料船五十艘，每艘該七户，計三百五十户。二料號船，總用三百六十户。及於清平縣界曲吕店西南立一小站，置三十料船一十七艘。徙臨清大小站船四十隻於草廟兒安置，革罷臨清站車五輛、六十五户，擇其近上者以充船户。就以官降車驢價鈔回易增置站船祇應，起蓋館舍。比及完備，預將亭子、東阿站船，移於小固賢村、周家店安置，以應卒用。開具改移添剏水站地里、船數，請照詳事。都省準擬，與通政院差官下合屬，摽撥安置訖。

八月二十八日，尚書阿難答等奏準：

一，給遼東宣慰司鋪馬聖旨五道，各起馬一匹。

一，給大理、金齒宣慰司鋪馬聖旨四道，内三道各起馬一匹，一道起馬二匹。

是日，阿難答、參議中書省事阿散等奏：「遼陽行省闕少圓牌給驛，請發兩面與之。」奉旨：「不須給。今後但遵賫牌定制，酌量公事、地理，隨數起馬，執憑印信，省劄行之可也。」

九月二十五日，尚書忽都答兒等奏準三事如左：

一，西京宣慰司至元二十三年已頒鋪馬聖旨，起馬一十五匹，今言闕少，擬增劄子五道，各起馬一匹。

一，江淮行省所轄浙東道宣慰司增給劄子三道，各起馬一匹。

一，江淮行省所轄紹興路總管府給降鋪馬劄子二道，各起馬一匹。

是日，又奏甘肅行省所轄亦集乃總管府、沙州、肅州三路，遣使頻繁，未給鋪馬聖旨、圓牌，今乞給鋪馬劄子六道，合起馬一匹，圓〔二〕牌不須應付。奉旨準。

十月，尚書兵部查照至元四年各路報到宿頓使臣用過分例數内，有規運本投下官錢，并醫工、校尉還家取妻孥，僧道降香抄化，及賫遠年文憑之類，其有本投下催取税租使臣人員，即係公差，合無準筭。或止準正三二名。餘皆準作粥飯。具呈照詳。都省議得，此等已支數目，難以準筭。其各投下公差人員支訖分例，依準本部所擬，止準正三二名，餘皆準作粥飯。今後諸王令旨公差、乘坐長行馬使臣，每起應付正一名、從不過二名。行移合屬，照會施行。

十一月二十一日，丞相桑哥等奏：「遠方赴任例給鋪馬聖旨，即今差遣實繁，劄子闕少，乞預書起馬二匹劄子二十五道、三匹劄子二十五道，以備給發邊遠赴任官員之用。」奉旨準。是日，丞相桑哥等奉準，增給甘肅行省鋪馬聖旨七道，各起馬一匹。

十二月，兵部據秦王府典食司言，爲管領河南等路打捕鷹房、魚泊、水陸地土、山場洞冶提舉王興所辦精饌，襄猪、魚鮓、馬鞍、鷹鷂等物，啓奉按攤不花太子令旨，今〔三〕河南宣慰司依例應付鋪馬。本司照得至元二十二年二月，王興進納本位下物色，已經陝西漢中道宣慰司下南京路應付起運，今請依例事。本部照得河南等路宣慰司至陝西地里，别無站車，但凡遞運脚力，必須支用官錢。況至元十四年、二十五年運物脚錢卷内，又無應付過王興運物脚力。呈奉都省，定擬令本位下提領人員，自備起運，移河南等路宣慰司，照驗施行。

是年，帖里干、亦乞列、速哥察兒以至哈兒撒脱坤等二十七站消乏。通政院呈，擬每站增馬十疋，和買達達車十輛。都省準擬，給散乞達達車八百一十輛，該價錢中統鈔四百五十一錠二十二兩，馬二百七十匹。又濟寧路申，站户丁哇兒元係軍丁事。初，丁哇兒父丁善係滕州滕縣民籍。戊午年，僉充正軍，以張文貼役。己未年，丁善年老子幼，盡以田産孳畜付於張文爲主當軍。哇兒未嘗津貼錢物。至元元年，丁哇兒徙居魚臺縣。七年，收作見户當差。十二年，僉充胡陵村站役。不謂張文於至元八年收繫哇兒姓名入於軍籍。兵部議得，張文既承丁善物業當軍，其子丁哇兒又經別籍僉充站户，兩無所事。合準已籍爲定，各當軍站。都省準擬，遍行合屬照會。

二十七年正月十日，通政院按圖呈奏：「南京至正陽站，杞縣、睢州等四十站，中牟、鄭州等四站，唐州、鄧州等四站，一歲之間，除按察司巡歷刷卷過者一二，餘無使臣往來，令〔一三〕乞罷去。增置南京至蔡州站車，却以剩餘站户馬匹撥付東面水站，添辦站船，似爲便益。」奉旨：「是矣。其從之。」中書委官將革罷馬站二千五百二十六户，增撥入歸德等處水站、汴梁等車站入役外，有餘户六百二十五户，收係爲民。

十二日，丞相桑哥、平章政事鐵木兒等奏：「陝西行省近爲運輸甘州糧儲、和買馬匹等事，給驛實繁，請增起馬聖旨一十道。臣等以爲所請太多，乞隣〔一四〕劄子五道，各起馬一匹。」奉旨準。

二月六日，參政阿散等奏：「都省遣使實多，鋪馬劄子闕少，請增起馬聖旨一百五十道，內一百道各起馬一匹，五十道各起馬二疋。」上從之。十二日，尚書阿難答、參議阿散等奏準，增給江淮行省鋪馬聖旨一十五道，內十道各起馬一疋，五道各起馬二疋。

三月，甘肅行省言，請於困塔蘭之地暫置腰站，和買駱駞三十隻、馬二十匹，接應走遞。都省準擬，回咨施行。

四月，四川行省備右丞耶律禿滿答兒言：「竊見烏蒙迤北土獠，水道險惡，覆壞船隻；黎雅站道，烟瘴生發，所過使臣艱難，人馬死損。本省南接雲南所管普安路，見立馬站，東建辰、沅、靖州站赤。已嘗令總把孟臯直抵雲南、湖廣兩省立站地界，相視得普安路迤東羅殿、貴州、葛龍，俱係歸附蠻夷，隸屬四川省管下，可以安立四站，接連湖廣省所轄新添地面；安立一站，至黃平、鎮遠，通辰、沅、靖州常行站道，以達江陵路。觀其山勢少通，道徑平穩，又係出馬去處，比之黎雅、烏蒙驛路，捷近二千餘里。如將雲南站道改由江陵路通行，若有綱運輜重物貨，依舊於烏蒙水站遞送，四川站赤稍得甦息。却以黎雅等處罷閑鋪馬五百餘匹、站户一萬五千餘丁屯田納糧，或充鹽夫辦課，誠爲便益。」

二十七日，中書參政剌真、參議哈答等具奏，且乞遣使詣雲南湖廣行省，詳度可否，然後施行。奉聖旨準。都省欽依，遣使詣各省會議去訖。

六月二十四日，丞相桑哥等奏：「僧哥、必剌蠻二人泉州得希奇物貨進獻，有司不給鋪馬，以是來請。臣等議，乞進送物貨，從本處官司斟酌頭匹遞運，移文遵守。」奉旨準。

三十日，參議阿散等奏：「見立營田提舉司管領江南僧寺錢粮事。凡有遣使，必須乘驛，請給鋪馬聖旨二道，各起馬一匹。」奉旨準。

七月，通政院言，出使人員到站，非理撻辱站官頭目人等，致令懼避，因而遲悮。擬令使臣到站，站官失悮鋪馬首思，取招呈省，申院科罪。無故不得棰撻站官，仍鈐束管站人員，常切在站祗應。行省路分，就便行移禁約。都省準擬遍行。

八月一日，遼陽行省所轄澄州站户李小三、金龍伊自言貧乏不堪當役，有司移準按察司，體覆相同。行省議於相應户内補換。都省送兵部，議得既經憲司體覆，宜準行省所擬，僉户補換，令李小三等爲民當差。都省從之。

是日，尚書阿難答、參議阿散等奏：「陝西行省言，前者委田忙古斛提調採取斗子鹽，歲進一千斤來上，所執馱鹽鋪馬一十三匹，聖旨上書其姓名。今田忙古斛以罪被黜，而按禿、俺卜實代之，比及運鹽起朝，請更名區處事。臣等議得，田忙古斛既有罪，按禿、俺卜二人名字合换聖旨，使之運送相應。」上從之。又奏：「甘肅行省言，甘州兩經抄籍，站户計一千六百户。中統元年，直渾都海軍興逃散，及僉充禿魯花并僧人諸色隱占外，實有一百六十二户當站。竊見斡魯思、納憐、膁脂城三處，俱係邊遠沙磧之地，即目遞運軍器、米糧數多，請照寧夏府伯伯阿立八即奏準定制，將各投下及諸人隱占站户回付當站，似望官事協濟。」奉旨，若曰：「前者，朕令傳命收拾，已行文書，問於屬吏可知矣。」都省欽遵，移文施行訖。又奏：「真定路管祇應首思人崔祐告言，因公借訖民錢六千四百七十八錠、穀四萬三千五百三十五石，應付祇待，不蒙上司給付，以致鬻産償納，猶且不敷。去年上位御斡魯朶北王甸中，其人告奉聖旨，中書省果無錢，今〔一五〕桑哥與之。今中書議，真定路官吏百姓，逋負係官錢粮頗多，又是阿合馬當國時所行事。他路似此借貸錢粮，皆無回與之例。若擬回付，恐有倣效。又況錢物數多，不支爲愈。」奉旨：「勿回與之。」

十七日，尚書阿難答、都事别不花等奏：「平章沙不丁上言，今年三月，奉旨遣兀魯斛、阿必失呵、火者取道馬八兒往阿魯渾大王位下，同行一百六十人，内九十人已支分例，餘七十人，聞是諸官所贈遺及買得者，乞不給分例口粮。」奉旨：「勿與之。」

九月，都省議下通政院，行移各道宣慰司、總管府，令提調正官親詣各驛整點，馬匹須要肥壯，鞍轡、苫氈、繩索、館舍陳設並須完備。有不如法，或失悮驛傳祗待，騷擾站赤者，當該及提調官吏皆有罪。

十一日，丞相桑哥等奏：「江淮省所轄徽州路水道不通，合給鋪馬走遞，請降聖旨二道，各起馬一匹。」奉旨準。

十一月十一日，丞相桑哥等奏：「闊里吉思投下軍士，於真定府飛放，徵取站赤飲食芻粟。撒里奏奉聖旨，拘執前來，食訖之物，勒其償納。今其人合無發還闊里吉〔一六〕思投下。」奉旨：「陪償之後，可諭闊里吉思知之。」

十二月二十六日，丞相桑哥等奏：「只兒哈忽言，前年秋，以忙吉兒禿之掃里牧地，給佃，歲賦粟麥四百二十石。今彼處站赤人馬闕乏粮斛，請以所賦地租與之。」上準奏。

【考校記】

〔一〕輯自《永樂大典》卷一九四一八。

〔二〕「至元」，原作「中統」，據上下文時序改。

〔三〕「上」，據文意，疑當作「不」。
〔四〕「圓」，原作「兩」，據下文改。
〔五〕「圓」，原作「圖」，據上下文改。
〔六〕「下」，此上疑脱「位」字。
〔七〕「錠」，原作「鈔」，據上下文改。
〔八〕「平章政撒里」，疑當作「平章政事撒里」。
〔九〕「官」，原作「言」，據《元史》卷一〇一《兵志四·站赤》改。
〔一〇〕「成」，據文意，疑當作「城」。
〔一一〕「圓」，原作「圖」，據上文改。
〔一二〕「今」，文殿閣書莊本《站赤》作「令」。
〔一三〕「令」，據文意，疑當作「今」。
〔一四〕「隣」，據文意，疑當作「降」。
〔一五〕同〔一三〕。
〔一六〕「吉」，原脱，據上下文補。

驛傳四〔一〕

至元二十八年三月十七日，雲南行省言：「中慶經由羅羅斯通接成都陸路，見立納憐等二十四站。其相公嶺、雪山、大渡河，毒龍瘴氣，金沙江烟嵐。自建都、武定等路分立站赤，夏月人馬不能安止。中慶至烏蒙路結吉舊路，陸站一十一所，山路脩阻，泥潦難行。業稍埧水至敘州四站，江河險惡，舡隻不可進。本省差官歷視得中慶由必畔至烏蒙結吉站，路平且近，可設七站，預爲措置定立。外土獠蠻道通烏蒙路地面，華帖、監井、必撒、老雅乙抹分立陸路四站。又，接連敘州管下慶符縣，合立陸路一站。無問冬夏，使臣馳驛前來雲南，别無煙瘴險阻，比之納憐舊站，便捷多矣。俟開通之後，却將大渡河羅羅斯舊立納憐站赤，約量存留，實是便益。」得此，都省照得二十七年，四川省右丞耶律秃滿答兒所言之事，併令撒里蠻、剌臣等官按圖呈奏前事。奉旨，若曰：「既圖中道路便益，可依所議安立之。」都省欽依，移咨各省施行。

是月，江淮行省備行泉府司言，蔡澤始陳海道立站，摘撥水軍，招募稍碇，差設頭目，準備每歲下番使臣進貢希奇物貨，及巡捕盜賊，且省陸路遞送之勞，以此奏準設置。今本省再令知海道人慶元路總管府海船萬户張文虎，講究得下番使臣進貢物貨，蓋不常有，一歲之間，唯六七月可以順行，餘月風信不便。莫若將福建海站船隻撥隸本處管軍萬户府，其在浙東者，隸於沿海管軍上萬户提調聽令，從長區處，以遠就近，屯住兵船。遇有使客進貢物貨，自泉州發舶，上下接遞以致杭州。常加整治頭目、軍器、兵仗、船舶，於沿海等處巡邏寇盜，防護商民。暇日守鎮陸地，俱無防礙，公私順便，所據海站不須設置。都省準擬，奏奉聖旨，令罷去之。又山東東西道宣慰司呈，乞禁治出使人員於不設站赤去處換乘鋪馬，取要祗應事。都省準呈，送刑部遍行。若出使人員於不設站赤去處經行，無得應付馬匹、飲食。如違，即仰具名來上，以憑科罪。

二十五日，尚書省定擬，見欽奉詔書内一款：「差出使臣飲食，已有定到分例。在前官司給降錢數不足，其間官吏又有剋除，致令社長、大户輪番祗待，百姓深以爲苦。今後合該鈔數，以時從實給放，毋得斂及百姓。」欽此。除至元二十八年春、夏二季鈔五千五十錠已支外，今續支中統鈔五千五十錠，照依坐去事理施行。

一，見發鈔數，驗驛程緩劇均散，毋致剋減。比及支盡，預期申請，不得科斂於民。

一，祗應合用諸物，預須趁時準備，務省官錢。

一，司祗應者，月報元收、已支之數。若有不應，即勒當該人償官。

一，司祗應者多餘破用，及使臣横取者，具名申上司區處，仍從按察司糾彈。

一，支銷之外，見在數目，從本路正官常加檢照。

五月十七日，中書平章政事麥术丁、不忽木等奏：「近除朶兒赤爲甘肅行省左丞，本官自福建遣人乘驛先期而來，附馱至元鈔三百錠，爲東平府脱脱禾孫拘糾，何以處之？取自聖裁。」奉旨：「可令回與。」

是月，兵部呈，保定路至元二十四年、二十五年、二十六年祗應錢粮，借支民間鈔三千三百六十錠三十兩五錢、粟二百六十五石二斗六升一合、草三千三十九束，未曾撥降給主事。都省議得，隨路亦有自此錢糧，俱不撥降。送兵部照會。

六月，漢中道按察司言，延州，綏〔二〕德州米脂，葭〔三〕州神木、府谷縣等，俱非驛程，亦無站赤祗應。其往來使臣不由驛路，取徑經過，威逼官司，取給鋪馬分例，站户因而消乏。所合禁約使臣，今後毋令於僻路州縣經過，庶望官吏無擾，人户稍安。臺省準擬，遍行禁約訖。

是月，監察御史察知昌平等站濫設站官、百户、司吏、提控、總把、庫子等人。御史臺呈省區處禁革。都省議得，隨處站官，擬設二員。大都至上都置司吏三名，餘設二名，祗應頭目、攢典各一名。站户及百者，設百户一名。俱要詢衆，公選廉慎行止、不過犯相應人員補充。其餘濫設人數，截日悉革。爲例遍行訖。

七月二十一日，通政院奏：「隨路站赤，雖令達魯花赤總管府專一提調，而州、府、司、縣官司又復樁配站户和雇和買、雜泛差役，比之民户尤甚騷擾。莫若令路、府、州、縣達魯花赤長官，依軍户體例兼管站赤奥魯，非奉通政院明文，不得擅科差役，任滿，俱解申院，似望管民官撫安站户。」奉聖旨：「所言誠善。其行之。」具呈都省，欽依遍行訖。

二十四日，通政院言，肅州站赤係邊遠之地，比年田禾不收，應役頻併，請除站户和雇和買、雜泛差役。都省議得，和雇和買已有定例，雜泛差役毋令科配。送兵部，行移合屬照會。

二十五日，中書省據御史臺呈，體知雲南行尚書省，見欽領差使鋪馬御寶聖旨三十七道，該馬一百二十九匹，又敬領雲南王令旨一百七十道，馬二百九十五匹，通計馬四百二十四匹。數多，若不呈納，雲南行省往往差遣任滿罷閑求嗣官員，因幹私己勾當，指稱別項差使，濫給鋪馬起數，以致各處站赤鋪馬祗應生受。得此，都省議得，除元降差使鋪馬外，據雲南王令旨，擬合拘收。移咨雲南行省拘收去訖。

是月，徐、邳州脱脱禾孫言，朝省諸衙門遣使乘驛，多裝行李，若有私己物貨，未敢驗視。通政院定擬，今後各處行省，凡有起運諸物，於押運官差劄内明白開寫起運物色、囊橐數目，似望防禁私弊，易爲盤驗者。省準擬，遍行訖。

八月二十五日，刑部呈，差奏差赴檀州審囚，乘常行馬匹，關兵部應付飲食。本部以爲别無呈準都省明文，難即區處。緣遣使宿頓，合用粥食，理宜應付，庶免稽滯。乞照驗。都省送兵部，行移各部，若有必合公差人員，呈稟以行。

是月，通政院奉省劄，兵部呈，擬大都站户自備首思，即與關撥係官祗應錢粮站赤上下承接，合通行照筭事。都省議得，既是站户自備首思，本部不須會計。令通政院移文各站，但凡祗應使臣，置曆書計，本院嚴加檢察，毋致頭目人等多科侵貸作弊，違者究治。又，通政院言，大都站户自備首思，合無從本院會計。都省議得，站户自備首思，不須理筭，但令置籍附寫，從本院檢察，頭目人等毋得多取侵借。

九月十五日，中書平章政事不忽木等奏：「也先鐵木兒言，黄河東南站赤，四五户共備一馬；黄河西北安西府等處，每一户養馬四五匹，誠有偏負。歷年既久，人户苦之。請依例增户，免致站赤隳廢。臣以爲在先立站，不知如何區處，合無差官與陝西省官覆實分揀，定擬整治之方，至日別奏。」奉旨準，且曰：「站赤毋令斷絶可也。」

二十日，月兒魯、孛羅䚟、哈答、暗伯奏奉聖旨，令中書省官定擬，於乞里吉思以至外剌之地，起立六站。數内乞里吉思、帖烈因禿、憨哈那思、外剌四處，各設一站，兀兒速設二站，每站各置騸馬三十匹、牝馬一十匹、羊五十口，今該價錢與之。中書省欽遵，移文通政院、兵部施行。

二十三日，中書省據御史臺呈，陝西漢中道提刑按察司僉事暢師文言，體知諸官府出使興元人員，多係土居營搆，馳驛到家，託故逗留，遷延歲月。每日支取正、從分例，羈繫鋪馬。彼既貪冒無耻，所司又不究劾，濫用年銷官錢，有違諸路通例。今後凡有此等出使人員，本處有家不居館驛者，止合支下馬祗應，次日不須應付。如或過取濫給，追陪還官。日會不足，歲計有餘，亦省費節用之一端也。緣干諸路爲例事理，遍聞于朝，請區處事。都省準擬，劄付兵部，遍行合屬，依上施行。

十月五日，丞相完澤、平章政事不忽木奏：「江淮行省言，行泉府司見收圓牌二面，復有鋪馬聖旨，合無拘減圓牌。」奉旨：「拘收可也。」

是月，尚書工部呈，擬今後隨路提舉使副、正官，每季押運段匹等物，乘驛馬二匹，下次人員，依先例給降一匹。省部議得，各路、局、院起納段匹、雜造、軍器等物，既令局、院提舉使副、正官每季親押前來，合給鋪馬二匹。若差下次頭目人員，依例給降一匹。行移合屬，依上施行。

十二月二十九日，丞相完澤等奏準增給省除之任官鋪馬聖旨三百五十道。

二十九年正月七日，中書省奏：「福建宣慰司官高興言，本道每年遞運泉州貢賦，及外國來使赴上，皆仰民力綱運，重勞苦之。今沿途逃亡之屋甚多，良可哀憫。竊詳遠邇職貢，驛傳爲先，請於建寧路建陽縣、崇安縣各立馬站一所，迤邐至鉛山州車盤站，至汭口下船直至大都，每處用夫二百五十人，所以放罷亡宋運銅錢及鋪兵充站夫。又於福州懷安縣水口、南劍各置水站，以達建寧，似望官民便益。」奉旨，若曰：「亦黑迷失、沙不丁曾至其地，可再問之。」都省欽依，詢於亦黑迷失、沙不丁，皆以爲便。差官與江浙、福建行省從宜設置，差擬人夫。比之西路饒州等處驛道，計省五站，且近七百餘里。

十五日，通政院言，先爲衛輝、大名、彰德三路站船數多，運物繁多，船弊畜喪，站户貧困。擬合每站增作站船三十艘，於當差相應户内僉撥站户。或將火失不花取勘罷閑車站户内，擇其有物力者以應前役。呈奉都省劄付，照得車站户，令歲科出中統鈔三十兩津貼消乏站赤外，從本院區處。今奉聖旨，準行。若於汴梁等處取勘到車站户内，取其可役者以充水站户，官爲計置站舟驢畜，後有損弊，卻令倩補相應。兵部從之，都省定擬，牽船驢畜令站户買備，全免今歲已科津貼鈔數，餘準部擬。大名路元設船一十五艘，今增五十料船一十五艘，撥站户一百五户。彰德路元置船一十艘，量增七十料船一十艘，用户一百户；五十料船一十艘，用户七十户。衛輝路元設船一十艘，本驛係御河上源，淺窄，擬增三十料船一十艘，用户五十户；又五十料船一十艘，用户七十户。

三月二日，中書平章政事不忽木、參議暗都剌等奏：「通政院言，整理江南站赤，合立行院。臣等議，謂不須别立官署，從通政院分官四員於四省整理，各給印一顆，於事爲宜。」上從之。

是日，又奏：「大都至上都，沿途站赤消乏。及東平府之地，常役一萬餘户，置立車站。在後開河遞運，車站罷去。今歇役之户約八千餘，合令出備物力，津濟河間、保定以北，上都以南站赤。如此整治，庶幾便益。」奉聖旨準。

十四日，平章政事不忽木等奏：「真定路管祇應漢人崔姓者，累嘗經御告言，阿合馬當朝之時，於民間借貸鈔六千四百八錠、粟四萬三千五百三十五石以充祗應，乞回給事。前者，省官不準回付。臣等議得，阿合馬在政時，各路似此借支者多，虛實難信。在後桑哥居省，忻都等打筭，有理無理，裒取民財，不可數計。今若準給此一路借過錢粮，則援例者多矣。不與爲便。」奉旨：「可回諭其人。」

十七日，中書丞相完澤等奏：「邇者令江南造舟，至御河運粮，舟雖增而輓漕者少。復有南人在内，每歲陪償折耗官粮，窘乏莫甚。若釋之，以東平府所罷車站户内近河家居者二千户供牽船之役，爲便。」上從之。

二十一日，中書參知政事暗都剌等奏：「南京省來言，錢粮之廣，揚州爲最。請自本處至淮西立十站，又至歸德府立兩站，河南府立三站，以便輸運。臣等議得，淮西立十站，用民實多，未易輕舉，歸德、河南則當置立。取自聖裁。」上從之。

四月，御史臺備燕南廉訪司言，東平路驛傳，至元二十八年官撥中統鈔二百錠，祗應不敷，以致借貸錢物。今年二月將終，猶未支除。本路正當南北衝要，所轄水陸七站，使臣絡驛，祗應實繁，官不支錢。何以爲具？况司縣官吏俸禄微薄，己且不贍，焉可給人？賒借之弊，因不能革。看詳年稍祗應錢，自省部撥降，以至宣慰司、路、府、州、縣，循給而下，轉發勘合放支，往往愆期，不及於用。今後莫若令各路就於課程錢内際留，謂如至元三十年合撥官錢，於二十九年冬季課鈔内際留，發付有司買辦銷用。有餘，則準下年見在之數。果若不敷，先期申請。如此，庶使吏安其職，民樂其業，乞明降事。都省準擬，自至元三十年爲始，依上施行。

五月十六日，中書平章政事剌真、不忽木奏：「黄河迤南站赤三四户養馬一匹，而京兆之地一户養馬三四匹，爲役不均，宜加整理。蓋嘗體究京兆立站之始，與他方不同，每地一頃爲一分，一丁亦爲一分，總十四分，當站馬一匹。今議姑從其例，但增三分，一十七分當站馬一匹，庶幾得中。」奉聖旨準。

六月四日，濟寧路差委朶魯赤赴都呈稟綾樣，爲元降鋪馬聖旨，他使賫捧未回，輒給差劄，於本府驛内起馬一匹，令朶魯赤前來。通政院爲有定制，諸官府不得就出劄子，遣使馳驛。濟寧路即是違錯，除究治外，定擬今後似此擅給差劄，騎坐鋪馬，必合遍行禁治。都省準擬，送兵部施行。

是月，中書省委瀋州高麗總管府蒙古教授明安答兒管押劄紙，入站遞運，赴遼陽等處行省交納。令兵部行移應付沿途粥飯以行。

閏六月二十日，通政院官平章剌真、同知通政院事斡羅司等奏：「曩者以雲州、獨石站道遥遠，冬月人馬困乏，奉旨於兩道之中增置一驛。今中書省臣議：先攻襄陽時，取保定至大名路逕道，立一十四站。混一以來，前站已廢，若以此罷閑站户於雲州至獨石中間刱置一站，餘户增撥入真定至大都消乏站赤。允爲便益。」奉聖旨準。

是月，中書兵部：照得隨路遞運官物，官支脚價。近年户部考校得運物斤重，與鄰接路分所報，多寡不同。其始如二萬斤，終增至三五萬斤者有之。或押運附帶己物，各官司作弊者有之。將欲究竟，反滯於事。乞定擬隨處遞運官物，自始發處正官一員，對物權其輕重，申命總府佐二官，復實封印，然後和雇脚力，支價運行。關報前路及押運官差劄，各書諸物斤重、稱盤體覆官姓名。若相接官司覆出多少，罪其初委之官，仍追多破少支錢數還官給主。其實用價鈔，每季備抄文憑申除。如此，非惟除弊，事實便宜。都省準擬，遍行合屬，依上施行。

七月，中書刑部呈，户部高奏差歐擊昌平站供馬人王迪等。又，奏差楊德秀走死站馬一匹事。除歐傷罪已追斷外，議得楊德秀元乘鋪馬已回至站，於四月二日五更方死，似難追陪。都省準呈，爲例施行。

八月二十七日，丞相完澤、平章政事剌真奏：「淄萊路今改爲般陽路，元給起馬兩匹聖旨，宜易郡名而與之。」奉聖旨：「倒換與之可也。」

九月，懷孟路言，遞運官物車户脚力，官價不敷資費。切照本路至衛輝路清河唐村馬頭二百七十餘里，官有水站私通客旅。今後若將寶鈔、金銀、縑帛及急需錢物從陸程和雇脚力起行，每歲合起麁重物貨卻自陸程以至衛輝清河站船接遞赴上，可省官錢八百餘錠，官民兩便。省部准擬，下合屬依上施行。

十月二十八日，中書右丞相火魯火孫等奏：「江南漕運官物，以無驛傳故，奪民船車，不便。合將官有船車脩理，立水陸站赤，官民兩便。」上從之。

是月，遼陽行省咨，慶雲至哈里賓之地酌量可立二十八驛，每驛用三十户，每户官給馬一匹、牛二隻，計用八百四十户，除用舊户外，尚少一百四户，請區處事。都省議得，鋪馬不須制備，但每站用户二十、鋪牛三十隻、漢車五輛，以充遞運。自水達達八站三萬户以至哈里賓之界，别列怯里舊站三萬户，以至女直接境。又自女直經行道上，各令計程置立。奏准聖旨，回咨遼陽行省放支牛價，欽依起立去訖。

十一月，御史臺呈，江東建康道肅政廉訪司言，宣慰司别無鋪馬聖旨，差官乘驛。今後除進上有顯驗物色，欽依聖旨事意施行外，其餘出使人員，合令欽賫聖旨，乘驛相應。都省准呈，遍行照會。

是月，通政院言，至元二十年七月二十四日、二十三年十一月四日二次奏奉聖旨，站户自備首思，除免和雇和買、一切差役。今又欽奉聖旨節該：百姓消乏，其和雇和買，不分軍站民户，並令均當。切照站户既備首思，又當和雇和買差役，委涉重復，請區處事。都省議得，大都、上都站户，多係迤南路分僉撥前來當役，相去寫遠，供給頻勞。擬依先降聖旨，令站户自備首思，除免和雇和買、一切雜泛差役。行移合屬，照會依上施行。

十二月六日，丞相完澤等奏：「東京路今改爲遼陽路，其元降起馬一匹聖旨兩道，宜易郡名而與之。」奉旨准。

二十二日，丞相完澤等奏：「樂實掌莅站赤，無問是否，濫給鋪馬。問之，則言見收令旨四道，各起馬一十五匹。況復總管府及治下兩處官員、軍官、奥魯官等，皆有鋪馬令旨。似此准憑各投下大王、駙馬所行，是致站赤消乏。臣請與月兒魯、撒里蠻、答失蠻等共議定額。」奉旨，若曰：「誠是也。前者亦嘗言此。馬速忽置而不舉，今可爲之定論。」

三十年正月十日，丞相完澤等奏：「去年南丹洞蠻來朝，已立安撫司於其地。今省官答剌罕等言，彼中往復辦集官事，合給使臣鋪馬聖旨。臣等議，與聖旨二道，各准起馬一匹。」奉旨准。

二十三日，中書省奏：「昨曾奉旨，肇州至豪、懿州置立站赤。今臣等議於其地分置七驛，每驛備遞運牛五十隻，委伯帖木兒司之，候至今秋買備。」上從之。

三月五日，平章政事帖哥等奏：「兩淮都轉運鹽使司言，所轄出鹽地廣，乞增十匹鋪馬聖旨。臣等議，乞減半給降。」奉旨準。

十二日，通政院言，比因遣使至雲州取馬於龍門口赤城站，參詳今後馳驛使臣出離站道幹辦官事，宜令所過州縣應付馬匹。都省定議，馳驛人員以公事遠背站道者，所過州縣換馬。送兵部，行移通政院，照會施行。

四月十三日，中書平章政事不忽木、參知政事暗都剌等奏：「雲南行臺言，自哈剌章、建都之地來者，一從本處驛道，一自禿獠蠻境，二者烟瘴遠險，惟烏撤芒部有一徑道，近可千餘里，既無瘴毒，又皆坦途。往者爲其民植茶三百里，且有兇頑爲亂，故不之知。今已安静，請改設站赤。臣等議，謂便益之事，宜從其請。」奉旨，若曰：「斯言至矣，其從之。」

是月，監察御史言，河南府湖城站馱運葡萄酒，實爲正馬六十二疋，押運官及行李、兀剌赤等，復乘馬四十九匹，通計一百一十一匹。蓋因元發官司不謹其初，致令多冒夾帶。若定擬，今後合起物貨斤重數目，封記發遣，明見於文，約量起馬，所過從脱脱禾孫檢視，相沿給傳。兀剌赤徒步以從。如盤獲過餘物貨，追没入官，押運人與初發官司各有罪。如此，庶革前弊，站赤不致困廢。都省兵部照擬得舊制，出使除隨身衣衾、雨衣外，餘物不得附帶。又，除進上有顯驗物色，欽依聖旨事意施行，其餘出使人員，合令欽賫聖旨馳驛，此乃已行之法。令御史臺申言前弊，禁革相應，後有違犯，元發官司與脱脱禾孫亦當同坐。准呈，遍行照會禁治訖。

五月十四日，中書平章政事帖哥等奏：「淘金運司官馬合麻、木哈里請給聖旨，起鋪馬五匹。蓋緣所轄六路出産金銀，合無准給。」奉旨：「與之。」

是日，又奏准給降大司農司鋪馬聖旨，起馬二十匹。

二十一日，通政院言，良鄉、涿州驛當通道，内外運轉，必由於此，比之他路繁劇，勞苦莫甚。其使客到站，往往威逼官吏，多取物色，或羅織問罪，搔擾站赤，不便。切見口北榆林站，以路當通道，故設脱脱禾孫二員，詰驗繆僞。而燕南保定，往者亦爲充貫正南泉興至大名、西南慶都至真定兩路，設置脱脱禾孫二員以莅之。即今泉興、大名之驛已罷，所掌惟保定至真定一道而已。若將此處脱脱禾孫徙於涿州治事，似望約束非違，官民兩便。中書省奏准聖旨，遷置訖。

是月，通政院言，各處之任官員，係於河間、真定起馬。今有宣撫忽里哥等赴長河西之任，未審如何應付，請區處事。都省定議，遠方之任官員，合起鋪馬減定數目。如通水路，止給站船，陸路則自河間、真定爲始，如數應付。行移合屬，依上施行。一品，元定八匹，今擬五匹。正、從二品，元定六匹、五匹，今擬四匹。三品、四品，元定四匹、三匹，今擬三匹。五品已下，元定三匹、二匹，今擬二匹。

六月，江浙等處行省言，平江路申，遞運站船。若止以六户供船一艘，除苗不過十四五石，力寡不能當役。且今池州安置遞運站一所，未有定議。請令各路除苗不過元額二十四石，自六户之上或至十户，通融僉撥相應。都省准擬，行移合屬，依上施行。

七月，司天監答木〔四〕丁自言慣識江南行船之便，頗知灤河水勢，近用匾船運米十七石，已至上都八都兒倉，則知水利有益於國。十一日，近臣奏，奉聖旨：「此誠美事也，可諭省、院官舟楫之利，其即治之。」都省令答术丁繪其船製，計用軍人、水手一萬三千人，立五十八站，船一千八百七十八艘，請給半年之食，爲米二萬三千四百石，不五閱月，可致粮七萬五千石。省臣以爲事涉繁重不宜輕舉，候回大都區處。奏奉聖旨：「不須急，姑俟後議。」

八月二十日，參知政事暗都剌等奏准給發劉二拔都兒圓牌三面，鋪馬聖旨一十五道。

九月十三日，平章政事不忽木等奏：「南京蔡州改爲汝寧府，乞換起馬二匹聖旨與之。」奉旨准。是日，又奉田家國改立宣撫司，乞換起馬二匹聖旨與之。奉旨准。

是月，中書兵部呈，今後給驛之始，令站赤驗所由官司差劄，分正、從人員，移關前驛祇待飲食。如無關文，不許應付，仍罪失行官司。都省准擬。

十月八日，中書省議，通惠河已開，擬於李二寺安置水站，用船三十六艘，除舊有外，以通州車站户補充站户。官爲應付安立訖。

十四日，參知政事暗都剌等奏准增給濟南府鹽運司起馬一匹聖旨一道，總前共起馬七匹。

十一月二十九日，中書平章政事剌真等奏：「遼陽行省所轄武平路已改爲大寧路，元降鋪馬聖旨二道，各起馬一匹，今合更郡名换給之。」奉旨：「卿其裁處之。」

是月，山東道廉訪司言，濟南路投下總管府所管人户，既於本路額内應當係官差税，别無擅科祇應錢物體例。已下本道取問，照勘見在鈔數追收聽候。至如公差使臣人員祇應，合從有司應付事。省部照得諸王令旨差使乘坐己馬，使臣每起應付分例，正一名，從不過二名，已有定例。所管户下科取祇應，事屬不應。今後本投下使臣人員，若有事關本路者，驗所賫文憑，别無詐冒。依例官爲應付，毋致科歛於民。下合屬，依上施行。

十二月，大都路言，管轄河西務、楊村馬頭闕少館驛鋪馬事。通政院議，楊村、河西務每處擬設正馬一十匹，合用户計於附近河間清、滄二州相應户内僉撥。關部呈省，準擬就今〔五〕通政院差官與有司官措置，起蓋館驛，及陳設什物、人夫、祇應完備，開具站户住貫丁産、館舍間坐地畝、鋪陳什物各各數目，鄰接站赤路里，繪圖繳申都省。

是年，保定路慶都站立〔六〕，本驛路當衝要，無時官使往來，供給繁重，鋪馬勞苦，緣立站之時，馬價多不過十兩，豆粟斗直三二分。比年旱澇相仍，諸物騰踊，馬價少者八九定，又直收刷無從市易，豆粟斗直一兩有餘，比於初立增多何啻數倍。站赤疲弊，職斯之由。切照每歲葡萄酒、酥油、水銀、西天布、硫黄、西番僧皮搉、馱子、青麥、鹽貨等類，每運馬八九十匹，歲計千餘匹。上項諸名件，乃年例出産職貢，難同馳驛急索之例。今後合無自初起程，如遇水路，從舟起運，果值陸程隘道，以馬接運。及至平川，復以車力濟之。且如車一輛用馬六匹，可以抵乘馱馬一十五疋，及牽引馬八匹之力，省馬一十七匹，以備馳驛之用。一年之内，可減起馬八百餘匹。如准所言，庶幾站户、鋪馬俱得寧息。都省議，令兵部照勘所屬各路站赤，可減馬匹，增設車船。而通政院以爲摘減鋪馬，增設車站，似爲重復。省部准擬，行移通政院，照會施行。

三十一年六月二十四日，平章政事剌真、帖木兒等奏：「楊賽因不花求差使鋪馬聖旨。臣等以爲，如楊〔七〕賽因不花之流，不曾給與，若與之，他人必援例，乞姑緩之。」奉聖旨准。是日，平章剌真、帖木兒等奏給福建運司鋪馬聖旨，起馬五匹。

十二月，四川等處行樞密院遣河東陝西萬户府千户李琇起補逃亡事故軍役，賫本萬户府起馬一匹聖旨一道，其差劄内卻照遼陽行省先奉聖旨，不須給牌，但憑印信文書起馬。指例爲據，令李琇通起鋪馬三疋，迤邐至廣平站，爲本府所糾。事上通政院，議得前事即係違錯，省部就令本院行移取問，遍行合屬，依例禁約。

是年，中書省議，各道宣慰司、各路總管府，年例照筭收支鈔錢粮，首領官免行，止令經手人吏赴省，所賫文卷依例應付站船遞運，其餘不得擅給。送通政院、兵部，爲例施行。

成宗皇帝元貞元年正月二十日，丞相完澤等奏：「去年緬國上言，其邊界百姓漸入金齒國者甚多，乞還其民，願言〔八〕九站。先皇帝聖旨，從其所請。今又言止得九十户，其餘未還，不曾立站。雲南省卻咨，立站之地側近無居民，不可設置。今也先不花新除雲南，稱待身到其地，相視可立與否奏來。臣等亦以其言爲然。」奉聖旨准。

二月，陝西行省備陝西等處諸站總管府申，鳳翔府提調站赤官，不關本府照驗專設站官人等，將公選定岐山站官，祇受通政院劄付人李進玉替離，未審合無提調官選用，或從本府歸一區處設立。先是，中書省定擬各處行省站官提領，受行省劄付，三年爲滿。副使從通政院於站户内差設，常令在職。至是，中書省議，陝西站官，擬與各處行省一體施行。

閏四月十一日，河南行省言，蘄州路經歷樊用赴省考較錢粮，回至陽羅站，爲脱脱禾孫所搜，奪訖費用不盡銀四小錠、銀光盞八枚、絹五匹半、羅三匹、白氊一鋪、鞦轡一副、鞋一對、木梳六枚。若准設官久而爲例，實非長便。都省送兵部，議得樊用盤費衣服等物，盡爲脱脱禾孫搜去不還，此例一開，以後出使之人受害。況兼脱脱禾孫中間豈無循情不搜之人？若今搜與不搜，縱恣所欲，誠恐非便。如蒙欽依至元十六年聖旨不搜事意，給還相應，都省准擬，遍行照會施行。

是月，江西行省言，至元二十五年，龍興路樵舍等驛，站船不敷，增置九艘，該僉正、貼水夫二百九十一户，總計粮田二百一十六頃八十四畝。至元二十六年，吉州路五雲、造口二驛，增置船一艘，僉水夫四十六户，總計粮田四十六頃七十三畝。二十七年，贛州路水西、攸鎮二驛，各增船二艘，僉水夫八十二户，總計粮田九十六頃。各站人夫當站數年，税粮未曾免除，如依本省元定則例，以地三十畝差夫一名，依例除粮相應。都省下兵部、通政院，議得若從江淮省例，除粮僉夫，誠恐更張動摇。擬依江西行省已擬，開除已僉入站田地相應。都省准擬施行。

六月七日，丞相完澤等奏：「雲南驛站臺官張閭嘗上言，别有便道，因改立站。雲南省官也先不花等卻言無益，以此奏遣普顔怯里迷失往視其地。今回稱張閭所言立站之地險惡，馬匹傷損，已復舊道立站訖。」奉旨准。

九月，丞相完澤等奏：「哈兒賓地界舊立狗站一十二所，前者安寧之時，當站粮石出於百姓。然其地不事耕稼，數年以來，站狗多死。至站無以交换，又赴前站，轉致損乏，站户苦之。臣與哈散議，每户以鈔十錠爲率，准賜物貨，聞其俗用青珠，乞相兼與之。」奉旨准。

十二日，丞相完澤、平章剌真等奏：「甘州省咨，本省先領起馬一匹聖旨七道，上寫尚書省。今尚書省廢，乞换寫中書省字别給。臣等議，乞行移各省，似此聖旨，盡令發來，一例倒換。」奉旨准。

十八日，中書右丞相完澤等奏：「江浙省咨，福建泉州路上言，朝廷差來及過海使臣，每至泉州，不居官驛，宿於民家，不計有無文憑，雖從者亦需正名分例。又，過海舊制，遠使預支二年分例，近者一歲。今不問遠邇，例求二年之給，請降聖旨。臣等謂其言有理，但細微何煩聖旨，但從都省申明舊例，移文戒飭之，可也。」奉旨曰：「善。」

九月，兵部言，下番使臣，多係欽奉聖旨差委。其所支分例，本部無憑照勘。合移咨行省，劄付通政院，照依下番人員合起馬數，分揀應付相應。都省議得，今後下番使臣，經由都省，分揀正、從，行移合屬應付。其有不經都省，徑於通政院取給鋪馬。及到行省者，亦仰就便分揀，應付相應。遍行照會，依上施行。

十月三日，丞相完澤等奏：「雲州出白金，初給聖旨起馬四匹，續增三道。今又來言，出産金銀之地尚多，乞增鋪馬十匹。臣等議得，追收續增聖旨，別給起馬四匹。」聖旨：「從之。」

十二月五日，平章政事剌真等奏：「出伯言，哈班的妃子入朝，乘己馬長行，度其力不能回。請於沿途秣飼，別給鋪馬赴都，回日卻乘己馬，似爲便益。」奉旨准。

二年正月七日，降聖旨，宣諭内外，不得隱占站户。上都、大都兩路站户，免其和雇和買。各站草地，諸人不得侵占。使臣到站，不得擇驪馬。從通政院奏請也。

七月二日，中書兵部准吏、禮部關，奉中書省劄付御史臺呈，福建閩海道肅政廉訪副使商中順言，福建行省所轄八路，每遇朝廷遣使頒降聖旨詔條前來本省，必須經由建寧、南劍二路，亦有就開讀者。次至福州行省，其興化、漳、泉、汀州等路，不係使臣經由去處，例從行省差人開讀。今體聞差來使臣，每每自福州親至興化、泉州開讀，方回赴江西者，經過邵武，亦就開讀。汀、漳二路，未嘗親去。且泉至漳，係是隣境，相離四站，驛程不及三百，捨而不往者，蓋有其由。泉南乃舶貨所聚之地，不無希望；汀、漳係烟瘴幽僻之方，遂憚其行。漳在正南，汀居西北，行省差人，必須各別。去漳州者，又復經過興化、泉州，不惟鋪馬首思重併，抑亦有失奉使大體。今後如遇使臣頒降詔旨福建開讀者，除經由處得許就開，其餘不係經過路分，合從行中書省欽依選官，前往隨路開讀。來使不應往而往者，理宜禁止。若本宗事必合親赴泉州開讀者，不拘此限。都省准呈，遍行依上施行。

六月，丞相完澤、左丞相吉丁等奏：「雲南、福建行省言，赴任之官，雖準給驛，然得代而還，則自備鞍馬，且歿故者，妻子不能得出，誠可矜憫。臣等議得，任回庶官，在陸途則乘己馬，及至水路，官給驛舟送之。」奉旨准。

三年正月七日，通政院使只兒哈忽、中書平章政事刺真等奏：「木憐等九站，去年起馬頻數，多致羸斃。又兼田禾不收，以是來請。臣等議，乞差人前去分別馬匹强弱，於附近燕只哥赤斤屯田粮内應付芻粟。」奉聖旨准。遂差怯薛觧也里坤詣各站，給散子粒四百五十石。

大德元年四月，太原路脱脱禾孫言，本路站赤東接真定，南至平陽，四達之路。時有雲南、四川、甘肅、陝西等處往來之使及諸王朝省官員經行，比年鋪馬損斃，站户困窮。其西番僧使馳馱，重者二三百斤，輕者不下百五十斤。又兀刺赤馬後附物，常行馳驟。今後乞從脱脱禾孫及站官量定，每馬許載百斤，非急務不得馳走，庶望站赤少甦。都省準擬，遍行合屬，依上施行。

五月，中書省據通政院呈，婺州路言，福建任回庶官，乘坐站船，須求分例，若便應付，恐後追徵。省部照得，飲食、草料已有定例，站船亦嘗定擬一品、二品給三舟，三品、五品給二舟，六品至九品、令譯史、通事、宣使等給一舟。身故官妻子驗元受品職，與先擬任回官一體應付外，仰依已擬施行。一議擬到下項，官吏止許應付正分例一名，餘皆粥飯，并馬匹草料。三品以上，正、從不過五人，馬不過五匹；四品、五品，正、從不過四人，馬不過四匹；六品至九品，正、從不過三人，馬不過三匹；令譯史、通事、宣使等，正、從不過二人，馬不過二匹。

六月一日，通政院據静江路脱脱禾孫申，本路接鄰蠻洞廣海極邊重地，路里遠於雲南、福建，其任回官員或故官妻子，俱求站船分例，若便應付，慮恐違錯。請區處事。省部議得，海北海南、兩廣、四川任回及殁故官員家屬，即與雲南、福建一體。仰依奏準例，應付站船分例相應。

七日，中書省奏：「前者各投下斡脱營運，爲不應給驛，已嘗奏準拘收鋪馬聖旨。已後營運買賣，各從己馬常行。今聞各投下諸王、駙馬，又給斡脱户公文乘傳，搔擾百姓，理體不宜。合無依先制拘收給驛文書。」奉旨：「可拘收。」省部欽依，下合屬施行。仍令脱脱禾孫遇有此等給驛者，就便拘收去訖。

七月，桓州、昌平等十一站達魯花赤洎灤陽站言，各站額設車馬正站人户，内有富實者，擅將弟分房家口呈獻諸王投下，或投充人匠、校尉等户，規避站役，止著見户應當。若不別僉補替，或追復避役之人，誠恐久而不改，損廢站赤。

二十二日，通政院官只兒哈忽、剌木真、八剌沙等奏：「請與各投下頭目分揀之。果奉上命者勿論，如有自獻之人，乞懲撻，仍令當站。」奉旨：「可重撻之，回與站赤。」本院欽遵，關兵、禮部遍行訖。

十二月二十六日，中書平章政事賽典赤、剌真等聞奏三事：

一奏前者嘗令站赤人吏，每歲賫祇應文卷赴省會計，至今不廢。臣愚以爲百姓稅賦課程，年終固當赴上考校，蕞爾分例，何足筭也？今後若令各處廉訪司所至照刷祇應文卷，有理無理，隨即整治，似合中道。宜罷會計之政。

一奏上都至大都及宣德府等一十三站，在先站户出備祇應首思，免其差發。去年下議和雇和買，軍民站赤均當，遂令管民官應付各站分例。今站户兩有所出，誠爲重困。又，有司所委幹辦祇應者非其人，不無躭悮使臣首思。若除免一十三站和雇和買之役，仍舊令站户自備祇應，似爲便益。

一奏外路使臣首思，管民官以物賤時營備孳畜，令民生養，似此殊省官錢，而廉訪司糾其動摇百姓。且如去年真定姚八兒思修葺官舍，置立水碾，裨益祇應，使臣往來實賴之，本道廉訪司亦以爲非。臣等議得，隨處管民官若有營私害民受贓入己，合從廉訪司體察。有如省減錢物，從長規劃有益之事，憲司合置之。並奉旨準。

閏十二月，中書省會驗腹裏諸路年銷祗應錢糧，除額撥外，民間多有借貸之數。蓋額少不敷，官吏或致侵刻，每歲赴都照筭，其各路官先期追集府、州、司、縣及驛傳人吏，名曰置局查勘，因以遂其姦利，深爲未便。於十二月二十六日奏準聖旨，除上都、大都、隆興、大同四處，歲用錢糧數多，難以定額，以下半年放支。其餘路分，斟酌合增錢糧，自大德三年爲額，於大德元年税糧課鈔内支撥。若有不敷，差人赴都關取。仍委官從長規劃祗應，務在足用，毋致科歛擾民。官吏人等，亦不得營求私利。若有諸王、駙馬親行，合用祗應等物，却於各處支持錢内應付。

二年二月，中書省準陝西省咨，王相府咨，啓準安西王令旨，四時朝會嘗奉上命，省減鋪馬。今王府常行鋪馬令旨，乞皆令拘收。又札忽真妃子懿旨，本位下遣使乘驛辦事，多不反命，又且擾民，今奉聖旨分揀鋪馬，可將此處所執令旨拘收前來。今令捌思八、許都事二人，與安西府行中書省共議擇人拘收之。敬此，除差人拘收外，咨請照會，驗都省準上，遍行拘收。仍行移各投下總管府，依上施行。

三年十一月十三日，丞相完澤、平章剌真等奏：「江浙省言，下海使臣未及去期，先到行省。比及行時，日騎小鋪馬，食分例，閑居七八月。又正、從不分，但差下海，必給一二年祗應，多廢錢糧。今後合分正、從，斟酌合去時月，相近遣來，庶幾省減祗應、鋪馬事。臣等議得，其言有理，乞今後分揀正、從人數，斟酌時月，明白發遣，使當該官司知之。」奉聖旨準。

四年九月，中書參知政事馬哈麻等賫奉詔書，巡行各路，問民疾苦。據保定等八路言，道居衝要驛程，每遇各省及西番僧使進納官物，必經所屬接運，遂將槩管各縣車户編立牌甲，輪流勾集在府伺候。起運去住，資費每輛用鈔二三百兩，官定脚錢，端實不敷，未免科歛借貸，歲計不下千百，擾民爲甚。請區處置立車站。馬哈麻等以其言上於中書，從兵部、通政院議定，就内丘縣安置車一十五輛，每輛於編民實有物力户内，酌中僉差一十二户，隨其高低，合配當役，元出差税，依例除免。其車輛、繩索，初年官爲照依時估收買應付，整點完備，已後若有死損，站户補置。委設馬站提領兼莅其事。九月四日，回據順德路申，已僉内丘縣車站户四百六十八户，共當車役。

十二月二十一日，通政院使只兒哈忽、哈只等奏：「致用院官沙不丁言，所職採取希奇物貨，合從本司公文，乘傳進上。先嘗有旨，於附近行省斟酌應付鋪馬，今請遵行此制。

令行省、宣慰司官，量所運物貨輕重，給發站船鋪馬。」奉旨準。省部行移鎮江通政院及各處，欽依施行。

五年正月十一日，太傅、右丞相完澤等奏：「羅羅斯土人亦朋言，雲南站道經四川地界，過禿獠蠻，形勢險惡，宜改立一十二站。事白梁王及雲南省官，遣人相視，亦言其便，具以聞。臣等議，先是忙兀禿魯迷失、怯來、張閭各言改站之便，以其道出三省之境，三省之人恐及其地，各欲自私，其論不一。若準此説，即令改立，恐不能定。不若降旨，令都省選人，與雲南使者及建言土人，及各省所委之人，親身遍歷，凡所言改立之路，相視何處可立，即當改立，託故不立者，罪之。」制可。乃賜亦朋等二人各衮帛二，從者半之，遣還。

二月，遼陽行省大寧路言，諸王位下送納鷹隼，高麗王位下押運物貨駞馱，及回官等走驟，日三五站，致將鋪馬損斃。今後合無令送納鷹隼回還人員并押運物貨者，坐車遞送。省部照擬，如不係急使，宜從所擬相應，回咨照驗施行。

四月，省委點站官苗好謙言，桓州等處一十一站，提領、百户人等，結攬站户身役，逼取傭錢，是致被害困乏，擬合禁治，及憑藉應役。都省照得，已於大德元年四月定擬內、外水陸站赤，須令正身應役，管站官吏結攬者，除科罪外，工價追没，提調正官取招申呈。送兵部，依上施行去訖。

六月，御史臺備監察御史言，伏惟國家設置站赤，本以幹辦急務，布宣號令，古人所謂置郵而傳命者也，其所乘馹騎，皆站户所買，凡遇倒死，責限隨即補完，在國家所係非輕，在百姓所關不易。竊見各處行省、宣慰司等任滿得代官員，前來求敘，或閑人經營私事，往往囑託營求差使。主者看徇，不問緩急可否，即許，因而馳驛。又，事體可以並行，以私意而分行，或文字可以入遞，以私意而馳驛。起數頻煩，疲以奔命。去留縱意，走驟任情，以致馬匹羸斃，站户逋逃。又，一日走五七站來大都者，指公務爲名，經營己事，將御寶聖旨於客館頓放，不慮疏失。比回，已十數月，亦有經年者。本處遇有應合給驛，爲無鋪馬聖旨，耽悮官事，深爲不便。合行立法禁治。仍令各處廉訪司、監察御史，常加照勘鋪馬起數，但有違犯，究問斷罪，警戒其後。如此，則站户可以蘇息。憲臺具呈都省，遍行照依累降詔旨事意，禁約去訖。

七月，御史臺準監察御史言，上〔九〕都、大都站赤，多有使臣妄需長行馬匹芻粟，稍若違慢，箠詈站赤人員。略舉洪贇站，四月十七日承接不荅失里公主位下闊闊觧乘驛到站，將長行馬一匹，需求芻粟。管站者稱定例，四月一日住支，遽遭鞭撻，應付芻粟、車輛而行，似此違例，又無文憑，理宜禁止。今後若有犯者，聽站官申覆合屬上司，追價治罪。本臺具呈都省，送兵部，依上行移禁約。

九月，通政院敬奉晉王令旨，針線娘子、女兒、火者饍食，在先用斡耳朵馬驢起運，今年兩次倒死頭疋，可令通政院應付驛馬。本院移咨河東山西道宣慰司，於民户内遞運。關兵部照驗本部，以前件米、麫、脚力，在前不曾應付。具呈都省，照得大德二年正月六日，奉準諸王、駙馬位下合關五户絲、軍器、歲賜段匹，官爲起運，其餘諸物，初無運送之例。通政院不應輒擅行移河東宣慰司，於民户内遞運。送兵部，行移，欽依施行。

是月，隴北廉訪司僉事梁承事言，亦集乃路所管七站，除在城至川口二站，山外口至本路五站，係官和買鋪馬，或三十、五十以付站户飼養，秋夏牧以青芻，春冬取粟官廩，其人復侵食之。設若倒死，官司又議補買，蓋是物不干己，致罹此弊。今後合令本路正官分輪提調，有損斃，當該官與站户補買。果如走遞、病死者，申覆上司，覆驗補置。如此，庶省官錢，站亦必奉職。省、臺準擬，下合屬依上施行。又，四川道宣慰司都元帥府言，兩廣、海北海南身故軍官遺下家屬，例給站船起遣，四川亦合一體。省部照擬得四川宣慰司都元帥府身故軍官，抛下老幼，比依入番等處，一體斟酌應付站船脚力，回還相應。咨陝西行省施行。

十月，兵部奉中書省判送，宣徽院照磨崔用查勘出柴炭提舉司多有未支柴薪，廩給司多有未支羊酒、米麪等物，俱作已支，按月申報。擬合收作見在，立法關防。送兵部，查照到未支柴薪、羊酒、米麪等物，移準通政院關，上項物色，各倉庫急無見在，使臣飯食，除緊急人員，廩給司措借應付，緩慢者收執花闌，直候物到，纔能支付，似難議擬。本部議得廩給司支持鈔定、米、麪、柴薪等物，今後每上下半年，通政院預爲申關撥降，差人收管。遇有出使人員合支物色，就發花闌勘合，隨即支付。年終通行照筭，若有銷用不盡數目，收作見在，下年支用。所據查照出未支物色，擬合追徵還官。已發花闌，五日内不行支取者，不許放支。庶革前弊，具呈照詳。都堂準呈，連送依上施行。

十一月，保定路定興驛言，本站見設車一十五輛，輪流遞運，不曾少休。今夏水潦，驢出饑死者五十餘頭，站民千禾傷澇，朝不謀夕。雖貧若此，亦已勉力補買驢畜當站。略舉八月二日至二十三日御位下來使及茶忽真妃子位下鈔車，應付過一百餘輛，於内轉雇民車四十四輛，逋負鈔錠，卒無所措。又有西番送布施回車七十五輛，涿州續運方去西番送布施車五十餘輛。即今應付不敷，非徒悮事，誠恐站户逃亡，隳廢驛運，乞區處事。都省議，除不敷站車別行僉撥外，委官自定興縣、真定路點視各站應有合運諸物，先儘站車，挨次盤運。果若不敷，令本路官司於見在係官錢内，依例和雇長行脚力起運。施行。

是月，遼陽行省減較定擬到周歲祇應可用錢糧額數，都省準擬，依上施行。

一，遼東道宣慰司，中統鈔一百錠，白米三十石；

一，大寧路〔一〇〕，中統鈔一千六百錠，白〔一一〕米四百石；

一，遼陽路，中統鈔一千錠，白米二百石；

一，瀋陽路，中統鈔一百三十錠，白米四十石。

十二月，湖廣行省備播州宣慰司言，近摘撥湘川驛馬前赴琅洞、重萬、麻峽等站，供應軍事走遞，征討〔一二〕八百媳婦。又值新增站赤馬少，以所摘鋪馬什物越過貴州不還，除令八户勉力補置外，若復出備祇應，誠恐重困，已於本司見支未盡糧鈔内斟酌支銷。本省亦爲播州經值供億軍馬，征討八百媳婦、宋隆濟，使臣頻數，劄付本處宣撫司，於係官錢糧内，係正官一員提調祇應，請照驗事。都省回咨本省，依上施行。

是月，通政院備雷家站等驛言，先蒙奏準站户自備首思，除免和雇和買。今欽奉聖旨節該：各州縣，各投下軍、站、匠人等，並依先行聖旨，皆令供應和雇和買、雜泛，似此當役重復。具呈都省，照得大德元年十二月二十六日，已經奏準聖旨，上都、大都及宣德府等一十三站，除免和雇和買等役，依舊令站户自備首思。欽遵施行訖。今據前因連送兵部，就行合屬審實，如委係自備首思站户，欽依元奉聖旨事意施行。又，江浙等處行中書省言，杭州路在城驛，近承接使臣答术丁等欽賫聖旨懸帶虎符，前赴馬合答束番國，徵取獅豹等物，往回應付二年分例，不受山羊，不需北羊首思，及過求禁屠一百五十日肉食。又愛祖丁等使四起，正、從三十五名，前往刁吉兒地取豹子希奇之物，往回應付三年分例，各官亦需北羊肉價。本路申言，首思祇應，累有聖旨約束，北羊本非南地所産，雖或有之，其價甚貴。今年正月時估，北羊肉價每斤中統鈔一兩五錢，山羊肉每斤一兩。準用此，則周歲省鈔甚多，站赤便益。本省參詳，除答术丁等俱係欽奉聖旨出使人員，令本路權支北羊肉外，今後下番使臣，如準杭州路所擬，應付山羊肉價。庶望省減官錢，即係爲例事理，請區處事。都省送兵部，議得北羊既非南地所出，宜準行省所擬，應付相應。

六年正月二十日，通政院使秃滿答兒、哈只等奏：「諸官府遣使至隆興府所委公事住滯，卻乘小鋪馬妄行，合無禁止之。」奉旨：「今後也忽里提調小鋪馬，勿得給與。」具呈都堂，送兵部，欽依施行。又，通政院官奏：「諸僧、使臣，每將重物裝乘，以致鋪馬倒斃，乞依舊制，駞馱一百斤以上者，不許裝載。」奉旨：可令宣政院各分揀之。欽此。都省遍行照會訖。

二十二日，通政院使察乃等奏：「諸使及西番僧人所過站赤，既乘鋪馬，復將常行己馬需求芻粟，合無禁止。」聖旨：「勿與之，可也。」省院欽依，移咨行省施行。是日，通政院使察乃、哈只，同知通政院事撒的迷失等奏：「各站在逃户計，前者不曾定罪，止令依舊入役。今臣等議得，似此逃户，杖七十七，追納合該差税，可否？取裁。」奉旨：「卿言是也。其行之。」又，河南行省備汴梁路脱脱禾孫言，襄陽、南陽等處遣使部押税課，除欽賫聖旨起馬外，亦有以差劄起馬赴省者，比其返也，仍復給驛，不審可否應付？省部議得，今後除進上有顯驗物色，欽依聖旨事意施行，其餘出使人員，合賫聖旨，給驛相應。

是月，陝西行省言，諸官府及西僧給驛頻數，馱物太重。今後請禁止濫給鋪馬，及長行馬芻粟。但有進呈物色，自起程權其輕重，不過百斤，差劄内明書經過去處。許脱脱禾孫盤詰減卸，具押物官姓名申上懲戒。通政院官奏準聖旨，令宣政院官分揀之。省部欽依施行。又，打捕鷹鷂官薄得信言，至元二十三年，欽奉聖旨，打捕鷹鷂，每歲秋季七月十五日入海，本處官司給食。採得鷹鷂，乘坐鋪馬到館，每鷹一連日支鷹食肉四兩，至九月十五日出海。大德五年，站赤止給鷹食，而本處官司以無省部明文，不與粥飯，乞區處事。兵部參詳，薄得信等下年捕鷹時，比依脱懽沙例，應付粥飯相應。省準，依上施行。又，中書下兵部安置站車。初，大德四年六月，都省照擬，大都至西安，沿路未立車站遞運官物，往往科擾於民。於當月十五日奏准聖旨，差官前詣各路與正官酌量僉户，安置車站。回據所委官兵部郎中答里必等呈，保定至河南閿鄉縣安置車站一十六處，同整點得彰德迤北諸路，運物輻輳，站車不敷，其押運人員科起民家車牛，無者出錢轉雇，體究每站，不過一百八十户，却當向日一路差發，誠爲勞苦，請議增設相應。又，河南府新安縣車站至峽石一百八十餘里，山路險惡，如值泥潦，一去十日不還。若於澠池增設一站，庶得通濟。既而保定等路申，每站置車十五輛，遞運不足，未免轉雇民車，每輛用鈔七十八兩，似此重併，請量增車輛事。至是省部定擬，安置如左：

一，各處合起錢物，差人管押，須於差劄内明書運物斤重、可用車數，所至驗實應付，不得躐越過站及半途增索車力。凡物至衛州，從本路提調正官依驗差劄。除金銀、寶貨、鈔帛急需之物載以車輛，其餘麄重閑慢物色，以舟運之。若無求文，或所書不明，又非站車合運之物，其押運人及所在官司，並不得用小帖子、口傳言語起給車輛，管站人亦毋得應付。苟有持勢挾權者，具名申部。

一，各處行省并腹裏瀕河路分，應入水站物貨，依例船運外，不拘河道去處，擬自涿州至宜溝一十站，量擬再增下項車輛，每輛許僉一十二户，同力應當，除其差税。差去官與各路正官照籍，於酌中户内僉取高下，分配供役。合用車輛、驢畜、繩索等，官爲買備。已後死損，站户補償。涿州至宜溝車站一十處，除見設外，量添下項車輛，每輛須載二千斤，驢一十二頭。涿州十五輛、定興十輛、保定一十輛、中山一十輛、真定在城一十輛、趙州五輛、内丘五輛、臨洛五輛、磁州五輛、宜溝五輛。

一，見設車站，元係馬站提領兼管，今改擬不隸馬站。從差去官與本處管民官一同詢衆，於車站户内選差諳練官事二人充提領，管領站户，飼養驢畜。仍委路、府、州、縣達魯花赤長官提調成就。

一，車站户數，即與馬站無異，雜泛差役已有定例，仰一體照會施行。

一，在都設立車站日久，整治條格，從兵部就便照勘，依例施行。

一，河南府新安縣至峽口，路險且脩。今於澠池增設一站，置車一十五輛。照得汴梁南至黄州、襄陽兩道站車，除先撥付河南府管下站赤安置外，其餘車數已盡革罷，人户未曾收差，咨河南行省依例僉撥安置。

二月，江西省咨，廣東道德慶府判官合麻因病作闕，宣慰司照依任回官員例，應付站船出廣，廣州路副脱脱禾孫言其難同得替任滿之例。本省看詳，病患作闕，終是到任人員，理宜應付。都省準擬，依上施行。

八月，廣平路言，近蒙朝廷差來官及通政院所委官整治站赤，計點館内闕少鋪陳什物，立限增修祇待。已經定擬到合增物件，申通政院照驗外，若於本路大德五年額撥祇應錢内放支買置，緣已銷用無餘，擬候大德六年撥降官錢置造，請區處事。兵部照擬得各路館舍鋪陳什物損壞去處，正官相驗是實，計其物價，令不干礙官司體覆，於年銷錢内從省收買修補。中間若有情弊，廉訪司糾察，已有定例。今據所申，擬合各路於逐年額撥年銷祇應，從長規劃息錢，逐旋修置，不惟於民無擾，抑不省官官〔一三〕錢相應。呈奉省準，依上施行。又，江浙等處行中書省言，嘉興等路逃亡消乏站户一百餘户，合無從廉訪司體覆補换。省部議得，逃亡消乏站户合令親管州縣保勘，具申總管府，委不干礙五品以上管民官，體覆是實，開具元僉增損目今實有丁産，申覆省部區處。從監察御史、廉訪司體察，但有不實，將保勘體覆官等驗户多寡責罰，摽附過名，任回降等遷敘，主典吏人勒停。行移合屬，照會施行。

十一月三十日，通政院使禿滿答兒、察乃、哈只等奏：「塔察兒脱脱禾孫言，諸使臣非有公事，不遵站道，經由秦中鞏昌府、鳳翔府等處城池，於理體若不相似。」奉旨，若曰：「果有公事，則從城邑經行。無所事而自過城邑者，罪之。」欽此。具呈都省施行。

【考校記】

〔一〕輯自《永樂大典》卷一九四一九。

〔二〕「綏」，原作「緌」，據《元史》卷六〇《地理志三》改。

〔三〕「葭」，原作「獲」，據《元史》卷六〇《地理志三》改。

〔四〕「木」，下文作「术」。

〔五〕「令」，文殿閣書莊本《站赤》作「令」。

〔六〕「立」，據文意，疑當作「言」。

〔七〕「楊」，原脱，據上文補。

〔八〕「言」，據文意，疑當作「立」。

〔九〕「言上」，原作「上言」，據《元史》卷五八《地理志一》乙正。

〔一〇〕「路」，原脱，據上下文例補。

〔一一〕「白」，原作「曰」，據上下文改。

〔一二〕「討」，原作「收」，據下文改。

〔一三〕「不省官官」，據文意，疑當作「又省官」。

驛傳五〔一〕

大德七年二月十九日，中書省奏：「軍上諸王、駙馬，不審事之緩急，一槩遣使，及萬户、千户與無干礙之人，並給鋪馬差劄，以故站赤兀魯思輩，應役困乏。臣議得，乞今後諸王、駙馬、元帥、萬户、千户，若有給驛之事，未經出伯議者不得行。今既委命前去，方當站赤消乏之際，但凡不急之務，就令出伯較計。」奉聖旨準。

三月，河南行省備汝寧府言：「通政院每歲差官，於補換站户名下，追徵津貼鈔，赴上都通政院交納，止給馳鈔鋪馬，其押運官自備騎乘不迭程。況有起離之後，尋復計搆回還，虚準差遣，有妨公務。竊見省府、樞密院差官馳驛前來，催取諸翼軍人封裝追徵數足，仍付來官收管，乘驛以送，止差弓兵防護，站需即與封裝無異。又本府至上都，往復六千餘里，徒勞押運，乞比照封裝事例，今後令通政院差來官，就交站户役鈔乘驛前去，有司應付防送弓兵，誠爲便益。」都省準擬，行移合屬，依上施行。

五月二十八日，中書省奏追甘肅隱占站户，依舊當役。初，大德六年，甘肅行省言：甘州甘泉站户役充僧人、禿魯花、軍匠、答黑下牧羊等户，窺避站役，負損見户等事。中書省奏準聖旨，同樞密院、宣政院遣使至甘肅行省，追勘得六十年前立站之時，撥户三百四十八，即今當役者止存一百七十六，除實逃亡事故四十六户外，隱占投下計一百二十六户，隨時復役者已二十五户，尚餘一百一户，係初定站籍，見種贍站地土，卻屬各投下户計，請區處事。都省送部議，擬合改正，依舊當站，以此。於是日奏奉聖旨：「依卿等所擬，令當站役。」劄付各處，欽依施行。

六月，行通政院言：「兩浙行宣政院僉院吉祥、判官劉伯顏等，給鋪馬赴杭州之任，又浙東宣慰使答吉孫都運等，起給船馬赴浙東平江之任，爲無通例，乞都省定擬。」送兵部照得至元二十四年七月二十四日，尚書省奏準，雲南、四川、甘肅、福建、兩廣赴任官員，許給鋪馬。其餘去處，難擬應付。呈蒙都堂定擬，除各處運司官員，如委急闕辦課之任，鋪馬臨時斟酌應付，餘準部擬施行。

九月，管領諸路打捕鷹房總管府言：「打捕達魯花赤蔡榮、鍾德，元歲捕鵪鶉，合用載網索、竹竿、站車及打捕人飯食，依例出給部字事。兵部照擬，去年爲採捕野鴨頭目人等粥飯部字議，除軍民自願充役，及支請衣糧户計，不須應付，其除差不請衣糧者依例應付，都省已嘗準行。今捕鵪鶉户宋秀、張子熊等，每歲宣徽院照依鷹房昔寳赤例，驗實有家口，支請五箇月粮及衣裝布帛。不闕，即合依例住支粥飯。其載網索、站車，别議施行。今後似此打網人户，如是支請衣糧，一體住罷相應。」省準，依上施行。

十一月，江浙省宣使吕從善等，承差馳驛押送金銀貨物到都，事畢當回，通政院不給鋪馬，擬以驢畜應付。其人以爲大都至杭州五十餘站，約行兩月餘。今之回也，難同禮任官員、納物回程、庫子閑慢之比，赴省陳訴。都堂議得，閑慢使臣給驢，本革泛濫之弊，各省宣使事畢，回還聽差，難同閑慢人員，回日依例給馬。除軍情急務，無得走驟，日行不過三站，宿頓去處於起馬關文上明白該寫某站起程，至第三站止宿。如違，站官、宣使各笞二十七，再犯罷役。連送兵部行移通政院，依上施行。

八年正月，御史臺備監察御史言：「各處站赤合用祗應官錢，多不依時撥降，又或數少不給，遂令站户輪當庫子陪備應辦。今又預定周歲額數，先支其半，規畫祗待，有司往往抑配行鋪，收市諸物，剋期取息，利己害民，所支官錢，十不及一。今後若驗使臣起數實支官錢，所在官司依時撥降，令各站提領收掌祗待，毋得科配小民，濫差庫子頭目，似爲便益。」及江南湖廣等處奉使宣撫言：「巡歷歸州、澧州等路，每以站赤祗應官錢，妄敷行鋪，科取擾民。宜令所司每月赴路關領，從實銷用，庶革害民之弊。」都省送兵部照擬，規畫祗應之事，累經奏準聖旨整治，及都省定議，長便施行，其弊終不能革，蓋因給驛冗濫，縻費錢糧，且如增給支持，曷若本源省事。合從都省減節諸官府、各投下出使人員，禁約假公冗食之害，果有不敷，合議增給。所據減價抑配、虧損百姓一節，宜令各處提調上司，預撥州縣各該鈔數，從長規畫，驗彼中實直，乘賤和買祗應諸物，立法關防，從公銷用。若或官吏刻剥抑配作弊，令廉訪司隨事糾治，任滿於解由內標寫，以憑黜降。除諸衙門省減出使，已於整治站赤事內別議施行，至於祗應不便事理，乞劄付御史臺，依上體察相應。都省議得，各處站赤祗應合用錢糧，預爲撥降，州縣官司，果有不行從長規畫，減價科民，一切不應事理，依已行從廉訪司體問究治，仍依期照刷。餘準部擬施行。

三月二十八日，中書省奏：「在前爲諸王、駙馬各枝遣使，事畢不回，久占鋪馬分例。

遂奏定限期，大事七日程，小事三日程，出此限外，不及鋪馬祇應。後廉訪司以爲太嚴，奏令再議，未果。今陝西行省咨，謂如各投下使臣，以軍情、錢糧及干有司之事，比及完備，請依舊制，應付鋪馬祇應相應。大都省臣議，果有如此公事，合依先例給與。若或事畢，託故不回者，鋪馬祇應不當再給。如各投下催徵斡脱錢債、地租造作，與管民官無相關係之事，則從已定條例與之。臣等以爲不立限期，事涉弛靡，合無定擬有軍情及干民訟者，限以半月，令行省與各路提調官，不以是何投下，早完其事。若不係管民官司，大事八日，小事三日，許支鋪馬祇應，限外不得再給。」奉聖旨準。

四月，大都路總管千奴言：「見問訴良人等，於内多有轉發河南、腹裏，必須差人遞押，乞令經過去處應付粥飯。」兵部議得，經官轉發之人，擬合令經過官司，驗前路公文，從實應付粥飯。官吏人等不得多冒支破官錢，其監押者亦不得遷延擾民，違者各治其罪。」都省準擬，依上施行。

六月，陝西道奉使宣撫言：「五臺僧潘提點者，賫闊闊出太子令旨，又索羅察兒賫諸王阿只吉令旨，欲赴大都，於官司取求飲食、芻粟、防送弓手、前路關文。竊詳此等出使人員，宜令合干上司，明給公文，書其正、從人馬芻糧之數，行移有司應付。但有不應，則於元給文憑官吏追償抵罪。」都省送兵部議得，各位下、投下，除軍情急務，已有應付鋪馬首思定例，其乘己馬人員，事因出使，擬合經由省部驗事，開寫可畢日期，給之公文，於所過取給飲食，限滿赴部繳納。仍嚴加禁約，不得擅自取與。遍行照會相應。都省依上施行。

七月，陝西道奉使宣撫言：「諸官府遣使頻繁，鋪馬倒死。太原路管下站赤年例，首思錢一千餘定，科配人户減半，買物不便。」省部照擬，年銷祇應，已令各處從長規畫。内外官府濫差使臣，亦於整治站赤事内禁治。乞惟各處行省任滿得代無禄之人，或因起納諸物，或指計稟公事，濫起鋪馬赴都，因而求仕，直至得除，馳驛回還，不惟虚費首思，實恐害於站赤。以此定議，今後任滿得代無禄之人，不許差使赴都。如違，定將當該首領官吏究治。移咨各省，劄付御史臺體察，及下合屬，依上施行。

又，御史臺備山南廉訪司言：「荆湖一道，路、府、州、縣年銷祇應，自大德五年撥降規畫官錢祇待，至今三年，不見接支，亦無增給鈔數。加之有司不遵原行規畫，收買米麵、羊酒、雞猪等物銷用，但將鈔定科配屠沽店肆之家，存本取息，出物供待，會計到今，息過於本者數倍。略舉江陵一路祇待錢，散科所屬司縣百姓，買養牝猪六百隻，每隻官給價鈔一十兩，計官本一百二十定，半年一次抽分猪一隻，限重五十斤，周歲抽分猪一千二百隻。

如無本色，徵鈔一十五兩，計取鈔三百六十定。如此害民不便，請懲革事。」兵部擬令河南行省，照依都省原行事理，令宣慰司、各路周歲預爲額撥州縣鈔數，從長規畫，驗彼中實直，趁賤時月，兩平收買祗應，立法關防，從公銷用，年終通行查勘照刷，相沿交割。若有不爲用心規畫，減價椿配，虧損人民，徇私動衆，侵使入己者，令廉訪司隨事體察究治，任滿解由內明白開寫，以憑黜降。庶得省減官錢，民不被擾。都省議得，各處祗應鈔數，每年依額撥降，廉訪司依時照刷。餘準部擬。

九年八月三日，陝西行省咨，平章政事明安答兒言：「在先諸王、駙馬各投下差遣使臣，與各路有司相干公事，當時應付鋪馬祗應，初無程期。近者中書省奏準聖旨，諸王、駙馬遣使，事干軍情，及關係管民官司者，限以半月，其餘大事八日，小事三日，許支鋪馬祗應，限外不得再給。除欽依外，伏見諸王、駙馬多係邊藩鎮戍，其所遣使，乃爲軍需營造、期會錢糧之務，間有卒急不能成就者，所司無問事完與否，纔過程期，即依新例，不給鋪馬祗應，使其人市食步趨辦事。且如朝廷出使，與州郡所差人員，無分內外，一體應付，何獨宗室之使，計其程期？非所宜也。況今迤北土哇等遣使入覲，馹騎往來，儻若揚聞于外，誠非國家柔遠人、懷萬邦之良規也。今後若定擬，諸王、駙馬使臣經過驛程，除常例外，若有各路相干公務，欽依前例，當該總司并各路委官，提調催督其事，果有未完，亦合照依舊制，應付鋪馬祗應，事畢止截，似爲長便。」丞相阿忽台、平章政事賽典赤、八都馬辛等奏奉聖旨，準其所言。都省欽依施行。

十一月五日，中書省奏準事理，行移合屬，欽依施行。

一，奏前者太原等處地震，田禾不收，百姓闕食。站户自言，去年諸王阿只吉使臣，給驛者七百五十餘起，今年春夏凡三百四十餘起，尋常無此頻數，困乏不支。曩者聚會之時，雖嘗奉旨，令大枝諸王量事遣使，毋致冗亂，猶尚如此。今合以此緣故，言於阿只吉及諸王、駙馬，咸使聞知。奉聖旨：「卿言是也。可諭之。」

一，奏諸王、駙馬分地城邑，及其餘事務，委命達魯花赤等官，各給常行鋪馬令旨。其人以己私，不以遠近，輒乘鋪馬往還，站赤消乏，職此故也。乞拘收此等鋪馬令旨，今後各投下命官遣使，常行起馬之制，一切禁止。奉聖旨準。

閏十二月二十一日，丞相完澤等奏：「去年怯來上言，雲南經由亦奚不薛改站，道平，又捷水路二十餘站。今賽因不花卻言若改此道，經由己地，其民即目差税軍站，猶且勞苦。若又重立此站，民不能存。臣等謂賽因不花私其民之説如此，若果順便，其言可聽。

今乞令雲南、湖廣兩省，各差一人，同往相度合改與否，擬定上奏，至時決之。」奉聖旨準。

十年正月二十日，中書省奏：「外路爲官者，多因己事託故，令近行人員奏請給驛赴上，舍其所職，便私入覲，曠廢事務。乞定擬，今後如此託稱事故近行人員，不得奏請，省諭禁約之。」奉聖旨準。

三十日，宣政院使沙的、同知宣政院事桑哥答思等奏：「帖木觧兒前者傳奉聖旨：諸王、駙馬非奉上命，毋得遣使西番，欽此。今各投下出使馳驛者多，擾民尤甚。上位嘗有旨，乞依先制給降聖旨二道，諭寧河、臨洮府脱脱禾孫禁止。」奉聖旨準。本院具呈都省，欽依施行。

五月十日，通政院使察乃言：「迤西站赤不便，自大德九年至十年正月，西番節續差來西僧八百五十餘人，計乘鋪馬一千五百四十七疋，至甚頻數。竊照大都至衛輝二十二站，若將此等回程西僧，從水驛以達衛輝，人則換馬，物則行車，從本院官更相提調起發，脱脱禾孫所至辯驗，庶幾減省鋪馬，站户少甦。又站車每輛載物一千斤，馬負不過百斤，今使臣載物過多，壓損頭畜，各處脱脱禾孫弛心曠職，曾不之察。宜定黜降之罪，以繩不迨，果能奉公者，驗功陞賞，庶有激勸。」省部照擬，馳馱車輛，舊制已禁重載。所言脱脱禾孫守法不嚴，合從所擬斷罪黜降，仍令各處達魯花赤正官常切提調，毋致害於站赤。十四日，以察乃所陳，奏準聖旨，遍行合屬，依上施行。

七月，通政院廩給司言：「東西館使客合用柴薪，宣徽院三年不支，使當館人夫出備。」兵部呈奉都省，議得宣徽院柴炭局，見收柴薪供給内府不敷，據使臣人員合用柴薪，量擬每名日支中統鈔三錢，呈準日爲始，就於已降廩給司支持錢内，通行除破施行。

又，河間路言：「江浙行省納物回使哈答辛、百户王宣使等，非理走死鋪馬六匹。」兵部議得合咨本省取招追斷。隨處馳驛納物回使，宜準通政院，以擬應付站船。遍行照會相應。都省準擬施行。

十一月，遼陽行省備諸王阿只吉令旨言：「在世祖時，女直哈里賓、水達達等處，每年進送鷹鶻給驛。後值乃顔叛亂，站赤因廢。今來合無依舊應付鋪馬，進送鷹鶻赴上。」通政院議得大德十年五月十八日，奏準聖旨，非軍情、錢糧急務，必合乘驛者，其餘毋得濫給。呈奉省準，欽依施行。

是月，河南府路申：「昨爲晉寧、冀寧地震，站赤被灾困乏。朝議出使人員，十分爲率，六分經過河南，四分經由平陽〔二〕、太原。即今地震已寧，乞依舊例給驛，似不偏負。」兵部照擬，平陽、太原未經地震之前，與河南府路均給使臣驛傳。合自大德十一年，依舊例中半應付相因。都省準擬，依上施行。

是年冬，江浙行咨：「松江府、嘉興路水驛，常有兩浙運司官吏及行都水監人員存坐，日支分例。又鎮守嘉興、邳州萬户府，出鄉巡捕私鹽盜賊，已有哨船，復乘驛舟，有妨遞運。本省擬得兩浙運司及行都水監官吏，乘坐站船，所至即令回船，合支分例於元倒驛内關取。及至事畢，預關前站，隨時應付船隻以行。其萬户府巡捕私鹽盜賊，止乘哨船相應。」省部準擬回咨，依上施行。

又言：「大德七年五月十一日，兩浙奉使宣撫，與本省講究規畫祗應錢糧，每歲預於春首支撥均給，各州縣從長規畫，趁賤買物孳生，逐旋發付各站收管。將民間差設祗應頭目、庫子，截日罷去，令站官管領祗待。合用收支庫子，就於站户餘糧内差設二名，就準本户里正、主首身役，上下半年更替。至大德八年二月，中書下令，比依江南倉庫攢司例，於司縣及巡尉鹽司吏内，選差祗應庫子，二歲爲滿，發補各州司吏，已下各處依上施行外，近者福建道宣慰司呈，小吏管辦祗應，多係無籍之人，携家蠶食，其弊多端。及據杭州、常州等路申，亦言不便，至有悮於應辦，逼臨人命者。竊詳站赤之設，事甚繁劇，來使知理，猶且庶幾，有如化外諸番人員，不諳法禁，過求飲食，稍有違忤，動遭箠撻。今司縣捕盜小吏，素無抵業，惟務貪饕，預領官錢，必致侵剋逃竄，無從追理，既失官錢，又悞祇應，誠爲不便。如蒙照依元議，令站官管領祇待，選差站户之有餘糧者以充庫子，止設一名，上下半年更替，就準本户里正、主首身役，允爲便宜。」都省準擬，回咨本省，依上施行。

武宗至大元年正月，江西行省咨：「撫州崇仁縣元僉雲山馬站貼户楊汝玉，入站田土六頃七十畝七分九釐，免粮四十五石二升，因當站困乏，節次出賣田産，不堪應役，委官體覆相同。若令得業人通行津貼，卻計二十餘户，地里遥遠，田粮畸零不便，止於得業人内，點差陳成之、趙嗣諒二名。其人又係在城站户，以所買之數及下户餘粮，併得四十五石二升，祇承楊汝玉當站。本省看詳，若不準令得業人當站，恐致倒斷站赤。劄付本路，令陳成之等當站外，各路亦有此等消乏站户，保勘體覆是實，合無令得業人應役。惟復别僉，即係違例事理，咨請照詳。」都省送兵部，照得站户消乏，例合覆實替補。如楊汝玉初賣地土，委曾經官告據，令本管及不干礙官司體覆，端的消乏，開坐本户元僉，目今丁産，擬定咨省，僉補相應。今後若有似此户計，亦合一體施行。都省擬，江南站户賣乞地土，先令所買之家隨地納税，餘準部擬。

三年五月八日，尚書省奏：「徽政院言，嘉興、松江、瑞州三路，又汴梁等處管民總督府，凡有錢粮公事，合來計稟者，俱無鋪馬聖旨。啓過太后懿旨，每一路起馬二疋者與一道，起馬一疋者與兩道。臣等議從所請之數與之。」上曰：「可依太后之命與者。」

八月十一日，詹事月魯鐵木兒、朶觧奉皇太子令旨，站赤隳廢，凡火者欲取站車，悉勿與之。敬此，仰籍録敬依施行。

十一月，河西隴北道廉訪司言：「按治色目應當站赤，比因給驛頻繁，補置鋪馬，因而破家蕩産，典鬻親屬子女爲軀，不得完聚，乞矜憫區處事。」省部議得，管站頭目典賣站户親屬，已曾欽奉詔書，給親完聚。其權豪勢要人等，典買站户兒女爲軀，即係違法，罪經釋免，合改正給聚，免追元價。至如河西站户消乏，官爲賑恤相應。

四年二月六日，通政院察乃、朶年等啓於皇太后、皇太子曰：「完澤篤皇帝暨曲律皇帝登寶位時，各處使臣有營己私事，託言進鷹來者，合無禁約。」懿旨曰：「鷹堪好者給驛前來，其不堪者止之。」令旨曰：「此何必言？除海青之外，餘鷹皆勿進，各處可差人喻之。」又特奉懿旨、令旨，今百官庶民亡故及娶婦送女者，皆起鋪馬而行，今後似此皆可禁止。

三月十三日，樞密院特奉潛邸聖旨：「各處行省并各投推稱事故，給驛來者多有之，此間各衙門推稱事故，給驛差出者亦有之，因此站赤消乏。今後似此之人罪之，又具主張押與文字官員姓名以聞，當議責罪。可行移遍諭各處。」欽此。

十八日，欽奉詔書内一款：「站赤消乏，蓋由使客繁多，失於檢察，除海青外，應進獻鷹隼犬馬等物，並令止罷。各處歲貢方物，有司自有額例，其餘非奉宣索，不得擅進。應有執把聖旨、令旨，盡行拘收。諸王、駙馬投下及各衙門鋪馬聖旨，仰中書省定擬以聞。諸賫物爲驗者，今後無得給馬。不應差使，營幹己私，罪及給馬判署正官。監察御史、廉訪司常加糾察。」欽此。中書省部契勘内外諸司，設立宣使、奏差，蓋爲幹辦公事，其各處行省、宣慰司等衙門，比年以來置而不遣，故委府、州、司、縣正官，或無職役營私不應之人，託以軍情、錢糧、貢物爲由，驗其品職，多給鋪馬，道途之間，源源不絕，是致站赤消乏，深爲未便。擬合遍行各處，今後凡遇押運官物，計稟公事，必合遣官給驛。雲南、甘肅、四川、和林差使給馬二疋，其餘行省給馬一疋，量立程限，結罪于官。令在都諸官府，如承此等來使，亦仰依期發遣，庶幾事無壅滯，省減鋪馬。移文合屬，依上施行。

二十三日，中書省奏：「前者站赤隸兵部，後屬通政院，今通政院怠於整治，站赤消乏，擬合依舊令兵部管領。」奉旨准。

四月二十四日，中書省奏：「昨奉旨，以站赤事屬于兵部。今右丞相鐵木迭兒等議，漢地之驛令兵部管領，其鐵烈干、納隣、末隣等處蒙古站赤，仍付通政院管。」上曰：「何必如此，但令罷去通政院，悉隸兵部管領。」

三十日，中書省奏：「腹裏、江南起運官物，浮河而來，自李二寺水站入閘河，迤邐起都，往回四五旬不得達，上下驛程不接，事涉停滯。乞將李二寺遞運之舟，分撥通州垻河安置，有餘船隻令作站車，以車船户撥充垻夫，官蓋垻房，使之就役。」奉聖旨準。

五月十一日，中書省奏：「準聖旨，拘收元與各官司鋪馬聖旨。據都水監言，汴梁分監年例，分摘官吏、壕寨人等，於都省欽領起馬劄子，前去巡視黄河、御河，修築堤堰，至十月還監，隨即繳納。及河道提舉司，亦無鋪馬劄子外，惟東平路景德鎮分監一所，自開河以來，中書省給降鋪馬聖旨二道，内起馬一疋一道、起馬二疋一道。每自堽城、兖州，下至金溝、沽頭，以達臨清，往來一千五百餘里，乘驛巡視河道堤堰。儹運船隻但有衝決，即便修理。未審合無存留，請區處事。」兵部議得，都水分監元領鋪馬聖旨二道，合給差使，似與在都官府不同，宜令依舊收掌。仍將差過起數，每季關部，以憑稽考相應。省準，依上施行。

十二日，中書省奏：「在前管首思官，與通政院官同事，今請依舊隸于兵部。」上從之。

是月，山東東西道肅政廉訪司言：「省院委官與高唐州劉州判至夏津縣，補僉吴成充榆林站户，王仲充失八兒秃站户。吴成隱匿人丁二口，地一十二頃三十畝，住宅、牛羊、資產，結構官吏，以所擬榆林站役，改更王仲失八兒秃名次，事敗詞伏外，照得所僉籍册，已申上司，請依例改正事。下通政院、兵部，前後擬議不一。」都省照得吴成始初僉爲站户，隱漏人產，致令王仲告發，又且物力居高，山東憲司已取元僉，官吏不應改換招伏，及吴成承管應當榆林站役，擬合改正。送兵部照會施行。

六月，通政院言：「昌平驛見置鋪馬一百三十七疋，接應乘傳，常無二三十疋在站。今尚書省委官六人，起馬十疋，監視瓮山工役，相去大都不及二十里，徒占驛馬首思。」兵部議得，今後瓮山工役，及抽分羊馬、攔截營帳等官，合令自備常川馬疋，所在官司應副首思芻粟相應。呈奉省擬，依上施行。

是月，赤城驛言：「瑞雲寺有西温湯，凡遇諸王、后妃、公主、駙馬、西僧，朝省内外出使人員到驛，枉道澡浴，多支分例，損斃鋪馬，雖經禁約，終無畏憚。合無奏定罪名，出榜懲治，庶望站赤少甦。」中書省奏準聖旨，除上命及賫省部公文前去外，其餘人員鋪馬首思，皆不得給。敢有違者，依例科斷。都省欽依，備榜下本驛禁治訖。

又，李好謙言：「釋道不量緩急，來往馳驛，死損鋪馬，驅逼車丁，及將站官箠撻，多取分例，合議裁減，誠爲便益。」行下通政院及兵部，議得宜從都省劄付宣政院、集賢院，分揀差遣，令御史臺糾治。若有不應給者，罪及元分揀官司。至如走死鋪馬，箠撻站官，已有累降詔條禁治相應。都省準擬，依上施行。

又，甘肅行省左右司郎中楊傑言：「各處站官侵剥站户，放富虐貧等事。」兵部定議，合從提調官治罪，重者罷役。使臣經過，箠辱站户，擬合禁治。仍令監察御史、廉訪司體察。站官額設已定，以次濫設人員革去相應。呈奉省準，遍行合屬，依上施行。

又，中書省據兵部呈：「高州民匠總管所於至大三年正月十八日，僉人户吕忠充榆林馬站户，抵替貧難趙松户役；僉華秀充失八兒秃牛站户，補代逃亡馮進當站。其吕忠累詞訴於本所及省院官，謂忠元係段千户所管邊民，與元僉失八兒秃牛站户劉敬、馮進同籍。二人逃亡後，本管官司已令忠兑納大德十一年、至大元年站需錢物，即合以忠抵補馮進户役，理所當然。若華秀者，乃民匠總管所户計，榆林站貧難户趙松，元從本所僉定，其華秀人丁物力，又在忠上，以之抵補馬户趙松，於事公當。今乃更互僉撥不便事。經高唐州體勘得，華秀比元僉供報丁産時，餘地一頃七十二畝、牛四隻、羊五口，多於吕忠物力，已取各人承伏。華秀入於榆林，吕忠復於失八兒秃，如此定擬改正。中奉通政院及兵部，前後所議不一。」都省擬，吕忠籍面男子十名，内成丁七名、不成丁三名，俱是親口。華秀户下男子七名，内壻二名、不成丁一名，比吕忠丁數不及。華秀雖曰地多，其差發絲料，孳畜産業，所争不多。僉籍既定，不須更改。送兵部就便施行。

七月一日，中書省奏：「遼陽省左丞教化的言，行省官内各有提調公事，故給鋪馬聖旨、圓牌。今或恃衆不得預，不詢同僚而輒差人者。先嘗有旨，以圓牌董督軍情急務，餘事不得發遣。合無自今定擬，似此元與鋪馬聖旨、圓牌，並追收之。但凡庶務，詢于同僚，明以文字施行，庶不紊亂。臣等以其言爲然，乞依上拘收。」奉聖旨准。

十四日，中書省奏：「通政院既已罷去，站赤事歸兵部，今兵部言，各處站赤路官提調，惟蒙古站前此通政院官提調，每歲車駕還幸大都，通政院官分住上都。今當還幸之時，乞定擬木憐站自察罕尼柳温，鐵里干站自失兒古魯以裏，令上都留守司官提調；察罕尼柳温、失兒古魯以外，至杭海站赤，令和林省官提調。又隆興路、西京宣慰司就提調管内站赤，甘肅行省提調納憐站。如此區處，庶不悮事。」上從之。

是月，中書兵部呈：「通政院併入本部，事宜歸一，而各處提調之官，尤爲切要。若不從新委自各路、府、州、縣達魯花赤長官，提調整治，則恐勞逸不均，輕重失倫。」都省照得至大元年正月十九日，已經奏准聖旨，令路、府、州、縣達魯花赤長官提調站赤。仰兵部行移合屬，欽依提調，人馬、船車、鋪陳什物、館舍，須令一一如法。或不測差官點視，但有不完，決罪摽附，驗輕重黜降。

又，于忠信陳言：「隨處軍站出鞍馬，備物力，服役於千萬里之外，其民良苦。今外路進納鷹鶻者，乘驛馬，食官禄。又如西番、河西、高麗，動以赴上拜見爲辭，遣使馳驛，不下百餘疋。其間裝馳己物，以營私利，每馬所負，或二百斤，損斃之故若此。今後莫若除送獻海青人員外，其餘進納諸王、公主、駙馬鷹鷂之人，自備脚力致之。若西番等使違法將物，脱脱禾孫、管站提領知而不舉，許本管站户赴省陳告，於没官錢物内，一半付告人充賞，似望官民便益。」兵部議得，所言事理，擬合欽依累降詔旨禁治相應。呈奉省準。

閏七月十九日，兵部呈：「近奉省劄，各處水站安置年深，除差官馳驛，從宜拯治外，照得通州至臨清水驛，近者二百里，遠則三百里，過會通河以至揚州，不過七八十里。使臣往來，止經一站則换舟，其綱運官物，必越三四站，方至交换之所。卒無見在站船，未免又過數程，有旬月不得回者。以此各處滯積官物，接運愆期。合令已委官取勘各站船，分别遞運船料例梢水人丁數目，逐一點視，若有不完，即令補置。仍責有司設法關防，毋致似前闕悮。具呈照詳。」都省準擬，行移已委官及各路提調官，依上施行。

又，都省復奉聖旨，復立通政院，管領達達站赤。

八月五日，兵部呈：「大都至上都站赤，每歲車駕行幸，諸王、百官往復給驛頻繁，與外郡不同。除設驛令、丞外，設提領三員、司吏三名。腹裏路分衝要水陸站赤，設提領二員、司吏二名。其餘閑慢驛分，止設提領一員、司吏一名。如無驛令，量擬提領二員。每一百户設一百户一名，從拘該路、府、州、縣提調正官，於站户内選用，三歲爲滿。將濫設官吏頭目人等，盡行革去。據行省所轄站赤，令各省依上選保相應。」都省準擬施行。

九月，陝西行臺監察御史袁承事呈：「甘肅等處驛路，係西邊重鎮。定西、會州、平凉、涇、邠通驛臨洮，土番東西往來之使，日逐起馬，不下百疋，晝夜未嘗少息。常見鋪馬不敷，停留使客，或有非法選馬，箠詈站赤及州縣官吏，站户被害，鬻産破家，賣及子女，誠可哀憫。往者經由寧州、慶陽站赤，自環州至寧夏萌井站，以至永昌道路，盡皆沙漠，遥遠艱阻，四無人煙。驛使自負首思，露宿野食，馬乏芻粟，如此奔馳數日，是致人瘦馬斃。又許速都、雙松等驛，俱是蒙古、河西人户當站，所致闕少馬疋祗應，站官人等避匿，使者往往停滯。蓋因直隸永昌王傅提調，因循苟且，失於拯治。今後乞減省起發鋪馬，將許速都等蒙古站赤，責令所屬總管府提調，增置寧夏站赤，命通政院常加整治，誠爲官民便益事。」省部議得，定額給驛，提調整點之事，累奉詔旨施行。今據前言，擬合常加檢察。仍於河南、陝西、甘肅行省，及腹裏懷孟、河中府、東勝州等處黄河渡口，提調止截，毋致泛濫。其許速都、雙松等驛，令王傅與永昌路達魯花赤、總管提調，從新整治。其路遠增設站赤等事，未經行省，議擬移咨各省，依上施行。

十月十四日，樞密院據東平路路諸軍奥魯總管府言：「見奉江浙行省，差官馳驛前來各路，取發至大四年鎮守福州路亳州萬户府軍人封裝鈔定，即欲應副鋪馬。卻緣欽奉詔書節該：諸賫物爲驗者，無得給馬，誠恐差池。看詳軍人封裝鈔定，所以供給衣襖急用之物，若使有司應副脚力，中間差池，展轉擾民，躭悮軍需。合無以鈔爲則，五十斤之上至一百斤，應副鋪馬一疋馳運，五十斤之下，令差來官順附前去，實爲官民兩便，乞明降事。」知院月魯鐵木兒，同知樞密院事鐵木兒脱、買驢等，奏準聖旨，依上施行。既而陝西行省亦言：「安西路追到四川省軍人封裝，依例應副鋪馬。」省部議得，軍人封裝，各處行省差人催取，既有欽賫聖旨，據馳鈔鋪馬，擬合欽依，應副施行。

二十三日，御史臺奏：「監察御史自各省來，沿路經過驛傳，得站户之言，謂皇帝登寶位，罷進鷹犬希罕物貨，革通政院而任兵部，比之前時，使馬少肥，户亦獲安。已後若不更改，止令兵部管領，則吾曹感恩，永得安寧。臣等不敢不聞。」上曰：「言之是矣，只依已定之法行之。」又奏：「監察呈説，各站往來西番僧人尚多，伏望憐憫站户，令宣政院及西番官府，凡此往來者，研究分揀，果有德行僧人則來，餘者禁止。馬上囊橐毋令過重，省惜鋪馬之力，誠爲便益。」奉聖旨準。

十一月十一日，中書省奏：「今春拘收各衙門鋪馬聖旨時，中政院亦已拘收，奏準别寫與之。乃者脱脱木兒等傳皇后懿旨，謂在前中政院給與四十道，今還依數與之，或減元數，取裁。」奉聖旨：「寫與二十道者。」

是月，中書兵部照得：「諸官府凡遇遣使赴部，給發鋪馬，合詳緩急之宜，於蒙古字、别里哥文字上，以漢字書其正從及兀剌赤人數，然後發遣。今腹裏、行省諸官司所給差劄、前路關文，多以從作正，標寫兀剌赤在外。似此濫給鋪馬，若不拯治，惟恐害於站赤。擬合移文行省及腹裏諸官府，今後事當遣使，須於差劄上明書正從及兀剌赤人數，不惟革去泛濫之弊，亦可省惜官錢，優卹站赤。」都省準擬，依上施行。

又，中書兵部照擬：「今後進賀表箋，各道廉訪司如舊例，腹裏路分差官馳驛赴都。其餘司屬及隸省部官司，附納各路來上行省。宣慰司、都元帥府、宣撫司、轉運司，各路總管府五品已上官司，止赴所隸行省總府，通行類咨，差人馳驛赴中書省、樞密院呈貢，不許別行給驛。」都省準擬，遍行各處照會施行。

十二月，江浙行省備衢州路總管米嘉議言：「鎮守軍官每取封裝，貯以荆笥，中間多附己物，壓損鋪馬。乞以站船脚力應付便益。」省部議得，今後凡取軍人封裝者，令各路正官權其斤重，用印關防，依例應付鋪馬。脱脱禾孫嚴加檢察，若有附帶物貨，没而罪之。行移合屬，依上施行。

是月，御史臺奏：「薛禪皇帝在位時，御史臺、行臺、廉訪司官之任二千里之外者，驗品秩給驛。今乞照依舊制，就於啓行之處，給與鋪馬。」奉聖旨準。本臺呈省，送兵部欽依施行。

仁宗皇慶元年二月十一日，中書兵部照擬：「至元二十八年三月四日，奏準聖旨，各處來使省給鋪馬，斟酌令去。又二十九年正月二十三日，都省定擬，減定遠方之任官員鋪馬數目。如通河路，給以站船，非水站，則自備脚力，至河間、真定，然後官爲應付鋪馬。今內外諸司差使浩繁，京畿站赤難於供給，合遵舊制，減定數目施行。」都省準呈。一品元定八疋，今擬五疋。正、從二品元定六疋、五疋，今擬四疋。三品、四品元定四疋、三疋，今擬三疋。五品已下元定三疋、二疋，今擬二疋。

是月，中書省準四川行省言：「舊制，任回官員水程給船，陸途應付長行馬芻粟。今改前制，以人夫脚力送之，差及百姓，不便，請依舊制應副。」又江浙行省咨：「任回官員，每船一隻，陸路更給站轎一乘、人夫二名。今二品與巡尉人員，一體得船一隻，尊卑失序。擬合欽依已定品給應付相應。」湖廣行省又言：「八番順元等處，任回及身故官員家屬，相離大都七十餘里，若與河南腹裏官員，一體自備物力，優苦不侔。」又據御史臺備各道廉訪司言：「雲南、福建、兩廣等處赴任官員，歷涉險阻，度越荒僻。及至任滿，或身故者，家屬往往無力回還。合無欽依先奉聖旨，應付站船，庶不負朝廷優恤遠臣之意。」各言如此。送據兵部，照到至元二十五年二月十三日，都省奏準聖旨，定擬應付福建任回官飲食、常行馬疋、芻粟之制：三品以上，正、從不過五人，馬五疋；四品、五品，正、從不過四人，馬四疋；六品至九品，正、從不過三人，馬三疋。又元貞二年七月八日，奏準聖旨，定擬應付雲南、福建任回及身故官家屬站船之制：一品、二品，船三隻；三品至五品，船二隻；六品至九品、令譯史、宣使等，船一隻。今來參詳，遠方任回官員及身故家屬，合依前制，陸路應付長行馬疋、芻粟，水路站船，出還本貫相應。都省準擬施行。

又，兵部議擬：「各處差官押運諸物，如站船未得交换，止於輳集要津，或州府都會處存止，仍咨行省，今後量程責限，須要依期赴都，不許蹉打舡隻。」行下合屬禁約，都省準擬施行。

又，禮部呈：「何元閏陳言，諸有司提調站赤、錢糧、園岸、水利、打捕、急遞鋪、道路、橋梁等事，往往委付子弟吏卒無役之人，不時計點，侵漁爲害。今後理合禁止，令各官親治爲便。」省部議得，隨處站赤及諸庶物，例合職官親行提調。若差無役之輩，不時計點，求取錢物，宜準所言禁止。今後關會總司公同連署，躬親計點相應。遍下合屬，依上施行。

又，大都路驛言：「近起馬遞送土番宣慰司使臣監藏兀即等，至良鄉驛，所發駝馱鋪馬四疋，俱約重二百斤。及其回程，腰脊損傷，至今不能當役。今後如遇僧人出使西土，合令當該脱脱禾孫與宣政院官眼同監視，權其駞馱斤重，方許起馬，庶幾便益。」省都議得，今當分揀西番給驛，禁約駞馱過制，已經奏準聖旨，行移宣政院及諸有司欽遵訖。今據前言，可照已令事理施行。

三月七日，河東山西道宣慰司備冀寧路申：「諸王鐵木兒不花差曲里麥思等二人，乘驛徑赴忻州等處，開讀令旨，和買湯羊。初無坐到數目，止從差人多寡爲則，情弊難明。又不見各投下境内買物給驛通例，乞定擬遵守事。」兵部參詳，今後如遇本位下合用湯羊，從王傳官明白開寫數目，移文本處總司，下合屬依例兩平收買。既不出境，不須給驛。都省準擬，就行合屬，依上施行。

十月，通政院奏：「在先除軍情外，其餘不急軍上來使，令太師月赤察兒分揀，經由和林之使，令丞相答刺海分揀。今朝廷遣使出外，不急者乞令臣等分揀，軍上來使令迭里哥不花、鐵木兒不花、忽刺出等分揀。除軍情急事外，不令乘驛。」奉聖旨準。

二十九日，參議中書省事禿魯花鐵木兒、郎中欽察等奏：「近者或有官員亡故，官爲出殯，蓋搭路祭，於百姓之家科取諸物，至甚搔擾，復令鋪馬遞送靈櫬者有之。似此理宜革罷。」奉聖旨：「是也。今後此等皆令住罷，勿得再行。」都省欽依施行。

五月十三日，中書省奏：「去年罷通政院時，以失兒苦魯迤北蒙古站赤令和林省掌領，近南者上都留守司領之。既而復立通政院，管領蒙古站赤，漢地者隸于兵部。皇帝行幸上都，諸王、駙馬使客，蒙古兀魯思各千户，及軍上使臣來者，乞令通政院應辦宿食之事，以鋪馬屬之，兵部掌管。」奉聖旨，從之。

是月，中書兵部照議：「近據監察御史言，竇雞鳳〔三〕等處，令人户顧賃脚力，應付雲南、四川之任等官。又雲南右丞阿忽，已乘鋪馬，復需車力，每輛令百姓出馬十疋。陝西行省平章哈剌孫之任，該起正馬九疋，兀剌赤三疋，多起馬二十四疋。雲南、四川之任官員，從大都應付站車，至安西、興平分道，別無更换，科取於民，每車一輛，用馬八疋，或驢一十六頭，擾民不便。自皇慶元年二月爲始，四川廉訪使夾谷之任，援鞏昌總帥府達魯花赤闊闊术例，於都省請給站車一輛。又節次應付之任，站車不一。以此參詳，雲南、甘肅、四川之任官給驛，已定品秩之制，所據裝載行李、家屬車輛，別無定到通例。中間品職不同，多寡無定，本部何以遵守？况兼此事，又似泛濫，將恐害於站赤，深爲未便。今後擬，除行省平章應付站車二輛，左右丞、參政一輛，餘官皆是外任，不須應付。」呈奉省準，依上施行。

六月，良鄉縣提調站赤達魯花赤迷里火者等言：「至大四年十月七日，有陝西、四川、甘肅行省馳運鈔本，用鋪馬一百二十五疋。爲馬數不敷，於押運官處禀説，用馬七疋，賃車七輛，拽車用馬四十九疋，通計五十六疋，遞運前去，省減鋪馬六十九疋。皇慶元年四月二日，甘肅省和糴糧鈔三運，每運用馬六十三疋，回馬二十一疋，計八十四疋。欲行前策不果，到將鋪馬損傷。今後裝運鈔本，若容依前用馬一疋，顧車一輛，載鈔一十五馱，用拽車馬六疋，每運可用馬二十八匹，省減馬五十二疋，實爲官民便益。」省部準擬，行移合屬，依上施行。事若急速，不拘此例。

八月十六日，監察御史哈散沙奏：「回回地界取駱駞、西馬、騾子、虎豹、藥物之人，無非徼功幸賞，乘驛美食，而行買賣之私。宜罷此等，勿令前去。又自彼方貢獻虎豹等物赴上，至此給馬館穀，有逗遛一二年不去者，合亟返之。」奉旨，若曰：「題説甚善，來者速遣回，此間亦無令人去。」

是月，中書省準陝西行省咨：「奉元路脱脱禾孫呈，亦都護高昌王位下，差都事雷澤、宣使朶兒只二人，起馬二疋，賫本位下王傳差劄，前去大都進賀表章。若便應付，慮恐差池。」送兵部議得，今後出使人員，如無欽賫御寶聖旨圓牌，毋得給馬。都省準呈。

九月十五日，兵部尚書脱忽觧奏：「昨日寬徹院使及阿魯傳旨，兀魯兀觧、探寶骨殖無力出殯，令省部斟酌給驛。緣今春省官奏言整治站赤，已嘗奉旨，禁止鋪馬出送靈櫬。可否？取裁。」奉聖旨：「毋與之。今後似此去送靈櫬諸人，皆不得給鋪馬。朕雖令與，卿亦回奏可也。」

十一月十八日，中書省奏：「樞密院官鐵木兒不花言，所隸軍士至脱火赤之地，凡三十站。每站備騸馬二百疋、牝馬五十疋、首思羊二百口、帳房二十，陳設之物不等，皆軍人之物力也。其始以民户立站，首思並降官錢，今軍站之役皆自己出，安有不困乏者？乞令軍人出備當站馬疋，其餘首思羊二百口及陳設什物，依百姓例支與官錢。臣等議當存恤，官爲應付鋪陳，以彼方抽分羊肉，每站各支二百口充首思，更或不敷，從此給錢，令行省買與之。」又奏：「去年西面川兩接界地，今軍當站，至甚貧乏。往者軍站各别，乃蒙立站赤之役，已嘗遣使至甘肅行省，督令追復元户，有闕則僉補百姓，未見回報。今諸王寬徹暨司徒闊闊出、太傅鐵哥、塔失鐵木兒知院等會議，川地東西兩界，所置驛站，預宜斟酌給錢，買與馬駞。仍於近境官羊内支撥供應，以濟軍站物力。儘用之外，或遇諸王、駙馬及使臣往來數多，鋪馬不足，則令附近軍人增置。至於闕役蒙古站户，從行省與諸王南忽里、寬徹委官追收，以復初役。」至日具奏，上悉從之。

是月，江浙、湖廣行省言：「本省凡起運諸物，每運乘舡七十八艘，經涉江河，更换盤載，必用人户往來管視。設如所委人員在途病患，失於照應，事係利害。比之甘肅、雲南、四川、和林行省，事體不同。今後押運諸物人員，請量給鋪馬二疋，似爲便益。」都省議得，江浙、江西、湖廣、河南、陝西等處行省，公差宣使押運官物赴都，斟酌所運物色，獨員不能照略者，許給從人鋪馬一疋。其餘使臣，依舊例應付施行。

十二月二十八日，中書省奏：「諸王、公主、駙馬、各官投下，先爲撥與江南田地，有請給驛徵收子粒者，已嘗奏準禁止之。今忽勝海妃子之女班丹公主，亦欲差人江南催租，將元降付鋪馬聖旨來請給驛。似此私務，恐違治體，乞禁止，仍拘收所執鋪馬聖旨。」奉旨，皆令拘收者。

是年，中書兵部照議：「雲南、四川之任回還官員，脚力不便事。今後照依行省官之任車輛通例，如遇不通站車去處，所在官司驗各官實有家口、行李斤重，每車一輛，和顧驢六疋。如無，以馬四疋更接遞運。仍約束禁治多餘取與科擾，就令監察御史、廉訪司官嚴加糾治。如蒙劄付御史臺，移咨四川、雲南、陝西行省照會相應。」都省議得，雲南、四川行省之任官員鋪馬，已有定數。合得脚力車輛，除設置站車去處，依例應副，如遇山路不通，所在站赤每車一輛，例給鋪馬四疋。餘準部擬施行。

二年正月十五日，參議中書省事不花特奉聖旨：「朕采郭完者篤之言，謂往來使臣箠撻站赤，其民良苦。中書其移文整治，毋令站赤被害。」欽此。省部移咨行省及下宣慰司，各出文榜，曉諭出使人員，毋得輒將管站官吏人等非理笞撻，管站之人亦不得因而怠慢，失悮鋪馬首思，違者究治。

二十六年〔四〕，知樞密院也先鐵木兒等奏：「福山海牙新除雲南萬户，自都至雲南一萬餘里，乞依管民官赴任例，三千里外軍官亦與鋪馬。」奉聖旨：「卿等言是矣。軍官比民官尤爲辛苦，可諭省官，但是軍官赴任，依例給馬。」

是月，和林總管府推官張奉訓母喪丁憂。本省已經斟酌應付脚力外，兵部議得，嶺北和林乃邊遠酷寒重地，別無旅館，險阻艱辛，不可勝言，特與他方不同。除張推官起發去訖，今後本省及所屬官員親喪丁憂，即係以理去官，若令自備脚力，出還中原，跋涉良苦，量擬應副站車一輛。都省準擬，依上施行。

四月七日，御史臺奏：「陝西行臺咨，前者奏奉聖旨，增設監察御史四員、察院書吏四名。其差遣鋪馬聖旨，合增八道，計馬二十疋。臣等以爲，既增監察、書吏，鋪馬亦宜增給。」奉聖旨：「可增與之。」

二十一日，中書省奏：「樞密院言，軍官之任，請依民官例給驛。兵部謂各處鎮守軍官，承襲父兄職事，初無應付鋪馬定例，難同流官之任。」奉聖旨：「如兵部所擬，軍官之任不得給驛。」

二十九日，御史臺奏：「中書省總領百司，御史臺扶持衆務，在前爲省臣等不達此意，惟圖沮抑臺察，使不得行其政，謂如阿合馬、桑哥、阿忽䚟、三寶奴等專權擅政是也。今聖天子在上，幸無似此之人，乘此之際，臺察之政有不便者，合更新之，使政行事治，百姓乂安。前者有旨，令臣於中書省議事，臣嘗言三事，窒礙臺察者其一。風憲用人，多是清苦無力之士，赴任之間，相去二千里以上者許給驛，雖少百里不及，即不得給。是故困滯莫前，各處常是闕官，不能扶助政事。且亡金，一小國耳。其委付臺察官員，不以遠近，皆與驛馬，蓋以其司存於國於民有益故也。乞自今後臺察之任官員，不以遠近，往回咸許給驛。」奉聖旨準。

六月七日，御史臺又奏：「臺察之任官員，往回咸許給驛。其始行，則從此給降起馬聖旨，到任之時仍復繳回。設如任滿得代，及有事合赴闕庭者，不可於此再給。乞令賫照各官所受宣敕爲之憑驗，所司依元去驛馬數目給據應付，似爲便益。」奉聖旨準。

二十二日，中書省奏：「諸王、妃子、公主、駙馬及千户各枝人員，有事奏言，輒起鋪馬，或乘己馬，前來大都，害於站赤，縻費芻粟。乞照在前之例，諸有事奏言者，以夏月草青之時，令至上都。」奉旨準。且曰：「若不奏知，勿令輒入大都。」都省欽依施行。

是月，江浙行省咨：「福建宣慰司言，庶官致仕者寄食遠方，風土異宜，懷歸無力，比之任回身故官員家屬，亦合一體優恤，應付脚力。」省都參詳，任回及身故官員家屬，已有定例。其遠方以理致仕官員，擬同一體應付脚力。照會各處，依上施行。

九月，中書省奉旨：「扎剌兒台昌童已死，可斟酌應付鋪馬，送至其地。」欽此。尚書脫火觧、員外郎闊闊出奏曰：「扎剌兒台昌童之死，上命給驛送之。曩者嘗奉旨，似此遞送骨殖者，勿與鋪馬。今昌童乃老臣也，何以處之？」上曰：「然則勿與是也。」都省可移文諸官府，今後不以何人，但送骨殖者，勿得給驛。」欽依遍行訖。

十月十四日，中書省奏：「近年以來，諸王位下使臣，初無給驛定額，每起一百疋之上，沿途站赤困乏，到部蠹費錢粮。臣等曾議，於脫火赤、八秃兒、寬徹之地，擇廉慎人充脫脫禾孫，合賜物力津遣。今擬選拜住怯薛内扎撒孫唐兀觧充迤北脫火赤脫脫禾孫，武備寺阿八赤充寬徹脫脫禾孫，副之者各一人，識會文字吏二名，鑄給印信，斟酌物力發遣。可否？取裁。」奉聖旨準。

十五日，兵部呈：「見欽奉聖旨，印訖《普賢行願品疏抄科經文》，分散諸路使者，合起鋪馬五十一疋。照得別無欽賫起馬聖旨，呈省給降。」都省照擬，至大四年三月十八日，欽奉詔書：「拘收應有執把聖旨、令旨，諸賫物爲驗者，毋得給馬。不應差使，營幹己私，罪及給寫判署正官。」欽此。自至大四年十月至皇慶二年七月，功德使司及提調印經官，節次遣使送經計四十五起，給馬二百七十八疋，載經站車一百七十六輛，事誠冗濫。今次所差人員，多因探家營私，初非公選，必致擾亂僧俗，侵損站赤。合令各處回使，就便押經俵散，不惟省減鋪馬首思，抑且僧俗無擾。今後上命布施經文，從提調官照斟所指去處，關發合干部分，呈省依上發落便益。於十九日奏準聖旨，依上施行。

二十三日，中書省奏：「唐兀觮、阿八赤等，各充脱火赤、寬徹地脱脱禾孫之職。前去所據起發物力，唐兀觮、阿八赤各與鈔四百定，其副二人，各與鈔三百錠，吏四人，各與鈔二百錠。衣服、番皮、弓箭、鞍轡、家屬口糧，斟酌津遺。預借一年俸鈔，鑄給從三品都脱脱禾孫印信宣命。仍給鋪馬聖旨，每一人一疋二道，二疋二道。」奏聖旨準。

是月，朶觮、禿堅不花奏：「臣自五臺往復，據站户告言，嘗有使臣四五輩，白日過站，食訖首思羊。世祖皇帝聖旨，使臣白日經行，飲以馬湩解渴，夜宿則給首思。似此若何？」奉旨，若曰：「可依薛禪皇帝已降聖旨定例，言於中書省施行，且令通政院整治之。若不遵行，乃通政院官怠慢之罪。」

十一月，浙江省咨：「會福院爲玉山普安寺、大護國仁王寺闕少供具，本院官安普就杭州給價，令兩浙都運朶兒只置買，奏啓聖旨、皇太后懿旨，令江浙行省應付站船遞運。會福院徑咨本省及朶兒只呈，索遞運船三十隻。本省照擬，爲會福院不經都省，徑直行移，於例未應。若候移文咨會，緣奉上命成造物件，應副船隻事意，會福院差官守候起運。除下杭州路會計物數應副外，其事干繫站赤通例。又有續起船數，移咨照詳回示。」都省照得皇慶二年九月三日，奏準聖旨，但是干礙省都公事，毋得徑直移文各處。今普安等寺供具什物，既奉上命成造，起運赴都，別難議擬。所據會福院不經省部，徑咨行省應付站船一節，若便取問，卻係奏準已前事理。下兵部就行會福院，照會施行。

十二月，嶺北行省檢校官李廷玉母喪丁憂，本省應副鋪馬一疋、站車一輛。兵部照議，嶺北省及所屬官員親喪丁憂，例合應副站車一輛，中間品級尊卑不分。今來參詳，合無比依至元二十五年、元貞元年，奏準福建、雲南任回官員品級站船定例：一品、二品，車三輛；三品至五品，車二輛；六品至九品、令譯史、通事人等，車一輛，應付回還。其任回官亦從此例，似爲便益。據李廷玉丁憂脚力，不應濫給鋪馬，事已往矣。今後若復似前違錯，當該首領官吏取招議罪相應。都省準擬，下兵部依上施行。

【考校記】

〔一〕輯自《永樂大典》卷一九四二〇。

〔二〕「陽」，原作「易」，據下文改。

〔三〕「寶雞鳳」，此下疑有脱文。

〔四〕「年」，據上下文，疑當作「日」。

驛傳六〔一〕

延祐元年二月十一日，同知通政院事燕鐵木兒、兀魯思不花奏：「乃者木憐等三十二站消乏，故議遣使賑給鈔二千錠、米二千石。今聞闊闊出、掃憐之外，六站困乏尤甚，貧户之粮力不能致，乞令站户之有牛駞者爲之運送。」奉聖旨準。都省給降鈔米，從通政院遣使給散去訖。

二十五日，中書省奏：「闊闊觧傳旨：先立中政院時，曾與鋪馬聖旨，在後革罷中政院，其聖旨盡行拘收。尋改立典内院，復給起馬聖旨。今中政院既復立，可將典内院鋪馬聖旨於都省送納，以前時拘收聖旨回付中政院。欽此。竊照先立中政院，計與一百一十三匹，共四十道聖旨，典内院減半，給與五十六匹，二十道聖旨。今將典内院名字所與者拘收，剏寫中政院名字八十匹聖旨與之，若何？」奉聖旨準。

是月，保定路言：「定興等驛至柏鄉，皇慶二年旱災，人民至食木皮草葉。路當南北衝要，使客繁多，車力不敷，鋪馬損斃，站户當役不前，逃竄者衆。若不補换賑濟，誠恐隳廢站赤。」都省議得，良鄉至柏鄉，馬站一十二所，車站六所。每馬一匹，支芻粟錢中統鈔三錠，車一輛，支鈔六錠，總支六千三百錠以賑之。奏準聖旨，差官馳驛，同各處正官，點視各站實有車馬數目，欽依給散。所據在逃人户，督勒合屬，招諭復業。駞鈔脚力，依例應付。

三月十五日，中書兵部準：「提調印經官關，欽奉聖旨，已印經文，選速古兒赤王安童、寶兒赤脱火赤等，前去江西、江浙等處散施，請給驛事。又都功德使司關，奏準杭州所進《品次録》等經文，委毛法師徒弟二人，送至李王朝漢河西僧寺，合用站車、鋪馬，省部應副。」都省照擬，去年差官諸路送經者四十餘起，猶有未回。保定等站，因值水旱之災，人户逃徙。其送經人員，多因還家營私，既非公選，必擾僧俗。一則郡縣迎接，妨廢公務；二則出無定處，恣其所向；三則事無程期，經年不返。站赤消乏，皆由於此。二十七日奏：「間者遣使降香念經，所過行省、路、府、州、縣迎接，科斂僧寺錢物。以此之故，嘗奏所差者每至城邑，與行省官開經焚香，纔畢即回。及將印訖經文，就命各處行省來使因便附去。今提調印經官復奏專使前去，臣等議得，各處似此送經者太多，又蹈迎接科斂之弊。今後宜令提調官明具經數，所散何寺，從中書省公差有職役之人，送至行省，轉遞散施，似爲便益。」奉聖旨準。都省欽依，送兵部施行。

閏三月二日，崇祥院使野訥等奏：「所管平江、鎮江兩路常住錢粮，各設提舉司幹辦，每處請給常行鋪馬二匹、站船二艘。」奉聖旨，鋪馬令翰林院書寫聖旨給與，站船取於江浙行省。本院欽依，先咨江浙行省及翰林院，出給站船、鋪馬劄子，後關兵部照驗。本部呈，上項提舉司，係外路五品，未有給降鋪馬、站船劄子通例，似難議擬。宜從都省移咨江浙行省，并劄付崇祥院拘收，照會翰林院，欽依禁止相應。都省檢會諸衙門不得隔越中書省奏事之制，送兵部欽依施行。

六日，中書省奏：「寬徹言塔失之城立站，去年奏準，支給騾驢一百隻、馬三百匹，以充轉送。隨有使臣自哈兒班答來進豹子者，盡數起發鋪馬。其時馬駞方從遠來，膘力未充，過川其間，斃者太半，未免將軍人馬匹當站，今存者又無幾矣。臣等議謂死損鋪馬，不可不補置之。如令行省官驗其倒斃之數，給價和買補置，庶幾便當。」上從之。又奏：「哈兒班答、也先不花等使臣進送葡萄酒，來者實頻，驛傳勞費。乞諭典酒之官，今後如何較量供送，與都護府官議奏裁處。」奉聖旨準。

是月，江浙等處行中書省言：「本省總攝兩浙、江東、福建四道，地廣且重，使客頻繁。近據杭州路照勘到在城馬站，見在使臣五十三起，日支分例計中統鈔八錠一十五兩有餘，皆是各位下差來印經蓋寺，成造供器，催徵田糧等事。每起給馬三五匹，驛舍充滿，僦賃民居，動經年餘不還。日乘小鋪馬一百二十餘匹，常支羊肉分例，馬無停閑，户多死徙。蓋是各位下及在内官府，不經都省，徑直遣使給驛，以致斯弊。又有於所起馬内，轉移摘撥，換易關文，或刱增兀剌赤等馬匹，因循不便。宜從都省立法關防給驛，優恤站赤。」省部議得，各位下及諸官府，除軍情、錢粮急務，量事給驛，禁約出使人，不得於所起馬内，轉行摘撥，刱添兀剌赤馬匹。行移徽政院及合屬，依上檢察禁治施行。

又，大都驛及舊運粮提舉司、步站所言：「各站驢馬倒死，人户逃竄，今年旱澇闕食，乞接濟事。」都省以大都之驛，繁劇甚於他處，量擬每馬一匹，日支陳紅粟五升。舊運粮提舉司、步站所拽車驢，每頭日支粟二升，接濟兩月。大都驛，馬九百八十八匹，每匹日支粟五升，兩箇月粟二千九百六十四石；驢二十頭，每頭日支粟二升，兩箇月粟二十四石。舊運粮提舉司，車五百八十九輛，每輛驢七頭，計四千一百二十三頭，日支粟一升，兩月支粟二千四百七十三石八斗。步站所，車一百九十四輛，每輛驢八頭，計一千五百五十二頭，兩月支粟九百三十一石二斗。

四月三日，中書省奏，給中統寶鈔一萬錠，賑濟西番站赤。初，皇慶二年十二月，搠思班武靖王令旨，言於宣政院，謂烏思藏、朵甘思、朵思麻三路站赤，近年以來，馬匹病死，人户貧乏，請聞奏賑濟事。本院啓，奉皇太后懿旨，令與都省同議賑濟之宜。檢會得至元二十九年、元貞二年，小只、愛亦伯、朵甘思、烏思藏等站，經值寇攘，中書亦嘗給降馬牛寶鈔，差官接濟。今烏思藏等，除小站七所勿論，其大站二十八處，遞送西番布施來往之使實繁，人户數少，驛程近者不下三五百里，年深未曾給惠。省院公議，依例接濟。又爲在京錢物不敷，定擬二十八站各給中統鈔三百錠，總計八千四百錠。若或不足，就於宣政院所轄西番課程錢物内，斟酌增給。都省官啓奉皇太后懿旨，宣政院官暗普等言，前站重困，非增多賑濟不可，宜支鈔一萬錠以與之。至如西番出産物貨，及供奉於我者，亦可增與整治站赤，敬此。奏奉聖旨準。上給降賑濟去訖。

七日，中書省奏：「通政院言，脱忽脱大王位下，撥出鐵里干站，自闊斡秃至小只，凡一十驛。今春值風雪沙土，鋪馬多倒死，站户乏粮，祗應無從所出。若不少加接濟，愈見困乏之。今議每站各與白米百石、中統鈔百錠，令上都留守司、通政院差官給散之。」上曰：「可。」

五月八日，中書省奏：「功德使司言，奉旨遣答里馬失里等，前詣杭州僊靈等寺降香，請給鋪馬。臣等議得，五嶽四瀆、名山大川，歲時降香，固當乘傳將命。其餘小寺院，或所不宜，合無罷行。」上曰：「答里馬失里勿去，省差宣使一人可也。」對曰：「此等寺院非大刹，上位如此致香恐不宜。」上曰：「朕實命之，但勿令僧司遣使，從爾差宣使賫行。今後似此令人降香，爾再奏者。」又奏：「杭州所進八藏經文，前者月魯鐵木兒奏，令送至河西之地，移文省部，逐旋發去。今又奉旨，復送六藏經文前去。所慮大都迤西驛傳，遞送西番僧人舍利，往返頻數，困乏莫甚，請停六藏經，俟秋收之後，徐議發去。」奉旨：「今姑止之。後收量各站氣力，逐旋遣送。」

十七日，中書左丞相阿散等奏：「保定、真定二路，所轄定興至柏鄉十站，去歲值災，田禾不收，站户貧乏，逃徙者多有之。若不整治，誠恐隳廢，風憲有司屢嘗陳説。今擬，至大四年已前逃亡消乏站户，於相應民户内僉補。委真定路總管馬思忽、保定路總管教化二人提調，毋令動衆。其在皇慶元年已後逃徙者，招誘復業。」

六月十二日，中書省奏：「御史臺言，奏準行臺及廉訪司官之任，今後不以遠近，往回咸許給驛。其去也，則從此給降起馬聖旨，回時驗所受宣敕，但令所受宣敕，但令所司依元去驛馬數目給據應副。臣等議得，遠方地面之任回還，合與驛馬船隻，已有定例，乞只依先例行之。」奉聖旨準。

二十二日，中書省奏：「在前典瑞監除掌金字圓牌外，復有鋪馬聖旨三百餘道。至大四年，將此聖旨納于翰林院。以此金字圓牌遣發不敷，續已奏請增置五十面。自去年以來，但干細務并商價之事，皆佩圓牌而行，至今未收入者有之。蓋圓牌遣使，初爲軍情大事而設，豈可濫給？自今餘事求給牌面，不經中書省、樞密院者，宜勿與。」上曰：「卿等先取勘數目，安有此理？今後只令軍情公事差使者。」

二十三日，中書省奏：「先爲西邊過川兩界，軍人馬匹傳送頻數，物力消乏。已嘗奏准各與馬三百匹、駱駞一百隻，以當站役。尋值風雪勞苦，喪馬一百九十九匹、駱駞二十四隻，今甘肅行省來請補置。臣謂彼方川石之地，馬駞之斃可知，若不補置，必損軍力。宜令行省隨所闕者補之，不敷之數，卻用軍人馬匹添助。」上曰：「可。」

七月十八日，中書省奏：「前者以西邊川地軍人當站消乏，奏準令甘肅行省買馬駞應副支遣，仍追復蒙古站户當役。今本省回咨，欽遵上命，追究元當站羌吉剌、準行哈等户，仍令復役。及於曲尤、沙州、瓜州上户内，僉補一百户，以充察巴站役。既而諸王納忽里執把聖旨云，屬本位下種田户，有司不得侵犯。於所僉站户内，指擇位下户計者取去，咨請照詳。臣等謂元降聖旨，止以百姓數目屬之，豈可不令當站？合依元僉民户，仍復其役。」奉聖旨準。

是月，中書省奏：「邇者議將元僉站户發遣答失城當站，數内有四枝滅吉憐民，或稱屬阿八赤、昔寶赤，因以避役者。據諸王南忽里來文，稱當時百姓衆多，故充阿八赤、昔寶赤，今百姓數少，合令當站。此議誠然。又滅吉憐民有散居各處者，宜從彼省與南忽里差人收聚，悉令當站。」奉聖旨準。

十月十九日，中書省奏：「整治迤北軍力，今聞鐵里干站地草生，計時合給戍軍錢物，須籍站力遞運。公議自大都至李陵臺漢地之站，各與鈔一百錠。鐵里干至和林蒙古站，各與鈔二百五十錠。桓州、灤陽兩站，各與鈔七十五錠。總支鈔一萬錠，前去給散。」上曰：「可。」

二十四日，中書省據御史臺備西臺監察御史言：「甘肅納憐驛，係蒙古軍人應當，專備軍情急務。其餘非關緊要，但懸金銀圓牌，往往取便經行，若不禁止不可。」下兵部、通政院議，今後除懸帶金銀字牌面、通報軍情機密重事使臣，使行納憐站道，其餘一切出使人員，俱合兀魯思兩道漢站遞送。及葡萄酒，依在前年分，令駱駞般運至漢站，接遞赴都，誠爲便益。都省準呈。

二十七日，中書省奏：「乃顔叛亂時，水達達女直等站皆廢，續爲進呈海青故，收聚舊來站户，及僉撥開元路編民、乃顔户計，同當站役。已經奏準世祖皇帝聖旨，但是已當定站户，諸人毋得替换。今遼陽行省來言，開元路官以王雪兒等驛程遥遠，擬於水達達萬户内撥一十五户，更代王雪兒等，共當站役。蓋緣前站乃世祖皇帝定制，毋得替换，是則水達達户内不當差撥，止合王雪兒等依舊當站。」奉聖旨準。

是日，中書省又奏：「西番僧乞剌思八班等六人，元起鋪馬十一匹赴都，今欲回還，止有三人，復索元來馬數。兵部止給八匹，驢馱過重，行至涿州，爲監察所劾，每馱稱斤一百七十。事下刑部，詞伏，擬杖六十七。」宣政院官俺普言于上曰：「是僧遠來，所將囊橐，乃上所賜物也，以此過重。請增鋪馬三匹，速令回去。」奉旨準。

又奏：「西番僧人馱子定制，一百斤之上勿令負載。今所馱過制，多索鋪馬三匹，罪當六十七。臣等以爲僧人權擬免罪，多索鋪馬，不可復給。若有御賜之物，則從驛傳，每馱不過一百斤。其餘餽贐之貨，不得以官力行。」上曰：「可。」

又奏：「沙、瓜州立屯儲總管萬户府，掌莅屯田公事，請給差使鋪馬聖旨，内起馬二匹者二道、一匹者四道。」奉聖旨，與之。都省送兵部，行移翰林院，欽依譯寫，給發施行。

是月，兵部呈：「爲保定、中山、真定等處，站户消乏，西僧給驛繁數，人馬被害。宜從都省劄付宣政院，行下土番宣慰司都元帥府，移咨陝西行省，令臨洮府等處脱脱禾孫，欽依累降詔書，分揀禁約，毋致泛濫重載。及令御史臺照會廉訪司，查勘各站遞運使臣，糾其非違。」都省準擬施行。

十一月二十六日，翰林承旨滅怯秃等奏：「諸府官、各枝遣使，先定鋪馬，賫別里哥來索起馬聖旨。從之則爲數過多，不與則懼違上命。今後乞依都省定例，隨其品秩，出給鋪馬。無品級怯薛人員，給馬四匹以下，本院議書，四品〔二〕以上者奏。又其餘官府，不經都省照會，求起馬聖旨者，亦乞止之。」奉旨，若曰：「卿言是也。可移文都省，遍行諸官府知之。」

十二月三日，中書省奏：「通政院言，納憐一道二十三站，人户闕食，請接濟事。臣等議得，當站之人各與三月口粮，近倉者給以米粟，去倉遠者量價給鈔。」上曰：「可。」都省遣使，與甘肅省委官，親詣二十三站，取勘户數。每户五口爲則，少者從實，大口月支二斗，小口月支一斗，接濟三月口粮，就於各處附近倉分見在粮内支給。去倉遠者，照依時值準支官錢，支訖米三千七百六十七石四斗，鈔五千二百七十三錠二十兩。

是年冬，通政院準也可扎魯花赤口干、僉通政院事那懷言：「木憐站迤裏苦鹽泊至劄哈站，今歲天旱，禾苗不發，户口饑饉，鋪馬羸損。凡有使客，靡不失悟〔三〕。所以賑濟人馬芻粮者，院官其圖之。」又據興和路脱脱禾孫申：「苦鹽泊至燕只哥赤斤等四站，經值霜雹。阿察大都至寬迭憐不剌等五站，自春至秋，旱暵無雨，禾草不生，站户消乏尤甚。皆請接濟粮料。」本院關兵部，照九站實有户口馬匹，接濟米粟，似望不致廢斷。本部以前站即與川中察罕憨赤海等一十七站接運，彼既接濟，此亦一體具呈中書省區處。都省奏准，每站各與粮一百五十石，令通政院差官，同河東宣慰司官前去體勘，分别端的。貧下站户，就與附近官倉支付。去倉遠者，驗時價給鈔賑之。

二年正月，翰林院欽奉聖旨，换寫諸王沙藍常川起馬四匹聖旨。除欽遵外，録連漢字檢目呈省。都省尋議拘收。行據本投下隨路民匠總管府申，年例五户絲，於大都關支。其陝西奉元路所設打捕鷹房民匠總管府，掌莅怯憐口户，辦納軍器、皮貨物色，及河南府路人户賦税，每年差官欽賫起馬四匹聖旨，前去各處催徵。於八月内特奉聖旨，令沙藍大王赴迤北稱海住冬去訖。即目春首，方當催辦，如蒙照依前例，給降鋪馬四匹聖旨備用，似不失悮。今賫元降起馬四匹聖旨一道，回納省庫收貯。省部議得，本位下元給起馬聖旨，既以拘收，今後果有合行差使鋪馬，從本府申部，呈省應副。

二月二十四日，宣政院奏：「諸出使西番者，自京兆、臨洮府，附帶碧甸子、銅器、椀楪、靴履，裝馱鋪以營市利，如此冗濫。合令京兆、臨洮府、泥河所設脱脱禾孫提調檢察，果有商販之物，來使科罪，其貨没官。」奉旨準。

是日，中書右丞相鐵木迭兒等奏：「諸王、公主、駙馬，頻數遣使，前赴西番之地，以故站赤困乏。若不奏聞，恐宣政院隔越中書遣使，乞令省約。」奉旨：「可委臨洮府能幹脱脱禾孫一員提調。」

二十七日，中書省奏：「前者翰林院奏奉聖旨，今後依都省定例，隨品秩出給鋪馬。無品秩怯薛人員，給馬四匹以下，本院區處，四匹以上奏。臣等已準來文。今議依先例，諸王、駙〔四〕馬并蒙古各千户，合給鋪馬聖旨，翰林院議之。除此之外，諸官府庶務遣使，乞依舊制，令白於中書，然後行之。」制可。

是日，中書省又奏：「去年典瑞監爲差使金字圓牌不敷，增造五十面。當時曾奉聖旨，追究往前已發未納之數，且謂今後非軍情事，不得差使。未幾，典瑞取勘初置圓牌，總二百七十二面，自至元十五年以後，給付諸人未納，及值諸王失列吉、要木忽兒等叛亂，賫帶前去，或爲兀魯思隱占行使者有之，難以窮究。以此世祖皇帝不用舊來牌面，剏置此項圓牌，及造小圖書，鈐印馬數以爲記驗。今請依前旨，金字圓牌除軍情大事外，不令差使，似爲便益。」奉旨：「是也，宜令追之。」都省欽依，行移各處，照會施行。

是月，嶺北行省咨：「任回官員脚力，止依品級應副站車。邊方酷寒重地，實比雲南、福建風土不同，若依舊制，應副元來鋪馬、站車回還，庶見優恤。」省部照擬，元行舊例，職官依驗元去鋪馬、站車數目應副，令譯史，宣使人等，元給鋪馬二匹，内量減一匹，卻就站車一輛回還相應。回咨嶺北行省，依上施行。

三月二十四日，通政院準木憐阿失不剌、察罕忽魯渾、察罕憨赤海三站言：「從壬子年至今天旱，芻草不生。去年遞運軍器，雖曾給散鈔物，皆以銷用。自冬徂春，連值大雪黑風，飄散積草，鋪馬缺食倒斃，所存不過二三十匹，以供走遞，大率羸瘠，亦將死損。馳驛者既已失悮，遞運又且住滯，站户及妻子往往饑餓喪亡，乞救濟事。」本院關部，議得川中阿失不剌等三站，接連嶺北一道，通報軍情緊急重事，擬合斟酌接濟。具呈中書省，議得每站增給馬五十匹，准支價錢中統鈔三百錠，從通政院委官關領前去，同河東宣慰司官給付各站，買馬當役。仍接濟米粮各一百石，以給貧下站户，就於静州等處倉内放支，其去倉遠者，驗時直準鈔與之。於四月十七日奏，奉旨準。

二十六日，中書右丞相鐵木迭兒、左丞相阿散等啓於皇太后：「行幸之時，沿途納鉢常令準備車輛，或先期一月之前，膏車秣馬俟候，致令頭匹損瘦，又奪農時。臣等今議，起發之時，各枝合與車輛，就此應副，其沿途納鉢增索之數，不須與之。已奉聖旨準奏，故再啓請。」奉懿旨：「勿與可也。」都省敬此，送兵部依上施行。

是月，江浙等處行中書省言：「平江路站赤，多有各投下差來使臣，催徵撥賜田粮，日乘鋪馬，坐食分例，動經半載不去。其田既有差設莊官，合無定擬，不須差官，就令莊官將收到粮斛變鈔起解，實省鋪馬祗應，請區處事。」省部議得，所言出使人員，乃在都徽政院等官府所遣，而各處俱有所屬之司。回咨江浙行省，照勘差去官，委有所屬司存，照依定例，大事應付首思鋪馬八日，小事三日，餘外不許支給。其無所屬及各投下人員，督責有司，欽依《至元新格》程限，早完其事，發遣以行。

五月，武備寺言：「蒙古行營甲匠，成造到皇慶二年皮甲一十九副，照依年例，於保定路取給鋪馬一匹、站車一輛。本路教化總管爲押運人别無欽賫聖旨，不準應付，有礙起納。本寺卿闊闊出等奏，奉聖旨：軍器乃大事也，何故阻之？可移文都省下各路，今後納皮甲鋪馬，毋得阻當。請欽依施行。」兵部以武備寺隔越中書奏事，干係政務，上項皮甲，即係年額之物，若押運人員欽賫聖旨，依例應副鋪馬，如無，則以快便脚力起發。以此議得，今後軍情急務、起發軍器等物，押運人員果合乘驛者，於本路已降差使聖旨内，就便給發相應。呈蒙都省準擬，連送兵部，依上施行，仍關武備寺回奏。

六月二十日，中書省奉旨：「遣朶䚟、也先帖木兒、亦納失里往五臺散莽齋，給鋪馬一十五匹。又遣闊兒魯、班丹等至五臺山，開讀藏經，給馬八匹。」欽此。擬給金字圓牌二面。左丞相阿散以爲舊制，金字圓牌乃軍情大事所用，今讀藏經、散荐齋，恐不宜給。二十二日，尚書乞塔以其言奏聞，奉旨：「權宜令去。今後軍情公事外，其餘毋得行用。」中書省送兵部，欽依施行。

二十五日，平章察乃、通政院使寒食等奏：「哈思哈那禿一十四站廢絶。」奉聖旨，每站各與馬一百匹，每匹價鈔六錠，計鈔八千四百錠。都省欽依給降，委通政院判帖木兒不花前赴各站給散訖。

是年冬，湖廣行省備興國路判官朱承直言：「江南赴任及任回官員，宜令鎮守軍官、巡尉、捕盜官相參防送，所至於官舍宿泊，量給粥食，庶便往來，且免盜賊劫掠之患。」中書兵刑部議得，鎮守、巡尉司弓兵，本以禦賊盜，若令防送往來官員，有妨警捕。加之各處年銷錢粮不敷，難議供給粥食。宜令所在官司驗所授宣敕文憑，止宿官舍相應。都省準擬。

三年正月十四日，都功德使輦真乞剌思、站班奏奉聖旨：「搠思羅師父門徒唆南監藏者，欲回朶甘思之地。本僧每年率三十衆，爲朕起建具送好事一月，其令省部斟酌應副鋪馬以行。」兵部議得，所索鋪馬，别無欽賫御寶聖旨。具呈都省給降。

四月十二日，丞相阿散，平章李道復、兀伯都剌等奏：「班吉斡節兒講主之下，三丹講主有疾。奉旨，令同輦真乞剌思師父回還西番。三丹及其徒共四人，起鋪馬四匹。又搠思羅師父徒弟唆南監藏等六人，起馬六匹。都省見存鋪馬聖旨不敷，若與此僧，亦難拘收。合無定擬，西番回僧，令翰林院斟酌撙節，譯寫聖旨與之。」奉旨准。都省欽依施行。

二十六日，通政院言：「納憐二十三站消乏，除晃忽兒月良九站，已濟芻粟外，哈温至東勝一十四站未有與。甘肅行省非奉都省明文，率不津濟。今每站有馬二百匹，去年天旱無草，靡不羸瘠，設有軍情給驛，豈不失悮。」都省遣本院通事徹里，前去甘肅省等處，給散料粟七千九百九十六石七斗。

二月二十二日，武備寺言于中書省：「本寺統領各處局院，催督軍器。舊制，上都、大都各給鋪馬聖旨八道，去年拘收入省。嘗以軍器公事爲重，奏奉聖旨，累次移文兵部請給不至。今來軍器趣起，難俟兵部取發，請依已降聖旨，早賜給降事。」都省送兵部，照得皇慶二年七月二日，已經奏準聖旨，除樞密院、御史臺、宣政院、徽政院、也可札魯花赤外，其餘衙門鋪馬聖旨，皆令拘收。若議再與，似成偏負。如武備寺果有差遣，移文都省給驛。除欽遵外，合令武備寺依上施行。

六月十一日，將作院使哈撒不花傳奉聖旨：「朕聞諸王、駙馬各枝兒，遣使至五臺降香，及西番僧人指以降香遊五臺爲名，乘占小鋪馬、站車，多取分例，使堅州、臺州兩處官司百姓被擾。其令殊祥院分揀各枝來使僧人，有事者量給鋪馬分例，無事者三日之外不得給。從彼赴都之人，亦分可否給驛。中書省、宣政院、功德使司皆令移文照會。」欽此。殊祥院移關兵部，依上施行。

九月，湖廣行省備廣西道宣慰司言：「遠方之任官員，父母亡没，奔喪丁憂，因病作闕，卻令自備脚力，跋涉江河。若貧薄無力，留滯邊遠，有失親喪，誠可憐憫。兵部參詳，合準行省所擬，照依已定品級，陸路長行馬匹芻粟，水路斟酌應副站船，出還相應。」都省議得，見任遠方官員，因病作闕，難準所擬。奔喪丁憂人員，照依任滿得代，一體應副脚力出還。移咨行省及下兵部，依上施行。

是月，江浙行省咨：「差撥祗應庫子，令各路照勘正、貼户實有餘粮，除下户外，下至十石，多者積算通融，計日應當，周歲輪流一次，請照驗事。」都省準擬回咨，依上施行。

十月，衛輝路言于河南道奉使宣撫及本道廉訪司：「本路車站，正當衝要，所設車一十五輛，遞運不敷。竊照鄰郡彰德路宜溝站，額置車二十輛，即與本路一體。兼本路水站置船三十艘，人丁二百五名，雖備而少用。奉使與廉訪司公議，摘除站船一十艘，人丁六十名。每船二艘，丁一十二名，改設站車一輛，總增五輛，以備遞運，官民皆便。呈省請區處事。」省部議得，既經奉使宣撫及本道廉訪司定論，準擬，依上施行。

四年正月九日，通政院使末吉等奏：「苦鹽泊至迭連不剌九站消乏，數内寬迭連不剌、喃塔兒兩站馬户，爲叛户所奪，來請接濟。臣等議得，彼處答吉倉見貯官糧，其間七站，乞各與米一百石，可自取之。寬迭連不剌、喃塔兒兩站，各與一百五十石，就令答吉倉佃户送致之，仍委都事完者帖木兒給散。」奉旨準。總計給米一千石。

二月一日，通政院使塔海忽都魯、太僕寺丞斡羅思奉使回奏，整治帖里干站赤，自阿蘭至小只一十六站，給散馬五百八匹，駞二百五十五隻。先是，上命斡羅思馳驛，拘刷民間馬匹，以給帖里干站。如無，則與係官馬駞，及於阿木哥、掃兀、阿思罕、憨剌哈兒等斷没駞馬數内支給。至是返命。既而太師中書右丞相帖木迭兒，平章政事兀伯都剌、拜住等又奏：「前者以帖里干站消乏，故遣塔海忽都魯接濟馬駞。今聞各站頭匹又復瘦損，太后懿旨嘗令整治之。請就上都庫支鈔五千錠，遣通政院使撒台、乞兒海牙二人前去，買馬接濟。」奉旨準。都省給降鈔五千錠，買馬八百三十四匹，分給帖里干三十站當役訖。

十四日，御史臺奏：「行省官之任，除合給鋪馬，又復應副車輛脚力。今西臺赴任官，合依前例鋪馬之外，大夫給車三輛，中丞、侍御二輛，治書一輛，以後爲例。」奉旨：「可移文都省施行。」都省照議，行省之任官，除合起鋪馬外，丞相、平章例給站車二輛，左右丞、參政車一輛。今次御史臺奏準行臺之官，站車俱爲通例不同，劄付本臺，就便回奏。下兵部依例應副施行。

是月，中書兵部照得，遼陽行省懿州，不應支過皇慶二年使臣上馬分例鈔四十七錠三十二兩六錢四分，已擬減駁追理。今本省咨，謂出使人員上馬分例，擬合減半支付。所據前鈔，係延祐二年十一月二十七日已前減駁之數，伏請欽依革撥。已後減駁數目，着落追徵。本部議得，出使人員經過止宿，已有祗應通例。既已上馬，又需當日分例，似涉重復。合咨遼陽行省，更爲照勘減駁支過分例，如委係延祐二年十一月二十七日詔赦已前事理，依準所擬欽依革撥。已後不應支過數目，着落當設人員追徵還官相應。呈奉省準，依上施行。

九月，大都路良鄉驛言：「自閏正月二十五日，涿州驛送到晉王位下來使鎖禿等四人，又西番大師加瓦藏卜等七人到驛，各索走鸁馬匹，提領、百户皆被鞭箠，越次選取鸁馬供給。二月一日，復有西番僧短木、察罕不花、八哈失等二十一人，起正馬三十二匹、回馬十匹，需求走驘馬匹，箠撻站赤，恃威選馬，無所控訴。竊照本驛置於輦轂之下，南北衝要，供給浩繁，似此被害，何以堪命？乞禁治事。」省部照擬得，國家設置驛傳，所以通邊情，備急務。近年以來，諸官府給驛繁數，站民匱乏，至於今歲尤甚。且大都南北六道站赤，比之各省又重苦之，朝廷每加優恤。今此所陳，良可哀憫。若不嚴行禁約，誠恐逼臨站户逃竄，廢絶站赤，深爲未便。都省出榜，諸站及下各路，依上施行，仍咨行省一體禁治。

十月，甘肅行省言：「本省地在極邊，往來經涉沙漠。官吏人等之任，已蒙給驛，任回則備己力。人稀路迴，所過艱險，比之嶺北荒惡尤甚。如準已擬，除所轄居住人員不須應付，其得代出境者，照依嶺北省例，官爲給驛回還，使庶官得受均惠，無回顧之憂，誠爲合義。」兵部參詳，本省道逕不通舟楫，如準所擬，本處土居人員不須應副，其餘任回官員脚力，照依嶺北省例，職官驗元去鋪馬、站車應副，令譯史、宣使人等，止給鋪馬一匹、站車一輛，身故家屬一體應副回還相應。都省議得，甘肅行省任回官吏，除犯贓解任者不給外，餘人並依元去脚力回還，餘準部擬。移咨甘肅行省，依上施行。

是年，中書兵部言：「各站設置提領，止受部劄行九品印職，專車馬之役。所領站户，多者三二千，少者五七百，比之軍民，體非輕細。得其人則户安事集，非其人則民困事隳。

奈何俸禄不給，三年一更，貪邪得以縱私，廉能無以激厲，站赤消乏，職此之由。今擬各處館驛，除令、丞外，見役提領不許交換。敗事者依例追斷停罷，廉能者雖歷三載，聽民舉留。庶望所任盡職，站赤相安。」都省準擬，連送兵部，依上施行。

五年二月十五日，中書省奏：「帖里干站赤老温哈剌至察罕、曲律阿答出等一十站，馬駞損斃。今議，各站給與駱駞二十隻，每隻價錢中統鈔二十五錠，委官前去收買，給散各站相應。」奉旨準。都省差通政院經歷伯都前去，買給駱駞二百七十二隻。

十二月二十六日，通政院使察乃失剌脱端、僉通政院事八的兒等奏：「世祖皇帝時，給發圓牌聖旨，驗差劄起與鋪馬。今來官府書立印信案驗，方準給馬，致急使住滯，失悮公事。」奉旨：「可依舊制，給與使臣圓牌聖旨，各驛驗差劄起與鋪馬，不須立案。」

六年正月十日，宣政院使月魯帖木兒、八剌脱因、答兒麻失里等奏：「烏思藏納憐速古兒赤宣慰司言，往者烏思藏等站赤消乏，嘗奉上命，每站與馬一百二十匹，準支價錢。今來各驛消乏尤甚，雖議於魯瓦富民之家，抽分馬匹應副，恐不能濟，乞津濟物力。又奉帝師法旨，烏思藏撒思加、答籠、宋都思、亦思答四站無營盤，數年田禾不收，頭匹倒死，至甚消乏。藏卜八國師等并宣慰司，數次移文上言，在先世祖皇帝、成宗皇帝時，以此數站消乏，曾令官給物力，今宜依先例濟之。臣等議，今不賑濟，直至斷絶，卻行刱立，愈見費力，乞依先例賑給。」奉旨準。欽此。本院具呈都省，於三月四日奏，四站各與五十匹馬價，每匹六錠。上從之。總計烏思藏撒思加等四站，每站馬五十匹，該價錢中統鈔三百錠，計一千二百錠整。撒思加、答籠、宋都思、亦思答。

四月，中書兵部承奉中書省劄付，通政院官稟説：「帖里干站道内，伯只剌、憨赤海兩站，頭匹倒死，失悮走遞。又苟赤人也速答兒以己馬七匹，與伯只剌站添力事。」於三月二十九日，參政燕只哥、通政院使禿魯哈帖木兒等奏，每站各與馬五十匹接濟。奉旨準。又奏，也速答兒回賜表裏。奉聖旨：「可賜銀一錠，以勸後人。」欽此。迤北收買騸馬，每匹給中統價鈔六錠。欽奉前因，都省議得上項馬匹，委上都留守司達魯花赤只兒哈郎、留守賀開府，不妨司事提調，與通政院官照依官定價直，就便從宜欽依收買堪中馬匹，責付各站走遞，毋致失悮。具收買交付訖馬數、日期、用過價錢，通行呈省。所據回賜也速答兒銀一錠，於係官銀内支付，依例除破。

七年四月四日，參議速速以丞相帖木迭兒之言上奏：「前者爲諸王、駙馬乘驛聚會之故，整治東西兩道站赤，與訖物力。今諸王欲各歸鎮地，當此站赤消乏之時，經過徵求分例草料，乞各與鈔二百錠。」奉旨準。

二十九日，參議速速奏：「昨奉旨，令寫進通政院、兵部所管站赤緣由沿革來上。今謹進呈。」上覽畢，曰：「世祖皇帝時，達達、漢人站係通政院管領，今可依舊制，悉歸之通政院。」

五月十一日，中書右丞相帖木迭兒、平章政事拜住等覆奏。上曰：「可依前旨，令通政院領之。」

九月十四日，通政院判官伯帖木兒奉旨，赴木憐站取勘貧富站户數目，呈省區處。

十月十七日，奏請接濟貧户，上是而從之。都省委官，與本院同知不顏，前赴木憐三十一站，給散訖中統鈔三萬八百錠、糧五百石。

十一月，通政院官孛樂觧等奏奉聖旨節該：「世祖皇帝時，腹裏、江南漢地站赤，例從各路達魯花赤、總管提調，近年令州縣管領，似此站赤受害。今可依前例，皆令各路達魯花赤、總管提調，州縣官勿得預。」省部欽依，遍行照會〔五〕。

英宗皇帝至治元年十一月二十九日，納憐道哈剌兀孫脱脱禾孫客滅拙觧言：「哈剌溫至哈必兒哈不剌一十四站，初無田土可耕。自薛禪皇帝時，官給馬匹草料、站户口粮。延祐七年八月以來，雪重草死，官無芻粟，以致馬匹瘦弱，遲悮驛傳，請接濟事。」都省差通政院宣使朶兒赤，赴甘肅行省、河東宣尉司，給散訖粟料三千五百六十四石。

二年，通政院言：「近年諸官府遣使，皆執聖旨及差劄起馬，中間泛濫，無憑稽考。今後除樞密院、御史臺、也可札魯花赤、宣政院、徽政院外，其餘遣使給驛者，合遵至大四年已降聖旨事意，經由省部關會，本院應副。」省部準擬，依上施行。

三年正月一日，中書右丞相拜住、左丞速速等奏：「和林之南沙蘭禿等六處馬站，連年經值風雪，芻草不生，人馬瘠乏。合無差官取勘户數，每户接濟中統鈔三十錠。」奉旨準。都省差同知通政院事亦憐真，馳驛至沙蘭禿等站，給散訖鈔六千二百錠，段匹折鈔三千一百錠。

泰定元年三月一日，中書右丞相旭邁傑、左丞相倒剌沙等奏：「帖里干、木憐、納憐站赤，因諸王、駙馬在店薛地聚會，頻取物力，以故消乏。臣等以爲站赤乃當時之急務，一次整治有法，站户累歲獲安。今令通政院分别貧富等差，其有馬駞及二十、羊及五十者，是爲有力，餘無此數者，官給中統鈔五十錠，補買與之，及支半年口粮，下年孳畜蕃息，可爲久計。」奉旨準。都省欽依，委官分道馳驛前去，給散訖鈔二十一萬三千三百錠，糧七萬六千一百四十四石八斗。木憐道三十八站，鈔八萬四千五十錠，糧一萬六千九百三十三石二斗。納憐站道二十四站，鈔四萬一千七百五十錠，糧八千九百二十石八斗。帖里干五十七站，鈔八萬七千五百錠，糧五萬二百九十石八斗。

三日，通政院使察乃、脱兒赤顔等奏：「世祖皇帝時，漢地站赤從各路達魯花赤、總管提調，在後又令州縣官領之。既而站户受害，依舊從各路正官提調，州縣不預。至治三年，英宗皇帝行幸五臺之時，左丞速速、同知不顔復奏，令州縣提調站赤。今站户告言，既隸通政院，又屬州縣官，於己誠有不便。臣與右丞相旭邁傑等共議，但凡政事，並依世祖皇帝定制，已嘗詔告天下。今次站赤，止合從各路達魯花赤、總督提調，毋令州縣官領之。」奉旨準。

六月十日，詔書内一款：「軍國之務，站赤爲先。除達達站户消乏，已令接濟外，春秋車駕經行處所，使客比之他處繁多。大都、上都自備首思者，每站給中統鈔二千錠，興和、宣德拘該漢站，各一千錠，驗户接濟。仍仰中外諸司，各務撙節，不許濫行給驛，違者依條治罪。」中書省下兵部、通政院，照勘到合接濟一十六站，給降中統鈔二萬九千錠，遣尚乘寺丞脱脱、通政院都事哈剌章支散訖。上都至大都昌平等一十三站，支鈔二萬六千錠。

興和路三站，支鈔三千錠。

二十一日，通政院使察乃等奏：「春秋往來上都，各供帳内馬駞有闕，全仰站車以行。隨駕官府及各枝人員，每年起發鋪車，站户苦之。今將起離上都，回還大都，各供帳所須鋪車，欲乞矜憫住罷，令中書省應副車輛、頭匹，其餘各枝官員，悉令自備物力起行。可否？取裁。」奉旨準。

二年六月，兵部侍郎劉秉德言：「諸王、駙馬各投下給驛實繁，及隨朝諸官府，多有未拘鋪馬聖旨，凡遇遣使，假公行私，徑赴通政院給驛。擬合從新分揀諸王、駙馬各投下鋪馬劄子，撙節與之，不許似前泛濫。除樞密院、御史臺、也可札魯花赤、宣政院、詹事院外，其餘官府應有鋪馬聖旨，盡數拘收。果有公事給驛，移文省部應副，不經省部者不得給。從監察御史、廉訪司糾察相應。」省部準擬施行。

三年二月二十三日，中書右丞相塔失帖木兒等奏：「京畿道奉使宣撫言，昌平縣站户差役頻數，自備祇應，以故物力消乏，漸致逃徙。臣等詳照往年，其地田禾不收，又爲路當衝要，驛傳倍勞，累嘗奏降鈔定津濟。今國家雖乏錢糧，亦宜賑恤。設若隳廢，愈難整治。請發鈔二千錠，委官驗貧富多寡給散之。」奉旨準。

又奏：「驛傳所以通報國家急務，近年以來，西番僧及工匠之徒泛濫給驛，是致站赤疲弊。今後此徒凡有不切之務，乞禁止給驛。事果急速，三分車馬之數，應副一分以行。仍準當該官司公文起遣，似爲允當。」奉旨準。

四年五月十五日，通政院使脱亦納失龍灰等奏：「上都周遭草地，及各站牧馬地内，舊例馬牛外來者，執之以供驛傳，三日後回付畜主。羊口入禁，没爲館食。今議，若畜主不出識認者，合無作不蘭奚數收係之。」奉旨準。

是年，兩浙江東道奉使宣撫言站赤消乏。兵部議得，各處水馬站赤消乏，例合有保勘不干礙五品官體覆，監察御史、廉訪司體察，依例僉補。然行移之間，爲無所立程限，往復淹延，民受其害。今擬從申舉日爲始，至監察御史、廉訪司體察畢，定期一歲完備，違限者從監察御史、廉訪司糾察。省準遍行。

明宗天曆元年九月，通政院言：「方今海宇混一，庶務浩繁，百色所需，全藉鋪馬辨集。近因迤北軍馬，將薊州、夏店、昌平、良鄉、涿州、通州，并北口、榆林、洪贊、雷家等站闃散，焚劫畜産房舍殆盡，今兹平定。諸王、駙馬各枝朝賀使客頻數，供給日繁，若不拯濟，恐致失悮。請以各路刷到馬疋，量給各驛走遞事。」都省準擬，一十站總撥馬八百四十七匹：大都驛馬四百一十七匹，良鄉馬五十匹，涿州馬五十匹，昌平馬五十匹，榆林馬五十匹，洪贊馬五十匹，雷家馬五十匹，夏店馬五十匹，薊州馬五十匹，通州馬三十匹。

十月二十四日，太保左丞相别不花、郎中牙不忽等特奉聖旨：「河南、江西、湖廣三省打捕天鵝，乘驛進送頻併，站赤甚苦。今後斟酌進一兩次，其餘加意鹽淹訖，以驛舟進來。令都省移文諭之。」欽此。

是月，兵部奉中書省劄付：「行省、腹裏，凡起運金銀、鈔錠、匹帛諸物，俱有定立程限。近來往往違期不到，以致河水結凍，舟楫不通，却督拘該有司差倩民車，和雇脚力搬運，不唯破費官錢，重勞民力，其間弊病多端。蓋因各處官司，不爲用心擇人押運，或至站所不即給船，停滯遷延，於事未便。都省議得，起運物色各處提調正官、首領官，須要照依元定程期已裏，差能幹人押運到都。如依前違限，定將押運官、庫官、庫子等痛斷，及取當該首領官吏，招伏究治。拘該站所運物至彼，劃時給船，若遷調怠慢，刁蹬停滯者，亦行斷罪。」仰依上施行。

十一月十日，右丞相燕帖木兒、平章政事欽察鮷、通政院使寒食等奏：「昌平、榆林、洪贊、鵰窩、赤城、龍門、獨石、失八兒禿、昔寶赤、李陵臺、桓州、灣陽、雷家、宣德西驛、白草澗、苦〔六〕鹽泊、小寨兒、乞兒撒禿、哈兒憨赤、忙吉兒禿、夏店、薊州、遵化等二十三站，經值兵戈消乏，使臣頻數，站户甚苦。乞賜矜憫，每站各與鈔五百錠。」奉旨準。都省欽依委官，同通政院使斡綽、同知通政院事香山，欽依給散訖。

二年三月九日，中書省奏：「木憐、帖里干站赤消乏。臣等議，消乏甚者與鈔一千錠，次者與五百錠賑濟之。」奉旨準。數内帖里干、木憐兩道消乏之甚者，亦乞烈等一十六站，每站各與一千錠。其忽蘭赤斤七站，各與五百錠。都省委官，同通政院副使出出、判官禿帖木兒，馳驛前去散訖。

四月十四日，左丞相帖木兒不花、亦都護，右丞徹里帖木兒，參知政事王結等奏：「通政院言，納憐四十七站消乏，每站擬乞與鈔五百錠。臣等議得，消乏甚者各與鈔五百錠，餘站四百、三百錠與之。」奉旨準。都省差官，與通政院都事哈散，同詣二十四站，給散訖鈔一萬一千三百錠。哈必兒哈不剌一十八站，每站五百錠，計九千錠。潭禿等五站，每站四百錠，計二千錠。兀迷禿一站，三百錠。

十五日，中書省判送兵部，據大都申：「大都至上都一千里路，起運伯亦斡耳朵顏料并竹地席，和雇車輛脚價斤重，依例支付。覆實司提舉楊奉訓體度得，《大一統志》内，大都至上都止是八百里路，合依典故改正。」本部議，大都至上都里路，跋涉山嶺，險阻崎嶇，車程搬運，難同坦途。若依典故，一槩定論，似涉偏執。況兼此例循行已久，合依大都路已擬相應。

二十七日，中書省准甘肅省咨：「鎖南管卜岐王位下，火兒忽禿、紅城兒兩站，與荊王位下蒙古七站一路接連。見准都省咨文，接濟馬料。本投下二站，若蒙依例應副，似不偏負。」送兵部擬，合比依前例，官爲應副冬季三箇月料粟相應。都省準擬。至天曆三年正月，兵部別卷内照得，天曆二年六月二十一日，甘肅省言，先爲荊王也速不干位下蒙古七站求接濟，量擬支撥冬季三箇月料粟六千三百石。爲無見在泰定四年折支價錢，致和元年又行呈索，依例支付。今照得元奉都省咨文，止是量擬撥泰定四年冬季三箇月料粟，即非常例。本位下自有設置倉敖，歲收税石甚多。況荊王位下，槩管軍民，最爲富庶。若以常例，官爲支付馬料，實是費耗官錢。本部議，上項七站，既甘肅行省言，料粟自世祖皇帝以來不曾應副，本位下多有錢糧，軍民富庶。如遇天災流行，站赤生受，合依行省所擬，從本投下自行接濟相應。都省準擬。今照得鎖南管卜岐王位下，火兒忽禿、紅城兒兩站，告求接濟，已蒙都省準擬，移咨甘肅行省，放支三箇月料粟。其本位下與荊王位下站赤，即係一體。既荆王位下蒙古七站，已經呈準，例從本投下自行接濟，其岐王位下兩站，元準接濟三箇月料粟，擬合止當相應。宜從都省移咨甘肅行省，依例施行。

是月，兵部奉中書省劄付，中書右丞徹里帖木兒、郎中也孫脱奏：「鷹房總管府言，各路打捕户，歲貢天鵝、鶿鵓，準備進赴上都，及影堂祭供，兵部自正月不給驛馬。今乞自用總管府鋪馬聖旨，差人各路依先例起解。」奉聖旨準。欽此。都省仰欽依施行。

六月二十六日，中書右丞闊兒吉思等奏：「陝西省言，奉元路在城并臨潼、同官等二十三站，四年蝗旱，田禾不收，人自相食。若不接濟，即見廢絶。每站乞與鈔四百錠以賑之。」奉旨，若曰：「百姓消乏至此，微惠何能得濟？聞來使之言，謂站户饑荒，太半逃亡。於已擬各站四百錠鈔之上，議增給之。仍啓于皇太子，就彼差人前去接濟，然後奏聞。」既而中書復奏，每站增給鈔總爲五百錠，上從之。都省委官，同通政院僉院雙台，馳驛至奉元等站，給散訖中統鈔一萬一千五百錠。

八月十三日，右丞相燕帖木兒，平章政事欽察䚟，參知政事阿榮、趙世安等特奉聖旨：「站赤消乏，省中可與物力整治。聞濫騎鋪馬者多，若不仔細提調，將愈致消乏。今省官内令阿榮、趙世安兩人提調。除中書省、樞密院、御史臺，其餘大小衙門，不以是何公事，差人乘驛者，令通政院稟過提調官，必合馳驛之事，仔細分揀過，省中附簿，斟酌與之，不合馳驛者勿給。通政院每月發馬多少，明白開寫，關部呈省。可遍行文書諭之。」欽此。

十一月二十七日，通政院使定住、寒食，同知通政院事羊蹄，通政院副使出出等奏：「八哈赤僧人等無宣政院文字，自索驛馬者多。今乞有宣政院印信文字合與者，仔細分揀與之。」奉旨準。欽此。關兵部轉呈都省施行。

是日，宣政院使禿堅帖木兒、脱因、公哥簇吉林、伯顏也不干、相哥失里，同知宣政院事左吉等奏：「諸王、駙馬及各衙門，無宣政院文書，於通政院泛濫給驛，差人赴西番者多。以此沿途站赤，甚是消乏。今乞無宣政院文書者，不令應副鋪馬。」奉聖旨：「是矣。拘該衙門可行與文書。」

又奏：「西番三路宣慰司等官，推稱起解講主、呪師、大醫、答魯赤，亦爲私己之事來者多有。若聽其如此，站赤辛苦。若用此輩人，朝廷往取之。今後無聖旨，無宣政院明白文書者，乞不許來上。仍令臨洮府、寧河脱脱禾孫加意提調，如此乘驛來者，勿給驛馬，計稟宣慰司官奏來。」奉聖旨，從之。

三年正月十七日，通政院使寒食言：「至元七年，設立諸站都統領使司。十三年，改陞通政院，管領蒙古、漢人水陸站赤。至大四年，以漢站隸兵部，本院止領蒙古站赤。延祐七年，又併董之。大德、至大年間，爲各處站赤消乏，差官僉補，不失元額。又屢奉聖旨，整治撙節。迄今六十餘年，未嘗廢弛。去歲兵興，通政院首先准備補〔七〕馬，欽迎皇帝於江陵。使臣接踵，馳驛至都，嗣登大寶，干戈未息。東至千民鎮、蘆兒嶺，北至虎北口、居庸關，西至白羊峪、紫荆關等處隘口，軍兵守把，應用軍器糗糧等物，並給站車輓運，計用四千餘輛。以軍情起馬一萬七千餘匹，起洪贊、榆林、雷家三站，於昌平立黃花鎮石槽站，摘馬走遞。大都驛馬紛奪不敷，禀奉都堂鈞旨，摘撥良鄉、涿州、新城、雄州、河間站赤鋪馬，赴都協濟。本院官吏晝夜供給，未嘗頃刻輒離，亦無分毫失悮。平定之後，站民之家，室廬焚蕩，人馬喪亡，無聊甚矣。幸承恩命，賑濟以寧。略舉大都、通州、薊州、夏店、遵化、昌平、榆林、洪贊、雷家、良鄉、涿州、易州、淶水馬步等站，并北口蒙古站赤，接濟訖中統鈔一十五萬七千四百六十五錠，糧四千六百四十六石八斗，馬一千二百六十匹，駞五百隻。又護都忽皇帝還自朔漠，豫王、太平王答剌罕太師右丞相送寶，本院官吏前去迤北蒙古站赤排辦鋪馬，及差官赴陝西奉元路等二十三站賑饑，每站給散中統鈔五百錠，計一萬一千五百錠。奏乞知之。」

二月二日，兵部奉中書省劄付，刑部呈，奉省判，江浙省咨：「宣使阿散起運福建運司鹽課銀，赴中書省交納。天曆二年正月二十一日辰時，至保定路雄州驛，令人等俱不在站。久之，李驛令、張提領等帶酒，引百户等二十餘人來至，不肯照前站關文，應副馱銀馬匹、牽馬人夫，但索差劄聖旨辨驗。意恐催督，恣行罵詈，拽阿散至州衙，知州、首領官亦不助力成就，耽悮至申時，仍前不肯應副，就令牽馬人騎馱銀馬起運。至二十三日，到富寧庫寄收。阿散已於天曆二年正月二十七日，具呈中書省，省發下通政院取問外，本省歲辦一應錢糧、軍器、段匹，并計置横造進呈諸物，俱有定立程限，每年不下五六十運，實爲繁重。全以宣使押運赴都，設置站赤，專一遞運官物。雄州站官不以官物爲重，放肆兇暴，凌辱使人，有司不肯助力成就。若不嚴加懲誡，遍行各處禁約，慮恐已後倣此，看同泛常，阻滯未便。」都省送刑部議，上項事理，係在天曆二年八月十五日已前，擬合欽依詔赦革撥。宜令通政院遍行禁治，站官人等，今後敢有違犯，痛行斷罪相應。都省準呈。

是月，兵部奉中書省劄付，御史臺呈，江南行臺監察御史言：「朝廷設立驛站，陸則乘馬，水則備舟，點僉籍民，俾充站户，具船馬，備什物，恐致廢弛，令有司親臨提調，廉訪司常加點視，此誠良法也。近年以來，各處官司雖有所孳生，鈔本數少，不能充用。又差人出使，合減〔八〕省而不減省者有之，不當給驛而濫給者有之。差出之人搔擾站赤，毆打官吏，需索錢物，有司提調之官視爲泛常，廉訪司出巡之際置于度外。是致站户靠損，馬弱船漏，什物廢壞。卑職近因公差赴都，竊見河間、保定南北站赤，多有廢弛去處，馬盡瘦損，不堪走遞。詢其所由，蓋因兩淮起解鹽本鈔本，一運不下四五十匹，馳馱甚重。如一站馬匹不敷，則轉遞前站，是致靠損。況今使臣往來頻併，若不整治，恐遇軍情急事遲悞，關繫非輕。」行臺看詳，諸處站赤消乏，積非一日。況河間、保定東西會于涿州，直至京師，至爲辛苦。泛濫給驛，雖有禁條，然法行自貴近始，當此之際，尤宜撙節。今後在都，應有給驛，除軍情重事外，如有宣喚官員，非朝廷知識急用人才，必合來驛者，從中書省聞奏減省。庶使站赤稍甦，事關緊切，不致少悞。餘準監察御史所言相應。御史臺具呈照詳，本部移準通政院關，立站之由，本以宣布致〔九〕令，通報軍情急事。近年以來，各衙門不體事之緩急，泛濫給驛，及兩淮起運鹽課鈔錠，靠損馬匹。今後除軍情重事，必合乘驛外，其餘緩慢細事，不許泛濫給驛。兩淮等處起運鹽課，舟楫既通，合依舊例用船遞運相應。準此。會驗到《大元通制》内一款，大德八年七月，中書省照得各處行省，不依都省元行，往往泛給鋪馬，雲南、四川尤甚。中間多有任滿得代無禄之人，或因起納諸物，或指計稟公事爲名，馳驛赴都，因而求仕，直至得除，馳驛回還。不唯虚費官司分例，實恐迤漸消乏站赤，深爲不便。都省議，今後任滿得代無禄之人，不許差使赴都。如違，定將當該首領官究治。移咨各處，及劄付御史臺體察。又一款，至大四年二月，兵部契勘，内外諸司設立宣使、奏差，蓋爲幹辦公事。其各處行省、宣慰司等衙門，比年不行差遣，故委州縣正官，并得代不應差使、營幹己私之人，或以軍情爲重，或以錢糧爲大，或以貢物爲急，驗其品職，多起鋪馬，道途之間，源源不絶。站赤消乏，蓋因於此，若不整治，深爲未便。擬合遍行各處，今後凡遇押運官物、計禀勾當，應合給驛之事，須遣宣使、奏差人員，量立程限，仍取甘罪文狀。在都諸衙門，如遇各處起納官物、計禀公事之人，依期發遣，事無壅滯，省減鋪馬。都省准呈。今奉前因，本部議擬到逐項事理，具呈照詳。本省議得，近年以來，各處饑荒，站赤生受。蓋因拘該官司泛濫給驛，使客繁多，中間假公營私，往來沿途住滯，及不詳事體緩急，一槩走驟，倒死鋪馬。若不定立程限，從宜撙節，深爲未便。今定擬到使臣日行馬程里路，禁治事理，仰遍行依上施行。

三月九日，中書兵部準，通政院關：「天曆二年八月十九日，欽奉詔書内一款節該：站赤消乏，比及僉補以來，其令中書省撙節冗濫名件，除中書省、樞密院、御史臺及一切軍情緊急重事外，諸衙門應給鋪馬，必須經由省部、通政院，毋得濫行給驛。欽此。本院乃京師輦轂之下，四方會同之所，置郵傳命，飛報軍情，邊關緊急，不爲不重。除中書省、樞密院、御史臺，及一切軍情緊急重事，欽此給驛外，其餘諸王、公主、駙馬，行省、路、府、州、縣，并各處納物回還者，往往赴院，倒給站車、船隻、驛馬，別無所守通例，未審合無應副。宜令合干部分定擬明白，遵守相應。本部議得，在都諸司應給鋪馬，除中書省、樞密院、御史臺外，其餘衙門并諸王、公主、駙馬，欽依詔書，並須經由本部斟酌所辦事務，撙節定擬合騎馬數，移關通政院應付。外據行省、路、府、州、縣各處稟事納物回程，合給鋪馬、站車、船隻，如元來差劄前站關文，及納獲朱鈔，并差委公事，回文明白，於例別無冒濫爭差不應者，從通政院照勘，就便給付相應。」呈省準擬。

十四日，太師太平王答剌罕右丞相燕帖木兒，對通政院官傳聖旨：「近者奏詔書，除中書省、樞密院、御史臺外，其餘諸衙門差人，無省部文書，勿給驛。今若候省部文書，公事必至遲悞。奉聖旨，今後其餘諸衙門，不必經由省部，徑直移文通政院給驛。本院子細分揀，斟酌與之。」欽此。本院關兵部欽依，轉呈都省照詳，連送本部，就行欽依施行。

是月，中書省準江浙省咨，監察御史言：「江浙、江西、湖廣三省水陸站赤，供給繁重，祇應錢物不敷，以站户餘糧内差充庫子，貼備祇待，似爲靠損。合照依舊例，於巡尉司見役司吏内差充，二歲陞州吏，一歲陞縣吏。」本省看詳，各處庫子，元擬餘粮站户内，輪日應當，尚且失悮。今改巡尉小吏管辦，關領官錢，中間不無侵漁，委是不便。如依舊例相應。送兵部議得，江浙行省水馬驛祇待庫子，既與腹裏事例不同，合準本省所擬，餘糧站户内差撥，上下半年交替，就準本户里正、主首身役相應。呈省準擬。又太師右丞相燕帖木兒，平章政事欽察䚟、阿禮海牙〔一〇〕、趙世延，右丞撒迪，參知政事和尚、蔡文淵，參議中書省事忽都海牙等奏：「兵部言，以站赤消乏之故，不應給驛者，省官分揀，見於皇帝登寶位之詔。在前賜田收穀、身故送喪之人，不曾給驛。今各衙門官員，爲營私事，不肯遵守法度，搬取家屬，收拾子粒，遷葬娶妻，送靈嫁女，泛濫給驛，以致站赤消乏。臣等謂，站赤本爲轉達國家政令、通報邊境軍情而設，今後似此，但凡私事，奏乞驛馬者禁革。一切不應給驛者，依詔書體例分揀爲宜。」奉聖旨：「卿言是矣。可移文各處，勿令泛濫給驛。」欽此。都省遍行照會。

【考校記】

〔一〕輯自《永樂大典》卷一九四二一。

〔二〕「品」，據上下文，疑當作「匹」。
〔三〕「悟」，據文意，疑當作「悮」。
〔四〕「駙」，原作「附」，據上文改。
〔五〕「會」，原脱，據文例補。
〔六〕「苦」，原作「若」，據上文改。
〔七〕「補」，據文意，疑當作「鋪」。
〔八〕「減」，原作「城」，據下文改。
〔九〕「致」，據文意，疑當作「政」。
〔一〇〕「阿禮海牙」，他處又作「阿里海牙」。

驛傳七〔一〕

至順元年六月二十六日，知樞密院事太保伯顏、燕不倫、撒敦等奏：「行樞密院官、怯薛䚟、首領官、掾史人等，至無鋪馬之地，有合到城池。乞依在前行省官、樞密院官例，應副常行馬疋。」奉旨准。欽此。本院呈都省，欽依施行。

八月，兵部奉中書省劄付，河南省咨，河南道廉訪司言：「河南府路車馬站一十五處，西軍劫掠，又值天旱，人民闕食，馬無草料。宜比陝西省奉元等站例，接濟一月料粟口粮。」都省仰依上施行，差委宣使燕只哥，與河南府路録事司判官郭將仕，親詣各站，整治馬疋。所轄州城，連年不收，西軍劫討站户，比之陝西尤甚。若候都省明文接濟，切恐因而斷絶驛道，失悮走遞，利害非輕。本路迤西七站，闕少馬料，於河南府路見在粮内，量撥二千一百石，每站三百石，及放支脚價中統鈔二百五十定。令本路委官提調，驗地里遠近，分派各站，從便顧脚搬運前去。先儘迤西站赤，令有司提調，置立文簿收貯，逐旋放支，團槽秣養。新安、黽池二站，闕少馬草，量撥中統鈔一百錠，每站五十錠，亦令有司提調，收買稈草。差人馳驛前去河南府路，委提調官趁賤收買，同運去粮斛，設法關防，依數放支，開咨照詳。送本部呈，元呈依陝西省奉元路，已給各站料粟例：每馬一疋，支料五升、草十斤；車驢一頭，日支料二升、草五斤；人夫每名日支米一升。接濟一箇月。今河南行省比准都省咨文，每站先已接濟訖粮料，雖比元擬不同，既已支付站民，合准所擬。宜從都省移咨河南行省照會相應。省准。

十一月，兵部奉中書省劄付，山南江北道廉訪司言：「檢會《大元通制》内，皇慶二年二月二十七日，中書省奏，先奉旨差去各處使臣，并回外路官員，自索葡萄酒并酒，卻詐稱上位所賜，似此當加意計較。臣等謂今後上位知識在外官員，賜葡萄酒并酒者，令宣徽院與兵部印信文書，卻令兵部官與送酒人印信別里哥文字，憑此前去。無兵部別里哥者，沿路脱脱禾孫盤問止留，標記姓名，奏裁斷罪。奉旨准。欽此。即目站赤係通政院提調，近年以來，差使人員就賚御酒，不見通政院魯〔二〕無准到宣徽院印信公文，有無別里哥憑驗，各處脱脱禾孫，不爲用心盤問，中間真僞難明。今後外路官員，如蒙上位賜葡萄酒并酒，擬合依例出給印信別里哥文字，付所差人收執至本處。如無別里哥憑驗，經過脱脱禾孫不爲用心盤問，或徇情受賄故縱，因事發露，取問明白，驗事輕重，斷罪黜降，令監察御史、廉訪司體察，庶革僞濫之弊。」本部議，恩賜官員酒醴，擬合申明皇慶二年中書省奏准聖旨事意，憑准宣徽院印信公文，本部行移，通政院出給別里哥，依例給驛，庶革泛濫之弊。具呈都省，仰依上施行。

大都陸運提舉司，世祖皇帝至元十四年，於真定、河間、保定、濟南、平灤、德州、恩州七處當差户内，僉撥到站車七百八十輛，每一十三户當車一輛，計一萬一百四十户，管領儹運粮斛。在後都省奏奉聖旨，設宣授金牌鹽運粮儲達魯花赤三員，提領案牘一員。

十六年，户部呈：「承奉省判，續撥站車一千輛，設立新運粮提舉司管領，將本司改作舊運粮提舉司。先爲大都、上都，支轉粮斛浩大，續添站車，設都提舉司，選擬到官員管領。其間事務浩繁，不同其他，擬從五品印信，額設官吏二十一名，所管車七百八十輛。除畸零貧難并逃户，實有站車五百八十九輛，每輛一十三户，計七千六百五十七户，自來不曾增減。改革陞降官達魯花赤一員，提舉一員，副提舉一員，吏目一名，司吏八名，委差四名，祗候五名，户七千六百五十七户，站車五百八十九輛，司屬四處。自立提舉司以來，設到提領所四處。至元二十一年，申奉中書兵部符文，又奉中書省劄付，給降從九品銅印四顆。真定路站海王莊置立提領四名，户二千八百六十户，站車二百二十輛。濟南站魏家莊置立提領三名，户一千八百七户，站車一百三十九輛。河間站七里鋪置立提領四名，户一千六百九十户，站車一百三十輛。保定站臈八莊置立提領三名，户一千三百户，站車一百輛。」

十七年，省部將新運糧提舉司撥屬京畿漕運司運糧，卻將舊運粮提舉司撥屬中書兵部，專一短搬在都係官一切營造物件，并行省諸路辨納金銀、段匹、寶鈔，應有官物，春秋供奉，車駕行幸酒麵生料，及一切所須之物。

二十四年，各衙門并各位下及西番僧等，口傳言語，取索站車，頻併冗濫，車户往往逼迫在逃消乏。當時驗實在户數，合併作站車五百八十九輛。蒙都省立法，凡有諸處合用站車，須於都堂禀説過，出給印署文貼附簿，令提舉司憑準應副，如此稍革前弊。二十八年已後，諸處依前口傳言語，差取站車，並無所載物件斤重，中間夾帶己物，亦曾事發到官。爲此兵部議得，近年以來，站車輸運之物，實是繁多。憑準各處公文，猶或詐冒，如口傳言語，一槩應付，詐僞不無。諸衙門并各位下、各枝，及作好事僧道，傳奉聖旨、懿旨、法旨，立便取索站車，不敢不與。及取會到尚食局、生料庫、羊圈、象食、擠馬諸處好事，逐項常川占使站車四百七十四輛，見在止有站車一百一十四輛，倒班走遞，晝夜未曾停歇，致將驢畜瘦弱倒死，車夫消乏。又各路連年災傷，人民闕食，逃竄訖五百六十五户。參詳舊運糧提舉司所管站車，因爲差役頻繁，驢畜死損，全藉站户供給氣力，近年多有逃亡，以致闕悮。若不作急整治，慮恐積久，一就廢壞，失悮官事。除本部合區處與決者，就便別行外，必須呈禀整治，合行事理，逐一條陳，議擬于后，具呈都省定奪，付下遵奉約束相應。

元僉站户一萬一百四十户，站車七百八十輛。事故逃亡户二千四百八十三户，實在户七千六百五十七户，站車五百八十九輛。真定路户二千八百六十户，站車二百二十輛。濟南路户一千八百單七户，站車一百三十九輛。河間路户一千六百九十户，站車一百三十輛。保定路户一千三百户，站車一百輛。

成宗皇帝大德九年八月，中書省委官呈：「舊運糧提舉司，係五品衙門，設官三員，吏目一名，司吏六名，委差四名，祗候五名。兵部内置司，文明門外安置車站提領四所，俱有廨宇，見行使從九品印信。若將舊運糧提舉司革去，銷減〔三〕俸錢。」都省送兵部照擬，連呈部議，車站四所提領頭目人等，俱係車站當車户計。擬合將舊運糧提舉司，仍舊設立四所提領，截日革去。每車一十輛，詢衆保甲頭一名，提舉司親臨管領。添設委差六名，舊有四名，通作一十名，令有司從新選委。都省準擬，兵部下舊運糧提舉司，將四所提領盡行革去，追到元使印信，關發禮部收管。

仁宗皇帝延祐四年正月，中書吏部承奉中書省劄付，延祐三年十一月十六日奏，改舊運糧提舉司爲大都陸運提舉司，新運糧提舉司爲京畿運糧提舉司。

今上皇帝至順元年七月二十九日，兵部奉中書省判，送本部員外郎劉承務呈，奉省劄，大都陸運提舉司取勘到真定路等處在逃車户，差委馳驛催督各路提調正官，釐勒拘該有司，從實取勘體問。有力者依舊當役，如委逃亡消乏，各開元僉增損、目今實有丁力，議擬開呈。依上前去，取勘體問到逃亡消乏等户各各花名，開呈照詳。送本部照擬得，大都陸運提舉司車户，除見當役外，在逃貧難户絶五百三十五户。既省委官與真定、保定二路提調官，一同從實體覆保勘明白。若擬差官僉補，緣係被災之處，擬合委自各處正官一員提調，行移廉訪司體覆明白，依大德九年例，於相應户内僉補，品答丁力，就發各各車頭應役。具實僉訖村莊花名，造册呈報。在逃人户，元抛事産，召人租賃，别向起解。如復業，依例給付收差外，據籍檢照，不見四户，即目歇役，亦令依上體覆是實，就便僉補。及重役周立一户，擬合照依已籍爲定，應當站户相應。呈奉都堂鈞旨，陸運提舉司元申逃亡消乏車户，依準部擬，體覆僉補外，據周立重役，更爲照勘明白，依例應役。送本部就行依上施行。

中書省所轄腹裏各路站赤，總計一百九十八處。陸站一百七十五處，馬一萬二千二百九十四匹八分，車一千六十九輛，牛一千九百八十二隻，驢四千九百八頭。水站二十一處，船九百五十隻，馬二百六十六匹，牛二百隻，驢三百九十四頭，羊五百口。牛站二處，牛三百六隻，車六十輛。

直隸省各路站計一百一處。陸站九十二處，馬七千三百九十八匹五氂，車九百八十九輛，牛一千五百三十二隻，驢四千九百八頭。水站九處，船五百五隻，馬一百一十六匹，驢三百九十四頭。

大都路所轄站一十五處。陸站一十三處，馬二千三十五匹，車三百四十七輛，驢二千八百八十八頭。水站二處，船一百一十隻，驢七十八頭。陸站一十三處：在城站二：馬站，馬一千三百三十四匹，驢二十頭；車站，車二百二十輛，驢一千七百六十頭。遵化站二：馬站，馬六十九匹；車站，車九輛，驢九十頭。薊州站二：馬站，馬九十一匹；車站，車一十五輛，驢一百五十頭。通州站，馬四十匹，車五十輛，驢四百頭。昌平站，馬一百二十七匹，車五十三輛，驢四百二十四頭。良鄉站，馬一百二十三匹，驢二十四頭。涿州站，馬一百匹，驢二十頭，代馬一十匹。夏店站，馬九十七匹。玉田站，馬二十八匹。豐潤站，馬二十六匹。水站二處：通濟鎮站，船一百隻，驢七十八頭。通州站，船一十隻。

上都路所轄陸站一十八處，馬一千九百三十六匹，車六百輛，驢二千二十頭，牛一千三百四十隻。桓州站，元設馬一百五十匹，車五十輛，牛二百隻，續添馬五十八匹，車三十輛，牛一百二十隻。李陵臺站，元設馬一百五十匹，車五十輛，牛二百隻，續添馬五十八匹，車三十輛，牛一百二十隻。察罕腦兒站，元設馬一百五十匹，車五十輛，牛二百隻，續添馬五十八匹，車三十輛，牛一百二十隻。牛群頭站，元設馬一百五十八匹，車五十輛，牛二百隻，續添馬五十八匹，車三十輛，牛一百二十隻。獨石站，馬一百匹，車四十輛。赤城站，馬一百匹，車四十輛，驢四百頭。龍門站，馬九十六匹，車四十輛。鵰窩站，馬一百匹，車四十輛，驢四百頭。洪贊站，馬一百五匹，車四十輛，驢四百二十頭。榆林站，馬二百五十匹，車四十輛，驢四百頭。雷家站，馬七十匹，車二十輛，驢二百頭。宣德府站，馬一百匹，車二十輛，驢二百頭。湧泉站，馬二十五匹。辛店站，馬二十五匹。凌雲站，馬二十八匹。蒙古三站：㦸道土站，馬三十五匹，牛二十隻。七箇嶺站，馬三十五匹，牛二十隻。尖山寨站，馬三十五匹，牛二十隻。

保定路所轄馬站六處，馬六百七十六匹五分。本府站，元設馬一百七十六匹，續添馬二匹。雄州站，元設馬六十匹，續添大名路長垣縣馬一十五匹。定興站，馬一百一十八匹。慶都站，馬一百匹五分。白塔站，馬一百一十四匹。新城站，元設馬七十六匹，續添馬一十五匹。

真定路所轄馬站九處，馬五百四匹七分半。在城站，馬一百三十二匹。中山站，馬八十二匹。新樂站，馬八十五匹。獲鹿縣站，馬四十八匹。灤城站，馬四十八匹七分半。柏鄉站，馬四十八匹半。趙州站，馬四十八匹。晉州站，馬七匹五分。蠡州站，馬五匹。

大名路所轄站五處。馬站四處，馬一百二十四匹。水站一處，船一十五隻，驢四十頭。馬站四處：在城站，馬三十九匹七分半。臨河站，馬二十八匹。内黄站，馬二十八匹。中寺站，馬二十八匹二分半。水站一處：濬州站，船一十五隻，驢四十頭。

高唐州所轄馬站一處：本州站，馬六十匹。

濮州所轄站二處，馬一百四十六匹，船一百隻，驢九十頭。馬站一處：本州站，馬三十匹。水站一處：會通站，船一百隻，馬一百一十六匹，驢九十頭。

曹州所轄馬站四處，馬九十六匹七分半。在城站，馬三十六匹七分半。武城站，馬一十八匹。楚丘站，馬一十二匹。禹城站，馬三十匹。

泰安州所轄馬站二處，馬三十五匹。在城站，馬一十匹。長青站，馬二十五匹。

德州所轄馬站二處，馬八十五匹。在城站，馬一十匹。平原站，馬七十五匹。

平灤路所轄馬站四處，馬一百七十匹，車一十二輛，牛七十二隻。在城站，馬八十匹，車三輛，牛一十八隻。七箇嶺站，馬三十匹，車三輛，牛一十八隻。建昌站，馬三十匹，車三輛，牛一十八隻。上灤站，馬三十匹，車三輛，牛一十八隻。

廣平路所轄馬站六處，馬二百六十二匹。在城站，馬三十七匹。磁州站，馬六十匹。

廣平站，馬二十匹。邯鄲站，馬四十七匹。水洺站，馬四十八匹。井陘縣站，馬五十匹。

順德路所轄馬站二處，馬一百二十四匹。本府站，馬七十三匹。內丘縣站，馬五十一匹。

彰德路所轄站三處。馬站二處，馬一百四匹。水站一處，船一十隻，驢九十六頭。本府馬站，馬七十五匹。宜溝站二：與衛輝路共設，各備馬二十九匹。馬站，馬二十九匹；水站，船一十隻，驢九十六頭。

衛輝路所轄站六處。馬站五處，馬二百八十匹。水站一處，船一十隻，驢九十頭。馬站五處：在城站，馬一百四匹。淇州站，馬七十一匹。宜溝站，馬二十九匹。八柳樹站，馬二十匹。獲嘉縣站，馬五十六匹。水站一處：在城站，船一十隻，驢九十頭。

懷孟路所轄馬站三處，馬一百六十三匹五釐。本府站，馬七十二匹八分。承恩站，馬四十五匹二分半。孟州站，馬四十五匹。

隆興路所轄馬站三處，馬二百四十七匹，車三十輛，牛一百二十隻。本府站，元設〔四〕馬七十匹，車三十輛，牛一百二十隻，續添馬四十五匹。天城站，馬五十二匹。懷安站，馬八十匹。

河間路所轄站九處。馬站六處，馬四百五十匹。水站三處，船二百六十隻。馬站六處：本府站，馬一百匹。任丘站，馬六十八匹。陵州站，馬七十八匹。蓨縣站，馬六十八匹。獻州站，馬六十八匹。阜城縣站，馬六十八匹。水站三處：清州站，船一百隻。東光站，船八十隻。陵州站，船八十隻。

恩州馬站一處，馬一十五匹。

河東山西道宣慰司所轄各路站五十四處。陸站四十七處，馬三千三百六十五匹，車八十輛，牛四百五十隻。水站五處，船五十隻，馬一百匹，牛二百隻，羊五百口。牛站二處，牛三百六隻，車六十輛。

大同路所轄站二十六處。陸站一十九處，馬二千四百四十六匹，車八十輛，牛四百五十隻。水站五處，船五十隻，馬一百匹，牛二百隻，羊五百口。牛站二處，牛三百六隻，車六十輛。陸站一十九處：徒道子站，馬二百二十八匹，車四十輛，牛二百隻。窟堝村站，馬一百六十二匹，車二十輛，牛一百五十隻。吴鸞村站，馬二百一十匹，車二十輛，牛一百隻。上泉站，馬九十六匹。廣武站，馬一百二十四匹。安艮子站，馬一百二十匹。西安莊站，馬一百三十六匹。六十户村站，馬二十匹。浄州七里村站，馬三十匹。鄧草站，馬一百八十匹。馬四寒站，馬一百八十匹。永定寨站，馬一百七十匹。榆林村站，馬一百八十匹。常樂站，馬三十匹。相公寨站，馬三十匹。八撒站，馬三十匹。永興站，馬三十匹。永寧站，馬三十匹。曳剌真站，元設馬三十匹，續添三十匹。水站東勝五處：只達温站，船一十隻，馬二十匹，牛四十隻，羊一百口。白崖子站，船一十隻，馬二十匹，牛四十隻，羊一百口。九花站，船一十隻，馬二十匹，牛四十隻，羊一百口。怯竹里站，船一十隻，馬二十匹，牛四十隻，羊一百口。梧桐站，船一十隻，馬二十匹，牛四十隻，羊一百口。牛站二處：下水站，元設牛一百三十隻，車二十六輛，續添車五輛。白登站，牛一百七十六隻，車二十九輛。

平陽路所轄馬站一十四處，馬六百八十四匹。河中府站，馬六十匹。臨晉站，馬五十二匹。泓芝站，馬五十三匹。聞喜站，馬五十三匹。絳州站，馬五十四匹。相里站，馬六十匹。府西站，馬九十匹。苗村站，馬五十七匹。霍州站，馬五十四匹。仁義站，馬六十九匹。靈石站，馬五十四匹。潞州站，馬八匹。澤州站，馬一十匹。冀氏縣站，馬一十匹。

太原路所轄馬站一十四處，馬六伯三十五匹。同戈站，馬五十一匹。賈令站，馬四十九匹。鴈門站，馬四十一匹。大安站，馬四十二匹。平遥站，馬四十七匹。義棠站，馬四十七匹。臨汾站，馬七十二匹。柏井站，馬四十二匹。王潭站，馬四十一匹。芹泉站，馬四十一匹。成晉站，馬三十七匹。原平站，馬四十一匹。嗚謙站，馬四十五匹。九原站，馬三十九匹。

山東東西道宣慰司所轄各路站計四十三處。馬站三十六處，馬一千四百四十六匹七分五釐。水站七處，船三百九十五隻。

東昌路所轄站三處。馬站二處，馬八十八匹。水站一處，船一十七隻。馬站二處：本府站，馬二十匹。茌平縣站，馬六十八匹。水站一處，船一十七隻。

濟寧路所轄站一十處。馬站七處，馬三百四十七匹。水站三處，船二百四十四隻。馬站七處：本府站，馬二十五匹。鄆城縣站，馬三十三匹。石横站，馬二十匹。濟州站，馬九十匹。魯橋站，馬六十匹。胡陵站，馬六十匹。沛縣站，馬六十匹。水站三處：本府站，船一百一十二隻。谷停站，船二十隻。沛縣站，船一百一十二隻。

東平路所轄站七處。馬站四處，馬二百六十二匹七分五釐。水站三處，船一百三十四隻。馬站四處：本府站，馬八十八匹。東阿縣站，馬六十七匹。汶上站，馬八十七匹。陽穀站，馬二十四匹七分半。水站三處：荆門站，船一百隻。開阿站，船一十七隻。壽張站，船一十七隻。

濟南路所轄馬站二處，馬八十八匹。在城站，馬五十八匹。濟水站，馬三十匹。

盤陽路所轄馬站五處，馬六十匹。本府站，馬三十五匹。萊州站，馬一十匹。登州站，馬五匹。黄縣西黄山館站，馬五匹。福山縣孫大川站，馬五匹。

益都路所轄馬站一十六處，馬五百九十六匹。本府站，馬一百二匹。内官降馬二匹。金嶺鎮站，馬六十八匹。内官降馬二匹。昌樂站，馬三十四匹。内官降馬二匹。莒州站，馬一十六匹。沂州站，馬四十四匹。幸王莊站，馬二十六匹。下莊站，馬一十六匹。密州站，馬一十六匹。膠州站，馬二十六匹。崔官人站，馬五十六匹。濰州站，馬五十四匹。盤陽站，馬二十八匹。高陽站，馬二十八匹。司馬站，馬二十六匹。葛溝站，馬二十八匹。關店站，馬二十八匹。

寧海州馬站一處，馬五匹。

河南江北等起〔五〕行中書省所轄總計一百七十九處，該一百九十六站。陸站一百六處，馬三千九百二十八匹，車二百一十七輛，牛一百九十二隻，驢五百三十四頭。水站九十處，船一千五百一十二隻。

直隸省六路計站八十二處。陸站五十八處，馬二千二百五十三匹，車一百八十七輛，牛四十二隻，驢五百三十四頭。水站二十四處，船二百七十七隻。

汴梁路所轄站三十二處。陸站二十處，馬八百五十三匹，車一百三十三輛。水站一十二處，船五十七隻。汴梁站，馬一百一十匹，車一十八輛。延津站，馬七十匹，車一十一輛。朱還站，馬五十匹，車一十八輛。尉氏站，馬五十八匹，車一十輛。鄢陵站，馬五十一匹，車六輛。襄城站，馬四十二匹，車三輛。許州站，馬四十六匹，車三輛。洧川站，馬四十匹，車三輛。屯溝站，馬四十七匹，車八輛。清水站，馬四十九匹，車八輛。辛寨站，馬三十五匹，車七輛。上蔡站，馬四十八匹，車七輛。蔡州站，馬四十匹，車八輛。馬鄉站，馬三十五匹，車八輛。真陽站，馬三十八匹，車八輛。淮河站，馬三十八匹，車七輛。中牟站，馬一十匹。鄭州站，馬一十匹。杞縣站，馬一十八匹。睢州站，馬一十八匹。水站一十二處：汴梁站，船三隻。通許站，船四隻。崔橋站，船四隻。常平站，船四隻。陳州站，船五隻。項城站，船四隻。大和站，船五隻。潁川站，船六隻。夷陵站，船六隻。潁上站，船六隻。正陽站，船六隻。界溝站，船四隻。

南陽府所轄站八處，馬三百一十七匹，車二十四輛，牛四十二隻，驢二百三十四頭。

本府站，馬五十三匹，車三輛，驢三十九頭。葉縣站，馬四十四匹，車三輛，驢三十九頭。裕州站，馬三十九匹，車三輛，驢三十九頭。保定站，馬四十匹，車三輛，驢三十九頭。博望站，馬三十八匹，車三輛，驢三十九頭。九店站，馬三十四匹，車三輛，驢三十九頭。新野站，馬三十六匹，車三輛，牛二十一隻。黄渠站，馬三十三匹，車三輛，牛二十一頭。

歸德府所轄站九處，馬一百九十八匹。本府在城站，馬二十九匹。夏邑縣二站：王村站，馬二十匹；城子站，馬一十六匹。寧陵縣在城站，馬一十五匹。永城縣于山站，馬二十匹。徐州二站：典里站，馬二十匹；張村站，馬六十匹。邳州二站：本州站，馬一十三匹；愛賢站，馬五匹。

徐州所轄站一十三處。陸站六處，馬三百匹，車三十輛，驢三百頭。水站六處，船一百九十六隻。徐州站二：陸站，馬六十匹，車一十輛，驢一百頭；水站，船一十六隻。新安站二：陸站，馬六十匹；水站，船一十七隻。城安站二：陸站，馬六十匹；水站，船一十七隻。宿遷站二：陸站，馬六十匹；水站，船一十七隻。吕梁站二：陸站，車二十輛，驢二百頭；水站，船一百一十隻。房村馬站，馬六十匹。溜溝水站，船一十九隻。

河南府所轄站一十一處，馬三百六十一匹。本府站，馬六十九匹。鞏縣站，馬一十七匹。新安站，馬四十匹。陝州站，馬四十匹。硤石站，馬三十五匹。湖城站，馬三十匹。閿鄉站，馬三十匹。靈寶站，馬三十匹。澠池站，馬四十匹。偃師站，馬二十二匹。姬磨站，馬八匹。

襄陽路所轄站一十處。馬站四處，馬二百二十四匹。水站六處，船二十四隻。馬站四處：本府站，馬七十匹。候塘站，馬五十匹。沙河站，馬五十匹。清州站，馬五十四匹。水站六處：楚城站，船四隻。新安城站，船四隻。周口站，船四隻。西孟站，船四隻。破河站，船四隻。蘇家湖站，船四隻。

淮東道宣慰司所轄三路，計二十七處三十八站。馬站一十五處，馬六百四十匹。水站二十三處，船八百七十五隻。

揚州路所轄站一十八處。馬站九處，馬三百二十匹。水站七處，遞運站二處，船三百八十七隻。揚州在城站，馬一百匹。邵伯二：馬站，馬五十匹；水站，船四十一隻。瓜州站三：馬站，馬三十五匹；水站，船三十一隻；遞運站，船二百五隻。真州五站：在城站三：馬站，馬二十五匹；水站，船三十隻；遞運站，船六十隻；黄泥灘站，馬一十匹；六合縣站，馬一十匹。滁州三站：水口站，馬三十匹；仁義站，馬三十匹；六丈站，馬三十匹。泰州水站二：

本州站，船六隻；如皋站，船四隻。通州水站二：在城站，船七隻；海門站，船三隻。

淮安路所轄站一十四處。馬站三處，馬一百七十匹。水站一十一處，船三百九十二隻。在城站二：馬站，馬五十匹；水站，船五十七隻。桃源縣三叉口站二：馬站，馬六十匹；水站，船三十四隻。崔鎮站二：馬站，馬六十匹；水站，船三十九隻。清河縣清河水站，船三十三隻。洪澤水站，船一十隻。淮陰水站，遞運船一百六十九隻。泗州三站：在城水站，船一十隻；龍窩水站，船一十隻；五河水站，船一十隻。安東州一站：清連水站，船一十隻。寧海州一站：在城水站，船一十隻。

淮西道宣慰司所轄五路，計二十七處三十三站。陸站一十九處，馬五百三十三匹，車三十輛，牛一百五十隻。水站一十四處，船二百五十六隻。

廬州路所轄七處，計八站。馬站五處，馬一百一十六匹。水站三處，船七十隻。在城站二：馬站，馬五十匹；水站，船二十隻。定林站，馬三十匹。野馬站，馬三十匹。光州二站：在城站，馬三匹；光山縣站，馬三匹。鎮巢府水站，船二十隻。無爲州水站，船三十隻。

黃州路所轄站一十處。陸站八處，馬二百八十七匹，車三十輛，牛一百五十隻。水站二處，船一十二隻。外陽羅闕在城站二：馬站，馬二十五匹；水站，船一十二隻。陽羅站二：馬站，馬四十七匹；水站，船〔六〕。周山站，馬四十七匹，車五輛，牛二十五隻。平楚站，馬四十七匹，車五輛，牛二十五隻。桃花站，馬三十一匹，車五輛，牛二十五隻。漢津站，馬三十匹，車五輛，牛二十五隻。金竹站，馬三十匹，車五輛，牛二十五隻。黄陂站，馬三十匹，車五輛，牛二十五隻。

蘄州路所轄站五處。馬站三處，馬六十匹。水站二處，船三十隻。在城站二：馬站，馬二十匹；水站，船一十五隻。蘭溪站二：馬站，馬二十匹；水站，船一十五隻。武家穴站，馬二十匹。

安豐路所轄站七處。馬站二處，馬六十匹。水站五處，船一百四隻。安豐府站二處：在城馬站，馬三十匹；瓦埠水站，船二十隻。壽春府水站二處：在城站，船二十隻；蒙城縣站，船二十三隻。和州站，馬三十匹。臨濠府水站，船二十隻。懷遠軍水站，船二十一隻。

安慶路所轄二處三站。馬站一處，馬一十匹。水站二處，船四十隻。在城站二：馬站，馬一十匹；水站，船二十隻。雷江水站，船二十隻。

荆湖北道宣慰司所轄二路五州，計站四十三處。馬站一十四處，馬五百二匹。水站二十九處，船一百四隻。

江陵路所轄站一十三處。馬站五處，馬一百四十四匹。水站八處，船三十八隻。馬站五處：在城站，馬五十六匹。孫王站，馬二十八匹。公安站，馬二十匹。梁家站，馬二十匹。新市站，馬二十匹。水站八處：公安站，船四隻。柳子站，船四隻。石首站，船四隻。調弦站，船四隻。塔市站，船四隻。龍涴站，船四隻。白洑站，船四隻。枝江縣流店站，船一十隻。

歸州水站三處，船三十隻。巴東站，船一十隻。萬流站，船一十隻。秭歸站，船一十隻。

峽州水站三處，船三十隻。黄牛廟站，船一十隻。夷陵縣鳳棲站，船一十隻。宜都縣白水港站，船一十隻。

荆門州站七處。馬站五處，馬一百七十二匹。水站二處，船八隻。馬站五處：在城站，馬三十六匹。十里牌站，馬三十六匹。鵓牌站，馬三十六匹。利陽站，馬三十六匹。鵓鳴站，馬二十八匹。水站二處：魚科站，船四隻。獅子站，船四隻。

安陸府站六處。馬站一處，馬三十六匹。水站五處，船二十隻。馬站一處：安平站，馬三十六匹。水站五處：在城站，船四隻。達石站，船四隻。洪磧站，船四隻。石牌站，船四隻。舊州站，船四隻。

沔陽府水站八處，船三十二隻。沔陽站，船四隻。深江站，船四隻。斟州站，船四隻。雲潭站，船四隻。滄浪站，船四隻。候部站，船四隻。襄下站，船四隻。玉沙站，船四隻。

信陽路馬站三處，馬一百五十匹。羅山站，馬五十匹。仇城站，馬五十匹。定遠站，馬五十匹。

遼陽等處行中書省所轄總計一百二十處，馬六千五百一十五匹，車二〔七〕千六百二十一輛，牛五千二百五十九隻。

直隸省三路計站二十七處，馬二千四百九十四匹，車二百九十四輛，牛一千七百二十九隻。

大寧路所轄陸站二十三處，馬二千三百五十四匹，車二百八十七輛，牛一千六百五十九隻。大姑站，馬六十匹，車一十輛，牛六十隻。辛店站，馬六十匹，車一十輛，牛六十隻。朱四站，馬六十匹，車一十輛，牛六十隻。甜水站，馬六十匹，車一十輛，牛六十隻。信家營站，馬六十匹，車一十輛，牛六十隻。城子頭站，馬六十匹，車一十輛，牛六十隻。大樹部落站，馬六十匹，車一十輛，牛五十九隻。恩州站，馬五十九匹，車一十輛，牛五十九隻。黄妃站，馬五十匹，車七輛，牛三十三隻。賈道站，馬六十一匹，車一十輛，牛六十一隻。高州站，馬一百一十二匹，車八輛，牛五十六隻。狗群部落站，馬六十二匹，車一十輛，牛六十二隻。豐臺站，馬一百一十匹，車五輛，牛五十隻。灤陽站，馬一百一十匹，車一十輛，牛一百一十九隻。柳樹部站，馬一百五十匹，車一十輛，牛七十隻。寬河站，馬一百一十匹，車一十輛，牛一百一十隻。神山站，馬一百七十匹，車一十輛，牛一百七十隻。富峪站，馬一百匹，車一十輛，牛六十隻。在京站，馬二百四十匹，車七十七輛，牛一百隻。岔道站，馬一百五十匹，車一十輛，牛七十五隻。西部瀑站，馬一百五十匹，車一十輛，牛七十隻。喬子頭站，馬一百五十匹，車一十輛，牛七十五隻。鹿窖站，馬一百五十匹，車一十輛，牛七十隻。

安撫高麗總管府所轄站二處，馬七十匹，車七輛，牛七十隻。在城站，馬四十匹，車四輛，牛四十隻。彰義站，馬三十匹，車三輛，牛三十隻。

瀋州高麗總管府所轄馬站二處，馬七十匹。本州站四十户，馬四十匹。崖頭站三十户，馬三十匹。

遼東道宣慰司所轄計站九十三處，馬四千二十一匹，車二千三百二十七輛，牛三千五百三十隻。

遼東路所轄脱脱禾孫站四十七處，馬一千五百一十七匹，車一千四百九十七輛，牛一千五百一十三隻。慶雲站，馬五十匹，車五十輛，牛五十隻。夾道站，馬四十九匹，車三十五輛，牛四十八隻。韓州站，馬五十匹，車四十六輛，牛四十六隻。信州站，馬四十六匹，車四十六輛，牛四十六隻。大水泊站，馬四十七匹，車四十九輛，牛四十九隻。十八里站，馬四十七匹，車四十七輛，牛五十隻。忽烈出站，馬六十九匹，車六十九輛，牛六十九隻。迭甫站，馬四十三匹，車四十三輛，牛四十三隻。石敦站，馬四十五匹，車四十五輛，牛四十五隻。散迭站，馬四十三匹，車四十三輛，牛四十三隻。阿也忽站，馬四十四匹，車四十四輛，牛四十四隻。禪春站，馬四十四匹，車四十四輛，牛四十四隻。阿剌站，馬三十八匹，車三十八輛，牛三十八隻。韓木火站，馬四十五匹，車四十五輛，牛四十五隻。桑吉站，馬三十八匹，車三十八輛，牛三十八隻。石迪聞站，馬三十九匹，車三十九輛，牛三十九隻。甫丹站，馬二十匹，車二十輛，牛二十隻。祥州站，馬二十匹，車二十輛，牛二十隻。木羅火站，馬二十匹，車二十輛，牛二十隻。希賢站，馬二十匹，車二十輛，牛二十隻。開元站，馬二十匹，車二十輛，牛二十隻。阿尖吉站，馬九匹，車九輛，牛九隻。舍站，馬九匹，車九輛，牛九隻。牡丹站，馬二十五匹，車二十五輛，牛二十五隻。南京站，馬二十五匹，車二十五輛，牛二十五隻。鑾出温站，馬一十五匹，車一十五輛，牛一十五隻。蓬苦站，馬一十八匹，車一十八輛，牛一十八隻。毛良苦站，馬一十五匹，車一十五輛，牛一十五隻。木吉站，馬一十四匹，車一十四輛，牛一十四隻。迭甫站，馬一十四匹，車一十四輛，牛一十四隻。阿剌失可站，馬一十二匹，車一十二輛，牛一十二隻。端州站，馬一十二匹，車一十二輛，牛一十二隻。青州站，馬一十二匹，車一十二輛，牛一十二隻。洪寬站，馬一十四匹，車一十四輛，牛一十四隻。合剌府站，馬八匹，車八輛，牛八隻。濱州站，馬四〔八〕匹，車四十輛，牛四十隻。第四鋪站，馬四十匹，車四十輛，牛四十隻。斡木火站，馬四十匹，車四十輛，牛四十隻。祥州站，馬四十匹，車四十輛，牛四十隻。斡母站，馬四十二匹，車四十二輛，牛四十二隻。趙州站，馬四十二匹，車四十二輛，牛四十二隻。塔魯站，馬四十二匹，車四十二輛，牛四十二隻。胡里迷站，馬四十二匹，車四十二輛，牛四十二隻。泰州站，馬四十二匹，車四十二輛，牛四十二隻。離怕令站，馬四十二匹，車四十二輛，牛四十二隻。迪石吉站，馬四十六匹，車四十二輛，牛四十二隻。大安站，馬二十匹，車二十輛，牛二十隻。

女直水達達路所轄脱脱禾孫站一十八處，馬七百匹，車七百輛，牛七百九隻。海吴站，馬四十匹，車四十輛，牛四十隻。鹿魯吉站，馬四十匹，車四十輛，牛四十隻。甫丹迷站，馬四十匹，車四十輛，牛四十隻。孛牙迷站，馬四十匹，車四十輛，牛四十隻。撚站，馬三十九匹，車三十九輛，牛三十九隻。令散站，馬四十匹，車四十輛，牛四十隻。吾納忽站，馬三十四匹，車三十四輛，牛三十四隻。胡帖干站，馬三十七匹，車三十七輛，牛三十七隻。吉落站，馬四十六匹，車四十六輛，牛四十六隻。牙落站，馬四十匹，車四十輛，牛四十隻。碾站，馬三十九匹，車三十九輛，牛三十九隻。苦隣站，馬三十九匹，車三十九輛，牛三十九隻。奴連站，馬四十匹，車四十輛，牛四十隻。迭隣站，馬三十匹，車三十輛，牛三十九隻。海里温站，馬三十九匹，車三十九輛，牛三十九隻。和倫站，馬三十九匹，車三十九輛，牛三十九隻。呆母魯站，馬三十九匹，車三十九輛，牛三十九隻。阿余站，馬三十九匹，車三十九輛，牛三十九隻。

遼陽路所轄脱脱禾孫站一十八處，馬一千三百四十二匹，車一百三十輛，牛一千三百八隻。在城站，馬九十匹，車六輛，牛六十隻。驛安站，馬一百四十匹，車一十四輛，牛一百四十隻。熊山站，馬一百四十匹，車一十四輛，牛一百四十隻。驛昌站，馬九十匹，車九輛，牛九十隻。崖頭站，馬九十匹，車九輛，牛九十隻。彰義站，馬九十匹，車九輛，牛九十隻。甜水站，馬六十五匹，車六輛，牛六十五隻。頭館站，馬六十五匹，車六輛，牛六十五隻。連山站，馬六十五匹，車六輛，牛六十五隻。龍鳳站，馬六十五匹，車六輛，牛六十二隻。斜列站，馬六十五匹，車七輛，牛六十五隻。開州站，馬六十八匹，車八輛，牛六十八隻。湯站，馬六十五匹，車六輛，牛六十四隻。東驛昌站，馬六十四匹，車六輛，牛六十四隻。麗寧站，馬七十匹，車七輛，牛七十隻。洪州站，馬五十匹，車五輛，牛五十隻。寧昌站，馬五十匹，車五輛，牛五十隻。蓋州站，馬一十匹，車一輛，牛一十隻。

東寧路所轄馬站一十處，馬四百六十二匹。洞仙站，馬四十四匹。生陽站，馬五十三匹。林原站，馬七十三匹。安定站，馬三十九匹。雲興站，馬四十九匹。宣州站，馬三十九匹。靈州站，馬四十一匹。

狗站。末魯孫等一十五站，元設站户三百，狗三千隻。絶亡站户一十，狗一百隻。倒死站狗二千六百七十二隻。實在站户二百八十九，狗二百一十八隻。闕報站户一，狗一十隻。

元設：末魯孫站，站户二十，狗二百隻。撥魯温站，站户二十，狗二百隻。甫打憐站，站户二十，狗二百隻。末里合温〔九〕，站户二十，狗二百隻。胡憐站，站户一十九，狗一百九十隻。胡魯八興站，站户二十，狗二百隻。斡孫站，站户二十，狗二百隻。別烈可站，站户二十，狗二百隻。哈剌馬苦站，站户二十，狗二百隻。撥兒濱站，站户二十，狗二百隻。趙斤站，站户二十，狗二百隻。佛朶火站，站户二十，狗二百隻。卑里真站，站户二十，狗二百隻。可烈兒站，站户二十，狗二百隻。末末吉站，站户二十，狗二百隻。絶亡：末魯孫站，站户一，狗一十隻。末里合温站，站户二，狗二十隻。別烈可站，站户二，狗二十隻。可烈兒站，站户三，狗三十隻。末末吉〔一〇〕站，站户二，狗二十隻。倒死站狗：末魯孫站一百七十九隻，撥魯温站一百九十一隻，甫打憐站一百九十一隻，末里合温站一百六十一隻，胡憐站一百八十一隻，胡魯八興站一百六十六隻，斡孫站一百九十一隻，別烈可站一百五十八隻，哈剌馬苦站一百八十八隻，撥兒濱站一百八十八隻，趙斤站一百八十六隻，佛朶火站一百八十四隻，卑里真站一百九十隻，可〔一一〕烈兒站一百五十三隻，末末吉站一百六十五隻。實在：末魯孫站，站户一十九，狗一十一隻。撥魯温站，站户二十，狗九隻。甫打憐站，站户二十，狗九隻。末里合温站，站户一十八，狗一十九隻。胡憐站，站户一十九，狗九隻。胡魯八興站，站户二十，狗三十四隻。斡孫站，站户二十，狗九隻。别烈可站，站户一十八，狗二十二隻。哈剌馬苦站，站户二十，狗一十二隻。撥兒濱站，站户二十，狗一十二隻。趙斤站，站户二十，狗一十四隻。佛朶火站，站户二十，狗一十六隻。卑里真站，站户二十，狗一十隻。可烈兒站，站户一十七，狗一十七隻。末末吉〔一二〕站，站户一十八，狗一十五隻。闕報：胡憐站，站户一，狗一十隻。

江浙等處行中書省所轄總計二百六十二處。馬站一百三十四處，馬五千一百二十三匹。轎站三十五處，轎一百四十八乘。步站一十一處，遞運夫三千三十二户。水站八十二處，船一千六百二十七隻。

浙西道所轄各路站赤計四十三處。馬站一十八處，馬一千四百四十匹。水站二十五處，船一千一十五隻。

杭州路所轄站一十處。馬站四處，馬四百匹。水站六處，船三百四十五隻。馬站四處：在城站，馬一百八十匹，正馬九十匹，貼馬同。廟山站，馬七十匹，正馬三十五匹，貼馬同。新城站，馬七十匹，正馬五〔一三〕十五匹，貼馬同。臨川站，馬八十匹，正馬四十匹，貼馬同。水站六處：在城站，船三十隻，正户三十户，貼户三百七十户。在城遞運官物站，船二百二十隻，正户二百二十户，貼户一千二百六十四户。浙江站，船一十五隻，正户一十五户，貼户一百三十五户。會江站，舡二十隻，正户二十户，貼户一百八十四户。赤岸站，船三十隻，正户三十户，貼户四百單七户。長安站，船三十隻，正户三十户，貼户三百三十一户。

平江路所轄站六處。馬站二處，馬一百六十匹。水站四處，船三百二十隻。馬站二處：在城站，馬八十匹，正馬四十匹，貼馬同。八斥站，馬八十匹，正馬四十匹，貼馬同。水站四處：姑蘇站，船三十隻，正户三十户，貼户二百七十户。吴江站，船三十隻，正户三十户，貼户二百七十户。平望站，船三十隻，正户三十户，貼户二百七十户。遞運官物站，船二百三十隻，正户二百三十户，貼户一千二百五十户。

嘉興路所轄站四處。馬站二處，馬一百八十匹。水站二處，船六十隻。馬站二處：嘉禾站，馬一百匹，正馬五十匹，貼馬同。崇德站，馬八十匹，正馬四十匹，貼馬同。水站二處：西水站，船三十隻，正户三十户，貼户二百七十户。車林站，船三十隻，正户三十户，貼户二百七十户。

常州路所轄站六處。馬站三處，馬一百八十匹。水站三處，船九十隻。馬站三處：在城站，馬六十匹，正馬三十匹，貼馬同。洛社站，馬六十匹，正馬三十匹，貼馬同。新安站，馬六十匹，正馬三十匹，貼馬同。水站三處：在城站，船三十隻，正户三十户，貼户二百七十七户。洛社站，船三十隻，正户三十户，貼户二百七十户。新安站，船三十隻，正户三十户，貼户二百七十户。

湖州路所轄水站三處，船二十隻。在城站，船九隻，正户九户，貼户六十三户。德清站，船七隻，正户七户，貼户四十九户。南潯站，船四隻，正户四户，貼户二十八户。

松江府所轄水站二處，船二十隻。在城站，船一十五隻，正户一十五户，貼户一百五十户。鳳經站，船五隻，正户五户，貼户三十五户。

鎮江路所轄站六處。馬站三處，馬二百四十匹。水站三處，船九十隻。馬站三處：在城站，馬八十匹，正馬四十匹，貼馬同。呂城站，馬八十匹，正馬四十匹，貼馬同。丹陽站，馬八十匹，正馬四十匹，貼馬同。水站三處：在城站，船三十隻，正户三十户，貼户二百七十户。呂城站，船三十隻，正户三十户，貼户二百七十户。丹陽站，船三十隻，正户三十户，貼户二百七十户。

建德路所轄站六處。馬站四處，馬二百八十匹。水站二處，船七十隻。馬站四處：在城站，馬八十匹，正馬四十匹，貼馬同。安仁站，馬六十六匹，正馬三十三匹，貼馬同。三河站，馬六十四匹，正馬三十二匹，貼馬同。桐廬站，馬七十匹，正馬三十五匹，貼馬同。水站二處：東津站二項，共船五十隻，正户五十户，貼户三百三十户。遞運使臣船二十隻，正户二十户，貼户一百八十户；遞運諸物船三十隻，正户三十户，貼户一百五十户。桐廬站，船二十隻，正户二十户，貼户一百八十户。

浙東道所轄各路站赤五十三處。馬站三十三處，馬八百八十匹。步站一處，遞運夫一百二十户。水站一十九處，船二百一十七隻。

紹興路所轄站一十三處。馬站八處，馬一百三十八匹。水站五處，船七十五隻。馬站八處：曹娥站，馬二十匹，正馬一十匹，貼馬同。餘姚站，馬二十匹，正馬一十匹，貼馬同。西興站，馬一十六匹，正馬八匹，貼馬同。錢清站，馬二十匹，正馬一十匹，貼馬同。楓橋站，馬二十匹，正馬一十匹，貼馬同。三界站，馬一十匹，正馬五匹，貼馬同。南明站，馬一十二匹，正馬六匹，貼馬同。暨陽站，馬二十匹，正馬一十匹，貼馬同。水站五處：西興站，船一十四隻，正户一十四户，貼户九十八户。錢清站，船一十四隻，正户一十四户，貼户九十八户。蓬果站，船一十九隻，正户一十九户，貼户一百三十三户。曹娥站，船一十四隻，正户一十四户，貼户九十八户。姚江站，船一十四隻，正户一十四户，貼户九十八户。

慶元路所轄站四處。馬站二處，馬四十匹。水站二處，船一十六隻。馬站二處：在城站，馬二十四匹，正馬一十二匹，貼馬同。車廐站，馬一十六匹，正馬八匹，貼馬同。水站二處：在城站，船八隻，正户八户，貼户五十六户。車廐站，船八隻，正户八户，貼户五十六户。

台州路馬站五處，馬八十二匹。在城丹丘站，馬二十匹，正馬一十匹，貼馬同。天台縣赤城站，馬一十六匹，正馬八匹，貼馬同。仙君縣西站，馬一十六匹，正馬八匹，貼馬同。戴村站，馬一十四匹，正馬七匹，貼馬同。黄巖州黄山站，馬一十六匹，正馬八匹，貼馬同。

温州路所轄站八處。馬站四處，馬四十匹。水站四處，船二十四隻。馬站四處：在城站，馬一十二匹，正馬六匹，貼馬同。樂清縣站，馬八匹，正馬四匹，貼馬同。瑶奥站，馬一十匹，正馬五匹，貼馬同。大荆站，馬一十匹，正馬五匹，貼馬同。水站四處：在城站，船一十隻，正户一十户，貼户七十户。安溪站，船五隻，正户五户，貼户三十五户。館頭站，船六隻，正户六户，貼户四十二户。樂清站，船三隻，正户三户，貼户二十一户。

衢州路所轄站七處。馬站三處，馬一百八十匹。水站三處，船五十五隻。步站一處，遞運户一百二十户。馬站三處：在城站，馬六十匹，正馬三十匹，貼馬同。龍游縣站，馬六十匹，正馬三十匹，貼馬同。常山縣站，馬六十匹，正馬三十匹，貼馬同。遞運步站一處，一百二十户，正户一十户，貼户一百一十户。水站三處：在城站，遞運使臣船一十四隻，正户一十四户，貼户九十八户；般運諸物船三隻，正户三户，貼户一十五户。龍游縣站，船一十一隻，正户一十一户，貼户七十七户。常山站，遞運使臣站船八隻，正户八户，貼户五十五户；運物站船一十九隻，正户一十九户，貼户八十二户。

處州路所轄站六處。馬站四處，馬一百四匹。水站二處，船一十隻。馬站四處：在城站，馬二十匹，正馬一十匹，貼馬同。劉山站，馬三十匹，正馬一十五匹，貼馬同。縉雲站，馬四十四匹，正馬二十二匹，貼馬同。胡陳站，馬一十匹，正馬五匹，貼馬同。水站二處：在城站，船五隻，正户五户，貼户三十五户。弋溪站，船五隻，正户五户，貼户三十五户。

婺州路所轄站一十處。馬站七處，馬二百九十六匹。水站三處，船三十七隻。馬站七處：在城站，馬六十八匹，正馬三十四匹，貼馬同。蘭溪站，馬七十匹，正馬三十五匹，貼馬同。孝順腰站，馬二十匹，正馬一十匹，貼馬同。義烏站，馬三十匹，正馬一十五匹，貼馬同。龍祈腰站，馬二十匹，正馬一十匹，貼馬同。武義芰道站，馬四十四匹，正馬二十二匹，貼馬同。永康縣站，馬四十四匹，正馬二十二匹，貼馬同。水站三處：蘭溪站，船二十隻，正户二十户，貼户一百八十户。金華縣通波站二處，遞運使臣船九隻，正户九户，貼户六十三户；般運諸物船八隻，正户八户，貼户四十户。

江東道所轄計五十九處。馬站四十一處，馬一千六百七十四匹。水站一十八處，船二百五十六隻。

建康路所轄站一十一處。馬站七處，馬二百六十匹。水站四處，船八十五隻。馬站七處：在城站，馬八十八匹，正馬四十四匹，貼馬同。東陽站，馬五十匹，正馬二十五匹，貼馬同。老鸛觜站，馬二十匹，正馬一十匹，貼馬同。下蜀站，馬四十匹，正馬二十匹，貼馬同。江寧站，馬五十匹，正馬二十五匹，貼馬同。溧水縣站，馬六匹，正馬三匹，貼馬同。溧陽縣站，馬六匹，正馬三匹，貼馬同。水站四處：在城站，船一十九隻。龍灣站，船二十二隻。天城港站，船二十二隻。東陽水站，船二十二隻。

寧國路所轄站五處。馬站四處，馬九十匹。水站一處，船六隻。馬站四處：在城站，馬三十匹，正馬一十五匹，貼馬同。横堈站，馬二十匹，正馬一十匹，貼馬同。寧國站，馬二十匹，正馬一十匹，貼馬同。胡樂站，馬二十匹，正馬一十匹，貼馬同。水站一處：在城站，船六隻，户四十八。

廣德路馬站一處。在城站，馬二十匹，正馬一十匹，貼馬同。

太平路所轄站六處。馬站三處，馬一百六十匹。水站三處，船六十五隻。馬站三處：在城站，馬六十匹，正馬三十匹，貼馬同。魯港站，馬五十匹，正馬二十五匹，貼馬同。荻港站，馬五十匹，正馬二十五匹，貼馬同。水站三處：采石站，船二十五隻，正户二十五户，貼户二百一十五户。魯港站，船二十隻，正户二十户，貼户一百八十户。荻港站，船二十隻，正户二十户，貼户一百八十户。

饒州路所轄站九處。馬站六處，馬一百五十四匹。水站三處，船二十隻。馬站六處：在城站，馬五十匹，正馬二十五匹，貼馬同。椒子站，馬四十匹，正馬二十匹，貼馬同。石門站，馬四十四匹，正馬二十二匹，貼馬同。餘干縣站，馬四十匹，正馬二十匹，貼馬同。瀾波站，馬四十匹，正馬二十匹，貼馬同。安仁縣站，馬四十匹，正馬二十匹，貼馬同。水站三處：在城站，船一十隻。餘干站，船五隻。安仁縣站，船五隻。

徽州路所轄馬站二處，馬四十匹。在城站，馬二十匹，正馬一十匹，貼馬同。績溪站，馬二十匹，正馬一十匹，貼馬同。

池州路所轄站一十一處。馬站八處，馬三百八十匹。水站三處，船六十隻。馬站八處：順安站，馬五十匹，正馬二十五匹，貼馬同。查家站，馬四十匹，正馬二十匹，貼馬同。石墨站，馬四十匹，正馬二十匹，貼馬同。莊山站，馬五十匹，正馬二十五匹，貼馬同。黄山站，馬五十匹，正馬二十五匹，貼馬同。藍橋站，馬五十匹，正馬二十五匹，貼馬同。北柵站，馬五十匹，正馬二十五匹，貼馬同。黄牛冲站，馬五十匹，正馬二十五匹，貼馬同。水站三處：池口站，船二十隻。大通站，船二十隻。李河站，船二十隻。

信州路所轄站一十一處。馬站七處，馬三百匹。水站四處，船二十隻。馬站七處：在城站，馬八十匹，正馬四十匹，貼馬同。永豐縣沙溪站，馬五十匹，正馬二十五匹，貼馬同。玉山縣在城站，馬六十匹，正馬三十匹，貼馬同。玉山縣草萍站，馬三十匹，正馬一十五匹，貼馬同。弋陽縣在城站，馬二十八匹，正馬一十四匹，貼馬同。弋陽縣丫巖縣〔一四〕，馬二十四匹，正馬一十二匹，貼馬同。方桂站，馬二十八匹，正馬一十四匹，貼馬同。水站四處：在城站，船五隻，正户五户，貼户三十五户。玉山縣站，船五隻，正户五户，貼户三十五户。弋陽縣在城站，船五隻，正户五户，貼户三十五户。貴溪縣站，船五隻，正户五户，貼户三十五户。

鉛山州馬站三處，馬一百七十匹。在城站，馬六十匹，正馬三十匹，貼馬同。車盤站，馬六十匹，正馬三十匹，貼馬同。石溪站，馬五十匹，正馬二十五匹，貼馬同。

福建道所轄站赤計一百單七處。馬站四十二處，馬一千一百二十八匹。轎站三十五處，轎一百四十八乘。步站一十處，遞運夫二千九百一十二户。水站二十處，船一百四十九隻。

福州路所轄站二十二處。馬站八處，馬三百一十二匹。轎站六處，轎三十三乘。水站六處，船五十隻。遞運步站二處，遞運夫六百四十户。馬站八處：在城站，馬七十匹，正馬三十五匹，貼馬同。皇田站，馬三十四匹，正馬一十七匹，貼馬同。水口站，馬四十匹，正馬二十匹，貼馬同。水若站，馬二十匹，正馬一十匹，貼馬同。白沙站，馬二十八匹，正馬一十四匹，貼馬同。大田站，馬四十匹，正馬二十匹，貼馬同。宏路站，馬四十匹，正馬二十匹，貼馬同。蒜嶺站，馬四十匹，正馬二十匹，貼馬同。轎站六處：在城站，轎八乘，正户八户，貼户同。皇田站，轎五乘，正户五户，貼户同。水口站，轎五乘，正户五户，貼户同。大田站，轎五乘，正户五户，貼户同。宏路站，轎五乘，正户五户，貼户同。蒜嶺站，轎五〔二五〕乘，正户五户，貼户同。水站六處：在城站，船五隻，正户五户，貼户二百二十二户。皇田站，船一十隻，正户一十户，貼户三百八十四户。水若站，船一十隻，正户一十户，貼户二百九十五户。白沙站，船一十隻，正户一十户，貼户二百四十三户。大田站，船五隻，正户五户，貼户二百一十六户。大義站，船一十隻，正户一十户，貼户二百七十户。遞運夫站二處：蒜嶺站，夫四百一十户，正户八十户，貼户三百三十户。宏路站，夫二百三十户，正户八十户，貼户一百五十户。

漳州路所轄站五處。馬站四處，馬六十二匹。轎站一處，轎五乘。馬站四處：在城站，馬二十匹，正馬一十匹，貼馬同。彰浦站，馬一十四匹，正馬七匹，貼馬同。雲霄站，馬一十四匹，正馬七匹，貼馬同。甫詔站，馬一十四匹，正馬七匹，貼馬同。轎站一處：在城站，轎五乘，正户五户，貼户同。

汀州路所轄站一十處。馬站五處，馬三十四匹。轎站五處，轎一十七乘。馬站五處：臨汀站，馬一十匹，正馬五匹，貼馬同。館前站，馬六匹，正馬三匹，貼馬同。石牛站，馬六匹，正馬三匹，貼馬同。清流縣站，馬六匹，正馬三匹，貼馬同。玉華站，馬六匹，正馬三匹，貼馬同。轎站五處：臨汀站，轎五乘，正户五户，貼户二十四户。館前站，轎三乘，正户三户，貼户二十一户。石牛站，轎三乘，正户三户，貼户一十户。清流縣站，轎三乘，正户三户，貼户五户。玉華站，轎三乘，正户三户，貼户五户。

興化路所轄站六處。馬站二處，馬八十匹。轎站二處，轎一十乘。遞運步站二處，遞運夫六百七十四户。馬站二處：在城站，馬四十匹，正馬二十匹，貼馬同。楓亭站，馬四十匹，正馬二十匹，貼馬同。轎站二處：在城站，轎五乘，正户五户，貼户同。楓亭站，轎五乘，正户五户，貼户同。遞運夫站二處：在城站，夫四百一户，正户八十户，貼户二百六十七户。楓亭站，夫二百七十三户，正户八十户，貼户一百九十三户。

邵武路所轄站一十一處。馬站四處，馬一百二十匹。轎站四處，轎一十四乘。水站三處，船九隻。馬站四處：杉關站，馬二十六匹，正馬一十三匹，貼馬同。樵川站，馬三十八匹，正馬一十九匹，貼馬同。杭川站，馬三十匹，正馬一十五匹，貼馬同。麻沙站，馬二十六匹，正馬一十三匹，貼馬同。轎站四處：杉關站，轎二乘，正户二户，貼户同。杭川站，正户五户，貼户同。樵川站，轎二乘，正户二户，貼户同。麻沙站，轎五乘，正户五户，貼户四户。水站三處：杭川站，船二隻，正户二户，貼户五十八户。樵川站，船四隻，正户四户，貼户一百二十户。水口站，船三隻，正户三户，貼户六十七户。

泉州路所轄站一十二處。馬站五處，馬一百五十八匹。轎站五處，轎二十七乘，遞運夫五百二十六户。馬站五處：在城站，馬七十匹，正馬三十五匹，貼馬同。同安站，馬四十匹，正馬二十匹，貼馬同。康店站，馬一十六匹，正馬八匹，貼馬同。惠安站，馬一十六匹，正馬八匹，貼馬同。深青站，馬一十六匹，正馬八匹，貼馬同。轎站五處：在城站，轎七乘，正户七户，貼户同。惠安站，轎五乘，正户五户，貼户同。康店站，轎五乘，正户五户，貼户同。同安站，轎五乘，正户五户，貼户同。深青站，轎五乘，正户五户，貼户同。遞運夫站二處：在城站，夫二百六十五户，正户八十户，貼户一百八十五户。惠安站，夫二百六十一户，正户八十户，貼户一百八十一户。

南劍路所轄站一十八處。馬站八處，馬一百四十六匹。轎站六處，轎二十二乘。水站四處，船一十八隻。延平站船未報。馬站八處：玉臺站，馬八匹，正馬四匹，貼馬同。雙峰站，馬八匹，正馬四匹，貼馬同。三華站，馬八匹，正馬四匹，貼馬同。白蓮站，馬八匹，正馬四匹，貼馬同。湖溪站，馬八匹，正馬四匹，貼馬同。武步站，馬三十匹，正馬一十五匹，貼馬同。延平站，馬四十匹，正馬二十匹，貼馬同。茶洋站，馬三十六匹，正馬一十八匹，貼馬同。轎站六處：雙峰站，轎三乘，正户三户，貼户九户。三華站，轎三乘，正户三户，貼户。闕。白蓮站，轎三乘，正户三户，貼户。闕。明溪站，轎三乘，正户三户，貼户。闕。延平站，轎五乘，正户五户，貼户同。茶洋站，轎五乘，正户五户，貼户同。水站四處：雙峰站，船五隻，正户五户，貼户四十五户。三華站，船三隻，正户三户，貼户二十七户。延平站。正、貼户闕。茶洋站，船一十隻，正户一十户，貼户四十户。

建寧路所轄站二十三處。馬站六處，馬二百一十六匹。轎站六處，轎二十乘。水站七處，船七十二隻。遞運步站四處，站夫一千七十二户。馬站六處：在城西站，馬四十匹，正馬二十匹，貼馬同。莒吕站，馬四十匹，正馬二十匹，貼馬同。建陽縣南站，馬三十二匹，正馬一十六匹，貼馬同。葉方站，馬四十匹，正馬二十匹，貼馬同。大安站，馬三十六匹，正馬一十八匹，貼馬同。縣男站，馬二十八匹，正馬一十四匹，貼馬同。轎站六處：莒吕站，轎三乘，正户三户，貼户二户。甌寧縣城西站，轎三乘，正户三户，貼户同。葉方站，轎三乘，正户三户，貼户同。建陽縣南站，轎三乘，正户三户，貼户同。崇安縣南站，轎三乘，正户三户，貼户同。大安站，轎五乘，正户五户，貼户四十户。水站七處，元設短站五處，續刱遞運站二處。莒吕站，船一十六隻，元設正户一十六户，貼户一百七十户。甌寧縣城西站，船九隻，元設正户九户，貼户七十一户。葉方站，船九隻，元設正户九户，貼户九十三户。建陽縣南站，船一十隻，元設正户一十户，貼户一百五十一户。崇安縣南站，船八隻，元設正户八户，貼户七十六户。建陽縣南站，船一十隻，續刱正户一十户，貼户一百九十三户。城西站，船一十隻，續刱正户一十户，貼户二百一十户。遞運夫站四處：水西站，夫二百三户，正户五十户，貼户一百五十三户。建陽縣水南站，夫二百七十九户，正户一百户，貼户一百七十九户。寧安縣南站，夫一百八十六户，正户一百五十户，貼户三十六户。大安站，夫四百四户，正户一百五十户，貼户二百五十四户。

【考校記】

〔一〕輯自《永樂大典》卷一九四二二。

〔二〕「魯」，據文意，疑當作「曾」。

〔三〕「咸」，據文意，疑當作「減」。

〔四〕「設」，此下原衍「設」字，據上下文删。

〔五〕「起」，據文意，疑當作「處」。

〔六〕「船」，此下疑有脱文。

〔七〕「二」，此下原衍「二」字，據下文所載車數删。

〔八〕「四」，據文意，此下疑脱「十」字。
〔九〕「温」，據上下文例，此下疑脱「站」字。
〔一〇〕「吉」，原作「言」，據上下文改。
〔一一〕「可」，原衍一「可」字，據上下文删。
〔一二〕「吉」，原作「孫」，據上文改。
〔一三〕「五」，據文意，疑當作「三」。
〔一四〕「縣」，據上下文例，疑當作「站」。
〔一五〕「五」，原字缺損，據上下文補。

驛傳八〔一〕

江西等處行中書省所轄總計一百五十四處。馬站八十五處，馬二千一百六十五匹，轎二十五乘。水站六十九處，船五百六十八隻。

直隸省各路站赤八十九處。馬站五十處，馬一千六百八十三匹。水站三十九處，船三百四十九隻。

龍興路所轄站一十一處。馬站五處，馬三百五十匹。水站六處，船六十七隻。馬站五處：在城站，馬一百二十匹，正馬六十匹，貼馬同。土坊站，馬五十四匹，正馬二十七匹，貼馬同。進賢站，馬五十六匹，正馬二十八匹，貼馬同。烏山站，馬六十匹，正馬三十匹，貼馬同。新城站，馬六十匹，正馬三十匹，貼馬同。水站六處：章江站，船二十隻，正户一百六十户，貼户五百三十八户。樵舍站，船一十隻，正户八十户，貼户一百七十户。吴城站，船一十一隻，正户八十八户，貼户二百七十一户。接陂站，船七隻，正户五十六户，貼户一百九十七户。金城站，船九隻，正户七十二户，貼户二百七十三户。市汊站，船一十隻，正户八十户，貼户二百八十二户。

吉州路所轄站一十一處。馬站六處，馬二百三十匹。水站五處，船三十八隻。馬站六處：螺川站，馬四十六匹，正馬二十三匹，貼馬同。南嶺站，馬四十匹，正馬二十匹，貼馬同。西昌站，馬三十八匹，正馬，不開。貼馬。不開。灘頭站，馬四十匹，正馬二十匹，貼馬同。五雲站，馬三十六匹，正馬一十八匹，貼馬同。造口站，馬三十匹，正馬一十五匹，貼馬同。水站五處：府城站，船八隻，正户六十四户，貼户一百七十户。白沙站，船八隻，正户六十四户，貼户一百五十五户。淘金站，船八隻，正户六十四户，貼户一百一十九户。浩溪站，船八隻，正户六十四户，貼户七十七户。五雲站，船六隻，正户六十四户，貼户一百一十九户。

瑞州路所轄站五處。馬站四處，馬八十八匹。水站一處，船三隻。馬站四處：在城站，馬三十八匹，正馬一十九匹，貼馬同。高崗站，馬二十四匹，正馬一十二匹，貼馬同。華陽站，馬一十二匹，正馬六匹，貼馬同。上高站，馬一十四匹，正馬七匹，貼馬同。水站一處：在城站，船三隻，正户一十八户，貼户二十四户。

江州路所轄站一十二處。馬站八處，馬二百六十六匹。水站四處，船八十隻。馬站八處：潯陽站，馬四十匹，正馬二十匹，貼馬同。赤湖站，馬二十匹，正馬一十匹，貼馬同。瀼溪站，馬四十六匹，正馬二十三匹，貼馬同。三山站，馬四十六匹，正馬二十三匹，貼馬同。蒲塘站，馬四十匹，正馬二十匹，貼馬同。新安站，馬二十匹，正馬一十匹，貼馬同。舊縣站，馬二十八匹，正馬一十四匹，貼馬同。楊梓站，馬二十六匹，正馬一十三匹，貼馬同。水站四處：九江站，船二十隻，正户一百六十户，貼户九十户。淵口站，船二十五隻，正户二百户，貼户一百七十户。彭澤站，船二十隻，正户一百六十户，貼户一百五十二户。城子站，船一十五隻，正户一百二十户，貼户一百七十户。

撫州路所轄六處。馬站三處，馬一百二十匹。水站三處，船二十一隻。馬站三處：在城站，馬四十八匹，正馬二十四匹，貼馬同。滕橋站，馬三十六匹，正馬一十八匹，貼馬同。雲山站，馬三十六匹，正馬一十八匹，貼馬同。水站三處：孔家渡站，船七隻，正户五十六户，貼户七十九户。石門站，船七隻，正户五十六户，貼户六十四户。清遠站，船七隻，正户五十六户，貼户六十九户。

臨江路所轄站六處。馬站三處，馬一百一十二匹。水站三處，船二十六隻。馬站三處：在城站，馬四十匹，正馬二十匹，貼馬同。官洲站，馬三十六匹，正馬一十八匹，貼馬同。峽江站，馬三十六匹，正馬一十八匹，貼馬同。水站三處：在城站，船一十隻，正户八十户，貼户二百六十户。官洲站，船八隻，正户六十四户，貼户九十五户。峽江站，船八隻，正户六十四户，貼户一百單一户。

袁州路所轄站八處。馬站六處，馬一百匹。水站二處，船八隻。馬站六處：在城愛棠站，馬三十匹，正馬一十五匹，貼馬同。亂石站，馬二十匹，正馬一十匹，貼馬同。上載站，馬二十匹，正馬一十匹，貼馬同。黄廟塘站，馬一十匹，正馬五匹，貼馬同。西村站，馬一十匹，正馬五匹，貼馬同。黄華站，馬一十匹，正馬五匹，貼馬同。水站二處：繡江站，船四隻，正户二十四户，貼户一十九户。分宜站，船四隻，正户二十四户，貼户三十三户。

南康路所轄站四處。馬站二處，馬七十匹。水站二處，船三十隻。馬站二處：在城站，馬二十匹，正馬一十匹，貼馬同。脩江站，馬五十匹，正馬二十五匹，貼馬同。水站二處：在城站，船二十隻，正户二十户，貼户一百八十户。團山站，船一十隻，正户一十户，貼户九十户。

贛州路所轄站五處。馬站三處，馬八十五匹。水站二處，船一十四隻。馬站三處：在城站，馬三十七匹，正馬一十七匹，貼馬二十匹。南田站，馬二十四匹，正馬九匹，貼馬一十五匹。桂源站，馬二十四匹，正馬九匹，貼馬一十五匹。水站二處：水西站，船八隻，正户六十四户，貼户一百單三户。攸鎮站，船六隻，正户六十四户，貼户一百單九户。

興國縣站三處。馬站一處，馬一十匹。水站二處，船一十八隻。馬站一處：在城站，馬一十匹，正馬五匹，貼馬同。水站二處：在城站，船三隻，正户三户，貼户二十一户。富池站，船一十五隻，正户一十五户，貼户一百單五户。又權設站六處。馬站三處，馬三十五匹。水站三處，船六隻。馬站三處：雩都唐村站，馬一十匹。正、貼不開。會昌縣下官站，馬一十五匹，正馬一十匹，貼馬五匹。瑞金縣站，馬一十匹。正、貼不開。水站三處：雩都縣站，船二隻。正、貼不開。會昌縣下官站，船二隻。正、貼不開。瑞金縣站，船二隻。正、貼不開。

南安路所轄站七處。馬站三處，馬八十五匹。水站四處，船二十六隻。馬站三處：横浦站，馬二十九匹，正馬一十四匹，貼馬一十五匹。在城站，馬二十八匹，正馬一十八匹，貼馬一十匹。水溪站，馬二十八匹，正馬一十三匹，貼馬一十五匹。水站四處：在城站，船七隻，正户五十六户，貼户一千一百八户。小溪站，船七隻，正户五十六户，貼户一百七十七户。南康站，船六隻，正户五十六户，貼户一百七十九户。九牛站，船六隻，正户五十六户，貼户五百五十三户。

建昌路所轄站五處。馬站三處，馬一百三十二匹。水站二處，船一十二隻。馬站三處：在城站，馬六十六匹，正馬三十三匹，貼馬同。藍田站，馬四十四匹，正馬二十二匹，貼馬同。南豐州在城站，馬二十二匹，正馬一十一匹，貼馬同。水站二處：在城站，船八隻，正户六十四户，貼户八十五户。南豐州在城站，船四隻，正户三十二户，貼户三十八户。

廣東道所轄各路站計六十五處。馬站三十五處，馬四百八十二匹，轎二十乘。水站三十處，船二百一十九隻。

廣州路所轄站一十五處。馬站七處，馬一百二十八匹。水站八處，船八十八隻。馬站七處：在城站，馬三十六匹，正馬一十八匹，貼馬同。清遠站，馬二十匹，正馬一十匹，貼馬同。李石岐站，馬二十六匹，正馬一十三匹，貼馬同。郭堂站，馬二十匹，正馬一十匹，貼馬同。烏石站，馬一十匹，正馬五匹，貼馬同。增石站，馬一十匹，正馬五匹，貼馬同。胥江站，馬六匹，正馬三匹，貼馬同。水站八處：在城站，船二十隻，正户一百四十户，貼户四百五十八户。清遠站，船一十隻，正户七十户，貼户八十七户。攢石機站，船八隻，正户五十六户，貼户一百三十七户。胥江站，船一十隻，正户七十户，貼户一百五十三户。金利站，船一十隻，正户七十户，貼户一百八十七户。泥紫站，船一十隻，正户七十户，貼户一百六十户。黄家站，船一十隻，正户七十户，貼户二百七十户。

韶州路所轄站八處。馬站四處，馬一百匹。水站四處，船三十六隻。馬站四處：平圃站，馬三十匹，正馬一十五匹，貼馬同。府門站，馬三十匹，正馬一十五匹，貼馬同。蒙里站，馬三十匹，正馬一十五匹，貼馬同。英德州門站，馬一十匹，正馬五匹，貼馬同。水站四處：平圃站，船一十隻，正户一十户，貼户二百户。府門站，船一十隻，正户一十户，貼户二百户。蒙里站，船一十隻，正户一十户，貼户二百户。英德州門站，船六隻，正户六户，貼户九十九户。

南雄路所轄站四處。馬站二處，馬六十匹。水站二處，船二十隻。馬站二處：在城站，馬三十匹，正馬一十五匹，貼馬同。黄塘站，馬三十匹，正馬一十五匹，貼馬同。水站二處：在城站，船一十隻，正户一十户，貼户二百户。黄塘站，船一十隻，正户一十户，貼户二百户。

惠州路所轄站一十四處。馬站六處，馬六十六匹。水站八處，船二十八隻。馬站六處：在城站，馬一十二匹，正馬六匹，貼馬同。沙河站，馬八匹，正馬四匹，貼馬同。平山站，馬一十匹，正馬五匹，貼馬同。平政站，馬一十四匹，正馬七匹，貼馬同。平安站，馬一十二匹，正馬六匹，貼馬同。海豐縣在城站，馬一十匹，正馬五匹，貼馬同。水站八處：在城站，船六隻，正户六户，貼户四十二户。平山站，船二隻，正户一十六户，貼户一十四户。蘇村站，船五隻，正户五户，貼户三十五户。水東站，船四隻，正户四户，貼户二十八户。苦竹泒站，船五隻，正户二十户，貼户二十三户。河源縣站，船二隻，正户九户，貼户一百二十一户。義合站，船二隻，正户八户，貼户六十五户。藍口站，船二隻，正户八户，貼户四十一户。

潮州路所轄站一十處。馬站八處，馬八十四匹，轎二十乘。水站二處，船二十二隻。馬站八處：在城站，馬一十六匹，正馬八匹，貼馬同，轎四乘。黄岡站，馬八匹，正馬四匹，貼馬同。姚山站，馬一十匹，正馬五匹，貼馬同，轎四乘。潮陽縣站，馬一十匹，正馬五匹，貼馬同，轎四乘。武寧站，馬一十匹，正馬五匹，貼馬同，轎四乘。北山站，馬一十匹，正馬五匹，貼馬同，轎四乘。大陂站，馬一十匹，正馬五匹，貼馬同。東海窖站，馬一十匹，正馬五匹，貼馬同。水站二處：在城站，船一十三隻，正户一十三户，貼户一百一十八户。三河站，船九隻，正户九户，貼户四十五户。

循州路所轄站六處。馬站三處，馬一十六匹。水站三處，船七隻。馬站三處：龍川縣站，馬八匹，正馬四匹，貼馬同。長樂縣站，馬四匹，正馬二匹，貼馬同。興寧縣站，馬四匹，正馬二匹，貼馬同。水站三處：龍川縣站，船三隻，正户三户，貼户一十五户。長樂縣站，船二隻，正户二户，貼户一十户。舊縣站，船二隻，正户二户，貼户一十户。

梅州所轄站三處。馬站一處，馬八匹。水站二處，船一十二隻。馬站一處：在城站，馬八匹，正馬四匹，貼馬同。水站二處：在城站，船八隻，正户六户，貼户四十四户。梅溪站，船四隻，正户六户，貼户四十三户。

南恩州所轄馬站二處，馬一十匹。在城站，馬六匹，正馬三匹，貼馬同。恩平站，馬四匹，正馬二匹，貼馬同。

新州所轄站三處。馬站二處，馬一十匹。水站一處，船六隻。馬站二處：在城站，馬六匹，正馬三匹，貼馬同。獨鶴站，馬四匹，正馬二匹，貼馬同。水站一處：在城站，船六隻，正户六户，貼户三十户。

湖廣等處行中書省所轄總計一百七十三處。陸站一百處，馬二千五百五十五匹，車七十輛，牛五百四十五隻，坐轎一百七十五乘，卧轎三十乘。水站七十三處，船五百八十隻。

直隸省站赤計五十一處。馬站三十八處，馬一千一百一十六匹。水站一十三處，船一百三十隻。

鄂州路所轄站一十二處。馬站七處，馬三百一十六匹。水站五處，船五十五隻。馬站七處：在城站，馬七十匹，正馬三十五匹，貼馬同。官塘站，馬四十匹，正馬二十匹，貼馬同。咸寧站，馬四十匹，正馬二十匹，貼馬同。港口站，馬四十二匹，正馬二十一匹，貼馬同。蒲圻站，馬四十四匹，正馬二十二匹，貼馬同。三陂站，馬四十匹，正馬二十匹，貼馬同。東湖站，馬四十匹，正馬二十匹，貼馬同。水站五處：城下站，船一十五隻，正户一十五户，貼户一百一十一户。石頭站，船一十隻，正户一十户，貼户七十二户。金口站，船一十隻，正户一十户，貼户七十六户。江口站，船一十隻，正户一十户，貼户七十户。閣牌洲站，船一十隻，正户一十户，貼户七十二户。

岳州路所轄一十二處。馬站七處，馬二百四十六匹。水站五處，船四十五隻。馬站七處：岳陽站，馬四十六匹，正馬二十三匹，貼馬同。迎瑞站，馬四十匹，正馬二十匹，貼馬同。永平站，馬四十匹，正馬二十匹，貼馬同。雲驥站，馬四十匹，正馬二十匹，貼馬同。長安站，馬四十匹，正馬二十匹，貼馬同。臨江站，馬二十匹，正馬一十匹，貼馬同。清平站，馬二十匹，正馬一十匹，貼馬同。水站五處：城陵站，船一十三隻，正户九户，貼户一百五户。鴨欄站，船九隻，正户九户，貼户一百五户。鹿角站，船九隻，正户九户，貼户一百三十户。小渡站，船七隻，正户七户，貼户一百一十八户。黄家元站，船七隻，正户七户，貼户八十九户。

常德路所轄馬站五處，馬一百四十八匹。和豐站，馬三十四匹，正馬一十七匹，貼馬同。大龍站，馬三十匹，正馬一十五匹，貼馬同。桃源縣站，馬二十八匹，正馬一十四匹，貼馬同。鄭家市站，馬二十八匹，正馬一十四匹，貼馬同。新店站，馬二十八匹，正馬一十四匹，貼馬同。

澧州路所轄馬站三處，馬一百匹。清化站，馬三十匹，正馬一十五匹，貼馬同。蘭江站，馬四十匹，正馬二十匹，貼馬同。順林站，馬三十匹，正馬一十五匹，貼馬同。

辰州路所轄馬站六處，馬一百五十六匹。在城站，馬三十匹，正馬一十五匹，貼馬同。寺前站，馬二十二匹，正馬一十一匹，貼馬同。辰溪站，馬二十二匹，正馬一十一匹，貼馬同。楊溪站，馬二十二匹，正馬一十一匹，貼馬同。馬底站，馬三十匹，正馬一十五匹，貼馬同。界亭站，馬三十匹，正馬一十五匹，貼馬同。

靖州路所轄馬站二處，馬二十八匹。會同站，馬一十二匹，正馬六匹，貼馬同。靖安站，馬一十六匹，正馬八匹，貼馬同。

沅州路所轄馬站八處，馬一百二十二匹。在城站，馬二十匹，正馬一十匹，貼馬同。竹白牛堡站，馬一十六匹，正馬八匹，貼馬同。盈口站，馬一十六匹，正馬八匹，貼馬同。竹墓站，馬一十四匹，正馬七匹，貼馬同。便溪站，馬一十四匹，正馬七匹，貼馬同。晃州站，馬一十四匹，正馬七匹，貼馬同。平溪站，馬一十四匹，正馬七匹，貼馬同。竹灘站，馬一十四匹，正馬七匹，貼馬同。

歸州所轄水站三處，船三十隻。建平站，船一十隻，正户二十户，貼户八十户。巴東站，船一十隻，正户二十户，貼户八十户。萬流站，船一十隻，正户二十户，貼户八十户。

湖南道所轄各路站計四十二處。馬站二十處，馬七百三十匹。水站二十二處，船二百二十三隻。

潭州路所轄站二十五處。馬站一十二處，馬四百一十匹。水站一十三處，船一百三十九隻。馬站一十二處：在城站，馬六十匹，正馬三十匹，貼馬同。依田站，馬四十匹，正馬二十匹，貼馬同。栢塘站，馬四十匹，正馬二十匹，貼馬同。中路站，馬四十匹，正馬二十匹，貼馬同。飛羊站，馬四十匹，正馬二十匹，貼馬同。太平站，馬四十匹，正馬二十匹，貼馬同。醴泉站，馬一十匹，正馬五匹，貼馬同。雙牌站，馬一十匹，正馬五匹，貼馬同。南山站，馬一十匹，正馬五匹，貼馬同。新安站，馬四十匹，正馬二十匹，貼馬同。馬安站，馬四十匹，正馬二十匹，貼馬同。白馬站，馬四十匹，正馬二十匹，貼馬同。水站一十三處：在城站，船一十五隻，正户一十五户，貼户一百三十五户。遐流站，船一十隻，正户一十户，貼户同。都石站，船一十隻，正户一十户，貼户九十户。泗州站，船一十隻，正户一十户，貼户九十户。象石站，船一十隻，正户一十户，貼户九十户。洲頭站，船一十隻，正户一十户，貼户九十户。昭港站，船一十隻，正户一十户，貼户九十户。同安站，船一十隻，正户一十户，貼户九十户。笙竹岐站，船一十隻，正户一十户，貼户九十户。磊石站，船一十隻，正户一十户，貼户九十户。皇華站，船一十隻，正户一十户，貼户九十户。營田站，船一十隻，正户一十户，貼户九十户。遞運官物站，船一十四隻，正户一十四户，貼户八十户。

衡州路所轄站六處。馬站三處，馬一百二十匹。水站三處，船三十隻。馬站三處：在城站，馬四十匹，正馬二十匹，貼馬同。路口站，馬四十匹，正馬二十匹，貼馬同。排山站，馬四十匹，正馬二十匹，貼馬同。水站三處：城下站，船一十隻，正户一十户，貼户七十六户。辛塘站，船一十隻，正户一十户，貼户七十六户。七里站，船一十隻，正户一十户，貼户七十六户。

永州路所轄站一十一處。馬站五處，馬二百匹。水站六處，船五十四隻。馬站五處：光華站，馬四十匹，正馬二十匹，貼馬同。陳青站，馬四十匹，正馬二十匹，貼馬同。東鄉站，馬四十匹，正馬二十匹，貼馬同。三吾站，馬四十匹，正馬二十匹，貼馬同。熊羆站，馬四十匹，正馬二十匹，貼馬同。水站六處：石期站，船一十隻，正户一十户，貼户七十户。湘口站，船一十隻，正户一十户，貼户七十户。歸陽站，船八隻，正户八户，貼户五十六户。

白水站，船八隻，正户八户，貼户五十六户。方劍站，船一十隻，正户一十户，貼户七十户。三吾站，船八隻，正户八户，貼户五十六户。

廣西道宣慰司所轄各路站赤計五十一處。陸站二十六處，馬四百七十一匹，黄牛一百四十五隻，轎七十乘。水站二十五處，船一百三十八隻。

静江路所轄站一十八處。馬站七處，馬二百一十匹。水站一十一處，船六十八隻。馬站七處：安興站，馬三十匹，正馬一十五匹，貼馬同。靈州縣站，馬三十匹，正馬一十五匹，貼馬同。桂林站，馬三十匹，正馬一十五匹，貼馬同。遶江站，馬三十匹，正馬一十五匹，貼馬同。大石站，馬三十匹，正馬一十五匹，貼馬同。三里站，馬三十匹，正馬一十五匹，貼馬同。横塘站，馬三十匹，正馬一十五匹，貼馬同。水站一十一處：小水站，船七隻，正户七户，貼户七十七户。白雲站，船七隻，正户七户，貼户七十七户。大龍站，船七隻，正户七户，貼户七十七户。東江站，船一十隻，正户一十户，貼户一百一十户。難停站，船七隻，正户七户，貼户七十七户。古祚站，船七隻，正户七户，貼户七十七户。蘇橋站，船五隻，正户五户，貼户三十五户。三里站，船五隻，正户五户，貼户三十五户。大石站，船五隻，正户五户，貼户三十五户。横塘站，船四隻，正户四户，貼户二十八户。舊縣站，船四隻，正户四户，貼户二十八户。

柳州路所轄馬站四處，馬六十匹，牛六十隻。洛容站，正馬一十五匹，貼牛一十五隻。東泉站，正馬一十五匹，貼牛一十五隻。馬平站，正馬一十五匹，貼牛一十五隻。平興站，正馬一十五匹，貼牛一十五隻。

容州路所轄站六處。陸站三處，馬四十六匹，轎一十乘。水站三處，船一十五隻。陸站三處：永寧站，馬二十匹，正馬一十匹，貼馬同。大洞站，馬二十匹，正馬一十匹，貼馬同，轎一十乘。山口站，馬六匹，正馬三匹，貼馬同。水站三處：繡江站，船五隻，正户五户，貼户七十户。自良站，船五隻，正户五户，貼户九十三户。寶圭站，船五隻，正户五户，貼户六十户。

象州路所轄馬站四處，馬五十五匹，黄牛五十五隻。遞恩站，正馬一十五匹，貼牛一十五隻。來賓站，正馬一十五匹，貼黄牛一十五隻。甯豐站，正馬一十匹，貼黄牛一十隻。古望站，正馬一十五匹，貼黄牛一十五隻。

邕州路所轄站四處。馬站二處，馬三十匹，轎三十乘。水站二處，船一十隻。馬站二處：在城站，正馬一十五匹，貼轎准馬一十五乘。定興站，正馬一十五匹，貼轎准馬一十五乘。水站二處：寧江站，船五隻，正户五户，貼户三十五户。黄范站，船五隻，正户五户，貼户三十五户。

梧州路所轄水站二處，船一十隻。州門站，船五隻，正户五户，貼户五十五户。龍江站，船五隻，正户五户，貼户五十五户。

潯州路所轄水站三處，船一十五隻。州門站，船五隻，正户五户，貼户三十五户。大隍站，船五隻，正户五户，貼户三十五户。烏江站，船五隻，正户五户，貼户三十五户〔二〕。

横州路所轄水站四處，船二十隻。州門站，船五隻，正户五户，貼户三十五户。永淳站，船五隻，正户五户，貼户三十五户。水煙站，船五隻，正户五户，貼户三十五户。烏巖站，船五隻，正户五户，貼户三十五户。

賓州路所轄馬站三處，馬四十匹。在城站，馬一十匹。正、貼不分。平田站，馬一十五匹。正、貼不分。如利站，馬一十五匹。正、貼不分。

鬱林州所轄馬站三處，馬三十匹，黄牛三十隻，轎三十乘。在城站，正馬一十匹，貼馬准黄牛一十隻，轎一十乘。富陽站，正馬一十匹，貼馬准黄牛一十隻，轎一十乘。高橋站，正馬一十匹，貼馬准黄牛一十隻，轎一十乘。

海北海南道所轄各路站赤計二十九處。馬站一十六處，馬二百三十八匹，車七十輛，黄牛四百隻，坐轎一百單五乘，卧轎三十乘。水站一十三處，船八十九隻。

雷州路所轄〔三〕站六處，馬六十匹，車六十輛，黄牛三百隻，坐轎六十乘，卧轎三十乘。在城站，馬一十匹，正馬五匹，貼馬同，車一十輛，黄牛五十隻，坐轎一十乘，卧轎五乘。桐油站，城月站，將軍站，英利站，沓磊站，已上站赤各色並同前站。

化州路所轄站二處，馬二十匹，車一十輛，黄牛三十隻，轎一十五乘。三合站，馬一十匹，正馬五匹，貼馬同，車一十輛，黄牛三十隻，轎一十五乘。新偓站，馬一十匹，正馬五匹，貼馬同。

瓊州路所轄馬站二處，馬八匹，黄牛四十隻。在城站，正馬五匹，貼馬二匹，准黄牛二十隻。白沙站，正馬三匹，貼馬二匹，准黄牛二十隻。

全州路所轄站八處。馬站三處，馬一百二十匹。水站五處，船五十隻。馬站三處：咸水站，馬四十匹，正馬二十匹，貼馬同。兆陽站，馬四十匹，正馬二十匹，貼馬同。黄沙站，馬四十匹，正馬二十匹，貼馬同。水站五處：建安站，船一十隻，正户一十户，貼户七十户。江口站，船一十隻，正户一十户，貼户七十户。水南站，船一十隻，正户一十户，貼户七十户。山角站，船一十隻，正户一十户，貼户七十户。柳浦站，船一十隻，正户一十户，貼户七十户。

封州路所轄水站一處：府門站，船五隻，正户五户，貼户二十五户。

肇慶路所轄水站二處，船一十二隻。府門站，船八隻，正户八户，貼户四十户。新村站，船四隻，正户四户，貼户二十户。

德慶路所轄水站二處，船七隻。府門站，船五隻，正户五户，貼户三十五户。新村站，船二隻，正户三户，貼户一十七户。

貴州路所轄站六處。馬站三處，馬三十匹，黄牛三十隻，轎三十乘。水站三處，船一十五隻。馬站三處：紫水站，正馬一十匹，貼黄牛一十隻，轎一十乘。康和站，正馬一十匹，貼黄牛一十隻，轎一十乘。玉洲站，正馬一十匹，貼黄牛一十隻，轎一十乘。水站三處：東津站，船五隻，正户五户，貼户三十五户。香江站，船五隻，正户五户，貼户三十五户。在城站，船五隻，正户五户，貼户三十五户。

陝西行中書省所轄八十一處。陸站八十處，馬七千六百二十九匹。水站一處，船六隻。

安西路所轄馬站一十三處，馬一千四百五十三匹。本府站，馬二百五十三匹。咸陽站，馬一百四匹。興平站，馬一百三十六匹。武功站，馬六十九匹。乾州站，馬一百三十五匹。永受站，馬一百三十一匹。華陰站，馬一百四十二匹。華州站，馬一百二十匹。渭南站，馬一百一十九匹。臨潼站，馬一百三十五匹。龍橋站，馬三十九匹。耀州站，馬三十五匹。同官站，馬三十五匹。

鞏昌路所轄站一十九處。陸站一十八處，馬一千九百三十三匹。水站一處，船六隻。通安站，馬二百八十九匹。文盈站，馬一百四十匹。伏羌站，馬一百四十匹。臨洮站，馬二百三十匹。首陽站，馬一百四十八匹。赤觜站，馬八十匹。定西站，馬六十匹。蘭州站，馬四十八匹。會州站，馬一百匹。金州站，馬五十匹。平灘站，馬二十匹。關成站，馬五十四匹。南寨站，馬五十九匹。萌井站，馬一十九匹。蘭泉站，馬六十六匹。秦亭站，馬一百六十二匹。咸宜村站，馬一百二十八匹。臨汧站，馬一百四十匹。水站一處，船六隻。

鳳翔府所轄馬站九處，馬九百一十二匹。鳳鳴站，馬二百匹。岐山站，馬一百一十一匹。東河橋站，馬一百三十七匹。草涼樓站，馬一百匹。扶風站，馬一百一十五匹。寶雞站，馬一百匹。汧陽站，馬四十五匹。麻夫鎮站，馬四十匹。百里鎮站，馬六十四匹。

延安路所轄馬站八處，馬七百六十六匹。本府站，馬一百五十四匹。甘泉站，馬六十八匹。鄜州站，馬六十六匹。三川站，六〔四〕十八匹。中部站，馬六十六匹。龍安站，馬一百四十匹。宜君站，馬六十四匹。塞門站，馬一百四十匹。

平涼府所轄馬站二十處，馬一千九百一十六匹。環州站，馬二十四匹。伏羌站，馬六十八匹。秦州站，馬一百五十四匹。杜樹平站，馬一百二十匹。上都站，馬一百三十匹。大寨站，馬一百一十八匹。故關站，馬一百二十匹。汧陽站，馬七十匹。隴州站，馬一百四十匹。崆峒站，馬一百五十匹。泉站，馬一百匹。瓦亭站，馬一百一十四匹。清州站，馬一百二十匹。宜祿站，馬九十四匹。邠州站，馬一百一十匹。寧州站，馬三十匹。慶陽府站，馬三十匹。鎮原站，馬四十四匹。龍安驛站，馬一百匹。蓆家堡站，馬八十匹。

興元路所轄馬站一十二處，馬六百四十九匹。朝天站，馬五十九匹。鎮寧站，馬五十六匹。羅村站，馬五十八匹。金中站，馬五十七匹。沔陽站，馬五十五匹。漢川站，馬二十一匹。褒城站，馬五十六匹。馬通站，馬五十六匹。清水站，馬五十六匹。柴關站，馬五十八匹。三岔站，馬五十四匹。鳳州站，馬六十三匹。

四川行中書省所轄陸站四十八處，馬九百八十六匹，牛一百五十隻；水站八十四處，船六百五十四隻，牛七十六隻。

直隸省各路站計一百二十六處。陸站四十八處，馬九百八十六匹，牛一百五十隻。水站七十八處，船五百九十四隻，牛七十六隻。

成都路所轄站一十三處。陸站一十二處，馬四百二十五匹，牛一百五十隻。水站一處，船二十四隻。陸站：本府站，馬六十匹，牛三十隻。漢州站，馬四十五匹。德陽站，馬三十四匹。羅江站，馬四十匹，牛三十隻。綿州站，馬四十匹，牛二十隻。文頂站，馬四十匹，牛二十隻。伯頃站，馬四十匹，牛二十隻。垂泉站，馬四十匹，牛二十隻。唐安站，馬二十匹。白鶴站，馬二十匹。百文〔五〕站，馬二十匹，牛一十隻。雅州站，馬二十六匹。水站：四水站，船二十四隻。

廣元路所轄站六處。陸站二處，馬一百匹。水站四處，船二十四隻。陸站：寧武站，馬六十匹。臨江站，馬四十匹。水站：本府問津站，船六隻。臨江站，船六隻。江口站，船六隻。石羊站，船六隻。

保寧府所轄站九處。陸站五，馬八十五匹。水站四，船二十四隻。陸站：錦屏站，馬一十二匹。懷恕站，馬一十一匹。永寧站，馬一十一匹。金華站，馬一十一匹。劍門站，馬四十匹。水站：虎溪站，船六隻。南溪站，船六隻。南部站，船六隻。新政站，船六隻。

蓬州路所轄站五處。陸站四，馬七十匹。水站一，船六隻。陸站：蓬萊站，馬三匹。普安站，馬五十五匹。蘆溪站，馬一十匹。集賢站，二〔六〕匹。水站：洲子站，船六隻。

順慶路所轄站七處。陸站六，馬七十五匹。水站一，船一十二隻。陸站：青居站，馬二十五匹。東龕站，馬一十匹。東關站，馬一十匹。白馬站，馬一十匹。寶峰站，馬一十匹。廣府站，馬一十匹。水站一處，船一十二隻。

廣安路所轄站二處。陸站一：郭渠站，馬八匹。水站一：石牛子站，船五隻。

梁山軍所轄站二處，馬七匹。在城站，馬五匹。高梁站，官降馬二匹。

遂寧府站，馬四匹。

武勝軍所轄站三處。陸站二，馬五十匹。水站一，船六隻。陸站：平灘站，馬三十匹。嘉平驛站，馬二十匹。水站一處，船六隻。

合州路所轄站四處。陸站一，馬四十匹。水站三，船二十四隻。陸站：合陽站，馬四十匹。内官降二十匹。水站：金沙站，船八隻。内官降二隻。荔枝站，船八隻。内官降二隻。雲會站，船八隻。內官降二隻。

潼川路所轄站三處，馬五十五匹。本府站，馬二十五匹。白馬站，馬二十匹。中江站，馬一十匹。

重慶路所轄站一十九處。陸站三，馬三十四匹。水站一十六，船一百四十二隻。陸站：古渝站，馬一十五匹。伯節站，馬九匹。白慶站陸站，馬一十匹。水站：白慶水站，船一十隻。朝天站，船二十五隻。石門烏蒙站，船一十七隻。漢東站，船七隻。赤崖站，船七隻。應垻站，船七隻。僊池站，船七隻。桃市站，船七隻。安篤站，船七隻。木洞站，船六隻。落濕站，船六隻。桃花站，船五隻。忠州烏蒙大站，船一十隻。岸溉站，船六隻。州既站，船五隻。涪州站，船一十隻。

涪州路所轄水站一處，船一十二隻。

開達夔府等路所轄站六處。陸站一處，馬四匹。水站五處，船五十九隻。陸站：咸淳站，馬四匹。水站：溉雲根烏蒙大水站，船一十一隻。梅沱小水站，船六隻。萬州站，船一十六隻。雲陽站，船一十六隻。巫山站，船一十隻。

紹慶府所轄水站四處，船八隻。在城站，船二隻。新灘站，船二隻。關灘站，船二隻。

辛酉灘站，船二隻。

開州所轄站一處：盛山站，官降馬二匹。

瀘州路所轄水站十處，船七十三隻，牛三十二隻。本州站，船七隻，牛四隻。麻熙站，船七隻，牛四隻。清溪站，船七隻，牛四隻。燕湊站，船七隻，牛四隻。黄艤灣站，船七隻，牛四隻。神山站，船七隻，牛四隻。滳溪站，船七隻，牛四隻。史埧站，船七隻，牛四隻。烏蒙站，船一十隻。

敘州等處諸蠻夷宣撫司所轄站一十三處。陸站三處，馬一十七匹。水站一十處，船七十四隻。陸站：敘州站，馬九匹。慶符站，馬四匹。定川站，馬四匹。水站：敘州水遞運站，船六隻。綱運大站，船九隻。横江站，船一十隻。喁口站，船七隻。月波峰站，船七隻。宣化站，船七隻。真候站，船六隻。南溪站，船七隻。常寧軍站，船一十隻。落雲站，船五隻。

嘉定路所轄站一十二處。陸站一處，馬一十匹。水站一十一處，船六十五隻，牛四十四隻。陸站：陵雲驛站，馬一十匹。水站：眉州站，船四隻，官降牛四隻。石佛站，船六隻，官降牛四隻。青神站，船四隻，官降牛四隻。峰門站，船六隻，牛四隻。内官降二隻。平羌站，船六隻，官降牛四隻。南門站，船九隻，牛四隻。趙垻站，船六隻，官降牛四隻。三聖站，船六隻，牛四隻。浄江站，船六隻，牛四隻。犍馬站，船六隻，官降牛四隻。下垻站，船六隻，官降牛四隻。

長寧軍所轄水站三處，船一十六隻。烏蒙大站，船一十隻。銅鼓站，船三隻。武寧站，船三隻。

敘州宣撫司所轄水站二處，船二十隻。敘州站，船一十隻。横江站，船一十隻。

四川西道宣慰司所轄一處：長寧軍水站一處，船一十隻。

四川南道宣慰司所轄四處，船四十隻。瀘州水站一處，船一十隻。重慶路水站二處：朝天站，一〔七〕十隻；石門站，船一十隻。涪州路水站一處，船一十隻。

閬蓬等處宣慰司所轄一處：咸淳府水站，船一十隻。

雲南諸路行中書省所轄站赤七十八處。馬站七十四處，馬二千三百四十五匹，牛三十隻。水站四處，船二十四隻。

羅羅斯宣慰司所轄馬站二十九處，馬一千二百七十一匹。

本司所轄馬站六處，馬二百四十匹。大渡河站，馬四十匹。西番站，馬四十匹。邛部州站，馬四十匹。瀘古州站，馬四十匹。建昌府瀘州站，馬四十匹。定昌府法山站，馬四十匹。

武定路馬站十處，馬五百匹。明夷站，馬五十匹。大龍站，馬五十匹。澮川站，馬五十匹。黎溪站，馬五十匹。薑站，馬五十匹。環州站，馬五十匹。虚仁站，馬五十匹。勒站，馬五十匹。和曲站，馬五十匹。利浪站，馬五十匹。

中慶府馬站〔八〕六處，馬三百一十一匹。本府在城站，馬一百五十匹。嵩明府楊林站，馬三十匹。晉寧州站，馬二十匹。安寧州站，馬三十七匹。路品站，馬三十七匹。禄豐站，馬三十七匹。

仁德府矣龍站一處，馬三十匹。

曲靖路馬站六處，馬一百九十匹。陸凉站，馬四十匹。龍馬站，馬三十匹。不魯吉站，馬三十匹。火忽都站，馬三十匹。蒙古都站，馬三十匹。法納河站，馬三十匹。

烏撒宣慰司所轄站四十九處。馬站四十五處，馬一千七十四匹，牛三十隻。水站四處，船二十四隻。

本司所轄馬站三處，馬九十匹，牛三十隻。烏撒站，馬三十匹，牛一十隻。必畔站，馬三十匹，牛十隻。阿都站，馬三十匹，牛十隻。

烏蒙宣撫司所轄站九處。馬站五處，馬一百五十匹。水站四處，船二十四隻。馬站五處：烏蒙結吉站，馬三十匹。雪山站，馬三十匹。合者剌站，馬三十匹。羅佐站，馬三十匹。葉梢垻站，馬三十匹。水站四處：葉梢垻站，船六隻。華鐵站，船六隻。鹽井站，船六隻。灘頭站，船六隻。

麗江路馬站三處，馬六十匹。立吉莊站，馬一十匹。係軍人帶養。剌八站，馬三十匹。義都站，馬二十匹。

大理路馬站一十四處，馬四百一十匹。劍川縣站，馬二十二匹。觀音山站，馬一十五匹。鄧川州站，馬一十五匹。大理府在城站，馬二十三匹。河尾關站，馬六十匹。建寧縣站，馬四十匹。雲南站，馬五十匹。普棚站，馬一十三匹。樣侈站，馬四十一匹。打牛坪站，馬一十三匹。永平站，馬三十三匹。沙磨和站，馬二十五匹。永昌府站，馬三十匹。騰衝府站，馬三十匹。

威楚路馬站五處，馬一百三十八匹。砂橋站，馬三十三匹。祿葛站，馬三十三匹。路甸站，馬三十一匹。捨資站，馬三十一匹。威楚在城站，馬一十匹。

澂〔九〕江路馬站一處：江州縣站，馬二十匹。

臨安路馬站六處，馬一百二十匹。寧海府站，馬二十匹。建州站，馬四十匹。蒙自縣八甸站，馬三十匹。娘甸站，馬一十匹。矣馬同站，馬一十匹。落捉站，馬一十匹。

廣西路馬站五處，馬四十六匹。豆温站，馬一十匹。馬者龍站，馬一十匹。吉雙站，馬一十匹。彌勒站，馬一十匹。茶起站，馬六匹。

普安路馬站三處，馬四十匹。塔剌迷站，馬二十匹。南夢站，馬一十匹。磨溪站，馬一十匹。

甘肅行中書省所轄三路，脱脱禾孫馬站六處，馬四百九十一匹，牛一百四十九隻，驢一百七十一頭，羊六百五十口。

中興路馬站一：野馬泉站，馬一百匹，牛三十隻，驢三十頭，羊一百五十口。

永昌路脱脱禾孫馬站三，馬二百五十一匹，牛八十九隻，驢一百一十頭，羊三百五十口。本府站，馬七十一匹，牛二十九隻，驢五十一頭。馬連泉站，馬一百匹，牛三十隻，驢三十頭，羊一百五十口。辛記川站，馬八十匹，牛三十隻，驢三十頭，羊二百口。

甘州路脱脱禾孫馬站二，馬一百四十匹，牛三十隻，驢三十頭，羊一百五十口。本州站，馬六十匹。青寺站，馬八十匹，牛三十隻，驢三十頭，羊一百五十口。

【考校記】

〔一〕輯自《永樂大典》卷一九四二三。

〔二〕「户」，此下原衍「烏江站船五隻正户五户貼户三十五户」十六字，據上文删。

〔三〕「轄」，原作「轎」，據上下文改。

〔四〕「六」，據上下文例，此上疑脱「馬」字。

〔五〕「文」，據《元史》卷六〇《地理志三》，雅州屬縣有百丈，此處「文」疑當作「丈」。

〔六〕「二」，據上下文例，此上疑脱「馬」字。

〔七〕「一」，據上下文例，此上疑脱「船」字。

〔八〕「馬站」，原作「站馬」，據上下文乙正。

〔九〕「澂」，原作「徵」，據《元史》卷六一《地理志四》改。

弓手〔一〕

中統五年，驗郡邑民衆寡，置馬步弓手，夜遊邏，禁人出，違者有罪，皆以防盜也。而京師南北兩兵馬司各至千人，郡邑相拒遠、村落有邸舍可居停者亦置之。每百户取中産者一人以充。盜發，期一月獲，不獲，期兩月、三月。一不獲，則笞之，至再至三，則笞加多。官有綱運，若流徙者至，則執兵仗導從，以轉相授受。外此則不敢役，示專其求盜職也。中統五年，設馬步弓手，驗民户多少置額。其夜禁之法，一更三點，鍾聲定，禁人行；五更三點，鍾聲動，聽人行。有公事急速、喪病産育之類，不拘此。違者笞二十七下，有官者七下，贖。州縣相離遠處，其間五七十里，所有村店及二十户以上者，設巡防弓手。關津渡口合設之處，不在五七十里之限。百户内取中户一名，捕盜官領之。有盜，則立三限盤捉，每限一月。一限不獲，强盜一十七下，竊盜七下。兩限，强二十七，竊十七。三限，强三十七，竊二十七。限内獲一半者免罪。中都設巡馬，侍衛親軍内差四百名。至元八年，御史臺呈，除捕盜防轉外，不得差占。十六年，南城設一千四百名，北城七百九十五人。今定制：南兵馬指揮使司一千名，西北關廂巡檢司三十人，南關廂巡檢司二十七人，北兵馬指揮使司一千人，東關廂巡檢司十八人。畿内共五十二所，二千八百九十九人。上都二十四所，六百六十人。兵馬指揮使司二百二人。

【考校記】

〔一〕輯自《元文類》卷四一。按：本節大字部分爲《弓手》之序，小字部分乃原編者節録《弓手》正文爲注。

急遞鋪〔一〕

轉送朝廷及方面及郡邑文書往來，十里或十五里、二十五里設一急遞鋪。十鋪設一郵長，鋪設卒五人。文書至，則紀于曆，視早晏，標至時于封，因以絹囊貯而版夾之，又裹以小漆絹。卒腰革帶，帶懸鈴、手槍，挾襏襫，齎文書以行。夜則持火炬焉。道狹，車馬者、負荷者聞鈴，則遥避諸旁，夜亦以驚虎狼不苦。又響及所之鋪，則鋪人出以俟其至。囊版以護文書不破碎、不襞積摺，小漆絹、襏襫以禦雨雪不濡濕，槍以備不虞。所之鋪得之，又展轉以去。定制，一晝夜走四百里。郵長治其稽滯者，郡邑官復督察加詳焉，而勤憧有賞罰。京師則設總急遞鋪提領所，秩九品，銅印，官三員。又有號牌、鎖匣、印帖、長引隔眼之法，可謂密矣。

世祖皇帝庚申年四月十九日，聖旨諭宣慰使禡禡、秀才等：「自燕京經由望雲直至開平府，驗地遠近、人數多寡，起立急遞站鋪。凡有合遞文字，依已前體例，嚴立限次遞送。據合用人數，於漏籍户内斟酌差撥，須管久遠安穩住坐。仍具置定站鋪月日，次第申奏。其餘合立去處，照依已委，就便一體施行。」欽此。於大都東、西、北道起立一百鋪，於各州縣親管民户内僉撥到鋪兵一千令一十八户，撥於各鋪當役。

北道。花園鋪至雲州赤城，四十二鋪，每鋪一十里，一鋪額設鋪兵一十六名，計三百七十四户。大都在城三鋪：左巡院花園、右巡院二鋪，總鋪白雲樓。昌平縣十一鋪：雙泉、永泰、唐家嶺、榆河、皂角、雙塔、辛店、石河、南口、長坡、居庸關。龍慶州二鋪：北口、嬀川。懷來縣十一鋪：棒槌店、榆林、管家莊、懷來、七里嵎、狼山、統幕、泉頭、長嶺、洪贊、石娥兒。雲州十五鋪：槍竿嶺、欄林、李老峪、何家寨、魯家保、向陽水、高家會、刁窩、井子水、西流水、趙家寨、碾子峪、下松林、上松林、赤城。

東道。臘八莊鋪至薊州蘆兒嶺四十鋪，每鋪額設鋪兵五名，計二百名。大興縣三鋪：臘八莊、西交亭、東交亭。通州十四鋪：辛店、長城、西關、古城、李家莊、小白河、馬巫垈、白堠子、夏店、泥里、白浮圖、朱家墳、東石橋、東嶺。薊州二十三鋪：白箇、邦君、許家嶺、十里河西關、七里峰、甲匠營、驢山頭、馬身橋、林河、石門、六百營、義井、保子、小官莊、沙河、遵化西關、帖山領、吴家城、大柳樹、荆子、辛店、蘆兒嶺二鋪。

西道。通玄關鋪至涿州澤畔鋪一十八鋪，每鋪額設鋪兵八名，計一百四十四户〔二〕。宛平縣五鋪：通玄關、雙堤、義井兒、盧溝橋、辛店。良鄉縣六鋪：長陽、燎石岡、楊家莊、崇義店、舊店、琉璃河。房山縣一鋪：挾河。涿州六鋪：古店、湖良河、小馬村、西臯、松林、澤畔。

二十八日，聖旨諭宣撫使八春、印都、商孟卿等：「自京兆府直至開平府，驗地里遠近、人數多寡，立急遞站鋪。遇有合遞文字，依已前體例，嚴立限次遞送。據合用人數，於漏藉户内斟酌差撥，須管久遠安穩住坐。仍具立定站鋪月日，次第申奏。其餘合立去處，照依已委一體施行。」

中統元年五月，令隨處官司直接隣境兩界，安置傳遞鋪驛至本路宣撫司，宣撫司置鋪接連直至朝省。每鋪置鋪丁五名，各處縣官各置文簿一道付鋪。遇有遞送文字，當傳鋪所即注名件、到鋪時刻，及所轄傳送人姓名置簿，令轉送人取下鋪押字、交收時刻還鋪。本縣官司時復照刷，稽滯者治罪。其文字，本縣官司絹袋封記，以牌書號。其牌長五寸、闊一寸五分，以緑油黄字書號。若係邊關急速公事，用匣子封鎖，於上重别題號，及寫某處文字、發遣時刻，以憑照勘遲速。其匣子長一尺、闊四寸、高三寸，用黑油紅字書號。已上牌匣俱係營造小尺，上以千字文爲號。仍將本管地境、置立鋪驛卓望地名，各各開坐，遞相行移隣接官司。本路宣撫司將各各設定鋪驛幾處、占訖人數報省。今列設鋪地里、合行遠近，仰遵依施行。　一，東路燕京已北，宣德州已北至開平府，每十里設置一鋪。如遇傳遞文字，須管一時辰内傳遞。　三鋪計行三十里。　一，東路燕京已南，西路宣德州已南，每二十五里置一鋪。　如遇傳遞文字，須管一時辰内決到鋪前，計行二十五里。　燕京路宣撫司、西京路宣撫司、北京路宣撫司、平陽路宣撫司、東平路宣撫司、真定路宣撫司、大名路宣撫司、河南路宣撫司、益都路宣撫司、京兆路宣撫司。

二年四月，中書省奏準，各路所設急遞鋪，令宣撫司提調。　仍禁約沿途不得奪要文字，本管官司亦不得科取差發錢物。　遞運文字，如有稽遲日時，約量治罪。　鋪側居住人户，或設肆買賣者，往來馬軍使臣人等，並不得搔擾。　所遞文字，除申朝省并本路行移官司文字外，其餘閑慢文字，不許入遞，亦不得私自夾帶一毫物件。　轉送鋪丁，常加存恤，毋令逃竄失所。　違者，宣撫司究治。

七月，中書右三部先據各路急遞鋪走遞文字，中間稽遲損壞，爲係點視官不爲用心，及不係正官，又無俸禄。　此上呈奉都堂鈞旨，行下各路，令總管府委有俸正官一員總行提點，州縣亦委有俸次官往來刷勘，須要晝夜依程轉遞。　今來照得累承中書省劄付，備樞密院、制國用使司呈，并左三部關，及各路申：急遞鋪傳遞文字，往往遺失棄毀，隱匿稽遲，及匣子亦各損壞，兵人數少。蓋緣提點官依前不爲用心，以致如此。爲此擬定罪名，呈奉中書省劄付該：「傳遞文字，務在鋪司置曆，分朗附寫所受、所發相隣鋪兵姓名、文字、時刻，及交遞文匣封鎖有無損壞，每月提點官就鋪照押。如此遞相關防，或有失悮，易爲挨究懲誡。外據提點官委自本處末職正官，不妨本職，常切往來，仔細照曆照勘，須要鋪司依上謹細，鋪兵少壯，如有不堪鋪司鋪兵，從各管官司於一體户内補换，相應人再不更易。若有似前違錯，其州縣照依所擬贖斷。總管府提調官每季照勘所管州縣多寡違犯次數，行下取招，申部呈省，仍取各路鋪司同提點官職名申部，不時差官點刷，毋得似前躭悮官事。仍釐勤〔三〕提點官司，毋得因而搔擾鋪兵，取受酒食錢物，違者治罪。」奉此。省部遍行，仰速於本路并州縣官内，各委末職正官一員，不妨本職，充提點官，依奉中書省劄付内處分事理施行。仍具委定官職名，選補到堪中户計，開具各各鋪司鋪兵花名、備細數目，攢造帳册，一就申部，毋致再行更易違錯，先具準行申來。

一，州縣提點官初犯，依舊例贖銅；再犯，罰俸一月以贖其罪；三犯，決四十。各摽所犯過名。

一，總管府提點官，每季驗所管州縣多寡違犯次數議罰。

一，提點官如因而搔擾鋪兵、需求錢物者，治罪。

三年三月，中書省欽奉聖旨：「遇有省中發遣文字，令急遞鋪傳遞。其餘官府文字，並不得遞送。各路總管府并總管軍官文字，直申省者傳遞；若不係申省文字，亦不得傳遞。」欽此。移咨陝西、四川軍前行省，劄付右三部并大名、平陽等路宣慰司，施行禁治，不得將實封文字開拆，損壞元封。又當年四月十四日，中書省劄付右三部呈：「各路入遞中省文字，多無匣子、封鑰，往往只用封皮轉發前來，竊恐漏泄公事，兼有雨水濕損。仰行移各路，今後應據申發文字，封裹用匣子盛頓。如無封鑰，於上書寫各路字號傳遞，毋得住滯。」

十二月四日，中書省欽奉聖旨：「先爲調遣軍馬，公事繁冗，設立急遞鋪傳送文字。今事務頗簡，可罷去。」欽此。劄付隨路，欽依施行。

五年二月二十七日，丞相線真等奏：「先奉旨，燕京至上都創立急遞鋪，據設置宣慰去處，亦合一體設置，專以傳遞中書省、左右部領部、轉運司、宣慰司文字。其沿邊軍情公事，合遣使往來。」奉旨准。

至元七年六月九日，尚書省據右司備承發司呈：「各路總管府、運司及諸衙門，申解茶鹽斛粟藥味等物樣，并文卷簿籍，一槩發付急遞鋪轉送。其鋪司人等，多是鄉村農叟，不識利害，其中差錯未便。今後但有申覆物樣、文簿等件，須與文解一處，如法封裹，於上重封標寫路分。」都省准呈，送兵部遍行照會。

八月七日，尚書兵部奉尚書省判送御史臺呈：「監察御史言：隨路行移關牒及帳册入遞，疲困鋪兵，送本部照勘元行，擬定連呈。奉此照得隨路急遞鋪兵，見行遞轉中書省、尚書省，并河南、陝西、東京等處行省，及樞密院、御史臺、六部在京諸司局文字，已是繁冗。若又轉發隨路往復關牒文字，實爲辛苦。議得除中都路幹辦事，凡有行移別路文字，合令本路封緘，分付省部承發司，於省部下各路封皮内附帶，別路却有與中都路相關文字，亦合於申呈省部封皮内盛頓，入遞轉發。其餘路分遞相關會文字，似難入遞，止合令人投下。外據隨路申解帳册，重十斤以下，可以擔負者，許令入遞。」呈準。仰遍行合屬照會，依上施行。

九月四日，尚書兵部奉省劄擬到，除中都路與別路相關文字，於省部承發司附帶入遞，其餘路分遞相關會文字，止合令人投下事。今據御史臺呈：「山東東西道提刑按察司申：若不於急遞鋪傳發，實是躭悞。本臺照得按察司係監司衙門，拘該數路，關涉事多，難同隨路體例。乞依舊傳遞。」省府準呈，仰照驗施行。

八年二月八日，尚書兵部近準各部關，并隨路總管府申：急遞傳發文字，多有稽遲遺失，磨擦損壞等事，呈奉到尚書省劄付：差官馳驛，分路遍鋪，點勘照刷，慮恐不一，再行講究到下項逐款事理，呈奉都堂鈞旨，送本部準擬施行。奉此。省部逐一區處于後：

一，各司縣并無縣州末職，有俸正官，即係親臨提點官。擬合上下半月往來，親行赴鋪署押文曆。仍各攙過界首一鋪，遞相照刷文字，有無稽遲損壞，及點視闕少鋪司鋪兵，什物不完。每月依例具申所屬上司，倒申總府，轉行申部。其親臨提點官，若無所屬上司提點，竊恐或時怠慢。擬合令有司轄縣州城，及轄州縣散府有俸末職正官各一員，每月一次，亦行遍鋪，依上照刷。如有稽遲怠慢，就取親臨提點官招伏，類申總府。如無總府提點官通行照領，亦恐州縣提點官無所畏懼，通同捏合時刻，以致失悞官事。擬合令總府末職正官一員，更爲親行提點照刷。如稽遲怠慢，依上取提，類解申部。其餘散府及州城直隸省部者末職正官，即與總府提點官同。所據府、州、司、縣提點官違犯贖斷一節，照依中書省元定體例施行。

一，凡有遞轉文字到鋪司，隨即分朗附籍，速令當該鋪兵，裹以軟包袱，更用油絹捲縛，夾板束繫，賫小回曆一本，作急走遞到下鋪，交割附曆訖。於回曆上令鋪司驗到鋪時刻，并文字總計角數，及有無開拆、磨擦、損壞，或亂行批寫字樣。如此附寫一行，鋪司畫字回還。若有違犯，易爲挨問。

一，鋪兵私下將所遞文字開封發視者，根究得獲，責付合屬牢固收管，聽候申部呈省詳斷。

一，鋪司所傳文字，多係邊關緊急，或課程差發造作刑名等事。儻有失悮，利害非輕。今知隨路鋪分，往往有年老幼小不堪應役之人，或雇人頂替，深爲未便。今後鼇勒各處提點官，須要本户少壯人力，正身應役走遞。仍照依元定里數，須要一晝夜走遞四百里。

一，鋪兵置備下項什物，於各鋪門首分朗安置，遇有損壞，隨即補換。每鋪十二時輪子一枚，紅綽屑一座，并牌額鋪曆二本，上司行下一本，諸路申上一本。每遇夜，常明燈燭。鋪兵每名各備夾板一副，鈴攀一副，纓槍一，軟絹包袱一，油絹三尺，簑衣一領，回曆一本。

一，隨衙門應下各路文字，并隨路申上文解封緘内，件數既多，又用簿紙作封盛頓。以此沿路遞傳，易爲擦磨損壞。今擬合一體先用浄檢紙封裹於上，更用厚夾紙印信封皮。

其張數少者，每角不過五件，多者各令封緘，仍於封緘上標寫入遞時刻，似望不致稽遲損壞。

一，各路承發文字人吏，每日逐旋發放，及將承發到文字，驗視有無開拆、磨擦、損壞，批寫字樣，分朗附簿，似望已後易爲照勘。

五月十四日，兵部奉尚書省劄付，宫籍監呈西京、太原等處管斷没官申：遇有申覆公事，并本監行下各官，及行移上都本監文字，合無入遞。得此送本部講究得，不合入遞傳送。省府議得宫籍監前屬制府時，遇有文字，制府行下取勘。今本監直隸省府，合依所呈，仰行下承發司，遇有宫籍監下各處斷没官文字，於刑部下各路總管府封皮内附帶。如有回申，却於總管府封皮内入遞。本監行移上都監文字，亦仰於省封皮内附帶入遞，仍下各路照會施行。

二十一日，尚書兵部據益都路申，東路蒙古漢軍都元帥府權府牒申院，查軍準行入遞飛申府司，照得從來並不曾遞傳都元帥文字，乞照詳。兵部議，沿邊軍情公事，合遣使往來，已有奏准通例，擬合遵守施行，符下訖。

十月十三日，兵部奉省判，翰林國史院備陝西等路蒙古教授李珪言：「申報公事，别無所設公使人。若令各處急遞鋪往復就帶投呈，似爲便益。」本部擬，蒙古教授往復文字，合於各路總管府文字就帶。翰林國史院文字，合於各部下隨路實封内就帶相應。尚書省準擬。

九年二月二十八日，兵刑部議擬急遞鋪合行事理該，委各州縣末職正官，每季親行提點照刷。凡有傳送文字，當該鋪兵裹以軟絹包袱，復用油絹捲縛，次以夾板束繫，賫小回曆一本，到下次鋪交付訖，於回曆上令鋪司驗〔四〕到鋪時刻，并文字總計角數，及有無開拆、損壞，或亂行批寫字樣，如此標附一行，鋪司畫字回還。亦令各路承發司，將承發到文字，驗視有無如上違錯，明白附簿。如不測，差官計點，但有滅裂去處，定是嚴行究治。外據晝夜合走里數，依已擬定走遞。都省準擬。

五月七日，左補闕祖立福合奏：「諸路急遞鋪，名不合人情。急者，速急也。但凡國家設官署名字，意必須吉祥者爲妙，合無更定。」奉聖旨：「可令老成人講究，改换佳名。」欽此。呈省照詳，都堂鈞旨：「令翰林國史院依上定立。」本院講究擬作「通遠」或「飛鈴」鋪名，都省議定「通遠鋪」，劄付兵部，依上施行。

八月十九日，中書省準西蜀四川行省咨，鋪兵遞到省院咨文，累有磨損者，恐致漏泄，事關利害。都省議得省院行移西蜀四川行省文字，擬令緑油漆木匣盛頓入遞，送兵刑部造到緑油漆木匣四十箇，劄付樞密院依上施行。移咨本省，如遇回咨，就用傳去木匣盛頓入遞施行。

十年閏六月，中書兵刑部奉省判，軍器監呈：「各處成造軍器等物，關撥物料，送納軍器，應係隨路各申稟事理。今後擬合急遞鋪轉送，似爲造作早得辦集。」都堂鈞旨，送兵刑部照會施行。

十月二十二日，中書兵刑部奉省判，諸路斡脱總管府呈：「本府掌管斡脱人户，俱在隨路漫散住坐，每年利息，並不依期送納，兼本府别無公使人力，合無將本府文書，與軍器監一例，令急遞鋪轉送。」都堂鈞旨，照例定奪，奉此。省部照得軍器監文書已經入遞，斡脱府文書亦合急遞鋪轉送。

十一年八月二十九日，中書户部據承發司呈：「鋪兵遞到隨路并庫司應報文册，俱無申解。縱有申解，却與其餘文字一處實封遞發。其間册解先後，不能一就到司。若將册發下户部，不爲無詞，必不承受。若候類聚發送，誠恐有悮公事。又各路實封文解，多有破壞，緣用單紙作封裝發，地遠致令磨擦破壞。乞今後隨路并庫司，凡有文册，令當該人吏將申解就於册内實封轉發。其餘文解，令各該人吏在意用紙重封傳送。似望帳册文解完備，更不破壞，似爲便益。」省部准呈，遍行照驗。

十二月十八日，兵刑部據寧海州申，福山縣在城社長遲忠信呈：「南鄰于文海遞到上司下寧海州無封皮文字一束。」乞下益都、淄萊兩路禁約，毋令沿村人户傳遞。省部照得，元行將下寧海州文字遞傳至益都迤東，仰鄰接州縣相承傳遞。今據見申，仰依已行令鄰接州縣轉遞，毋差村居人户，致使毁封泄事。

十二年四月三日，兵刑部奉省判，樞密院呈：「各路申解軍情文字，驗元發月日，會計地里程限，稽遲大甚。又聞急遞鋪司，凡承受文字，積聚甚多，方始送遞。沿途不爲用心封裹，以致字樣磨損，不堪呈押，及有遺失不存者。即今調遣軍馬之時，多係邊關機密文字，若不懲誡，恐致失事。」都堂鈞旨，遍行各路，嚴勒急遞鋪兵，如有接到軍情，并不以是何文字，須管劃時遞送，停滯損壞者罪之。

十三年四月二十七日，中書兵刑部奉省判，左右司呈：「尚珍提舉司前去種稻麥路分往來勾當，并尚珍署於各路置司，凡有文字，合無入遞。」本部議得，尚珍提舉司文字，若於宣徽院下各路封皮内就帶及尚珍署文字，仰於各路申宣徽院封皮内傳送相應。都堂准呈。

十六年四月十七日，中書兵部奉省劄，據承發司呈，鋪兵遞到諸衙門文解，多有磨擦破碎。又樞密院呈，大都急遞鋪送納行中書省咨文七件，俱無封緘，破碎不堪呈押，并散亂陣亡病死軍册三本。乞究治。都省移咨行省，今後遞送文字，務要如法重封，毋致磨擦。今將樞密院元呈，録連行下合屬提點官，今後每上下半月，親詣遞鋪提點文暦，須要不致稽滯損壞。如有違犯，定將當該提點官究治，仍依上挨問施行。

二十年二月二十日，留守賀某奏：「初立急遞鋪時，省官取不能當差貧户，除其差發，充鋪兵。又不敷者，漏籍户内貼補。今富人規避差發，求充鋪兵。乞擇其富者，令充站户。站户之貧者，却充鋪兵。兀良哈觧、火魯火孫等官處禀議，皆以爲然。令臣奏達。」奉聖旨准。是月，中書省准四川省咨，雲南及省所轄地面，及羅羅斯宣慰司添設急遞鋪，至四川界首傳遞事。照得今雲南省文字，自成都至嘉定水站，經由敘州、烏蒙接諸路，未嘗失悮。若更於羅羅斯剏立遞鋪，别無户計。擬合於元立鋪道遞送爲便。都省準擬，咨四川省去訖。

二十一年二月，兵部奉中書省劄付，御史臺呈：「隨路急遞鋪，比年以來，走遞條約隳廢，有司再不檢舉。行御史臺揚州設立，拘該江淮等路四省之地，文字浩繁，及各道急遞鋪傳到文字，往往稽遲，動經旬月，並不依元定時刻、里數走遞。文字多有磨損，或脱漏沉埋，失悞公事。蓋是各處提點官不爲用心整點，循習怠慢，以致如此。本臺除已差官自大都前去揚州，整點沿路鋪兵，并下各道依上差官整點外，更乞分頭差官，遍行諸路整點。」都省照得急遞鋪元擬傳遞文字，標寫承奉時刻，鋪兵一晝夜行四百里。各路總管府委有俸正官，每季親行提點。州縣亦委有俸末職正官，上下半月照刷。如有怠慢，初犯事輕者，笞四十，贖銅，再犯罰俸一月，三犯的決。總管府提點官比總管減一等，仍科三十，初犯贖銅，再犯罰俸半月，三犯的決。鋪兵鋪司，痛行斷罪。累經行下合屬，依上施行去訖。近准荆湖行省急遞鋪，稽遲損壞文字，再送據兵部，從長講究。回呈：元定轉運呈限，提點官責罰規繩，遠近輕重，不爲不盡。然往往遲滯，蓋由提點官員久而踈慢，不肯用心拘鈐鋪兵人等。上司衙門加以縱弛，不依前例責罰提點官。上下相容，以致如此。今後若有怠慢稽遲失悞去處，將當該提點官，照依元定規繩，必罰毋恕。仍令各道按察司不時點視，依上責罰，似望革去前弊。已經準呈，送本部依上施行訖。今據見呈都省，除已劄付御史臺行下各道按察司，不時點檢，如有稽遲磨損文字，將鋪司鋪兵就便斷罪，提點官取招申臺呈省外，仰依已行，遍下合屬，依上施行。

四月，功德使司官脱因、桑哥奏：「都功德使司文字，在先不曾入遞。今呈大都省及行下僧人，一切文書至多，乞令入遞轉送。」奉聖旨准。

二十二年三月二十九日，中書省近爲有司不爲用心拘鈐〔五〕，依期整點急遞鋪兵。亦有闕役并老幼之人走遞，不及元定里數。及所傳送文字，不分緩急，致令一槩稽遲。擬令急速文字，用油罩羊皮表布裏青囊盛頓，一晝夜須行五百里。其餘文字，用油罩羊皮表布裏白囊盛頓，依元限一晝夜行四百里。該承官府照依聖旨元定程限施行。若遇急速公事，驗上司坐去限次回報，違者治罪。及將造到青、白皮囊樣，咨發各省，劄付合屬，依上施行去訖。都省照得青、白囊合用羊皮，即目民間皮貨，官爲拘收，諸項造作，用度數多。若依元發樣製成造，慮恐皮貨不敷。今擬作元定青、白顔色，改爲絹表布裏成造。又擬兵部呈，爲遞鋪設置二十五年，其鋪兵豈無逃亡、老幼、事故人等，擬合差人前去督勒各路提點官，與州縣末職正官，公同一鋪鋪點勘。但有事故、逃亡、老幼，不堪走遞闕役鋪兵，即便依額補差數足，整點什物完備。外據所立鋪分，若有十里之上者，依元行以十里爲則安置。都省准呈，遍行訖。

二十五年三月七日，奉聖旨，各急遞鋪畜狗。

二十六年正月二十三日，尚書省據宣政院呈：「脱思麻、隴西等路，西蜀四川釋教總攝所文字，合無照依江淮諸路釋教都總統所例，入遞傳送。」都省依准，劄付宣政院，下兵部照會。

十一月，尚書省、樞密院呈，脱忽鐵木兒萬户下蒙古奥魯官安哥申：「見於德州平原縣置司，凡有軍情文字，合與有司下體遞送。」兵部照擬得樞密院，專爲急速軍情文字入遞。合從所擬相應。都省照會，依上施行。

二十七年三月二十五日，中書省據宣使阿忽鮮呈：「計點各處急遞鋪，有府判、州判、縣尉提調，因公差故，遞相推調，以致稽遲。今後遇有差故，就令各處以次正官、首領官提調，似不遲悮。又諸衙門應有一切官中文字，必須經由承發司發行。或有案司小吏，不詳合發文字緊慢，經隔數日，不行填發。乞委首領官一員，不妨本職提調，每日於各案司銷照發行，亦不遲悮。」都堂准呈，送兵部依上施行。

六月十六日，兵部呈山東宣慰司關濮州申：「濮州與山東宣慰司，東北西南相望，遞傳文字，却往正南轉至曹州一百二十里，往東至濟寧府一百五十里，往北至鄆成縣東第十二牌急遞鋪，又是八十里，計三百五十里，纔與濮州東西相照。不知徑直至十二牌鋪，止是一百里，背遶三百餘里。若將曹州至濟寧府七鋪，移於曹州東至濮州，止安五鋪，餘有二鋪。濮州至曹州五鋪，移於州東至鄆縣，一十二鋪相接，不唯里路近便，又得省并兩鋪爲民。」都堂鈞旨，准呈。連送兵部，行移合屬照會。仍將放罷户數，就關户部收差。奉此。

二十八年十月九日，中書省照得近年衙門衆多，文字繁冗，急遞之法，大不如初。議到下項事理，劄付兵部，仰遍行合屬，逐一依准施行。

一，近年入遞文字，封緘雜亂，發遣無時，是故附寫多致差迷，轉遞亦甚不便。今後省部并諸衙門，凡入遞送文字，其常事皆付承發司，隨所投下去處，各各類爲一緘。且發遣附寫不繁，轉遞亦便。

一，省、部、臺、院急速之事，另置匣子發遣。其匣子入遞，隨到即行，一晝夜須及四百里。此等文字，另行附曆，以備照刷。其行省、行院、行臺皆准此。

一，鋪司須能附寫文曆，辨定時刻。鋪兵須壯健善走者。不堪之人，隨即易换。

一，轉遞匣子内文字，一晝夜須行四百里。其餘文字發遣，既無繁文，轉遞亦多省力。一晝夜擬行四百里。違者，提點急遞鋪官依例斷罪。

一，文字到日，當該提點官遍詣諸鋪，叮嚀省諭鋪司鋪兵，各使備細通曉，毋致停滯差遣。

三十年六月，中書省據兵部呈：「急遞鋪文字稽遲，蓋因各處提調官不爲用心照刷，及諸衙門文字繁劇，元報鋪兵數少，不能迭辦。擬於大都迤南，至保定、真定貫通各省去處，量添鋪兵。令廉訪司常切釐勒各處提調正官，親行詣鋪，照刷整治，定立到提調正官罪名，具呈照詳。」都省議得隨路急遞鋪所遞文字，比之初立以來，特是遲慢。蓋爲各鋪兵積年之間，漸有逃亡，不及元數，止仰見在人户傳遞。及各處提調正官看同泛常，不依元例上下半月親詣各鋪整治，往往令鋪司人等就賫文簿赴司呈押，或轉委司吏人等代替照刷。雖有怠慢去處，不肯從公理會，中間因而作弊，以致鋪兵人等滅裂如此。今擬差官分道前去腹裏路分，與各道正官一同詣鋪，從實計點。若有身死在逃、老幼殘疾不堪走遞之人，受取勘見數，於相應户内依數補换。須令堪役人丁正身應役，毋令權豪勢要并一般人户，受錢結攬代替。開具實補换户數，各縣村莊花名，造册呈省。或有必合添設户數去處，亦仰明白議擬，保結呈省。仍令各鋪照依已定體例，并接續禁治條陳事理，實置時刻輪牌、燈堠、法燭、氈袋、油絹、夾板、鈴攀等物，一切完備。遇有遞傳文字，隨於鋪曆上分朗附寫是何衙門文字、承發時刻、相鄰鋪兵姓名、交遞文匣有無損壞。即用已備物件如法裹護，及用當時第幾刻牌子，於文字上束繫，依所定時刻送至前鋪，亦行依上明白交接附曆。須要晝夜行四百里。委自各路正官一員，每季總行提調。州縣亦令有俸末職正官，上下半月親臨提調，往來照刷。如有稽遲、磨擦、損壞、沉匿文字，即將當該鋪司鋪兵，驗事理輕重斷罪。仍令各道廉訪司，常切釐勒當該正官，依期整點。如但有不依所責，親臨提調官初犯笞一十七下，再犯加一等，三犯呈省別議。總行提調官比親臨官減等科斷。每季具境内有無稽遲文字，開申合干上司。任滿，於解由内通行開寫，以憑黜降。遍行照會，依上施行。

三十一年八月，中書兵部奉中書省劄付，御史臺呈，行御史臺咨，浙東海右道肅政廉訪司申：「監治溫、台、處州分司牒，諸衙門入遞公文，皆用印信封皮，以防走泄官事。體聞近年隨處鋪兵，往往私將所遞公文拆看。及有一等訴訟被論人採聽官事，追會公文入鋪，先於道路等截，賄賂鋪兵，私開抄録，或致盜匿，姦弊多端。今處州路縉雲縣鋪兵，將本司移牒總司公文拆開，夾帶貼子，書寫宣慰司所委點鋪奏差張繼忠取受錢物。及至總司繳回，挨究至本鋪，其人又復開拆，却將原寫貼子揭去。詳此，明見隨處鋪兵人等，將應有遞送諸衙門公文，件件私自拆讀，其間主意難測。若不嚴加關防，所繫利害非輕。其鋪司鋪兵，多是受雇僥倖頑庸之民，常不在鋪，或遇夜不遞。蓋因久與提調官吏情熟，詣鋪計點，有時遲慢，則營求脱免。所以縱慣情弊日深，往往輒將諸衙門公文盜開。其鋪兵於無人之地，必欲求水滋潤開拆，雖重重封裹，無濟於事。各處提調正官，不過照刷稽遲，斷不能關防私拆之弊。其省、部、臺、院、廉訪司事多機密，既鋪兵人等私自窺視，必有不良之意。至元二十八年，更張之後，都省許令各處置立木匣。所在官司至今因循苟且，止以封皮入遞，致令鋪兵擅開，或劃出解尾。聞知隨處遞鋪，元有造到木匣，未嘗使用。今令永嘉縣提調官將到各處木匣，大小不等，改造到一樣小匣五十隻，各帶鎖一副，先封一樣鑰匙於各衙門收管。每發公文入遞，於鎖上封訖，仍用印封紙渾封匣面。當司如此遞送兩月，往復公文，匣上驗視，並無分毫拆動。此之向日，少有稽遲。牒請備申移咨御史臺及牒宣慰司，具呈行省，行下合屬，依都省元行一體置造木匣，轉遞公文。仍勒提調官，須要正名少壯鋪司鋪兵晝夜在鋪應當。如委有病故時，暫許雇少壯善走之人應據。若有代名鋪司鋪兵，盡行替换，庶免盜拆稽遲之弊。具呈照詳。」都省準呈，劄付本部，遍行合屬，依上置造木匣走遞。釐勒提調正官，照依已行，常切整治施行。

是年，設置大都總急遞鋪提領所，降九品銅印一顆，設提領三員，別無俸禄。

成宗皇帝大德三年十一月，兵部呈，大都路備急遞鋪提領所申：「大都至上都八十二鋪，本路所管四十二鋪。沙窩鋪迤北至上都四十鋪，俱係上都管領，自二月初一日至八月罷散。本路所管鋪兵先行走遞，止是支請四箇半月口粮。上都路鋪兵每年後走先散，却支六箇月口粮。擬合照依上都路鋪兵例，一體放支。」本部參詳，若依所申。擬自大德四年入役日爲始，與上都鋪兵一體放支六箇月口粮相應。呈奉都堂鈞旨，送户部行役兵部照勘明白，依舊例每月三斗，每年放支六箇月口粮。

四年二月十三日，中書兵部奉省判，本部呈，大同路申：「轉遞樞密院等衙門赴和林宣慰司投下文字，迤北但係蒙古軍站草地，無處轉遞。」本部照得大同迤北，元無所置急遞鋪，以此參詳，今後諸衙門行移宣慰司文字，合依甘肅行省例，發付省承發司，就令使臣順帶相應。奉都堂鈞旨準呈，連送行移照會施行。

五年五月，大都路總急遞鋪提領所言：「本管鋪兵，乃細户下民，日夜奔走傳命，未嘗少休。正患臨逼逃竄，州縣官吏又常以提調整點爲由，科差搔擾。今大都、上都既設提領所，以掌郵傳，不必復隸州縣。合無止令官總攝，官民兩便。」省部參詳，大都、上都州縣事務繁劇，即與外路不同。既設急遞鋪提領所，給印親管鋪兵，合準所擬，止責本所依例照刷文曆，路官總行提調。若有違慢，依期科斷相應。下合屬依上施行。

十年七月，江西行省言，自閏正月二十二日，蘄州路郵傳總鋪申舉：「遞發到本省咨文一角，爲大德九年夏季賊盜事，文字印押破裂不完。」遂遣使由省前急遞鋪爲始，次第考究，至大都路澤畔鋪，惟龍興、南康、江州、興國、蘄州、黄州、汝寧府七處所轄郵舍，所置夾板、氈袋、什物如法。其餘汴梁、衛輝、彰德、廣平、順德、真定、保定七處總鋪，皆無夾板，止用布帛囊盛文字。前咨乃是汴梁路在城總鋪裹束遞傳，以致沿途損壞，已取提調官成世傑招詞。似此踈慢，豈不敗事。請懲戒整治。兵部照得大同等路先申，郵傳不遵程限，損失文字。蓋自總鋪承受公文，如式書記封護，傳至前鋪，依上發遣。所至輒經一二時辰，以故損失停滯，深爲不便。莫若以各鋪氈袋、夾板、繩檜什物，置於總鋪，凡遞發文字，各鋪司提領明書某處至某處，呈下用某字號夾板什物裝發。各鋪附寫回曆時，書某鋪某人傳到某字夾板，以至前路相倣標記，至總鋪然後開拆，如式發遣，庶無住滯損失之弊。本部議，除各處行省急遞鋪，候取勘完備區處，其腹裏路分準上立法。令各路總鋪，相停收掌什物，以千字文編號。如或傳遞提調官有不用心整治，以致稽遲損失公文者，初犯，親臨州縣提點官罰俸一月，總府提點官罰俸半月；再犯，州縣官笞十七，總府官罰俸一月；三犯，別議標注過名相應。呈奉省擬，差官計點鋪兵内，若有逃亡、老幼、殘疾者補易之，必合增設者申明之。各照舊制設置時刻輪牌、燈堠、法燭、氈袋、油絹、夾板、鈴攀諸物。凡遇遞傳文字，籍記是何官府承發、時刻、相鄰鋪兵姓名、交遞文匣有無損壞，然後封裹，用某時某刻木牌附繫，送達前鋪，晝夜行四百里。各路正官一員，每季總轄提調。州縣末職正官，上下半月親臨往來提調。如有稽遲損匿文字，即罪當該吏兵。各道廉訪司常切整治，但有違越，初犯，親臨提調官笞十七；再犯，笞二十七；三犯，呈省別議。路官減一等科罪。任滿於解由内並開，以憑黜降。已經依上施行訖。今據前因再議，遣使分詣腹裏路分，及咨各省差官從新整點，其已取招詞去處，就便究治施行。

十月二十四日，中書省准江浙省咨，廣德路申：本路自在城鋪投東，舊曾設立羅村、夏家山、東亭湖、段村急遞鋪四處，計五十餘里，相接湖州路長興州所管店塘鋪，連至杭州止，是三百餘里，文字往復，三日可達。先因省府移置揚州，以此將前項四鋪革去。自後省府復置杭州。大德元年，又因江東道宣慰司例革，本路直隸省府，凡有申報文字，必須經由湖州路所轄急遞鋪轉送。爲此議得，依舊設立段村等四鋪，走遞便益。大德三年五月四日，移準江東建康道肅政廉訪司牒，講議得宜從添置，畫圖貼説，於當年十一月申奉省府劄付該，移準中書省咨，送兵部議得，既廣德路改屬行省，合准所擬添置四鋪。所據鋪兵除就用舊户外，若有敷〔六〕敷之數，許於元減下鋪兵内差撥，依例起蓋鋪屋，走遞相應，依上添置訖。凡有遞送文字，並無稽遲，甚爲便益。至大德五年八月内，湖州路因爲減併遞鋪，申奉省府劄付，移準中書省咨，兵部呈該，本部雖已斟酌存減合併，終不見彼中緊要事宜，恐有差遲。合咨行省，更爲可否。回咨承此。不期湖州路不詳廣德、寧國、太平、池州等路軍民官司，俱係直隸行省，接連走遞，緊要便道，却行朦朧擬稱安吉縣界至杭州餘杭縣等處，止是隣境縣分，遞送相關文字，不係緊要之處。如此設詞，致蒙省府一例革去。是致廣德并寧國、池州等處軍民官府，一應申呈文字，及奉省府行下劄付，俱各經由溧水、建康、鎮江、常州、無錫、平江、嘉興、崇德、杭州等路遞送，周折一千五百餘里，一月餘才方得到，實爲悮事不便。爲此議擬仍舊添設段村等處四急遞鋪，實爲便益。中乞鈞詳。得此，本省除已行下本路，依舊安置走遞外，咨請照驗都省擬，別無違礙，依上施行。

英宗皇帝至治三年，兵部奉中書省劄付，海北廣東道肅政廉訪司照磨言，隨處急遞鋪，反匿損壞公文，有失設法等事。送本部議得置郵傳命，古今良法，行之既久，不能無弊。蓋其法每十里設置一鋪，排列道次，凡遞文字，止憑一鋪司承受發遣。其鋪司率皆村野愚民，不知利害，不通文理，一鋪曆尚然不整，豈能表率鋪兵，使之依法走遞？其鋪兵人數，老幼充應，多不堪役。州縣官司視同泛常，又不依期親歷整點，遂致文字稽遲損壞，至於沉匿，無從追究。爲弊至此，豈宜坐視，不加整治？其元立程式，非有可以更張者，但爲別無專管之人，以致如斯。所據上項長引隔眼，固是可用，未能悉救其弊。又相離數千里去處，亦難每鋪標寫。以此參詳，擬合每十鋪設一郵長，於州縣籍記司吏内差充，一周歲交承。其拘該兩州縣去處，從鋪多者差設，相等者遞年輪差，使之專督其事，時常於所管鋪分往來巡視，務要脩置亭舍，什物完備，附寫鋪曆明白，照依元立程式走遞。但有老幼鋪兵，隨即申覆補換。凡入遞文字，從始發官司，約量地里遠近，印帖長引隔眼於上，明白標寫件數、發行日時，至各各郵長去處，標寫發放轉遞。每上下半月，開具遞過文件，及各各日時申覆。提調官依期親歷刷勘整點，署押文案，具報廉訪司照刷。若各鋪稽遲損壞文字，或附寫不明不實，本管郵長就便治罪。其在別管鋪分，亦須互相舉呈所屬上司，行移究治。若郵長不能盡職，致有稽遲者，提調官量事輕重議罪，三犯者替罷，仍出去州縣籍記姓名。其於一歲之内，克盡乃役，略無稽遲者，即許從優先行補用。若提調官吏不行依期用心刷勘整治者，廉訪司嚴加究治，仍於年終將斷過此等官吏，通類另行呈臺，備呈都省驗事，別議黜降。如此責委既專，自能盡心於事，前弊可得漸除。如蒙准呈，宜從都省移咨各處行省，劄付御史臺，照會本部，依上施行。今將再立到隔眼樣式粘連在前，具呈照詳都省，仰遍行合屬，依上施行。

【考校記】

〔一〕輯文第一段（至「可謂密矣」）輯自《元文類》卷四一，是爲《急遞鋪》之序；其餘則輯自《永樂大典》卷一四五七五，是爲《急遞鋪》之正文。《元文類》卷四一《急遞鋪》小字部分顯係節録《急遞鋪》正文，因斷續簡略，無須輯入。另外，《永樂大典》卷一四五七六尚有「通遠鋪」條，以其相關内容已經包含在《急遞鋪》中，故不再重複輯入。

〔二〕「户」，據上文，疑當作「名」。

〔三〕「勤」，據文意，疑當作「勒」。

〔四〕「驗」，原作「驕」，據上文改。

〔五〕「鈐」，原作「鈴」，據上文改。

〔六〕「敷」，據文意，疑當作「不」。

祇從〔一〕

祇從之徒，出入訶喝、左右指使者也。總以首領，副以面前，猶古首面也。從在京諸司者給食錢，而省六部、樞密院、御史臺者，積勞得除征。官外郡者，免其雜徭役。腹内地取於輸四兩包銀户，南方則以徵税至米三石之家充，是皆庶人之在官者也。其額視官府崇卑、事務繁簡而多寡之。出額、冒居，逐去。又有守狴犴、防囚徒者，曰禁子；追呼、保任、逮捕者，曰曳剌，附焉。

【考校記】

〔一〕輯自《元文類》卷四一。

鷹房捕獵〔一〕

國制，自御位及諸王，皆有昔寶赤，蓋鷹人也。及一天下，又設捕獵户。皆俾致鮮食，以薦宗廟、供天庖，齒革羽毛以備用，而立制加詳。地有禁，取有時，違者罪之。冬春之交，天子或親幸近郊，縱鷹隼搏擊，以爲游豫之度，曰飛放。故類《鷹房捕獵》四卷。夫獵，殺事也，而列聖之仁政存其間。殺胎者有禁，殺卵者有禁，歲飢而盜獵禁地者赦。至皇慶間，有司奏：「出幸時至。」我仁廟以穀不熟，民困，曰：「朕不飛放。」且敕諸王位昔寶赤，皆不聽出。嗚呼，萬世之下，其永法之哉！乙未年，哈罕皇帝聖旨，籍打捕鷹房户，屬御位及諸王、公主、駙馬，置打捕鷹房官。今義辦鴈鴙鶉入宣徽院生料庫，雜翎入武備寺，薦新活鴈鴨進入太廟神厨局，狢皮入利用監。鷹隼户進鷹雉雞尾，供光天、大明諸殿及影堂。憲宗五年正月，奉旨：正月至六月盡，懷羔野物勿殺。唯狼不以何時而見，殺之無妨。違者奪所乘馬及衣服、弓矢，賞見而言者。見而不言者亦同罪。又喻諸打飛禽人：先帝聖旨，育卵飛禽勿捕之。今後鷹房人，春月飛禽勿殺，違者治罪。中統三年十月，有旨：依舊例，中都四面各五百里地內，除打捕人户，依年例合納皮貨野物打捕外，不以何人，不得飛放打捕雞兔，違者治罪。又奉旨：北口、白馬甸、南口三道集〔二〕圍獵，違者籍没一半家産，斷罪，仍還其鄉於真定之南，籍没物賞告人。惟狼、熊、虎、狐、金錢豹可殺。景州之東二百里外，平、灤州西南海邊，易州之北，及武清、寶坻、霸州、保定、東安州亦禁，易州之南不禁。至元二十六年十二月二十八日，奏：「檀州禁地內，劉得成殺食野物，雖已詞伏，緣其因飢闕食，違禁捄死，出不得已。其家有牛二十頭，若依例籍没，何以爲生？」奉旨免之。明年，房山民亦以飢犯禁，依前例奏免之。皇慶元年正月內，參議中書省事禿魯哈帖木兒、阿里海牙等奏：「飛放之時至矣。丞相帖木迭兒令臣等奏取聖裁。」上曰：「今年田禾多不收，百姓飢困，朕不飛放。」二年九月，奉旨：腹裏地今年田禾災傷，諸位下毋令昔寶赤、八兒赤前去。

【考校記】

〔一〕輯自《元文類》卷四一。按：本節大字部分爲《鷹房捕獵》之序，小字部分乃原編者節録《鷹房捕獵》正文爲注。

〔二〕「集」，據下文，疑當作「禁」。

第九　憲典

憲典總序〔一〕

皇朝憲典之作，其篇二十有二焉，而各以其序也。法緣名興，令自近始，故名例爲法之本，衛禁居令之先。百官有司守法以奉上，布令以御下，故職制次之。敬莫大於事神，畏莫大於知義，故祭令、學規次之。刑以弼教，威以戢暴，故軍律次之。禍亂式遏，生聚易争，故户婚、食貨次之。争起於無厭，無厭者好犯上，故大惡次之。惡之初稔，非淫即貪，故姦非、盜賊次之。淫貪之作，始於自欺，故詐僞次之。僞作於心，徵於詞氣，故訴訟次之。辭窮則鬭，氣暴則殘，故鬭毆、殺傷次之。庶獄備矣，庶慎興焉，示爲法者非罔民也，故禁令、雜犯次之。知禁者罪可遠，觸禁者罪不可逃，故捕亡次之。君子立法之制嚴，用法之情恕，無求民於死，寧求民於生，故恤刑、平反、赦宥又次之。至於終之以獄空，則辟以止辟之效成，刑期無刑之德至矣。此其爲序如是。槩而論其爲書，則固五典之法書也。

治典非憲，無以明黜陟；賦典非憲，無以吝出内；禮典非憲，無以儆傲惰；兵典非憲，無以律驕盈；工典非憲，無以懲濫惡。其事散殊，其法周密，故必隨事以分類，隨類以表年。綱以著其約，目以致其詳，初若因目以立綱，久乃從綱而知目。綱舉目張，吏易遵行，民易趨避，而是書之體用，庶乎其爲得矣。綱之所不能該，目之所不能悉，則有附録焉。作憲典總序。

【考校記】

〔一〕輯自《元文類》卷四二。

名例篇〔一〕

名例者，古律舊文也。五刑、五服、十惡、八議咸在焉。政有沿革，法有變更，是數者之目弗可改也。傳曰：「不愆不忘，率由舊章。」作名例篇第一。

【考校記】

〔一〕輯自《元文類》卷四二。

五刑〔一〕

國初立法以來，有笞、杖、徒、流、死之制，即後世之五刑也。凡七下至五十七用笞，凡六十七至一百七用杖。徒之法，徒一年杖六十七，一年半杖七十七，二年杖八十七，二年半杖九十七，三年杖一百七。此以杖麗徒者也。鹽徒、盜賊既決而又鐐之，使居役也。數用七者，考之建元以前，斷獄皆用成數。今匿稅者笞五十，犯私鹽茶者杖七十，私宰牛馬者杖一百，舊法猶有存者。大德中，刑部尚書王約數上言，國朝用刑寬恕，笞杖十減其三，故笞一十減爲七。今之杖一百者宜止九十七，不當又加十也。議者憚於變更，其事遂寢。流則南之遷者之北，北之遷者之南，大率如是。至於死刑，有斬無絞。蓋嘗論之，絞、斬相去不至懸絶，鈞爲死也，特有殊不殊之分耳，然已從降殺一等論。令斬首之降，即爲杖一百七、籍流，猶有幸不至死之理。烏虖仁哉！

【考校記】

〔一〕輯自《元文類》卷四二。

五服〔一〕

昔者，先王因親立教，以道民厚，由是服制興焉。法家者用之以定輕重，其來尚矣。然有以服論而從重者，諸殺傷、姦私是也。有以服論而從輕〔二〕者，諸盜同屬財是也。大要不越於禮與情而已。服重則禮嚴，故悖禮之至從重典。服近則情親，故原情之至從恕法。知斯二者，則知以服制刑之意矣。國家初得天下，服制未行。大德八年，飭中外官吏喪其親三年。至治以來，《通制》成書，乃著五服於令。嗟夫，先王所以正倫理、明等威、辨疏戚、别嫌疑，莫大於是也，豈特爲法家者設哉？

【考校記】

〔一〕輯自《元文類》卷四二。

〔二〕「輕」，原作「經」，據錢校本改。

十惡〔一〕

人之罪，無大於十惡者矣。王法之所必誅也，故歷代之律著之首篇。國家任子之法，舉人之條，皆曰不犯十惡者始得預列。嗟夫，之二者之選，豈必其人有是惡而後絶之哉？言不犯者，意其必無也。意其必無而猶慎之，知人之難也。

【考校記】

〔一〕輯自《元文類》卷四二。

八議〔一〕

八議者，先王用法忠厚之至情也。故自《周官》至於《唐律》具載之。國家待國人異色目，待世族異庶人。其有大勳勞於王室者，則固當有九死無與之賜，十世猶宥之恩歟。若夫官由制授者，必聞奏而論罪；罰從吏議者，許功過之相贖。豈非八議之遺意乎？故仍古律舊文，特著于篇，以竢議法之君子。

【考校記】

〔一〕輯自《元文類》卷四二。

衛禁篇〔一〕

人君一身，天地民物之所寄，宗廟社稷之所託。故君門九重，出警入蹕，非自衛也，所繫重焉。國家肇基，淳德馭下，乘輿行幸，歲以爲常，起居緝御，扈從番直，亦既周且慎矣。今上皇帝入正大統，内嚴管鑰，外肅輦轂，侍正置府，通籍創符，其爲長治久〔二〕安之策，所以幸萬世者，豈過計哉？敕時幾，弭奸慝，作衛禁篇第二。

【考校記】

〔一〕輯自《元文類》卷四二。

〔二〕「久」，原作「冬」，據錢校本改。

職制篇〔一〕

日月運，四時行，法度彰，百官理。至元班禄以來，常任則有省部諸院，準人則有臺臣憲司。立民長伯，則總而方鎮，分而郡縣。以及府兵伐閱之世襲，宫邸湯沐之樹建，星列而綦布焉。居積典守有官，工肆視成有官，河有防，賦有漕，驛有置。冠蓋往來，則有王人之銜命、岳牧之移委，受事既殊，隨事爲令。其間禦暴而司平，則捕盜、典獄專庀厥司。是故國中共守者曰總例則揭之，化外羈縻者用輕典則傳之，於是職制備矣。嗚呼！人君之遇臣下，豈務恃法哉？由夫才諝之不齊，資踐之雜進，然後罪列公私，贓論多寡，而風紀之責望日益重矣。定官箴，謹侯度，作職制篇第三。

【考校記】

〔一〕輯自《元文類》卷四二。

檢屍〔一〕

諸檢屍有司故遷延，及覆檢牒到，不受，以致死變者，正官笞三十七，首領官吏各四十七。其不親臨，使人代之，以致增減不實，移易輕重，及初覆檢官相符同者，正官隨事輕重，論罪黜降；首領官吏各笞五十七，罷之；仵作行人杖七十七。受財者以枉法論。官吏但犯者，雖會赦，罷降記過。本路仍別置籍，合推官掌之，遇所部申報人命公事，隨時附籍，檢舉駁問。但因循不即舉問，罪及推官。無推官者，令長司首領官掌之。廉訪司行部，所至嚴加審察。

元貞元年九月，御史臺呈：衡山縣王庚二打死陳大十七，縣丞王立不親臨檢驗，轉令司吏蔡朝用代之。本吏受財，以重傷爲輕傷，妄作風中而死。據王立所犯，擬笞三十七，解見任。都省準擬。

大德六年三月，刑部呈：鄒平縣黄成告，王伴兒因上樹壓折樹枝，掉下蹉死。縣尹張亨、典史宋宥不即窮問，又不親臨檢屍，仵作行人陳全却將王伴兒作踢死檢驗，輒憑取訖黄成弟黄喜兒，曾於王伴兒右腮連耳，并陰間踢傷身死招伏。及移委隸州，推問得王伴兒委因上樹壓折樹枝，掉下蹉死。縣尹張亨笞五十七，降先職一等，期年後敘。典史宋宥、司吏劉居敬依例科斷，罪遇原免，依上降罷。都省准擬。

大德六年三月，中書所委官呈：廬江路含山縣梅張保患丁腫而死，梅開先妄告趙馬兒踢死。初檢官含山縣達魯花赤衆家奴、覆檢官歷陽縣尉侯澤，並不親臨監視，止聽從仵作行人劉興、王永興，定驗梅張保作脚踢身死，屈令趙馬兒虚招。及趙文通稱冤，委官緝問，得梅張保却係患丁腫身死，具上其事。中書下刑部議，各官所犯罪經釋免，合解見任，别行求仕，記過刑書。都省准擬。

大德七年正月，御史臺呈：廣西廉訪司申：劉子開告，大德五年六月，弟劉子勝買香貨，至八月二十七日經過遠江務，被大使吴讓將所執拄杖毆死。初覆檢官臨桂縣尹張輔翼、録事司達魯花赤禿哥，俱作服毒身死。取具各官招詞，罪遇原免，比例解見任，期年後降先職一等，雜職内敘，記過刑書。都省准擬。

諸有司承告人命公事，既獲正犯人取問明白，却不檢屍，縱令休和，反受告免檢，將正犯人疏放，以致在逃者，正官杖六十七，解見任，降先職一等敘；首領官及承吏各笞五十七，罷役，通記過名。

大德六年九月二十五日，定襄縣張仲恩告，禁山官連剌渾男忻都伯，用弓稍將姪男桃兒推落崖下致死。縣尹杜行簡、典史張世英、司吏李茂同至王村王居敬家，將忻都伯等捉捕，取訖招詞，李仲寬、孫德智等指證明白，不即檢驗屍傷。至二十七日，却聽怯來等言，受告免檢文狀，縱令休和，與苦主中統鈔一十六定三十兩，取具張仲恩誣告招詞，省會將屍埋瘞，及將忻都伯保放，以致在逃，今始到官。河東廉訪司議，杜行簡合杖六十七，解見任，降先職一等敘。中書下刑部議，杜行簡合準廉訪司所擬。張世英、李茂擬各笞五十七，罷役，通行記過。都省準擬。

諸有司檢覆屍傷〔二〕，正官有故，輒令首領官吏代行，却作親身申報者，雖無差誤，正官仍笞一十七，首領官吏並二十七，通記過名。

大德十年九月，御史臺呈：河東廉訪司申：清源縣病死囚人劉黑子，初檢官清源縣尹蔡伯要觧因病，止令典史彭世英、司吏姚居禮代檢。覆檢官交城縣尹任德中，亦以使臣密蘭當回，止令司吏王克昌代檢，俱作親身檢覆。牒申中書，下刑部議，雖無增減不實，終是不曾親臨檢視。蔡伯要觧、任德中各笞一十七，彭世英、姚居禮、王克昌各二十七，通行記過。都省準擬。

諸有司在監囚人，因病而死，虚立檢屍文案，及關覆檢官者，正官笞三十七，解職別敘，已代會赦者，仍記其過。

至大四年七月，御史臺呈：河南廉訪司申：汴梁録事司達魯花赤暗都剌忻，於至大二年正月十九日，張好義告，元顧人魏丑〔三〕兒，持去油錢中統鈔二百二十兩，取其招詞，鎖監追徵。魏丑兒患病，去鎖醫治，身死。高典史擡屍蘇成地内停放，聽從司吏崔玉之言，不曾親臨檢屍，虚押文字，并關祥符縣覆檢。本官雖已得代，終是事關人命，擬合降敘。中書下刑部議，暗都剌忻所犯，此〔四〕例合笞三十七，解見任，別行求敘。罪既釋免，又已得代，記過相應。

諸有司輒聽所部，請於檢覆屍狀，改毆死爲病死者，正官及首領官各解職，注邊遠一任。

大德十一年六月，刑部奉省判：惠州路總管陳祐，於大德五年八月，將歸善縣初檢毆死廉西文解與經歷薛瑜，聽從本縣達魯花赤阿都赤禀覆，改作因病身死。本部議，若依例降敘，終非親臨檢覆正官，似涉偏重。若依廉訪司所議，解職別敘，記過相應。都省議，陳祐等所犯，合注邊遠一任。

諸有司檢屍，輒下令仵作行人，改易元檢定驗已照勘明白處斷，會赦者，元檢官解職別敘。

至大元年七月，大宗正府蒙古文字譯：真定路古城縣康滿僊，與房兄康羊馬姦，藥死其夫王黑厮。康羊馬在禁身死，康滿僊〔五〕遊街棒死。元問官縣尹冀聰，不用心窮問，及諸情節粘連在前。中書下刑部議，照得縣尹冀聰，元檢王黑厮係作藥死定驗，却仰仵作行人趙進改作不係藥死。暨真定路照勘康滿僊藥死其夫，姦康羊馬，賣藥人田成招證皆明，罪已斷遣。據冀聰所犯，係在革前，合解見任，期年別行求仕。都省議，解見任，別行求仕。

諸有司檢覆屍傷，不親臨，聽承吏、仵作行人受財虛檢，不關致命重傷，以毆死爲病死者，事發出首，仍坐之。雖會赦，解職，降先一品等敘。承吏罷役不敘，仵作行人等革去。通記過名。凡人命重事，不準首原。

至大四年十一月，御史臺呈：石首縣許雄飛毆死許冬奇，初檢官本縣主簿楊進、覆檢官監利縣尹佟友直，並不親臨監視，以致司吏馮良、趙榮，貼書彭如珪，行人馬文秀、張勝等，共受許雄飛買囑錢至元鈔二定一十兩，將兩背胛、左後肋、腰眼等處致命重傷，並不開寫，止作生前因病身死定驗。及廉訪分司照出屍傷不明，官吏方行出首。中書下刑部議，各人所犯，即係人命重事，難准首原。罪既遇赦，初覆檢官擬解見任，降先職一等敘。吏枉法受贓，罷不敘。貼書及仵作人等，並行革去。通記過名。

諸幕職未入流者，隨行公使人驚毆人致死，承告遷延，不即檢覆，以致身屍發變，無從定驗，雖會赦，罷職不敘。承吏同罪。長官容徇，解職別敘。吏屬移易屍帳，長官幕職容徇者，會赦，同上科罪。

皇慶元年，刑部呈：河間路申：陵州吏目陳彥德下曳剌梁聚，至大四年十月二十三日，先令妻梁二嫂於李阿劉門外毀罵，阿劉乳哺兩月新生兒，不應對。梁聚直入，推開房門，將阿劉頭髮揪碎毆擊，并兒帶搖車拖棄床下，口內出血，日落身死。告到本州陳吏目，疏駁不受，分付押狀，又行截匿，不即檢屍，却令梁二嫂將鈔八定休和。阿劉不從，後十一日再告，同知張也先不花，方從陳索取出元狀押過，陳復截匿不行。十二月二十日再告，方行檢驗，已是身屍發變，無從定驗，反行勒取李阿劉不即申官文狀。本路委自景州劉知州歸問，會赦，除先將梁聚杖七十七，取到官吏招詞，開申本部，擬各官所犯，罪遇赦免，張也先不花擬解職别敘，陳彦德及承吏韓居敬並罷役不敘。都省準擬。

皇慶二年八月，御史臺呈：廣東廉訪司申：番禺縣梁伶奴因爭田土，將木棒毆死蔡敬祖，却與番禺縣吏楊楝中統鈔二十定、貼書昭仕明中統鈔十二定，教令作蔡元卿用木杷頭毆死謝景德，如此移易屍狀。爲見情節未盡，行據博羅縣申問出實情，却係梁伶奴於蔡敬祖右肋毆死。中書下刑部議，縣尹馬廷傑、典史孔鎮材所犯，罪遇釋免，合比例解見任，别行求仕，通記過名。都省準擬。

諸有司檢覆屍傷，輕聽犯人稱説，定驗不明，雖會赦，解職别敘，首領官及承吏各罷見役，通記過名。

延祐元年十月二日，湖廣省咨：梧州蒼梧縣李阿曾毆死李阿潘，縣尹何海、典史吴顯祖、司吏莫國瑞，一同初檢得沿身上下共十二痕，内兩乳、兩肋四痕，爲要害致命去處。却據行兇人李阿曾狀稱，生前與李阿潘交毆，後服藥身死，定驗不明。中書下刑部議，何海等所犯，罪經釋免。何海解見任，別行求仕。吴顯祖、莫國瑞各罷役。通行記過。都省準擬。

諸有司官檢覆屍傷，不能律下，致將聽檢無罪之人拷掠陵暴，要其酒食錢物，逼傷人命者，各科本罪，仍於死人徵燒埋銀給苦主。

延祐元年十月，湖廣省咨：沅州路申：黔陽縣胡七告，妻唐氏因胡亞晚稱丢失鈔三十兩，自縊而死。縣尉郭儀將聽驗人胡萬一、胡亞晚等鎖項聽候，除檢覆無罪，不將各人疏放，令祗候馬俊、楊貴監管，遂將各人打拷，索取雞酒鈔物。胡亞晚自縊而死。取具郭儀等招詞，已將馬俊、楊貴斷罪，徵燒埋銀給苦主。送據理問所擬，郭儀罪既原免，合解見任，別行求仕。中書下刑部議，依準行省所擬相應。都省準擬。

諸職官檢覆屍傷，不即牒報，而情不涉私者，笞一十七，記過。

延祐元年十二月，遼陽省咨：太寧路申：惠州同知太帖木兒，初檢朱榮甫屍傷，九日不行回牒，別無贓私，擬罰俸兩月，或笞二十七日還職。本省看詳，依本路所擬還職，誠恐差池。中書下刑部議，各笞一十七日還職，記過相應。都省準擬。

諸職官覆檢屍傷，屍已焚瘞，止傅會初檢申報者，解職别敘。若已改除，仍記其過。

延祐四年十月，御史臺呈：南臺咨〔六〕：廣西廉訪司申：梁當柱先將田壽四毆死，欲蔽重罪，又因李大根隨人小楊毆死，抵命誣賴，却作其子梁住兒被田壽四互毆致死。覆檢官恭城權尹崔達比至屍所，其屍親各將焚化埋瘞，止依初檢官周縣尹作互毆身死申府。合量加黜降，以警後來。中書下刑部議，平樂府知事權恭城縣尹崔達，不詳人命重事，雖是無屍可驗，緣行兇人見在，亦當從實窮問致死根因，不合止從屍親供説，即係刑名違慢，合解見任，别行求仕。緣本人已除潯州路經歷，依例記過相應。都省準擬。

諸民告所顧家童在逃，家童親屬輒移他人屍相誣賴，有司檢驗，輒傅會書填屍狀，以非法加刑，逼令屈招殺死者，初檢官杖六十七，解職，降先品二等敘。追搜行兇器杖，逼令妄認者，罪減一等，降先品一等敘。隨從枉勘者，以次佐官，罪減二等，解職别敘。未署官減四等，還職。通記過名。

至治元年十一月，御史臺呈：江西廉訪司申：審囚分司牒：龍興路寧州戴章身死，照得延祐五年五月十四日，冷有敬告使唤人戴章在逃。戴仁等扛擡不得名男子壞爛身屍，稱是泰清港内漂到。戴得五狀告，認得右額、右胛各有瘡疤，右手短，是其弟戴章身屍。

知州孫瑾初檢得本屍除十傷輕傷外，咽喉下一傷是刃傷致命，右額、右手並無瘡疤，右手不短，却聽從司吏鍾文諒符同元告，增寫屍帳，言右額、右手各有瘡疤，右手短一寸，委是戴章身屍。又問得地鄰祝允五等，皆稱不是戴章，戴章在逃是的。却令貼書周德厚除换供狀前幅，改作識認得係是戴章。以致本州與何同知、卞州判等，自五月二十七日、六月二日爲始，節次將陳俊、張福、劉福十、范清拷訊，及將冷有敬違法用皮掌摑兩腮，竹散子夾兩手指，木棍輥兩膝，敲擊兩踝骨，抑令虚招。因捕獲戴章與次妻鳳哥姦，使令陳俊等用斧斫死。又委州判卞瑄下鄉追搜器仗，責令陳俊等妄認，將各人枷禁。至七月二十二日，黄崇捕獲戴章親身，才將各人疏放。議得知州孫瑾，合比平江知州李廷芳枉問徐應宗毆死陳定二例，杖六十七，解見任，降先職一等敘。州判卞瑄等笞五十七，同知何楫笞四十七，並解見任，别行求仕。州判孛羅後興笞二十七，還職。赦後再議，孫瑾年及致仕，降先職二等，勒令致仕。卞瑄解見任，降先職一等。何楫、孛羅後興並解見任，别行求仕。通記過名。司吏鍾文諒等，並罷役不敘。

諸司縣官，初覆檢屍，容隱不實，符同申報者，雖會赦，正官各解職，期年後降先品一等敘。首領官及承吏罷役不敘。

至治二年閏五月十七日，刑部奉中書省劄付，準陝西省咨：涇州申：涇川縣典史吴舜臣任内覆檢身死曹四，脱漏緊關情節，符同靈臺縣初檢屍狀申報。移準中書省咨〔七〕，送部議擬，初覆檢官，罪遇釋免，雖已得替，各降先職一等，期年後敘。典史蕭讓、吴舜臣，司吏羅世榮、柳文珪，俱各罷役。於犯人名下倍追燒埋銀，給付苦主。本省看詳，典史吴舜臣等，元擬罷役，未審合無敘用。再下刑部議，涇川縣典史吴舜臣覆檢曹四屍首，明見沿身有傷二十七處，及左耳青紫腫一處，如拳毆形狀，左耳前別無痕分八字，却行信從司吏柳文珪所説，脱漏耳根青紫腫傷，作口有涎沫，符同初檢，定作自縊致命。及至推問，却係劉子玉毆昏，縊勒身死。典史吴舜臣所犯，即係親管案牘文職，不以人命爲重，隱蔽重傷，以無爲有，以有爲無，故將毆昏縊勒致命，符同初檢，定作自縊身死，情犯非輕。既已呈準罷役，難議別敘。

諸告人命事，不與聽理，致檢覆失期，身屍發變者，正官笞三十七，首領官吏笞四十七，通記過名。

至治元年十二月，御史臺呈：山東廉訪司申：嶧州人户盧騾兒口告，延祐七年四月十六日，徒溝村李師婆與男李二、李四及二女婿等，於已吐退與本家地内，採斫桑樹。

□〔八〕父盧玉遮當，李師婆喝令李二等，用棍檐於盧玉左大股、右胛膊、右肋連脊背等處毆傷昏迷。社長蘇貴相驗過被傷去處，當日晚身死。自十七日爲始，累赴嶧州陳告，不肯受理，致屍發變。告奉益都路，行下本州施行。本州使李二等不招毆死情由，本路改委滕州董知州歸問，依前不招。追照得嶧州文卷，延祐七年六月二十二日，本州奉本路指揮移準初檢官達魯花赤馬哥關，盧玉皮肉消化，頭髮脱落，不堪檢驗。及準捕盜司發到李師婆名徐行，兇人李二名榮，李四名回回等，內社長蘇貴狀結，委與梁用等一同相驗得，盧玉左脚踝下破傷一處，右胛膊腫傷一處，脊背上青腫二處，稱係李榮毆傷。李榮、李回回不肯招伏，已依本路指揮關發滕州歸問。取具達魯花赤馬哥、吏目魏公獻、司吏徐彬等，妄行疏駁，不即受理檢驗罪狀，除將典史、司吏依例各笞四十七外，據達魯花赤馬哥合笞三十七，還職。中書下刑部議，據馬哥所犯，依準廉訪司所擬相應，仍記過刑書。都省準擬。

【考校記】

〔一〕輯自《永樂大典》卷九一一四。

〔二〕「傷」，原作「復」，據下文改。

〔三〕「丑」，原作「刃」，據下文改。

〔四〕「此」，據文意，疑當作「比」。

〔五〕「僊」，原作「遷」，據上下文改。

〔六〕〔七〕「咨」，原作「次」，據上下文例改。

〔八〕原字漫漶不清，據文意，疑當作「縣」。

檢屍式〔一〕

諸檢屍，古人至重，須臨事詳情處置，常以人命爲心，十分致謹，猶或失之。況於責之胥吏行人，不復臨視，或故遷延發變，圖以不堪檢覆爲辭。故但苦主有詞，已葬猶須開檢。其或貧困無告，私有隱憂病苦，不禁風狂暴作。又或懷私挾怨，輕生尤賴，以致投水自縊，別無他故，家屬自願收葬，告免檢覆，亦須審實而後從之。有司所存，具見成式，宜廉公詳慎，物絶天理。其覆檢，無所附近州縣者，令本屬巡檢檢之。

至元五年六月，中書右三部契勘，隨路稱冤重囚，多爲初檢屍時，諸司縣官不行親去監檢，轉委巡檢或司吏、弓手人等，到停屍處，亦不親臨監視，止〔二〕憑仵作行人檢驗文狀。

覆檢官吏恐檢不同，暗行計問初檢人等，抄録初驗屍狀，審同回報。本處官司又不照管初檢實與不實，憑準檢狀及元告指執并捉事人涉疑，輒將所疑人鍛鍊，須要承伏，本人不任勘問，虚行招訖，申到本路。總管府官吏看同常事，又不子細照詳所指中間有無冤抑，止依先招取訖招詞，結案申部，由此致有冤抑。若不遍行緣定檢屍傷致命根因，及鞫勘重刑，係關人命，其害非輕。今後檢驗屍傷，委本處管民長官，隨時將引典史、諳練刑獄正名司吏、慣熟仵作行人，不以遠近，前去停屍之處，呼集屍親隣佑人等，躬親監視，令仵作行人對衆一一子細檢驗，沿屍應有傷損，及定執要害致命根因，仍取仵作行人重甘結罪，並無漏落不實文狀，檢屍官吏保明委的是實，回牒本處官司。覆檢官吏、仵作行人，迴避初檢人等，依上檢驗，亦取行人甘結文狀，回報元委官司。若長官有故，委其次正官檢視。如承檢屍公文，本處官司照勘委的是實，將被執涉疑之人研窮磨問。如有宿食下落，召保疏放。若殺人贓仗明白，委有顯跡，取犯人招伏，追會完備，對家屬審覆無冤，申解本路。總管府經歷、知事、司吏等，將解子細參詳，中間委無冤抑，亦無可疑情節。總府官先審過無冤，再行取責所招情由，府官公座，將囚人押領，當面對家屬，將所招情罪，從頭一一讀示，再三審覆，委無冤抑，取本人服辨、家屬準伏結罪開申。今立到檢屍文狀體式，以後依式申報。如違治罪。

至元十年五月，汴梁路申：中牟縣樊閏告男婦喜僊自縊身死，初檢官主簿李伯英據喜僊母阿白等告，委是自縊身死，别無他故，情願收葬，準告免檢，責付屍親安葬。取到本官不合準告，違錯招伏。省部相度，既是自縊身死，别無他故，情願將屍安葬。初檢官合從免罪。

元貞二年七月，江西行省咨：上高縣劉二落水身死，已行安葬。趙縣尹却憑屍親劉阿黄告稱定執不明，再行開棺檢驗。本省參詳，今後但有人命，應苦主有詞者，審問是實，委官依例檢驗，雖已安葬，亦合開檢，庶望事有證驗，情無疑似。中書下刑部議，人命至重，合驗屍傷，却緣葬有月日遠近，時有寒暑不同，況人情萬狀，所犯各别，似難一槩定論，擬合臨事詳情區處。都省準擬。

延祐元年二月，陝西行省咨：興元路申：西鄉縣與金州地面相去懸遠，檢驗屍傷往來不便。中書下刑部議，檢驗屍傷，若致發變，事必難明。如無附近州縣，須令巡檢親臨，依例檢驗。都省準擬。

【考校記】

〔一〕輯自《永樂大典》卷九一四。按：本目《檢屍式》及下目《屍帳式》、《檢屍法》的部分内容，尚見於元代王與撰《無冤録》中，今據《枕碧樓叢書》本擇要出校。

〔一〕「止」，原作「上」，據《無冤録》改。

屍帳式〔二〕

某官牒、某處、某月、某時刻，準某處、某日時刻，初覆檢某村坊，身死男子、婦人某姓名，沿身有無傷損，如有，係某處要害，如何致命，分明指定，保結回示。今來某即時將引典史、司吏、行人覆檢即云無干礙司吏人等。就去停屍處，呼集屍親并鄰佑、主首人等，躬親監視，勒令行人對衆眼同，一一子細檢驗到沿身、沿屍應有傷損，及要害致命根因，仍取到仵作行人某等，重甘結罪，並無透漏不實文狀。據檢定傷損要害致命去處，保明並是端的，執結是實。除將屍首責付某人如法看管知在，不致損失，聽候施行外，今逐一開立如后，須至回牒者：

一，到某處見一男子、婦人。屍首，令鄰人、主首合干人某等辨覷，委是所指某人屍首，或吊縊，或在地床坑上，頭南脚北或東西，仰面或側卧，屍傍開寫東西南北四至處所，謂門窗墻壁之類。各若干步尺。遠則云步，近則云尺。每營造尺，五尺爲一步。此處各云下項檢屍蹤跡，自上至下翻轉檢驗傷損，定執致命根因如後。　如見屍吊縊，即云懸空高下，吊縊處可與不可稱住，屍首兩脚懸空或不懸空，有無元蹬踏器物，項下有是何繩索繫，圍徑麤細闊狹、長短尺寸，將屍解下。　若已將屍解下，即云項上有無元繫之物，或在屍傍，或在元吊某處懸空繫定，比對元縊痕跡同異，亦行聲説是何繩索物色。　如在水中，量水深淺，水面至岸各若干丈尺，或在溝澗上下丈尺。　如在灰火中，先掃除周圍灰燼，然後將屍翻動，覷着地處有無灰燼燒損，被毆打傷死痕驗〔二〕之類，屍傍應有器杖〔三〕物色，一一子細聲説，然後將衣脱去檢驗。　若屍在水中，或窄暗處難以定驗者，許移於近便處，開説元停移緣由。　如須用酒醋水答洗驗者聽。　其餘檢屍蹤跡，依上云寫。

一，將屍仰面，得本屍年約若干，身長若干尺寸，面體肉色如何，髮長若干，頂中髮查或髮稀禿，各聲説。　頭髻緊慢或散。　先從頂驗，如無傷，即云無故；如有炙瘡瘢痕之類，並各聲説；若有破傷，即指定頂心，或偏左、偏右有傷一處，見血或青赤色，或腫，或浮破，或骨損與不損，長闊深淺，圍圓腫高，各各分寸，係手足他物，或礚擦隱踫所致。　其餘處，兩太陽穴、左右額角、兩眉眼、兩頰顋、鼻梁至唇、舌、齒、頦、咽喉、胸至兩乳、左右肩、兩肐膊、兩曲肘、兩腕、兩手掌至十指，心及兩脇肋、臍腹、兩臂、兩腿、兩膝、兩膁肋、兩脚踝、兩脚面、十指甲。　有傷，依上聲説。　無傷。　各云無他故。

一，將屍合面，從腦後髮驗上項，兩肩、兩臂、兩肐膊、兩曲肘、兩手脊、十指甲、脊背至脊膂、兩外肋、兩臀片至穀道，兩脚、兩曲脷、兩腿肚、兩脚踝、兩脚板、十指肚。無他故傷損，並依上聲説。如吊縊者，驗至項後，即云其痕匝與不匝。如不匝，聲説不匝分寸、緣由。凡檢至穀道，即云有無糞出。

一，驗得本屍沿身所傷，除不係致命輕傷外，據某處何物所傷，長闊分寸若干。驗得或無傷，止有赤腫係最重，委是此處如何致命，仍指定是與不是要害去處。若係數處被傷，中風身死，即指定的因是何傷處致命。若因别病及他故，或杖瘡死者，即執定的確致命根因〔四〕。

一，行兇致命器物之類，見在者比對傷處，定驗有無相應，開説名件大小長短丈尺分寸，還同兵器或餘刃或他物之類，堪與不堪害人性命，封記發去。

一，檢驗到沿屍脱下衣服名件如後。如有血汙，或刺扎破者，即云其衣物止有血汙，及刺扎破某處長闊分寸，係某物所破。候覆檢過，其覆檢官即將無照用衣物，就便責付合干人收管，將合照用名件封記，發付合屬官司。無照用衣物，開名件。合照用衣物，開名件。

延祐元年十一月，御史臺呈：廣東廉訪司申：屍帳上預標正犯、干犯名色，事有窒礙。中書下刑部議，今後凡檢屍傷，若致命傷痕無差，行兇人等審問無疑者，於正犯人下畫字。事情未定，首從未分，止行兇或被告人畫字。行兇人在逃，屍親未到者，聽將元檢屍帳權且入卷關防。後獲正賊，召到屍親，至日畫字給付，庶不差池。都省準呈。

【考校記】

〔一〕輯自《永樂大典》卷九一四。

〔二〕「驗」，《無冤録》作「跡」。

〔三〕「杖」，原作「伏」，據《無冤録》改。

〔四〕「即執定的確致命根因」，原作小字注文，據《無冤録》及文意改作正文。另，《無冤録》「因」下有「備細聲説」四字。

檢屍法〔一〕

某路、某州、某縣、某處，某年月日、某時，檢驗到某人屍形，用某字幾號勘合書填，定執生前致命根因，標注于後。

一，仰面：頂心、偏左偏右、顖門、額顱、額角、兩太陽穴、兩眉、眉叢、兩眼胞、兩眼雙睛、兩腮頰、兩耳、耳輪、耳垂、耳竅、鼻梁、鼻準、兩竅、人中、上下唇吻、上下牙齒、舌、頷頦、咽喉、食氣顙、兩血盆骨、兩肩甲、兩腋胑、兩胎膊、兩䐇瞅、兩手腕、兩手心、十指、十指肚、十指甲縫、胸膛、兩乳、心坎、肚腹、兩肋、兩脇、臍肚、兩胯、男子莖物、腎囊，婦人陰户。兩腿、兩膝、兩臁肋、兩脚腕、兩脚面、十趾、十趾甲。

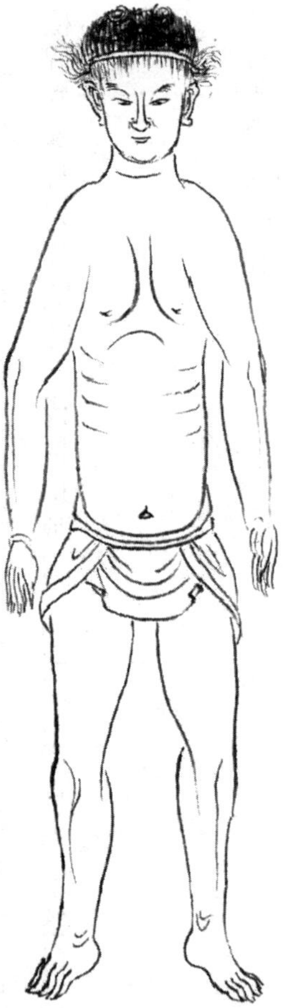

一，合面：腦後、髮際、耳根、項〔二〕頸、兩臂膊、兩肐肘、兩手腕、兩手背、十指、十指甲、脊背、脊膂、兩後肋、兩後脇、腰眼、兩臀、穀道、兩腿、兩䐇瞅、兩腿肚、兩脚踝、兩脚跟、兩

脚心、十趾、十趾肚、十趾甲縫。

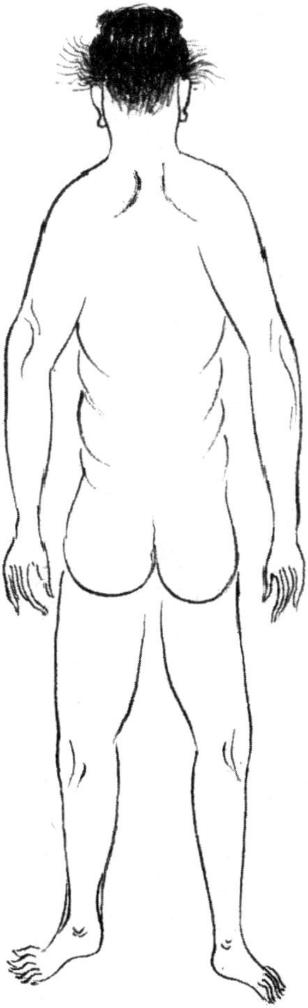

一，對衆定驗得某人委因　　致命。正〔三〕犯人某，干犯人某，干證人某，地鄰人某，主首某，屍親某，仵作行人某。

右件前項致命根因，中間但有脱漏不實，符同捏合，增減屍傷，檢屍官、官吏人等情願甘伏罪責無詞，保結是實。　某年某月某日司吏某押，首領官某押，檢屍官某押。

大德八年三月□日，江西行省准中書省咨：刑部呈：奉省判送：河南行省咨：歸德府申：切見各處有司，不以人命爲重，凡有告毆傷身死者，不行隨即飛申檢驗。初驗官司雖有申到屍狀，復檢官司不能即到屍前，以致屍已發變，不能復檢。既見復檢官司不能復檢，初檢官吏因而作弊，捏合已死之人，作自縊或投井、焚燒、自傷殘害身死，中間别無堪信顯迹，必須追究，往來補答扣换，州縣司吏通行捏合，虚套元告詞因，綴賺元告絶詞文狀，不唯官吏通同如此，使死者幽冥之寃何由得雪？本省〔四〕看詳，檢驗屍傷，或受差過時不發，或牒至應受而不受，或不親臨〔五〕，或〔六〕承他處官司請官檢驗，或有官可那而稱闕，或應牒隣近而牒遠者，或因〔七〕驗而不驗，或不明定要害致死之因，或定而不當，或漏露所驗事狀，或將初檢屍狀與復檢官司扶同檢驗等事。情弊紛紜，不能槩舉，理宜明定罪例，通行遵守施行。間又據江西、福建道奉使宣撫呈，亦爲此事。奉都堂鈞旨，送刑部議擬連呈。奉此，本部議得，檢驗屍傷，已有常式。近年以來，親民之官，不以人命爲重，往往推延，致令發變。及不親監視，轉委公吏行人與復檢官司遞相扶同，裝捏屍狀，移易輕重，情弊多端，擬合設法關防。若依奉使宣撫所言，似爲縷細。本部今參酌定立屍帳，圖畫屍身，一仰一合，令各路依樣板印，編立字號勘合，用印鈐記，發下州縣，置簿封收。如遇檢屍，隨即定立時刻，行移附近不干礙官司，急速差人投下公文。仍差委正官將引首領官吏、慣熟仵作行人，就即元降屍帳三幅，速詣停屍去處，呼集應合聽檢并行兇人等，躬親監視，對衆眼同，自上至下，一一分明〔八〕子細檢驗，指説沿屍應有傷損，即於元畫屍身上比對被傷去處，標寫長闊深淺各各分數，定執端的要害致命根因。檢屍官吏於上署押，一幅給付苦主，一幅粘連入卷，一幅申連本管上司。仍取苦主并聽檢一干人等，連名甘結，依式備細開寫，當日保結回報，明白稱説各處相離里路、承發檢驗日時，飛申本管上司。其覆檢官吏依上覆檢了畢，亦將屍帳一幅給付苦主，一幅入卷，一幅申報上司。如有違慢，或牒到而不受，致令屍變者，正官決三十七下，首領官吏各決四十七下。其不親臨監視，轉委公吏檢驗，并增減不實，移易輕重，定執致命因依不明，或初復官吏相見，符同屍狀者，正官取招，量事輕重，斷罪黜降。首領官吏各決五十七下，罷役。仵作行人決七十七下。受財者同枉法論。任滿，於解由内開寫。本路另置文簿，令推官收掌。如遇司屬申報人命公事，隨即附簿檢舉，但有違犯，依上究問。若因循不行駁問者，罪及推官。無推官者，掌司首領官提調廉訪司職，在提刑所在定處，先行取會干礙人命事目，詳加照刷元置文簿卷宗體問。若有似此違犯，或犯人招指不同，官吏作弊枉禁，并解由内隱漏者，隨事輕重理斷，庶望少革前弊。存〔九〕蒙准呈，遍行照會相應。今將定擬屍帳兇身式樣在前，具呈照詳。都省准擬。今將屍帳式樣録連在前，除外合行移咨，請照驗遍行合屬，依上施行。

【考校記】

〔一〕輯自《永樂大典》卷九一四。按：本目内容尚見於《元典章》卷四三，今據中華書局、天津古籍出版社二〇一一年版陳高華等點校本擇要出校。另，文中兩幅插圖因中華書局《永樂大典》影印本此兩圖漫漶不清，故采自英國國家圖書館網站所載《永樂大典》殘本電子版圖片。

〔二〕「項」，原作「頂」，據《元典章》卷四三改。

〔三〕「正」，此上《元典章》卷四三有「一檢屍人等」五字。

〔四〕「省」，原作「着」，據《元典章》卷四三改。

〔五〕「臨」，此下《元典章》卷四三有「視」字。

〔六〕「或」，原作「親」，據《元典章》卷四三改。

〔七〕「因」，《無冤録》作「應」。

〔八〕「明」，原作「朗」，據《元典章》卷四三改。

〔九〕「存」，《元典章》卷四三作「如」。

祭令篇〔一〕

國有大事，祀其一焉。我朝稽古，禋祀郊廟，先齊擇日，集執事官朝堂，讀誓誡以徇，朝服再拜，聽受而退。祭之日，御史二人，服其廌冠以莅之，外而郡邑通祀，部使者糾之如御史，於是承事者罔敢不敬。質神明，壹臣志，作祭令篇第四。

【考校記】

〔一〕輯自《元文類》卷四二。

學規篇〔一〕

法至於學規，輕之至者也，而至重焉。太宗皇帝始爲國都學規，世祖皇帝廣爲國子學規，今上皇帝親爲王宮學規。夫法不從吏議，而出聖裁，重之至矣乎。本王化，厲士節，作學規篇第五。

【考校記】

〔一〕輯自《元文類》卷四二。

軍律篇〔一〕

國家經武，耆定四方，師律尚矣。廟筭之折衝，將略之制勝，固非言之所可傳者。惟夫仁義節制並行，當時載之簡書，有可徵焉。纘戎功，奮武衛，作軍律篇第六。

【考校記】

〔一〕輯自《元文類》卷四二。

户婚篇〔一〕

井田廢而廉讓之道缺，争敓之俗興。民無恒居，田無恒主，婚姻不以其時，而獄訟作矣。教化不足，然後制之以刑，而非得已也。法常興，原人情，作户婚篇第七。

【考校記】

〔一〕輯自《元文類》卷四二。

食貨篇〔一〕

治財之道，厚民爲本。民者財之府，財者民之命也。故治財者，先義而後利，教民順；先利而後義，教民争。故治財者，先民而後國，國常富；先國而後民，國常貧。治財而有刑，所以防姦欺，制期程，非治財之本也。作食貨篇第八。

【考校記】

〔一〕輯自《元文類》卷四二。

大惡篇〔一〕

天地之道，至仁而已。國以仁固，家以仁和，故國不仁則君臣疑，家不仁則父子離。父子離，無所不至矣。君臣疑，亦無所不至矣。故《易》著履霜之戒，《孟子》有仁義之對。審哉幾乎！去仁惡足爲國家哉？作大惡篇第九。

【考校記】

〔一〕輯自《元文類》卷四二。

姦非篇〔一〕

王化始於閨門，故《關雎》之化行，則天下無犯非禮；桑間濮上之音作，則男女相奔，强暴相陵，尊卑無別，而上下失序矣。文武道在，施之則行。古者聖人以禮防民，制刑以輔其不及，後世因之。作姦非篇第十。

【考校記】

〔一〕輯自《元文類》卷四二。

盜賊篇〔一〕

夫盜賊豈人情哉？或迫於飢寒，或驅於苛政，或訹於誘脅，出於不得已者，十常八九。至於白晝攫金於市，略人以爲貨，皆有司不能其政所致。使人人各得其所，烏有盜賊哉？作盜賊篇第十一。

【考校記】

〔一〕輯自《元文類》卷四二。

詐僞篇〔一〕

霸代王而淳朴散，利勝義而詐僞生，其來亦久矣。夫孔子曰：「上好禮，則民莫敢不敬；上好義，則民莫敢不服；上好信，則民莫敢不用情。」明王道，辨義利，崇廉耻，固去詐去僞之本。然刑者，聖人有不能廢也。作詐僞篇第十二。

【考校記】

〔一〕輯自《元文類》卷四二。

訴訟篇〔一〕

《易》著訟卦，《書》稱嚚訟，則雖五帝三王之世，不能無訟。人有不平，形之於訟，情也。然至於誣人以訟，謂之情可乎？孔子曰：「聽訟，吾猶人也。必也使無訟乎！」夫無訟，聖人所難也。然郡縣得一賢守宰，苟能行之以道，雖無訟可也。作訴訟篇第十三。

【考校記】

〔一〕輯自《元文類》卷四二。

鬭毆篇〔一〕

古者父母之讐不與共戴天，兄弟之讐不反兵，交游之讐不同國居，父母、兄弟、朋友之讐止如是。後世一言睚眦，輒起而鬭，鬭而至於傷，至於殺，其有司之政不舉，風俗之日偷且薄可見已。甚而食禄共位，比肩事主，争豪髮利，即攘臂相向，飛文相抵，所以令於下者，皆自上犯之。欲以化民，得乎？懲將來，監已往，作鬭毆篇第十四。

【考校記】

〔一〕輯自《元文類》卷四二。

殺傷篇〔一〕

禍而至於殺人，極矣。然情有謀、故、誤、戲之異，而罰亦有死、杖、流、贖之殊。研之窮之，審之覆之，古人所以深致慎焉者，哀民死之易而生之難也。敬之敬之，毋淫於刑哉！作殺傷篇第十五。

【考校記】

〔一〕輯自《元文類》卷四二。

禁令篇〔一〕

戒之使避曰禁，示之使從曰令。一禁一令，各專一事，無所統該。故上自朝廷，下逮倡優走賤，莫不備列，使人知所避嚮而遠於罪。作禁令篇第十六。

【考校記】

〔一〕輯自《元文類》卷四二。

雜犯篇〔一〕

人之犯名義，觸刑辟，不可以一途盡，不可以一類求。因其已然，制於未然，作雜犯篇第十七。

【考校記】

〔一〕輯自《元文類》卷四二。

捕亡篇〔一〕

凡囚之在獄而亡，在流而亡，軍士之臨陣而亡，舉家而亡，奴婢之背主而亡，凡有罪而在亡者，捕之各有律。作捕亡篇第十八。

【考校記】

〔一〕輯自《元文類》卷四二。

恤刑篇〔一〕

不教而民從之，上也，以身教之也。教之而後從，次也，以言教之也。不教而强之從，下也。既不能以身，又不能以言，而以威迫之也。迫之而猶有弗從者焉，乃從而刑之。刑之而當罪，民固無憾。又從而虐之、苦之、誣之、抑之，飢而不爲之食，寒而不爲之衣，疾而不爲之藥，有罪無罪，同歸於非命而死，不亦大可哀乎？故《書》曰：「欽哉！欽哉！惟刑之恤哉！」作恤刑篇第十九。

【考校記】

〔一〕輯自《元文類》卷四二。

平反篇〔一〕

天下之至窮，其惟冤獄乎？干天和，傷王化，莫此爲甚。故或三年而致旱，或六月而飛霜，此于定國、雋不疑之徒，日以平反爲務，而子孫世食其報也。夫平反，有司之職也，宜不待賞勸而爲之者。而國家慎之重之，著于賞令。作平反篇第二十。

【考校記】

〔一〕輯自《元文類》卷四二。

赦宥篇〔一〕

赦宥者，權事之宜可也。列聖以來，或以初政更新，或以大禮行慶，或以捄災卹眚，或以懷遠招携。事既不同，赦亦有異。至於釋京畿繫囚，則或以特敕，或以佛事，有司往往以罪輕而疑者應之。然所釋有數，故又有幸不幸存焉。本忠厚，示欽恤，作赦宥篇第二十一。

【考校記】

〔一〕輯自《元文類》卷四二。

獄空篇〔一〕

傳曰：「刑期于無刑。」又曰：「必也使無訟乎！」無訟，斯無刑矣。雖聖人爲政，不能不爲之刑，所貴刑措而不用耳。是故獄空者，化行俗美。無訟而獄空者，上也。有司廉明，隨事裁決而獄空者，次也。苟不得其上，得其次，斯亦可矣。今所紀獄空，内自京畿，外止山東、河北諸郡，天下獄空，未必止此，有司載之，弗能詳也。嗚呼！彼獄空者，其無刑乎？其無訟乎？使天下皆得賢有司，致此非難也。作獄空篇第二十二。

【考校記】

〔一〕輯自《元文類》卷四二。

附録序〔一〕

憲典之有附録何？議法者有沿革之不倫，建言者有作輟之不一。載之則非今日之循行，削之則没一代之典故。於是事可入例者録於前，事難徧舉者附於後。至於用罰之重輕，有上下之比附；論人之淑慝，有始終之異同。善惡之彰癉，枉直之舉錯，具存於是，而公論自著焉。此附録之所由作也。嗟夫！治具百端，性初一致。齊其末，唯見其略；揣其本，不勝其煩。有志德禮之君子，尚監于兹哉。

【考校記】

〔一〕輯自《元文類》卷四二。

第十　工典

工典總敘〔一〕

有國家者，重民力，節國用。是以百工之事，尚儉朴而貴適時用，戒奢縱而慮傷人心。安危興亡之機係焉，故不可不慎也。六官之分，工居其一，請備事而書之。一曰宫苑。朝廷崇高，正名定分，苑囿之作，以宴以怡。次二曰官府。百官有司，大小相承，各有次舍，以奉其職。次三曰倉庫。貢賦之入，出納有恒，慎其蓋藏，有司之事。次四曰城郭。建邦設都，有禦有禁，都鄙之章，君子是正。次五曰橋梁。川陸之通，以利行者，君子爲政，力不虚捐。次六曰河渠。四方萬國，達於京師，鑿渠通舟，輸載克敏。次七曰郊廟。辨方正位，以建皇都，郊廟祠祀，爰奠其所。次八曰僧寺。竺乾之祠，爲惠爲慈，曰可福民，寧不崇之。次九曰道宫。老上清浄，流爲禱祈，有觀有宫，有壇有祠。次十曰廬帳。廬帳之作，比於宫室，于野于處，禁衛斯飭。次十一曰兵器。時既治平，乃韜甲兵，備于不虞，庀工有程。次十二曰鹵簿。國有大禮，鹵簿斯設，儀繁物華，萬夫就列。次十三曰玉〔二〕工，次十四曰金工，次十五曰木工，次十六曰摶埴之工，次十七曰石工。天降六府，以足民用，貴賤殊制，法度見焉。次十八曰絲枲之工，次十九曰皮工，次二十曰氈罽之工。服用之備，有絲有枲，有皮有毛，各精厥能。次二十一曰畫塑之工，次二十二曰諸匠。像設之精，絺繪之文，百技效能，各有其屬。

【考校記】

〔一〕輯自《元文類》卷四二。

〔二〕「玉」，原作「王」，據錢校本及下文標題改。

宫苑〔一〕

國家龍飛朔土，始於和寧營萬安諸宫。及定鼎幽燕，乃大建朝廷城郭、宗廟、宫室、官府、庫庾。大内在國都之中，以朝群臣、來萬方。又以開平爲上都，夏行幸則至焉，制度差矣。中都建於至大間，後亦希幸。其它游觀之所，離宫别館，奢不踰侈，儉而中度，可考而見焉。

【考校記】

〔一〕輯自《元文類》卷四二。

官府〔一〕

國家設官分職，則各有聽政之所。故上自省臺院部，下而府司寺監，以及乎外郡有司，雖室宇之崇卑不等，然其廳事之設施，與夫史胥之桉牘，咸具其所，而上下之等辨矣。

【考校記】

〔一〕輯自《元文類》卷四二。

御史臺〔一〕

至元十八年七月，奉旨建肅政堂五間、經歷司三間、殿中司三間、東西過道門各一間、左右司房四十四間、中門一間、獨脚門一間、前大門三間、庖室五間、臨街房一百八十間，察院正廳三間、東廳三間、西廳三間、左右司房二十四間、監房五間、庖室二間、門二各一間，架閣庫正庫三間、東庫二所八間、西庫三所十三間，管勾廳正廳三間、司房一間、小門一間。舊，殿中司二間。

【考校記】

〔一〕輯自《永樂大典》卷二六〇七。

上都御史臺〔一〕

至元五年五月，中書省奉旨立上都御史臺，公廨事下上都留守司。以中統鈔五十六錠四十五兩，選買制司僉事宅一區，其地南北長四十四步，東西長三十一步，計五畝六分。凡爲屋三十七間：正廳七間、東盝頂房三間、西盝頂房三間、庖室四間、盝頂土房四間、獨脚門一間、土厦二間、臨街房十六間。

【考校記】

〔一〕輯自《永樂大典》卷二六〇七。

大司農司〔一〕

大德八年十二月四日，本司官集議，爲無公廨，止於舊吏部内署事。本司所領天下農桑，及供給内府，不爲不重，未備廨宇，誠失觀瞻。移文左警巡院，置買蓬萊坊王同知宅一區作公廨。至大四年，添建西架閣庫三間，凡用赤栝方木三十一、檁五十、椽二百六十二、條甎三萬八千五百、板瓦五千五百五十、連溝瓦三百七十、壓簷尺六、甎一百五十、副溝四百五十、脊條二千五百、改樣磨甎二百五十、猫頭瓦十五、掛當一百二十副、長短重唇一百副、石灰二萬五千斤、青灰二百斤、麻刀十三稱、穰草五十七束、葦箔七十、大小丁一千六百二十四、門鈸曲戌鐶八副、肘葉四、平蓋丁三十六、木工一百七十四、泥工一百七十四、夫工三百七十九。

延祐六年，竣建東架閣庫三間，凡用赤栝方木三十三、檁七十七、椽二百、尺二條甎二萬六千、石磴十二、副溝三百、尺二板瓦五千三百、合脊連溝四百五十、條甎二百八十、頭〔二〕六、長短重唇一百副、碎甎瓦三十載、葦箔六十六、穰草一百五十束、石灰八千八百八十二斤、麻刀二百六斤、煤十五斤、柴膠三斤十二兩、五寸揑頭丁一千五百、三寸半揑頭丁一千五百、條〔三〕六、木匠一百九十二、泥工二百一十、夫工三百九十。

正廳三間，長三丈二尺，深三丈三尺，高二丈五尺。左右翼室二間，廣一丈六尺，高二丈。東西司房各三間，每間廣一丈五尺，深一丈二尺。佛堂一間，廣一丈二尺，深如之，高一丈五尺。前後臨街房十五間，每間廣一丈五尺，深一丈二尺。門連西廂房四間，每間廣一丈六尺，深一丈二尺。西架閣庫三間，長三丈九尺，深一丈六尺，高二丈二尺。東架閣庫三間，高廣同上。供膳司正房三間，長三丈九尺，深一丈七尺，高二丈二尺。東西司房各二間，每間廣一丈五尺，深一丈二尺，高二丈。間一錫房〔四〕。正房三間，每間廣一丈五尺，深一丈二尺，高二丈二尺。東西司房各三間，高廣之制同正房。麻泥房正房三間，每間廣一丈六尺，深一丈三尺，高二丈二尺。東西四房廣一丈五尺，深一丈二尺，高二丈二尺。

【考校記】

〔一〕輯自文氏鈔本，文氏録自《永樂大典》卷一一一一八。

〔二〕「頭」，據上文，疑當作「猫頭瓦」。

〔三〕「條」，此上疑有脱文。

〔四〕「間一錫房」，據文意，疑當作「錫房一間」。

籍田署〔一〕

至元八年立。二十三年十一月二十日稟，籍田署牆屋極壞，請令修補之。奉旨准。本署言：「照至元八年元料裏牆建大門三間，外牆建小門一間，廳屋三間。在後外牆上立櫺星門，其餘門廳，至今未建，乞爲營造。」至三十一年，大司農司移文工部，元貞元年正月興工，六月工畢，凡爲工二百六十有八。正廳三間，長三丈四尺，深一丈四尺，高一丈八尺，用梁木四、柱木八、檁六、椽三百五十四、寸丁五十、鍬四、雜丁二百、條甎一千、甎坯一千七百、連簷瓦二百三十副、溝瓦百五十、瓦二千五百五十、脊條瓦二千一百、石灰二千九百斤、麻刀五十稱、青灰三百五十斤、膠三斤半。櫺星門二，各高二丈一尺，廣一丈，凡用方木十四、二寸半丁八十、平蓋丁八十、篨鋼四、鐵葉閥閱串項四、石礎二十二。

【考校記】

〔一〕輯自文氏鈔本，文氏録自《永樂大典》卷一一一一八。

修内司〔一〕

中統四年，立宫殿府，後改爲修内司，建公廨。凡用赤栝等木三百，□木二十，拖材十八，渾木三十五，椽四百五十五。正廳三間，長四丈五尺，深三丈五尺，高一丈八尺五寸，一納心栱。東西司房各三間，長四丈二尺，深一丈八尺，高一丈六尺。庖室三間，門一間。

【考校記】

〔一〕輯自文氏鈔本，文氏録自《永樂大典》卷一一一一八。

永福營繕司〔一〕

正廳二間，長四丈，深一丈五尺。司房二間，長二丈二尺，深一丈四尺。

【考校記】

〔一〕輯自文氏鈔本，文氏録自《永樂大典》卷一一一一九。

普慶營繕司〔一〕

正廳三間，長四丈，深一丈五尺。司房二間，長二丈二尺，深一丈四尺。

【考校記】

〔一〕輯自文氏鈔本，文氏録自《永樂大典》卷一一一九。

昭孝營繕司〔一〕

正廳三間，長四丈，深一丈五尺。司房二間，長二丈二尺，深一丈四尺。

【考校記】

〔一〕輯自文氏鈔本，文氏録自《永樂大典》卷一一一九。

翊正司〔一〕

至元三十一年八月，阿忽台等禀：「御位下民匠散亂無統紀，請立一總管府，命塔剌海爲首以總之。」奉旨準。乃立公廨，後改爲翊正司。正廳三間，長五丈，深二丈五尺，四椽。

兩耳房兩間。東西司房各三間，長四丈五尺，深一丈七尺。門一間。正局七間，長十丈，深四丈三尺。東局七間，長十丈，深二丈四尺，四椽。西局七間，深廣如東局。南局十八間，長二十三丈九尺，深三丈，四椽。

【考校記】

〔一〕輯自文氏鈔本，文氏録自《永樂大典》卷一一一一九。

倉庫〔一〕

國之有倉廩府庫，所以爲民也。我朝倉庫之制，以北則有上都、宣德諸處，自都而南，則通州、河西務、御河，及外郡常平諸倉，以至甘州有倉，鹽茶有局。所供億京師、賑恤黎元者，其措置之方，可謂至矣。

【考校記】

〔一〕輯自《元文類》卷四二。

在京諸倉

隸京畿漕運司〔一〕

相應倉，五十八間，可貯粮十四萬五千石。簷柱高一丈二尺，檁長一丈四尺，八椽，中統二年建。每十間用物：赤栝檁五百四十、赤栝方二百二十五、椽一千七百三十四、板瓦三萬四千七百六十、條甎六萬八千一百三十九、重唇三百三十六副、合脊連勾一千一十六、副溝六百七十七、穰子五百三十三稱、箔子四百一十四、石灰二萬二千六百六十四斤、麻刀六百二斤、紫膠一十斤、煤子四十斤、石礎五十五、竹雀眼二十四片、五寸釘八千一百六十二、六寸釘三百五十六、三寸釘四千五百四十、七寸釘四百、八寸鍬子一百。高、廣、工物以下同。千斯倉，八十二間，可貯糧二十萬五千石，中統二年建。通濟倉，十七間，可貯糧四萬二千五百石，二年建。萬斯北倉，七十三間，可貯糧一十八萬二千五百石，二年建。永濟倉，七十三間，可貯糧二十萬七千五百石，至元四年建。豐實倉，二十間，可貯糧五萬石，四年建。廣貯倉，一十間，可貯糧二萬五千石，四年建。永平倉，八十間，可貯糧二十萬石，十六年建。豐閏倉，一十間，可貯糧二萬五千石，十六年建。萬斯南倉，八十三間，可貯糧二十萬七千五百石，二十四年建。既盈倉，八十二間，可貯糧二十萬五千石，二十六年九月建。惟億倉，七十三間，可貯糧十八萬二千五百石，二十六年九月建。既積倉，五十八間，可貯糧十四萬五千石，二十六年九月建。盈衍倉，五十六間，可貯糧一十四萬石，二十六年十一月建。大積倉，五十八間，可貯糧一十四萬五千石，二十八年建。廣衍倉，六十五間，可貯糧一十六萬二千五百石，二十九年建。順濟倉，六十五間，可貯糧一十六萬二千五百石，二十九年建。屢豐倉，八十間，可貯糧二十萬石，皇慶二年二月建。大有倉，八十間，可貯糧二十萬石，二年二月建。積貯倉，六十間，可貯糧一十五萬石，二年二月建。廣濟倉，六十間，可貯糧一十五萬石，二年二月建。豐穰倉，六十間，可貯糧一十五萬石，二年二月建。

【考校記】

〔一〕輯自《永樂大典》卷七五一一。

通州諸倉〔一〕

廼積倉，七十間，可貯糧一十七萬二千五百石。及秭倉，七十間，可貯糧十七萬五千石。富衍倉，六十間，可貯糧十五萬石。慶豐倉，七十間，可貯糧十七萬五千石。延豐倉，六十間，可貯糧十五萬石。足食倉，七十間，可貯糧十七萬五千石。廣儲倉，八十間，可貯糧二十萬石。樂歲倉，七十間，可貯糧十七萬五千石。盈止倉，八十間，可貯糧二十萬石。富有倉，一百間，可貯糧二十五萬石。南狄倉，三間。德仁府倉，二十間。杜舍倉，三間。

【考校記】

〔一〕輯自《永樂大典》卷七五一一。

河南務諸倉

隸都漕運〔一〕

大盈倉，八十間，可貯糧二十萬石。充溢倉，七十間，可貯糧十七萬五千石。崇墉倉，七十間，可貯糧十七萬五千石。廣盈北倉，七十間，可貯糧十七萬五千石。廣盈南倉，七十間，可貯糧十七萬五千石。永備北倉，八十間，可貯糧二十萬石。永備南倉，八十間，可貯糧二十萬石。豐備倉，五十間，可貯糧十二萬五千石。恒足倉，五十間，可貯糧十二萬五千石。既備倉，五十間，可貯糧十二萬五千石。足用倉，五十間，可貯糧十二萬五千石。大京倉，六十間，可貯糧十六萬二千五百石。豐積倉，五十間，可貯糧十二萬五千石。大稔倉，七十間，可貯糧十七萬五千石。

【考校記】

〔一〕輯自《永樂大典》卷七五一一。據《倉庫》序及相關記載，「河南務諸倉」疑當作「河西務諸倉」。

上都諸倉〔一〕

醴源倉，正厫二座，各五間，柱高一丈六尺，深四丈五尺，長六丈五尺；東厫二座，各五間，柱高一丈六尺，深四丈五尺，長六丈五尺。廣濟倉，正厫一座，十三間，柱高一丈六尺，深四丈五尺，長一十六丈；東厫二座，各十間，柱高一丈六尺，深四丈五尺，長一十二丈；西厫二座，各十間，柱高一丈六尺，深四十五尺，長一十二丈；南厫二座，各十間，柱高一丈六尺，深四丈五尺，長一十二丈。萬盈倉，正厫一座，十三間，高一丈六尺，深四丈五尺，長一十六丈；西厫二座，各十間，高一丈六尺，深四丈五尺，長一十二丈；東厫二座，各十間，高一丈六尺，深四丈五尺，長一十二丈；南厫二座，各十間，高一丈六尺，深四丈五尺，長一十二丈。太倉一座，七間，高一丈六尺，深四丈五尺，長六丈五尺。

【考校記】

〔一〕輯自《永樂大典》卷七五一一。

雲州倉〔一〕

正廒二座，各五間，高一丈六尺，深四丈五尺，長六丈；東廒二座，各五間，高一丈六尺，深四丈五尺，長六丈五尺；西廒二座，各五間，高一丈六尺，深四丈五尺，長六丈五尺。

【考校記】

〔一〕輯自《永樂大典》卷七五一一。

宣德府倉〔一〕

如京倉，正廒二座，各十間，高一丈六尺，深四丈五尺，長六丈五尺；西廒一座，十間，高一丈六尺，深四丈五尺，長六丈五尺。

【考校記】

〔一〕輯自《永樂大典》卷七五一一。

御河倉〔一〕

至元三年十一月十日，省臣奏：「御河旁近，每歲露積糧多損。臣等議，今歲於沿河築倉貯米。」上從之。

【考校記】

〔一〕輯自《永樂大典》卷七五一一。

各路倉〔一〕

九年正月八日，省劄照，隨路可以添蓋常平倉處所，户部議：若於隨路添蓋，雖官買木物，必須役民，即目春初，恐奪農務。如已後豐稔，敖房不敷，陸續添蓋。先將各路元有及可以續添間數開呈省照。先奉旨添蓋倉廒，仰各路總管府摘差正官及坐去造作人員，催督起蓋，每間約儲糧千石。合用木物，令人匠從實計料估直，於各路見在官錢支買。會計鐵數，就於附近爐冶關造。工匠先儘係官投下内差撥，如不敷，於軍民站赤諸色户内補差。其夫役，止令各路於本管旁近丁多之家借倩，官爲日支鹽米。所蓋倉廒，須管完固，若近年但有損壞，罪及元監造官，仍以己資修葺。總計元有廒房一千五百二十間，今添蓋陸百九十間。

真定等路一十四處，七十〔二〕九萬二千五户，一千四百間。元有九百八十間，今添四百二十間。

真定路一十〔三〕四萬一千一百十五户，二百六十間。元有二百間：真定府一百間，冀州三十間，中山府二十間，趙州五十間。今添六十間：中山府二十間，冀州二十間，蠡州二十間。

洺磁路四萬七千四百二户，倉廒七十間。元有五十間：洺州三十間，磁州二十間。今添洺州二十間。

彰德路四萬五百二户，倉廒七十間。元有五十間，今添二十間。

東平府四萬六千九百九十五户，倉廒七十間。元有五十間，今添二十間。

博州路三萬二千七百三十二户，倉廒五十間。元有三十間，今添二十間。

濟寧路四萬一千二百二十三户，倉廒九十間。元有三十間。今添六十間：在城二十間，兖州二十間，單州二十間。

曹州四萬二千四百七十二户，倉廒五十間。元有三十間，今添二十間。

德州二萬五千四百九十一户，倉廒五十間。元有三十間，今添二十間。

濮州三萬二千六百六十九户，倉廒五十間。元有三十間，今添二十間。

順德路二萬八千七百三十三户，倉廒五十間。元有三十間，今添二十間。

大名路八萬八千一百九十户，倉廒一百五十間。元有一百間：大名路三十間，開州三十間，舊縣二十間，滑州二十間。今添五十間：大名三十間，濬州二十間。

河間路七萬九百六十一户，倉一百二十間。元有一百間：在城五十間，長蘆三十間，安陵二十間。今添蓋二十間。

順天路七萬四千三十四户，倉廒一百七十間。元有一百五十間：在城四十間，祁州三十間，易州三十間，雄州三十間，安州高陽二十間。今添在城二十間。

濟南路七萬九千四百一十五户，倉廒一百五十間。元有一百間：在城四十間，清州縣六十間。今添五十間：在城二十間，清〔四〕州三十間。

南陽等三處四百間，元有二百四十間，今添一百六十間。

南陽府二萬九千五百九十二户，倉廒一百一十間。元有六十間：汝州二十間，裕州二十間，鄧州二十間。今添五十間：在城三十間，唐州二十間。

歸德府一萬四千三百九十户，倉廒一百二十間。元有徐州三十間。今添九十間：在城三十間，亳州二十間，邳州二十間，宿州二十間。

南京路一十萬五千二百三十一户，倉廒一百七十間。元有南京〔五〕一百五十間：鄭州三十間，鈞州三十間，許州三十間，陳州二十間，蔡州二十間，睢州二十間。今添陳州二十間。

太原等二路三百三十間，元有三百間，今添三十間。

太原路八萬九千七百十一户，倉廒一百七十間。元有一百五十間：在城五十間，崞州三十間，汾州三十間，嵐州三十間，平定州十間。今添二十間：石州一十間，堅州一十間。

平陽路一十萬七千五百六户，倉廒一百六十間。元有一百五十間：在城五十間，絳州三十間，河中府三十間，澤州一十間，潞州一十間，沁州一十間，隰州一十間。今添霍州一十間。

中都等處剏蓋倉八十間。中都路六十間：檀州二十間，涿州二十間，霸州二十間。冠州：在城二十間。

【考校記】

〔一〕輯自《永樂大典》卷七五一一。

〔二〕「十」，原作「千」，據《倉庫記》改。按：真定等路一十四處是指下文真定路、洺磁路、彰德路、東平府、博州路、濟寧路、曹州、德州、濮州、順德路、大名路、河間路、順天路、濟南路，總計約七十九萬二千餘户。

〔三〕「十」，此下原衍「千」字，據上文數據删。

〔四〕「清」，原缺，據上文補。

〔五〕「南京」，據上下文，疑爲衍文。

納蘭不剌倉〔一〕

二十六年十二月二十日，丞相桑哥、平章阿魯渾撒里等奏：納蘭不剌建倉，寧夏府糧船順流而下，易於交卸。忙安倉糧雖是泝流，亦得其便，迤北孔居烈裏、火阿寒〔二〕、塔兒海裏、鎮海等處住冬軍人，及和林送糧俱近。進呈倉圖，上從之。

【考校記】

〔一〕輯自《永樂大典》卷七五一一。

〔二〕「寒」，《倉庫記》作「塞」。

塔塔裏倉〔一〕

英宗皇帝至治元年，河東宣慰司委官朔州知州答里牙赤言，塔塔裏諸屯田相視，議擬各項事理，就差答里牙赤計稟中書省，準下兵部，移文樞府，逐一開具于後。

納憐倉見於屯田近南，黄河北岸。內有正教〔二〕、東西厫房二十一間，緣其空閑，已行呈索，於空閑倉房週圍撥地三十畝作贍倉地，甚便。委官議，納憐平遠倉既近黄河口，十里西即經行要衝，屯田所種禾稼周其旁近。上年屯軍所收子粒，見貯本倉。如蒙大同路委官與東勝、雲內二州正官，於年銷錢顧夫買物修之，撥付萬户府貯糧，較之移拆忙安倉，所費十省其九，公私俱便。兵部議準所擬，照會樞密院、兵部依上施行。

忙安倉去黄河頗遠，運糧不便，已別建新倉，其舊倉今空閑。如令河東宣慰司拆移前來貯糧，便委官相視。忙安舊倉二十一間，墻壁倒塌，木石俱全，甎瓦三損其二。若移此倉，則陸地相距屯田故城七百餘里，可用車千餘，約費脚直五千餘定。至彼又須添補木瓦諸物，亦不下五千餘定。若黄河運載，至忙安倉南三十里陸路纔至渡口，泝流一千里，約費萬餘定。至納憐平遠倉，復行十里入陸。至舊新安州，又七十里。黃河殊無往來客舟，雖有遞運官船，每處不過三十五艘，椽檁長短不等，實難裝載。況其地寒早易凍，必候下年方可興工脩理，況兼委有妨礙。既納憐平遠倉已擬修理，撥付屯田萬户府，忙安倉難擬拆移，不惟省費，亦免勞民。兵部議準擬。屯田萬户府倉敖廨宇，本府與所委官那懷等議，合於兀郎海山下舊新安州故城内，建四向立屯爲便。據合用物料，照會河東宣慰司早爲建造。相視兀郎海山下舊新安州故城，方圍七里，並無人烟，黃河沿路別無村疃，西至寧夏路七百里。若修上項公廨，合用木植令寧夏計料收用買，順流運至古城。或於納憐平遠倉募夫匠建立，誠便。兵部議準擬。省照以舊新安州古城内，建屯田萬户府公廨，不見間座數目，合用物料，遂其事。

【考校記】

〔一〕輯自《永樂大典》卷七五一一。

〔二〕「教」，據文意，疑當作「廞」。

甘州倉〔一〕

仁宗皇帝延祐三年十一月五日，甘肅行樞密院咨：甘州倉言，本倉墻壞，恐浥損官粮，乞添展修倉屋九十間。已劄付甘州路修建八十五間，就用看倉軍六十人供作。自三月爲始興工，不見次第，蓋供作軍少。遂照元貞二年甘州建倉八十間，啓奉术白大王令旨，於各翼摘軍五百人執役，請依前數發遣，庶得早完。十月二十六日，樞密院官塔失帖木兒等奏：「甘州修建倉屋，需軍五百。臣等議，合於旁近漢軍内如數差調。」上從之。

【考校記】

〔一〕輯自《永樂大典》卷七五一一。

常平倉〔一〕

元世祖至元六年，始立常平倉。其法，豐年米賤，官爲增價糴之；歉年米貴，官爲減價糶之。於是八年，以和糴粮及諸河倉所撥粮貯焉。二十三年，定鐵法，又以鐵課糴粮充焉。

【考校記】

〔一〕輯自《永樂大典》卷七五〇七。按：此目出處原題「《宋會要》」，文廷式在文氏鈔本「常平倉」輯文後有跋語，認爲《宋會要》「安得有元事」，當出《經世大典》。今從之。

倉庫脩葺〔一〕

太宗皇帝五年癸巳，詔：「前令隨處官司，就差元設站夫脩治運粮河道，可疾遣站夫自備粮物，速爲修治，工畢放還。專委運粮河所屬各州縣長提舉河道，差能幹官吏及約粮差夫以時巡護，不致賊盜滋生。若遇失盜，不以官私之物，並勒提舉河道官及巡護者陪償。如元贓不獲，依條斷罪。如有河岸缺壞，不分晝夜，多差丁夫，併力修築。違慢遲滯，並以違制論。仍仰沿河以南州府達魯花赤等官，各於瀕岸州城置立河倉，差官收納每歲税石，旋依限次運赴通州倉。其立倉處，差去人取辛卯、壬辰年元科州府每税一石，添帶一石，并附餘者撥燕京。今〔二〕陳家奴、田芝等用意催督，以時漕運，毋違慢。其通州北起倉，據見可收物處，仰達魯花赤、管民官備木植、差夫，令和伯撥泥匠三人、木匠三人、鐵匠一人速修。及差守倉夫三十人，半年交替。如失盜，就令均陪。」

至元九年六月二十一日，中書工部奉省判，斷事官幹脱兒赤等呈：通州廣盈兩倉損壞，令工部斟酌，於鼠耗錢粮内，就漕運司計料修補事。送户部議，官倉損壞，隨申上司修補。用過物價，申部除破，似此早得完備。省準，送工部，照常平倉。省議，隨路倉廒，二年之内損壞者，鳌勒監造官以己資修補。如遷轉事故，本處官司年銷錢内隨即修完，將用過工物同元監造官職名申部，根勾追還。若二年之外損壞者，官爲修理，工物價錢申部除破。

十四年四月二日，省劄：河倉損壞，於各路以官帑修補其二十餘所。今秋雖已修畢，如無人守護，則近倉之民偷取甎木，縱放頭疋，踏踐倉場，損壞墻壁。宜令本處州縣正官提調督勒斗脚常川看守，任滿相沿交割，赴漕司給由。工部議，各處河倉損壞，倉官隨即移文本處官司，一同相視，會計工物，於年銷錢内支用，監督修完。如二年内損壞，監修官備工物修償。壞在二年之外，官自修葺。倉官任滿，取代官完備收附，於解由内開寫。省準。

二十四年四月十八日，泉府卿阿散等奏：「大都諸倉，屋宇損壞，省委麥术丁往視，河西務倉已修，其餘續次興工。」從之。

二十五年五月十三日，丞相桑哥等奏：「上都倉俱在城外，不便。今議擬於城内建倉一二所。」上從之。

二十七年九月八日，平章帖木兒言：「武平路地震，奉詔巡撫。九月二日至彼，應係官局院房舍盡皆顛倒，其糧物壓陷入地，跑掘既出，無處藏貯。擬於平灤路及興松州差工匠一百二十、丁夫一千二百以修蓋。」省準，令工部督責合屬施行。

二十八年二月十五日，丞相完澤等奏：「去歲地震，倉室圮壞，今議令忙古觮提調修葺。」上從之。

三十年九月二十八日，平章不灰木等奏：「疏闢新河，那懷督役公謹，今已成功。河西務、通州倉儲糧最多，俱在曠野。東城紅門内近新河有隙地，復遷紅門稍入五十餘步，廣展基址，期數年間盡建倉宇，移致河西務、通州糧甚便。工部楊尚書言，乞命那懷董工，庶得早成。」上是之，曰：「不必再慮，盡力爲之。」

十一月二十九日，平章剌真、阿里等奏：「楊尚書言，今皇城東沿河建倉，令漕舟於此交卸便。」奉旨準。又奏：「常例，和買蒿草以燒甎瓦，供諸營繕。今擬令刈葦，俟河冰開舟運致，以代蒿用。」奉旨：「不須和買，大都居民十萬，每户賦納一車或一束，命阿里掌之。」

成宗皇帝元貞元年正月六日，平章剌真等奏：「每歲蓋倉及諸營繕，差軍刈葦以供用。今歲營繕亦多，議可仍舊用軍採刈。」二月二十九日，左丞暗都剌等奏：「修理倉庫官舍，每歲令軍人助役。前者移文樞密院取之，未從。今歲約用軍五千。」奉旨准。

【考校記】

〔一〕輯自《永樂大典》卷七五一一。

〔二〕「令」，據文意，疑當作「令」。

城郭〔一〕

國家建元之初，卜宅于燕，因金故都。時方經營中原，未暇建城郭。厥後人物繁夥，隘不足以容，迺經營舊城東北而定鼎焉。於是埤堞之崇，樓櫓之雄，池隍之浚，高深中度，勢成金湯。而後上都、中都諸城，咸倣此而建焉。

【考校記】

〔一〕輯自《元文類》卷四二。

橋梁〔一〕

都城初建，庶事草創，其内外橋梁，皆架木爲之，而覆以土，凡一百五十六。至大德間，年深木朽，有司以爲言，改修用石。都水監計料，工部應付工物，委官董工修理，然後人無病涉之患。

【考校記】

〔一〕輯自《元文類》卷四二。

河渠〔一〕

太史公《河渠》一書，所以載水利者甚悉。蓋水雖能爲害，然人得其疏導蓄泄之方，以順其潤下之性，則爲利亦大矣。國家定都幽燕，上決白浮、雙塔諸水，導之爲通惠河，以濟漕運。又爲之立牐壩，以節其盈涸。舟楫既通，而京師無告乏之弊。至導渾河，疏灤水，而武清、平灤無没溺之患；浚冶河，障滹沱，而真定免決嚙之虞。開會通于臨清，以通南北之貨；疏陝西之三白，以溉關中之田。泄江湖之淫潦，立捍海之横塘，而浙右之民免墊溺之憂。害既除，利以興，作河渠。

【考校記】

〔一〕輯自《元文類》卷四二。

阜通七壩〔一〕

成宗皇帝大德六年三月，京畿漕運司言：「歲漕米百萬，全藉船壩夫力。自冰開發運至河凍，計八月二百四十日，日運糧四千六百餘石。所轄船夫一千三百餘人，壩夫七百三十，占役俱盡，晝夜不息。今歲水漲，衝決壩隄六十餘處，雖已脩畢，迫於期限，多有不固。若不重修，恐霖雨衝圮，走泄運水。以此點視河隄淺澀低薄一十九處，請修理。」省準。都水監差濠寨督軍夫，自五月四日入役，六月十二日畢工。

深溝壩九處，長四千九百二十五尺，計一萬五千一百五十三工。王村壩下淺澀一處，長二百步，上闊六十尺，下廣三十尺，深八尺，積三十六萬尺。壩腦南北兩岸一處，長一百三十步，深三尺，闊一丈，積一萬九千五百尺。劉家莊後一處，長二百步，闊三尺，深二尺，積三萬尺。高岸南一處，長五十步，闊三步，深二尺，積七千五百尺。高岸西一處，長五十步，闊三步，深一尺五寸，積一萬六千八百七十五尺。安得前一處，長五十步，闊五步，深三尺，積一萬八千七百五十尺。安得西淺澀一處，長四十步，闊五步，深三尺，積一萬五十尺。不落墳西一處，長五十步，闊五步，深二尺，積一萬二千五百尺。捧道橋西一處，開掘長四百四十尺，上廣六十尺，下廣三十尺，積二十二萬五百尺。

王村壩二處，長五百五十尺，積二〔二〕萬八千五百尺，四十尺爲一工，計七百一十三工。壩腦一處，長三百五十尺，闊一丈，深三尺，積一萬五百尺。鄭村壩下一處，長二百尺，闊三十尺，深三尺，積一萬八千尺。鄭村壩一處，長五百尺，闊三十尺，深三尺〔三〕，積四萬五千尺，計一千一百二十五工。西陽壩三處，長三百七十尺，積五萬五百尺，計一千三〔四〕百六十二工。壩房西、捧道橋東一處，長一百尺，闊四十尺，深七尺，積二〔五〕萬八千尺。西陽村西北開洗減水口，長一百五十尺，闊一丈五尺，深六尺，積一萬三千五百尺。郭村壩下一處，長一百二十尺，闊二丈五尺，深三尺，積九千尺。郭村壩三處，通長一千五十尺，積七萬九千五百尺，計〔六〕一千九百八十七工半。壩腦一處，長二百五十尺，闊一丈，深三尺，積七千五百尺。捧道橋西一處，長六百尺，闊二〔七〕丈，深五尺，積六萬尺。常慶壩下一處，長二〔八〕百尺，闊二丈，深三尺，積一萬二千尺。千斯壩下一處，長二千尺，闊四十尺〔九〕，深五尺，積四十〔一〇〕萬尺，計一萬工。

【考校記】

〔一〕輯自文氏鈔本，文氏録自《永樂大典》卷一七五九五。

〔二〕「二」，原作「三」，據下文「四十尺爲一工，計七百一十三工」改。

〔三〕「三尺」，原脱，據上下文相關數據補。

〔四〕「三」，繆鈔本作「二」。

〔五〕「二」，原作「三」，據上文相關數據改。

〔六〕「計」，原作「積」，據繆鈔本及上文改。

〔七〕〔八〕「二」，原作「一」，據上下文相關數據改。

〔九〕「尺」，原作「丈」，據繆鈔本改。

〔一〇〕「四十」，原缺，據繆鈔本補。

郊廟〔一〕

祀，國之大事也。故有國者必先立郊廟，而社稷繼之。我朝既遵古制，而又有影堂焉，有燒飯之院焉，所以致其孝誠也。至如祀孔子爲宣聖，太公爲武成，推而至於三皇，亦咸爲之廟食。若太史司天之有臺，城隍嶽瀆之有祠，其所以答神休、報靈貺之意，則又至矣夫。

【考校記】

〔一〕輯自《元文類》卷四二。

僧寺〔一〕

自佛法入中國，爲世所重，而梵宇遍天下。至我朝，尤加崇敬，室宫制度咸如帝王居，而侈麗過之。或賜以内帑，或給之官幣，雖所費不貲，而莫與之較。故其甍棟連接，簷宇翬飛，金碧炫耀，亘古莫及。吁，亦盛矣哉！

【考校記】

〔一〕輯自《元文類》卷四二。

道宫〔一〕

老子之道，以無爲宗，虚爲祖。知雄白而守雌黑，故能柔强勝堅，安危平險，天下莫能賓，萬物不敢臣。執是爲右契以御天下，而天下莫之先。舉世崇尚，爲之築宫室、立臺榭，固非一日。其教雖有正一、全真、大道之殊，而我朝尊寵之隆，則與釋氏並。乃若琳宇之穹崇，璇宫之宏邃，皆出於國家經費而莫之靳，亦豈其道非常之所致歟？

【考校記】

〔一〕輯自《元文類》卷四二。

廬帳〔一〕

我朝居朔方，其俗逐水草，無常居，故爲穹廬，以便移徙。後雖定邦邑，建宫室，而行幸上都，春秋往返，跋涉山川，遂乃因故俗，爲帳殿房車，以便行李。其不欲興土木以勞民之意，亦仁矣哉！

【考校記】

〔一〕輯自《元文類》卷四二。

兵器〔一〕

居安慮危，有國之大戒，安不忘戰，有備則無患也。故兵雖兇器，而不可一日廢。我朝承平日久，四海晏然，兵器似非所急者，而弓弩戈甲之制，歲爲常貢，率有定數。其制作之工，鋒刃犀利，視苟安忘戰、口不言兵、器械不精、以卒與敵者，蓋不侔矣。

【考校記】

〔一〕輯自《元文類》卷四二。

鹵簿〔一〕

乘輿之出入，有大駕、法駕。其儀衛森嚴，警蹕清道，非以自奉也，所以敬神明、嚴祖宗也，豈直爲觀美哉？

【考校記】

〔一〕輯自《元文類》卷四二。

玉工〔一〕

中統二年，敕徙和林、白八里及諸路金玉碼碯諸工三千餘户於大都，立金玉局。至元十一年，陞諸路金玉人匠總管府，掌造玉册、璽章、御用金玉珠寶、衣冠束帶、器用几榻，及后宫首飾。凡賜賚，須上命，然後製之。

【考校記】

〔一〕輯自《元文類》卷四二。

金工〔一〕

攻金之工，以煅鍊爲職。器以適用，而等威之辨，實行乎其間。若符印所以示信也，而印鈕之制，則有龍、獸、駝、龜之别。金、銀、銅雖異，而又有三臺、二臺之辨焉。符牌之分金銀，固也，而有三珠、雙窠之異。如此而後，品秩之崇卑，較然有不可紊者矣。其它如祭器以致敬，銅人以驗鍼灸，步占之渾儀，沙門之佛像，與凡器用之需，莫不取給焉。故雜造有府，器物有局，又立民匠總管以總之，其制度亦詳矣哉。

【考校記】

〔一〕輯自《元文類》卷四二。

簾押〔一〕

親王納妃、公主下降，皆有銀蒜簾押幾百雙。

【考校記】

〔一〕輯自《元明事類鈔》卷三〇。

木工〔一〕

木工之名則一，而其藝有大小。如營建宫室，則大木之職也。若舟車以濟不通，几桉以適用，此皆小木之爲也。故鏇匠有局，繕工有司，民匠雜造之有府，歲爲定制，以備用焉。

【考校記】

〔一〕輯自《元文類》卷四二。

摶埴之工〔一〕

埏埴，小藝也，而其用至要。宫室以蔽風雨，而瓴甓是需，故爲窯場以埏埴之，煅煉之，而所用脩矣。

【考校記】

〔一〕輯自《元文類》卷四二。

石工〔一〕

夫石之爲物，其理麤，其質堅，故琢磨之工倍於玉。而我朝攻石之工，製以花卉、鳥獸之像，作爲器用，則務極其精巧云。

【考校記】

〔一〕輯自《元文類》卷四二。

絲枲之工〔一〕

國朝治絲之工，始自甲戌年間，有史道安者精於其藝，遂以御衣、尚衣同爲三局，高麗諸工亦立局焉。如異樣、綾錦、紗羅三提舉司，又置府以總之。其大都等路諸色民匠，及大都人匠、隨路諸色民匠，又各立府以督之。其外道行省諸局，雖不與此，如御用、諸王衆用者，亦各有差。常課之外，不時之需，謂之横造。然其染夏之工、織造之制、刺繡之文，咸極其精緻焉。

【考校記】

〔一〕輯自《元文類》卷四二。

皮工〔一〕

製皮爲衣，以禦寒也。而大祀之用，禮不可廢。我朝起朔方，都幽燕，皆苦寒之地，故皮服之需尤急。乃設爲寺、監、司、局以專掌之。而其柔治之方、裁製之巧，則又非昔人之所及也。

【考校記】

〔一〕輯自《元文類》卷四二。

氈罽〔一〕

氈罽之用至廣也，故以之蒙車馬，以之藉地焉。而鋪設障蔽之需咸以之。故諸司、寺、監歲有定製，以給用焉。

【考校記】

〔一〕輯自《元文類》卷四二。

御用〔一〕

成宗皇帝大德二年七月二十六日，奉旨：寢殿内造地氈。命與只里哈乎同議長短闊狹尺寸，命那懷成造。工部委官〔二〕計料工物，成造察罕腦〔三〕兒寢殿地氈五扇，總積方尺九百九十二尺八寸三分。四扇各長二丈五尺二寸，闊八尺六寸五分，折方尺二百十七尺九寸八分，計八百七十一尺九寸二分。一扇長一丈五尺五寸，闊七尺八寸，折方尺〔四〕一百二十尺九寸一分。用物：羊毛九百九十三觔十三兩一錢二分，内白羊毛八百六十五觔六兩五錢、青羊毛八十七觔一十三兩一錢二分、黑羊毛三十九觔九兩五錢。物料，計用上等回回茜根一百二十七觔四兩二錢五分，淀三百五十七觔五兩五錢，白礬二百三十三觔一十一兩六錢五分，槐子一十二觔一十一兩六錢，黃蘆五十觔十四兩五錢，荆葉一百一觔十三兩，牛李一百六十九觔十一兩，棠葉八十四觔十三兩五錢，橡子一石一斗八分七合，緑礬八觔十四兩五錢，落藜灰五斗，花鹻十觔二兩九錢，石灰六十八觔一兩一錢，柴三千二百四觔四兩二錢，醋七斗一升一合五勺。

泰定元年四月二十四日，隨路民匠都總管府奉工部符：撒里帖木兒等傳旨，失列帖木兒皇后斡〔五〕耳朶裏，沿路搭蓋兀納八前二察赤兒，段匹庫藏車駕及鞍轡等二獨柱察赤兒，禾赤兒前三赤兒，速移文造之。除察赤兒外，所用包裹花氈，丈量計料〔六〕成造。二年，送赴本位下交納成造察赤兒鋪設毛毯七扇，積方尺八千五十尺。用物：羊毛八千五十斤，茜根一千九百八十斤，淀三千六十九觔，白礬一千二十三觔，黃蘆三百九十六斤，石灰〔七〕二百九十七觔，橡子六石六斗，皂礬四十九觔八兩，醋四石八斗四合，荆葉九百七十二觔八兩，牛李一千五十六斤，棠葉五百二十八觔，硬柴二萬四千五百五十二觔。

十二月一日，留守伯帖木兒奉旨：英宗皇帝影堂祭器，依世祖皇帝影堂制爲之，於省部議〔八〕所用物。省議，宜依仁宗皇帝影堂之數造。赴青塔寺輸納成造剪絨花毯五扇，總計折方尺二千六百三十六尺七寸。正殿地毯一，長三十三尺五寸，闊十八尺二寸，折方尺六百九十六寸。前殿地毯四，折方尺〔九〕二千二十七尺〔一〇〕。用物：浄羊毛一千五百八十二斤，茜根六百二十五斤一十三兩，淀九百六十九斤九兩，白礬四百二十一斤十四兩，棠葉一百六十六斤十四兩，荆葉二百五十斤四兩，槐子四十一斤十一兩，黄蘆一百四十五觔三兩，橡子二石七升，醋一石五斗四升，緑礬一十五觔七兩，石灰九百一十三斤，硬柴八千一十一斤。

二年閏正月三日，隨路諸色民匠都總管府奉工部符文，留守司關：至治三年十二月五日，留守伯勝、阿魯澤沙傳旨，北平王影堂内核桃木椀楪、象牙匙筯、楠木卓及諸物，依世祖皇帝影堂，從新爲之，計料〔一一〕繪圖成造。三年五月七日交納，庫赤劉提舉收受。成造毯十五扇，總積方尺三千四百五十九尺。前殿三扇：正身一扇，長三十八尺，闊二十四尺；西耳房二扇，各長二十三尺，闊一十三尺。後殿一扇，長五十尺，闊二十二尺五寸。柱廊一扇，長二十八尺，闊一十八尺。雜用鋪陳毯一十扇，各長八尺，各闊四尺。白毯簾一扇，長一十尺，闊七尺。用物：青白羊毛三千五百一十一斤八兩，槐子五十六觔一十一兩，白礬四百三十九觔，茜根八百五十一斤八兩，淀一千二百九十斤八兩，黄蘆一百七十觔，石灰一百二十七斤，橡子二石八斗三升，菉礬二十一斤四兩，醋二石九斗八升，荆葉三百四十觔，棠葉二百二十六觔，牛李四百五十三斤，硬柴一萬六百三十一斤。

三年正月二十四日，省判工部：中尚監少卿伯達兒爲續太卿也里伯都太監言，上都時，撤伯帖木兒院使、八里顔司徒等奉旨，兀納八氈吾殿兩旁柱廊，速爲造之。以無氈故，語太卿八里顔、少卿伯達兒，語丞相，如無毯，俟大都爲之。又於十月十五日，官者塔□司卿、也速不花司丞又奉旨，如前〔一二〕資成庫言，見有氊貨絲布簾扇等，爲應付餘房舍合用物，請早爲給之，下覆實司，比料相應。部議，中尚監闕爲速哥答里皇后造吾殿兀納八，除給之氈絲布簾，餘物氈□地毯諸物，俟〔一三〕省下工部，照勘無書，□計料用物爲之。

泰〔一四〕定三年八月十四日，赴中尚監資成庫送納成造地毯六扇。一副三扇，每扇長二十尺，每扇積四百八十四尺，計一千四百五十二尺。一副三扇，每扇長二十尺、闊二十尺，每扇積四百尺，計積一千二百尺。用物：□路上等荒秋青羊毛二千五百六十二斤，西蕃茜根六百二十七斤一十三兩，白礬三百二十五斤五兩，漢淀九百七十五斤五兩，石灰九十四斤七兩，荆葉二百五十一斤一十四兩，棠葉一百六十二斤三兩，橡子二石一斗，黄蘆一百二十五觔一十五兩，牛李三百三十九兩，槐子四十一斤一十五兩，醋一石五斗五升，緑礬一十五斤一十一兩，木柴八千五十五斤。

六月二日，留守金界奴奉旨：「依朕取圖，建鹿頂殿五間，用器鋪設咸備。汝與赤剌哈總其地毯，丈量計料，於十一月十五日造畢，赴西宮儀鸞局納成造。」西宮鹿頂殿地毯大小二扇，積方一千三尺。内一扇長三十九尺、闊二十尺，一扇長二十六尺、闊二十尺。用物：青白羊毛一千三百斤，哈剌章茜根三百八斤七兩，白礬一百五十九觔，槐子二十斤九兩，淀四百七十七觔一十二兩，黄蘆六十一斤八兩，石灰四十六觔二兩，橡子一石，緑礬七斤一十一兩，醋七斗五升五合，荆葉一百五十四斤三兩，牛李一百六十四斤八兩，棠葉八十二斤四兩，硬柴三千九百四十八斤。

四年正月二十一日，中尚監官八里顔奉旨：撒答八剌皇后禾失房帶主廊，咸新其氈，所用物令省部速給與之。於是氈布諸物，關工部應付，送覆實司比料。九月二十四日造畢，赴中尚監資成庫送納。成造朓羅氈一十扇，各長三十尺，闊二十尺。内入藥白氈一個，半入白礬氈四個，無礬白氈三個，雀白氈三箇。半青紅芽氈二十八箇，各長一丈二尺，闊四尺半。内紅氈一十箇，染青氈四箇，白韈氈三箇，白氈胎一箇。用物：荒秋青白羊毛五千一百七十觔八兩，黄蠟四十五觔九兩，白礬一百四十五觔，寒水石二百五十九觔，白茇一十六觔三兩，黑木炭三百四十三斤，茜根二百四十三觔，淀四百一十斤，醋八斗七升，硬柴一萬一千六百三十五斤。

十二月十六日，宦者伯顏察兒，留守剌剌、哈岳羅、魯米只兒等奉旨：作二十脚吾殿帶柱廊胎骨。上下版用絹裱之，上畫西番蓮，下畫海馬。柱以心紅油，而青其線縫。龍床以椴木爲之，肉紅色油。用物需之太府監。幔造地毯簾扇，移文省部，用白氊幔造，乃當。□所立立房比行期速成。於是下修内司等局，咸請計料用物，下覆實司比料，委官同大都留守司官，量其長闊尺寸，計料關支用物，爲之成造地毯四扇，計積五百八十七尺五寸。用物：興和路上等荒秋青白羊毛五百八十七斤八兩，西番茜根一百三十九斤八兩，白礬五十九斤六兩，柴一千七百八十二斤六兩，漢淀一百八十六斤一十二兩，醋三斗三升，黄蘆二十七斤五兩，石灰一十九斤二兩，槐子九斤四兩，橡子四斗六升，緑礬三斤七兩，牛李七十四觔。

五年二月十五日，隨路諸色府匠都總管府令史嚴障言言，十二日，中書工部令於十三日委官同承徽〔一五〕寺官，丈量撒答八剌皇后金脊殿回回剪絨氊長闊尺寸，計料用物，下織染人匠提舉司等官，同量計料關物，造剪絨毯〔一六〕四片，長不等，計積方二百四十五尺。用物：青羊毛三十八斤一十二兩，白羊毛二百五斤二兩五錢，西番茜根五十七斤一十兩，漢淀八十七斤三兩，緑礬一斤四兩，白礬二十九斤三兩，牛李三斤一十二兩，槐子三斤一十二兩，橡子一斗五升，石灰八斤，棠葉一十五斤，黄蘆一十一斤八兩，荆葉二十三斤，醋一斗五升，木柴七百四十斤。

是月十六日，敕造上都棕毛殿鋪設，省下隨路民匠府爲之。九月十三日，輸之留守司成造地毯二扇，積二千三百四十三尺。用物：荒秋青白羊毛二千三百四十四斤，茜根五百五十五斤，淀八百六十一斤，白礬二百八十六斤，荆葉二百二十斤，棠葉一百四十八觔四兩，牛李二百九十六觔，黄蘆一百一十一斤，橡子一石八斗五升，緑礬三斤一十四兩，槐子三十七斤，醋一石三斗七升，石灰八十三斤，硬柴六千八百九十三斤。

【考校記】

〔一〕輯自文氏鈔本，文氏録自《永樂大典》卷四九七二。

〔二〕「官」，原作「宦」，據《工物記》改。

〔三〕「腦」，原缺，據《元史》卷一一《世祖本紀八》「作行宫于察罕腦兒」補。

〔四〕「尺」，原脱，據文例及《工物記》補。

〔五〕「斡」，原缺，據《工物記》補。

〔六〕「料」，原作「科」，據上文及《工物記》改。

〔七〕「石灰」，原作「不在」，據《工物記》改。

〔八〕「議」，原作「所」，據《工物記》改。

〔九〕〔一〇〕「尺」，原脱，據文例及《工物記》補。

〔一一〕「料」，原脱，據文例及《工物記》補。

〔一二〕「如前」，據文意，疑當作「前如」。

〔一三〕「俟」，此下原衍「無」字，據《工物記》删。

〔一四〕「泰」，原缺，據《工物記》補。

〔一五〕「徽」，原作「微」，據《工物記》改。

〔一六〕「長闊尺寸」至「造剪絨毯」，此數句原有重文，據《工物記》删。

雜用〔一〕

太宗皇帝四年壬辰六月，敕諭豐州、雲内、東勝二〔二〕州達魯花赤官員人等，今差氊匠詣彼居止，歲織斡耳朵大氊四片，長一丈六尺，給以羊毛五百斤、駞毛一百斤，及染顔色物料。驗三州各管見在軍數均科外，舊欠羊、駞毛并今歲者就納足之，後依例科取。毯匠達魯花赤都束并諸匠家屬三十人，續添二十五，計口五十五人，日支米一升，於雲內支付，就報宣差徵收禄税所，於秋税內剋除。雲內州官應付大屋二門，□木二株，長一丈四尺。造畢，驛遞斡耳朵送納。

六年，甲午。元帥習剌奉剌聚諸工七千餘户。至中統元年，又聚二萬九千餘户。二年，立都總管府以統屬之，歲造氊帽六、氊衫七、胎氊四十二斤、帳氊二十片、氊鞍籠二。

世祖皇帝中統三年，敕也的迷失佩金牌，至大都置立局院，以諸工分隸之，造作金銀皮貨氊染諸物。是年，始歲造羊毛氊大小三千二百五十段，赴中尚監送納。至今因三歲，造白氊八百一十片，內絨披氊一十、絨裁氊一十、掠絨剪花氊五十、白羊毛氊七百四十：內藥脱羅三十、無藥脱羅五十、裏氊三十、扎針氊一十、鞍籠氊二十、裁氊〔三〕五十、氊胎一百五十、好事氊二百五十、披氊二十五、襯花氊一百、骨子氊二十五。悄白氊一百八十段，內藥脱羅一十五、無藥脱羅二十五、裏氊一十五、襍使氊一百二十五。大糁白氊六百二十五段，內脱羅氊一百、裏氊五十、裁氊一百、氊胎一百五十、披氊一百、雜使氊一百二十五。燻氊一百段。染青小哥車氊一十段。大黑氊三百段，內布答氊五十、好事氊二百五十。

染氈一千二百二十五片，内羊毛氈九百七十五，内紅氈二百五十、青氈五百、柳黄氈五十、緑氈五十、黑氈五十、柿黄氈二十五、銀褐氈五十；掠氈二百五十，内青氈一百五十、紅氈一百。柒者也毛繩二百二十五斤，内青者也一百斤、紅者也〔四〕八十斤、赤黄者也二十斤、緑者也五觔、銀褐者也一十斤、粉紅者也五斤、明緑者也五斤。用物：荒羊絨毛一十四萬一千七十觔，内白秋毛六萬六千一百二十五斤、青秋毛六萬七千五百七十斤、黑秋毛五千六百二十五斤、白絨毛一千七百五十斤。物料，黄蠟一千一百十三斤一十二兩，木炭七千九百四十斤，寒水石六千三百三十六斤，松明子二千五百斤，羊觔二千觔，皂礬五百斤，橡子五十石，樺皮一千五百斤，小油一千觔，白芨三百六十五觔，羊頭骨二百五十觔，白礬一千八百三十七觔，回回淀三百八十四觔，槐子一百一十七觔，大麥麪三百八十四斤，黄蘆六百一十二斤，荆葉一千三百八十斤，落藜灰四十九石六斗，石灰一百八十八斤，花鹻一百四十四斤，黑沙塊子灰一千五百觔，哈喇章茜根三千五百三十五斤四兩，柴二十八萬四千九百六十四斤一十二兩。

至元三十年，管領隨路民匠打捕鷹房總管府。

延祐六年九月初四日，中政院稟准，陞爲翊正司，年例額辦造作氈貨，歲造披氈一、卧氈一、插樓氈。

仁宗皇帝延祐二年七月八日，丞相阿散、左丞阿里海牙等稟：「每歲斡耳朶行幸時，除應〔五〕付餘物外，有包裹斡耳朶〔六〕舍里台、撒里孫，爲是官無見在和買應付，多費官錢。利用監賞造一切皮貨，筵宴時剥下羊皮，分付與利用監熟造撒里孫。帖滅赤處追落䮑毛甚多，尚舍寺亦有造，舍里台匠以䮑毛責之織造。若更不敷，然後和買爲便。」

英宗皇帝至治三年九月十一日，廩給司司庫冉德言：「自至治二年十二月爲始，交收帳房被褥諸物，以供諸王、公主、駙馬、使客至用。今已起程，收拾在庫頓放，照元交及察迭兒局未造各處支帖，實有見在堪與不堪細數，請換脩之。送照磨蘭將仕從實相視分揀，與廩給司所申同，通政院乃以上年各局未造并今歲分揀不堪用帳房鋪陳諸物，移文工部，相視修換。下覆實司相視，具數目比料，令合屬委官監視，從實使用。」是日，下織染人匠提〔七〕舉司移文本司副提〔八〕舉張義提調，及下氈局關物造完。於泰定元年六月三日、九月九日，赴察迭兒局收支庫送納成造白厚氈二千七百七十二尺、青氈八千一百十二尺、四六尺青氈一百七十九尺〔九〕。用物：羊毛七千一百七十三斤半。内白厚五分氈二千一百七十二尺，青〔一〇〕氈八千一百一十二尺，每尺用秋荒青羊毛九兩，計用四千五百六十三斤。

四六尺青氈一百七十九斤〔一〕，每斤〔二〕用秋荒青羊毛七斤，計一千二百五十三斤。木柴，驗羊毛一斤，用硬木柴一斤半，計萬三百六十斤四兩。

今上皇帝天曆〔三〕元年九月八日，平章速速奉旨，典瑞院印章，即令□與之外，據蒙□白氈，移文工部需之。部下隨路諸色人匠都總管府，委官計稟，典瑞院官吏量其尺寸，計料用物，關支造完。於是年十月送造成納苫寶篳氈一扇，長一丈五尺，闊七尺。用物：青羊毛一十六斤六兩，白羊毛八十八斤九兩，陝西茜根二十四斤一十兩，淀三十八斤五兩，白礬一十三斤五兩，緑礬八兩八錢，槐子一斤九兩，梔子七升八合，木柴三百二十三斤，石灰三斤五兩。

二年三月六日，奉旨，爲明皇帝送二象轎有損，速脩，油染車包裹之。合用物需之省部，命哈兒思蘭沙提調沿路所用匠人，留守司發遣脩完，以付章吉觧持往。於是下修內司計料，章吉觧院使言，一轎鞍及轡、絨套、結子、肚帶諸物，皆爲造之。其一轎在上都，可移文令彼就脩理轎所，當用之物，毋以晝夜。脩染畢，用物包護，差人送至沙靜州聽候。於是相視，除花氈蒙鞍四、銀台鍍金脊條、金翅鵰寶瓶、西番蓮花樸，并象鉤四，係金玉府脩理外，鍮石鍍金寶瓶諸物，開申工部，請早爲之。至九日，院使章吉觧、留守阿兒思蘭沙奏，轎上幪氈、裀褥、油絹皆舊，金翅鵰寶瓶亦壞。奉旨：幪氈、裀褥、油絹，令翊〔一四〕正司朶解提調，移文各司，所給其氈需之中尚監。於是移文將作院諸處，工部下覆實司，委提舉楊承務相視轎上鍍金事件，寶瓶俱□損，色淺。鞦轡四副，象牙花樣事件，打騎間有損壞，宜修并刱造。所用物比料相應，下隨路人匠都總管府，委官計料關物造完。於四月六日，赴御位下玉列赤局，送納成造幪鞍花氈四。用物：興和路上等荒秋白羊毛三百二十二斤八兩，上等秋細白絨毛一百三十五斤，木柴六百八十六斤四兩。白脱羅毯一箇，長二丈，闊一丈五尺，厚五寸。製花掠絨染氈一十二箇。

九月五日，敕〔一五〕廣□局達魯花赤忽辛改造駞衣十串，内翦絨四串，纓□旗鼓□備。仍敕省部速與用物，明里董阿董其事。成造巴□思十箇、鞍八十箇、攀胸八十條、肚帶八十條、鞦八十條、鼻繩八十條、海波失花氈四十八箇、翦絨花氈三十二、繡旗四面、生色旗六面、銅腔鼓十面、看刺思大鈴八十、罕答海中鈴八十、小偏鈴一千一百、熟鐵大鈴八十、鐵僉八十、鐵索六百四十尺、鐵圈一百六十。用物：羊毛線二千三十二斤，内移青一百六十八斤、赤黄一百九十二斤、茜紅一千一百三十六斤、白三百八十四斤、緑八十八斤、銀褐六十四斤，銜黑駞毛静線三百六十〔一六〕八斤，駞毛線一千八十斤，駞毛編子二百四十托，一引手爲一托。絨編子一百六十托，木杴兒四百四箇，單三索一百六十八條，內小單三索八。蒲二百四十束，四股麻繩一百六十托，青硥硥〔一七〕一萬六十個，黑纓八十斤，紅纓四十斤，線紙五百張，椴木十二條，心紅攢竹旗竿一十條，雜色絨十六斤，大紅紵絲十匹，銀一十兩，心紅一斤十兩，銅碌一斤十四兩，墨一斤八兩，礬紅三斤，雄黃二斤四兩，明膠二十一斤，定粉六斤，石灰十五斤，石青二斤四兩，白羊毛一千二百二十斤，青羊毛一百八十八斤〔一八〕，西番茜根三百四十二斤，淀五百二十七斤十二兩，白礬一百七十六斤三兩，黃蘆六十七斤八兩，荊葉一百三十五斤，橡子一石一斗，槐子二十二斤十二兩，皂礬八斤四兩，醋八斗四升，牛李一百八十二斤，棠葉九十一斤，硬木柴四千二百二十四斤，銀一百九十九兩，東蘭錢〔一九〕一千一百七十五斤，碙沙十五兩，水和灰八千六百七十斤，木炭四千二百斤，赤格柱十四條，夾棒一百六。

十二月，玉列赤頭目亦剌合呈奉寺劄，造八不沙皇后位下粧駞花氈七十五副，計料用物，關工部應付。成造妝駞花氈七十五副，每副用物：不兒敢赤脊帶籠頭白地氈一箇，長六尺，闊四尺，厚六分。翦花樣青氈、赤黃氈、銀褐氈、肉紅氈、柳黃氈、明綠氈、粉青氈、深色紅氈各半箇，長三尺。做襜赤哥白絨氈一箇，長六尺，闊四尺。五色者也四斤，青紅線一斤半，生絲線一斤，白者也一斤，黄布裏一匹，青紅纓二斤，應吉兒叉鞍子汗屟一箇，駞毛肚帶一，粘花麪二斤，帶氈裏畫十把，鐵指塔二十，大小針一千。

【考校記】

〔一〕輯自文氏鈔本，文氏録自《永樂大典》卷四九七二。
〔二〕「二」，據文意，疑當作「三」。
〔三〕「氈」，原脱，據《工物記》補。
〔四〕「也」，原脱，據《工物記》補。
〔五〕「應」，原作「腐」，據《工物記》改。
〔六〕「朶」，原作「孫」，據上文改。
〔七〕〔八〕「提」，原缺，據《工物記》補。
〔九〕「尺」，原脱，據《工物記》補。
〔一〇〕「青」，原脱，據《工物記》補。
〔一一〕〔一二〕「斤」，據文意，疑當作「尺」。
〔一三〕「曆」，原缺，據《工物記》補。
〔一四〕「翊」，原作「翎」，據《元史》卷八八《百官志四》及《工物記》改。

〔一五〕「敕」，原作「剌」，據下文改。

〔一六〕「十」，原脱，據《工物記》補。

〔一七〕「㼽㼽」，據文意，疑當作「硫硫」。

〔一八〕「斤」，原脱，據《工物記》補。

〔一九〕「錢」，《工物記》作「鐵」，疑是。

畫塑〔一〕

繪事後素，此畫之序也。而織以成像，宛然如生，有非采色塗抹所能及者。以土像形，又其次焉。然後知工人之巧，有奪造化之妙者矣。古之象物肖形者，以五采章施五色，曰繪曰〔二〕繡而已。其後始有範金、埏土而加之采飾焉，近代又有織絲以爲像者。至于今，其功益精矣。

【考校記】

〔一〕輯文第一段輯自《元文類》卷四二，第二段輯自文氏鈔本（文氏録自《永樂大典》卷一八二八七）。王國維《〈元代畫塑記〉跋》認爲兩段文字皆爲《畫塑》之序，其差異當因「書成後有改易也」，或是。因難以確定，故備異以待考證。

〔二〕「曰」，原作「而」，據《畫塑記》改。

御容〔一〕

成宗皇帝大德十一〔二〕年十一月二十七日，敕丞相脱脱、平章秃堅帖木兒等，成宗皇帝貞慈静懿皇后御影，依大天壽萬寧寺内御容織之；南木罕太子及妃、晉王及妃，依帳殿内所畫〔三〕小影織之。將作院移文諸色總管府，繪畫御容三軸、佛壇三軸。用物：細白縻絲〔四〕三千一百九尺，土粉二十三斤一十四兩八錢，胡麻一十三斤，明膠九斤，西碌三斤，心紅五斤，回回青三斤，回回胭脂一斤，藤黄一十二兩九錢六分，西番粉九斤，西番碌九斤，葉子雄〔五〕黄二斤，生石青一十九斤，松方一條。

仁宗皇帝延祐七年十二月十七日，敕平章伯帖木兒道與阿僧哥、小杜二，選巧工及傳神李肖巖，依世祖皇帝御容之制，畫〔六〕仁宗皇帝及莊懿慈聖皇后御容，其左右佛壇，咸令全畫之。比至周年，先令完備，凡用物及諸工飲膳，移文省部取之。仁宗皇帝及莊懿慈聖皇后御容并半統佛壇等畫三軸，各高九尺五寸，闊八尺。用物：細白縻絲一百一十四尺、闊二尺，平陽土粉三十斤，回回胭脂一斤八兩，明膠二十四斤，回回胡麻一十五斤，泥金〔七〕三兩七錢五分，揀生石碌一十三斤，黃子紅四斤十四兩，西番粉一十五斤六兩，西番碌九斤六兩，五色絨一斤八兩，朱砂三斤，揀生石青三十斤，大紅銷金梅花羅一百二十尺、闊二尺，大紅官料絲絹一百二十尺，鴉青暗花素紵絲二百四十尺，真紫梅花羅二十一尺、闊二尺，紫檀木六條，黑木炭二千個，江淮夾紙一千三百張，線紙一千三百張，木柴一千三百束。

英宗皇帝至治三年十二月十一日，太〔八〕傅朶䚟、左丞善生、院使明理董瓦〔九〕進呈太皇太后、英宗皇帝御容。朶〔一〇〕䚟、善僧〔一一〕、明理董阿即令畫〔一二〕畢，復織之。合用物及提調監造工匠〔一三〕飲食，移文省部應付。顯宗皇帝、皇后佛壇三軸，太皇太后佛壇三軸、小影神一軸。用物：細白羼絲二百四十尺、闊二尺，平陽土粉六十四斤，回回胡麻三十二斤，明膠五十一斤，心紅一十九斤，葉子雌黃一十二斤，朱砂六斤六兩，黃子紅一十斤，揀生石青六十二斤，西番碌一十斤四兩，西番粉三十二斤一十兩，五色絨三斤半，江淮夾紙二千六百張，大紅銷金梅花羅二百五十二尺，大紅官粉絲絹二百五十二尺，常詳鴉青暗花羅四百九十尺，真柴梅花羅四十七尺、闊二尺，大紅絨條一十四條各長三十尺。

今上皇帝天曆二年二月十三日，敕平章明理董阿、同知儲政院使阿木腹：「朕今繪畫皇妣、皇后御容，可令諸色府達魯花赤阿咱、杜總管、蔡總管、李肖巖提調，速畫之。」回奏：「昨隨路府有餘下西番顏料，今就用之。儻不足，擬移文省部需用。」上從之。諸色府下梵像提舉司繪畫。用物：土粉五斤，回回胭脂八兩，回回青八兩，回回胡麻二斤，明膠五斤，心紅三斤，泥金一兩二錢五分，黄子紅一斤一十四兩，西番粉三斤二兩，西番碌三斤八兩，葉子雌黄二斤，紫粉八兩，官粉三斤，鷄子五十個，生石青一十斤，鴉青暗花紵絲八十尺，五色絨八兩，大紅銷金梅花羅四十尺，大紅絹四十尺，紫梅花羅七尺，紫檀軸一，椴木額條一，白銀六兩。

十一月八日，敕平章明理董阿：「汝提調重重文獻皇后、武宗皇帝共坐御影，凡所用物及工匠飲膳，令諸色府移文，依舊歷〔一四〕需之。」用物：土粉五斤，明膠五斤，回回青八兩，回回胭脂八兩，回回胡麻一斤，心紅三斤，泥金一兩二錢，黄子紅一斤，官粉三斤，紫粉〔一五〕八兩，鷄子五十箇，生石青十一斤，五色絨八兩，西番粉三斤，西番碌三斤，葉子雌黄二斤，黑木炭七百斤，大紅銷金梅花羅四十尺，大紅官絹四十尺，紫梅花羅七尺，銀褐絹一匹，白絹三十八匹，大紅絨條二條各長五尺，南木一條長一丈五寸，椴木一條長一丈五寸，銀六兩。

至順元年八月二十八日，平章明理董阿於李肖巖及諸色府達魯花赤阿咱刺達處傳敕：「汝一處，以九月四日爲首破白，即與太皇太后繪畫御容并佛壇二軸，其西番顏色就用隨路府所貯者，餘物及工匠飲膳，依前例，令諸色府移文省部需之。」太皇太后御容并佛壇三軸，各高九尺五寸，闊八尺。用物：梵像提舉西番粉十五斤八兩，西番碌九斤六兩，葉子雌黄六斤，平陽土粉三十斤，明膠二十四斤，回回青一斤八兩，回回胡麻一十三斤，回回胭脂一斤八兩，心紅九斤，官粉九斤，紫粉一斤八兩，黄子紅四斤十四兩，揀生石青三十斤，五色絨一斤八兩，代赭石三斤，鷄子一百五十個，南細黑一十五斤，泥金三兩五錢五分，銀褐絲絹三尺，江淮夾紙一千五百張，白芨八兩，大紅料絹一百二十尺，片腦九兩五錢，紫梅花羅二十一尺，鴉青暗花紵絲一百八十尺，麝香九兩五錢，黑木炭二千箇，大紅絨條〔一六〕各長三十五尺，白料絲絹一百一十四尺。本局造紫檀木軸杆三條，各長一丈五寸，方二寸半。椴木額幅三條，各長一尺五寸，闊二寸半。打鈒銀局造銀鐶二副，用銀一十八兩。瑪瑙局造白玉五爪鈴杵軸頭三副，用白玉六塊，各長四寸五分，直徑二寸七分。西番砂六斤，下水砂一石二斗。

【考校記】

〔一〕輯自文氏鈔本，文氏録自《永樂大典》卷一八二八七。
〔二〕「一」，原作「二」，因無此紀年，據《畫塑記》改。
〔三〕「畫」，原作「晝」，據《畫塑記》改。
〔四〕「縻絲」，原作「可單」，據下文及《畫塑記》改。
〔五〕「雄」，據下文，疑當作「雌」。
〔六〕「畫」，原作「盡」，據《畫塑記》改。
〔七〕「金」，原作「斤」，據《畫塑記》改。
〔八〕「太」，據上下文例，此上疑脱「敕」字。
〔九〕「瓦」，下文皆作「阿」，當是。
〔一〇〕「朶」，此上原衍「汝」字，據上文删。
〔一一〕「善僧」，上文作「善生」。
〔一二〕同〔三〕。
〔一三〕「匠」，原作「退」，據《畫塑記》改。
〔一四〕「歷」，據文意，疑當作「例」。

〔一五〕「粉」，原脱，據《畫塑記》補。

〔一六〕「條」，據文意，此上疑脱一數詞。

神像〔一〕

元貞元年正月，太史臣奏：「嘗奉先帝旨，令那懷建三皇殿及塑三皇像，并造製藥、貯藥等屋，今皆未完。」奉旨：「命那懷移文中書省需所用物，速成之。」三皇三尊，每尊帝山座，十大名醫一十尊，神獒一、虎一。用物：黄土七十一石二斗，西安祖紅土一十六石三斗，净砂一十七石八斗，稻穰八十三束，扎麻二百二十斤，水濕棉紙一百九十八斤，方鐵條一十八斤，莞豆鐵條一十六斤，緑豆鐵條八斤，黄米鐵條四斤八兩，針條三斤，南土布三匹，睛目一十五對，南鐵五百八十斤一十兩，水和炭八千八十斤，松木一十一條，明膠二十三斤一十兩，黄子紅八兩，赤金官箔〔二〕二千，平陽土粉二十六斤，藤黄七兩五錢，生西碌九斤四兩，生石青一十六斤，包金土二斤一十二兩，上色心紅二斤一十四兩，回回青二斤四兩，回回胭脂三兩一錢，南細墨四兩，官粉二斤十兩，瓦粉八兩，生絹二托，北土布二匹，黄丹一十八兩。

大德三年十一月十六日，法師張松堅言：「北斗殿前三清殿左右廊已蓋畢，其中神像未塑。」奉旨：「可與阿你哥言。其三清殿左右神像，凡所用物皆預爲儲備，俟天□塑之。」三清殿左右廊房真像一百九十一尊，壁飾六十四扇。梵像畫局凡用赤金官箔〔三〕九萬三千一百一十二，平陽土粉一千四百六十五斤，明膠八百八十斤，生西碌六百三十七斤，上色心紅一百七十三斤，黄子紅二十二斤，揀生石青一千九百七十四斤，回回胭脂二十四斤，揀生石碌二十一斤，回回青四十六斤，朱砂五十一斤，黄丹五十八斤，藤黄三十四斤，官粉一百四十九斤，瓦粉七十八斤，漢兒青八十五斤，川色金五十斤，代赭石三十斤，黑木炭三千箇，南土布三匹，生絹三匹，大小粉筆三千八百管，筋頭筆二千一百管，描筆一百管，綾金筆一千八百管，蓮子筆一千五百管，棗心筆六百管，連邊〔四〕紙二千張〔五〕，綿紙二千張，熟白麂皮二十五張，熟白牛犢皮二十張，綿子一十三斤，黄蠟三十斤，白礬四十五斤，皂角三十斤，槐子三十斤，夾紙一千五百張。木局造胎座等用柏木二十六條，朽〔六〕木五百八十三條，槐木一十七條，椴木四十九條，明膠〔七〕二百二十斤。出臘〔八〕局塑造用黄土一千二百六石，西安祖紅土三百六十三石六斗，白綿紙五千一百六十八斤，好麻八千七百二十斤，淨砂三百石，稻穰一千五百六十一束，方鐵條八百九斤，芫豆鐵條六百一十七斤，菉豆鐵條三百斤，黃木鐵條三百四十一斤，針條一百六十一斤，黑木炭一千七百五十八箇，睛目一百九十一對。鑌鐵局打造丁鉤子、鐵手、枝條等用東鐵一萬二千一百九十九斤，南鐵四千五百五十九斤，水和炭五萬二百七十六斤。

大德八年三月，奉皇后□旨〔九〕，守城隍廟人言：「昔世祖皇帝嘗令於城隍廟東建三清殿一所，其中未有聖像，及其餘神像有壞者亦多。」可令阿你哥塑三清聖像，餘神像有壞者，咸修之。補塑脩粧一百八十一尊，內正殿一十三尊、側殿西廊九十三尊、側殿東七十三尊、山門神二尊，刱造三清聖像及侍神九尊。用物：梵像畫局用赤金官箔五千七百八十，平陽土粉二百二十二斤，明膠一百一十斤，泥金三兩，生西碌五十四斤，上色心紅二十三斤，揀生石青一百一十斤，熟石大青三十斤，黃子紅七斤，黃丹二十一斤，回回青七斤，回回胭脂二斤，官粉三十三斤，瓦粉三十一斤，藤黃二斤，南細墨一斤，川色金一十五斤。出蠟局用黃土九石三斗，西安祖紅土二十五石，麻七百五十二斤，穰子八十束，淨砂二十七石，白線紙四百一十六斤，方鐵條一百五十斤，芫豆鐵條一百一十一斤，菉豆鐵條二十五斤，黃米鐵條一百四十三斤，鐵針條五十八斤，黑頭髮六兩，睛目〔一〇〕九對。木局成造胎座等用赤栝木一十七條，松木一百一十七條，椵木二十三條，槐木五條，明膠一百一十四斤。鑌鐵局造釘線等用東簡鐵一千二百八斤，水和炭三千六百二十六斤。

【考校記】

〔一〕輯自文氏鈔本，文氏録自《永樂大典》卷一八二八七。按：本目《神像》及以下《先聖先師像》、《佛像》、《山勢圖》等四目，文廷式均混抄於《御容》一目内，今析出，四目標題亦爲整理者所加。另，《神像》最後一段，在文氏鈔本中原接於《先聖先師像》文字之後，因内容言道教神像，故移前歸入《神像》。

〔二〕〔三〕「箔」，原缺，據《畫塑記》補。

〔四〕「邊」，原缺，據《畫塑記》補。

〔五〕「張」，原作「章」，據《畫塑記》改。

〔六〕「朽」，據文意，疑當作「松」。

〔七〕「膠」，原脱，據《畫塑記》補。

〔八〕「臘」，原缺，據《畫塑記》補。

〔九〕「旨」，據文例，此上缺字當作「懿」。

〔一〇〕「睛目」，原作「目睛」，據上文改。

先聖先師像〔一〕

大德六年九月，奉敕建文廟，令都城所會計。先建大成殿、大成門。工部議，除木植委本部郎中賈奉政收置，石灰於元運計置灰内從實使用，餘物官給之。不敷，下大都路和買。仍委賈郎中提調，都城所同提舉王徵事監工。於是下諸色府塑先聖先師像。奉旨準。至聖文宣王一位，亞聖并十哲一十二位。用物：平陽土粉一百九斤，明膠一百六斤十三兩，黄子紅三斤五兩，官粉一十斤，代赭石二斤，白礬三斤，麻七百七十斤，芫豆鐵條一十六斤，東鐵一百九十九斤，南鐵四百七十四斤，水和炭二千二十一斤，揀生石青二十四斤，回回青三斤六兩，黄蠟一斤，朱砂七兩，連邊紙八百張，熟西碌四十三斤，白綫紙三百六十斤，心紅六斤一十兩，穰子一百一十束，松板六十三，黑木炭二百斤，赤金官箔二千三百九十五，睛目一十三對，黄土九十六石，净砂一十五石，西安祖紅一十四石。

【考校記】

〔一〕輯自文氏鈔本，文氏録自《永樂大典》卷一八二八七。

佛像〔一〕

武宗皇帝至大三年正月二十一日，敕虎堅帖木兒丞相，奉旨新建寺後殿五尊佛咸用銅鑄，前殿三世佛、四角樓洞房諸處佛像以泥塑，仿高良河寺鑄銅番竿一對。秃堅帖木兒、搠思吉月即兒、阿僧哥洎帝師議，依佛經之法，擬高良河寺并五臺佛像，從其佳者爲之，用物省部應付。正殿三世佛三尊，東西㨖殿内山子二座、大小龕六十二、菩薩六十四尊，西洞房内螺髻佛并菩薩一百四十六尊，東西㨖殿九聖菩薩九尊、羅漢一十六尊，十一□殿菩薩一十一尊，藥師殿佛一尊，東西角樓魔梨支王四尊，東北角樓尊聖佛七尊，西北角樓無量壽佛九尊，内山門天王一十二尊。用物：黄土一千六百九十九石，紅土四百二十一石四斗，净砂三百九十九石，睛目三百八十八副，黄香一百三十八斤，安西香一百三十二斤，白線紙九千六百三十斤，糯米七十二石七斗，江淮夾紙二千張，麻一萬一千五百二十五斤，穰子一千四百五十束，單大鐵條一百二十七斤，芫豆鐵條一千一百一十六斤，黄米鐵條二百七十三斤，鐵針條二百二十七斤，菉豆鐵條一千二百二十五斤，小油一百五十斤，松棒九十九條，松方九百二十三條，榆木一百一十條，赤金官箔二萬六千八百，平陽土粉三百九十斤，明膠一百八十六斤，西碌一百四十斤，石青三百九十斤，心紅五十八斤，黃子紅四十斤，官粉一百一十九斤，回回青一十斤，熟石青二十斤，蛤粉三百斤，熟白絲線十一斤。

仁宗皇帝皇慶二年八月十六日，敕院使也訥，大聖壽萬安寺内五間殿、八角樓四座，令阿僧哥提調，其佛像計稟搠思哥斡節兒、八哈失塑之，省部給所用物。塑造大小佛像一百四十尊：東北角樓尊聖佛七尊；西北趓樓内山子二座、大小龕子六十二，内菩薩六十四尊；西北角樓朶兒只南磚一十一尊，各帶蓮花座光焰等；西南北角樓馬哈哥剌等一十五尊；九曜殿星官九尊；五方佛殿五方佛五尊；五部陀羅尼殿佛五尊；天王殿九尊；東西角樓四背馬哈哥剌等一十五尊。用物：黃土七百五十二石六斗，紅土一百一十六石一斗，好麻四千四百五十一斤半，睛目三百一十四對，滑石一百斤，净砂一百二石，芫豆鐵條四百一十七斤，菉豆鐵條四百三十五斤，黃米鐵條二百一十八斤，粳米三十九石，安西香一百四十斤，北土布一百匹，江淮紙六千張，油一百一十斤，柏木九百七十條，榆木一百八十條，椴木八十九條，明膠一千五十七斤，鐵攀六百條，丁線一十萬九千二百八十九箇，赤金二百五十七兩二錢半，平陽土粉一千八百一十七斤，石青八百五十五斤，上等西碌三百九十七斤，心紅一百六十九斤，朱砂二十一斤二兩，官粉三百三十八斤，回回青五十三斤，白礬一百八十九斤，皂角一百四十斤，包金一百五十斤，蛤粉六百斤，大赭石一百一十五斤，南細墨四十七斤，三色筆一萬五千五百管，石材六千八百九十六斤，條甎三萬五千個，下水砂一十石，東簡鐵二千九百三十九斤，江沙石一千塊。

延祐四年八月十一日，中政院使闊闊觧奏：「青塔寺山門内四天王，今已秋凉，正可興工，未審命誰塑？」奉旨：「劉學士塑之。合用塑畫匠，令阿哥撥。」五年正月三十日奉旨〔二〕：「今歲青塔寺後殿内，先令吴同僉於正面塑大師菩薩，西壁塑千手鉢文殊菩薩，東壁塑千手眼大慈悲菩薩，山門内塑天王。用物移文省部需之。」山門塑四天王四尊，執團換撞以〔三〕。後殿塑大師菩薩三尊，千手眼大慈悲菩薩一尊，千手鉢文殊菩薩一尊。用物：東鐵七千五百三十六斤，芫豆鐵條四百六十斤，菉豆鐵條三百五十二斤，回回胭脂一十一斤，單鐵條二十斤，藤黄四斤，黄米鐵條三百二十斤，葉子雌黄八斤，鐵針條一百四十斤，生點漆二十斤，松木一百五十條，西番粉二十九斤，稻穰一百六十束，西番碌四斤，明膠九十八斤，平陽土粉一千五百四十斤，黑木炭二千一百一十斤，腹裏連邊紙五千一百五十張，官粉四十斤，黄丹七十斤，川包金一百五十斤，蛤粉四百八十斤，麻二千四十斤，揀生石青四百二十斤，白木炭四百八十六斤，江淮夾紙三千五百張，北土布二十四匹，赤金官箔二萬八千，腹裹西碌一百五十斤，心紅六十九斤〔四〕，黄子紅五十八斤，熟石大青六十斤，水和炭二萬〔五〕二千五百八斤，柏木三十四條，南細墨一十八斤，糯米二十石，滑石三十斤，小油三十斤，晴目五百六十九對，回回青三十八斤，朱砂一十七斤，代赭石二十斤，黄土七百三十石，浄砂石二百一十石，細白布五匹，白線紙一萬二百八十八張，及成斤者一千四百九十五斤，赤金六十二兩八錢，槐木四條，黄香六十斤，安息香五十斤，瓦粉六十斤，皂角七十斤，松方一百八條，椵木八十七條，方鐵條二百八十斤，藤黄一十斤十五兩。

九月四日，院使闊察、塔海等奏：「新寺内西傍舊小殿，有五方佛，今合無添塑何佛？」上曰：「塑文殊菩薩，觀音騎獅子，普賢騎象。」復於兩壁塑五十三參佛像，王護陀羅尼佛五尊，各帶蓮花座等。畫壁五扇，各高七尺五寸。用物：膠二百五斤，腹裹紙三千三百三十九張，東簡鐵九百八十斤一十二兩，芫豆鐵條五十五斤，水和炭二千九百四十二斤，松檀一十二條，松方六十二條，西碌四十五斤五兩，黄丹二十斤，蘆子黄九斤一十兩，葉子雌黄九斤一十兩，白線紙二千二百三十張，成斤四十斤，糯米四石，黄蠟二十斤，安息香二十斤，北土布三匹，江淮線紙一千張，南細墨五斤，生絹一匹，赤金二十四兩五錢，江淮夾紙一千二百張，睛目二十五對，榆木六條。

十月二十五日，香山寺四天王，命劉總管塑之。閣下毗盧佛兩傍，添塑立菩薩二，文殊菩薩一，普賢菩薩一，用物於省部需之。文殊菩薩一尊，高九尺；普賢菩薩一尊，高九尺；火焰二扇，各高一丈五尺，闊七尺五寸。用物：梵像提舉司用黄土三十石，净沙三石，麻一百四十斤，芫豆鐵條五十斤，菉豆鐵條三十斤，黄米鐵條四十斤，鐵針條一十二斤，黄香十二斤，糯米一石六斗，白磁碗十隻，睛目二對各重五分，大小筆二十枝，馬尾羅四，竹篩三，浴石十五斤，小油十斤，稻穰三十束，赤金官箔七千四百，平陽土粉八十一斤，生石青二十四斤，明膠一十五斤，西碌一十一斤，上色心紅三斤，官粉二十六斤，回回青一十二兩，回回胭脂六兩，藤黄四兩，葉子雌黄一斤，朱砂四兩，西番粉二斤，漢兒青五斤，川包金五斤，南細墨二斤，代赭石一十斤，白礬五斤，蛤粉二十斤，黄蠟三斤，江淮夾紙三百張，江淮白紙〔六〕一百張，腹裏連邊紙一百張，成斤白紙一百四十斤，北土布一匹，三色筆三百管，榆木三條，松方六條，松標五條，東鐵一千九百二十四斤，水和炭五千七百七十二斤。

七年四月十六日，諸色府總管朶兒只等奏，八思吉、明里董阿二人傳旨：「於興和路寺西南角樓内，塑馬哈哥剌佛及伴繞神、聖晝十護神，全期至秋成。塑工命劉學士之徒張提舉，畫工命尚提舉，二人率諸工以往，但所需及飯膳，皆令即烈提舉應付。秋間朕至時作慶讚，毋誤也。」馬哈哥剌一，左右佛母二；伴繞〔七〕神一十二；聖畫三扇，高一丈五尺，闊一丈六尺。

至治三年十二月三十日，敕功□使闊兒魯，同知安童，諸色府楊總管、杜同知等：「延華閣西徽青亭門内，可塑帶伴繞馬哈哥剌佛像，以石砌浄臺，而復製木浄臺於兩傍，其粧塑之物需之省部。比朕往上都，令塑成之。」正尊馬哈哥剌佛一，左右佛母二尊，伴像神一十二尊。梵像提舉司用赤金官箔七千六百五十，平陽土粉一百八十八斤，明膠八十五斤，揀生石青六十斤，上等西碌一十九斤，上等心紅一十四斤，黄子紅五十斤，官粉四十五斤，回回青五斤二兩，回回胭脂二斤一十四兩，西番粉一十一斤，西番碌一十六斤，葉子雌黄三斤，漢兒青二十斤，川色金一十五斤，代赭石十一斤，黄丹一十斤，白礬一十斤。出蠟提舉司用黄土五十一石，浄沙一十四石，白線紙三百一十斤，糯米四石三斗，穰子五十八束，麻四百八十五斤，黄米鐵條五十斤，菉豆鐵條六十六斤，鐵針條二十四斤，乳香六十四斤，安息香六十四斤，睛目一十七對，鈴〔八〕一箇。

泰定三年三月二十日，宣政院使滿禿傳敕，諸色府可依帝師指受所畫大天源延聖寺前後殿、四角樓畫佛□□制爲之。其正殿内光焰、佛座及幡杆，咸依普慶寺製造。仍令張同知提調，用物需之省部。正殿佛五尊，各帶須彌座及光焰。東南角樓天王九尊，西南角樓馬哈哥剌等佛一十五尊，東北角樓尊勝佛七尊，西北角樓阿彌陀佛九尊，各帶蓮花須彌座、光焰。東西藏鐙殿二，内東殿孛佛母等三尊，西殿釋迦説法像二尊，内山門天王四尊，各帶須彌座、五山屛。後殿五方佛五尊，各帶須彌座、光焰。用物：浄瀝青五千七百斤，蛤粉一萬二千斤，明膠一千九十六斤，平陽土粉一千三百八十七斤，芭豆二斤，官粉二百七十九斤，槐子五十五斤，瓦粉五十斤，代赭石五十斤八兩，牛筋木棒八十條，川包金一百五十斤，熟江鰾七斤，麻三千七百斤，鐵絲線四十斤，定鐵砧子十箇，水和炭九萬七千七百六十三斤，芫豆鐵條一千六十六斤，伏地槽鋼鏨一百四十斤，熣炭七百斤，東鐵二萬五千二百八十一斤，潞州定鍋四十箇，黄蠟一千一百斤，揀生石青七百二十九斤，上等西碌三百三十一斤，心紅二百一十六斤五兩，黄子紅一百六十斤一十五兩，回回青三十九斤，西番碌七十二斤，漢兒青一十斤，尺二條甎一萬一千五百箇，水銀一百五十兩，鹽一千四百斤，赤金一千一百九十八兩一分七釐，江淮緑紙二萬八千三百張，北土布四十四匹，南細墨五十六斤，腹裹白綿紙二萬六千二百張，藍大綾一百六十七尺五寸、闊二尺，片腦一十兩五分，生絹一十尺，黄大綾三十四尺八寸、闊二尺，綿子一十一斤，糯米四十石，雄黄三斤，黄香一百五斤，安息香七斤，細白布二匹，白線紙四千二百五十二斤，細白縻絲一千八百五十四尺、闊一尺，松方一千三百六十一條，松標一百七十一條，鐵平蓋丁兒六千七百，塊子石炭一萬一千斤，殿椽二十條，熟白線一斤八兩，墨穰亂絲三斤，絲三斤，椴木一十七條，榆木九十一條，小油一千三百兩，麝香一十兩，豬猔二十斤，白芨〔九〕五斤，引開一十九副，白礬七百九十斤，茱萸木鎚一十箇，描筆二百五十管，黑木炭一萬二千百箇，三色筆一萬五千五百管，檀木斧柯六百箇，黄金石三十四塊，西番粉八十二斤，回回胭脂一十六斤九兩二錢，藤黄一十二斤一十兩，白麵一百二十斤，西硼砂九斤，絲線六斤，櫃伏三副，淮竹一百二十片，回回胡麻八十斤，熟白鹿皮一十二張，朱砂一十九斤，稻穰四百六十束，鐵針條三百斤，睛目一百四十八對，水道皮條七十條，滑石一百五十斤，杯鍋二千一百五十箇，茱萸木軸二十五條，白鐵二十斤，柳復炭一百斤，椴木杉板一百片，骨灰一十石，熟白羊皮二十張，牛尾五十箇，松木寸板五百，熟鐵銀一百五十箇，磨石二十塊，皮一百五十片，打鍮子銅六十斤，方鐵條二百八十斤，蘆甘石一千斤，桐油一百四十斤一十兩五錢，生鐵一千五百斤，白碗一百五十箇，青石浄石材六百三十八塊，管心石六塊，木柴三百條，熟赤銅葉段七千七百二十四箇，鍮石四千三百一十八斤一十二兩，白木炭十三萬五千九百一十五斤，漆一千三百二十八斤一十兩八錢，下水沙三石五斗。

【考校記】

〔一〕輯自文氏鈔本，文氏録自《永樂大典》卷一八二八七。
〔二〕「旨」，原脱，據上下文例補。
〔三〕「執團換撞以」，此處疑有脱誤。
〔四〕「斤」，原脱，據《畫塑記》補。
〔五〕「炭二萬」，此下原衍「炭二萬」三字，據《畫塑記》删。
〔六〕「紙」，原作「張」，據《畫塑記》及文意改。
〔七〕「繞」，原作「統」，據上下文及《畫塑記》改。
〔八〕「鈴」，原作「令」，據《畫塑記》改。
〔九〕「芨」，原作「及」，據《畫塑記》改。

山勢圖〔一〕

天曆二年十一月十九日，敕留守臣闊闊台等，差祗應司官一員，引畫匠頭目一人，乘驛往隆鎮街〔二〕守隘處，圖其山勢四進圖四軸。用物：熟西碌二十斤，熟石青一十斤，紫膠十斤，心紅一斤，細墨一斤，鉛粉五斤，羅絲絹二百尺，江淮夾紙五百張，藍綾三十尺，黄綾二十尺。

【考校記】

〔一〕輯自文氏鈔本，文氏録自《永樂大典》卷一八二八七。

〔二〕「街」，據《元史》卷八六《百官志二·嶺北行樞密院》下「隆鎮衛親軍都指揮使司」條，疑當作「衛」。

裝褙〔一〕

大德四年九月二十四日，速古兒赤衆〔二〕家奴、合剌撒哈都奉旨：「秘書監所蓄書畫，選其佳者，衆家奴、合剌撒哈都汝二人總之。」移文中書，依張參〔三〕政所言，馳驛杭州，取巧工裱褙。所用綾，命將作院官給以御用者矣。完，留守司官用江南佳木作油木匣，餘用漆匣收貯。其所用玉圖書，以本朝年號，依古制，令馬家奴以中等玉〔四〕爲之。大府監所有玉軸，少則添之，命張參政提調。據關知書畫支分裱褙人王芝呈，自大德四年十二月爲始，節次秘書庫内關到畫軸手卷六百四十六件，脩褙已完。用物：畫帶等四幅帶二十丈，三幅帶二十丈，雙幅帶八十丈，幅半帶五十丈，單幅帶四百丈，手卷帶八十丈，補畫匀浄細白標清水生絹十五匹，匀浄大厚夾紙二千張，線紙一千五百，中様夾紙六千五百，清江連四劄紙一千五百，連四處劄三千，毛連四處劄五千，玉股徽紙四千幅，福州大卓面青三千十八斤，紙一千張，白唐連二千，皁唐連一千，皁皮方一斤，白大信連二千二百，大様油紙二千，黄蠟十斤，白蠟一斤，明礬五斤，白芨〔五〕一斤，乳香二斤，芸香八兩，獐腦四兩，皁角三斤，蜜五斤，鉛錫一斤，白麪五十斤，橡斗三十斤，温土黄二斤，北羅青一斤，藤黄一斤，好油烟一斤，木炭一百箇，煤炭一千五斤，木柴一千，松油二十斤，蠟燭五十條，鸞鵲木錦百三十匹，玉軸頭五十對，象手軸頭三百對，鍮石環大小千五百，藍青條大小二百丈，欏木軸捍軸賂大小三百，天碧綾二千七丈四尺，黄綾六丈八尺五寸。

【考校記】

〔一〕輯自文氏鈔本，文氏録自《永樂大典》卷一八二八七。

〔二〕「衆」，原缺，據下文補。按：《秘書監志》卷六記此事，亦有「衆」字。

〔三〕「參」，原缺，據下文及《畫塑記》補。

〔四〕「玉」，原作「至」，據上文及《畫塑記》改。

〔五〕「芨」，原作「及」，據《畫塑記》改。

鑄像〔一〕

大德九年十一月四日，司徒阿尼哥等奉皇后懿旨：「中心閣佛像欲歲久不壞，可用銅鑄之。又，工物令中政院措辦，仍塑千手眼佛，期同時畢工。」鑄造阿彌陀等五佛，各帶光焰、蓮座，塑造千手眼大慈悲菩薩及左右菩薩。用物：黄蠟四百一十八斤，心紅二十六斤八兩，鍮石四千五百六十五斤，赤銅八百四十三斤，白鐵三十三斤，定鐵一百三十八斤，東簡鐵一千二百五十二斤，槽鋼五十三斤半，白銀三十六兩，蛤粉八百斤，硼砂二斤四兩，明膠五斤，小油七十五斤，瀝青四百斤，麻二十六斤，豌豆鐵條五十三斤，菉豆鐵條五十三斤，黄米鐵條五十三斤，白木炭七萬八千六百斤，黑木炭二千六百斤，松木五條，柴一萬八千斤，盧甘石九百五十斤，黄金石五十塊，紅砂石五十塊，水和炭四千一百六十九斤，坯錫二千七百四，牛筋木棒五十，稈草五十三束。

延祐四年十月九日，敕用鍮石鑄然燈、彌勒佛二，普慶寺安奉。正殿甎浄臺上造一木須彌座，其佛西番水鍍砑金粧，省部給用物。六年七月十日興工，八月十二日畢成。鍮石鑄然燈、須彌佛二，帶蓮花座，各高五尺，西番水鍍研金打鈒裹釘木胎。光焰二，西番水鍍金，各高七尺五寸、闊六尺。須彌座二，各長六尺五寸、闊四尺五寸、高二尺二寸。木蓮花座座板二，各長四尺五寸、闊三尺五寸。木浄臺一，長五丈五尺、闊九尺、高三尺。用物：鍮石一萬斤，赤銅九百一斤，定鐵七十斤，銀二十八兩，金二百六十八兩一錢，銖四分，水銀一百十七斤，東簡鐵五百二十八斤，黄蠟四百三十五斤八兩，心紅三十斤四兩，絲線鐵條十斤，黄米鐵條八十斤，豌豆鐵條八十斤，瀝青二百四十斤，蛤粉四百八十斤，酥油三十斤，小油五十九斤，麻子油二十八斤二兩五錢，麻子三石六斗四升，盧甘石四十六斤十四兩，硇砂二十八兩，白礬五十斤，鹽一百斤，杏片十五斤，明膠十三斤，江淮線紙一千五百張，夾紙一千五百張，白木炭二萬七千七百八十斤八兩，黑木炭四千斤，水和炭一千五百八十四斤。九水道皮條十，各長七尺。松方八十六條，九分，各長十八尺、闊一尺、厚五寸。榆木二條，八分八釐，各長一丈八尺、闊一尺、厚五寸。松木踏板四片，各長五尺、闊一尺。柴一萬一千二百斤，青白碎石十四石，坯錫二千四十八，定錫七，坯四千，條甎六百，水銀一百七斤。松板三十片，各長五尺、闊一尺、厚一寸。

七年十二月六日，進呈玉德殿佛樣。丞相拜住、諸色府總管朶兒只奉旨，正殿鑄三世佛，西夾鑄五方佛，東夾鑄五護佛、陀羅尼佛，皆用鍮石蓮花座，及㙲鈒光焰裹釘座。合用工物，省部取之。部下大都路應付〔二〕，樞密院撥軍二百供役。成造出蠟鍮石鑄造三世佛三身，出蠟鍮石鑄五方佛五身，出蠟鍮石鑄五陵陀羅尼佛五身。用物：白銀六十兩，赤金四百六兩八分，水銀一百七十四斤十兩，鍮石一萬六千四百二十八斤，黄蠟三千三百二十二斤，心紅一百九十八斤十兩，瀝青五百六十斤，蛤粉一千一百二十斤，小油二百九十斤，定鐵五百三斤，白木炭四萬斤，黑木炭四萬一千六百斤，西安祖紅土一百三十五石，坯錫七千七百三十二，紅砂石一百六十塊。

至治元年十二月十八日，敕諸色府朶兒只等，大殿後御塔殿内玉塔并石浄臺，可傍墻置之。塔上添製銅㙲鈒水鍍金光焰，用假七寶窟嵌。其西安置文殊菩薩像，其東彌勒佛像，咸以布裹漆爲之，光焰座具皆銅㙲鈒裹釘鍍金，下以漆製浄臺。所用之物，中書取結。

天曆二年十一月十三日，院使〔三〕拜住奉皇后懿旨，命八兒卜匠鑄救度佛母銀佛一，其銀奉宸庫給之。十五日，拜住傳懿旨，依所畫樣，銀〔四〕鑄八臂救度佛母，光焰及座亦以銀爲之。餘左右佛，用鍮石鑄而鍍以金。成〔五〕造出蠟白銀鑄八臂救度佛母一身，帶蓮花須彌座并光焰；水鍍金出蠟鍮石鑄左右伴繞佛母善菩薩等二十三身，各帶蓮花須彌座，内二身有光焰，其十臂者二身，八臂者二身，六臂者二身，四臂者六身，二臂者九身。用物：白銀九百八十三兩五錢，赤金三十兩，水銀十二斤，赤銅十斤，心紅十四斤，黄蠟一百四十六斤，鍮石七百六十八斤，小油七十斤，柴一千二百斤，白木炭五千四百五十斤，黑木炭一千五百五十斤，定錫三十，坯錫三百八十四，西安祖紅土六石。

十二月九日，院使拜住傳皇后懿旨，令諸色府李同知以白金鑄佛九尊，皆具光〔六〕焰。其銀奉宸庫速與之。同日，又傳懿旨，中政院日給三十人飲膳。成造銀鑄佛九身，各帶蓮花座，高一尺；鍮石須彌座九，各高六寸、長一尺四寸、闊八寸；銅光焰九扇。用物：赤金九十二兩六錢九分，白銀四千五百八兩，水銀三十二斤，黄蠟一百九十八斤，心紅十七斤，鍮石五百四斤，熟赤銅一百三十三斤，白木炭五千九百三十斤，小油七十三斤，定錫一百九十，柴一千八百斤，坯錫一百三十五。

二年四月十日，平章明理董阿等進僧寶今〔七〕畫像，上命諸色府李同知等用鍮石、用蠟鑄造一身，以粧粧之，省部給物，鑄造寶公菩薩像一身。用物：潞州鍮石定一百六十，赤金三十一兩二錢七分三釐，水銀八斤十一兩三錢九分，黄蠟二十五斤，心紅一斤四兩，定鐵十斤，黄米鐵條五斤，絲線鐵條三斤，瀝青二十斤，蛤粉四十斤，白礬十斤，鹽二十斤，焰硝五斤，明膠七十斤半，小油五斤，柴一百六十斤，白木炭一千一百八十斤，黑木炭一百五十斤，黄金紅砂石各十五塊，坯錫八十，石板一。楠木三條，各長一丈、方一尺。鐵釘一千五百。

【考校記】

〔一〕輯自文氏鈔本，文氏録自《永樂大典》卷一八二八七。按：本目《鑄像》及下目《鑄幡竿》，文廷式均混抄於《裝褙》一目内，今析出，二目標題亦爲整理者所加。

〔二〕「付」，原作「削」，據《畫塑記》改。

〔三〕「使」，原作「伙」，據下文及《畫塑記》改。

〔四〕「銀」，此下原衍「銀」字，據《畫塑記》删。

〔五〕「成」，原作「咸」，據上下文改。

〔六〕「光」，原作「九」，據上下文及《畫塑記》改。

〔七〕「今」，下文作「公」。

鑄幡竿〔一〕

皇慶元年十二月十六日，敕崇祥使野訥，普慶寺依大崇恩福〔二〕元寺例，鑄挂幡銅竿。

下令省部以下幡竿。鑄造幡竿二，各帶日月環烏花等於其末，長一百尺，上圍一尺一寸，下圍三尺三寸。用物：赤金二百三十七兩，水銀八十二斤，鍮石二萬五千六百七十二斤，赤銅七十八斤，墜銅十六斤，定鐵一百斤，白鐵一百六十斤，黃蠟八十斤，瀝青四百八斤，蛤粉四百斤，礬一百二十斤，鐵線十斤，柴三千斤，木炭八萬七千三百斤，水和炭二萬八千六百三十五斤，簡鐵八千六百九十五斤，石材五十八。

二年十一月十二日，留守伯帖木兒等奏：「萬壽山幡竿，二十餘年，皆已打腐，宜依皇城五門幡竿制，以銅鑄之。」制可。鑄造銅幡竿一，長一百尺，大頭〔三〕經九寸，小頭經五寸，帶鐵索。用物：赤銅一萬九千斤，生鐵八百四十斤，白鐵二千五百斤，磁銅四千六百二十五斤，東簡鐵七千三百四十斤，赤金二十三兩九分，白銀七兩，水銀八兩三錢，鹽五十斤，白礬二十五斤，油五十斤，麵一百斤，燋五千斤，條甎三千，水和炭二萬二千二十斤，白木炭〔四〕八萬六千一百三十五斤。夾椿石二，各長一丈四尺、闊二尺、厚一尺五寸。拽鐵索石十，各長八尺、厚二尺、闊二尺。石礎一，長三尺八寸、闊三尺、厚一尺二寸。漫石二十，各方三尺、厚五寸。

【考校記】

〔一〕輯自文氏鈔本，文氏録自《永樂大典》卷一八二八七。

〔二〕「福」，原缺，據《元史》卷二四《仁宗本紀一》補。

〔三〕「頭」，原作「木」，據《畫塑記》改。

〔四〕「炭」，原作「岸」，據《畫塑記》改。

雜器用〔一〕

【考校記】

〔一〕輯自文氏鈔本，文氏録自《永樂大典》卷一八二八七。按：此目下無文。文氏曰：「末『雜器用』三字疑誤。」然據《畫塑》細目排列來看，以「雜器用」爲其最後一目標題，似無不妥。只是其下内容原闕抑或文氏鈔本略而未輯，已難考證。

諸匠〔一〕

國家初定中夏，制作有程，乃鳩天下之工，聚之京師，分類置局，以考其程度而給之食，復其户，使得以專於其藝。故我朝諸工，制作精巧，咸勝往昔矣。

【考校記】

〔一〕輯自《元文類》卷四二。

進經世大典表〔一〕至順三年三月進　歐陽玄

堯舜之道，載諸典謨，文武之政，布在方册。道雖形於上下，政無間於精粗。特於紀録之間，足見彌綸之具。是以秦漢有掌故之職，唐宋有會要之書，于以著當代之設施，于以備將來之考索。我國家受命龍朔，纘休鴻基。發政施仁，《行葦》之忠厚世積；制禮作樂，《關雎》之風化日興。紀綱具舉於朝廷，統會未歸於簡牘。欽惟欽天統聖至德誠功大文孝皇帝陛下，總攬群策，躬親萬幾，思祖宗創業之艱難，與天地同功於經緯。必有鋪張以揭曒日，必有述作以藏名山。爰命文臣，體會要之遺意，徧敕官寺，發掌故之舊章，倣《周禮》之六官，作皇朝之大典。臣某叨承旨喻，俾綜纂修。物有象而事有原，質爲本而文爲輔。百數十年之治蹟，固大略之僅存；千萬億世之宏規，在鴻儒之繼作。謹繕寫《皇朝經世大典》八百八十卷，《目録》十二卷，《公牘》一卷，《纂修通議》一卷，裝潢成秩，隨表以聞，伏取進止。

【考校記】

〔一〕輯自《元文類》卷一六。

附録一　相關題詠跋語

奎章閣觀進皇朝經世大典

元・薩都剌

文章天子大一統，館閣史臣日纂修。萬丈奎光懸鳳闕，九重春色滿龍樓。門開玉鑰芸香動，簾捲金鈎硯影浮。聖覽日長萬機暇，墨花流出鳳池頭。

（輯自《雁門集》卷四，上海古籍出版社一九八二年版）

大元海運記跋

清・羅以智

《大元海運記》二卷，胡書農學士輯自《永樂大典》本，蓋即《經世大典》之海運一門也。

按：天曆二年九月，敕翰林國史院官同奎章閣學士采輯本朝典故，準唐、宋會要，著爲《經世大典》八十卷。今已佚，僅散見《永樂大典》中。《元史・食貨志》依據《經世大典》，爲目十有九。是編上卷分年紀事，多録案牘之文。自至元十九年，迄皇慶二年止。不解延祐、至治、泰定、天曆間事何以不載。下卷分類紀事，曰歲運糧數，曰收江南糧鼠耗則例，曰南北倉鼠耗則例，曰再定南北糧鼠耗則例，曰排年海運水脚價鈔，曰漕運水程，曰記標指淺，曰測候潮汎應驗，曰艘數裝泊。按，《經世大典》至順三年二月進呈，故是條艘數以至順元年爲率。海運爲有元一朝規制，初則江浙以外，兼之江西、湖廣，大德以後，專運江浙。春夏兩運，自四萬六千餘石，增至三百餘萬石。考元時江浙省財賦府，歲入四百四十九萬四千七百八十三石，則江浙全漕，亦不盡充海運耳。按《元史·百官志》，海運千户凡五所，平江又有糯米所。是編載千户初設十有一，後併爲七，尚有松江嘉定所，志文遺漏。《世祖本紀》：至元二十七年四月，書罷海道運糧萬户府。是編載二十八年八月，罷行泉府司所隸運糧二萬户府，併設二處。先是，二十四年，立行泉府司，增置萬户府二，至是罷之。《紀》不書明，竟似全罷矣，且相差一年。又《本紀》：至元二十年十二月，以海道運糧招討使朱清爲中萬户，賜虎符。張瑄子文虎爲千户，賜金符。是編先載朱清爲中萬户，張瑄爲千户，復言張招討之子見帶銀牌，換金牌爲千户，而不載其名。後屢言張瑄之男爲張文彪，而無張文虎。又《本紀》：至大三年十二月，以朱清子文虎、張瑄子文龍往治海漕，以所籍宅一區、田一頃給之。是編未載。及當至元二十四年，時有張文龍、朱虎勾當之名。朱清、張瑄，《元史》無傳。按：朱清，崇明人。張瑄，嘉定人。少曾爲盜，既入元，致位通顯，宗戚皆累大官，厮養佩虎符、金銀符者百數，田園館舍徧東南，一時貴盛，人莫與比。大德七年，樞密斷事官曹拾得、江南僧石祖先後搆之，皆逮獄論死。創行海運之功，自不可没。其事蹟詳見《元史類編》及兩縣舊志。文虎，瑄中子，從管軍總把擢至江浙參政，被家難，亦誅於西市。其事蹟詳見《王梧溪集》。又《本紀》：至元十九年，賞朱雲龍漕運功，授七品總押。是編載至元三十年，以朱虞龍授明威將軍、海道都漕運萬户。是否一人俟考。歲運糧數，自至元二十年迄天曆二年，凡四十七年，全采入《食貨志》，但不載斗升以下數及事故糧數。其皇慶二年運到之數，是編六十五萬四千三十六石一升五合，《食貨志》則云二百一十五萬八千六百八十五石。以事故糧數核之，《食貨志》之數爲是。是編又有運到、事故兩數不符，及與《食貨志》小有不符之處，必爲是編傳寫之譌。參以《元史類編》，悉爲校正。至元二十年事故糧數，應增三千。至元二十三年該運糧數三十石，三爲二之誤。《元史類編》運到糧數五石作五十石，誤。大德元年事故糧數五斗，斗爲升之誤。大德十一年該運糧數八斗五升五合三勺，運到糧數一斗七升八勺，事故糧數六斗七升七合五勺，必有一誤。至大三年事故糧數三合四勺，應作四合。《元史類編》該運糧數三石作二石，誤。至大四年運到糧數一百，一爲二之誤。延祐三年運到糧數五十，五爲四之誤。事故糧數一萬，一爲二之誤。延祐六年事故糧數九十一石，應作六十七石。《食貨志》運到糧數脱去七百。延祐七年事故糧數四升八勺，應作五勺。至治二年該運糧數，《食貨志》不載帶起附餘香白糯米數。泰定二年事故糧數七斗五升，應作一斗六升六合。《食貨志》運到糧數脱去七百。每年該運糧數浮於定額，迺事故糧内例應賠償者，入下年帶運之故。唯天曆二年已運到糧有三百三十四萬餘石，事故糧祇有一十八萬餘石。《本紀》是年九月，書海運糧至京師凡一百四十萬九千一百二十石。《紀》、《志》歧異。虞道園《學古録》中亦云：「是年不至者蓋七十萬。」不解何以不相符合。是編下卷内作潮汎風信觀象口訣之徐泰亨，其人爲餘杭人，曾以漕事至京師，詣都堂，條陳漕運之弊，當更張者十事。有《海運紀原》七卷，惜其書不得見。幸學士輯存是編，俾傳抄行世，尚可參攷而得其崖略云爾。咸豐壬子七月十有一日，羅以智鏡泉氏跋於恬養齋。

（輯自《雪堂叢刻》本《大元海運記》卷末，北京圖書館出版社二〇〇〇年版）

文廷式跋文三則

清・文廷式

以上出《永樂大典》卷一萬三千三百四十五二寘韻謚字下，惟原引於每謚下引《經世大典》，各分君謚、后妃謚、臣謚，今特别爲三篇。而君謚中無英字、玄字，臣謚中無安字、正字，疑尚有未盡引者。然此篇如引《會要》，於勤謚下特注云：「《會要》謚法無勤字。」則其備引無疑。今亦無可博攷，姑録此以存元代謚法之大概云爾。時丁亥十月廿三，夜漏四下，大風極寒，手腕欲脱。萍鄉文廷式記。

（輯自文廷式輯本《經世大典》第一册謚法部分文末，清光緒年間文廷式鈔本，下同）

按：此條《永樂大典》原題《宋會要》，安得有元事？而此條之事即引《元典章》，各卷中多引《經世大典》，在《元典章》之前，故移正於此。

（輯自文廷式輯本《經世大典》第一册常平倉部分文末）

此卷從繆筱珊編修處轉鈔，蓋徐星伯録出之本也。今翰林院所藏，已佚此兩卷矣。丁亥十月三十日校畢記，萍鄉文廷式。

（輯自文廷式輯本《經世大典》第二册馬政部分文末）

柯劭忞跋文一則

清·柯劭忞

《元典章·馬政》殊簡略，得此二卷補之，真一快事。膠州柯劭忞。

（輯自文廷式輯本《經世大典》第二册馬政部分文末）

大元馬政記跋

王國維

元《經世大典·政典》中《馬政》一門，大興徐星伯先生松，從《永樂大典》卷一萬一千六百七十八鈔出，其原本藏江陰繆藝風祕監所，此萍鄉文道希閣學從繆氏傳鈔者。閣學於光緒丁亥跋此書云：「翰林院所藏《永樂大典》已佚此卷，迄今三十年，《大典》散佚殆盡，則此卷尤足寶貴矣。」考元《經世大典》八百八十卷，自明以來久佚。乾嘉諸老頗從《永樂大典》分門鈔撮，今惟錢唐胡書農學士所鈔《海運》一門，及星伯先生所鈔《驛站》一門尚存，并此卷而三。其全書《序録》尚載《元文類》，餘皆不可問矣。此門卷首一節，即《序録》載於《文類》者。此下尚有小注三百四十七字，云：「太僕寺典御馬，左股烙官印，號大印子馬。其印有兵古、貶古、闊卜川、月思古、斡欒等名，産駒即烙。太廟祀事及諸寺影堂用乳酪，則供牝馬；駕仗及宫人出入，則供尚乘馬。供上及諸王、百官挏乳，取黑馬乳以供玉食，謂之細乳；諸王、百官者，謂之粗乳。又自世祖皇帝以下山陵，各有醖都，取乳以供祀事，號金陵擠馬，盡三年，以與守山陵者。抽分羊馬。太宗時，家有牛、羊、馬及百者，取牝牛、羊、馬各一頭入官；牝馬、牝牛、牝羊及十頭者，亦各取一頭入官。定宗時，諸人牛、羊、馬群，十取其一，隱者有罪。憲宗時，百取其一。成宗時，每年七八月間，委人齎聖旨乘驛赴所該州縣，與民官眼同抽分，十月分赴都交納宣徽院。群上及百、下及三十者抽分，貢不及者免。共十五處：虎北口、[南口][一]、駱駝嶺、白馬甸、遷民鎮、紫荆關、丁寧口、鐵門關、渾源口、沙静州、忙安倉、庫坊、興和等處、遼陽等處、察罕腦兒。又世祖時，不許販馬過南界。黄河以南，潼關之東，直至蘄縣，非官中人不得騎馬，皆令賣之於官中。仍禁拽車、拽碾及耕地」云云。今《永樂大典》本無此注，殆蘇氏纂《文類》時，隱括此門事實爲之，而注中烙印、取乳各事不見此卷中，蓋明修《大典》已有删節，非全録原書也。然《文類》所載《序録》譌字極多，如所云抽分之地「凡千有五」，此本作「凡十有五」，此十有五處，即注中所載虎北口十五處。《文類》譌「十」爲「千」，大失事實。注中譌字，尤不勝舉。上所引者，已以《元史·兵志》及此書各條校正，凡十八處。而抽分羊馬十五處，乃仁宗延祐元年事，注誤爲成宗時事，非得此卷，曷由正之？況其中事實，又足補《元史》及《元典章》之闕乎！今粗爲排比，刊而行之，題曰《大元馬政記》。胡學士所鈔《海運》一門，名《大元海運記》，上虞羅氏已刊入《雪堂叢刻》中。惟《驛傳》一門卷帙頗大，原稿今在俄都聖彼得堡博物館。前歲日本京都大學助教授羽田博士亨赴俄攝影以歸。二本皆遠在海外，傳鈔刊印殊非易事，是可憾也。丙辰三月。

此卷乃膠州柯鳳蓀京卿劭忞藏本。次年，京卿復以所鈔萍鄉文道希閣學廷式所輯《經世大典》零種二册寄羅叔言參事，參事復以寄余，因編爲《元高麗紀事》、《大元畫塑記》、《大元氈罽記》、《大元倉庫記》、《大元官制雜記》六種，爲英倫哈同君刊入《叢書》中。尚有

《謚法》一門，因譌字太多，無從理董。然《經世大典》殘編已刊者，并《海運》、《馬政》二記，已得八種，因此益思《驛站》一門關於有元一代政治及地理者尤鉅，獨未能寫録，爲憾事也。丁巳八月又記。

〔一〕十五處地名，此僅列十四，查《四庫全書》本《元文類》，尚缺「南口」一處。

元高麗紀事跋

王國維

右元《經世大典·政典》中《征伐》類《高麗》一門，萍鄉文道希學士從《永樂大典》卷四千四百四十六鈔出，中有以《元史·外夷傳》補者，亦出學士手。藏膠州柯鳳蓀京卿所。京卿修《新元史》畢，以此寄上虞羅叔言參事，參事復寄余者。案：《元史·高麗傳》亦據此修而簡略殊甚，《元文類》亦僅載《敘録》一篇。今《永樂大典》散佚，此卷已成孤本，亟刊行之，以與《大元海運》、《馬政》二記並行焉。丁巳三月海寧王國維記。

元代畫塑記跋

王國維

右《經世大典·工典》中《畫塑》一門，亦萍鄉文道希學士從《永樂大典》鈔出者。其前

《叙録》三行，與《元文類》所載《經世大典叙録》不同，蓋書成後有改易也。此卷詳載畫塑所用材料，尤足資考證，因與《高麗紀事》同印行之。海寧王國維記。

大元倉庫記跋

王國維

右元《經世大典·工典》中《倉庫》一目，萍鄉文道希學士廷式從《永樂大典》中鈔出。以《叙録》校之，除茶鹽局事未載外，餘殆完具矣。倉庫官以下當在《治典·錢穀官》中，以與倉庫事相關，且卷帙無多，故合爲一編云。丁巳六月海寧王國維。

大元氈罽工物記跋

王國維

右元《經世大典·工典》中《氈罽》一目，萍鄉文道希學士從《永樂大典》中鈔出，與所鈔《畫塑》一門，均足窺當時工藝大略，故并刊焉。丁巳六月海寧王國維。

大元官制雜記跋

王國維

右元《經世大典·治典》中《官制》十則，萍鄉文道希學士從《永樂大典》鈔出。中如行大司農司、巡行勸農司，均不見《元史·百官志》，又都水庸田使司大德五年建置之事，《元志》亦略不書。今彙刊之，俾後有考焉。丁巳八月海寧王國維。

（以上輯自《王國維全集》第十四卷，浙江教育出版社、廣東教育出版社二〇一〇年版，標點略有改易）

附録二　《永樂大典》殘本所存《經世大典》佚文表

一　御史臺(《永樂大典》册二、卷二六〇七、頁一二七七上—一二七九上)：

第一二七七頁上到本頁下，屬治典·官制·御史臺。

第一二七八頁上從「至元十四年」到本頁下右第五行「書吏亦如其數」，屬治典·官制·行御史臺·江南諸道行御史臺。

第一二七八頁下從「設官品秩同内臺」到「書吏二十人」，屬治典·官制·行御史臺·陝西諸道行御史臺。

第一二七九頁上從「至元十八年七月」到「舊殿中司二間」，屬工典·官府·御史臺。

第一二七九頁上從「至元五年五月」到「臨街房十六間」，屬工典·官府·上都御史臺。

二　鮮卑仲吉(附鮮卑準、鮮卑誠、忽篤土)(《永樂大典》册二、卷二八〇六、頁一四二四下—一四二五上)：

屬治典・臣事・鮮卑仲吉。

三 恭人（《永樂大典》册二、卷二九七二、頁一六一四上）：

屬治典・封贈・恭人。

四 宜人（《永樂大典》册二、卷二九七二、頁一六一四下）：

屬治典・封贈・宜人。

五 神位（《永樂大典》册三、卷五四五三、頁二二五〇五下）：

「神位，神州地祇，在方壇第二成東南設位」句，屬禮典・郊祀・神位。

從「嶽鎮海瀆」到「議行祭祀」，屬禮典・嶽鎮海瀆・嶽鎮海瀆二十八位。

六 户部侍郎（《永樂大典》册三、卷七三〇三、頁三〇三〇下）：

屬治典・官制・中書省・户部・户部侍郎。

七 只兒哈郎（附禿魯不花、咬住哥）（《永樂大典》册三、卷七三二九、頁三一一二下—三一一三上）：

屬治典・臣事・只兒哈郎。

八 醴源倉（《永樂大典》册四、卷七五〇六、頁三三四三下—三三四四上）：

屬治典·官制·宣徽院·光禄寺·醴源倉。

九　常平倉(《永樂大典》册四、卷七五〇七、頁三三六九上):

屬工典·倉庫·常平倉。

十　倉(《永樂大典》册四、卷七五一一、頁三三九七下—三四〇〇下):

屬工典·倉庫。

十一　官制·倉庫官(《永樂大典》册四、卷七五一七、頁三四六〇下—三四六三上):

屬治典·官制·中書省·户部·倉庫官。

十二　別魯古(附脱歡不花、兀魯思)、別里古(附脱合安、脱歡不花、秃滿)(《永樂大典》册五、卷一〇八八九、頁四五〇八下):

屬治典·臣事·別魯古、治典·臣事·別里古。

十三　市糴糧草(《永樂大典》册五、卷一一五九八、頁四八八〇下—四八八四下):

屬賦典·市糴糧草。

十四　謚(《永樂大典》册六、卷一三三四五、頁五七四一下—五七五〇下):

屬禮典·謚。

十五　急遞鋪（《永樂大典》册七、卷一四五七五、頁六四五八下—六四六四下）：

屬政典·急遞鋪。

十六　通遠鋪（《永樂大典》册七、卷一四五七六、頁六四六七下）：

該條内容已見於「急遞鋪」目，兹略。

十七　海運（《永樂大典》册七、卷一五九四九—一五九五〇、頁六九六五下—六九八〇上）：

屬賦典·海運。

十八　站赤（《永樂大典》册八、卷一九四一六—一九四二三、頁七一九一下—七二五七下）：

屬政典·驛傳。

十九　銀局（《永樂大典》册八、卷一九七八一、頁七三八二上）：

屬治典·官制·大都留守司·器物局·銀局。

二十　銷金局（《永樂大典》册八、卷一九七八一、頁七三八二上）：

屬治典·官制·大都留守司·祇應司·銷金局。

二十一　燒紅局（《永樂大典》册八、卷一九七八一、頁七三八二上）：

屬治典·官制·大都留守司·祇應司·燒紅局。

二十二　犀象牙局(《永樂大典》册八、卷一九七八一、頁七三八二下)：

「犀象牙局」條中從「中統四年」到「司吏一人」，屬治典・官制・大都留守司・犀象牙局；從「至元十一年」到「管勾一員」，屬治典・官制・大都留守司・犀象牙局・牙局。

二十三　司屬雕木局(《永樂大典》册八、卷一九七八一、頁七三八二下)：

屬治典・官制・大都留守司・犀象牙局・司屬雕木局。

二十四　旋局(《永樂大典》册八、卷一九七八一、頁七三八二下)：

屬治典・官制・大都留守司・器物局・旋局。

二十五　簾綱局(《永樂大典》册八、卷一九七八一、頁七三八四下)：

屬治典・官制・大都留守司・器物局・簾綱局。

二十六　減鐵局(《永樂大典》册八、卷一九七八一、頁七三八四下)：

屬治典・官制・大都留守司・器物局・減鐵局。

二十七　司屬鐵局(《永樂大典》册八、卷一九七八一、頁七三八四下)：

屬治典・官制・大都留守司・器物局・司屬鐵局。

二十八　刀子局(《永樂大典》册八、卷一九七八一、頁七三八四下)：

屬治典・官制・大都留守司・器物局・刀子局。

二十九　鞍轡局(《永樂大典》册八、卷一九七八一、頁七三八五下)：

「鞍轡局」條中「中統四年始置，掌成造御用鞍轡象轎。提領三員」句，屬治典・官制・大都留守司・器物局・鞍轡局；從「鞍子局」到「大使一員」，屬治典・官制・大都留守司・器物局・鞍子局；從「羊山鞍局」到「提控一員」，屬治典・官制・大都留守司・器物局・羊山鞍局。

三十　甸皮局(《永樂大典》册八、卷一九七八一、頁七三八六上)：

屬治典・官制・大都留守司・甸皮局。

三十一　盒鉢局(《永樂大典》册八、卷一九七八一、頁七三八六上)：

屬治典・官制・大都留守司・器物局・盒鉢局。

三十二　繩局(《永樂大典》册八、卷一九七八一、頁七三八六上)：

屬治典・官制・大都留守司・修内司・繩局。

三十三　祗應司(《永樂大典》册八、卷一九七八一、頁七三八六上)：

接「繩局」佚文之下有小目「祗應司」佚文，屬治典・官制・大都留守司・祗應司。

三十四　司屬油漆局(《永樂大典》册八、卷一九七八一、頁七三八六上):

屬治典·官制·大都留守司·祗應司·司屬油漆局。

三十五　車局(《永樂大典》册八、卷一九七八一、頁七三八六下):

屬治典·官制·大都留守司·修内司·車局。

三十六　轎子局(《永樂大典》册八、卷一九七八一、頁七三八六下):

屬治典·官制·大都留守司·器物局·轎子局。

三十七　竹作局(《永樂大典》册八、卷一九七八一、頁七三八六下):

屬治典·官制·大都留守司·修内司·竹作局。

三十八　皇太子服(《永樂大典》册八、卷一九七八五、頁七四三〇下):

屬禮典·輿服·皇太子冠服。

三十九　公服(《永樂大典》册八、卷一九七九二、頁七四七八上):

屬禮典·輿服·公服。

四十　畢林(附畢泉、畢澍)(《永樂大典》册八、卷二〇二〇五、頁七五七四上):

屬治典·臣事·畢林。

四十一　檢屍（《永樂大典》册九、卷九一四、頁八六六二上—八六六四下）：

屬憲典・職制篇・檢屍。

四十二　檢屍式（《永樂大典》册九、卷九一四、頁八六六四下—八六六五上）：

屬憲典・職制篇・檢屍式。

四十三　屍帳式（《永樂大典》册九、卷九一四、頁八六六五上—八六六六上）：

屬憲典・職制篇・屍帳式。

四十四　檢屍法（《永樂大典》册九、卷九一四、頁八六六六上—八六六七上）：

屬憲典・職制篇・檢屍法。

四十五　祖宗配侑（《永樂大典》册九、卷五四五六、頁八八四八上—八八四九上）：

屬禮典・郊祀・祖宗配侑。

注：此表以中華書局一九八六年版影印本《永樂大典》爲據，檢索《經世大典》佚文，並考證歸類編成。表中頁數後所注「上」或「下」，指該頁上欄或下欄。

主要參考文獻

一　古籍文獻

［漢］孔安國傳，［唐］孔穎達等疏：《尚書正義》，阮元校刻《十三經注疏》本，中華書局影印，一九八〇年。
［漢］毛亨傳，［漢］鄭玄箋，［唐］孔穎達等疏：《毛詩正義》，阮元校刻《十三經注疏》本，中華書局影印，一九八〇年。
楊伯峻編著：《春秋左傳注》，中華書局，一九九〇年。
上海師範大學古籍整理組校點：《國語》，上海古籍出版社，一九七八年。
［漢］班固撰，［唐］顏師古注：《漢書》，中華書局，一九六二年。
［南朝宋］范曄撰，［唐］李賢等注：《後漢書》，中華書局，一九六五年。
［後晉］劉昫等：《舊唐書》，中華書局，一九七五年。

［明］宋濂等：《元史》，中華書局，一九七六年。
［元］蘇天爵編：《元文類》（《國朝文類》），《四部叢刊初編》影印元至正二年西湖書院刻、明成化九年補印本，上海書店出版社，一九八九年。
［元］蘇天爵編：《元文類》（《國朝文類》），明修德堂刻本，錢泰吉批校，國家圖書館藏。
［元］王與：《無冤録》，《枕碧樓叢書》本，中國書店影印，一九九〇年。
陳高華等點校：《元典章》，中華書局、天津古籍出版社，二〇一一年。
［明］解縉等編纂：《永樂大典》，中華書局影印，一九八六年。
［明］解縉等編纂：《海外新發現永樂大典十七卷》，上海辭書出版社影印，二〇〇三年。
［清］徐松輯：《經世大典》，清光緒年間繆荃孫鈔本，國家圖書館藏。
［清］文廷式輯：《經世大典》，清光緒年間文廷式鈔本，遼寧省圖書館藏。
［清］胡敬輯：《大元海運記》，《雪堂叢刻》本，北京圖書館出版社影印，二〇〇〇年。
［清］姚之駰：《元明事類鈔》，文淵閣《四庫全書》本，上海古籍出版社影印，一九九三年。
［清］魏源：《海國圖志》，清道光二十七年刻六十卷本，國家圖書館藏。

［清］文廷式：《純常子枝語》，《續修四庫全書》影印民國三十二年刻本，上海古籍出版社，二〇〇二年。
《大元馬政記》，《廣倉學宭叢書甲類》，上海倉聖明智大學鉛印，一九一六年。
《元高麗紀事》，《廣倉學宭叢書甲類》，上海倉聖明智大學鉛印，一九一七年。
《元代畫塑記》，《廣倉學宭叢書甲類》，上海倉聖明智大學鉛印，一九一七年。
《大元倉庫記》，《廣倉學宭叢書甲類》，上海倉聖明智大學鉛印，一九一七年。
《大元氈罽工物記》，《廣倉學宭叢書甲類》，上海倉聖明智大學鉛印，一九一七年。
《大元官制雜記》，《廣倉學宭叢書甲類》，上海倉聖明智大學鉛印，一九一七年。
《站赤》，北平文殿閣書莊一九三六年據《東洋文庫》影印《永樂大典》本重印。
《皇元征緬録》，《宛委別藏》本，江蘇古籍出版社影印，一九八八年。
《招捕總録》，《宛委別藏》本，江蘇古籍出版社影印，一九八八年。
［元］虞集：《道園學古録》，《四部叢刊初編》影印明景泰間刻本，上海書店出版社，一九八九年。

[元]歐陽玄：《圭齋文集》，《四部叢刊初編》影印明成化間刻本，上海書店出版社，一九八九年。
[元]王士點、商企翁編次，高榮盛點校：《秘書監志》，浙江古籍出版社，一九九二年。
[明]楊士奇等編：《文淵閣書目》，《叢書集成初編》本，中華書局，一九九一年。
[明]沈德符：《萬曆野獲編》，中華書局，一九五九年。
[明]張國維：《吴中水利全書》，文淵閣《四庫全書》本，上海古籍出版社影印，一九八七年。
[清]永瑢等：《四庫全書總目》，中華書局影印，一九六五年。
[清]錢大昕著，方詩銘、周殿傑校點：《廿二史考異》，上海古籍出版社，二〇〇四年。
[清]趙翼著，王樹民校證：《廿二史劄記校證》，中華書局，一九八四年。
[清]錢泰吉：《甘泉鄉人稿》，《續修四庫全書》影印清同治十一年刻、光緒十一年增修本，上海古籍出版社，二〇〇二年。
黄時鑑輯點：《元代法律資料輯存》，浙江古籍出版社，一九八八年。

二 今人論著

丁謙：《元經世大典圖地理考證》，《浙江圖書館叢書》第二集，浙江圖書館一九一五年刻本。

蘇振申：《元政書經世大典之研究》，臺北中國文化大學出版部，一九八四年。

[俄]麥爾納爾克斯尼斯著，張芳譯，王菡注釋，李福清審訂：《康·安·斯卡奇科夫所藏漢籍寫本和地圖題録》，國家圖書館出版社，二〇一〇年。

王國維著，謝維揚、房鑫亮主編：《王國維全集》，浙江教育出版社、廣東教育出版社，二〇一〇年。

[日]市村瓚次郎著，牟傳楷譯：《元實録與經世大典》，《史學年報》，一九三一年第三期。

洪鈞：《元經世大典圖跋》，《同聲月刊》，一九四三年第二期。

余元盦：《〈元史〉志表部分史源之探討》，《西北民族文化研究叢刊》第一輯，一九四九年。

胡逢祥：《〈元經世大典地圖〉探源》，《西北史地》，一九八六年第一期。

王慎榮：《〈元史〉諸志與〈經世大典〉》，《社會科學輯刊》，一九九〇年第二期。
温嶺：《元代政書〈經世大典〉中的人物傳記》，《中國史研究》，一九九二年第一期。
［日］中村和之著，楊暘、傅郎雲譯：《關於〈經世大典序録〉中的果夥》，《黑河學刊》，一九九三年第一期。
［日］羽田亨：《元朝驛傳雜考》，《日本學者研究中國史論著選譯》第九卷，中華書局，一九九三年。
沈仁國：《〈經世大典〉屍檢法令及斷例辯證》，《江蘇公安專科學校學報》，一九九七年第四期。
王清原：《〈永樂大典〉中元代史料舉隅——以文廷式輯元〈經世大典〉佚文爲例》，《〈永樂大典〉編纂六〇〇周年國際研討會論文集》，北京圖書館出版社，二〇〇三年。
劉曉：《再論〈元史·刑法志〉的史源——從〈經世大典·憲典〉一篇佚文談起》，《北大史學》第十輯，北京大學出版社，二〇〇四年。
林梅村：《元經世大典圖考》，《考古學研究》第六集，科學出版社，二〇〇六年。
魏訓田：《從〈經世大典〉佚文看元王朝與周邊國家的關係》，《淮北煤炭師範學院學報》（哲學社會科學版)，二〇〇八年第三期。
魏訓田：《元代政書〈經世大典〉的史料來源》，《史學史研究》，二〇一〇年第一期。
劉曉：《〈大元通制〉到〈至正條格〉：論元代的法典編纂體系》，《文史哲》，二〇一二年第一期。
趙翰生：《〈大元氈罽工物記〉所載毛紡織史料述》，《自然科學史研究》，二〇一三年第二期。
張韶華：《元代政書〈經世大典〉參修人員辨析補正》，《中國典籍與文化》，二〇一三年第三期。
魏亦樂：《〈國朝文類〉元明諸板本雜考》，《元史論叢》第十四輯，天津古籍出版社，二〇一四年。

後記

《經世大典輯校》的整理工作歷經二十餘載寒來暑往，終告結束。回首二十二年間的忙碌與求索、徘徊甚至蹉跎，不禁感慨光陰如梭，人生幾何，古籍整理，殊非易事！

立意開展對《經世大典》的輯佚考校，緣於本人在上世紀九十年代開始的對元代史學的探索。一九九八年，在經過一番調研和規劃、申報後，項目得以在全國高等院校古籍整理研究工作委員會立項。此後幾年收集了文廷式《經世大典》輯稿抄本的複印本，摸清了《元文類》和《永樂大典》殘本中佚文的情況，確定了全書的類目框架和輯校體例。二〇〇三年，山東德州學院魏訓田教授來京訪學並參與項目，他用一年多的時間，在紙本上初步完成了項目的輯佚、標點和考校工作。此後我們雖曾對初稿作一些修訂，但因書稿未能聯繫到合適的出版社，而使項目處於徘徊、停滯的狀態。

二〇一〇年後，隨着古籍數字化的發展，不僅項目所需資料的搜集、考校更爲方便，而且其所涉資料的範圍和綫索也更爲清晰明朗，這大大增强了我們完成項目的信心。於是，又邀請北京外國語大學的謝輝老師加入項目組，他完成了書稿由紙質版向電子版的轉化，並與我配合，在書稿後期的增補和修訂中作出重要的貢獻。其間，曾加入由北京師範大學校自主科研基金資助的「現存元人著作整理研究」項目，在呈交階段性研究成果後由於某些原因退出該項目。二〇一六年一月，在徐俊總經理的支持下，中華書局接受書稿並由李爽老師負責編輯，從此項目進入規範化和程式化的修訂出版階段。並於二〇一七年有幸被列入「十三五」國家重點圖書出版規劃，獲得國家古籍整理出版專項經費資助。

在項目進行的過程中，整理編纂與修訂工作得到來自各方面的幫助。除兩位合作者同心戮力之外，首先要感謝中華書局李爽編輯對書稿編校所付出的巨大勞動，可以説如果没有她的精心校訂、質疑和糾謬，書稿就不可能達到現在的學術水準。她精湛的業務，尤其是那種比作者更操心書稿品質的敬業精神，堪稱業界的楷模。另外，還要感謝特邀編輯彭苹老師，彭老師曾擔任《元典章》點校本的責任編輯，本次她又以豐富的經驗幫助我們審訂校樣，並提出不少寶貴的修改建議。

項目的完成還要感謝元史學界多位專家學者的指導。衆所周知，《經世大典》内容豐富，所涉元史名物制度、典章文牘繁多，佚文情況也比較複雜，因此整理難度較大。爲解決上述的困難，項目初稿曾得到原中國社會科學院歷史所的陳高華教授、劉曉教授，北京大學歷史系張帆教授的指導與推薦。書稿在完成校底本和初審後，又邀請了對元史有專精研究的南開大學歷史學院馬曉林老師爲全書審校，馬老師不僅通讀校樣、隨手校訂，而且撰寫了詳細的修改意見，幫助我們提升了書稿質量。在此，謹向上述幾位專家學者致以衷心的感謝！

此外，還要感謝郝豔華、吕亞非兩位學者在提供、搜集資料上給予的幫助。最後，感謝高校古委會、中華書局、國家古籍整理出版專項經費對項目研究、整理和出版的大力支持！

書稿雖將付梓，然心中依然忐忑。由於整理者的學術水平有限，《經世大典輯校》之中必然存在疏漏紕繆，這也是我們遲遲不敢將其出版的原因。然而，古人云校書如拂塵，終無盡期。再者，《經世大典》這部重要史籍的輯稿也應儘快交由學界利用和加工。因此，我們不揣譾陋，呈交這份整理成果，並懇切希望學界專家和讀者諸君不吝賜教，多多批評指正。

周少川　書於庚子正月

中國史學基本典籍叢刊　書目

西夏書校補
大金弔伐録校補
大金國志校證
聖武親征録（新校本）
元朝名臣事略
經世大典輯校
明本紀校注
皇明通紀
明季北略
明季南略
小腆紀年附考
小腆紀傳
廿二史劄記校證